祭祖经邦

《周礼》天子宗庙祭祀研究

张雁勇 著

中国出版集团
研究出版社

图书在版编目（CIP）数据

祭祖经邦 :《周礼》天子宗庙祭祀研究 / 张雁勇著
. -- 北京 : 研究出版社 , 2022.8
ISBN 978-7-5199-1273-4

Ⅰ . ①祭… Ⅱ . ①张… Ⅲ . ①礼仪—中国—周代 ②《周礼》—研究 ③祭礼—研究—中国—周代 Ⅳ . ① K224.06 ② K892.98

中国版本图书馆 CIP 数据核字 (2022) 第 128338 号

出 品 人：赵卜慧
出版统筹：张高里　丁　波
责任编辑：安玉霞

祭祖经邦:《周礼》天子宗庙祭祀研究
JIZU JINGBANG:《ZHOULI》TIANZI ZONGMIAO JISI YANJIU
张雁勇　著
研究出版社 出版发行
（100006　北京市东城区灯市口大街 100 号华腾商务楼）
北京中科印刷有限公司印刷　新华书店经销
2022 年 8 月第 1 版　2022 年 8 月第 1 次印刷
开本：880 毫米 ×1230 毫米　1/32　印张：15
字数：388 千字
ISBN 978-7-5199-1273-4　定价：78.00 元
电话（010）64217619　64217612（发行部）

目 录

绪 论

◉ 第一节 选题的学术价值 /001
◉ 第二节 研究现状之述评 /004
◉ 第三节 研究思路与方法 /022

第一章 《周礼》天子宗庙祭祀的对象及类型

◉ 第一节 祭祀对象 /035
一、先王与先公 /035
二、先妣 /037
三、功臣 /039
◉ 第二节 祭祀类型 /042
一、常祀 /042
二、因祭 /055

第二章 《周礼》天子宗庙祭祀前的准备事宜（上）

◉ 第一节 器服与祭品 /075
一、器物 /080
二、祭服 /195
三、祭品 /227

◉ 第二节 祭器与祭品的清洗与检查 /269

一、祭器与粢盛的清洗、检查以及郁鬯的检查 /269

二、牺牲的清洗与检查 /272

◉ 第三节 器服与祭品神圣性的象征方式 /276

一、以多、大、下、文、素为贵 /278

二、以洁美之状体现德行善美 /282

三、以祭器象征国家政权 /284

四、法天地则阴阳 /285

五、以物象和仪节寄寓教化和训诫 /290

六、以巫术营造神圣氛围 /292

七、以异为敬 /293

第三章 《周礼》天子宗庙祭祀前的准备事宜（下）

◉ 第一节 卜筮 /297

一、大宰和大宗伯莅临占卜 /298

二、龟卜程序 /300

◉ 第二节 发布与执行誓戒禁令 /304

一、大宰总掌誓戒 /304

二、誓戒的进一步传达与执行 /306

◉ 第三节 准备乐舞 /322

一、悬挂乐器 /322

二、鼓征学士 /324

◉ 第四节 立尸与为期 /325

一、立尸 /325

二、为期 /328

第四章 《周礼》天子宗庙祭祀之日的仪式

◉ 第一节 呼旦告时、陈列祭器祭品及告洁告备、次位 /332

一、呼旦告时 /332

二、陈列祭器祭品及告洁告备 /333

三、次位 /335

◉ 第二节 迎神 /336

一、《大司乐》所载迎神乐歌 /336

二、金奏和升歌 /339

◉ 第三节 祼礼 /345

一、祼礼前的清洁 /346

二、祼礼的仪节 /347

三、祼礼的奏乐 /349

四、祼礼的功能 /351

◉ 第四节 迎牲、杀牲与割牲 /352

一、迎牲 /352

二、杀牲 /355

三、割牲 /358

◉ 第五节 进献笾豆之实、牺牲、酒与粢盛 /359

一、朝践之礼 /360

二、奠爵 /367

三、烹煮牲体、进献馈食笾豆、荐爓、献酒、献燔 /368

四、迎接与进献粢盛 /374

五、食祭 /376

六、荐熟、侑尸、献酒、献燔、进献笾豆 /377

七、乐舞　/382

◉ 第六节　赐酒于助祭者和执事者　/395

一、赐酒于助祭者——士　/395

二、赐酒于执事者——郁人和量人　/397

◉ 第七节　仪式的退出　/398

一、祭爟　/398

二、送尸　/399

三、撤除俎和豆笾　/399

四、藏隋与尸服　/402

第五章　《周礼》天子宗庙祭祀的功能及其运行机制

◉ 第一节　追念、祈福于祖先及增强宗族内聚力　/406

一、表达思亲之情　/407

二、感恩祖先政治遗产并谨守其法度　/408

三、祈求祖先赐福　/410

四、增强王室宗族内聚力　/412

◉ 第二节　巩固君臣关系　/415

一、天子施惠于助祭者　/416

二、天子施惠于诸侯　/417

◉ 第三节　以孝道垂范教化臣民　/421

一、天子宗庙祭祀的教化是典范政治　/422

二、天子宗庙祭祀孝道教化的强迫性　/424

◉ 第四节　将礼义嵌入人心　/425

一、礼义的展现形式　/426

二、礼义的传播模式 /427

三、礼义传播的强迫性 /428

◉ 第五节 确认与展示祭祀者的身份及地位 /429

一、确认与展示天子的身份及地位 /429

二、确认与展示王后的身份及地位 /430

三、确认与展示众臣的身份及地位 /431

◉ 第六节 娱乐与审美 /433

一、娱乐与审美融于一体 /433

二、娱乐与审美的政治属性 /435

结 论

参考文献

后 记

绪 论

◉ 第一节 选题的学术价值

《周礼》初名《周官》或《周官经》，是一部发现于西汉初期的古文经。作为传统儒家经典，它以职官系联典章制度，内容宏富，结构齐整，堪称体大思精之作，对中国传统社会产生了极为深远的影响。本书择取《周礼》所载天子宗庙祭祀进行考察，主要基于以下三点考虑：

第一，祭祀在《周礼》中占有十分突出的地位，而天子宗庙祭祀在《周礼》整个祭祀体系中又是重中之重。

《周礼》中“祭祀”的排序可以显示出它的突出地位。《大宗伯》将古礼分为吉、凶、宾、军、嘉五礼[1]，其中作为吉礼的祭祀之礼位居五礼之首。在《周礼》所述各官的职事中，一般都把“祭祀”列于首要位置。如《大宰》：“以九式均节财用：一曰祭祀之式，二曰宾客之式，三曰丧荒之式，四曰羞服之式，五曰工事之式，六曰币帛之式，七曰刍秣之式，八曰匪颁之式，九曰好用之式。”[2]《小宰》：“以官府之六联合邦治：一曰祭祀之联事，二曰宾客之联事，三曰丧荒之联事，四曰军旅之联事，五曰田役之联事，六曰敛弛之联事。”[3]《囿人》：“祭祀、丧纪、宾客，共其生兽、死兽之物。”[4]根据罗保罗的统计[5]，《周礼》“五官之数，凡三百四十七职，职文及于祭祀者几二百。二百之官，复以祀礼体大，多通职而合治之也”[6]。由于祭祀不论在《周礼》中的治国理念还是在职官制度中都具有非常重要的地位，所以专门探讨这方面的问题，有助于我们

1 （清）孙诒让撰，王文锦、陈玉霞点校：《周礼正义》（第5册），北京：中华书局，1987年，第1297、1345、1348、1357、1359页。

2 （清）孙诒让：《周礼正义》（第1册），北京：中华书局，1987年，第100页。

3 （清）孙诒让：《周礼正义》（第1册），北京：中华书局，1987年，第164页。

4 （清）孙诒让：《周礼正义》（第4册），北京：中华书局，1987年，第1221页。

5 为行文流畅起见，本书在引述前辈时贤的学术观点时一律免称“先生”，敬请海涵。

6 罗保罗：《〈周礼〉官联研究》，硕士学位论文，台北：台湾师范大学国文研究所，1982年，第239页。

深化对于《周礼》礼乐文化的认识。

天子宗庙祭祀在《周礼》祭祀体系中尤为重要。依据祭祀对象的不同，《大宗伯》将整个祭祀体系分为天神、人鬼和地祇三大部分。[1] 其中人鬼祭祀指的就是最为切近人情的祖先祭祀，它在《周礼》中主要体现为天子宗庙祭祀。顾名思义，天子宗庙祭祀是指天子以主祭者的身份在祖先神主所处的神圣场所——宗庙中参加的祭祖仪式。在所有天子的祖先崇拜形式中，它是最主要的组成部分。英国文化人类学家拉德克利夫－布朗指出："就我自己的经验看，祖先崇拜最容易被发现，最容易展示宗教崇拜的社会功能。"[2]社会毕竟是人的社会，很多学者都注意到了祖先崇拜在周人心目中的重要地位，刘雨说周人"对自然神的崇拜观念比较淡薄，而对祖先却十分崇拜"[3]；陈成国谓"西周王室对祖先的祭祀，就文献记载的整体情况而言，其频率，其热情，远在对天神地祇的祭祀之上"[4]；刘清河和李锐说"祭祀礼仪最频繁、最复杂的莫过于祭祖"[5]。张荣明也明确指出："从宏观上看，虽然郊祀（主要祭上帝和始祖）在殷周时代的宗教活动和政治活动中有举足轻重的地位，但从一般的活动来看，祖祀对社会生活和政治生活的影响更为广泛和深刻。"[6]因此，研究《周礼》中最切近人情、最隆重的天子宗庙祭祀，理当是理解《周礼》整个祭祀体系的一个优先切入点。

第二，有利于认识《周礼》天子宗庙祭祀体系的文化结构、社会功能及其运行机制，并作为了解周代天子宗庙祭祀的重要参考。

认识《周礼》天子宗庙祭祀方面。周代天子宗庙祭祀之礼已佚，相

1 （清）孙诒让：《周礼正义》（第 5 册），北京：中华书局，1987 年，第 1296 页。
2 ［英］A.R 拉德克利夫－布朗著，潘蛟、王贤海、刘文远等译，潘蛟校：《原始社会的结构与功能》，北京：中央民族大学出版社，1999 年，第 183 页。
3 刘雨：《西周金文中的祭祖礼》，《考古学报》1989 年第 4 期。
4 陈成国：《先秦礼制研究》，长沙：湖南教育出版社，1991 年，第 198 页。
5 刘清河、李锐：《雅风美俗之先秦礼乐》，台北：云龙出版社，1995 年，第 35 页。
6 张荣明：《殷周政治与宗教》，台北：五南图书出版有限公司，1997 年，第 214 页。

关材料散见于各种经传史籍之中，而唯有《周礼》的材料自成一套整齐宏大的体系。它作为《周礼》祭祀系统中的重要组成部分，材料丰富，类型多样，仪节程式周密详尽，蕴含的礼义十分丰富，完全可以从中探索出《周礼》天子宗庙祭祀体系的文化结构、社会功能及其运行机制，其中社会功能又是它的出发点和最终的落脚点。

了解周代天子宗庙祭祀方面。《周礼》所载天子宗庙祭祀制度，分明是探索周代天子宗庙祭祀制度的文化结构、社会功能及其运行机制非常重要的参照文本。我们知道，一个政权的制度体现着执政者的施政态度和方式，虽不能将制度与现实完全等同起来（制度有因革损益，现实也有变通），但可以确定的是，在相对稳定的社会环境中，它们之间的关系如同商品价格围绕价值上下波动一样，不会相去太远。英国功能学派、文化人类学大师马凌诺斯基就曾指出，文化的真正要素是社会制度，社会制度是构成文化的真正组合成分，它有相当的永久性、普遍性和独立性，是人类活动有组织的体系。[1]李亚农说："尽管《周礼》《礼记》等书为后人所编纂，编者却没有可能赝造如此具体而又符合于古代社会发展规律的东西。因此，我们有充分的权利来说，《周礼》《礼记》等书中的内容，除了部分的夸大、加工划一、添枝添叶而外，其中含有的精神和实质都是有来历的。"[2]因此，作为一个重要参考系，通过分析研究《周礼》所载天子宗庙祭祀制度的文化结构、社会功能及其运行机制，对于认识周代礼乐社会中的这些问题是颇有价值的。

第三，从涉及范围来看，《周礼》天子宗庙祭祀制度作为礼乐制度的大宗，它不仅是一种政治制度，而且还同经济、军事、艺术等领域有着

1 ［英］马林诺斯基著，费孝通译：《文化论》,《费孝通译文集》（上册），北京：群言出版社，2002 年，第 214 页。按：马林诺斯基，又译作马凌诺斯基、马林诺夫斯基，本书正文统一使用"马凌诺斯基"，引文出处标识以各中文译本为准。

2 李亚农：《周族的氏族制与拓跋族的前封建制》，上海：华东人民出版社，1954 年，第 70 页。

相互交织的密切联系。如在经济上表现为祭祀需要大量祭品和器服，它们一方面由王畿的众多职官负责供应，另一方面也须诸侯担负相关的贡赋，有“祀贡”“器贡”和“服贡”的名称；军事上，在天子亲自出征的大师礼、天子亲自田猎的大田礼和多位诸侯朝见天子的大会同礼中都有宗庙祭祀活动，事前向祖先请示，旨在保证祖先的知情权并求得祖先的佑护，返回后还要汇报取得的成果；艺术上，天子宗庙祭祀仪式有大司乐、乐师、磬师、钟师、瞽矇等诸多乐官参与，负责各种乐器的演奏和诗歌的吟唱，还有《大武》《九磬》和《大濩》等大型乐舞，以及四夷之乐。简言之，天子宗庙祭祀制度是多种社会文化因素的重要聚合点。所以我们的研究有助于深入了解《周礼》文本和周代礼乐制度以及现实周代礼乐文化中的诸多文化因素，这是它的又一个重要价值所在。

◉ 第二节　研究现状之述评

进入正题之前，我们先就与《周礼》天子宗庙祭祀相关的古今研究成果做一番梳理和归纳。鉴于各章节会对有关成果进行详细的征引和考辨，所以这里主要从宏观角度给出述评，尤其是关注研究范围和方法的问题。

一、古人研究成果述评

西汉末期，《周礼》经由刘歆整理后始行于世，日益受到经学家的关注，在经学研究中占据了重要地位。早期的注本主要有杜子春《周官注》，郑兴、郑众、卫宏、贾逵各作《周官解诂》，张衡《周官训诂》，马融《周官传》等。时至东汉后期，经学大儒郑玄突破今古文门户之见，遍览群注、兼采众说、参以己意，在前人基础上再次作注，出色地完成了《周礼》学的第一次总结。[1]自此,《周礼》的地位超越《仪礼》和《礼记》而位居“三礼”之首，其影响至深至巨。杨志刚指出:“礼经学特别是《周礼》之学，在汉代经学的发展中，处于枢纽的地位。从两汉之际始，学界渐以‘三礼’尤其是《周礼》移释他经。及至马融、郑玄，更突出地将其他经义纳入礼学的阐释系统。两汉是礼经学的发展、奠基时期，东汉末的郑玄是集大成者。”[2]杨天宇也说:“郑玄对于此后中国礼学，尤其是《周礼》学的发展，实起了奠基作用。”[3]

基于《周礼》的独特地位，郑玄以后的历代世儒对其热情日盛，他们继续爬梳查考、探隐抉微，用力甚勤而卓有成就，研治《周礼》的风气呈现出继长增高之势。主要成果有：魏晋南北朝时期王肃《周官礼注》、沈重《周官礼义疏》、熊安生《周官义疏》、崔灵恩《集注周官礼》，唐人贾公彦《周礼义疏》，宋人聂崇义《新定三礼图》(又名《三礼图集说》)、王安石《周官新义》、王昭禹《周礼详解》、林之奇《周礼讲义》、王与之《周礼订义》、俞庭椿《周礼复古编》、易祓《周官总义》、叶时《礼经会元》，元人毛应龙《周官集传》、吴澄《周礼经传》和《周礼考注》、陈友仁《周礼集说》，明人王应电《周礼传》和《周礼翼传》、柯尚迁《周礼全经释原》，清人万斯大《周官辨非》、李光地《周官笔记》、李光坡《周礼述注》、李钟伦《周礼训纂》、方苞《周官集注》和《周官析疑》、任启运《肆献祼馈食礼》、惠士奇《礼说》、吴廷华《周礼疑义》、江永《周礼疑义举要》、蒋兆锡《周礼辑义》、庄存与《周官记》以及《周官说》和《周官说补》、金榜《礼笺》、武亿《三礼义证》、孔广森《周官肊测》、蒋载康《周官心解》、庄有可《周官指掌》、金鹗《求古

1 金景芳:《周礼》,《经书浅谈》,《文史知识》编辑部编，北京：中华书局，2005 年，第 50 页。
2 杨志刚:《中国礼学史发凡》,《复旦学报》(社会科学版) 1995 年第 6 期。
3 杨天宇:《郑玄三礼注研究》，天津：天津人民出版社，2007 年，第 91 页。

录礼说》和《求古录礼说补遗》、王聘珍《周礼学》、徐养原《周官故书考》、吕飞鹏《周礼补注》、曾钊《周官注疏小笺》、林昌彝《三礼通释》、黄以周《礼书通故》和《礼说》、宋世荦《周礼故书疏证》、张宗泰《周官礼经注正误》、王闿运《周官笺》、孙诒让《周礼正义》、陈衍《周礼疑义辨证》、于鬯《读周礼日记》。虽然以上有些著作已经失传，但也有不少论述被后人采入己作而得以流传。[1]

从上述内容可以看出，自东汉以来，在传统社会视野下，古代学者在《周礼》的研究上取得了丰硕成果。倘若将郑玄之后众儒的成绩作一比较的话，初唐的贾公彦和晚清的孙诒让可谓津逮后学的翘楚，贾氏《周礼义疏》和孙氏《周礼正义》既博采诸家之说，又增以精详的阐述和考辨，颇有陵跨前人之处。因此，它们分别被视为古代《周礼》学的第二次和最后一次总结。[2] 其中《周礼义疏》为延续郑玄注而作，申述之功甚伟，以至汉唐注疏成为后世学者研读《周礼》的必读之作。与他经相比，朱熹也认为"《五经》中，《周礼疏》最好"[3]。《周礼正义》则广征群籍、疏通辨驳，对《周礼》作了极为全面而精深的整理和考订，确有蔚为大观之象，堪称古代《周礼》研究的集大成之作。诚如姜亮夫所说，这部书"把自汉以来直至明清学人全部《周礼》著述的精锐，都收入书中，折衷汉宋诸儒的是非，博采清儒的精义而外，还把儒家古文经典中所有可以分析的材料，全部用进去"[4]。即便在我国学术史上占有显著地位

1 上述学者及其专著名称主要依据刘兆祐编著的《周礼著述考（一）》，台北："国立"编译馆，2003 年。

2 金景芳：《周礼》，《经书浅谈》，《文史知识》编辑部编，北京：中华书局，2005 年，第 50–51 页。

3 （宋）黎靖德编，王星贤点校：《朱子语类》（第 6 册），北京：中华书局，1994 年，第 2206 页。

4 姜亮夫：《孙诒让学术检论》，《浙江学刊》1999 年第 1 期。

的所有清人经学研究成就中，它也“被公认为是做得最好的一种”[1]。此外，聂崇义所著《新定三礼图》参检郑玄、阮谌、张镒等前人所撰《三礼图》而成，书中图像与解说并存[2]，对研究礼制也大有裨益。

以上所举古代学者都具有深厚的经学功底，对文献的驾驭能力相当纯熟，他们丰硕的章句注疏成果，使得文句古奥的《周礼》豁然可通，无疑为今天探究《周礼》所载天子宗庙祭祀奠定了坚实的学术基础。当然，由于时代环境的局限性，古人治经也存在一些普遍问题：第一，古代经师的研究往往囿于随文解经的传统体例，在形式上割裂了事物间一些必要的联系，难以呈现出文化现象的整体面貌；第二，古人的取材范围较窄，多以传世文献尤其是经书为主，采用文物材料只是偶然为之；第三，古人限于文字训诂和名物制度的考证，方法比较单一，缺乏创新的意识和尝试；第四，古人研治礼学是力求经世致用的，所以在研究中不免渗透了政治色彩，这就在成果的真实性方面打了折扣。古人存在的这些问题，正是后学在研究中应当留意和进一步拓展的空间。

二、今人研究成果述评

孙诒让《周礼正义》既是传统《周礼》研究的集大成，也是传统《周礼》研究的终结。[3]20 世纪初以来，中国社会发生了翻天覆地的变化，反映在史学界则是学者们拓宽了视野，广泛采用了现代史学的研究方法。

---

1 王文锦、陈玉霞：《周礼正义 · 本书前言》，（清）孙诒让：《周礼正义》（第 1 册），北京：中华书局，1987 年，第 1 页。当然，《周礼正义》也有诸多问题，陈衍《周礼疑义辨证》一书纠正了 26 条，可补部分缺漏。参见陈衍撰，潘琳校注：《周礼疑义辨证》，北京：华夏出版社，2011 年。姜亮夫也指出了它的三点缺陷：未用两周金文材料、忽视许多诸子材料、过信《周礼》为周代典制而尽力弥缝与他书之间的差殊。参见姜亮夫：《孙诒让学术检论》，《浙江学刊》1999 年第 1 期。此外，孙诒让在书中存在不少问难贾疏之处，对于这种倾向，笔者推测二人生活的年代毕竟相距千年之久，贾氏在材料的占有上应更具优势。

2 （宋）聂崇义纂辑，丁鼎点校、解说：《新定三礼图》，北京：清华大学出版社，2006 年。

3 刘丰：《百年来〈周礼〉研究的回顾》，《湖南科技学院学报》2006 年第 2 期。

在这种学术背景下，《周礼》研究也取得了令人瞩目的成就，大体表现在三个方面：第一，打破了古代学者随文解经的传统研究体例，代之以围绕问题为中心而展开的学术探索；第二，打通经史，将对《周礼》的研究与社会历史的研究结合在一起，在经史互动上作出了有益尝试；第三，运用考古学、古文字学、文化人类学、社会学、宗教学等相关人文社会学科的材料、理论和方法，就《周礼》所载制度的史料价值、内涵和功能给出新的诠释。这些新成果散见于各种专著与论文中，不同程度上涉及了《周礼》所载天子宗庙祭祀的问题，现择其大端，从以《周礼》祭祀为研究中心者和研究周代祭祀者两大部分加以概述。

（一）以《周礼》祭祀为研究中心者

就笔者目力所及，这方面的研究成果主要是以论文形式呈现的，涉及天子宗庙祭祀的仪式、器服、特点、结构、功能、职官、祭祀词语等层面，其中关于仪式和器服层面的成果相对较多。

1. 仪式层面

钱玄提出《周礼·春官·司尊彝》所言“肆献祼馈食”的仪节实为宗庙四时祭的观点。[1]吴土法以官联为切入点，全面考述了《周礼》天子宗庙祭祀正祭仪式中的乐悬、乐用、乐节、乐舞等事宜，认为经文中存在重复和阙略等问题，进而作出了《周礼》成于集体编写、未加统稿的推测。[2]吴高歌论证了郑玄、贾公彦关于《大司乐》所载祭祀用乐中五音无商是无“商音”而非无“商调”观点的正确性。[3]孙定辉从辞源学和文献学的角度考察，得出了《周礼·春官·大师》所言“六诗”之“兴”

1 钱玄：《三礼通论》，南京：南京师范大学出版社，1996 年，第 627-633 页。
2 吴土法：《〈周礼〉宗祀乐事官联考》，《杭州大学学报》（哲学社会科学版）1997 年第 2 期。
3 吴高歌：《〈周礼·大司乐〉三大祭中的五音无商说考》，《中国历史文物》2004 年第 6 期。

诗是祭祖诗歌的结论。[1]吴土法考察了《周礼》天子亲自田猎之礼——大田礼的告祭宗庙仪节。[2]吴土法和秦佳慧结合《仪礼》和《礼记》等文献以及西周金文，对《周礼》所载天子宗庙祭祀的祭前占卜仪节做了非常详细的解读，并得出了这些内容基本可信的结论。[3]许倬云采用传世文献和文化人类学的材料，对《周礼》中与祭祀有关的王后献种问题给出了新的解释，认为这是早期妇女在生产中负责采集和种植工作的反映。[4]

2. 器服层面

徐中舒讨论了《周礼·春官·司尊彝》中尊彝的形制问题，认为鸟兽尊彝是象形之器。[5]刘节亦与徐说相同，并认为这些物象是古代氏族的图腾。[6]张桂光从甲骨文的字形上考虑，认为《司尊彝》所言天子宗庙祭祀中的祭器“舟”当为“盘”字之误，是竖放的圈足浅腹盘。[7]黔容则受到郭宝钧舟可以注水的观点的启发，认为舟是盛水的器物，用于行礼前的盥洗之事。[8]

李学勤以安阳后岗殷墟三期小墓M3盗坑和宝鸡茹家庄西周中期墓BRM1等出土的柄形玉石器为例，指出出土的商周柄形玉石器即为《周

---

1 孙定辉：《〈春官〉“六诗”之兴与〈诗经〉之“兴”诗》，《重庆师范大学学报》（哲学社会科学版）2013年第5期。

2 吴土法：《〈周礼〉大田官联考》，《学术集林》（第11卷），王元化主编，上海：上海远东出版社，1997年，第131-161页。

3 吴土法、秦佳慧：《〈周礼〉天子庙享卜日礼仪考》，《浙江大学学报》（人文社会科学版）2009年第1期。

4 许倬云：《从〈周礼〉中推测远古的妇女工作》，《求古编》，北京：商务印书馆，2014年，第227-236页。

5 徐中舒：《说尊彝》，《国立中央研究院历史语言研究所集刊》1936年第7本第1分。

6 刘节：《说彝》，《古史考存》，北京：人民出版社，1958年，第169页。

7 张桂光：《“裸用鸡彝鸟彝，皆有舟”解》，《学术研究》1985年第2期。

8 黔容：《释〈司尊彝〉》，《学术研究》1985年第5期。

礼》所载祼礼中所用瓒之柄。[1] 陈晓明从“玉盛器形制考”和“祼礼用玉考”两方面对天子宗庙祭祀所用玉几、玉爵、玉豆、瓒等作了较为细致的考察，通过与考古材料进行对比，得出了目前还未发现完全符合《周礼》经注的结论。关于瓒的形制，他认为是玉勺、玉斗类器物，但不同意以玉为柄、以黄金为勺的说法。[2] 沈薇和李修松继续强调了陈晓明提出的祼礼中使用的玉瓒即为玉勺、玉斗的观点。[3] 张伟对《周礼》中的“六瑞六器”与考古发现的大量西周玉礼器实物进行了对比，其中牵涉到祭祀用圭的考察，指出考古发现与《周礼》经注记载不合。[4] 林琳简单梳理了《周礼》中的玉器制度，所论镇圭、大圭和璋都是天子宗庙祭祀中使用的礼器。[5]

刘坤和林琳考察了《周礼》所载盛酒器、饮酒器、挹酒器的形制与代表的礼义，其中与天子宗庙祭祀相关的有罍、卣、爵、斝、勺、瓒、六尊、六彝。[6] 此文对了解《周礼》中的酒器具有一定参考价值，但也存在一些问题，如将《考工记》归入《周礼》来研究显得不大合适，对瓒、六尊、六彝形制的讨论没有更多关注现代学者的相关成果。

王雪萍在关于饮食及其所盛器具的论述中，梳理和分析了与天子宗庙祭祀相关的五齐、三酒、鼎俎、笾豆、簠簋、爵、六尊六彝、圭瓒方面的材料，并运用了考古材料作为佐证。[7]

崔圭顺专门论述了《周礼》中的冕服制度，包括构成要件和文章、

1 李学勤：《〈周礼〉玉器与先秦礼玉的源流——说祼玉》，《东亚玉器》（中册），邓聪主编，香港：香港中文大学中国考古艺术研究中心，1998 年，第 34-36 页。

2 陈晓明：《〈周礼〉祭祀用玉考》，硕士学位论文，成都：四川师范大学文学院，2009 年。

3 沈薇、李修松：《祼礼与实物资料中的“瓒”——试以〈周礼〉资料分析》，《中原文物》2014 年第 5 期。

4 张伟：《〈周礼〉中玉礼器考辨》，《西部考古》（第 5 辑），2011 年。

5 林琳：《浅谈〈周礼〉中的玉器制度》，《兰台世界》2014 年第 33 期。

6 刘坤、林琳：《〈周礼〉中的酒器考辨》，《古籍整理研究学刊》2015 第 1 期。

7 王雪萍：《〈周礼〉饮食制度研究》，扬州：广陵书社，2010 年。

相关职官、加工程序、寓意等内容，指出冕服体现着贵族内部森严的等级秩序，它们是权力和影响力的象征。[1]阎步克以“从服饰看权力”的角度研究了《周礼》六冕制度及其对后代冕制的影响，提出了六冕并非周代原生礼制，而是《周礼》作者建构而成的观点，但也认为周朝等级祭祀制和等级君主制是它们的“结构性来源”[2]。其“结构性来源”的提法对于本书的研究很有启发。

3. 特点、结构、功能和思想层面

罗保罗详细考察了《周礼》中的官联体系，指出官联之法反映出了该书祭祀与政治一体的主张。[3]丁进通过粗线条地梳理《周礼》的宗教体系，总结出了它的六个主要特点：宗教从属于政治，有强大的经济、物质保障系统，有比较发达的宗教艺术，以祈福、消灾、治民为目的，有比较发达的宗教技术，独特的修养方法与制度。[4]邹昌林论及人鬼、祖先神的起源和《周礼》整个宗教体系。[5]林素英指出，《周礼》的祭祀系统是上承原始社会的祭祀活动继而因革夏商文化而来，并分析了包括宗庙祭祀在内的祭祀活动的政治教化意义，对《夏小正》《月令》与《周礼》祭祀系统的相合之处进行了梳理。在人鬼祭祀的论述中，指出了“祭祀所欲成就者实为人伦义理”的本质。[6]

4. 职官层面

邓国光大篇幅讨论了《周礼》中的祝官及其职能，多数与祭祀密切

---

1 ［韩］崔圭顺：《中国历代帝王冕服研究》，博士学位论文，上海：东华大学服装学院，2006 年。

2 阎步克：《服周之冕——〈周礼〉六冕礼制的兴衰变异》，北京：中华书局，2009 年。

3 罗保罗：《〈周礼〉官联研究》，硕士学位论文，台北：台湾师范大学国文研究所，1982 年。

4 丁进：《〈周礼〉与国家宗教》，《古籍研究》2004 年第 2 期。

5 邹昌林：《中国古代国家宗教研究》，北京：学习出版社，2004 年。

6 林素英：《〈周礼〉祭祀系统在思想史上的意义》，《齐鲁文化研究》（第 8 辑），2009。

相关。[1] 林琳探讨了《周礼》中的酒官体系及其祭祀职责。[2]

5. 祭祀词语层面

陈勤香从语言学的角度，整理了《周礼》中的祭祀对象、祭品、祭名、祭器四类词语 285 个，并选取其中的 28 个单音节词语，讨论了它们的词源义、命名特点和蕴含的上古文化。[3]

（二）研究周代祭祀者

此类成果大致可以分为综合性和专题性研究两个方面，它们虽然不是专门研究《周礼》天子宗庙祭祀，但也触及了与其相关的许多重要问题。

1. 综合性研究

章景明讨论了殷周的庙数、昭穆、立尸、神主等制度。章氏有一种将礼书中的一些记载归入后儒构想的倾向，他的主要观点为：西周时代天子庙数尚无定制，七庙、四庙之说出于后儒；昭穆之制是战国末年儒者的主张，以孙为尸很可能是后儒的主张。[4] 詹鄞鑫以十分宏阔的视野将历史学、考古学、古文字学、文化人类学等学科的研究成果熔为一炉，对中国古代宗教尤其是先秦宗教中的很多问题作了精辟的分析。其中关于祖宗和功臣崇拜、祭品和祭器制度、乐舞制度、祭祀程序、宗庙四时祭、军事祭祀等方面的论述，皆与《周礼》天子宗庙祭祀密切相关。[5] 张鹤泉对周代祭祀作了全面系统的研究，与宗庙祭祀有关的部分，就

---

1 邓国光：《中国文化原点新探——以〈三礼〉的祝为中心的研究》，广州：广东人民出版社，1993 年。

2 林琳：《浅谈〈周礼〉中的酒官制度》，《古籍整理研究学刊》2014 年第 4 期。

3 陈勤香：《〈周礼〉祭祀词语研究》，硕士学位论文，桂林：广西师范大学文学院，2006 年。

4 章景明：《殷周庙制论稿》，台北：学海出版社，1979 年。

5 詹鄞鑫：《神灵与祭祀——中国传统宗教综论》，南京：江苏古籍出版社，1992 年。

祖先的神性、祭祀仪式的特点、临时告祭、政治功能做了深入细致的剖析，此外还考察了祭祀所需牺牲、粢盛、祭服的来源及管理问题。[1]常金仓师在论及祖先崇拜时，运用文化要素分析法研究了周代宗庙祭祀的立尸、仪式与商代的差异、制约祖先崇拜的政治因素等问题。[2]刘晔原和郑惠坚从类型、等级性、道德性、祭品、立尸、立神主等层面对周代祭祖制度进行了简要分析。[3]刘源在分析传世文献的基础上，采用大量甲骨金文史料，全面系统地考察了商周祭祖仪式的类型、内容、过程及其反映的时人观念、社会关系等问题，分析了两个时期的特点与差异，并在修改《礼运》疏的基础上，根据《周礼》和《礼记》的记载，勾勒出周天子祭祖仪式的过程，提出了不少新见解。[4]傅亚庶谈到了周代宗庙祭祀的礼仪、祭品和乐舞。[5]杨英对周代祭祖礼作了大体梳理。[6]

林素英的研究侧重于祭祀的功能。她的《古代祭礼中之政教观——以〈礼记〉成书前为论》一书在论述宗庙祭祀问题时，将其分为因祭、常祀、特祀三类，着重探索了祭礼的政治教化功能，意在发扬古代祭礼中呈现的感恩、珍惜、认同、尊仰等高尚道德情操在当今社会的教化价值。[7]她的另一本著作《礼学思想与应用》也是沿着这一思路作出的进一步探索。[8]林教授提升人类善性的美好愿望和做出的辛勤耕耘着实令人敬佩。在笔者看来，培养人类善性的途径，关键在于探究和调节社会文化

1 张鹤泉：《周代祭祀研究》，台北：文津出版社，1993 年。
2 常金仓：《周代礼俗研究》，哈尔滨：黑龙江人民出版社，2004 年。
3 刘晔原、郑惠坚：《中国古代的祭祀》，北京：商务印书馆，1996 年。
4 刘源：《商周祭祖礼研究》，北京：商务印书馆，2004 年。
5 傅亚庶：《中国上古祭祀文化》，北京：高等教育出版社，2005 年。
6 杨英：《祈望和谐——周秦两汉王朝祭礼的演进及其规律》，北京：商务印书馆，2009 年。
7 林素英：《古代祭礼中之政教观——以〈礼记〉成书前为论》，台北：文津出版社，1997 年。
8 林素英：《礼学思想与应用》，台北：万卷楼图书股份有限公司，2003 年。

结构，以图深入到社会机制运行的实践当中去。

还有三篇博士论文值得注意。梁煌仪对周代宗庙祭祀的庙制（庙数、昭穆、迁毁）、类型（告祭、月祭、四时祭、禘等）和功能作了全方位探讨，与《周礼》内容密切相关。[1] 曹建墩吸收考古学、古文字学、文化人类学、宗教学等学科的相关成果，详细考察了东周宗庙常祀的仪式、礼义、祭器、祭品，以及因祭中的军事祭祀。作者认为其中蕴含了周人亲亲、尊尊、长长、贤贤、男女有别等社会观念。此外还特别分析了儒家祭祀思想的形成、特点和演变情况，指出儒家的祭祀理念为重情、重内在超越。在《周礼》材料的问题上，作者认为其基本素材应取自先秦旧制，该文对于其中的祭祀材料持有审慎态度，一般不单独使用，只是作为其他文献的补充和印证。[2] 秦佳慧讨论了春秋时期宗庙祭祀中的常祀与告祭仪式，并就学界聚讼已久的四时祭和禘祭问题进行了深入分析，在研究思路上有新的突破。[3]

2. 专题性研究

四时祭层面。周何对周代宗庙四时祭的形成作了非常细致的考证，认为四时祭在周代渐成定制。[4] 刘雨根据西周金文材料，对西周祭祖仪式的种类和仪节作了考察，提出了宗庙四时祭可能形成于春秋战国之后的观点。[5] 沈文倬考察了文献中四时祭的源流，得出了宗庙四时祭形成于战国时期的结论。[6] 秦佳慧认为四时祭在春秋时已成为定制，但四时祭名在

---

1 梁煌仪：《周代宗庙祭礼之研究》，博士学位论文，台北：台湾政治大学中文研究所，1986 年。

2 曹建墩：《东周祭祀研究》，博士学位论文，北京：清华大学人文社会科学学院，2007 年。

3 秦佳慧：《春秋丧葬庙享典礼考论——以〈春秋左传〉为中心》，博士学位论文，杭州：浙江大学人文学院，2007 年。

4 周何：《春秋吉礼考辨》，台北：嘉新水泥公司文化基金会，1970 年。

5 刘雨：《西周金文中的祭祖礼》，《考古学报》1989 年第 4 期。

6 沈文倬：《宗周岁时祭考实》，《宗周礼乐文明考论》，杭州：浙江大学出版社，1999 年，第 73–113 页。

春秋时期尚未固定下来，《周礼》中的祠、禴、尝、烝可能是祭祀方式而不是祭名，到战国以后四时祭才与四时祭名明确对应起来。[1]

仪式层面。周聪俊利用文献和考古材料，对先秦时期行于宗庙祭祀等仪式中的祼礼的起源、礼义、仪节、施用范围、所用鬯酒、相关礼器做了十分详尽的考察，提出了很多有价值的见解。[2] 曹建墩在梳理文献的同时结合考古材料，探讨了先秦时期田猎和战争前的宗庙祭祀仪式以及周代祭祀的用乐和饮食礼制。[3]张明娜运用人类学方法讨论了先秦斋戒礼，涉及斋戒的定义与程序、理论及精神、斋服等内容，其中祭祀的斋戒礼是重点之一，指出先秦斋戒的四种特质为：谦恭、朴实、庄严、诚敬。[4] 任慧峰论及先秦军礼中的告庙仪节[5]，以及《周礼》中“茅”和“隋祭”的问题。[6] 李玉洁勾勒了周代宗庙祭祀中关于尸的礼节，并根据文化人类学材料，推测孙为王父尸和昭穆制度都与母系氏族社会的外婚制有着渊源关系。[7] 林琳和傅亚庶以《周礼》和《礼记》为主要材料，考察了周代宗庙祭祀仪式前的备酒、备牲以及九献仪节中的用酒、用牲之法。[8] 陈筱芳对《周礼·春官·筮人》所载“先筮而后卜”的真实性提出了质疑，认为先卜后筮符合西周和春秋的礼制。[9]江林以《诗·小雅·楚茨》为中心，结合《周礼》与《礼记》等文献，对宗周天子、诸侯岁时祭礼典作了大体

1 秦佳慧：《春秋宗庙时祭考略》，《礼学与中国传统文化——庆祝沈文倬先生九十华诞国际学术研讨会论文集》，浙江大学古籍研究所编，北京：中华书局，2006 年，第 76-86 页。
2 周聪俊：《祼礼考辨》，台北：文史哲出版社，1994 年。
3 曹建墩：《先秦礼制探赜》，天津：天津人民出版社，2010 年，第 140、148、297-339、340-369 页。
4 张明娜：《先秦斋戒礼研究》，博士学位论文，台北：台湾大学中国文学系，2010 年。
5 任慧峰：《先秦军礼研究》，博士学位论文，武汉：武汉大学历史学院，2010 年。
6 任慧峰：《先秦“扫祭”小考》，《理论月刊》2010 年第 1 期。
7 李玉洁：《论周代的尸祭及其源流》，《河南大学学报》（社会科学版）1992 年第 1 期。
8 林琳、傅亚庶：《周礼庙祭中的用酒与用牲》，《社会科学战线》2011 年第 11 期。
9 陈筱芳：《周代卜筮礼制新探》，《礼学与中国传统文化——庆祝沈文倬先生九十华诞国际学术研讨会论文集》，浙江大学古籍研究所编，北京：中华书局，2006 年，第 56-65 页。

的还原。[1]孙孝忠提供了向祖先祈福方面的金文佐证。[2]

天子宗庙祭祀乐舞研究。王国维考证了《大武》乐章的组成部分。[3]高亨讨论了与天子宗庙祭祀相关的乐舞《九磬》（或《大磬》）、《大濩》，对《大武》的章名、章次、舞容、音调、意义等进行了详细研究。[4]考证《大武》的还有孙作云[5]、汪宁生[6]、姚小鸥[7]、李山[8]、梁锡锋[9]、刘全志[10]。张国安对研究《大武》的主要成果作了非常详尽的辨析，并提出了一些新见解。[11]于文哲考察了乐舞《韶》（即《九磬》）的名称、音乐、舞蹈以及与周代文舞的关系。[12]杨隽讨论了礼仪中金奏的象征意义。[13]栗建伟在讨论周代乐仪时涉及《周礼》天子宗庙祭祀的用乐仪节。[14]此外也不乏音乐史方面的论

---

1 江林：《〈小雅・楚茨〉与宗周岁时祭》，《礼学与中国传统文化——庆祝沈文倬先生九十华诞国际学术研讨会论文集》，浙江大学古籍研究所编，北京：中华书局，2006年，第66–75页。

2 孙孝忠：《周代的祈寿风与祝嘏辞》，《厦门大学学报》（哲学社会科学版）2012年第6期。

3 王国维：《周大武乐章考》，《观堂集林》（上册），北京：中华书局，1959年，第104–108页。

4 高亨：《上古乐曲的探索》，《文史述林》，北京：中华书局，1980年，第41–79页；高亨：《周代大武乐考释》，《文史述林》，北京：中华书局，1980年，第80–116页。

5 孙作云：《周初大武乐章考实》，《诗经与周代社会研究》，北京：中华书局，1966年，第239–272页。

6 汪宁生：《释"武王伐纣前歌后舞"》，《历史研究》1981年第4期。

7 姚小鸥：《诗经三颂与先秦礼乐文化》，北京：北京广播学院出版社，2000年，第45–89页。

8 李山：《周初〈大武〉乐章新考》，《中州学刊》2003年第5期。

9 梁锡锋：《〈昊天有成命〉属〈大武乐章〉考辨》，《四川师范大学学报》（社会科学版），2004年第1期。

10 刘全志：《西周〈大武〉乐章新论》，《湖北大学学报》（哲学社会科学版）2012年第1期；刘全志：《从舞容与颂诗的关系看〈大武〉在典礼中的运用》，《音乐探索》2012年第4期。

11 张国安：《先秦乐政与乐教研究》，博士学位论文，扬州：扬州大学中国文化研究所，2004年。

12 于文哲：《"〈箫韶〉九成，凤凰来仪"：〈韶〉乐舞考论》，《广西大学学报》（哲学社会科学版）2011年第4期。

13 杨隽：《"金奏"乐象与"祗庸"乐德——兼论〈周颂〉的礼学文化内涵》，《文艺评论》2011年第2期。

14 栗建伟：《周代乐仪研究》，博士学位论文，武汉：华中师范大学历史文化学院，2014年。

述，杨荫浏[1]、李纯一[2]、刘再生[3]、许兆昌[4]、周柱铨[5]、都讨论到了周代祭祀的乐制问题。方建军专门研究古代乐器，探讨了周代乐器与祭祀活动之间的关系。[6]

器物层面。常金仓师从周代祭祀中辨认出了设置庙主和使用明火的现象为史前文化因素。[7]吴十洲综合文献与考古材料，对周代礼器制度作了全方位考察，涉及西周宗庙祭祀中礼器的使用，周天子所拥礼器的象征意义。[8]胡新生谈到《周礼》天子宗庙祭祀中所用茅和道布具有辟除凶邪的功能，茅还有招神的功能。[9]周聪俊论及《周礼》所载醴齐和酒尊的问题[10]，其中关于醴器象形的观点值得进一步讨论。阮明套认为《周礼》中的鸟兽尊是象形器[11]，易善炳则认为《周礼》和《三礼图》所载“鸡彝”是在器物表面刻画鸡形图案。[12]臧振根据金文中“瓒”的字形，提出祼礼所用瓒实为“以郁鬯灌注盛于器中之玉”，将其视作献祭神灵的食品[13]，方稚松和何景成通过对甲骨金文的研究，也倾向于这种认识。[14]万红丽将瓒的

---

1 杨荫浏：《中国古代音乐史稿》，北京：人民音乐出版社，2004 年。
2 李纯一：《先秦音乐史》（修订版），北京：人民音乐出版社，2005 年。
3 刘再生：《中国古代音乐史简述》（修订版），北京：人民音乐出版社，2006 年。
4 许兆昌：《先秦乐文化考论》，哈尔滨：黑龙江人民出版社，2010 年。
5 周柱铨：《先秦文献音乐史料考》，哈尔滨：黑龙江人民出版社，2012 年。
6 方建军：《中国古代乐器概论（远古—汉代）》，西安：陕西人民出版社，1996 年；方建军：《商周乐器文化结构与社会功能研究》，上海：上海音乐学院出版社，2006 年。
7 常金仓：《周代献祭礼仪中蕴含的史前文化》，《晋阳学刊》1993 年第 4 期。
8 吴十洲：《两周礼器制度研究》，台北：五南图书出版公司、中华发展基金管理委员会，2004 年。
9 胡新生：《中国古代巫术》，北京：人民出版社，2010 年，第 130-132、212-213 页。
10 周聪俊：《殷周礼制中醴及醴器研究》，《三礼礼器论丛》，台北：文史哲出版社，2011 年，第 21-56 页。
11 阮明套：《周代的酒与饮酒礼》，博士学位论文，北京：北京师范大学历史学院，2012 年。
12 易善炳：《〈三礼图〉鸡彝图像考辩》，《南京艺术学院学报》（美术与设计版）2013 年第 4 期。
13 臧振：《玉瓒考辨》，《考古与文物》2005 年第 1 期。
14 方稚松：《释殷墟花园庄东地甲骨中的瓒、祼及相关诸字》，《中原文物》2007 年第 1 期；何景成：《试论祼礼的用玉制度》，《华夏考古》2013 年第 2 期。

主要特征总结为多成对出现，首部椭圆形或圆形，有座而便于放置。[1]

祭服层面。《周礼》天子宗庙祭祀中的祭服包括男子的冕服和女子的六服。王宇清、蔡子谔和尚民杰的研究都涉及这一问题。王宇清对《尚书》《周礼》等文献中的冕服作了探索，分析了冕服服章的源流和内涵。[2]蔡子谔讨论了冕服和女子所穿六服的形制、寓意和功能。[3]尚民杰考察了冕服十二章的渊源，认为“它的祖型当发源于原始社会”[4]。以上关于冕服的研究都将服章与图腾崇拜联系在了一起，其实都属于泛图腾论。朱和平在讨论西周服章制度时，对《周礼》中的男子冕服和女子六服作了概述。[5]李岩论及周代冕服的组成、形制、种类和命名，并对《周礼》中天子六冕的等级、不同阶层六冕的等级、君臣共用冕服做了专门分析。[6]

祭品层面。吴土法以《周礼》《国语》等文献为主要材料，并以甲骨金文为参证，对包括天子宗庙祭祀在内的先秦（主要是周代）天子大祭祀使用牺牲的程序——选牲、养牲、省牲、迎牲、杀牲、荐牲，作了详细梳理和考证。[7]曹建墩有三篇论文都与祭品有关，其中《周代牲体礼考论》参考《周礼》《仪礼》等文献，对周代牺牲的解割、陈载、骨体使用的礼规进行了考察，并指出这些礼规有区别尊卑贵贱和增强同姓、异姓亲和力的政治功能[8]；《周代祭祀用牲礼制考略》讨论了周代祭祀用牲的等级性、牺牲形态等问题[9]；《周代祭品观念》分析了周代祭品所蕴含的道

1 万红丽：《“瓒”的定名、形制及相关问题》，《东南文化》2004 年第 2 期。
2 王宇清：《冕服服章之研究》，台北：中华丛书编审委员会，1966 年。
3 蔡子谔：《中国服饰美学史》，石家庄：河北美术出版社，2001 年。
4 尚民杰：《冕服十二章溯源》，《文博》1991 年第 4 期。
5 朱和平：《中国服饰史稿》，郑州：中州古籍出版社，2001 年。
6 李岩：《周代服饰制度研究》，博士学位论文，长春：吉林大学古籍研究所，2010 年。
7 吴土法：《先秦天子大祀牺牲考》，《浙江大学学报》（人文社会科学版）2004 年第 3 期。
8 曹建墩：《周代牲体礼考论》，《清华大学学报》（哲学社会科学版）2008 年第 3 期。
9 曹建墩：《周代祭祀用牲礼制考略》，《文博》2008 年第 3 期。

德理性和政治理性[1]。常金仓师讨论的周代衣食问题也有不少与宗庙祭祀相关。[2]

祭祀的象征意义与功能层面。王晖从文献和金文材料考察了周代礼乐制度特别是祭祀制度中的返本归朴现象，指出它们反映了原始社会的生活状况。[3]林素娟以祭祖礼为场域，探讨了饮食在祭祀前的斋戒、祭祀中供奉祭品、祭祀后的共食仪式中所具有的转变身心的神秘力量，以及在家族意义上所具有的合族属、序伦常的政教功能。[4]王秀臣分析了《周礼》《礼记》等文献中所载祭祀礼仪中祭器、祭品、服饰、时空、仪节等蕴含的丰富象征意义。[5]

陈筱芳认为原始祖先崇拜是基于尊崇和敬畏而祈求祖先的福佑，具有单纯的宗教性质，到了周代，祖先崇拜才具有了宗法和孝德意义，标志着祖先崇拜的世俗化。[6]她将祖先崇拜团结族人的作用推迟到周代，恐怕是过于滞后了。何飞燕根据青铜器铭文材料，指出了西周春秋时祭祀祖先有报恩性的孝道和功利性的祈福的二重性[7]，其博士论文对这一问题有更为详细的论述。[8]

郭守信指出对祖先的祭祀产生于父系氏族社会，起着维系整个氏族的纽带作用，周代祭祀的本质是利用宗教形式服务于政治。[9]李向平认为祖神崇拜是王权统治的核心内容，孝道使王权道德化和伦理化。[10]张荣明

1 曹建墩：《周代祭品观念》，《天中学刊》2008 年第 6 期。
2 常金仓：《周代社会生活述论》，长春：吉林人民出版社，2007 年。
3 王晖：《周代大礼返本归朴说》，《齐鲁学刊》1997 年第 5 期。
4 林素娟：《饮食礼仪的身心过渡意涵及文化象征意义——以三〈礼〉斋戒、祭祖为核心进行探讨》，《中国文哲研究集刊》（第 32 期），2008 年。
5 王秀臣：《祭祀礼仪的象征系统及其文学意义》，《北方论丛》2009 年第 4 期。
6 陈筱芳：《周代祖先崇拜的世俗化》，《西南民族大学学报》（人文社科版）2005 年第 12 期。
7 何飞燕：《从周代金文看祖先神崇拜的二重性特点》，《人文杂志》2008 年第 4 期。
8 何飞燕：《出土文字资料所见先秦秦汉祖先神崇拜的演变》，博士学位论文，西安：陕西师范大学历史文化学院，2010 年。
9 郭守信：《周代祭祀初论》，《中国史研究》1986 年第 2 期。
10 李向平：《周代的祖宗崇拜与王权的历史特征》，《社会科学战线》1991 年第 3 期。

通过考察殷周时代的政治信仰与宗教信仰、政治组织与宗教组织、政治权力与宗教权力、政治制度与宗教制度五个方面的问题，提出了殷周政治与宗教合一的观点。[1] 景红艳通过对青铜器铭文的分析，得出了周天子宗庙祭祀之后赐膰的对象既包括同姓宗亲，也包括大量异姓贵族的结论[2]，解决了学界关于这一问题的长期争论。

此外，在与先秦礼制有关的著作中，还有不少涉及《周礼》天子宗庙祭祀相关问题者。杨向奎考证了《周礼》所载《大武》的乐章次第[3]；陈戍国论及西周祭祖礼中的卜日和作祝同《周礼》记载相合[4]；周何谈到祭祖表达思亲之情、具有报本反始的意义、需要虔诚的态度[5]；康学伟指出周代宗庙祭祀的核心是对祖先的报本反始，它通过改造利用旧的祭祖风俗以弘扬孝道，并由此推及到隆君，进而达到安定政治秩序的目的[6]；李衡眉通过借鉴文化人类学知识，指出在周人祭祖仪式中，祭祀对象和祭祀者分昭穆的原因是原始社会父子分属两个氏族而祖孙属于同一氏族[7]。晁福林论及西周祖先神灵为保护神、尸的问题、祭祀态度等三方面。[8] 以上对于分析《周礼》天子宗庙祭祀的相关问题均有参考价值。

合而观之，今人不为旧式经学的藩篱所囿，以多样化的视角和方法为突破点，围绕《周礼》天子宗庙祭祀的相关问题展开了积极的讨论和争辩。其中关于祠禴尝烝四时祭是否存在、根据考古材料探究器物的形制、从古礼中辨认史前文化因素、注重社会功能现代意义的诠释更是其中闪耀的亮点。通过这些研究，确实发古人所未发，涌现出了不少真知

1 张荣明：《殷周政治与宗教》，台北：五南图书出版有限公司，1997 年。
2 景红艳：《从青铜器铭文看周代的赐“膰”礼》，《考古与文物》2012 年第 2 期。
3 杨向奎：《宗周社会与礼乐文明》，北京：人民出版社，1992 年，第 336-341 页。
4 陈戍国：《先秦礼制研究》，长沙：湖南教育出版社，1991 年，第 199-200 页。
5 周何：《古礼今谈》，台北：万卷楼图书有限公司，1992 年，第 193-218 页。
6 康学伟：《先秦孝道研究》，台北：文津出版社，1992 年，第 109-113 页。
7 李衡眉：《论昭穆制度》，台北：文津出版社，1992 年，第 104 页。
8 晁福林：《先秦民俗史》，上海：上海人民出版社，2001 年，第 292-297 页。

灼见，廓清了很多重要问题。

必须指出的是，今人的研究仍然至少存在三个值得关注的问题：

第一，材料运用上重考古轻文献，轻易推翻古人成说。20 世纪初以来考古材料大量出土，极大地拓宽了研究《周礼》的材料范围，不过已有成果也有不少失于允当的地方。如郑玄注《周礼》精深扼要，自当有据，理应给予充分重视，而不能轻易视之为空穴来风的臆断之辞。当然，郑说固然不能全部无误，但问难郑说也须讲究适宜方法，拿出经得起推敲的证据，不宜过于抬高考古材料的地位。

第二，理论运用上过信西方理论，忽视古人解说。学者在运用西方理论上得失参半，有的将西方理论作为有益的启发，然后结合中国古礼自身的特征作出了合理阐释；有的却机械照搬西方理论，造成生硬套解中国古礼的现象。西方理论主要是建立在西方视野下的材料基础之上，确实可以为中国古礼研究带来一些启发，但也并不是全部适合直接阑入，也须具体问题具体分析。相比之下，古人关于古礼的解说是以中国古代文化为背景，可信度相对较高。学界关于尊彝物象和冕服服章寓意的讨论即属这类问题。

第三，文化结构研究上还有不少值得探索的方向。其一，虽然今人对于《周礼》天子宗庙祭祀的仪式、器服、祭品等方面的考察较多，但就笔者目力所见，并未出现全面清理整个祭祀系统的专门论作，这使得《周礼》天子宗庙祭祀的总体文化结构还不大明朗。周代天子宗庙祭祀之礼已佚，作为了解周代天子宗庙祭祀的必要参照，从事这一研究工作显得非常必要。其二，目前对于具体细节的梳理和分析尚显不足，有待作出重新审视。如“间祀”具体是哪种祭祀类型；司巫提供“道布”是否具有史前文化的色彩以及属于何种巫术思维方式；大宗伯和九嫔所奉“玉齍”为何物；祭器和祭品体现神圣性有哪些象征方式。如此等等，仍有不少余义可求。其三，总体来看，在运用文化人类学和宗教社会学等社会科学知识研究《周礼》天子宗庙祭祀方面还显得比较薄弱，对于这一仪式社会功能的分析更是如此。

上述三个问题的存在，说明《周礼》天子宗庙祭祀的研究还有很大的拓展空间，而这些空间正是本书试图努力探索的地方。

◉ 第三节 研究思路与方法

一、总体思路

本书将按照描述事实——分析寓意——探索功能的范式，由表及里、层层深入，既着力于《周礼》所载天子宗庙祭祀内容的梳理和考辨，又注重对其寓意的阐发和社会功能及其运行机制的探索，试图挖掘出那些在信仰和仪式背后起着支撑作用的文化要素。按此，全书共分为以下五章内容：

第一章梳理《周礼》所载天子宗庙祭祀的对象及类型。祭祀对象以祭祀先王与先公为主，此外还有祭祀先妣和功臣配祭的制度。祭祀类型可分为常祀与因祭两大部分，其中常祀包括四时祭和间祀，因祭包括因灾祸祈祷、因丧而祭、大师告祭、大田告祭和大会同告祭。

第二、三章探索祭祀前的准备事宜。具体包括器服与祭品的准备、卜筮、准备乐舞、发布与执行誓戒禁令、立尸与为期。人们的祭祀意识随着祭祀之日的临近，有一个不断渐进强化的过程。各项祭前准备事宜就是不断强调祭祀的旨趣以及为正式祭祀仪式铺平道路的过程，可以视为一种过渡仪式。它将器服、祭品和祭祀者同凡俗世界完全隔离，并带入神圣的时间（祭祀时间）和神圣的空间（宗庙）之中，实现了从凡俗状态到神圣状态的一系列过渡。

第四章考察祭祀之日的仪式。正式仪式开始前有一些临祭的程序，即鸡人和巾车呼旦，警起百官以及小宗伯告时于王，世妇等陈列祭器与祭品以及肆师告洁告备，大史安排助祭诸臣行礼的位置。正式仪式包括迎神，祼礼，迎牲、杀牲与割牲，进献笾豆之实、牺牲、酒与粢盛，赐酒于助祭者和执事者，以及仪式的退出六大步骤。

第五章分析《周礼》天子宗庙祭祀的社会功能及其运行机制。拟从追念、祈福于祖先及增强宗族内聚力，巩固君臣关系，以孝道垂范教化臣民，将礼义嵌入人心，确认与展示祭祀者的身份及地位，与政治相关的娱乐和审美功能等方面展开论述。这些功能既是天子宗庙祭祀系统正常运行的逻辑结果，又是支撑它得以存在的精神支柱。

二、研究方法

解读历史文献以至研究历史问题，本无什么学科界域之分，只要有助于合理解决问题，各种学科的材料、理论和方法均可拿来使用。所以本书在研究方法上，不仅会采用传统的历史文献考证法，以及以考古材料为佐证，对《周礼》天子宗庙祭祀所涉名物制度和仪节进行考察研究，而且还将谨慎地择取和借鉴宗教社会学和文化人类学的相关材料、理论和方法，旨在阐明天子宗庙祭祀的寓意和社会功能。

（一）传世文献和考古材料的问题

在运用传世文献和考古材料时，需要厘清规范文类和描写文类之间的关系，并且明晰传世文献与考古材料不同的论证价值。

厘清规范文类和描写文类之间的关系。台湾道教学者谢世维曾根据西方宗教学关注宗教施为者的趋势，审视了中国宗教研究的一些盲点，其中提到了规范文类与描写文类混淆的问题。他指出：“规范文类一般所呈现的是一种期望状况或宗教、伦理、生活规范，未必是现实的实际状态。而描写文类的资料则呈现出人如何去了解乃至如何去运用规范文类。而过去学者最常出现的方法上盲点就是将规范文类当作描写文类去解读，将宗教经典文献视为宗教实践的文本化。”[1]这段话提醒我们，就《周礼》所载天子宗庙祭祀而言，它是以统治者的视角展开的叙述体系，其内容是系于职官之下的规范性文类，更准确地说，它属于政治制度思想史的范畴。因此在结合其他文献或材料来解读经文时，要谨慎区别这两种不同的文类。以此为前提，尽可能考察哪些内容是可以得到证明的实践过的历史真实，哪些是虽然没有直接佐证但仍然合于情理的叙述，哪些是作者汲取当时的社会文化因素而仅仅停留于文本上的思想构建，以期对《周礼》天子宗庙祭祀有一种立体式的呈现。

传世文献与考古材料的不同论证价值。以《周礼》为中心的传世文献是本书在材料上的主要依托，其重要性无须赘言。考古材料可分为有文字和无文字两种情况，它们扩大了史料范围，无疑有助于拓展和深化我们对于祭祀礼制的认识，但也必须清醒地认识到考古材料的局限性。苏联宗教学家谢·亚托卡列夫就曾谨慎地指出：“考古史料之所以珍贵，在于它具有较为可信的年限和稳定的分期（尽管并非均属准确无误）。然而，考古史料又难免存在一些缺陷：诸如此类材料十分匮乏，而且流于支离破碎，此其一；再则，考古史料本身并不足以说明任何问题——为了考知其究竟，尚须借助揣测和类比。”[2]历史学家金景芳也提示我们，必须注意到“地底下掘出的史料也有它的不可克服的缺点。第一，它不是自明的；第二，它缺乏理论性和系统性”[3]，所以在研究过程中，要坚持文献和实物并重的科学态度。对于中外学者的这些谆谆教导，我们要引以为鉴，努力杜绝片物折狱的倾向。

---

1 谢世维：《天界之文——魏晋南北朝灵宝经典研究》，台北：台湾商务印书馆股份有限公司，2010 年，第 30 页。

2 ［苏］谢·亚·托卡列夫著，魏庆征译：《世界各民族历史上的宗教》，北京：中国社会科学出版社，1985 年，第 40 页。

3 金景芳：《古史论集》，济南：齐鲁书社，1981 年，第 26 页。

（二）运用宗教社会学

宗教社会学的奠基人、法国著名社会学家爱弥尔·涂尔干为“宗教”下过一个定义：“宗教是一种与既与众不同，又不可冒犯的神圣事物有关的信仰与仪轨所组成的统一体系，这些信仰与仪轨将所有信奉它们的人结合在一个被称为‘教会’的道德共同体之内。”[1]这一定义阐明了宗教的两个基本构成要素：对神圣事物的信仰和举行集体仪式。这两个要素必须是有机结合在一起的，宗教中的信仰与仪轨必须是非凡俗的即神圣的统一体系，信奉这一宗教的人们必须凝聚成一个道德共同体。虽然《周礼》中的祭祀是政治行为，但显然也兼具这两个要素，在祭祀的时间段内，完全带有神圣的宗教色彩。所以我们可以将《周礼》天子宗庙祭祀划入涂尔干的宗教范畴来加以审视和研究。

宗教社会学特别强调集体仪式产生的精神力量。涂尔干说：“任何社会都会感到，它有必要按时定期地强化和确认集体情感和集体意识，只有这种情感和意识才能使社会获得统一性和人格性。这种精神的重新铸造只有通过聚合、聚集和聚会等手段才能实现，在这些场合个体被紧密地联系起来，进而一道加深他们的共同情感；于是就产生了仪典。”[2]拉德克利夫－布朗深受涂尔干的影响，他也指出：“仪式使人的情感和情绪得以规范的表达，从而维持着这些情感的活力和活动。反过来，也

---

1 ［法］爱弥尔·涂尔干著，渠东、汲喆译：《宗教生活的基本形式》，北京：商务印书馆，2011 年，第 58 页。按：涂尔干，又译作杜尔干、迪尔凯姆。本书正文统一使用“涂尔干”，引文出处标识则以各中文译本为准。埃文斯－普理查德对涂尔干的这一定义提出了批评，认为他“没有考虑到情境的灵活性”，即“‘神圣事物’只是在某些情境和场合中才是神圣的，而在别的情境和场合就不是神圣的”，而且认为仪式的参与者也不一定会服从禁令。参见［英］E.E. 埃文斯－普理查德著，孙尚扬译：《原始宗教理论》，北京：商务印书馆，2001 年，第 78 页。其实这些批评是谨慎却也过于苛刻的，定义本身是在理论上对文化现象的一种描述，也是作者为了表达自己的观点而与读者的一种约定。此外，普理查德所言“在别的情境和场合就不是神圣的”事物，就不属于神圣事物的范畴了，仪式的参与者不服从禁令，那是个人行为，并不意味着宗教就没有禁令。

2 ［法］爱弥尔·涂尔干著，渠东、汲喆译：《宗教生活的基本形式》，北京：商务印书馆，2011 年，第 589 页。

正是这些情感对人的行为加以控制和影响，使正常的社会生活得以存在和维持。”[1] 他们的这些认识，其实都是因袭和发展了英国宗教人类学家罗伯尔参·司密斯（又译作罗伯逊·史密斯）所谓原始宗教“主要为地方社会底事，不是个人底事”的说法[2]，道出了宗教仪式背后蕴含的社会性。

上述理论对于我们研究天子宗庙祭祀这种集体行为无疑很有启发意义。天子宗庙祭祀中的各种名物与仪节不仅是礼义的外在表达形式，而且是一种宗教技术，是实现其预设功能的力量之源，《周礼》恰好为我们提供了大量的这类材料。我们之所以将在研究中投以相当大的篇幅，详细考察每一个祭祀细节，进而说明它们的寓意和功能，正是基于寻求这种力量之源产生过程的考虑。关于天子宗庙祭祀的总功能，《周礼》和其他文献已指出了一些，我们除了将梳理和分析这些记载外，还要把重心放在阐释祭祀仪式是如何实现这些功能的这一内在机制上。因此，在研究过程中会借鉴宗教社会学的理论和方法，突出祭祀仪式背后的社会现实性。[3]

（三）运用文化人类学

裘锡圭在谈到研究中国上古史的方法时给出了这样的提示：“应该学一些世界史和文化人类学方面的知识，通过跟其他民族的思想、风俗习惯、制度等等的比较，来研究中国古代。”[4] 他相信对于这一问题的关注会

---

1 ［英］A.R 拉德克利夫－布朗著，潘蛟、王贤海、刘文远等译，潘蛟校：《原始社会的结构与功能》，北京：中央民族大学出版社，1999 年，第 179–180 页。

2 转引自［英］马林诺夫斯基著，李安宅译：《巫术科学宗教与神话》，上海：上海文艺出版社，1987 年，第 7 页。

3 涂尔干在《宗教生活的基本形式》一书的结论中指出：“我们倾向于认为，这些已经获得的研究成果（按：关于图腾制度的观念和主要仪式态度）并不是图腾制度所独有的现象，它们能够帮助我们去理解一般意义上的宗教。”参见［法］爱弥尔·涂尔干著，渠东、汲喆译：《宗教生活的基本形式》，北京：商务印书馆，2011 年，第 574 页。

4 裘锡圭、曹峰：《“古史辨”派、“二重证据法”及其相关问题》，《文史哲》2007 年第 4 期。

为中国古代史的研究注入新鲜的血液。陈来也说:“从事中国历史文化研究的学者,先须从整顿中国的历史材料出发,由以了解当时文化的形态与特质,更参之以近代人类学对世界各地初民文化的研究,以把握中国上古文化形态中的普遍性与特殊性因素。”[1]吴荣曾更是将民族史、民族志方面的材料视为“三重证据”[2]。

学者们在礼学研究上已有这方面的认识与尝试。何联奎说“礼俗研究,可纳入于民族学研究范围之内”[3]。车行建在评介台湾地区1950到2000年期间三礼研究成果时指出:“三礼中保存了很多有关古人生活方式与文化的资料,而这部分其实正属于文化人类学所研究的范畴,因而不少学者已开始尝试采用文化人类学的角度来研究三礼。”其中有石磊的论文《〈仪礼·丧服〉篇所表现的亲属结构》,叶国良的著作《古代礼制与风俗》,及率其团队完成的论文《〈仪礼·士冠礼〉研究·一:经学与文化人类学的综合考察》,等等。[4]丁鼎和马金亮在谈到三礼学今后研究的努力方向时也指出:“人类有许多共性,人类学、民俗学的材料和视角,可以为我们进行古礼研究提供许多借鉴和帮助,我们应该充分利用人类学、民俗学的研究成果作为我们进行三礼学研究的‘第三重证据’,深化三礼学研究。”[5]本书正是要循着这种思路作出一些局部探索。当然与此同时,也要时刻注意到中国文化本身的特殊性。

本书在运用文化人类学上主要有三个层面:调查材料、理论和方法。

运用调查材料层面。对于《周礼》所载不少祭祀仪节,古代学者

1 陈来:《古代宗教与伦理:儒家思想的根源》,北京:生活·读书·新知三联书店,2009年,第21页。

2 吴荣曾:《读史丛考》,北京:中华书局,2014年,第143页。

3 何联奎:《中国礼俗研究》,台北:台湾中华书局,1975年,第2页。

4 林庆彰主编:《五十年来的经学研究》,台北:台湾学生书局,2003年,第179-181页。

5 丁鼎、马金亮:《新中国(大陆地区)三礼学研究综述》,《齐鲁文化研究》(第12辑),2012年。

的考释疏解有时说明了“是什么”，而在解释“为什么”上却多付之阙如或不够透彻。鉴于此，本书将引入19、20世纪西方传教士、文化人类学家等实地调查和搜集的现代野蛮民族祭祀方面的材料及作出的相关分析试着说明问题。可以说不少文化人类学家作为研究者，足迹遍布亚洲、非洲、美洲、大洋洲等世界广大区域，在一定程度上亲自替我们进入过去的很多生活场景中去，具有很强的现场感。他们针对各野蛮民族的思想和行为进行了第一手的、颇为专业的考察、记录和分析研究。关于这一点，一些学者已经指出。如马凌诺斯基转述著名埃及学家加迪纳（A.H.Gardiner）的话说：“民族志专家具有获取与从古代文化中保存下来传给我们的材料相似的书面资料的巨大可能性，并且民族志专家还可以利用对于特定文化的丰富生活的亲身经历来解释这些资料。”[1]英国人类学家埃文斯-普理查德也指出：“对原始人形形色色的宗教观念与实践的研究，有助于我们获得关于高级宗教或历史与实证宗教或启示宗教，包括我们自己的宗教本质的结论。”[2]

当然，我们也必须清楚地认识到，文化人类学调查材料所反映的文化与中国古代文化并不属于同一个文化系统，二者在时间和空间上存在着很大差异，所以不能将二者简单等同起来。但也大可不必因噎废食。之所以采用它们，一方面是考虑到除了书斋式的分析和论证方式之外，还可以隔着时空获取一定程度的亲临现场感；另一方面是基于文化人类学家所考察的社会结构有原始和简单的特点，他们的文化现象比较容易被分解为便于理解的简单文化因素，从中可以发现一些相似的行为方式

1 ［英］马凌诺斯基著，梁永佳、李绍明译，高丙中校：《西太平洋的航海者》，北京：华夏出版社，2002年，第20页。

2 ［英］E.E.埃文斯-普理查德著，孙尚扬译：《原始宗教理论》，北京：商务印书馆，2001年，第2页。

及指导这些行为的思维方式，如此则“比较文明民族的文化易于找出人类文化的原始状态”[1]。诚如金景芳所言：“中国古代思想是由中国原始社会思想发展而来的。因此，想要彻底了解中国古代思想，就不能不进一步到原始社会思想中去找根源。”[2] 基于以上考虑，文化人类学材料无疑会为我们的研究带来很多有益的启迪，说它们是人类早期活动的“活化石”也未尝不可。马凌诺斯基在谈及此类问题时曾说：“各个文化间的差异性虽然很大，但是其中也很多相同之点。因为文化常用相同的方法，来解决一组同一的问题。”[3] 所以他认为“或许通过认识遥远而陌生的人性，我们会看清我们自己”[4]。

运用这些调查材料时，我们会尽量采取谨慎的态度加以取舍。对此，常金仓师提出了很好的规范性意见，他说：“我们必须坚持：第一，在采用外族材料说明本族历史时，除了相互比较的两个文化特征具有外在的相似性外，还必须找到与该特征紧密相关联的、一条以上其他相似或相同的文化因素，因为任何文化因素都不是孤立存在的，由众多因素构成的文化事项即使在历史发展中发生变化或衰落下来，与之原来相关因素不可能全部消失，这类相关因素当然是多多益善。第二，现在的人文社会科学工作者多满足于搜罗证据证明自己的观点和主张，其实任何严肃、认真、负责的学者更要搜集与自己某个假设相反的证据，加强自我批判精神，这样的成果才更具科学价值。”[5]其中第二条意见不仅对于采用外族材料具有规范意义，而且对于任何学术研究都是适用的。

1 林惠祥：《文化人类学》，上海：上海古籍出版社，2013 年，第 7 页。

2 金景芳：《中国古代思想的渊源》，《社会科学战线》1981 年第 4 期。

3 ［英］马林诺斯基著，费孝通译：《文化论》，《费孝通译文集》（上册），北京：群言出版社，2002 年，第 292 页。

4 ［英］马林诺斯基著，梁永佳、李绍明译，高丙中校：《西太平洋的航海者》，北京：华夏出版社，2002 年，第 19 页。

5 常金仓：《古史研究中的生殖崇拜问题》，《二十世纪古史研究反思录》，北京：中国社会科学出版社，2005 年，第 128-129 页。

运用理论和方法的层面。一般来说，文化人类学的研究重点在于史前时代与野蛮民族[1]，西方文化人类学家于19世纪后半期到20世纪在对野蛮民族调查的基础上，前后创立了古典进化论、传播论、功能主义、新进化论、结构主义、象征主义等学派，形成了各自独特的理论和方法。我国文化人类学家林惠祥认为他们得出的原理“虽不可以武断一切，但也有相当的价值，可用以为研究人类初期文化的参考，并试为相当的说明”[2]。中国人自古以来的现实功利倾向已是学界共识，礼乐社会的祭祀特别是国家层面的天子宗庙祭祀等自然打上了深深的现实印记。所以在运用文化人类学分析这些行为时，我们侧重于借鉴功能主义学派的原理和方法[3]，结合礼乐文化的实际情况，探讨它们在现实社会中的效用。这一点与运用宗教社会学理论和方法的目的是完全一致的。

值得注意的是，《周礼》天子宗庙祭祀中充斥着一些带有巫术色彩的内容，这里有必要对运用文化人类学的巫术理论作一说明。在英国古典进化论人类学家弗雷泽看来，在巫术和神灵打交道时，它“对待神灵的方式实际上就和它对待无生物完全一样，也就是说，是强迫或压制这些神灵，而不是像宗教那样去取悦或讨好它们”[4]。胡新生总结出了西方学者对于巫术的认识：“运用超自然力量并通过特定仪法控制客体的神秘手段，它追求直接的现实效用，往往表现出不敬神灵的态度和自信自夸的

1 林惠祥：《文化人类学》，上海：上海古籍出版社，2013年，第6页。

2 林惠祥：《文化人类学》，上海：上海古籍出版社，2013年，第7页。

3 功能学派认为任何文化现象都有满足人类实际生活需要的作用，都有一定的功能，他们重在研究文化现象内部的结构，看它是由哪些文化因素组成的，它们的功能如何，以及相互之间的关系是怎样的。功能学派代表人物拉德克利夫－布朗其实注意到了《国语》《荀子》《礼记》这些中国先秦古籍中所阐述的“礼”的社会功能，甚至承认自己的理论其实并不新颖。参见［英］A.R拉德克利夫－布朗著，潘蛟、王贤海、刘文远等译，潘蛟校：《原始社会的结构与功能》，北京：中央民族大学出版社，1999年，第175-180页。

4 ［英］詹姆斯·乔治·弗雷泽著，徐育新、汪培基、张泽石译，汪培基校：《金枝》，北京：大众文艺出版社，1998年，第79页。

倾向。”[1]这种将巫术与宗教截然分开、强调巫术控制作用的理解，其实只是弗雷泽式的诠释，其他西方学者对此已有更正。[2]

探讨中国先秦时代的祭祀问题时更是如此，不少学者已深刻地意识到了这一点。邓国光说：“在古代中国社会，巫的术，一直都不在祭祀活动中占主导。巫的术集中于祈雨活动，在文化的成型过程里不是主要的力量。就《三礼》所载的巫，地位均不如祝。”[3]许兆昌提醒我们要注意到中西方文化的差异，“在使用明显带有西方文化传统色彩的现代学术话语体系阐述独立发展起来的中国古代文化的时候，就必须充分考虑到中西方文明在基本概念及范畴上的差异”。他还指出，先秦时期的巫术与祭祀是相互渗透的，从行为方式来看，先秦社会的巫对待神灵的方式“主要表现为乞求和讨好”[4]。陈来也认为商周的巫是“祭祀体系中祭司阶层的一部分”，他们对神灵持“献媚态度”[5]，认识到巫和巫术都是顺乎礼仪而被纳入其中的。三位学者的看法都切中了问题的要害。

当然，弗雷泽对于巫术的研究也自有可取之处，譬如他将纷繁的巫术统称为“交感巫术”，意为“物体通过某种神秘的交感可以远距离地相互作用”。按照思维原则的不同，又将其分为顺势巫术（或称作模拟巫术）和接触巫术两大类，就是很好的分析方法。顺势巫术基于“相似律”，意即“同类相生”；接触巫术基于“接触律”（或称为“触染律”），意即“物体一经互相接触，在中断实体接触后还会继续远距离的互相作

1 胡新生：《中国古代巫术》，北京：人民出版社，2010 年，第 2 页。

2 晁天义：《巫术研究的一个误区——弗雷泽“巫术时代论”与中国的巫术研究》，《山西大学学报》（哲学社会科学版）2002 年第 1 期。

3 邓国光：《中国文化原点新探——以〈三礼〉的祝为中心的研究》，广州：广东人民出版社，1993 年，第 1 页。

4 许兆昌：《先秦社会的巫、巫术与祭祀》，《史学集刊》1997 年第 3 期。

5 陈来：《古代宗教与伦理：儒家思想的根源》，北京：生活 · 读书 · 新知三联书店，2009 年，第 47、60 页。

用”[1]。对于融入《周礼》天子宗庙祭祀中的巫术现象，我们将指出它们分别属于哪种巫术类型，并试着分析其寓意和功能。

本书旨在参酌前辈时贤既有研究成果的基础之上，以《周礼》所载天子宗庙祭祀材料为基础，辅之以《诗经》《尚书》《左传》《仪礼》《礼记》等传世文献，吸收考古学和文化人类学材料，并尝试结合传统历史考据法、宗教社会学、文化人类学、文化史学等理论和方法，对《周礼》所载天子宗庙祭祀问题展开一次专题式的探索。

最后需要强调的一点是，在行文中我们将树立一种积极的学术态度。本书对于所涉《周礼》天子宗庙祭祀制度将尽量作出切实的分析，倘若在今人看来这一制度设计存在这样或那样的一些明显错误，也要理解它在当时的合理性，持有一种宽容的心态。借用弗雷泽的话说就是：“检查远古时代人类的观念和做法时，我们最好是宽容一些，把他们的错误看成是寻求真理过程中不可避免的失误，把将来某一天我们自己也需要的那种宽容给予他们。”[2]与此类似，我们在论证过程中将引入很多前辈时贤的学术观点，对于存在疑义者，将会按照自己的理解作出适当的回应，这就难免会出现冒犯之处。但有一点是可以确定的，只要是致力于学术进步的探索者，无论观点最后被证实或证伪，都是值得尊重的。

1 ［英］詹姆斯·乔治·弗雷泽著，徐育新、汪培基、张泽石译，汪培基校：《金枝》，北京：大众文艺出版社，1998 年，第 19–21 页。

2 ［英］詹姆斯·乔治·弗雷泽著，徐育新、汪培基、张泽石译，汪培基校：《金枝》，北京：大众文艺出版社，1998 年，第 392 页。

第一章

《周礼》天子宗庙祭祀的对象及类型

◉ 第一节 祭祀对象

《周礼》所载天子宗庙祭祀的对象，主要是指先王和先公两类男性祖先，此外，女性始祖先妣姜嫄享受特祭，功臣还可配祭于祖先。可以说，这些祭祀对象是所有天子宗庙祭祀活动围绕的中心。

一、先王与先公

《周礼》中天子宗庙祭祀致祭的男性祖先，称作“先王”“先公”“先祖”或“祖”。

将男性祖先称作“先王”和“先公”。《周礼·春官·司服》：“享先王则衮冕，享先公、飨、射则鷩冕。”[1]《守祧》：“掌守先王、先公之庙祧。”[2]两处“先王”与“先公”都是对文，说明各有所指。郑玄曰：“先公，谓后稷之后，大王之前，不窋至诸盩。”[3]由此可知，先公的范围是从后稷之子不窋到古公亶父之父诸盩（组绀）。后稷被排除在先公之外是有原因的。贾公彦曰：“后稷虽是公，不谥为王，要是周之始祖，感神灵而生，文武之功，因之而就，故特尊之与先王同，是以郑不数后稷。”[4]孙诒让也说：“实则后稷为大祖庙，最尊，虽不追王，而亦得称先王，上祀之礼，尤不容降于四亲庙。”[5]简言之，后稷作为周之始祖有开创之功，所以地位最为尊贵，可视之为王。至于大王古公亶父、王季、文王都被归于先王的范畴，也有其原因。《礼记·大传》说牧野之战后武王曾“追王大王亶父、王季历、文王昌，不以卑临尊也”[6]。《中庸》亦云：“武王末受命，

1 （清）孙诒让：《周礼正义》（第 6 册），北京：中华书局，1987 年，第 1620 页。
2 （清）孙诒让：《周礼正义》（第 6 册），北京：中华书局，1987 年，第 1675 页。
3 （清）孙诒让：《周礼正义》（第 6 册），北京：中华书局，1987 年，第 1620 页。
4 （清）孙诒让：《周礼正义》（第 6 册），北京：中华书局，1987 年，第 1624 页。
5 （清）孙诒让：《周礼正义》（第 6 册），北京：中华书局，1987 年，第 1625 页。
6 （清）阮元校刻：《十三经注疏》（下册），北京：中华书局，1980 年，第 1506 页。

周公成文武之德，追王大王、王季，上祀先公以天子之礼。”[1]大王古公亶父开始经营王业，王季继续奠定基业，文王成就功勋而安抚了天下，对于周族的发展和强盛都作出了突出贡献。因此，他们都享有“先王”的尊称。

《周礼》将男性祖先分为“先王”和“先公”，也可与其他先秦文献相互印证。《诗·小雅·天保》：“禴祠烝尝，于公先王。”郑笺：“公，先公，谓后稷至诸盩。”[2]《礼记·祭义》：“（祭）服既成，君服以祀先王、先公，敬之至也。”[3]大体而言，分别称“先王”“先公”之处，多与相应的具体内容相关。《周礼·司服》和《礼记·祭义》是因祭祀先王和先公的祭服不同；《守祧》则是出于先王和先公宗庙有别的考虑。

《周礼》有时将男性祖先统称为“先王”。《大宗伯》：“以肆献祼享先王，以馈食享先王，以祠春享先王，以禴夏享先王，以尝秋享先王，以烝冬享先王。”[4]《大宰》：“祀五帝，则掌百官之誓戒，与其具脩。前期十日，帅执事而卜日，遂戒。及执事，视涤濯。及纳亨，赞王牲事。及祀之日，赞玉币爵之事。祀大神祇亦如之。享先王亦如之，赞玉几玉爵。”[5]《大司徒》：“祀五帝，奉牛牲，羞其肆，享先王亦如之。”[6]《充人》：“掌系祭祀之牲牷。祀五帝，则系于牢，刍之三月。享先王亦如之。”[7]以上对祭祀男性祖先的表述方式均一致，皆为“享先王”。《司几筵》所用动词与前面引文小异，名之为“祀先王”，文曰：“凡大朝觐、大飨射，凡封国、命诸侯，王位设黼依，依前南乡设莞筵纷纯，加缫席画纯，加次席黼纯，

1 （清）阮元校刻：《十三经注疏》（下册），北京：中华书局，1980年，第1628页。
2 （清）王先谦撰，吴格点校：《诗三家义集疏》（下册），北京：中华书局，1987年，第578页。
3 （清）阮元校刻：《十三经注疏》（下册），北京：中华书局，1980年，第1598页。
4 （清）孙诒让：《周礼正义》（第5册），北京：中华书局，1987年，第1330页。
5 （清）孙诒让：《周礼正义》（第1册），北京：中华书局，1987年，第134-148页。
6 （清）孙诒让：《周礼正义》（第3册），北京：中华书局，1987年，第764-766页。
7 （清）孙诒让：《周礼正义》（第3册），北京：中华书局，1987年，第931-932页。

左右玉几。祀先王、昨席亦如之。”[1] 根据《国语·周语上》记载，祭公谋父称“不窋”为“我先王不窋”[2]，可证“先公”亦可称为“先王”。

《周礼》也有一些地方使用“先祖”或“祖”的名称。《大司乐》：“乃奏无射，歌夹钟，舞《大武》，以享先祖。”郑玄注：“先祖，谓先王、先公。”[3]《大祝》：“大师，宜于社，造于祖。”[4]“造于祖”是指天子亲自出征前告祭祖先。

《周礼》隐含着周代配偶附祭男性祖先的做法。刘源说：“从金文材料来看，周人对女性祖先的祭祀基本附属于对男性祖先的祭祀。”[5]陈昭容从传世文献和西周金文考察，也得出了相同结论。[6]谢维扬指出，商周配偶附祭祖先实质上是男性家长在血缘承继关系上占据主导地位，导致了“父方亲属在血缘追溯上优于母方亲属”的情况。[7]这一精神也反映到了《周礼》所载天子宗庙祭祀当中，就是以男性祖先先王、先公为祭祀对象，而他们的配偶并未专门列出，暗含着她们是以依附其夫的资格来接受后世子孙的追念和崇拜的。诚如耿超所言，“祖妣、考母并祀，恰恰也表明他们已被当作一个整体来对待”[8]，亦即夫妻一体的观念。

二、先妣

《周礼》中的“先妣”特指周人的女性始祖姜嫄，而不是女性祖先的

1 （清）孙诒让：《周礼正义》（第6册），北京：中华书局，1987年，第1542-1549页。

2 上海师范大学古籍整理研究所校点：《国语》，上海：上海古籍出版社，1998年，第2页。

3 （清）孙诒让：《周礼正义》（第7册），北京：中华书局，1987年，第1751页。

4 （清）孙诒让：《周礼正义》（第8册），北京：中华书局，1987年，第2027页。

5 刘源：《商周祭祖礼研究》，北京：商务印书馆，2004年，第169页。

6 陈昭容：《周代妇女在祭祀中的地位——青铜器铭文中的性别、身份与角色研究（之一）》，《妇女与社会》，李贞德、梁其姿主编，北京：中国大百科全书出版社，2005年，第9-10页。

7 谢维扬：《周代的世系问题及其在中国历史上的影响》，《吉林大学社会科学学报》1985年第4期。

8 耿超：《性别视角下的商周合祭》，《中国社会历史评论》（第13卷），2012年。

泛称。《大司乐》："乃奏夷则，歌小吕，舞《大濩》，以享先妣。"郑玄注："先妣，姜嫄也。姜嫄履大人迹，感神灵而生后稷，是周之先母也。周立庙自后稷为始祖，姜嫄无所妃，是以特立庙而祭之，谓之閟宫。閟，神之。"[1]郑玄所言姜嫄履大迹，乃是周人宠神其祖的感生神话，既奉为周之先母，则后人特立一庙，名之为"閟宫"。按此，周代女性祖先常配祭于男性祖先，唯先妣姜嫄专有一庙，所以葛志毅和张惟明认为"閟宫乃周人为尊姜嫄而开之特例"，是感生神话在周人祭礼中的反映。[2]

先妣姜嫄之庙的存在可以得到其他文献的印证。《诗·鲁颂·閟宫》："閟宫有侐，实实枚枚。赫赫姜嫄，其德不回。"[3]此言閟宫之状，清静而广大细密，姜嫄之德，贞正而无邪。"閟宫"得名原因有毛、郑两说。《毛传》："閟，闭也。先妣姜嫄在周，常闭而无事。"郑笺："閟，神也。姜嫄神所依，故庙曰神宫。"[4]训"閟"为"神"者，孔疏引《释诂》'毖、神、溢，慎也'，认为"閟"与"毖"字异、音同，故训"閟"为"神"。[5]王先谦亦从此说，并指出"慎则必主清静"，与侐义正合。[6]《诗·小雅·斯干》："似续妣祖。"亦与先妣之庙有关。郑笺："似，读如'巳午'之巳。'巳续祖妣'者，谓巳成其宫庙也。妣，先妣姜嫄也。祖，先祖也。"孔颖达解释道："《周礼》左宗庙在雉门外之左，门当午地，则庙当巳地也。既在巳地而续立其妣祖之庙，然后营宫室，故云谓'巳成其宫庙也'。"[7]此

1 （清）孙诒让：《周礼正义》（第7册），北京：中华书局，1987年，第1748页。
2 葛志毅、张惟明：《先秦两汉的制度与文化》，哈尔滨：黑龙江教育出版社，1998年，第9页。
3 （清）王先谦撰，吴格点校：《诗三家义集疏》（下册），北京：中华书局，1987年，第1077–1078页。
4 （清）王先谦撰，吴格点校：《诗三家义集疏》（下册），北京：中华书局，1987年，第1077页。
5 （清）阮元校刻：《十三经注疏》（上册），北京：中华书局，1980年，第615页。
6 （清）王先谦撰，吴格点校：《诗三家义集疏》（下册），北京：中华书局，1987年，第1078页。
7 （清）阮元校刻：《十三经注疏》（上册），北京：中华书局，1980年，第436页。

言指出了宗庙的具体位置。

祭祀先妣姜嫄的时间。主要观点有高堂隆的配禘祫而不及时享说、贾公彦的四时及禘祫有祭说、孔颖达的大祭别祭说、杜佑的禘祫之外有荐无祭说、王先谦的四时必祭说。孙诒让谓“古经无可质证，未能定其孰是”[1]，不过他认为《管子·轻重己》所载夏至时天子“出祭王母”之事可能是指祭祀先妣姜嫄。[2]笔者赞同“出祭王母”为祭祀姜嫄的说法[3]，不过因其所载时间是孤证，所以不宜视为定论。

三、功臣

《周礼》天子宗庙祭祀中有功臣配祭先王的制度。《司勋》：“王功曰勋，国功曰功，民功曰庸，事功曰劳，治功曰力，战功曰多。凡有功者，铭书于王之大常，祭于大烝，司勋诏之。”郑玄注：“铭之言名也。生则书于王旌，以识其人与其功也。死则于烝先王祭之。诏，谓告其神以辞也。”[4]立有功勋的臣子的名字书写于王的大常旗之上，功臣死后，由司勋在“大烝”时作祭辞敬告神灵。对于《司勋》所谓“大烝”，郑玄解释为“于烝先王祭之”。《大宗伯》：“以肆献祼享先王，以馈食享先王，以祠春享先王，以禴夏享先王，以尝秋享先王，以烝冬享先王。”[5]据此，“大烝”为四时祭中的冬祭。《周礼》中功臣配祭于宗庙的制度在周代是存在的。晁福林根据《孔子家语》和上博简中的材料，已证周初重臣召公“在周人的祖庙里保存着神主牌位，受到尊敬和祭祀”[6]。春秋晚期也有类似的现

1 （清）孙诒让：《周礼正义》(第 7 册)，北京：中华书局，1987 年，第 1748-1749 页；（清）王先谦撰，吴格点校：《诗三家义集疏》(下册)，北京：中华书局，1987 年，第 1078 页。

2 （清）孙诒让：《周礼正义》(第 7 册)，北京：中华书局，1987 年，第 1749 页。

3 张雁勇：《〈管子·轻重己〉“出祭王母”研究》，《古籍整理研究学刊》2015 年第 1 期。

4 （清）孙诒让：《周礼正义》(第 9 册)，北京：中华书局，1987 年，第 2366-2368 页。

5 （清）孙诒让：《周礼正义》(第 5 册)，北京：中华书局，1987 年，第 1330 页。

6 晁福林：《上博简〈甘棠〉之论与召公奭史事探析——附论〈尚书·召诰〉的性质》，《南都学坛》(人文社会科学学报) 2003 年第 5 期。

象。据《左传》定公十四年记载，晋国的董安于为其主赵简子而死，赵简子曾“祀安于于庙”。杜注：“赵氏庙。”[1]“董安于对春秋晚期赵氏家族多有大功”[2]，是“一名忠肝义胆的家臣”[3]。《国语·晋语九》：“下邑之役，董安于多。赵简子赏之，辞，固赏之，对曰：‘方臣之少也，进秉笔，赞为名命，称于前世，立义于诸侯，而主弗志。及臣之壮也，耆其股肱以从司马，苛慝不产。及臣之长也，端委韠带以随宰人，民无二心……’”韦注：“多，功也。”[4]《战国策·赵策一》载张孟谈曰：“夫董阏安于简主之才臣也，世治晋阳，而尹泽循之，其余政教犹存。”王念孙曰：“‘阏’与‘安’一字也。”[5]

《周礼》中功臣配祭先王的制度早在商代就已出现，到汉代也有延续。《尚书·盘庚》记载盘庚训诫臣属时说：“兹予大享于先王，尔祖其从与享之。”郑玄注：“大享，谓烝尝也。”[6]《吕氏春秋·慎大览》：“尽行伊尹之盟，不避旱殃，祖伊尹世世享商。”高注：“祖用伊尹之贤。世世享商，享之尽商世也。”范耕研认为“祖伊尹”即谓在太庙祭祀伊尹。[7]伊尹因有辅佐商汤建国之功而配祭于宗庙。郑玄将伊尹之功归于六功之“国功”，认为他保全了国家，贾公彦认为这是源于汤时伊尹保天下太平，后来又辅佐汤孙太甲而使国家得全。[8]根据于省吾的研究，甲骨文亦

1 杨伯峻编著：《春秋左传注》（第 4 册），北京：中华书局，1990 年，第 1595 页。
2 谢乃和：《春秋时期晋国家臣制考述》，《史学月刊》2011 年第 10 期。
3 姚晓娟：《周代家臣制度研究》，博士学位论文，长春：吉林大学古籍研究所，2011 年，第 113 页。
4 上海师范大学古籍整理研究所校点：《国语》，上海：上海古籍出版社，1998 年，第 489-490 页。
5 （汉）刘向集录，范祥雍笺证，范邦瑾协校：《战国策笺证》（第 3 册），上海：上海古籍出版社，2011 年，第 935-936、940 页。
6 （清）孙星衍撰，陈抗、盛冬铃点校：《尚书今古文注疏》，北京：中华书局，2004 年，第 229 页。
7 （战国）吕不韦著，陈奇猷校注：《吕氏春秋新校释》（上册），上海：上海古籍出版社，2002 年，第 851、861 页。
8 （清）孙诒让：《周礼正义》（第 9 册），北京：中华书局，1987 年，第 2366 页。

有伊尹配祀成汤的记录[1]，杜勇也引甲骨文，证“伊尹可以配祭殷人先公先王”[2]。除伊尹外，金景芳还列举出了伊陟、巫咸、师盘等商代配享名臣。[3] 由上述可知，有功者配祭先王于宗庙的制度至少在商初就已存在。商周相续，杨伯峻认为“周以功臣配享，或承殷之礼”[4]。此法对后世也有影响，《司勋》郑玄注指出汉代仍然有“祭功臣于庙庭”的制度。[5]

功臣死后享受配祭于天子宗庙的优待，主要有两方面的社会功能：

第一，这是对功臣生前功勋的一种肯定，是赋予他们名垂后世的特殊赏赐。《礼记·祭法》：“夫圣王之制祭祀也，法施于民则祀之，以死勤事则祀之，以劳定国则祀之，能御大灾则祀之，能捍大患则祀之。”[6]这些功劳，类似于《司勋》中的“六功”。

第二，为众臣树立典范。《礼记·祭法》“圣王之制祭祀”一语，已经明显透露出祭祀有功者是出于政治统治的需要。杜佑曰：“使功臣配食于烝祭，所以尊崇其德，明其勋，以劝嗣臣也。”[7] 林素英指出，“由于死后能有配享之尊隆，因而可以激励为人臣者致力国事，使具有鞠躬尽瘁、死而后已之决心”，也可“供后世子孙取法”，对其他人臣而言，它“可以树立人臣之典范，以供作仿效”[8]，正是周代“典范政治”的一种表现形式。[9]

---

1 于省吾：《甲骨文字释林》，北京：中华书局，2009 年，第 207 页。

2 杜勇：《清华简与伊尹传说之谜》，《中原文化研究》2015 年第 2 期。杜勇认为伊尹出现在殷人的祀谱中，不仅因为他是灭夏兴殷的功臣，而且因为他是与殷人同姓的伊氏首领，遵循“神不歆非类，民不祀非族”的祭祀原则。

3 金景芳：《中国奴隶社会诞生和上升时期的思想——夏商和西周的思想》，《史学集刊》1982 年第 1 期。

4 杨伯峻编著：《春秋左传注》（第 2 册），北京：中华书局，1990 年，第 521 页。梁煌仪从其说，参见梁煌仪：《周代宗庙祭礼之研究》，博士学位论文，台北：台湾政治大学中文研究所，1986 年，第 122 页。

5 （清）孙诒让：《周礼正义》（第 9 册），北京：中华书局，1987 年，第 2368 页。

6 （清）阮元校刻：《十三经注疏》（下册），北京：中华书局，1980 年，第 1590 页。

7 （唐）杜佑：《通典》，北京：中华书局，1984 年，第 290 页。

8 林素英：《古代祭礼中之政教观——以〈礼记〉成书前为论》，台北：文津出版社，1997 年，第 341 页。

9 常金仓：《穷变通久：文化史学的理论与实践》，北京：人民出版社，2014 年，第 143 页。

◉ 第二节 祭祀类型

《周礼》天子宗庙祭祀可分为常祀与因祭两大类别。常祀是指天子定期举行的祭祖仪式，它专为祭祀而设，包括四时祭和间祀；因祭即因事而祭，同某些特定事件相联系，包括因灾祸祈祷、因丧而祭、大师告祭、大田告祭和大会同告祭。

一、常祀

《周礼》天子宗庙祭祀的常祀有四时祭和间祀两种。其中四时祭包括祠、禴、尝、烝，分别在春、夏、秋、冬定时举行；间祀包括追享和朝享，分别是指禘祭中的分祭与合祭两种祭祀方式。

（一）四时祭

《周礼》中的天子宗庙四时祭包括祠、禴、尝、烝，这四个祭名见于《大宗伯》和《司尊彝》。《大宗伯》："以祠春享先王，以禴夏享先王，以尝秋享先王，以烝冬享先王。"[1] 此处是总说天子宗庙四时祭的制度。《司尊彝》在言及祭祀所用祭器尊彝时也提到了四时祭："春祠夏禴，祼用鸡彝、鸟彝，皆有舟；其朝践用两献尊，其再献用两象尊，皆有罍，诸臣之所昨也。秋尝冬烝，祼用斝彝、黄彝，皆有舟；其朝献用两著尊，其馈献用两壶尊，皆有罍，诸臣之所昨也。"[2]《周礼》中春、夏、秋、冬四时祭的名称依次为祠、禴、尝、烝，说明它们举行的时间必须在相应季节的范围之内。《礼记·祭统》所载孔子之语也可以证明这一点："先王制礼，过时弗举，礼也。""君子过时不祭，礼也。"孔颖达说此言四时祭都要按照相应的季节举行。[3]

---

1 （清）孙诒让：《周礼正义》（第 5 册），北京：中华书局，1987 年，第 1330 页。
2 （清）孙诒让：《周礼正义》（第 6 册），北京：中华书局，1987 年，第 1514 页。
3 （清）阮元校刻：《十三经注疏》（下册），北京：中华书局，1980 年，第 1397 页。

1.《周礼》四时祭名称的含义

对于《周礼》四时祭每个名称的含义，古代学者认为同各季节所进献祭品的特点或象征意义密切相关。

春祭为“祠”，古人认为同春祭祭品较少或成于始生时节有关。《说文·示部》：“春祭曰祠，品物少，多文辞也，从示司声。仲春之月祠，不用牺牲，用圭璧及皮币。”[1]此谓春祭的祭品只有圭璧和皮币，不用牺牲，但祝辞非常丰富是一大突出特点。《尔雅·释天》：“春祭曰祠。”郭注：“祠之言食。”[2]《春秋繁露·四祭》：“祠者，以正月始食韭也。”[3]同书《祭义》：“春上豆实。”“豆实，韭也，春之所始生也。”“始生故曰祠，善其司也。”[4]这里将“祠”理解为主要祭品韭在春季始生。《公羊传》桓公八年载：“春曰祠。”何注：“荐尚韭卵。祠犹食也，犹继嗣也。春物始生，孝子思亲，继祠而食之，故曰祠，因以别死生。”[5]因韭始生与孝子继嗣有相似之处，所以何休将它们联系在了一起。

夏祭为“禴”（同“礿”），同制作祭品的方式或祭品较少有关。《尔雅·释天》：“夏祭曰礿。”郭注：“新菜可汋。”[6]《公羊传》桓公八年载：“夏曰礿。”何注：“荐尚麦鱼。麦始熟可汋，故曰礿。”[7]此处将“禴（礿）”训为“汋”，“汋”是“煮”的意思。也有的将“禴（礿）”理解为少的意思。《春秋繁露·祭义》：“夏上尊实。”“尊实，面也，夏之所受初也。”“夏约故曰礿，贵所初礿也。”[8]《易·既济》：“九五，东邻杀牛，不如西邻之禴

1 （清）段玉裁：《说文解字注》，北京：中华书局，2013 年，第 5 页。
2 （清）阮元校刻：《十三经注疏》（下册），北京：中华书局，1980 年，第 2609 页。
3 （汉）董仲舒撰，（清）凌曙注：《春秋繁露》，北京：中华书局，1975 年，第 512 页。
4 （汉）董仲舒撰，（清）凌曙注：《春秋繁露》，北京：中华书局，1975 年，第 559-560 页。
5 （清）阮元校刻：《十三经注疏》（下册），北京：中华书局，1980 年，第 2218 页。
6 （清）阮元校刻：《十三经注疏》（下册），北京：中华书局，1980 年，第 2609 页。
7 （清）阮元校刻：《十三经注疏》（下册），北京：中华书局，1980 年，第 2218 页。
8 （汉）董仲舒撰，（清）凌曙注：《春秋繁露》，北京：中华书局，1975 年，第 559-560 页。

祭。”王注：“禴，祭之薄者也。”[1]意谓禴祭是祭品较少的仪式。

秋祭为“尝”，同品尝祭品相关。郑玄曰：“尝者，尝新谷。”《尔雅·释天》：“秋祭曰尝。”郭注：“尝新谷。”[2]《公羊传》桓公八年载：“秋曰尝。”何注：“荐尚黍肫，尝者，先辞也。秋谷成者非一，黍先熟，可得荐，故曰尝。”[3]《春秋繁露·四祭》：“尝者，以七月尝黍稷也。”[4]《祭义》：“秋上杋实。”“杋实，黍也，秋之所先成也。”“先成故曰尝，尝言甘也。”[5]秋季谷物初成，先须进献给祖先品尝，秋祭于是得名。

冬祭为“烝”，同进献众多祭品有关。《尔雅·释天》：“冬祭曰烝。”郭注：“进品物也。”[6]《公羊传》桓公八年载：“烝者何？冬祭也。冬曰烝。”何注：“荐尚稻雁，烝，众也，气盛貌。冬万物毕成，所荐众多，芬芳备具，故曰烝。”[7]《春秋繁露·四祭》：“烝者，以十月进初稻也。”[8]《祭义》：“冬上敦实。”“敦实，稻也，冬之所毕熟也。”“毕熟故曰烝，烝言众也。”[9]在一年四季当中，以冬季进献的祭品最为丰富，冬祭于是得名。

当代学者对古人关于四时祭名称的阐释颇有疑义。詹鄞鑫根据《诗·小雅·天保》和《礼记·王制》的记载指出：“‘礿’本来也是春祭，礿之言汋是对的，可是新麦或新菜怎么可‘汋’呢？汋与酌同义，当指酌新酒荐神。”[10]刘源以甲骨金文结合古人的训释，指出“祠”“礿”“尝”“烝（登）”分别训为“食”，“汋”，即“煮”，“品味”，“进献”，但它们与四

1 （清）阮元校刻：《十三经注疏》（上册），北京：中华书局，1980年，第72页。
2 （清）阮元校刻：《十三经注疏》（下册），北京：中华书局，1980年，第2609页。
3 （清）阮元校刻：《十三经注疏》（下册），北京：中华书局，1980年，第2218页。
4 （汉）董仲舒撰，（清）凌曙注：《春秋繁露》，北京：中华书局，1975年，第513页。
5 （汉）董仲舒撰，（清）凌曙注：《春秋繁露》，北京：中华书局，1975年，第559-560页。
6 （清）阮元校刻：《十三经注疏》（下册），北京：中华书局，1980年，第2609页。
7 （清）阮元校刻：《十三经注疏》（下册），北京：中华书局，1980年，第2218页。
8 （汉）董仲舒撰，（清）凌曙注：《春秋繁露》，北京：中华书局，1975年，第513页。
9 （汉）董仲舒撰，（清）凌曙注：《春秋繁露》，北京：中华书局，1975年，第559-560页。
10 詹鄞鑫：《神灵与祭祀——中国传统宗教综论》，南京：江苏古籍出版社，1992年，第341页。

个季节的关系不大，“汉人的解释都是为了与‘四时之祭’挂钩，未免穿凿”。[1]虽然古代学者对于四时祭名称的理解存在可商之处，但是它们都与各季节的祭品存在关联，则是不应轻易否定的。

2.《周礼》四时祭名称与其他文献的比较

《礼记·明堂位》和《诗·小雅·天保》的四时祭名称与《周礼》相似。

第一,《礼记·明堂位》所载三个时祭名称与《周礼》相同。《明堂位》:“夏礿（禴)、秋尝、冬烝。”[2]对于此处没有提及春祭的原因，郑玄解释说:“不言春祠，鲁在东方，主东巡守以春，或阙之。”孔颖达指出郑玄的理由有二：其一，鲁国于春季朝觐天子；其二，天子巡守，鲁国需要筹备。[3]孙希旦认为《明堂位》作者见《春秋》不书鲁国春祭，遂以为鲁国只有三时之祭。[4]并说诸侯四时祭都要举行，诸侯朝觐天子时可以由上卿代为行礼。[5]郑玄和孙希旦的说法是值得重视的。《礼记·王制》:“诸侯礿则不禘，禘则不尝，尝则不烝，烝则不礿。”郑玄注:“虞夏之制，诸侯岁朝废一时祭。”[6]诸侯因朝觐天子或天子巡守，他们本人会耽误一时之祭,《明堂位》未载春祭，恐怕就是出于这一原因。

第二,《诗》的四时祭名称与《周礼》的顺序不同。《小雅·天保》:“吉蠲为饎，是用孝享。禴祠烝尝，于公先王。”《毛传》:“春曰祠，夏曰禴，秋曰尝，冬曰烝。”孔颖达曰:“诗以便文，故不依先后。”[7]按照

1 刘源:《商周祭祖礼研究》，北京：商务印书馆，2004年，第56-58页。
2 （清）阮元校刻:《十三经注疏》(下册)，北京：中华书局，1980年，第1489页。
3 （清）阮元校刻:《十三经注疏》(下册)，北京：中华书局，1980年，第1489-1490页。
4 （清）孙希旦撰，沈啸寰、王星贤点校:《礼记集解》(中册)，北京：中华书局，1989年，第846页。
5 （清）孙希旦撰，沈啸寰、王星贤点校:《礼记集解》(上册)，北京：中华书局，1989年，第352页。
6 （清）阮元校刻:《十三经注疏》(上册)，北京：中华书局，1980年，第1336页。
7 （清）阮元校刻:《十三经注疏》(上册)，北京：中华书局，1980年，第412页。

毛、孔二氏的理解，《天保》与《周礼》所载四时祭完全相同。季旭升则指出《诗》与金文中常“烝尝”连文，而绝无“尝”在“烝”上者，且按《诗》例，单数句可不押韵，由此推测《天保》四时祭名称正是依次按照四时的顺序。[1]可备一说。

先秦文献记载也有与《周礼》四时祭名称差别较大者，其特点是春夏时祭的名称并不固定，秋尝、冬烝则没有什么变化。

第一，《国语》以“享”为春祭，“禘”为夏祭。《鲁语上》载郈敬子答鲁文公曰：“先臣惠伯以命于司里，尝、禘、蒸、享之所致君胙者有数矣。”韦注：“秋祭曰尝，夏祭曰禘，冬祭曰蒸，春祭曰享。享，献物也。”[2]

第二，《大戴礼记》中的春夏之祭皆称为“享”。《千乘》：“方春三月，缓施生育，动作百物，于时有事，享于皇祖皇考。”“方夏三月，养长秀，蕃庶物，于时有事，享于皇祖皇考。”“方秋三月，收敛以时，于时有事，尝新于皇祖皇考。”“方冬三月，草木落，庶虞藏，五谷必入于仓，于时有事，蒸于皇祖皇考。”王聘珍曰：“享于祖考者，《周礼》曰‘以祠春享先王’也。”“《周礼》曰：‘以禴夏享先王。’”“尝新，谓新谷熟，尝之。《周礼》曰：‘以尝秋享先王。’”“蒸，众也，冬物毕成，可祭者众也。《周礼》曰：‘以蒸冬享先王。’”[3]

第三，《礼记》中的《王制》和《祭统》是以“礿”为春祭，“禘”为夏祭。《王制》：“天子诸侯宗庙之祭，春曰礿，夏曰禘，秋曰尝，冬曰烝。”郑玄注：“此盖夏、殷之祭名，周则改之，春曰祠，夏曰礿，以禘

1 季旭升：《〈诗经〉吉礼研究》，硕士学位论文，台北：台湾师范大学国文研究所，1983年，第102–103页。

2 上海师范大学古籍整理研究所校点：《国语》，上海：上海古籍出版社，1998年，第172–173页。

3 （清）王聘珍撰，王文锦点校：《大戴礼记解诂》，北京：中华书局，1983年，第158–163页。

为殷祭。”[1]与《王制》相同,《礼记》另一处记载于《祭统》:“凡祭有四时:春祭曰礿,夏祭曰禘,秋祭曰尝,冬祭曰烝。”[2]郑玄认为春礿、夏禘是夏、殷的制度,到了周代则改为春祠、夏礿,显然是以《周礼》的记载系于周代。孙希旦曰:“周以天子有大禘之祭,故改春夏祭名以辟之,而诸侯祭名仍旧,故《鲁春秋》书‘鲁禘’,皆时祭也。”[3]孙氏认为周代天子的春夏时祭之名与《周礼》一致,诸侯则没有改变。钱玄批评郑玄说:“先确定《周礼》为周初周公之作,《周礼·大宗伯》四时祭中无‘禘’,因此即断定《王制》所说四时祭中有‘禘’者,为夏殷之制。凡是错误的前提,必然导致错误的结论。”[4]认为“禘”也是周代时祭的名称。

第四,《礼记》中的《郊特牲》和《祭义》以春祭为“禘”。《郊特牲》:“春禘而秋尝。”[5]《祭义》:“君子合诸天道,春禘、秋尝。”[6]学者对“春禘”共有三种解读。其一,郑玄根据《王制》指出此处的“禘”为“禴”字之误。[7]认为“春禘者,夏殷礼也,周以禘为殷祭,更名春祭曰祠。”[8]其二,陈祥道以春礿、夏禘、秋尝、冬烝为殷商之礼,而《郊特牲》和《祭义》所言春禘是夏代之礼。[9]其三,今人周何认为“按其因革原委,制礼初意,及所祭对象等视之,禘祭实无时享之义。是则凡此春禘、夏禘,以为时享一礼者,实皆传伪可知。”[10]

综上,《周礼》与上述先秦文献中宗庙四时祭的名称没有完全一致的,

1 (清)阮元校刻:《十三经注疏》(上册),北京:中华书局,1980年,第1335页。
2 (清)阮元校刻:《十三经注疏》(下册),北京:中华书局,1980年,第1606页。
3 (清)孙希旦撰,沈啸寰、王星贤点校:《礼记集解》(上册),北京:中华书局,1989年,第347页。
4 钱玄:《三礼通论》,南京:南京师范大学出版社,1996年,第468页。
5 (清)阮元校刻:《十三经注疏》(下册),北京:中华书局,1980年,第1446页。
6 (清)阮元校刻:《十三经注疏》(下册),北京:中华书局,1980年,第1592页。
7 (清)阮元校刻:《十三经注疏》(下册),北京:中华书局,1980年,第1446页。
8 (清)阮元校刻:《十三经注疏》(下册),北京:中华书局,1980年,第1592页。
9 (宋)卫湜:《礼记集说》,台北:商务印书馆,1983年,第628页。
10 周何:《春秋吉礼考辨》,台北:嘉新水泥公司文化基金会,1970年,第198页。

这说明四时祭的名称并不固定，而是经历了一个复杂的整合过程。

3.《周礼》四时祭及其名称确定的时间

《周礼》所载四时祭及其名称确定的时间，现代学者的看法与古人存在较大差别，大略可分为三种观点：

第一，从周初王室推及诸侯说。周何指出：“周初春祭未必通名曰祠，夏祭未必通名曰禴，适可见当时诸侯各行其礼，初未一致。至于《天保》之举四名，疑本周室之礼如此，其后渐次通行其名于列国诸侯，乃成周世举国之定称。迨及《周礼》《尔雅》《公羊》书成，礼名早定，故乃以配四时，言之凿凿，以为定制如此，特未见其初渐之未定也。”[1]季旭升从其说。[2]

第二，春秋、战国形成说。刘雨从金文的角度指出：“文献所言‘时享’的几种祭名，在铭刻资料中都有记载，且都是祭祀先祖的祭典，但尚看不出它们与四季有什么联系。这种以四季划分的祭祖礼，可能是春秋战国间形成的，殷与西周还不存在四季定时享祀先祖的制度。”[3]沈文倬梳理了文献中四时祭形成的整个脉络，他认为殷与周初的宗庙尝新只有烝祀一祭，在周初烝只是祭法，岁为祭名，是时祭，也是岁祭。他说：

> 烝祭内容本是尝新，《诗·商颂·那》的“顾予烝尝”，《逸周书·尝麦》篇的“王初祈祷于宗庙，乃尝麦于太祖”，不仅出于后人追写，不能作殷末周初已有尝祭之证；而且，《那》与《楚茨》的“以往烝尝”，都是祭祀现场的描写，烝尝连文，不能说既是烝祭、又是尝祭，只能作“奉

---

1 周何：《春秋吉礼考辨》，台北：嘉新水泥公司文化基金会，1970 年，第 197 页。

2 季旭升：《〈诗经〉吉礼研究》，硕士学位论文，台北：台湾师范大学国文研究所，1983 年，第 102 页。

3 刘雨：《西周金文中的祭祖礼》，《考古学报》1989 年第 4 期。

进祭品给祖先尝新解”，因而仍然只有烝祭（亦即岁祭）一祭。[1]

他又根据《春秋》和《左传》的记载，指出“到春秋时烝、尝分别举行，才从烝一祭演变成烝、尝二祭”。关于《诗·小雅·天保》中的记载，他认为只是列了四个祭名，《毛传》以《释天》作注，“好像《天保》首创四时之祭，那是不对的”。至于四时祭形成的时间，他的看法是：

战国时期，随着社会变革的推进，为适应各国“时王”扩张的需要，对西周沿用下来的礼制，纷纷进行由疏趋密、由简趋繁的增补改订。而烝尝岁时之祭，被编入《周官经·大宗伯职》吉礼十二目中：“以祠春享先王，以禴夏享先王，以尝秋享先王，以烝冬享先王。”由此可证，战国时，《周官经》作者改《天保》诗“禴祠烝尝”为“祠禴尝烝”，把春秋时的烝、尝二祭扩充为四时之祭。[2]

刘源也指出，将祠、禴、尝、烝视为四时之祭的说法得不到西周、春秋可靠传世文献和金文史料的支持，所以西周、春秋不行四时之祭，战国以后才有这样的说法，天子、诸侯的四时之祭可能是儒家学者理想化的安排。[3]

第三，祭祀之名与祭祀之实区分说。詹鄞鑫指出，殷商“卜辞中虽四祭之名不全，而四祭之实却早已有之”，他根据《左传》没有“祠”“礿”而“尝”“烝”多违时的情况，认为祠、禴、尝、烝的名称

1 沈文倬：《宗周岁时祭考实》，《宗周礼乐文明考论》，杭州：浙江大学出版社，1999 年，第 84-85 页。

2 沈文倬：《宗周岁时祭考实》，《宗周礼乐文明考论》，杭州：浙江大学出版社，1999 年，第 85-86 页。

3 刘源：《商周祭祖礼研究》，北京：商务印书馆，2004 年，第 58-61 页。

是战国以后确定的。[1]秦佳慧进一步指出，祠、禴、尝、烝也可能不是祭名，“它们原本可能都被用于描述祭祖礼中的某个祭祀环节，并不一定专属于时祭，更谈不上春夏秋冬之别，但因最能体现时祭向祖先鬼魂荐新的目的特点才渐渐被突出为时祭的表征”，“战国以后，四时之祭与四时祭名才明确对应起来”。[2]

虽然《周礼》所载四时祭的名称确定于何时难以定夺，但它所反映的四时祭结构则是应当存在于周代的。《国语·楚语下》载观射父曰：“祀所以昭孝息民、抚国家、定百姓也，不可以已。”[3]《左传》文公二年载：“祀，国之大事也。”[4]《礼记·祭统》：“凡治人之道，莫急于礼；礼有五经，莫重于祭。”郑玄注：“莫重于祭，以吉礼为首也。”[5]既然包括宗庙祭祀在内的祭祀活动在周人的心目中如此重要，那么周人建邦立国，理应对祭祀的时间作出制度性规定。当然，具体制度也会有一个因革损益的过程，名称也会随之发生一些变化。古书齐中有伪，杂中存真。依笔者之见，虽然各种文献在言说四时祭古制时名称不一，但是观其结构，有四个名称基本是共性所在，这就意味着存在四种不同的祭祀需要刻意区分，而不可能是古人向壁虚构之语。所以对于《诗经》《左传》《周礼》《礼记》等典籍中的记载，若无确凿证据，就不可轻易调和或否定，不然难免有疑古过勇之嫌。

4. 设立四时祭的寓意

《周礼》四时祭本是生人食用应季新物前的预备仪式。为了表达对祖

---

1 詹鄞鑫：《神灵与祭祀——中国传统宗教综论》，南京：江苏古籍出版社，1992 年，第 339-340 页。

2 秦佳慧：《春秋宗庙时祭考略》，《礼学与中国传统文化——庆祝沈文倬先生九十华诞国际学术研讨会论文集》，浙江大学古籍研究所编，北京：中华书局，2006 年，第 85 页。

3 上海师范大学古籍整理研究所校点：《国语》，上海：上海古籍出版社，1998 年，第 567 页。

4 杨伯峻编著：《春秋左传注》（第 2 册），北京：中华书局，1990 年，第 524 页。

5 （清）阮元校刻：《十三经注疏》（下册），北京：中华书局，1980 年，第 1602 页。

先的思念之情，古人往往根据季节的变换向祖先进献始收的新物，以作为食用它们的预备仪式。《礼记·少仪》称之为“未尝不食新”[1]。《礼记·月令》载季春之月“荐鲔于寝庙”[2]；孟夏之月“农乃登麦，天子乃以彘尝麦，先荐寝庙”[3]；孟秋之月“农乃登谷，天子尝新，先荐寝庙”[4]；季冬之月“命渔师始渔，天子亲往，乃尝鱼，先荐寝庙”[5]。古人还将这类现象附会到了动物的身上，《夏小正》：“獭献鱼。”《传》：“獭祭鱼，其必与之献何也？曰：非其类也。祭也者，得多也。善其祭而后食之。”[6]《吕氏春秋·孟春》：“东风解冻，蛰虫始振，鱼上冰，獭祭鱼。”高注：“獭獱，水禽也，取鲤鱼至水边，四面陈之，世谓之祭鱼为时候者。”[7]对于《夏小正》的记载，林素英说：“由于传文已特别嘉许獭虽为海狗，犹能‘祭而后食之’，且以此为善，由此可以推知当时之人应已存在‘祭而后食以为善’之生活观念与习惯，因而会以其生活习惯投射到獭之生活习惯当中，且以其陈列鱼之习性为献祭。”[8]虽然《周礼》四时祭的记载与前引文献不能整齐对应，但它们都是通过在不同季节进献新物向祖先表达着思念之情。

向祖先进献新物也见于世界其他地区。在非洲的阿散蒂（也译作“阿善提”）王国，最重要的仪式是祭祀死去国王的仪式“奥德怀拉”（洁净之意）。在任国王向死去的国王进献酒和薯蓣（即山药）时会一边说：“旧年和新年交替的时候已来到了，我把羊和新收获的薯蓣拿来给你们吃。给我以生命。给我的阿散蒂民族以生命。妇女们耕种土地，当他们

---

1 （清）阮元校刻：《十三经注疏》（下册），北京：中华书局，1980 年，第 1513-1514 页。
2 （清）阮元校刻：《十三经注疏》（上册），北京：中华书局，1980 年，第 1363 页。
3 （清）阮元校刻：《十三经注疏》（上册），北京：中华书局，1980 年，第 1365 页。
4 （清）阮元校刻：《十三经注疏》（上册），北京：中华书局，1980 年，第 1373 页。
5 （清）阮元校刻：《十三经注疏》（下册），北京：中华书局，1980 年，第 1384 页。
6 （清）王聘珍撰，王文锦点校：《大戴礼记解诂》，北京：中华书局，1983 年，第 27 页。
7 （战国）吕不韦著，陈奇猷校注：《吕氏春秋新校释》（上册），上海：上海古籍出版社，2002 年，第 1、6 页。
8 林素英：《〈周礼〉祭祀系统在思想史上的意义》，《齐鲁文化研究》（第 8 辑），2009 年。

这样做时，求你让粮食丰收。不要让疾病来临。”只有当死去国王的鬼魂享受新的收获之后，国王和全民才能去吃。[1]文化人类学家收集的这类材料，使我们认识到《周礼》中四时祭所反映的因时而祭的仪式是可以存在的。

林素英从人情的角度，对周代设立宗庙四时祭的原因作了精彩分析：

> 睹新物而怀亲祖，尝美味而思先人，是故文云‘未尝，不食新’，此追养继孝之亲情思慕，乃人情之常，无分贵贱，不论穷达，古今皆同。然而若是有新则荐，则祭无常制，疏密无规，实难持恒以克尽追养之孝道。且若除荐新之外，其余诸事多简，亦难以藉祭祀而感先祖之德泽，亦无以凸显祭礼之深义。故而圣人因革夏、殷以来未有定制之祭享而作时享祭礼，法乎天之四时，顺乎自然之变化，依时制举，不疏不密，或薄或丰，随时制宜，应乎人情之所须。故荐新之事即附于时享礼之内推行。[2]

她认为周代宗庙四时祭是对荐新之礼的制度化和规模化，用这种认识来理解《周礼》所载天子宗庙四时祭同样也是适用的。

（二）间祀

《周礼》称四时祭之间的宗庙常祀为“间祀”，它包括追享和朝享。二者都是指禘祭，分别是指禘祭中的分祭与合祭两种祭祀方式。

《周礼》“间祀”中的追享和朝享都是指禘祭。《司尊彝》：“凡四时之间祀追享、朝享，祼用虎彝、蜼彝，皆有舟；其朝践用两大尊，其再献

---

1 ［英］塞利格曼著，费孝通译：《非洲的种族》，《费孝通译文集》（下册），北京：群言出版社，2002 年，第 206 页。

2 林素英：《古代祭礼中之政教观——以〈礼记〉成书前为论》，台北：文津出版社，1997 年，第 189–190 页。

用两山尊，皆有罍，诸臣之所昨也。”[1]古人对追享和朝享的所指有两种观点。第一，认为追享是禘祭，朝享是祫祭。郑司农曰：“追享，朝享，谓禘祫也。在四时之间，故曰间祀。”[2]任启运曰：“间祀，不常举也。追享，大禘也，以追所自出，故曰追享。朝享，大祫也，合于大庙，若大朝然，故曰朝享。”[3]第二，认为追享是向迁庙祈祷，朝享是告朔后朝庙。郑玄曰：“追享，谓追祭迁庙之主，以事有所请祷。朝享，谓朝受政于庙。《春秋传》曰：‘闰月不告朔，犹朝于庙。’”[4]贾公彦曰：“案《祭法》云‘去庙为坛，去坛为墠。坛墠有祷焉祭之，无祷乃止。’是追祭迁庙之主故知也。”又曰：“天子告朔于明堂，因即朝享。朝享即《祭法》谓之月祭，故《祭法》云：‘考庙、王考庙、皇考庙、显考庙、祖考庙，皆月祭之。二祧享尝乃止。’”[5]对于郑玄的朝庙说，金鹗反驳道：“不知朝庙礼之小者，而朝享祼用虎彝、蜼彝，朝践用两大尊，再献用两山尊，其礼甚大，非朝庙可知。且朝享每月行之，又不得谓四时之间祀也。朝庙所供，当与荐新相似，荐而不祭也。其礼与时祭迥殊，视告朔亦杀，岂得谓之月祀乎？”[6]金鹗的说法言之成理，是可信的。周何根据《公羊传》所言大祫为合祭以及《礼记·王制》中犆、祫对文等记载，指出祫为合祭而非祭名，[7]则追享为大禘，朝享为大祫之说是不能成立的。因此间祀包含的追享和朝享只能是宗庙大祭——禘祭。[8]

---

1 （清）孙诒让：《周礼正义》（第 6 册），北京：中华书局，1987 年，第 1514 页。

2 （清）孙诒让：《周礼正义》（第 6 册），北京：中华书局，1987 年，第 1515 页。

3 （清）孙诒让：《周礼正义》（第 6 册），北京：中华书局，1987 年，第 1530 页。

4 （清）孙诒让：《周礼正义》（第 6 册），北京：中华书局，1987 年，第 1515 页。

5 （清）孙诒让：《周礼正义》（第 6 册），北京：中华书局，1987 年，第 1531 页。

6 （清）孙诒让：《周礼正义》（第 6 册），北京：中华书局，1987 年，第 1532-1533 页。

7 周何：《春秋吉礼考辨》，台北：嘉兴水泥公司文化基金会，1970 年，第 118 页。

8 天子禘祭有吉禘和大禘，它们都是宗庙大祭，吉禘为三年丧毕之专祭，每世一举，大禘的行年疏数及时月不可考。参见周何：《春秋吉礼考辨》，台北：嘉兴水泥公司文化基金会，1970 年，第 139 页。

《周礼》中的追享和朝享，分别是指禘祭中的分祭与合祭两种形式。关于禘祭，周何有细密的论证，其结论为：

> 大禘有犆祭，有祫祭，其犆分祫合盖相歧而行。合时存庙之主皆升合食于大庙，无各祭于其庙之事；分时群主先合祭于大庙，存庙之主复有各于其庙之祭。吉禘则惟同于禘之犆，凡当毁之限，迁远主入大庙，班序尊卑之时，必有合祭之举，存庙之主悉入大庙，《曾子问》所谓崩薨而有"虚主"，《五经异义》云"禘于大庙"是也；而庙主递升，新主入祀之际，又有各于其庙之祭。是则大禘有二，或犆分或祫合；吉禘惟一，礼同于大禘之犆祭。[1]

《周礼·春官·司尊彝》中"朝享"之义，可借用郑司农所言"朝享，大祫也，合于大庙，若大朝然，故曰朝享"的说法来解释，不过这里的"祫"应释作"合祭"。[2]那么"朝享"就是指众多祖先神主合祭于太庙（始祖庙）的禘祭。"追享"之文见于周代铜器铭文。西周晚期梁其簋铭文："善（膳）夫梁其乍（作）朕皇考惠仲、皇母惠妣尊簋，用追享孝，用匄眉寿，寿无疆，百字（子）千孙，孙子子孙孙，永宝用享。"（《集成》4147）[3]春秋早期郜谴簋铭文："郜遣（谴）乍（作）宝簋，用追孝于

1 周何：《春秋吉礼考辨》，台北：嘉兴水泥公司文化基金会，1970 年，第 139 页。

2 程颐、张载、陈祥道都以祫为合祭的方式。参见（清）黄以周撰，王文锦点校：《礼书通故》（第 2 册），北京：中华书局，2007 年，第 767-768 页。周何对祫非祭名而是合祭有详细论证，指出"前于郑氏者，《汉书·郊祀志》及《礼纬》等，早以祫为宗庙大祭之名，郑玄沿承旧说，亦以祫为祭之专称。"参见周何：《春秋吉礼考辨》，台北：嘉兴水泥公司文化基金会，1970 年，第 115-122 页。钱玄也认为郑玄祫、禘说取源于汉代谶纬，不足以证实周代礼制，祫不是祭名，只有禘祭。参见钱玄：《三礼通论》，南京：南京师范大学出版社，1996 年，第 470-482 页。

3 中国社会科学院考古研究所编：《殷周金文集成》（第 3 册），北京：中华书局，2007 年，第 2323 页。

其父母，用赐永寿，子子孙孙，永宝用享。”（《集成》4040）[1]舒大刚指出“享”“孝”单用时可互通，均可指祭祀。[2]《周礼》“追享”之义，当是特指祭祀某位祖先（配偶附祭），亦即禘祭中的分祭。

二、因祭

《周礼》天子宗庙祭祀的因祭包括因灾祸祈祷、因丧而祭、大师告祭、大田告祭和大会同告祭。这些祭祀礼仪都与特定的事件相联系，分别涉及灾祸、丧事、出征、狩猎和诸侯朝见天子之事，目的是向祖先报告和祈求福佑。其中向祖先报告是“人间报告制度的推广”。[3]

（一）因灾祸祈祷

《周礼》中的因灾祸祈祷于宗庙，是一种面临突发灾祸时求助于祖先神灵的应付手段，它涉及发生水灾、火灾、兵寇、凶荒、日月食、四镇五岳崩坏、星辰陨落、地震和瘟疫之时。《小宗伯》：“凡王之会同、军旅、甸役之祷祠，肄仪为位。国有祸灾，则亦如之。凡天地之大灾，类社稷宗庙，则为位。”郑玄注：“祷祈礼轻。类者，依其正礼而为之。”这里的“祸灾”包括遭遇水火、兵寇和凶荒，“大灾”指的是《大司乐》所言日月食、四镇五岳崩和大傀异灾。[4]《大司乐》：“凡日月食，四镇五岳崩，大傀异灾，诸侯薨，令去乐。”郑玄注：“傀犹怪也。大怪异灾，谓天地奇变，若星辰奔陨及震裂为害者。”[5]发生日月食、四镇五岳崩坏、星辰陨落和地震时，需要在宗庙进行祈祷。《小宗伯》：“大灾，及执事祷祠

---

1 中国社会科学院考古研究所编：《殷周金文集成》（第3册），北京：中华书局，2007年，第2214页。

2 舒大刚：《〈周易〉、金文“孝享”释义》，《周易研究》2002年第4期。

3 李申：《中国儒教史》（上卷），上海：上海人民出版社，1999年，第31页。

4 （清）孙诒让：《周礼正义》（第5册），北京：中华书局，1987年，第1461-1462页。

5 （清）孙诒让：《周礼正义》（第7册），北京：中华书局，1987年，第1786页。

于上下神祇。”孙诒让曰：“‘大灾’者，《司服》注云：‘水火为害。’案：此大灾当兼天地之大灾及大荒、大札（即瘟疫）言之。”[1]在国家遭遇各种大的灾祸时，要向“上下神祇”祈祷，以表忏悔与求福之意。杨华指出“上下神祇”是所有神灵的通称，“上神”中除了包括天神，也包括祖先神。[2]《左传》昭公十八年载郑国发生火灾时，子产“使祝史徙主祏于周庙，告于先君”，[3]即为因火灾而告祭宗庙的例子。

《周礼》载因灾祸祈祷于宗庙的仪式要提前预习。《小宗伯》：“凡王之会同、军旅、甸役之祷祠，肄仪为位。国有祸灾，则亦如之。凡天地之大灾，类社稷宗庙，则为位。”郑玄注：“肄，习也。”孙诒让曰：“祷祠肄仪有神位，亦有与祭执事者之位，盖皆此官为之。”[4]提前预习祈祷仪式，是为了保证将相关事务处理妥当。孙氏认为这里的“为位”是指确定神位和参加祭祀者的位置。

小宗伯是整个祈祷仪式的主持者。出土文献中也有祭祀祖先时“为位”的记载。包山楚简205、206：“邵吉为位，既祷至福。”整理者注：“位，读如位。”[5]简224、225：“□（臧）敢为位，既祷至命。”[6]陈魏俊辨析众说，得出“楚简‘为位’指作礼事掌管人”的结论[7]，可为一说。则《周礼》因灾祸祈祷于宗庙的仪式是由小宗伯主持。

先秦文献还有记载因病和立君而祈祷于宗庙的，可以补充《周礼》的内容。《国语·晋语八》载韩宣子答子产晋平公生病之事曰：“寡君之疾久矣，上下神祇无不遍谕，而无除。”韦注：“谕，谓祭祀告谢。”[8]《晏子

1 （清）孙诒让：《周礼正义》（第5册），北京：中华书局，1987年，第1452页。
2 杨华：《古礼新研》，北京：商务印书馆，2012年，第143页。
3 杨伯峻编著：《春秋左传注》（第4册），北京：中华书局，1990年，第1396页。
4 （清）孙诒让：《周礼正义》（第5册），北京：中华书局，1987年，第1461–1462页。
5 湖北省荆沙铁路考古队：《包山楚简》，北京：文物出版社，1991年，第33、55页。
6 湖北省荆沙铁路考古队：《包山楚简》，北京：文物出版社，1991年，第35页。
7 陈魏俊：《楚简“为位”新解》，《文献》2014年第1期。
8 上海师范大学古籍整理研究所校点：《国语》，上海：上海古籍出版社，1998年，第478页。

春秋·谏上》载齐景公得了疟疾，曾经“使史固与祝佗巡山川宗庙，牺牲珪璧，莫不备具”[1]。以上两例都是因病而祈祷。《左传》定公元年载：“昭公出故，季平子祷于炀公。”杨伯峻注：“季氏亦欲废公衍而立昭公之弟，效炀公嗣位故事，故祷之。”[2]这是就立君之事而祈祷于专门的祖先，当有避免祸乱求得顺遂的意思。

由上述可知，因灾祸祈祷于宗庙，多出于避免灾祸或突遇灾祸时寻求感情寄托和助力的考虑。《礼记·郊特牲》说祭祀的目的有三：“祭有祈焉，有报焉，有由辟焉。”郑玄注：“由，用也。辟读为弭，谓弭灾兵，远罪疾也。”[3]因灾祸而祈祷于宗庙，正属于《郊特牲》所言“由辟”的范畴，其中体现出的功利性极为明显。

遇到灾祸而祈祷于祖先也是原始社会普遍的习俗。在生活于印度尼西亚的门塔韦人的观念里，“祖先的灵魂被认为是万能的，因此在日常生活中无论遇到什么困难，人们都去向他们求得告诫和帮助”，而这些祖先的灵魂也拜访活着的亲戚，给他们带来安宁和幸福。[4]生活在非洲尼日尔河上游的班巴拉人实行祖先崇拜，在每一个居民区里，宗教权力和世俗权力通常集中在一个被称为“杜古蒂吉”的人身上。每当遇到重大事件时，杜古蒂吉就会向祖先献祭和祈祷。[5]南几内亚的黑人在遇到忧患时，也会向死去的亲属祈求援助，据威尔逊记载，“在社会危难或饥荒的情况下，在任何的山丘顶上或密林的边缘旁都时常可以看到用诉苦和动人的

---

1 吴则虞：《晏子春秋集释》（上册），北京：中华书局，1982 年，第 42 页。

2 杨伯峻编著：《春秋左传注》（第 4 册），北京：中华书局，1990 年，第 1527 页。

3 （清）孙希旦撰，沈啸寰、王星贤点校：《礼记集解》（中册），北京：中华书局，1989 年，第 723 页。

4 ［苏］A·A·贝尔诺娃撰，赵俊智译：《印度尼西亚的门塔韦人》，《民族译丛》1992 年第 2 期。

5 ［英］塞利格曼著，费孝通译：《非洲的种族》，《费孝通译文集》（下册），北京：群言出版社，2002 年，第 199 页。

声调向自己祖先的精灵召唤的成群的男男女女”[1]。文化人类学家在南非土著中也经历过类似的情景：

韩（Hahn）问他在草原上遇见的一位纳马奎族（Namagua）妇女：“你在这儿干什么呀？”她回答说：“我的朋友，不要笑我。我在遭难呀；旱灾和布希曼人（Bushmen）毁了我们许多母绵羊和公牛，所以我来到我那个在打猎中死去的父亲的坟上。我来这坟上祷告和哭泣；父亲会听见我的声音，看见我的眼泪，他会帮助我那个出去捕鸵鸟的丈夫。那时候，我们就能够再买母山羊和母牛，喂我们的孩子了。”我对他说：“你的父亲死了，他又怎样能够听到你的声音呢？”她回答说：“不错，他是死了，但他只是睡着了。我们霍屯托茨人（Hottentots）在遇到灾难时总是来对我们的亲人和祖先的坟墓祷告；这是我们的最古老的风俗之一。”[2]

从人类学材料来看，在世界不同民族中，人们普遍相信逝去的祖先是可以帮助除去灾祸并赐福给他们的，这可以从一定程度上说明《周礼》中因灾祸而祈祷于宗庙的制度渊源甚古。

（二）因丧而祭

《周礼》中的因丧而祭于宗庙，是指天子死后出葬前所行朝庙之礼，以及埋葬之后在宗庙所行祔祭。葬前进行朝庙象征着向祖先道别，葬后举行祔祭是将死去的天子之主送入宗庙，与祖先一同享受祭祀。

《周礼》记载了天子出葬前须将棺柩迁移到宗庙以向祖先道别。《丧祝》：“及朝，御柩。”郑司农注：“朝谓将葬，朝于祖考之庙而后行，则

1 ［英］爱德华·泰勒著，连树声译：《原始文化》，上海：上海文艺出版社，1992 年，第 579–580 页。

2 ［法］列维－布留尔著，丁由译：《原始思维》，北京：商务印书馆，1981 年，第 392–393 页。

丧祝为御柩也。”[1]将葬朝庙之时，丧祝负责指挥把天子棺柩迁移到宗庙。《礼记·檀弓下》：“周朝而遂葬。”孔颖达曰：“（周）尚文，亲虽亡殁，故犹若存在，不忍便以神事之，故殡于路寝，及朝庙遂葬。”他又据《仪礼·既夕礼》指出，从祢庙到远祖庙，每庙皆朝，皆用一日。[2]周人尚文，虽然亲人去世，但依然将其视作生人，而不忍心当作神灵来对待，所以将棺柩停放在路寝，直到朝庙之后才出葬。对于朝庙的方式，贾公彦曰：“以次朝七庙，先祢而后祖，庙别一宿，后朝始祖庙，遂出葬于墓。”[3]天子出葬前七庙都须前往道别，按照的顺序是从父庙到始祖庙，每次朝庙相隔一夜的时间。

葬前举行朝庙之礼的目的是表达孝子之心。《礼记·檀弓下》：“丧之朝也，顺死者之孝心也。其哀离其室也，故至于祖考之庙而后行。”[4]郑玄曰：“盖象平生将出必辞尊者。”[5]孔颖达亦曰：“夫为人子之礼，出必告反，必面以尽孝子之情。今此所以车载柩而朝，是顺死者之孝心也。”[6]逝者将行，如同生前一样，通过告祭来表达对于祖先的孝心。林素英则从整个丧礼的角度指出：“死亡为在世生命之结束，遭此大变，为求安顿死者，并减除死者家属之悲伤，因此设有一连串之礼仪活动，以转移生者之悲伤之情为尊崇祖先之恭敬心意；亦即经由仪式之安排使死者成为祖先，且得受后代子孙之敬仰；由于死者新为祖先之一员，因此祭告祖庙自属必行之礼。”[7]葬前朝庙之礼可以看作是将逝者转化为祖先的过渡仪式。

葬礼结束后不久，就要对逝去的天子始行宗庙祭礼——祔祭。《周

1 （清）孙诒让：《周礼正义》（第8册），北京：中华书局，1987年，第2045页。
2 （清）阮元校刻：《十三经注疏》（上册），北京：中华书局，1980年，第1303页。
3 （清）孙诒让：《周礼正义》（第8册），北京：中华书局，1987年，第2046页。
4 （清）阮元校刻：《十三经注疏》（上册），北京：中华书局，1980年，第1303页。
5 （清）阮元校刻：《十三经注疏》（上册），北京：中华书局，1980年，第1147页。
6 （清）阮元校刻：《十三经注疏》（上册），北京：中华书局，1980年，第1303页。
7 林素英：《古代祭礼中之政教观——以〈礼记〉成书前为论》，台北：文津出版社，1997年，第185页。

礼·春官·小宗伯》："既葬，诏相丧祭之礼。"郑玄注："丧祭，虞、祔也。"[1]《礼记·檀弓下》有一段关于虞、祔的记载："葬日虞，弗忍一日离也。是日也，以虞易奠。卒哭曰成事，是日也，以吉祭易丧祭。明日祔于祖父。"[2]虞祭是送葬者返回后于殡宫安神的祭祀仪式，接着举行停止无时哭的卒哭之祭，自此以后，对死者的祭祀易为吉祭。第二日，将新死者的神主送入宗庙，与祖先一同享受祭祀，其名为"祔"。《左传》僖公三十三年载："凡君薨，卒哭而祔，祔而作主。"杨伯峻注："祔者，以新死者之主附于主庙也。"[3]即是举行祔祭的情形。

《周礼》中具体负责祔祭的职官是职丧、丧祝和大祝。《职丧》："凡其丧祭，诏其号，治其礼。"郑玄注："告以牲号、齍号之属，当以祝之。"[4]贾公彦曰："案《大宗伯》亦云'治其礼'，郑云'谓简习其事'。此治其礼义亦然也。"[5]又《丧祝》："掌丧祭祝号。"[6]孙诒让曰："此职丧所诏即告丧祝也。"[7]表明行礼时，职丧不仅负责告知丧祝牲、齍（谷物）之类的名号，还要预习礼仪，以确保正式仪式顺利举行。对于祭祀前预习礼仪，《左传》庄公三十二年的记载可以作为旁证："雩，讲于梁氏，女公子观之。"杨伯峻注："雩，求雨之祭。讲，犹今言讲习、预习。举行雩祭之先，预行演习其礼也。"[8]大祝是祝官之长，其职也与丧祭有关。《大祝》："辨六号：一曰神号，二曰鬼号，三曰祇号，四曰牲号，五曰齍号，六曰币号。"郑玄注："号，谓尊其名，更为美称焉。"[9]其中大祝辨别的鬼号、

1 （清）孙诒让：《周礼正义》（第5册），北京：中华书局，1987年，第1459页。
2 （清）阮元校刻：《十三经注疏》（上册），北京：中华书局，1980年，第1302页。
3 杨伯峻编著：《春秋左传注》（第1册），北京：中华书局，1990年，第505页。
4 （清）孙诒让：《周礼正义》（第6册），北京：中华书局，1987年，第1708页。
5 （清）孙诒让：《周礼正义》（第6册），北京：中华书局，1987年，第1709页。
6 （清）孙诒让：《周礼正义》（第8册），北京：中华书局，1987年，第2051页。
7 （清）孙诒让：《周礼正义》（第6册），北京：中华书局，1987年，第1709页。
8 杨伯峻编著：《春秋左传注》（第1册），北京：中华书局，1990年，第253页。
9 （清）孙诒让：《周礼正义》（第8册），北京：中华书局，1987年，第1997页。

牲号、齍号和币号（玉帛）都涉及天子宗庙祭祀。

祔祭的意义在于它的举行使逝者最终转化为了祖先。章景明说：“死者未祔之前，孝子以人事事之，既祔之后，以鬼神事之。”[1]林素英指出：“历经祔庙之祭，即为吉凶之变，人神之别；自此之后，死者即由人而转变为祖先。由于祔庙之时，神灵即将入于祖庙，因此祔祭之义其义至重。”[2]祔祭终于使逝去的天子由人完全转化成了神灵，融入了祖先神灵群体的行列。

不唯古代中国，类似祔祭的现象也见于祖先崇拜发达的非洲班图人的社会中。英国文化人类学家塞利格曼记载：“当一个人死去时，在这个死者最终被作为祖先‘带回家’来之前，要举行一长串的仪式，三至九个月后，伊汤戈，即灵魂，就像阿马祖鲁人说的那样，被‘带回家’来了。实质上，这是一次对死者（作为祖先）的祭祀。”[3]班图人为死者所举行的三至九个月的一长串仪式，如同周人为死者举行的三到七个月的一系列丧礼，“带回家”后对死者举行的第一次祭祀，与周人的祔祭之礼也是相似的。

（三）大师告祭

《周礼》中的大师告祭宗庙，是指天子亲自出征之前和取得胜利返回国都之后在宗庙举行的两次祭祖礼，意在向祖先请示出征之事以及汇报战果。

《周礼》将天子亲自出征之前告祭宗庙称为造祖。《大祝》：“大师，宜于社，造于祖。”[4]其中的“造于祖”即为宗庙祭祀祖先，贾公彦说天子

1 章景明：《殷周庙制论稿》，台北：学海出版社，1979 年，第 147 页。

2 林素英：《古代祭礼中之政教观——以〈礼记〉成书前为论》，台北：文津出版社，1997 年，第 186 页。

3 ［英］塞利格曼著，费孝通译：《非洲的种族》，《费孝通译文集》（下册），北京：群言出版社，2002 年，第 290 页。

4 （清）孙诒让：《周礼正义》（第 8 册），北京：中华书局，1987 年，第 2027 页。

“七庙俱祭”[1]。《大祝》：“掌六祈，以同鬼神祇，一曰类，二曰造，三曰禬，四曰禜，五曰攻，六曰说。”郑玄注：“造祭于祖也。”“造，加诚肃，求如志。”[2]可知“造”为“六祈”之一，行礼时祭祀者需要以诚敬肃穆的态度，祈求祖先神灵满足祈祷之事。

《周礼》中大师告祭的仪式要提前预习。《小宗伯》：“凡王之会同、军旅、甸役之祷祠，肄仪为位。”[3]其中大师属于“军旅”的范畴。

《周礼》中大师告祭宗庙的祈祷仪节由大祝和诅祝负责。《大祝》：“大师，宜于社，造于祖，设军社，类上帝，国将有事于四望，及军归献于社，则前祝。”[4]明造祭于祖先时大祝居前，先要以所求之事敬告神灵，以示出师有名。诅祝为大祝的属官，负责的是祝号之事。《诅祝》：“诅祝掌盟、诅、类、造、攻、说、禬、禜之祝号。”郑玄注：“八者之辞，皆所以告神明也。”[5]与因丧而祭一样，这里的“号”也是指鬼号、牲号、齍号和币号等美称。

其他先秦史料也有类似于《周礼》大师告祭宗庙的记载。《左传》隐公十一年记载：“郑伯将伐许。五月甲辰，授兵于大宫。”杨伯峻注：“大同太。太宫，郑国祖庙。”[6]郑国讨伐许国前在宗庙颁发兵器，既然身处宗庙，理当有告祭之礼。庄公八年载：“八年春，治兵于庙，礼也。”杨伯峻注：“此治兵仅指授兵而言。授兵必于太庙。”[7]这是鲁国讨伐郕国前在宗庙颁发兵器，也应有告祭之礼。闵公二年载晋国梁余子养说“帅师者，受命于庙”[8]，是说出征前接受祖先之命。也有的文献明言天子出征前“造”

1 （清）孙诒让：《周礼正义》（第 8 册），北京：中华书局，1987 年，第 2027 页。
2 （清）孙诒让：《周礼正义》（第 8 册），北京：中华书局，1987 年，第 1986–1987 页。
3 （清）孙诒让：《周礼正义》（第 5 册），北京：中华书局，1987 年，第 1461 页。
4 （清）孙诒让：《周礼正义》（第 8 册），北京：中华书局，1987 年，第 2027 页。
5 （清）孙诒让：《周礼正义》（第 8 册），北京：中华书局，1987 年，第 2060 页。
6 杨伯峻编著：《春秋左传注》（第 1 册），北京：中华书局，1990 年，第 72 页。
7 杨伯峻编著：《春秋左传注》（第 1 册），北京：中华书局，1990 年，第 173 页。
8 杨伯峻编著：《春秋左传注》（第 1 册），北京：中华书局，1990 年，第 271 页。

祭祖先。《司马法·仁本》说天子在征伐诸侯前要“造于先王”[1]。《礼记·王制》也说天子出征前须“造乎祢”。孔疏:“造乎祢者,造,至也,谓至父、祖之庙也。”并认为七庙皆有告祭。[2]其实根据甲骨文记载,早在商代,就有出征前向宗庙里的先公、先王行告祭之礼的仪式。[3]以上可以证明,《周礼》所载大师告祭宗庙之礼确实所言非虚。

大师出征前告祭宗庙主要有两方面的意义:

第一,强调征伐权出于祖先的意志,并祈求他们的护佑。《左传》闵公二年载梁余子养说“帅师者,受命于庙”[4],《礼记·王制》也说天子将出征“受命于祖”[5]。天子和诸侯出师前行祭于宗庙,意在权力出于神赐,不敢专命。对此,学者多强调祖先威严的功用。刘晔原和郑惠坚说:“凡是有名望的祖先为了本族几乎无例外地打过胜仗,具有战争经验和威名。作为后代要出国门去征伐,先祭祀祖先,等于向祖先请示,然后奉令出征,带着祖先的威严和影响力去打仗。”[6]林素英在谈到因事设祭时指出:“告先祖之事,诸如立君、建国与巡守,进行朝会与朝聘,国际间之会盟与盟诅,进行田猎与征伐活动,本属政事之要项,其所以与宗庙祭礼相结合,即为继承殷商以来,祖先具有极大威权,可以干预人世间诸事之信仰系统而设,周代以后,主政者则转化运用此信仰力量,使成为稳定政治之人伦基础。”[7]这段话强调了周人利用祭祀行为服务于政治的目

---

1 刘仲平:《司马法今注今译》,台北:台湾商务印书馆股份有限公司,1977 年,第 2 页。

2 (清)阮元校刻:《十三经注疏》(上册),北京:中华书局,1980 年,第 1332-1333 页。

3 高智群:《甲骨卜辞所见商代出师礼仪》,《文博研究论集》,吴浩坤、陈克伦主编,上海:上海古籍出版社,1992 年,第 18-19 页;曹建墩:《先秦礼制探赜》,天津:天津人民出版社,2010 年,第 148 页;郭旭东:《殷墟甲骨文所见的商代军礼》,《中国史研究》2010 年第 2 期;任慧峰:《先秦军礼研究》,博士学位论文,武汉:武汉大学历史学院,2010 年,第 20 页。

4 杨伯峻编著:《春秋左传注》(第 1 册),北京:中华书局,1990 年,第 271 页。

5 (清)阮元校刻:《十三经注疏》(上册),北京:中华书局,1980 年,第 1333 页。

6 刘晔原、郑惠坚:《中国古代的祭祀》,北京:商务印书馆,1996 年,第 135 页。

7 林素英:《古代祭礼中之政教观——以〈礼记〉成书前为论》,台北:文津出版社,1997 年,第 227-228 页。

的，见出了其中的本真。除此之外，派遣军队打仗乃艰虞凶险之事，各种难以预料的事情都可能发生，行前祭祀祖先也有祈请神灵对险象环生中的军队予以保护的意图。这样有利于“克服死的恐惧”[1]。原始民族也有类似于大师的举动，据马里纳等人记载，在汤加群岛的波利尼西亚人那里，向逝去的领袖祈祷，领袖就会在“天国里为本族人向最高的神陈情，在战争中指导毛利人的军队，在他们的上空飘荡，来维护他们在战斗中的勇敢精神，热忱地保护着自己的部落和家庭”[2]。

第二，有利于坚定军士为国家而战的决心。古人常用宗庙和社稷的毁坏来指代国家的灭亡。《国语·吴语》载句践在与楚国申包胥交谈中斥责吴国说：“吴为不道，求残吾社稷宗庙，以为平原，不使血食。”[3]表明宗庙乃“一个国家命运所系”[4]，是种族存亡的象征，宗庙存则国家存，宗庙毁则国家亡。所以《国语·晋语五》载晋国大夫张侯曰：“（出师）受命于庙，受脤于社，甲胄而效死，戎之政也。”[5]反映的正是军士为国而战的视死如归精神。金景芳说周代“国人有当兵的权利，野人不能当兵”[6]，张鹤泉就周代国家出军时的告祭宗庙仪式指出，因国人同国中的贵族有着不同程度的血缘联系，所以周代国家利用祖先崇拜，从精神上起到了鼓舞军队士气的作用。[7]此言强调了祭祀祖先对加强同宗感情联系的作用。因此，军队出征前告祭宗庙关乎提振军队的斗志，可以灌输给军队誓死保

1 战学成：《五礼制度与〈诗经〉时代社会生活》，北京：中国社会科学出版社，2014 年，第 189 页。

2 ［英］爱德华·泰勒著，连树声译：《原始文化》，上海：上海文艺出版社，1992 年，第 578 页。

3 上海师范大学古籍整理研究所校点：《国语》，上海：上海古籍出版社，1998 年，第 619 页。

4 张荣明：《殷周政治与宗教》，台北：五南图书出版有限公司，1997 年，第 268 页。

5 上海师范大学古籍整理研究所校点：《国语》，上海：上海古籍出版社，1998 年，第 402 页。

6 金景芳：《论中国奴隶社会的阶级和阶级斗争》，《中国社会科学》1980 年第 3 期。

7 张鹤泉：《周代祭祀研究》，台北：文津出版社，1993 年，第 167 页。

卫国家的思想，确立军队使命感，增强凝聚力，以达到同仇敌忾的效果。

《周礼》记载大师取得胜利后还要告祭宗庙，也就是行献捷礼。《大司乐》："王师大献，则令奏恺乐。"郑玄注："大献，献捷于祖。恺乐，献功之乐。"[1]大司乐总掌命令演奏恺乐，具体事宜则由视瞭和镈师执行。其中视瞭的职责是击小鼓鼙以令他官奏钟鼓。《视瞭》："宾射，皆奏其锺鼓。鼜、恺献，亦如之。"郑玄注："击鼙以奏之。"[2]所谓"鼙"，郑司农注："鼙，小鼓也。先击小鼓，乃击大鼓。小鼓为大鼓先引，故曰鼙。鼙读为道引之引。"[3]《镈师》："掌金奏之鼓。凡祭祀，鼓其金奏之乐。""军大献，则鼓其恺乐。"郑玄注："谓主击晋鼓，以奏其钟镈也。"[4]郑玄认为恺乐中演奏钟镈时，由镈师敲击晋鼓。孙诒让解释说，镈师自当以击镈为专职，故开始以钟镈奏乐时，仪节最重，由镈师击鼓而钟师击镈，其他节则皆为镈师击镈，鼓人击鼓。[5]综上，大献演奏恺乐一事，至少有大司乐、视瞭、镈师共同组成一个官联系统。

《周礼》献捷礼中的恺乐有特殊的功能。《司马法·天子之义》："得意则恺歌，示喜也。偃伯灵台，答民之劳，示休也。"[6]献捷礼中演奏恺乐的目的是在罢兵休战庆功之时，营造一种振奋的喜庆氛围。"音乐是天人合一的桥梁和纽带，是神人沟通的媒介和语言。"[7]军队出征时敬奉神命并受到神的佑护，归来以恺乐娱神，神人共享胜利成果，如此则急于表现的振奋之情得以畅快释放，达到了一场战争最为完满的境界，这种欢乐的氛围是一种催化剂，非常容易使军队更加深信神灵的力量。对人而言，乐可通于人心。《礼记·乐记》有"乐者为同""同则相亲""乐文同，则

---

1 （清）孙诒让：《周礼正义》（第 7 册），北京：中华书局，1987 年，第 1785 页。
2 （清）孙诒让：《周礼正义》（第 7 册），北京：中华书局，1987 年，第 1871 页。
3 （清）孙诒让：《周礼正义》（第 7 册），北京：中华书局，1987 年，第 1849 页。
4 （清）孙诒让：《周礼正义》（第 7 册），北京：中华书局，1987 年，第 1900 页。
5 （清）孙诒让：《周礼正义》（第 7 册），北京：中华书局，1987 年，第 1900 页。
6 刘仲平：《司马法今注今译》，台北：台湾商务印书馆股份有限公司，1977 年，第 27 页。
7 王秀臣：《"三礼"雅乐的艺术构成》，《沈阳师范大学学报》（社会科学版）2005 年第 4 期。

上下和矣”的说法[1]，意谓乐能使人心和同，能使上下等级之间相互亲和。即便有不信神灵存在者，也会在偃息干戈之时被弥漫的喜庆气氛所感染，享受胜利所带来的喜悦，进而起到振奋精神的作用，达到音乐与士气之间的交互融合和促进。

行献捷礼于宗庙也可以得到其他先秦文献的印证。周人最著名的献捷礼是在灭殷归国之后。《逸周书·世俘》记载了武王伐商后回到宗周献捷的情形："武王乃夹于南门用俘，皆施佩衣衣先馘入。武王在祀，太师负商王纣悬首白旂、妻二首赤旂，乃以先馘入，燎于周庙。"[2]武王在国之南门献俘，俘虏皆穿了号衣，先于死俘之耳入城。武王主持祭祀，太公姜尚背着悬挂有商纣王首级的白旗及挂有纣王两个妻子首级的红旗，先于死俘之耳进入周庙，并在庙中点起火堆进行燎祭。这件事即是武王成为天下君主而举行的献捷礼，使用了最为高贵的战俘——纣王，这为有周一代树立了典范。《左传》记载有春秋时期诸侯献捷于宗庙的史实。僖公二十八年晋国在城濮之战中打败楚国后，"振旅，恺以入于晋，献俘、授馘"[3]。这是还师后整齐军队，在恺乐声中向宗庙行献捷礼，献祭的是生俘和死俘。[4]襄公十年载晋伐偪阳后"以偪阳子归，献于武宫，谓之夷俘"[5]。昭公十七年载晋灭陆浑，"献俘于文宫"[6]。这分别是指在晋武公和晋文公之庙举行的献捷礼。

1 （清）阮元校刻：《十三经注疏》（下册），北京：中华书局，1980 年，第 1529 页。

2 黄怀信：《逸周书校补注译》，西安：西北大学出版社，1996 年，第 218 页。

3 杨伯峻编著：《春秋左传注》（第 1 册），北京：中华书局，1990 年，第 471 页。

4 "馘"，《诗·大雅·皇矣》有"攸馘安安"之言，《毛传》："馘，获也。不服者，杀而献其左耳曰馘。"据此，"馘"为割下的死俘左耳。参见（清）王先谦撰，吴格点校：《诗三家义集疏》（下册），北京：中华书局，1987 年，第 860 页。王政认为"具体是依人物的身份而定的。寻常士卒，割其左耳，足以兑证杀敌之数额，即割耳来献；对于一些重要的将帅或敌之元凶则必以其首为见证，否则，不能邀其功也"，可备一说。参见王政：《战捷献俘馘：〈诗经〉军旅祭典研究之一》，《社会科学论坛》2010 年第 4 期。

5 杨伯峻编著：《春秋左传注》（第 3 册），北京：中华书局，1990 年，第 977–978 页。

6 杨伯峻编著：《春秋左传注》（第 4 册），北京：中华书局，1990 年，第 1390 页。

考古材料亦有献捷于宗庙的记载。据甲骨卜辞，商朝时就有奏恺和举行献捷杀俘的礼仪。[1]西周金文亦有，周康王时器《小盂鼎》“乃盂受王命攻克戜方（即《易》之鬼方），归告成功于周庙而受庆赏之事”[2]，所献俘虏甚多。其中一段铭文为：“以人聝入门，献西旅，□□入燎周庙。”（《集成》2839）[3]陈梦家说：“此谓盂以人馘入南门，献之于西旅。此西旅当是南门内周庙室前的一个位置。”然后在“周庙中献燎伐鬼方所获的俘馘”[4]。李学勤认为盂所入为库门，“西旅”是社门的道路，“献西旅”是进献于社门的道路，即《周礼·大司马》《大祝》所说的“献于社”，然后在宗庙举行燎祀。[5]虽然诸家所言有异，但对行献捷礼于宗庙的看法是一致的。1970年山东济宁南张村发现了一座汉画像石墓，有这样一番情景：8位汉人将士押解6个胡人战俘，其中4人双手反缚，跪卧在地，地上有一长案，上面放置3颗胡人首级，地下有胡人的无头尸体，还有一位刽子手持刀砍向2个胡人；另外，一些人载歌载舞庆贺战争的胜利。[6]李卫星认为这是周代遗俗[7]，高二旺认为是汉代的官兵行献俘礼，将头颅摆在案子上是为了祭祀，歌舞就是庆祝战斗胜利的奏恺仪式。[8]其实献俘礼渊源久远，不论如何，汉制具有周代的影子应是没有问题的，它可以让我们形象地一窥献俘礼的实施情形。

《周礼》中大师胜利归来在宗庙举行献捷礼有着重要的文化内涵：

---

1 郭旭东：《甲骨卜辞所见的商代献捷献俘礼》，《史学集刊》2009年第3期。

2 郭沫若：《两周金文辞大系图录考释》（上册），上海：上海书店，1999年，第71页。

3 中国社会科学院考古研究所编：《殷周金文集成》（第2册），北京：中华书局，2007年，第1523-1524页。

4 陈梦家：《西周铜器断代》（上册），北京：中华书局，2004年，第108页。

5 李学勤：《小盂鼎与西周制度》，《历史研究》1987年第5期。

6 俞伟超：《中国画像石全集·山东画像石》（第2卷），济南：山东美术出版社，2000年，第4页。

7 李卫星：《汉画像石所见周礼遗俗》，《中原文物》2001年第1期。

8 高二旺：《略论汉代砖石画像中的军礼》，《南阳师范学院学报》（社会科学版）2011年第4期。

第一，对于祖先来说，这是一种交代，体现了礼尚往来的原则。《礼记·曲礼上》："礼尚往来，往而不来，非礼也；来而不往，亦非礼也。"[1]出军时祭祀祖先，求得祖先的保护，归来后向祖先进献战俘，最直接、最鲜明地表现出了神与人之间切实的利益交换。如此便会取得祖先神灵对祭祀者的肯定，以后还会继续予以保佑。王贵民指出："传统的神权和宗法观念束缚着人们的头脑，献俘的主旨在于统治者所从事的征伐，胜败取决于其祖先亡灵是否佑助，战争胜利之后，用战利品的俘虏献祭祖先，是最好的报答。"[2]刘晔原和郑惠坚将其概括为"祭祀的媚神性与交换性"，"目的都在于与神灵结成长期合作的关系"[3]。

第二，天子为众臣树立了敬重祖先的典范。天子在凯旋后向祖先的献祭行为，体现了对于祖先的敬重之心，他这种以身作则的表率行为，向众臣传递了应该敬重祖先和上级的信息，众臣只有维护他们的权威，为他们服务，才可以得到垂青。

第三，献捷礼在客观上增强了军队作战的信心，加强了军队对于共同祖先的崇拜。天子在献捷礼上向祖先进献战俘，表明征伐之所以最终取得了胜利是祖先一直保佑的结果。通过这一礼仪，军队的士气得到了进一步的提振，相信崇拜祖先就会取得胜利，反过来又增强了他们对于祖先的崇拜。

（四）大田告祭

《周礼》中的大田告祭宗庙是指天子亲自参加田猎时，出发前和返回后在宗庙举行的两次祭祖礼，目的是向祖先请示田猎之事以及感谢祖先保佑猎获禽兽。

1 （清）阮元校刻：《十三经注疏》（上册），北京：中华书局，1980 年，第 1231 页。

2 王贵民：《商周制度考信》，台北：明文书局，1989 年，第 260 页。

3 刘晔原、郑惠坚：《中国古代的祭祀》，北京：商务印书馆，1996 年，第 155 页。

《周礼》中大田出发前要告祭宗庙。《甸祝》："舍奠于祖庙，祢亦如之。"郑玄注："舍读为释。释奠者，告将时田，若将征伐。"贾疏："天子将出，告庙而行。言释奠于祖庙者，非时而祭即曰奠，以其不立尸。奠之言停，停馔具而已。七庙俱告，故祖祢并言。"[1]大田出发前告祭七庙，只会陈设一些祭品，礼仪比较简单。与大师告祭一样，大田告祭前也须小宗伯安排预习。《小宗伯》："凡王之会同、军旅、甸役之祷祠，肄仪为位。"[2]其中的"甸役"即指大田。《大祝》说大师礼时"造于祖"[3],《礼记·王制》说天子出征前"造乎祢"，"受命于祖"[4]。大田告祭宗庙也是强调天子的权力出于祖先而不敢专命，同时也祈求他们的护佑。据学者考察，早在商代，甲骨刻辞就有田猎前商王告祭祖庙之事。[5]时至今日，生活在海南昌江黎族自治县操哈方言的黎族在出猎前也要请与鬼神打交道的鬼公祷告，内容为："祖先诸神，子孙现在到山岭狩猎，请保佑我们大有所获，我们一定来捉鸡进献您。"[6]田猎前祭祀祖先的现象不只出现在古代中国，据斯库克拉夫特记载，在遥远的北美洲，西乌族印第安人也有向祖先的精灵祈祷狩猎时有好天气和成功的习俗。[7]由此可见，田猎之前向祖先祈祷的行为在史前就已存在。

《周礼》中大田礼毕返回之后，也要向宗庙汇报。《大司马》："(中夏)遂以苗田，如蒐之法，车弊献禽以享礿。"郑玄注："礿，宗庙之夏祭也。

1 （清）孙诒让：《周礼正义》（第8册），北京：中华书局，1987年，第2056页。

2 （清）孙诒让：《周礼正义》（第5册），北京：中华书局，1987年，第1461页。

3 （清）孙诒让：《周礼正义》（第8册），北京：中华书局，1987年，第2027页。

4 （清）阮元校刻：《十三经注疏》（上册），北京：中华书局，1980年，第1333页。

5 曹建墩：《先秦礼制探赜》，天津：天津人民出版社，2010年，第140页；李发、喻遂生：《商代校阅礼初探》，《西南大学学报》（社会科学版）2012年第4期。

6 高泽强、潘先锷：《祭祀与避邪——黎族民间信仰文化初探》，昆明：云南民族出版社，2007年，第197页。

7 ［英］爱德华·泰勒著，连树声译：《原始文化》，上海：上海文艺出版社，1992年，第799页。

冬夏田主于祭宗庙者，阴阳始起，象神之在内。”[1]冬季阴起,《大司马》载中冬大田之后要“入献禽以享烝”[2]。《大宗伯》：“以禴夏享先王。”“以烝冬享先王。”[3]孙诒让指出,《大宗伯》所言“禴（礿）”“烝”为正式的祭祀，《大司马》所言则是因事而祭。[4]《甸祝》载大田归国后要“舍奠于祖祢”。郑玄注：“入又以奠于祖祢，荐且告反也。”[5]即返回之后向宗庙进献所获禽兽。[6]此处未言季节，说明在春秋二季大田礼之后也可能有告返之礼。又《大宗伯》：“以祠春享先王。”“以尝秋享先王。”[7]那么春秋二季的大田礼也当有“享祠”和“享尝”的仪节。《肆师》：“尝之日，莅卜来岁之芟；狝之日，莅卜来岁之戒。”[8]也可以证明正式的四时祭与大田宗庙祭祀不在同一天。大田礼告返时用猎物祭祀宗庙的仪节，实际上与大师胜利归来向宗庙进献战俘是一个道理，它对祖先是一种报答行为，对臣属则起着垂范引导和提振精神的作用。傅亚庶说，用田猎所获动物来祭祀，“最早可以追溯到狩猎社会”，因为“在以狩猎所获为主要经济来源的时代，基于猎物的获得无保证，时机不易把握等特点，人们寄希望于神灵的恩赐，一旦获得猎物，也要先祭献鬼神”[9]。确实如此，除了前引操哈方言的黎族外，操美孚方言的黎族“在每年三月份开始，凡村里的男子上山狩猎有所斩获，都要把猎物抬回祠堂里祭拜‘祖先鬼’”[10]。

---

1 （清）孙诒让：《周礼正义》（第9册），北京：中华书局，1987年，第2318页。
2 （清）孙诒让：《周礼正义》（第9册），北京：中华书局，1987年，第2350页。
3 （清）孙诒让：《周礼正义》（第5册），北京：中华书局，1987年，第1330页。
4 （清）孙诒让：《周礼正义》（第5册），北京：中华书局，1987年，第1333页。
5 （清）孙诒让：《周礼正义》（第8册），北京：中华书局，1987年，第2057页。
6 （清）孙诒让：《周礼正义》（第8册），北京：中华书局，1987年，第2058页。
7 （清）孙诒让：《周礼正义》（第5册），北京：中华书局，1987年，第1330页。
8 （清）孙诒让：《周礼正义》（第6册），北京：中华书局，1987年，第1486-1487页。
9 傅亚庶：《中国上古祭祀文化》，北京：高等教育出版社，2005年，第315页。
10 高泽强、潘先锷：《祭祀与避邪——黎族民间信仰文化初探》，昆明：云南民族出版社，2007年，第197页。

（五）大会同告祭

《周礼》中的大会同告祭宗庙，是指多位诸侯朝见天子时，天子所行告祭宗庙之礼，在朝见之前和朝见之后都要举行。《大宗伯》："时见曰会，殷见曰同。"[1]《大行人》："时会以发四方之禁，殷同以施天下之政。"[2]郑玄注："时见者，言无常期，诸侯有不顺服者，王将有征讨之事，则既朝觐，王为坛于国外，合诸侯而命焉。《春秋传》曰'有事而会，不协而盟'是也。殷犹众也。十二岁王如不巡守，则六服尽朝，朝礼既毕，王亦为坛，合诸侯以命政焉。所命之政，如王巡守。殷见，四方四时分来，终岁则遍。"[3]时会是为了征伐对天子不顺服的诸侯而向四方诸侯发布政令；殷同是为了施行治理天下的政策。金鹗说会同之礼有四，行于境内者，一是王征讨时会一方诸侯，二是王不巡守，四方诸侯会于京师；行于境外者，一是王巡守，诸侯会于方岳，二是王不巡守，诸侯会于近畿。[4]如欲兴师征讨，则与大师礼相合。《小宗伯》："凡王之会同、军旅、甸役之祷祠，肄仪为位。"[5]可知与大师和大田一样，大会同告祭之前也须小宗伯安排好神位和参加祭祀者的位置。《大祝》："大会同，造于庙，宜于社，过大山川，则用事焉；反行，舍奠。"郑玄注："用事，亦用祭事告行也。""凡告必用牲币，反亦如之。"[6]说明大会同前后皆有牺牲和币帛告庙之祭。

其他文献也可印证《周礼》大会同告祭宗庙的记载。《礼记·王制》："天子将出，类乎上帝，宜乎社，造乎祢。"孔疏："此一经论天子巡守之

1 （清）孙诒让:《周礼正义》（第 5 册），北京：中华书局，1987 年，第 1348 页。
2 （清）孙诒让:《周礼正义》（第 12 册），北京：中华书局，1987 年，第 2946 页。
3 （清）孙诒让:《周礼正义》（第 5 册），北京：中华书局，1987 年，第 1348 页。
4 （清）孙诒让:《周礼正义》（第 5 册），北京：中华书局，1987 年，第 1349 页。
5 （清）孙诒让:《周礼正义》（第 5 册），北京：中华书局，1987 年，第 1461 页。
6 （清）孙诒让:《周礼正义》（第 8 册），北京：中华书局，1987 年，第 2028 页。

礼也。将出，谓初出时也。”“造乎祢者，造，至也，谓至父、祖之庙也。”[1]这是行前的告祭。《尚书·尧典下》载舜巡守而归“格于艺祖”[2]，即到宗庙告祭。《礼记·王制》载天子巡守归国后要“归假于祖祢”。郑玄注：“假，至也。”[3]这些是归来告祭宗庙。《白虎通·巡守篇》谈到了天子出入时告祭宗庙的意义：“王者出，必告庙何？孝子出辞反面，事死如事生。”[4]此言强调了天子告庙是在表达孝道。对于臣属而言，同大师和大田礼一样，大会同告祭宗庙也起着垂范引导和提振精神的作用。

1　（清）阮元校刻：《十三经注疏》（上册），北京：中华书局，1980 年，第 1332 页。
2　（清）孙星衍撰，陈抗、盛冬铃点校：《尚书今古文注疏》，北京：中华书局，2004 年，第 49 页。
3　（清）阮元校刻：《十三经注疏》（上册），北京：中华书局，1980 年，第 1328 页。
4　（清）陈立撰，吴则虞点校：《白虎通疏证》（上册），北京：中华书局，1994 年，第 293 页。

第二章

《周礼》天子宗庙祭祀前的准备事宜（上）

《周礼》天子宗庙祭祀的准备事宜包括六项内容：器服与祭品的准备、卜筮、发布与执行誓戒禁令、准备乐舞、立尸和为期。这说明虽然正式的天子宗庙祭祀仪式只集中在祭祀之日，但准备活动很早就开始了。其中使用阳遂和鉴获取明火和明水，为代表神灵的尸备好祖先的衣服，专门饲养牺牲，美化祭品名称，清洗祭器和祭品，祭祀者通过斋戒洁净身心等一系列祭前行为，使得祭祀者及其使用的器服和祭品逐渐被神圣化，实现了从凡俗状态到神圣状态的过渡。可以说，祭祀者的意识随着祭日的来临有一个不断渐进强化的过程，是不断强调祭祀的旨趣并为正式祭祀仪式铺平道路的。

与因祭相比，常祀的规模宏大，仪节周密纤细，最能充分展现出祭祀仪式的面貌和功能，《周礼》正以这方面的记载最为详尽。以下我们将通过两章的篇幅，以常祀为主，梳理天子宗庙祭祀的祭前准备事宜，并深入探索其中的文化寓意。

◉ 第一节 器服与祭品

《周礼》中天子宗庙祭祀作为国家祭祀体系中的大宗，关于器服与祭品的记载十分详细。其中器物包括匰主、笾豆、簠簋、鼎俎、尊彝及相关酒器、礼神的玉币帛、宝物、镇圭与大圭、布巾、玉几、筵席、大常、明火与明水相关器具、萧茅、冰鑑、弓矢、薪蒸、烛，凡十八种；祭服依据穿着者来划分，包括天子、诸臣、王后及外内命妇、尸的祭服四种；祭品按照所盛器具划分，主要有笾豆之实、簠簋之实、鼎俎之实、尊彝之实四大类，此外还有鸟卵与盐。

《周礼》天子宗庙祭祀的器服与祭品都是表达祭祀意义的必要道具。虽然《礼记·郊特牲》有“礼之所尊，尊其义也。失其义，陈其数，祝、史之事也。故其数可陈也，其义难知也"的说法[1]，强调礼不在于礼具，而在于礼义，但器服和祭品毕竟是表达礼义的必要道具，如果没有它们，礼义是无法充分彰显出来的。据郑玄之说，祭祀财物占了国家岁入的十分之一[2]，耗资不可谓不大。诚如黄侃所言："《周礼》一经数言辨其名物，凡吉凶礼乐，自非物曲，固不足以行之。是故祭有祭器，丧有丧器，射有射器，宾有宾器。及其辨等威，成节文，则宫室、车旗、衣服、饮食，皆礼之所寓，虽玉帛、钟鼓非礼乐之至精，舍之则礼乐亦无所因而见。故曰德俭有度，登降有数，文物以纪之，声明以发之。知此义也，则三《礼》名物必当精究，辨是非而考异同，然后礼意可得而明也。"[3]因此在探究《周礼》的天子宗庙祭祀时，厘清器服与祭品的应用和寓意就显得非常必要了。

《周礼》天子宗庙祭祀活动中，器服与祭品的使用遵循着一定的法规。《大宰》："以九式均节财用：一曰祭祀之式，二曰宾客之式，三曰丧荒之式，四曰羞服之式，五曰工事之式，六曰币帛之式，七曰刍秣之式，八曰匪颁之式，九曰好用之式。"郑玄注："式谓用财之节度。"[4]"九式"就是规范国家财政支出的法规，它"被作为国家财政审计的主要法律依据"[5]。其中排在"九式"首位的就是"祭祀之式"，即祭祀时使用财物的礼制。《小宰》："以法掌祭祀、朝觐、会同、宾客之戒具，军旅、田役、丧荒亦如之。七事者，令百官府共其财用。"郑玄注："法，谓其礼法也。戒具，戒官有事者所当共。"[6]因小宰辅助大宰，所以也涉及祭祀财用之事。

1 （清）阮元校刻：《十三经注疏》（下册），北京：中华书局，1980 年，第 1455 页。
2 （清）阮元校刻：《十三经注疏》（上册），北京：中华书局，1980 年，第 1334 页。
3 黄侃：《礼学略说》，《二十世纪中国礼学研究论集》，陈其泰、郭伟川、周少川编，北京：学苑出版社，1998 年，第 27 页。
4 （清）孙诒让：《周礼正义》（第 1 册），北京：中华书局，1987 年，第 100 页。
5 朱红林：《〈周礼〉大宰九式研究》，《古代文明》2016 年第 2 期。
6 （清）孙诒让：《周礼正义》（第 1 册），北京：中华书局，1987 年，第 179 页。

睡虎地秦简《法律答问》中有几条关于祭祀的法律条文："祠固用心肾及它支（肢）物，皆各为一具"，"置豆俎鬼前未彻乃为'未阕'。未置及不直（置）者不为'具'，必已置乃为'具'"，"王室祠，貍（薶）其具，是谓'庢'"[1]。彭浩据此推断秦有《祠律》，汉代《祠令》和《祀令》也可能与它有关。[2]朱红林师进一步认为它们与《周礼》的祭祀之式属于同一类。[3]

国家财政预算当中，祭祀是一项很重要的支出。《周礼·天官·大府》："邦都之赋以待祭祀。"[4]郑玄注："邦都五百里。此平民也。"[5]可知"邦都之赋"为距国五百里的平民所出赋税。江永指出："以某赋待某事，盖约计其财用之相当，为之式法，非必以其地之所出给此用也。"[6]也就是说，虽然经文中各种赋税收入分别有相应的支出项目，但也并不是完全一一对应的。就祭祀而言，邦都的赋税收入主要用于祭祀，但也可用于其他开支，其他赋税收入也可用于祭祀。换个角度，就是说祭祀所需费用大致相当于邦都之赋的数额。《内府》："掌受九贡九赋九功之货贿、良兵、良器，以待邦之大用。"黄以周曰："《内府》之大用，谓祭祀、宾客、丧纪、会同、军旅之大财用也。"[7]《外府》："凡邦之小用，皆受焉。"孙诒让曰："小用，盖共三夫人与诸王子以下之衣服及《大宰》九式之小者，若《小司马》云'小祭祀、会同、飨食、师田、丧纪等诸事之用'。"[8]可知内府与外府分别藏有国家"大用"与"小用"之财，与祭祀相关的财用也包括在内。

1 睡虎地秦墓竹简整理小组编：《睡虎地秦墓竹简》，北京：文物出版社，1990 年，第 99-100 页。

2 彭浩：《睡虎地秦简"王室祠"与〈赍律〉考辨》，《简帛》（第 1 辑），2006 年。

3 朱红林：《〈周礼〉大宰九式研究》，《古代文明》2016 年第 2 期。

4 （清）孙诒让：《周礼正义》（第 2 册），北京：中华书局，1987 年，第 446 页。

5 （清）孙诒让：《周礼正义》（第 1 册），北京：中华书局，1987 年，第 90 页。

6 （清）孙诒让：《周礼正义》（第 2 册），北京：中华书局，1987 年，第 446 页。

7 （清）孙诒让：《周礼正义》（第 2 册），北京：中华书局，1987 年，第 467-468 页。

8 （清）孙诒让：《周礼正义》（第 2 册），北京：中华书局，1987 年，第 474 页。

《周礼》中用于祭祀的财物，来自王畿的赋税和诸侯的纳贡两大途径。

《周礼》中用于王室祭祀的王畿赋税主要有两种来源。第一，来自公的采邑。《大宰》："以九赋敛财贿：一曰邦中之赋，二曰四郊之赋，三曰邦甸之赋，四曰家削之赋，五曰邦县之赋，六曰邦都之赋，七曰关市之赋，八曰山泽之赋，九曰币余之赋。"[1]据《大府》记载，其中"邦都之赋"主要是用于祭祀活动。[2]《载师》："以大都之田任疆地。"这里的"大都"即"邦都"。郑玄注："大都，公之采地，王子弟所食邑也。"[3]说明公采地之上的赋税收入用于王室祭祀。第二，来自国中和乡遂。《闾师》："掌国中及四郊之人民、六畜之数，以任其力，以待其政令，以时征其赋。"郑玄注："国中及四郊，是主数六乡之中。"[4]是四郊之中设有六乡。张鹤泉指出："《周礼》中提到，国家需要掌握'国中及四郊人民六畜之数'，这正是由向'国人'征集牺牲所决定的。"[5]《乡师》："大祭祀，羞牛牲，共茅蒩。"[6]这里的茅蒩是指用茅编制而成的垫子。《周礼》还提到遂人专门负责提供遂地的祭祀财物。《遂人》："凡国祭祀，共野牲，令野职。"郑玄注："野职，薪炭之属。"[7]按照郑玄的解释，野职指薪炭之属。

《周礼》所载王畿内收入用于祭祀可以得到其他文献的印证。《国语·周语上》载祭公谋父说："夫先王之制，邦内甸服。"韦注："邦内，谓天子畿内千里之地。"[8]表明王畿又称作甸服。甸服中除了有王室直接管

1 （清）孙诒让：《周礼正义》（第1册），北京：中华书局，1987年，第90页。
2 （清）孙诒让：《周礼正义》（第2册），北京：中华书局，1987年，第446页。
3 （清）孙诒让：《周礼正义》（第4册），北京：中华书局，1987年，第938-939页。
4 （清）孙诒让：《周礼正义》（第4册），北京：中华书局，1987年，第974页。
5 张鹤泉：《周代祭祀研究》，台北：文津出版社，1993年，第196页。
6 （清）孙诒让：《周礼正义》（第3册），北京：中华书局，1987年，第821页。
7 （清）孙诒让：《周礼正义》（第4册），北京：中华书局，1987年，第1140页。
8 上海师范大学古籍整理研究所校点：《国语》，上海：上海古籍出版社，1998年，第4页。

辖的区域外，还有周王分封给公卿大夫的采邑。[1]《国语·周语上》载祭公谋父说“甸服者祭”[2]，指的就是采邑供应王室所需的祭祀财物。《国语·周语中》载周襄王曰：“昔我先王之有天下也，规方千里以为甸服，以供上帝山川百神之祀。”[3]这是总言王畿之内财物供应祭祀之事。

《周礼》中诸侯的贡物也是王室祭祀用品的一大来源。《大宰》：“以九贡致邦国之用：一曰祀贡，二曰嫔贡，三曰器贡，四曰币贡，五曰材贡，六曰货贡，七曰服贡，八曰斿贡，九曰物贡。”郑司农说祀贡是牺牲包茅之属，器贡指宗庙之器，服贡为祭服。郑玄进一步指出，器贡包括银铁、石磬、丹漆等制器材料，服贡是指制衣的原料絺纻，江永和庄存与都认为器贡也有成品器。[4]这里的祀贡、器贡和服贡都是每年一次的岁贡。《大行人》：“邦畿方千里，其外方五百里谓之侯服，岁壹见，其贡祀物。”郑玄注：“祀贡者，牺牲之属。”又曰：“又其外方五百里谓之男服，三岁壹见，其贡器物。”郑玄说所贡器物是尊彝之属。[5]这里的祀物和器物属于诸侯按时朝见天子的贡物。彭林认为以上硬性摊派的进贡方式是“《周礼》设想的一种掠夺邦国的制度”，它脱胎于《禹贡》[6]，所言甚是，《周礼》这些设想绝非空想，而是有一定的根据。

先秦文献也有诸侯向周王室进贡祭祀物品的记载。《国语·周语上》载祭公谋父说“侯服者祀，宾服者享，要服者贡”，即因朝而贡。[7]《左传》

---

1 吕文郁：《周代采邑制度研究》，台北：文津出版社，1992 年，第 12 页。

2 上海师范大学古籍整理研究所校点：《国语》，上海：上海古籍出版社，1998 年，第 4 页。

3 上海师范大学古籍整理研究所校点：《国语》，上海：上海古籍出版社，1998 年，第 54 页。

4 （清）孙诒让：《周礼正义》（第 1 册），北京：中华书局，1987 年，第 103-104 页。

5 （清）孙诒让：《周礼正义》（第 12 册），北京：中华书局，1987 年，第 2974-2975 页。

6 彭林：《〈周礼〉主体思想与成书年代研究》（增订版），北京：中国人民大学出版社，2009 年，第 108-109 页。

7 上海师范大学古籍整理研究所校点：《国语》，上海：上海古籍出版社，1998 年，第 4 页。

僖公四年载管仲对楚国使者说："尔贡苞茅不入，王祭不共，无以缩酒。"[1] 管仲的言语透露出诸侯有向周王室进贡祭祀用品的义务。《礼记·月令》载季冬之月天子"乃命大史，次诸侯之列，赋之牺牲，以共皇天上帝社稷之飨，乃命同姓之邦，共寝庙之刍豢。"郑玄注："刍豢犹牺牲。"[2]《礼器》："大飨，其王事与？三牲、鱼、腊，四海九州之美味也。笾豆之荐，四时之和气也。内金，示和也。束帛加璧，尊德也。龟为前列，先知也。金次之，见情也。丹、漆、丝、纩、竹、箭，与众共财也。其余无常货，各以其国之所有，则致远物也。"郑玄注："盛其馔与贡，谓祫祭先王。"[3] 所述皆为诸侯助祭于王室的贡物。

以下我们就对《周礼》天子宗庙祭祀所涉各种器服和祭品的内容作一详细梳理，并探索它们的文化寓意。

一、器物

古人认为祭祀用器是众器之首。《礼记·曲礼下》："凡家造，祭器为先，牺赋为次，养器为后。"孔疏："祭器为先者，崇敬祖祢，故在先。"[4]《王制》："祭器未成，不造燕器。"郑玄注："造，为也。"[5] 养器是日常饮食之器，燕器泛指日常生活用器，在古人心目中，它们的重要性都比不上祭器。《周礼》所载天子宗庙祭祀中的十八种器物，正是这些观念的具体落实。

（一）匰主

《周礼》中的匰主是指天子宗庙祭祀时盛放神主的竹筐。《司巫》："祭

1 杨伯峻编著：《春秋左传注》（第 1 册），北京：中华书局，1990 年，第 290 页。
2 （清）阮元校刻：《十三经注疏》（下册），北京：中华书局，1980 年，第 1384 页。
3 （清）阮元校刻：《十三经注疏》（下册），北京：中华书局，1980 年，第 1442 页。
4 （清）阮元校刻：《十三经注疏》（上册），北京：中华书局，1980 年，第 1258 页。
5 （清）阮元校刻：《十三经注疏》（上册），北京：中华书局，1980 年，第 1347 页。

祀，则共匰主及道布及蒩馆。”杜子春注：“匰，器名。主，谓木主也。”郑玄注：“共主以匰。”[1]《说文·匚部》：“匰，宗庙盛主器也。”[2]说明“匰”是一种盛放祖先神主的器物。黄以周和孙诒让皆谓神主平时置于石室，祭时才设匰。孙氏曰：“（神主）当祭时出主于室，则以匰盛之，以授大祝，不敢徒手奉持，恐亵神也。匰即筐筲之属，每祭则司巫共之。逮祭毕，主复归于室，即去匰别藏之，主盖不常盛于匰也。”[3]意即神主在平日是藏在石室当中的，祭祀时才由司巫临时使用称为“匰”的竹筐盛放它，然后传送到祭祀之处并授于大祝。司巫之所以不轻率地徒手奉持神主，是为了避免对神灵造成亵渎。祭祀完毕后，神主又要以同样的方式被送达石室之中。“共匰主”的行为由司巫执行，说明此事被赋予了浓厚的巫术色彩。在这个细节里，祭祀的慎重、敬畏、神秘情状可见一斑。詹鄞鑫指出匰“也可能象征神主居室”，此说于理可通。据詹氏甲骨文方面的研究，商代已有用匰之举。[4]

这里需要说明一下祖先神主。祖先神主为祖先灵魂所依，是祖先崇拜的物化形式，木质，不同时期所用木材也有区别。《公羊传》文公二年载：“虞主用桑，练主用栗。”[5]即亲死既葬，虞祭时作桑主，以“桑”喻“丧”，十三月小祥（练祭）时，埋掉桑主，改用栗木。据《论语·八佾》宰我答鲁哀公社主用木时语，栗木有“使民战栗”的寓意[6]，表达对神灵的敬畏之心，祖先神主使用栗木的缘由当与此相同。

古人在祭祀祖先时设有神主由来已久。《国语·楚语下》载观射父说

---

1 （清）孙诒让：《周礼正义》（第 8 册），北京：中华书局，1987 年，第 2066 页。

2 （清）段玉裁：《说文解字注》，北京：中华书局，2013 年，第 643 页。

3 （清）孙诒让：《周礼正义》（第 8 册），北京：中华书局，1987 年，第 2067 页。

4 詹鄞鑫：《神灵与祭祀——中国传统宗教综论》，南京：江苏古籍出版社，1992 年，第 198-199 页。

5 （清）阮元校刻：《十三经注疏》（下册），北京：中华书局，1980 年，第 2266 页。

6 程树德撰，程俊英、蒋见元点校：《论语集释》（第 1 册），北京：中华书局，1990 年，第 200 页。

颛顼以前巫就“制神之处位次主”[1]，即负责安排神的祭位，排列神主的尊卑先后。常金仓师根据人类学材料，也指出祖先作主是一种十分古老的史前文化因素。[2]苏联学者谢·亚·托卡列夫提及，多雷港地区和阿斯特罗拉比湾地区的巴布亚人分别信仰称为“科尔瓦尔”的祖先木雕躯体和称为“特卢姆”的一种人体雕像，美拉尼西亚人也为祭祀祖先而制造人的形象。[3]英国学者爱德华·泰勒提及生活在西南非洲中部地区的达马尔人（也译作达马拉人）的习俗，他们在对死者祭祀的日子里有对木棒的崇拜行为，表现为“将从献给死人的树木或灌木丛上截下来的木棒放在桌子上代替自己的祖先，首先把食物送到这些木棒前面”[4]。另一位英国学者塞利格曼对这件事叙述地更为详细，他说奥瓦赫雷罗人（即达马尔人）在祭坛的圣火旁边，“种有一棵小小的乌穆姆博罗姆邦加树，也就是神圣的无花果树，如果没有无花果树可种，就插上一根奥穆瓦普木（蔷薇）的干枝。无花果树是祖先的象征，在赫雷罗人居住地的北部有一棵很大的无花果树，它被认为是所有的祖先的坐位，因此是最神圣的”[5]。生活在我国东北的鄂伦春族称祖先神为“阿娇儒博如坎”，他们的神偶也是木制的。[6]云南省彝族将为亡故父母设置的灵牌称作“马都”。禄劝山区的彝族是“用红绿线捆扎十几根竹条”而成。小凉山彝族的制作方法是：“取长约五寸的木棒一根，两面剖开，中凿小孔，表示灵屋；再取一节竹笋，

1 上海师范大学古籍整理研究所校点：《国语》，上海：上海古籍出版社，1998 年，第 559 页。

2 常金仓：《周代社会生活述论》，长春：吉林人民出版社，2007 年，第 182–183 页。

3 ［苏］谢·亚·托卡列夫著，魏庆征译：《世界各民族历史上的宗教》，北京：中国社会科学出版社，1985 年，第 73、79 页。

4 ［英］爱德华·泰勒著，连树声译：《原始文化》，上海：上海文艺出版社，1992 年，第 619 页。

5 ［英］塞利格曼著，费孝通译：《非洲的种族》，费孝通译文集（下册），北京：群言出版社，2002 年，第 291 页。

6 《民族问题五种丛书》内蒙古自治区编委会编：《鄂伦春族社会历史调查》（第 1 集），呼和浩特：内蒙古人民出版社，1984 年，第 49 页。

截成竹片，用羊毛线把竹片扎紧，男人九匝，女人七匝，然后用剖开木棒把竹片合紧。再用白布包裹。”布朗族是用带杈的栗树枝，拉祜族是用长方形竹片。[1]

（二）笾豆

笾、豆皆为食器。《周礼》中的笾盛放干肉、干果、饼等非流体食物，豆则盛放肉酱、泡菜、粥等流体食物。郑玄曰：“笾宜干物。”“豆宜濡物。”[2]皇侃曰：“豆盛俎（菹）醢，笾盛果实。”[3]说的也是笾、豆盛放不同食物的事。

1. 豆

《周礼》述及祭祀、宾客和丧礼时都有用豆之例。《腊人》：“凡祭祀，共豆脯。”[4]腊人负责供应盛在豆中的薄切干肉。《醢人》：“醢人掌四豆之实。”“凡祭祀，共荐羞之豆实，宾客、丧纪亦如之。”醢人负责准备的祭祀豆实共有四种，分别名为朝事之豆、馈食之豆、加豆和羞豆。[5]《九嫔》：“凡祭祀，赞玉粢，赞后荐彻豆笾。”[6]此处涉及九嫔佐助王后进献和撤除豆。《大宗伯》：“凡大祭祀，王后不与，则摄而荐豆笾彻。”[7]此谓大宗伯代替王后进献和撤除豆。《内宗》：“内宗掌宗庙之祭祀荐加豆笾，及以乐彻，则佐传豆笾。”[8]《外宗》：“外宗掌宗庙之祭祀佐王后荐玉豆，视豆笾，及以乐彻亦如之。”[9]

1 杨学政：《原始宗教论》，昆明：云南人民出版社，1991 年，第 199–200 页。
2 （清）阮元校刻：《十三经注疏》（上册），北京：中华书局，1980 年，第 1009 页。
3 （魏）何晏集解，（梁）皇侃义疏：《论语集解义疏》（第 2 册），上海：商务印书馆，1937 年，第 105 页。
4 （清）孙诒让：《周礼正义》（第 1 册），北京：中华书局，1987 年，第 310 页。
5 （清）孙诒让：《周礼正义》（第 2 册），北京：中华书局，1987 年，第 394–406 页。
6 （清）孙诒让：《周礼正义》（第 2 册），北京：中华书局，1987 年，第 554 页。
7 （清）孙诒让：《周礼正义》（第 5 册），北京：中华书局，1987 年，第 1408 页。
8 （清）孙诒让：《周礼正义》（第 6 册），北京：中华书局，1987 年，第 1690 页。
9 （清）孙诒让：《周礼正义》（第 6 册），北京：中华书局，1987 年，第 1692 页。

此言内宗和外宗负责进献、检查和撤除豆。《小子》："小子掌祭祀羞羊肆、羊殽、肉豆。"[1]此谓小子负责进献盛有切肉的豆。《司士》："凡祭祀，掌士之戒令，诏相其法事；及赐爵，呼昭穆而进之。帅其属而割牲，羞俎豆。"[2]这是说司士也负责进献肉豆。

《周礼》记载不同等级的诸侯相互朝见时，主国招待的礼物中会用到较多的豆。《掌客》："凡诸侯之礼：上公五积，皆视飧牵，三问皆脩，群介、行人、宰、史皆有牢；飧五牢，食四十，簠十，豆四十，铏四十有二，壶四十，鼎簋十有二，牲三十有六，皆陈。""夫人致礼，八壶、八豆、八笾，膳大牢，致飨大牢，食大牢。""侯伯四积，皆视飧牵，再问皆脩；飧四牢，食三十有二，簠八，豆三十有二，铏二十有八，壶三十有二，鼎簋十有二，腥二十有七，皆陈。""夫人致礼，八壶、八豆、八笾，膳大牢，致飨大牢。""子男三积，皆视飧牵，壹问以脩；飧三牢，食二十有四，簠六，豆二十有四，铏十有八，壶二十有四，鼎簋十有二，牲十有八，皆陈。""夫人致礼，六壶、六豆、六笾。"[3]可知被朝见诸侯国接待上公、侯伯、子男时，馈赠的礼物中分别有四十豆、三十二豆、二十四豆；其夫人的礼物中则分别有八豆、八豆、六豆。

《周礼》天子宗庙祭祀中的豆有木豆，也可能有瓦豆和金属制成的豆。《说文·豆部》："豆，古食肉器也。""梪，木豆谓之梪。"段玉裁曰："豆本瓦器，故木为之则异其字。"[4]《诗·大雅·生民》载祭祀上帝时"卬盛于豆，于豆于登",《毛传》："卬，我也。木曰豆，瓦曰登。"[5]《尔雅·释器》也明言"木豆谓之豆","瓦豆谓之登"[6]，则豆本为木制。常金仓师也

1 （清）孙诒让：《周礼正义》（第 9 册），北京：中华书局，1987 年，第 2386 页。
2 （清）孙诒让：《周礼正义》（第 10 册），北京：中华书局，1987 年，第 2468-2469 页。
3 （清）孙诒让：《周礼正义》（第 12 册），北京：中华书局，1987 年，第 3066-3067 页。
4 （清）段玉裁：《说文解字注》，北京：中华书局，2013 年，第 209 页。
5 （清）王先谦撰，吴格点校：《诗三家义集疏》（下册），北京：中华书局，1987 年，第 883 页。
6 （清）阮元校刻：《十三经注疏》（下册），北京：中华书局，1980 年，第 2598 页。

据《释器》指出豆“起初是木制之器，后来才出现瓦、石、青铜仿作”[1]。《周礼》醢人所掌的豆，孙诒让认为“四豆以盛菹醢，则皆木豆也，与瓬人所为瓦豆异。正字皆作梪，经典通作豆”。[2]陈祥道注意到宗庙祭祀也用瓦豆，根据是《仪礼·少牢馈食礼》所载“上佐食羞胾，两瓦豆，有醢，亦用瓦豆”[3]。因此孙诒让认为木、瓦两种豆，内外祭祀通用。[4]少牢馈食礼是诸侯国卿大夫的祭祖礼，郑玄说所涉瓦豆是“加豆”[5]。天子祭祀用豆之礼，或与卿大夫有别。《毛传》：“登，大羹也。”[6]可知登（瓦豆）还专用于盛放大羹。又《仪礼·公食大夫礼》：“大羹湆不和，实于镫。”虽郑玄谓“瓦豆谓之镫”[7]，但“镫”字从金，应是金属制成。《说文·金部》就说：“镫，锭也。”[8]《周礼·亨人》：“祭祀，共大羹。”[9]则天子宗庙祭祀的大羹应是盛放于登（瓦豆）或镫中。

天子宗庙祭祀所用豆数。《礼记·礼器》：“天子之豆二十有六。”[10]孙诒让认为是“朝事、馈食、加豆皆八豆，羞豆则二豆”[11]。至于登或镫的数量，经书没有明确记载，张闻捷据《仪礼·公食大夫礼》所言“宰右执镫，左执盖”推测登在使用时只有一件[12]，可备参考。

天子用豆有玉、漆之饰。《周礼·春官·外宗》：“掌宗庙之祭祀佐王

1 常金仓：《周代社会生活述论》，长春：吉林人民出版社，2007年，第21页。
2 （清）孙诒让：《周礼正义》（第2册），北京：中华书局，1987年，第395页。
3 （清）阮元校刻：《十三经注疏》（上册），北京：中华书局，1980年，第1202页。
4 （清）孙诒让：《周礼正义》（第14册），北京：中华书局，1987年，第3372页。
5 （清）阮元校刻：《十三经注疏》（上册），北京：中华书局，1980年，第1202页。
6 （清）王先谦撰，吴格点校：《诗三家义集疏》（下册），北京：中华书局，1987年，第883页。
7 （清）阮元校刻：《十三经注疏》（上册），北京：中华书局，1980年，第1081页。
8 （清）段玉裁：《说文解字注》，北京：中华书局，2013年，第712页。
9 （清）孙诒让：《周礼正义》（第1册），北京：中华书局，1987年，第283页。
10 （清）阮元校刻：《十三经注疏》（下册），北京：中华书局，1980年，第1431页。
11 （清）孙诒让：《周礼正义》（第2册），北京：中华书局，1987年，第395页。
12 张闻捷：《略论东周用豆制度》，《考古与文物》2011年第1期。

后荐玉豆。”[1]其中的“玉豆”即玉饰之豆。《礼记·明堂位》：“夏后氏以楬豆，殷玉豆，周献豆。”郑玄注：“楬，无异物之饰也。献，疏刻之。”[2]《明堂位》说祭祀周公“荐用玉豆”[3]。则玉豆已为殷商所用，周代也在使用。邢昺引《礼图》说豆“黑漆饰，朱中。大夫以上画以云气，诸侯以象，天子以玉，皆谓饰其豆口也”[4]；唐人王泾引《三礼图》说豆“桼赤中”[5]；聂崇义《新定三礼图》引旧《图》说豆“漆赤中。大夫已上画赤云气，诸侯饰以象，天子加玉饰，皆谓饰口、足也”[6]。按照这些记载，豆的外部涂以黑漆，圆盘内涂以赤漆。至于玉饰，邢昺与聂崇义所引或言饰口，或谓口、足皆饰。

墓葬考古中经常有豆的发现，主要有高柄豆、盖豆、方座豆等铜豆，此外还有陶盖豆、石豆、漆豆，其中高柄豆和漆豆同文献的记载最为相近。1967 年，陕西长安县沣河中游西岸的张家坡村西周 115 号墓，发掘出了两件形状相同的深盘粗把漆豆，“豆盘周壁镶嵌 8 枚蚌泡，蚌泡上以红彩画圈。豆柄中部镶嵌 2 枚菱形蚌片和 4 枚圆形小蚌泡，小蚌泡上也涂红彩。”[7]据此可推测《周礼》所载“玉豆”的玉饰当与蚌泡有类似之处。70年代，山西长治长子春秋晚期墓出土有一件浅盘高柄铜豆[8]，1988年发掘的太原金胜村春秋晚期墓，也出土有两件类似的豆。[9]

---

1 （清）孙诒让：《周礼正义》（第 6 册），北京：中华书局，1987 年，第 1692 页。
2 （清）阮元校刻：《十三经注疏》（下册），北京：中华书局，1980 年，第 1491 页。
3 （清）阮元校刻：《十三经注疏》（下册），北京：中华书局，1980 年，第 1489 页。
4 （清）阮元校刻：《十三经注疏》（下册），北京：中华书局，1980 年，第 2598 页。
5 （清）孙诒让：《周礼正义》（第 2 册），北京：中华书局，1987 年，第 395 页。
6 （宋）聂崇义纂辑，丁鼎点校、解说：《新定三礼图》，北京：清华大学出版社，2006 年，第 427 页。
7 中国社会科学院考古研究所沣西发掘队：《1967 年长安张家坡西周墓葬的发掘》，《考古学报》1980 年第 4 期，图 31—1。
8 山西省考古研究所：《山西长子县东周墓》，《考古学报》1984 年第 4 期。
9 山西省考古研究所、太原市文物管理委员会，陶正刚、侯毅、渠川福：《太原晋国赵卿墓》，北京：文物出版社，1996 年，第 40-41 页。

2. 笾

《周礼》述及祭祀、丧礼和宾客时都有用笾之例。《笾人》：“凡祭祀，共其笾荐羞之实。丧事及宾客之事，共其荐笾、羞笾。”“笾人掌四笾之实。”四笾分别为朝事之笾、馈食之笾、加笾、羞笾。[1]这是祭祀用笾。《九嫔》：“凡祭祀，赞玉粢，赞后荐彻豆笾。”[2]此处涉及九嫔佐助王后进献和撤除笾。《大宗伯》：“凡大祭祀，王后不与，则摄而荐豆笾彻。”[3]此谓大宗伯代替王后进献和撤除笾。《内宗》：“内宗掌宗庙之祭祀荐加豆笾，及以乐彻，则佐传豆笾。”[4]《外宗》：“外宗掌宗庙之祭祀佐王后荐玉豆，视豆笾，及以乐彻亦如之。”[5]此言内宗和外宗负责进献、检查和撤除笾的事宜。《仪礼·特牲馈食礼》：“祝赞笾祭，尸受祭之。”[6]这可作为《周礼》中笾用于天子宗庙祭祀的佐证。

《周礼》记载不同等级的诸侯相互朝见时，主国的夫人在招待的礼物中会用到笾。《掌客》：“夫人致礼，八壶、八豆、八笾，膳大牢，致飧大牢，食大牢。”这是招待上公之时。“夫人致礼，八壶、八豆、八笾，膳大牢，致飧大牢。”这是招待侯伯之时。“夫人致礼，六壶、六豆、六笾。”[7]这是招待子男之时。可知被朝见诸侯国在接待上公、侯伯、子男之时，夫人馈赠的礼物中分别有八笾、八笾、六笾。

《周礼》载天子宗庙祭祀所用的笾是一种形状如豆的竹器。郑玄曰：“笾，竹器如豆者，其容实皆四升。”[8]《说文·竹部》：“笾，竹豆也。”[9]《尔

---

1 （清）孙诒让：《周礼正义》（第 2 册），北京：中华书局，1987 年，第 379-393 页。
2 （清）孙诒让：《周礼正义》（第 2 册），北京：中华书局，1987 年，第 554 页。
3 （清）孙诒让：《周礼正义》（第 5 册），北京：中华书局，1987 年，第 1408 页。
4 （清）孙诒让：《周礼正义》（第 6 册），北京：中华书局，1987 年，第 1690 页。
5 （清）孙诒让：《周礼正义》（第 6 册），北京：中华书局，1987 年，第 1692 页。
6 （清）阮元校刻：《十三经注疏》（上册），北京：中华书局，1980 年，第 1185 页。
7 （清）孙诒让：《周礼正义》（第 12 册），北京：中华书局，1987 年，第 3066-3067 页。
8 （清）孙诒让：《周礼正义》（第 2 册），北京：中华书局，1987 年，第 379 页。
9 （清）段玉裁：《说文解字注》，北京：中华书局，2013 年，第 196 页。

雅·释器》：“木豆谓之豆，竹豆谓之笾。”[1]说明在形制上笾与豆的尺寸相同，差别主要体现在用材上。因笾、豆在形制和使用上有很多共同点，所以文献中常笾豆并举。除前引《周礼》的记载外，《诗·鲁颂·閟宫》也说祭祀时“牺尊将将，毛炰胾羹，笾豆大房”[2]。

笾口是有文饰的。贾公彦曰：“凡王之豆笾，皆玉饰之。”[3]认为笾与豆一样，也有玉饰。郑玄曰：“笾有藤也。”[4]邢昺曰：“笾以竹为之，口有藤缘。”[5]《新定三礼图》所引除“藤”作“縢”外，与邢说完全相同。丁鼎解释说：“縢缘，以绳缠束编织的边缘。縢，缠束。”[6]则笾有藤饰。

笾本为竹器，考古则发现有铜制的仿作品。1955年安徽寿县西门蔡侯墓出土有一种铜器，该器“有空心而有三角形镂孔的柄，承物之处作浅盘形，四边有向上卷起的矮边，没有盖”。陈梦家认为“征之文献，亦相符合”，遂引文献说：“笾：《说文》以为‘竹豆’，无盖，所以有巾以复之，《士丧礼》‘两笾无縢布巾’，郑注云‘縢，缘也……布巾，笾巾也，《特牲馈食礼》有笾巾’；《士冠礼》‘脯用笾’，《周礼·笾人》所掌，乃是干果腊味之属。”[7]1976年陕西扶风庄白一号西周窖藏出土了一件铭文为“微白瘋乍笸，其万年永宝”的铜器，该器“浅盘，底微凹，盘口沿饰重环纹，把饰镂孔环带纹”，因其形制如豆，故简报称之为“微伯瘋豆”[8]。此器与蔡侯墓所出铜器类似，皆浅盘镂孔高圈足。关于这类器具，朱凤

1　（清）阮元校刻：《十三经注疏》（下册），北京：中华书局，1980年，第2598页。
2　（清）王先谦撰，吴格点校：《诗三家义集疏》（下册），北京：中华书局，1987年，第1081页。
3　（清）孙诒让：《周礼正义》（第6册），北京：中华书局，1987年，第1692页。
4　（清）阮元校刻：《十三经注疏》（上册），北京：中华书局，1980年，第1171页。
5　（清）阮元校刻：《十三经注疏》（下册），北京：中华书局，1980年，第2598页。
6　（宋）聂崇义纂辑，丁鼎点校、解说：《新定三礼图》，北京：清华大学出版社，2006年，第429页。
7　陈梦家：《寿县蔡侯墓铜器》，《考古学报》1956年第2期。
8　陕西周原考古队：《陕西扶风庄白一号西周青铜器窖藏发掘简报》，《文物》1978年第3期。

瀚说："释为笾，器型合于《尔雅》《说文》，特别是此种器型柄部镂空尤似竹编器，且盘浅，盛干果、干肉较为合宜，故可为一说。"[1]李学勤也认为以上这类器物可能就是《周礼》等文献中的笾。他指出："文献中笾豆并称，《尔雅·释器》：'竹豆谓之笾。'《说文》：'笾，竹豆也。'是笾本以竹制。《周礼·笾人》云：'掌四笾之实。'与《醢人》'掌四豆之实相对'。《论语·述而》皇疏说：'豆盛菹醢，笾盛果实。'只是概举，两种器物盛放的食品还要复杂，但总的说来，是'豆盛湿物，笾盛干物'。这和把浅盘豆形器称为笾是适应的。"[2]

（三）簠簋

《周礼》所载簠和簋是两种盛放谷物的食器，它们用于祭祀、宾客和飧礼。《舍人》："凡祭祀，共簠簋，实之，陈之。"[3]《饎人》："凡宾客共其簠簋之实，飧食亦如之。"[4]《小史》："大祭祀，读礼法，史以书叙昭穆之俎簋。"[5]这涉及小史依据礼法书排定簋的位次。不同等级的诸侯相互朝见之时，主国招待的礼物中会用到簠和簋。《掌客》："凡诸侯之礼，上公五积，皆视飧牵，三问皆脩，群介、行人、宰、史皆有牢；飧五牢，食四十，簠十，豆四十，铏四十有二，壶四十，鼎簋十有二，牲三十有六，皆陈。""侯伯四积，皆视飧牵，再问皆脩；飧四牢，食三十有二，簠八，豆三十有二，铏二十有八，壶三十有二，鼎簋十有二，腥二十有七，皆陈。""子男三积，皆视飧牵，壹问以脩；飧三牢，食二十有四，簠六，豆二十有四，铏十有八，壶二十有四，鼎簋十有二，牲十有八，皆陈。"[6]

---

1 朱凤瀚：《古代中国青铜器》，天津：南开大学出版社，1995 年，第 86 页。

2 李学勤：《青铜器中的簠与铺》，《中国古代文明研究》，上海：华东师范大学出版社，2005 年，第 78 页。

3 （清）孙诒让：《周礼正义》（第 4 册），北京：中华书局，1987 年，第 1229 页。

4 （清）孙诒让：《周礼正义》（第 4 册），北京：中华书局，1987 年，第 1240 页。

5 （清）孙诒让：《周礼正义》（第 8 册），北京：中华书局，1987 年，第 2100 页。

6 （清）孙诒让：《周礼正义》（第 12 册），北京：中华书局，1987 年，第 3066-3067 页。

被朝见诸侯国接待上公、侯伯、子男时，馈赠礼物中簠的数目分别为十、八、六，簋的数目皆为十二。

簠、簋的形状，学者大致有两说：

第一，簠方簋圆说。郑玄曰："方曰簠，圆曰簋。"[1] 贾公彦指出郑说"皆据外而言"。他言其容受曰："案《孝经》云：'陈其簠簋。'注云'内圆外方，受斗二升者'，直据簠而言。若簋则内方外圆。知皆受斗二升者，《瓬人》云'为簋实一觳'，豆实三而成觳，豆四升，三豆则斗二升可知。"[2] 据郑、贾之说，则簠外方内圆，簋外圆内方，容受皆为一斗二升。

第二，簠圆簋方说。《说文·竹部》："簠，黍稷圜器也。"又曰："簋，黍稷方器也。"[3]《淮南子·泰族》注："器方中者为簠，圆中者为簋也。"[4] 欧阳修《集古录》也说簋"其形外方内圆而小"[5]。段玉裁未定簠、簋的方圆，但认为："考圆器之内为之方，方器之内为之圆，似以木、以瓦、以竹皆难为之，他器少如是者，恐《孝经》注不可信，郑、许皆所不言也。"[6] 段氏说许慎不言器内形状，当是以前引《淮南子·泰族》之注为高诱所作。段说总体可信，周聪俊宗其说："验之传世彝器，凡外圆者则内亦圆，外方者则内亦方。鼎有方鼎圆鼎之异，壶有方壶圆壶之殊，虽各有方圆之殊异，但内外一致，皆无内圆外方者，亦无内方外圆者，段说是矣。"[7]

簠方簋圆是簠和簋的常态。《仪礼·聘礼》载有一种器具叫"竹簋方"。

---

1 （清）孙诒让：《周礼正义》（第 4 册），北京：中华书局，1987 年，第 1229 页。

2 （清）孙诒让：《周礼正义》（第 4 册），北京：中华书局，1987 年，第 1230 页。

3 （清）段玉裁：《说文解字注》，北京：中华书局，2013 年，第 195-196 页。

4 何宁：《淮南子集释》（上册），北京：中华书局，1998 年，第 172 页。孙诒让认为这是许注，参见（清）孙诒让：《周礼正义》（第 4 册），北京：中华书局，1987 年，第 1230 页。

5 （清）孙诒让：《周礼正义》（第 4 册），北京：中华书局，1987 年，第 1230 页。

6 （清）段玉裁：《说文解字注》，北京：中华书局，2013 年，第 195 页。

7 周聪俊：《簠筲为黍稷圜器说质疑》，《三礼礼器论丛》，台北：文史哲出版社，2011 年，第 133 页。

郑玄注："以竹为之，状如簋而方，如今寒具筥。筥者圆，此方耳。"[1]孙诒让据此认为"郑义塙不可易，否则竹簋方不当特言'方'，为殊异之词矣"[2]，此言甚是。"竹簋"加一"方"字，正可以说明簋本是圆器，方形则是例外的。《诗 · 小雅 · 伐木》："陈馈八簋。"《毛传》亦曰："圆曰簋。"[3]又添一证。不过这同时也提醒我们，簠、簋的形状除了有方圆之别外，还各有其他鲜明的特点，否则不易区分。

《周礼》天子宗庙祭祀所用簠、簋皆为木制。贾公彦曰："《损卦》以离巽为之，离为日，日圆，巽为木，木器圆，簋象，是用木明矣。"[4]聂崇义说簠与簋是"相将之器"，认为两器配套使用，在宗庙祭祀中皆为木制。[5]《礼记 · 礼器》郑玄注说天子之簋"饰以玉"[6]，说明天子所用木簋配有玉饰。《考工记 · 瓬人》："瓬人为簋。"[7]此为瓦簋，但形制与木簋一样。

考古发现的不少或定名或自名而形制有异的簠、簋可备参照。商代器有 1976 年安阳殷墟五号墓出土的五件大小形状不一的铜簋，其中标本 832、833 皆大口薄唇，鼓腹矮圈足，标本 832 底部有"妇好"铭。此外还有两件形制有别的玉簋——白玉簋和青玉簋，白玉簋"白色，有黄斑。侈口圆唇，下腹微鼓，平底矮圈足"；青玉簋则"绿色。敛口平唇，腹部微鼓，上有突棱四条。圆底矮圈足"[8]。西周器有1976年陕西临潼零口出土的著名的西周初年利簋，该器为带方座的两耳簋，器方座壁饰有兽面纹。[9]

---

1 （清）阮元校刻：《十三经注疏》（上册），北京：中华书局，1980 年，第 1051 页。

2 （清）孙诒让：《周礼正义》（第 4 册），北京：中华书局，1987 年，第 1230 页。

3 （清）王先谦撰，吴格点校：《诗三家义集疏》（下册），北京：中华书局，1987 年，第 572 页。

4 （清）孙诒让：《周礼正义》（第 4 册），北京：中华书局，1987 年，第 1230 页。

5 （宋）聂崇义纂辑，丁鼎点校、解说：《新定三礼图》，北京：清华大学出版社，2006 年，第 423 页。

6 （清）阮元校刻：《十三经注疏》（下册），北京：中华书局，1980 年，第 1434 页。

7 （清）孙诒让：《周礼正义》（第 14 册），北京：中华书局，1987 年，第 3370 页。

8 中国社会科学院考古研究所安阳工作队：《安阳殷墟五号墓的发掘》，《考古学报》1977 年第 2 期，图版 5—1、2，26—1。

9 马承源：《中国古代青铜器》，上海：上海人民出版社，2008 年，第 78 页。

故宫博物院藏有一件西周前期的夔纹簠，此器“呈长方形，四角发圆。深腹，侈口，有子母口。自口沿向下收敛，使器身形成斜直的斗状。足呈矩形，足底宽，足腰稍内凹。有盖，盖与器的大小基本相同”[1]。1976年陕西扶风庄白一号西周窖藏出土了八件相同的痶殷（簋），圆腹外鼓，兽首耳，圈足，方座。[2]1966年，湖北京山县苏家垅发现了一批西周晚期至春秋早期的铜器，其中有二式七件铜簋，均为圆形，兽首形耳，三足，Ⅰ式铭文中有“宝殷（簋）”，以“用享孝皇祖文考”，说明是祭祀用簋。[3]1988年发掘的太原金胜村春秋晚期墓出土有两件形制、大小、纹样均相同的铜器，被定名为簠，此器的盖和身基本相同，对合成一体，器身为长方矩形，两端有两个对称的环形耳，下有四只蹼形足。[4]1994年，河南的新蔡葛陵楚墓出土有战国的漆木质簠。[5]1950年，洛阳西宫秦墓出土了一件铜器，器盖与器身皆有小篆铭文“軌”字，杜廼松指出“轨”即“簋”字，是器的自名。此器外呈圆形，腹上有两个对称的铺首，矮足。[6]以上这些器物的形状大体上与郑玄所谓“方曰簠，圆曰簋”是一致的。

也有一些学者根据出土铜器的铭文而力持许说。陕西扶风庄白一号西周窖藏出土的一件铭文为“散白痶乍箭，其万年永宝”的器物因形制如豆，简报称之为“微伯痶豆”[7]。但唐兰据此器铭文而提出新说，他认为：“痶簠似豆而大，浅盘平底，圈足镂空，铭作箭，是簠的本字。宋代曾有

---

1 杜廼松：《夔纹簠》，《故宫博物院院刊》1985年第1期。

2 陕西周原考古队：《陕西扶风庄白一号西周青铜器窖藏发掘简报》，《文物》1978年第3期，图版6—3。

3 湖北省博物馆：《湖北京山发现曾国铜器》，《文物》1972年第2期。

4 山西省考古研究所、太原市文物管理委员会，陶正刚、侯毅、渠川福：《太原晋国赵卿墓》，北京：文物出版社，1996年，第42页。

5 河南省文物考古研究所编著：《新蔡葛陵楚墓》，郑州：大象出版社，2003年，第94页，图60。

6 杜廼松：《记洛阳西宫出土的几件铜器》，《文物》1965年第11期。

7 陕西周原考古队：《陕西扶风庄白一号西周青铜器窖藏发掘简报》，《文物》1978年第3期。

刘公铺，1932 年出土的‘厚氏元匿’，过去都归入豆类，是错了。《说文》：‘簠，黍稷圆器也。’就是这类器，本多竹制，在铜器中发展较晚。”[1]湖北京山县苏家垅出土的两件器具均有“曾中斿父自作宝甫”的铭文，与豆类似，简报称之为豆。[2]高明以笛、甫与簠“音形极近”为由，推断以上这类器物应该是簠，以证簠为圆器。[3]对于唐、高二氏的观点，刘翔等学者已有明辨，指出簠确为方形器，而笛类实为笾豆之属，[4]使簠为方形器说得以夯实。

《周礼》天子宗庙祭祀使用的簠与簋数目为四簠、八簋。《礼记·明堂位》载“周之八簋”[5],《祭统》说祭祀有“八簋之实”。郑玄注：“天子之祭八簋。”[6]江永曰：“天子八簋，诸侯六簋。簠之数未闻。凡宾客之礼，簠皆少于簋，则祭时宜亦放此。天子盖四簠，诸侯盖二簠。”[7]

《周礼》中簠、簋所盛谷物是有明确区分的。郑玄曰：“簠，稻粱器也。”又说：“簋，黍稷器也。”[8]江永曰：“簋盛黍稷为正馔，簠盛稻粱为加馔。”并认为“天子用六粢，有麦、苽，盖亦盛之于簠”[9]。至于《诗·秦风·权舆》记载诸侯食礼“每食四簋”，《毛传》说“四簋，黍稷稻粱”[10]，

---

1 唐兰：《略论西周微史家族窖藏铜器群的重要意义——陕西扶风新出墙盘铭文解释》，《文物》1978 年第 3 期。

2 湖北省博物馆：《湖北京山发现曾国铜器》，《文物》1972 年第 2 期，图版 10—4。

3 高明：《𥁰、簠考辨》，《文物》1982 年第 6 期。

4 刘翔：《簠器略说》，《古文字研究》（第 13 辑），1986 年；周聪俊：《簠笛为黍稷圆器说质疑》，《三礼礼器论丛》，台北：文史哲出版社，2011 年，第 119-147 页；周聪俊：《再论簠笛异实说》,《三礼礼器论丛》，台北：文史哲出版社，2011 年，第 181-189 页；李学勤：《青铜器中的簠与铺》，《中国古代文明研究》，上海：华东师范大学出版社，2005 年，第 76-81 页；姬秀珠：《仪礼饮食礼器研究》，台北：里仁书局，2005 年，第 218-222 页。

5 （清）阮元校刻：《十三经注疏》（下册），北京：中华书局，1980 年，第 1491 页。

6 （清）阮元校刻：《十三经注疏》（下册），北京：中华书局，1980 年，第 1603 页。

7 （清）孙诒让：《周礼正义》（第 4 册），北京：中华书局，1987 年，第 1229 页。

8 （清）孙诒让：《周礼正义》（第 12 册），北京：中华书局，1987 年，第 3067-3068 页。

9 （清）孙诒让：《周礼正义》（第 4 册），北京：中华书局，1987 年，第 1229 页。

10 （清）王先谦撰，吴格点校：《诗三家义集疏》（上册），北京：中华书局，1987 年，第 461 页。

段玉裁认为“毛意言簋可以该簠”，统言则稻粱和黍稷不再区别。[1]马瑞辰与段说相同，并指出：“簋与簠对文则异，散文则通。”[2]可见，广义上的簋包括簠在内。

很多学者认为《周礼》所载“玉齍”为盛放谷物的玉敦、玉簠簋等器具，此说恐不确，以下就此做一梳理和辨正。《九嫔》：“凡祭祀，赞玉齍。”郑玄注：“玉齍，玉敦受黍稷器。”[3]贾公彦曰：“玉齍，玉敦，盛黍稷。”[4]郑、贾认为玉齍指盛放黍稷的器具玉敦。外宗与九嫔为官联，《外宗》：“王后以乐羞齍，则赞。”贾疏：“齍，黍稷也。”[5]二“齍”皆读为“粢”[6]。《礼记·明堂位》：“有虞氏之两敦，夏后氏之四连，殷之六瑚，周之八簋。”[7]贾公彦据此而申郑意曰：“今周天子用玉敦者，《明堂位》明鲁得兼用四代之器用敦，明天子亦兼用可知。云玉敦者，谓以玉饰敦。”[8]与郑、贾说不同，金鹗因经典没有天子用敦之文，故以玉齍为玉簠簋；孙诒让又因九嫔与外宗所赞王后者为正馔，认为这里的玉齍专就玉簋而言。[9]又《大宗伯》载大宗伯在祭祀时“奉玉齍”。不同于前，郑玄谓此处“玉”乃礼神之玉[10]，贾公彦以“齍”为祭祀天地社稷的瓦簋。王引之对此已有辩驳，指出“玉齍与《九嫔职》同，其皆为玉敦可知”。孙诒让对此说又有修正，认为“玉齍当为玉簋，非玉敦也”[11]。

---

1 （清）段玉裁：《说文解字注》，北京：中华书局，2013 年，第 195-196 页。

2 （清）马瑞辰撰，陈金生点校：《毛诗传笺通释》（上册），北京：中华书局，1989 年，第 398-399 页。

3 （清）孙诒让：《周礼正义》（第 2 册），北京：中华书局，1987 年，第 554 页。

4 （清）孙诒让：《周礼正义》（第 6 册），北京：中华书局，1987 年，第 1692 页。

5 （清）孙诒让：《周礼正义》（第 6 册），北京：中华书局，1987 年，第 1692 页。

6 （清）孙诒让：《周礼正义》（第 2 册），北京：中华书局，1987 年，第 555 页；（清）孙诒让：《周礼正义》（第 6 册），北京：中华书局，1987 年，第 1692 页。

7 （清）阮元校刻：《十三经注疏》（下册），北京：中华书局，1980 年，第 1491 页。

8 （清）孙诒让：《周礼正义》（第 2 册），北京：中华书局，1987 年，第 555 页。

9 （清）孙诒让：《周礼正义》（第 2 册），北京：中华书局，1987 年，第 555-556 页。

10 （清）孙诒让：《周礼正义》（第 5 册），北京：中华书局，1987 年，第 1404 页。

11 （清）孙诒让：《周礼正义》（第 5 册），北京：中华书局，1987 年，第 1406-1407 页。

诸家将《周礼》中“玉齍”之“齍”读为“粢”完全正确，但将玉齍理解为玉敦或玉簋却是不可取的。《国语·周语上》载周惠王十五年有神降于虢国莘地，王问内史过该如何应对，答曰：“使太宰以祝、史帅狸姓，奉牺牲、粢盛、玉帛往献焉。”后来“王使太宰忌父帅傅氏及祝、史奉牺牲、玉鬯往献焉”。韦注：“玉鬯，鬯酒之圭，长尺二寸，有瓒，所以灌地降神之器也。”[1] 按：牺牲与粢盛或玉鬯并列，说明它们都是祭品，即玉鬯是指盛在圭瓒中的鬯酒，而非韦昭所言盛有鬯酒的器具圭瓒。因此《大宗伯》所载“玉鬯”和“玉齍”亦当作如是观[2]，即玉齍是指盛在玉簋中的粢盛，而非玉簋一类的器具。

（四）鼎俎

《周礼》中的鼎和俎都是盛放牲肉的器具，其中天子宗庙祭祀所用的鼎属有镬、鼎、铏三种。

1. 镬与鼎

镬与鼎是用于烹煮和盛放水与牲体的。《周礼·天官·亨人》：“掌共鼎镬以给水火之齐。”郑玄注：“镬，所以煮肉及鱼、腊之器。既孰，乃脀于鼎。”[3] 亨人掌管提供鼎和镬，负责烹煮时用水的多少和用火的大小。郑玄曰：“取于镬以实鼎。”[4] 则镬和鼎是相继为用之器。《大宗伯》：“凡祀大神，享大鬼，祭大祇，帅执事而卜日，宿，视涤濯，莅玉鬯，省牲镬。”郑玄注：“镬，亨牲器也。”[5] 这是大宗伯在祭祀时检查镬的情况。《小司寇》：“凡禋祀五帝，实镬水，纳亨亦如之。”[6]《士师》：“祀五帝，则沃

1 上海师范大学古籍整理研究所校点：《国语》，上海：上海古籍出版社，1998 年，第 32–34 页。
2 （清）孙诒让：《周礼正义》（第 5 册），北京：中华书局，1987 年，第 1404 页。
3 （清）孙诒让：《周礼正义》（第 1 册），北京：中华书局，1987 年，第 281 页。
4 （清）孙诒让：《周礼正义》（第 1 册），北京：中华书局，1987 年，第 269 页。
5 （清）孙诒让：《周礼正义》（第 5 册），北京：中华书局，1987 年，第 1404 页。
6 （清）孙诒让：《周礼正义》（第 11 册），北京：中华书局，1987 年，第 2778 页。

尸及王盥，洎镬水。”[1]郑玄注：“洎，谓增其沃汁。”这两句是说在祭祀五帝时，负责给清洗牲体和煮牲体所用的镬添加水。《膳夫》：“王日一举，鼎十有二。”[2]《内饔》：“王举，则陈其鼎俎，以牲体实之。”[3]这是王用膳时杀牲陈鼎之事。《外饔》：“掌外祭祀之割亨，共其脯、脩、刑、膴，陈其鼎俎，实之牲体、鱼、腊。凡宾客之飧饔、飨食之事亦如之。”又曰：“凡小丧纪，陈其鼎俎而实之。”[4]此言天地、山川、社稷等外祭祀、宾客以及小丧事时，外饔负责陈列所需的鼎并盛入牲体。《挈壶氏》：“及冬，则以火爨鼎水而沸之，而沃之。”[5]此言挈壶氏负责在冬天用火煮沸鼎中的水，然后注入计时的漏壶。

《周礼》提到，不同等级的诸侯相互朝见时，主国在招待中会用到鼎。《掌客》：“凡诸侯之礼，上公五积，皆视飧牵，三问皆脩，群介、行人、宰、史皆有牢；飧五牢，食四十，簠十，豆四十，铏四十有二，壶四十，鼎簋十有二，牲三十有六，皆陈。”“侯伯四积，皆视飧牵，再问皆脩；飧四牢，食三十有二，簠八，豆三十有二，铏二十有八，壶三十有二，鼎簋十有二，腥二十有七，皆陈。”“子男三积，皆视飧牵，壹问以脩；飧三牢，食二十有四，簠六，豆二十有四，铏十有八，壶二十有四，鼎簋十有二，牲十有八，皆陈。”[6]主国接待上公、侯伯、子男时，在馈赠的礼物中，鼎的数目皆为十二。

镬和鼎的形制。高诱曰：“有足曰鼎，无足曰镬。”[7]有足与否，是鼎与镬最明显的区别。《仪礼·少牢馈食礼》：“三鼎在羊镬之西，二鼎在豕镬之

1 （清）孙诒让：《周礼正义》（第 11 册），北京：中华书局，1987 年，第 2792 页。
2 （清）孙诒让：《周礼正义》（第 1 册），北京：中华书局，1987 年，第 241-242 页。
3 （清）孙诒让：《周礼正义》（第 1 册），北京：中华书局，1987 年，第 269 页。
4 （清）孙诒让：《周礼正义》（第 1 册），北京：中华书局，1987 年，第 277、281 页。
5 （清）孙诒让：《周礼正义》（第 9 册），北京：中华书局，1987 年，第 2420 页。
6 （清）孙诒让：《周礼正义》（第 12 册），北京：中华书局，1987 年，第 3066-3067 页。
7 何宁：《淮南子集释》（下），北京：中华书局，1998 年，第 1157 页。

西。”[1]依据所盛牺牲不同，镬、鼎之名又分别冠以牛、羊等字。《新定三礼图》载牛鼎形制曰：“牛鼎受一斛。天子饰以黄金，诸侯饰以白金。今以黍寸之尺计之，口径、底径及深俱一尺三寸三。足如牛，每足上以牛首饰之。羊豕二鼎亦如之。此所谓周之礼，饰器各以其类之义也。”言羊鼎形制曰：“羊鼎受五斗。”“今以黍寸之尺计之，口径、底径俱一尺，深一尺一寸。”说豕鼎形制曰：“豕鼎受三斗。口径、底径皆八寸，深九寸强。”[2]按此记载，牛鼎最大，羊鼎次之，豕鼎最小，牛镬、羊镬、豕镬亦当放此。

2. 铏

《周礼》中的铏是一种盛放和菜肉羹的器具。《亨人》：“祭祀，共大羹、铏羹。宾客亦如之。”郑司农注：“铏羹，加盐菜矣。”[3]郑玄注：“铏，羹器也。”[4]“铏，菜和羹之器。”[5]不同等级的诸侯在相互朝见时，主国招待的礼物中会用到较多的铏。《掌客》：“凡诸侯之礼，上公五积，皆视飧牵，三问皆脩，群介、行人、宰、史皆有牢；飧五牢，食四十，簠十，豆四十，铏四十有二，壶四十，鼎簋十有二，牲三十有六，皆陈。”“侯伯四积，皆视飧牵，再问皆脩；飧四牢，食三十有二，簠八，豆三十有二，铏二十有八，壶三十有二，鼎簋十有二，腥二十有七，皆陈。”“子男三积，皆视飧牵，壹问以脩；飧三牢，食二十有四，簠六，豆二十有四，铏十有八，壶二十有四，鼎簋十有二，牲十有八，皆陈。”[6]主国接待上公、侯伯、子男时，馈赠的礼物中铏的数目分别为四十二、二十八、十八。

---

1 （清）阮元校刻：《十三经注疏》（上册），北京：中华书局，1980 年，第 1197 页。

2 （宋）聂崇义纂辑，丁鼎点校、解说：《新定三礼图》，北京：清华大学出版社，2006 年，第 398-400 页。

3 （清）孙诒让：《周礼正义》（第 1 册），北京：中华书局，1987 年，第 283 页。

4 （清）孙诒让：《周礼正义》（第 12 册），北京：中华书局，1987 年，第 3067 页。

5 （清）阮元校刻：《十三经注疏》（上册），北京：中华书局，1980 年，第 1081 页。

6 （清）孙诒让：《周礼正义》（第 12 册），北京：中华书局，1987 年，第 3066-3067 页。

铏为鼎属。陆德明说铏："三足两耳，有盖，和羹之器。"[1]又曰："盛和羹器，形如小鼎。"[2]以铏为鼎属。《新定三礼图》记载更为详细："铏以盛羹，受一升，口径六寸，有三足，足高一寸，有两耳，有盖。士以铁，大夫以铜，诸侯以白金饰，天子以黄金饰。旧《图》云：'铏受一斗，两耳，三足，高二寸，有盖。士以铁为之，大夫已上以铜为之，诸侯饰以白金，天子饰以黄金。'""铏是羹器，即铏鼎也。""今以黍寸之尺计之，其口径、底径并深皆六寸，乃受一斗之数。"[3]虽《新定三礼图》在铏的容受、足高等方面有不同说法，但对铏可以归为鼎属没有什么异议。

孙诒让认为铏"形制容实当与豆相近"[4]，此说不可从。俞伟超和高明根据马王堆一号汉墓所出遣册说："第 27—29 简为'牛苦羹一鼎'，'狗苦羹一鼎'，'一右方苦羹二鼎'。苦是苦荼，苦羹无疑是和以苦荼的铏芼。又第 19—22 简为：'狗巾羹一鼎'，'雁巾羹一鼎'，'鰿禺（藕）肉巾羹一鼎'，'一右方巾羹三鼎'。巾羹即堇羹，也是铏芼。由此可知，铏芼确系放在鼎内。"[5]林沄也说，此言可"据以推论先秦文献中的'铏'也可能是鼎形的"[6]。周聪俊又根据"铏"字在《说文》中的位置，为鼎属说增一新证，颇有新意。[7]所以铏为鼎属的说法是可以夯实的。

3. 俎

《周礼》中的俎是一种形状如同几案的载肉之器，在祭祀、宾客、丧

1 （清）阮元校刻：《十三经注疏》（上册），北京：中华书局，1980 年，第 286 页。

2 （清）阮元校刻：《十三经注疏》（下册），北京：中华书局，1980 年，第 1417 页。

3 （宋）聂崇义纂辑，丁鼎点校、解说：《新定三礼图》，北京：清华大学出版社，2006 年，第 410 页。

4 （清）孙诒让：《周礼正义》（第 12 册），北京：中华书局，1987 年，第 3075 页。

5 俞伟超、高明：《周代用鼎制度研究（上）》，《北京大学学报》（哲学社会科学版）1978 年第 1 期。

6 林沄：《周代用鼎制度商榷》，《史学集刊》1990 年第 3 期。

7 周聪俊：《〈仪礼〉用铏考辨》，《三礼礼器论丛》，台北：文史哲出版社，2011 年，第 3-7 页。

礼和日常饮食中都用到俎。《小史》："大祭祀，读礼法，史以书叙昭穆之俎簋。"[1]大祭祀时，小史依据礼法书排定祖先昭穆和俎簋的位次。贾公彦曰："此言叙昭穆之俎簋，则非外神耳。则大祭祀，唯谓祭宗庙三年一祫之时，有尸主，兼序昭穆俎簋也。"孙诒让曰："当亦兼大禘言之。"[2]其实不只合祭祖先时，只要祭祀用牲，都要用俎来陈放牲肉，即郑玄所谓"实俎曰载"[3]。《外饔》："掌外祭祀之割亨，共其脯、脩、刑、膴，陈其鼎俎，实之牲体、鱼、腊。"又说："凡小丧纪，陈其鼎俎而实之。"[4]《司士》："凡祭祀，掌士之戒令，诏相其法事；及赐爵，呼昭穆而进之。帅其属而割牲，羞俎豆。"[5]在祭祀、宾客和丧礼中，王和后都有俎。《膳夫》："凡王祭祀、宾客食，则彻王之胙俎。"[6]《内小臣》："若有祭祀、宾客、丧纪，则摈，诏后之礼事，相九嫔之礼事，正内人之礼事，彻后之俎。"[7]王饮食时的用俎，《膳夫》："王日一举，鼎十有二，物皆有俎。"郑玄注："物谓牢鼎之实。"[8]《内饔》："王举，则陈其鼎俎，以牲体实之。"[9]说明俎是王的日常必备之器。

《周礼》中的俎是房俎。《礼记·明堂位》："俎，有虞氏以梡，夏后氏以嶡，殷以椇，周以房俎。"[10]可知周代的俎名为"房俎"。郑玄曰："房谓足下跗也，上下两间，有似于堂房，《鲁颂》曰'笾豆大房'。"[11]跗，指的是足的下端。《诗·鲁颂·閟宫》："笾豆大房。"郑笺："大房，玉饰俎

1 （清）孙诒让：《周礼正义》（第8册），北京：中华书局，1987年，第2100页。
2 （清）孙诒让：《周礼正义》（第8册），北京：中华书局，1987年，第2101页。
3 （清）孙诒让：《周礼正义》（第1册），北京：中华书局，1987年，第269页。
4 （清）孙诒让：《周礼正义》（第1册），北京：中华书局，1987年，第277、281页。
5 （清）孙诒让：《周礼正义》（第10册），北京：中华书局，1987年，第2468-2469页。
6 （清）孙诒让：《周礼正义》（第1册），北京：中华书局，1987年，第251页。
7 （清）孙诒让：《周礼正义》（第2册），北京：中华书局，1987年，第538页。
8 （清）孙诒让：《周礼正义》（第1册），北京：中华书局，1987年，第241-242页。
9 （清）孙诒让：《周礼正义》（第1册），北京：中华书局，1987年，第269页。
10 （清）阮元校刻：《十三经注疏》（下册），北京：中华书局，1980年，第1491页。
11 （清）阮元校刻：《十三经注疏》（下册），北京：中华书局，1980年，第1491页。

也，其制足间有横，下有柎（跗），似乎堂后有房然。”[1]此处又特别指出了房俎以玉为饰。孔颖达解释郑玄所言形制曰：“俎头各有两足，足下各别为跗，足间横者，似堂之壁横，下二跗，似堂之东西头各有房也。”[2]总之，“房俎”或“大房”之名是一种形象的称谓。《庄子·达生》：“祝宗人玄端以临牢筴，说彘曰：‘汝奚恶死？吾将三月犧牧汝，十日戒，三日齐，藉白茅，加汝肩尻乎雕俎之上，则汝为之乎？’”成玄英释“雕俎”曰：“俎，盛肉器也，谓雕饰之俎也。”[3]据此，俎上还雕刻有文饰。

俎的尺寸和颜色。《新定三礼图》引旧《图》曰：“俎长二尺四寸，广尺二寸，高一尺。漆两端赤，中央黑。”聂氏指出：“四代之俎，其间虽有小异，高下长短尺寸漆饰并同。”[4]俎长二尺四寸，宽一尺二寸，高一尺，四足和足间两横皆为赤色，俎的中央涂成黑色。

考古中有俎的发现。马承源等学者注意到了西周懿孝时期器瘐壶的铭文，指出周王赐给瘐“彘俎”和“羔俎”的记载，可以说明“西周时期盛放不同牲体的俎各有专名”。考虑到出土和传世的青铜俎很少，他们认为当时所用的俎可能“多为木制，朽蚀不易保存”[5]。其实西周墓葬也有漆木质俎的发现。1967 年，陕西长安县沣河中游西岸的张家坡村西周 115 号墓就发掘出了一件漆俎，该器“上部为一长方形的盘，口大底小，四壁斂收，盘下接一长方形的四足方座。方座四周镶嵌各种形状的蚌饰组成图案。漆色暗褐”[6]。不过此器与文献中关于俎的记载还是有较大差别的。

1 （清）王先谦撰，吴格点校：《诗三家义集疏》（下册），北京：中华书局，1987 年，第 1081-1082 页。

2 （清）阮元校刻：《十三经注疏》（下册），北京：中华书局，1980 年，第 1491 页。

3 （清）郭庆藩撰，王孝鱼点校：《庄子集释》（中册），北京：中华书局，2012 年，第 646 页。

4 （宋）聂崇义纂辑，丁鼎点校、解说：《新定三礼图》，北京：清华大学出版社，2006 年，第 434 页。

5 马承源主编：《中国青铜器》，上海：上海古籍出版社，1988 年，第 170 页。

6 中国社会科学院考古研究所沣西发掘队：《1967 年长安张家坡西周墓葬的发掘》，《考古学报》1980 年第 4 期，图 31—6。

（五）尊彝及相关酒器

《周礼》天子宗庙祭祀中所用尊彝及相关酒器，包括盛酒器彝、尊、罍、卣，承彝器舟，斟酒器勺，祼鬯器瓒和饮酒器爵。

1. 彝、尊、罍、舟

《周礼》天子宗庙祭祀所用彝和尊各有六种，舟和罍各有一种。《司尊彝》有一段话记载了彝、尊、罍、舟的组合方式：

> 春祠夏禴，祼用鸡彝、鸟彝，皆有舟；其朝践用两献尊，其再献用两象尊，皆有罍，诸臣之所昨也。秋尝冬烝，祼用斝彝、黄彝，皆有舟；其朝献用两著尊，其馈献用两壶尊，皆有罍，诸臣之所昨也。凡四时之间祀追享朝享，祼用虎彝、蜼彝，皆有舟；其朝践用两大尊，其再献用两山尊，皆有罍，诸臣之所昨也。[1]

其中六彝分别名为鸡彝、鸟彝、斝彝、黄彝、虎彝、蜼彝；六尊分别名为献尊、象尊、著尊、壶尊、大尊、山尊。以下就《司尊彝》所载彝、尊、舟、罍的形制和寓意进行详细讨论。

（1）彝、尊、罍、舟的形制

鸡彝

鸡彝是有鸡形物象的盛酒器。《周礼·春官·司尊彝》："祼用鸡彝、鸟彝。"郑玄注："鸡彝、鸟彝，谓刻而画之为鸡、凤皇之形。"[2]所谓"刻",《尔雅·释器》说"木谓之刻"[3]，孙诒让也指出"刻"是刻木之义。[4]《礼记·明堂位》："灌尊，夏后氏以鸡夷。"郑玄注："夷读为

1 （清）孙诒让：《周礼正义》（第 6 册），北京：中华书局，1987 年，第 1514 页。
2 （清）孙诒让：《周礼正义》（第 6 册），北京：中华书局，1987 年，第 1514–1515 页。
3 （清）阮元校刻：《十三经注疏》（下册），北京：中华书局，1980 年，第 2600 页。
4 （清）孙诒让：《周礼正义》（第 6 册），北京：中华书局，1987 年，第 1525 页。

彝。”孔疏：“鸡彝者，或刻木为鸡形而画鸡于彝。”[1]可知《周礼》所载鸡彝之制，承自夏代，其为木制，上面分别有鸡的图饰。《新定三礼图》对鸡彝的形制有非常明晰的描述：

鸡彝，受三斗，宗庙器，盛明水。彝者，法也，言与诸尊为法也。臣崇义先览郑《图》形制如此。案旧《图》云：“于六彝之间，唯鸡、鸟、虎、蜼四彝皆云刻木为之。”其图乃画鸡、凤、虎、蜼四物之形，各于背上负尊，皆立一圆器之上，其器三足，漆赤中，如火炉状。虽言容受之数，并不说所盛之物。

又言其尺寸曰：

今以黍寸之尺依而计之，口圆径九寸，底径七寸，其腹上下空径高一尺，足高二寸，下径八寸。其六彝所饰，各画本象。虽别其形制，容受皆同。[2]

可知聂氏之言源于郑玄的《三礼图》。据此，鸡彝为筒形器皿，腹部有鸡形图饰，六彝的区别仅在于图饰的不同。清人黄以周也说：“此为刻画之文，非彝形肖鸡、凤皇也。”[3]

近代以来考古文物频出，学者常用它们来修正传世文献的记载，这无疑为传统学术研究带来一股清风，鸡彝即是其中一例。徐中舒是借助考古文物对郑玄之说提出异议的代表，他认为鸡彝实为象鸡之形，理由

1 （清）阮元校刻：《十三经注疏》（下册），北京：中华书局，1980 年，第 1490 页。
2 （宋）聂崇义纂辑，丁鼎点校、解说：《新定三礼图》，北京：清华大学出版社，2006 年，第 443 页。
3 （清）黄以周撰，王文锦点校：《礼书通故》（第 5 册），北京：中华书局，2007 年，第 1939 页。

共有四条：

第一，琱戈、琱戟之类以雕镂绘饰为名的器物，起初不必举其雕镂绘画之物；旗帜有鸟、隼、龟、蛇之类，都是必须借助雕镂绘饰来作为标识的；至于龙勺、虎符之类普通用具，大致就其所象之形而言。因此，鸡彝、鸟彝、牺尊、象尊等都是以所象之形为名的。

第二，殷周古文“彝”字象双手捧鸡或鸟形之器，宗庙常器中当有象鸡、象鸟之物，而《周礼》中鸡彝、鸟彝即为此物。

第三，现存铜器刻画诸形之饰如鸡、凤皇，旧图中多称为夔凤纹，虺形旧多称为蟠虺纹或夔龙纹，都是铜器中最普遍的绘饰，并非祼用之彝所独有。所以就铜器而言，除黄彝、斝彝外，与其认为有刻画之饰，不如说是象全体之形。

第四，遗留铜器中有鸡、鸟、虎、蜼诸形之器。[1]

周聪俊对徐说深以为然，他说：

按古人制器尚象，命名取义，必富有深意，名尊曰牺曰象，名彝曰鸡曰鸟，则必有类乎牺象鸡鸟之礼器在焉。所谓“先王制器，或远取诸物，或近取诸身”（陈祥道《礼书》语），牺尊、象尊、鸡彝、鸟彝远取诸物也。徐说尊彝中牺象鸡鸟诸名，皆应释为象牺象鸡鸟诸形之物之缘由，较然明白。据出土实物，其形制象鸟兽形之酒尊，若牛羊象虎鸡鸟诸形，见于著录者不下数十器，可为佐证。[2]

坦率而言，徐说也存在一些问题。第一条，用的是简单类推法，宗庙之器亦非普通用具，不同时节，尊彝组合有别，不同尊彝，盛放酒鬯也有别，因此有标识是完全可以的；第二条，用文字之形推测，造字往

1 徐中舒：《说尊彝》，《国立中央研究院历史语言研究所集刊》1936 年第 7 本第 1 分。
2 周聪俊：《祼礼考辨》，台北：文史哲出版社，1994 年，第 138 页。

往临时取义，实难料定“彝”象鸡象鸟；第三条，刻木画图可以与普遍的绘饰明显区分；第四条，遗器中有象形器，并不能说明即为宗庙祭祀中祼礼所用。

其他学者则略去分析，直接采取象形说。郭宝钧结合出土商周鸭彝、驹彝的形象，指出《司尊彝》中的鸟兽彝“其制大抵凿背纳酒”[1]，显然是说象形器。刘节说：“牺尊、雀尊，在《泉屋清赏》中都有实物。因此知六彝也必定是象形之器。”[2]丁鼎也说：“1988年太原金胜村春秋墓出土有鸟形之酒彝。背上有提手，有口，口上有盖。似即为鸡彝或鸟彝。然则鸡彝与鸟彝或并非器上刻画鸡、鸟之形，而当是其器本身即为鸡鸟之形。”[3]

学界还有鸡彝是否为陶鬶和封口盉的讨论。邹衡认为“鸡彝这种灌尊就是夏文化中的封口盉，也是龙山文化中常见的陶鬶”，推测其源头为大汶口文化的鸡彝，并指出在商代有此类铜鸡彝，到西周时已经完全绝迹。[4]王小盾也持这种看法。[5]邹氏所谓陶鬶、封口盉或鸡彝与《司尊彝》之鸡彝是否为一物，还是有待深究的。杜金鹏就提出了质疑，他说：“从封顶陶盉（按：即封口盉）的起源来看，即便最早的封顶陶盉，其整体形象与鸡也并无多少相象之处。再追溯到大汶口文化的陶鬶，只见到形象逼真的猪鬶、狗鬶，却至今未见有鸡鬶。”他随即指出，周代已经没有封顶盉，那么鸡彝就不可能是封顶陶盉。[6]我们认为杜氏的观点值得重视。

从以上关于鸡彝形制的讨论来看，现代学者主要是以考古实物为证

1 郭宝钧：《商周铜器群综合研究》，北京：文物出版社，1981年，第147页。
2 刘节：《古史考存》，北京：人民出版社，1958年，第169页。
3 （宋）聂崇义纂辑，丁鼎点校、解说：《新定三礼图》，北京：清华大学出版社，2006年，第443-444页。
4 邹衡：《试论夏文化》，《夏商周考古学论文集》，北京：文物出版社，1980年，第149-152页。
5 王小盾：《灌礼及其彝器的来源（一）》，《南昌大学学报》（人文社会科学版）1999年第1期。
6 杜金鹏：《封顶盉研究》，《考古学报》1992年第1期。

据，倾向于否定郑玄说，实际上至少还存在四个尚待解决的问题。第一，青铜礼器还可以有日常使用等功能，考古发现的鸡鸟形尊彝是否类似于天子宗庙祭祀的祼礼用器是不能确定的，朱凤瀚说《周礼》中的鸟兽尊彝“或可作为商周鸟兽形尊用途之参考”，其实反之亦然[1]；第二，郑玄注与聂崇义《新定三礼图》当有所承，不能轻易视为空穴来风；第三，象形鸡彝与刻画鸡彝也可共存于世，不宜出现考古器物就排斥文献记载，考虑到木制尊彝难以经历数千年而得以保存，考古未有发现亦在情理之中；第四，“商周青铜器定名中将作鸟兽形之礼器归为尊类，实亦始于宋人”[2]，是否合适，尚存疑问。因此，郑玄的刻画之说还不足以被完全推翻；出土的象形鸡彝作为一种实物证据，可作为认识《周礼》中鸡彝的参考。

鸟彝

鸟彝是有鸟形物象的盛酒器。《周礼 · 春官 · 司尊彝》：“春祠夏禴，祼用鸡彝、鸟彝。”郑玄注：“鸡彝、鸟彝，谓刻而画之为鸡、凤皇之形。”[3]郑玄之所以认为鸟是凤皇，贾公彦解释道：“案《尚书》‘鸣鸟之不闻’，彼鸣鸟是凤皇，则此鸟亦是凤皇。”[4]这一推论似乎过于简单，鸟类众多，完全据《尚书》而直接等同于凤皇颇为可疑。天子四时宗庙祭祀属于吉祭，将鸟彝之鸟视为吉祥之鸟当无问题。孙星衍曰：“鸟彝与鸡同类，为夏物。”[5]他认为鸟彝承自夏代。鸟彝的形制也有刻画与象形的古今分歧，我们在讨论鸡彝时已有涉及。

斝彝

斝彝为腹部刻画有禾稼图饰的盛酒器。《周礼 · 春官 · 司尊彝》：“秋

1 朱凤瀚：《古代中国青铜器》，天津：南开大学出版社，1995 年，第 99 页。
2 朱凤瀚：《古代中国青铜器》，天津：南开大学出版社，1995 年，第 99 页。
3 （清）孙诒让：《周礼正义》（第 6 册），北京：中华书局，1987 年，第 1514–1515 页。
4 （清）孙诒让：《周礼正义》（第 6 册），北京：中华书局，1987 年，第 1525 页。
5 （清）孙星衍撰，陈抗、盛冬铃点校：《尚书今古文注疏》，北京：中华书局，2004 年，第 100 页。

尝冬烝，祼用斝彝、黄彝。”[1] 斝彝的形制，学者共有三说：

第一，刻画禾稼说。郑司农曰：“‘斝’读为‘稼’。稼彝，画禾稼也。”[2]贾公彦曰：“以诸尊皆物为饰，今云斝于义无取，故破从稼也。”[3]《礼记·明堂位》说爵和灌尊“殷以斝”，郑玄说斝爵也是画有禾稼。[4]则《周礼》之斝彝承自商代，斝爵与斝彝同为“斝”属而有别。

第二，大爵说。周聪俊批评郑、贾的观点说：“验之实物，则殷周之斝，其纹饰多见饕餮云雷，夔龙凤鸟，以及几何纹样，未见嘉禾为饰。盖以斝稼同音，故尔谬为曲说。而郑玄或因未见其物，或虽见其物而不识，乃袭先郑之误也。”[5]周说是以一般称为“斝”的实物为证。现在一般认为斝的基本形制是：“似爵而体高大，圆口而侈，无流及尾，此异于爵。上有两柱，下具三足（亦有四足者），中有一鋬（耳），平底。”[6]《左传》昭公十七年载裨灶曰：“若我用瓘斝玉瓒，郑必不火。”[7]王国维就此指出：“瓘当作灌，灌斝即灌尊。斝所以盛鬯，瓒所用以灌也。”王氏又说：“斝为爵之大者，故名曰斝。斝者，假也，大也，古人不独以为饮器，又以为灌尊。《周礼·司尊彝》‘秋尝冬烝，祼用斝彝黄彝’。余见日本住友男爵家所藏一斝，其器至大，殆与壶尊之大者所受同，盖即古之灌尊。则斝彝者，其器即以斝为之。”[8] 徐中舒和邹衡皆沿袭其说。[9]

第三，有耳之斝。其实先秦典籍关于斝的形制，可能只有《左传》

1 （清）孙诒让：《周礼正义》（第 6 册），北京：中华书局，1987 年，第 1514 页。
2 （清）孙诒让：《周礼正义》（第 6 册），北京：中华书局，1987 年，第 1515 页。
3 （清）阮元校刻：《十三经注疏》（上册），北京：中华书局，1980 年，第 774 页。
4 （清）阮元校刻：《十三经注疏》（下册），北京：中华书局，1980 年，第 1490 页。
5 周聪俊：《祼礼考辨》，台北：文史哲出版社，1994 年，第 142 页。
6 周聪俊：《祼礼考辨》，台北：文史哲出版社，1994 年，第 142 页。
7 杨伯峻编著：《春秋左传注》（第 4 册），北京：中华书局，1990 年，第 1391 页。
8 王国维：《观堂集林》（上册），北京：中华书局，1959 年，第 146 页。
9 徐中舒：《说尊彝》，《国立中央研究院历史语言研究所集刊》1936 年第 7 本第 1 分；邹衡：《试论夏文化》，《夏商周考古学论文集》，北京：文物出版社，1980 年，第 149 页。

昭公七年所载燕人送给齐国的“斝耳”能透露出一点儿信息，杜预说它是玉爵，孔颖达说：“以玉为之，言耳者，盖此器旁有耳，若今之杯，故名耳。”[1]林昌彝所绘斝彝，旁有两耳[2]，当据此而来。

比较以上三说，贾申郑意不无道理。《周礼》天子宗庙祭祀春夏用彝以鸡、鸟为名，以鸡、鸟为物象，若秋冬之彝转而以器具斝爵之“斝”为名，则显得与春夏颇为不类。所以斝彝的形制当以刻画禾稼说为长。

黄彝

黄彝为腹部刻画有龟目形图饰的盛酒器。《周礼·春官·司尊彝》：“秋尝冬烝，祼用斝彝、黄彝。”郑司农注：“黄彝，黄目尊也。”[3]《礼记·明堂位》：“周以黄目。”[4]这是郑司农的证据。郑玄曰：“黄目，以黄金为目。”[5]孔颖达曰：“以黄金镂其外以为目，因取名也。”[6]即用黄金镂目于彝上，因以为名。[7]《礼记·郊特牲》：“黄目，郁气之上尊也。黄者，中也。目者，气之清明者也。言酌于中而清明于外。”孔疏：“酒清明在尊中而可斟酌，示人君虑于祭事必斟酌尽于中也；目在尊外而有清明，示人君行祭必外尽清明洁净也。”[8]准此，酒与目乃象征人君对祭祀的重视。聂崇义说“其彝与舟并以金漆通漆”[9]，是整个黄彝皆为金黄色。

学者对黄彝之目为何目有三种看法。第一，人目。细察《新定三礼

1 （清）阮元校刻：《十三经注疏》（下册），北京：中华书局，1980 年，第 2047 页。
2 （清）林昌彝：《三礼通释》（第3册，附三礼图），海口：海南出版社，2010年，第219页。
3 （清）孙诒让：《周礼正义》（第 6 册），北京：中华书局，1987 年，第 1514-1515 页。
4 （清）阮元校刻：《十三经注疏》（下册），北京：中华书局，1980 年，第 1490 页。
5 （清）孙诒让：《周礼正义》（第 6 册），北京：中华书局，1987 年，第 1515 页。
6 （清）阮元校刻：《十三经注疏》（下册），北京：中华书局，1980 年，第 1455 页。
7 （清）阮元校刻：《十三经注疏》（下册），北京：中华书局，1980 年，第 1455 页。
8 （清）阮元校刻：《十三经注疏》（下册），北京：中华书局，1980 年，第 1455 页。
9 （宋）聂崇义纂辑，丁鼎点校、解说：《新定三礼图》，北京：清华大学出版社，2006 年，第 448 页。

图》中所绘黄彝，目应该是指人目。[1] 沈括曰：“礼书所载黄彝，乃画人目为饰，谓之‘黄目’。”[2]第二，龟目。许慎有櫑为“龟目酒尊”之说[3]，徐锴、王筠等学者认为黄目也以龟目为饰。[4] 第三，饕餮之目。沈括记载一古铜黄彝兽面纹饰“中间有二目如大弹丸，突起煌煌然，所谓黄目也”[5]。徐中舒认为该器即《司尊彝》和《明堂位》所谓黄彝和黄目，纹饰为饕餮。[6]周聪俊根据现存铜器指出：“先儒所释黄目，似为以黄金涂饰兽面形饰之两目，殆即指此。此者盖为铜器中最普遍之纹饰，实非祼尊所擅有。斯说不足据，盖亦可知也。”[7]他认为目饰乃很多铜器中纹饰的一部分而已，并不是专有目饰之祼器黄彝。邹衡认为黄彝是周人的灌器盉，怀疑黄目是指盉的饕餮纹而言，他以《臣辰盉》为例，指出其“腹上有二目横列而凸出于器表，‘黄目’或即‘横目’”。此外，他又针对孔颖达说指出：“西周铜盉固然无用黄金镶嵌者，但青铜的本色却是黄褐色的。这也可备一说。”[8] 是邹氏对“黄”有两解。

学者对黄彝的形制还有两种理解：

第一，黄彝为觥。徐中舒的《说尊彝》一文以声训一改前说。他说：“黄彝之黄疑为觵省。《说文》‘觵兕牛角可以饮者也’。俗作觥，其器即象兕牛角形。本所在殷墓中发掘所得，有其物，但系铜制。甲骨文有象角形酒器者，其文作𦣞，形与目字形似，故礼经又谓之黄目。此两彝皆

1 （宋）聂崇义纂辑，丁鼎点校、解说：《新定三礼图》，北京：清华大学出版社，2006 年，第 448 页。

2 （宋）沈括：《梦溪笔谈》，上海：上海书店出版社，2009 年，第 161 页。

3 （清）段玉裁：《说文解字注》，北京：中华书局，2013 年，第 263 页。

4 周聪俊：《祼礼考辨》，台北：文史哲出版社，1994 年，第 144 页。

5 （宋）沈括：《梦溪笔谈》，上海：上海书店出版社，2009 年，第 161 页。

6 徐中舒：《古代狩猎图像考》，历史语言研究所研究员、外国通信员、助理员共撰：《庆祝蔡元培先生六十五岁论文集》北京：中央研究院历史语言研究所，1933 年，第 588 页。

7 周聪俊：《祼礼考辨》，台北：文史哲出版社，1994 年，第 145 页。

8 邹衡：《试论夏文化》，《夏商周考古学论文集》，北京：文物出版社，1980 年，第 156 页。

酒器，亦为郁鬯之用。”[1]对于徐说，周聪俊已指出用途不合，兕觥为饮酒器而非盛酒器。[2]

第二，蜗牛形象说。刘节说：“六彝中五样，已不离动植物之名，这黄目，郑康成便说以黄金为目。我以为黄彝既可以称黄目，必非佩璜之璜。此黄目，必定为兽类之俗名，而黄彝之黄，也必定是借字。”[3]他又一进步发挥道：“蜗牛古称黄犊，两目，实即二角。所谓黄彝者，盖黄犊彝也。”[4]针对刘氏观点，邹衡反驳说没有发现像蜗牛的古器物，没有实物是不能成立的。[5]不唯实物，传世文献也无相关记载，故此说缺乏说服力。

考察诸家意见，多从声训假借而为猜测之辞，均无确然可靠的证据，不足以推翻郑、孔之说。据《礼记·郊特牲》所言“目者，气之清明者也”之语，“黄目”还是理解为以眼目为图饰最佳。至于究竟是人目还是龟目，是否为黄金镂刻，其实还是有一定线索的。《说文·木部》：“櫑，龟目酒尊，刻木作云雷象。”櫑即为罍。[6]《诗·国风·卷耳》：“我姑酌彼金罍。”[7]许慎曰：“《毛诗》说：‘金罍，酒器也，诸臣之所酢。人君以黄金饰尊，大一硕，金饰龟目，盖刻为云雷之象。’”[8]郑锷曰：“黄彝者，画为黄目也。人目未尝黄，龟目则黄。气之清明，未有如龟者。”[9]可知周人酒器确实存在黄金龟目为饰的情况，因此当以“以黄金为目”说最为优长。

1 徐中舒：《说尊彝》，《国立中央研究院历史语言研究所集刊》1936年第7本第1分。
2 周聪俊：《祼礼考辨》，台北：文史哲出版社，1994年，第147页。
3 刘节：《古史考存》，北京：人民出版社，1958年，第169页。
4 刘节：《古史考存》，北京：人民出版社，1958年，第347页。
5 邹衡：《试论夏文化》，《夏商周考古学论文集》，北京：文物出版社，1980年，第154页。
6 （清）段玉裁：《说文解字注》，北京：中华书局，2013年，第263–264页。
7 （清）王先谦撰，吴格点校：《诗三家义集疏》（上册），北京：中华书局，1987年，第26页。
8 （清）陈寿祺撰，曹建墩校点：《五经异义疏证》，上海：上海古籍出版社，2013年，第9页。
9 （宋）王与之：《周礼订义》，（清）纳兰性德辑：《通志堂经解》（第12册），扬州：江苏广陵古籍刻印社，1996年，第11页。

另外，关百益据杜注《左传》宣公十二年“射麋丽龟”之“龟”为背之隆高当心者，指出“龟目酒尊”之“龟目”是“目之隆高者”，取义“察视之周”，并言及实物周云龙罍上确有四处圆痕而无纹，可能即为曾经失去的龟目所饰之处。[1]我们认为，既然黄彝与罍同为《司尊彝》所述酒器，此说也适用于进一步解释黄彝，即黄彝最大的特征正是隆高如龟目的黄金装饰物。

虎彝

虎彝为有虎形物象的盛酒器。《周礼·春官·司尊彝》：“凡四时之间祀追享朝享，祼用虎彝、蜼彝。”[2]《新定三礼图》：“虎彝，画虎于尊，盛明水。”[3]聂崇义认为《司尊彝》虎彝腹上画有虎的形象。虎彝所承年代，经无明文，学者们有一些推测。《尚书·皋陶谟》记载祭服有宗彝之绘。马融曰：“宗彝，虎也。”郑玄曰：“宗彝，谓宗庙之郁鬯樽也，故虞夏以上，盖取虎彝、蜼彝而已。”[4]孙星衍分析马、郑说曰：“鸟彝与鸡同类，为夏物，斝是殷，黄目是周，推知虎、蜼是虞之彝器。蜼为虎类，故以虎说之。”[5]象虎形的尊彝也是有发现的，1923年新郑郑冢出土一盛酒器，初名为“周兽尊”，后罗振玉、马衡、关百益等学者经研究更名为“虎彝”，张克明认为定名确当，可纠正聂氏之误。[6]又容庚、张维持的《殷周青铜器通论》著录有一件春秋时期的虎尊。[7]周聪俊认为通过这些发现可以否

1 关百益：《郑冢古器图考》（第2册），北京：中华书局，1940年，第21–22页。
2 （清）孙诒让：《周礼正义》（第6册），北京：中华书局，1987年，第1515页。
3 （宋）聂崇义纂辑，丁鼎点校、解说：《新定三礼图》，北京：清华大学出版社，2006年，第449页。
4 （清）孙星衍撰，陈抗、盛冬铃点校：《尚书今古文注疏》，北京：中华书局，2004年，第97页。
5 （清）孙星衍撰，陈抗、盛冬铃点校：《尚书今古文注疏》，北京：中华书局，2004年，第100页。
6 张克明：《殷周青铜器求真》，台北：中华丛书编审委员会，1965年，第51–52页。
7 容庚、张维持：《殷周青铜器通论》，北京：中华书局，2012年，第50页，图版77、79。

定画虎为饰说。[1]从考古发现的虎彝推测文献所载虎彝为象形物，是有其道理的，不过，如果考虑到其他鸟兽尊彝亦有刻画的可能，那么刻画之说也不能完全否定。

蜼彝

蜼彝是有猕猴物象的盛酒器。《周礼·春官·司尊彝》："凡四时之间祀追享朝享，祼用虎彝、蜼彝。"郑司农注："蜼，读为'蛇虺'之虺，或读为'公用射隼'之隼。"郑玄注："蜼，禺属，卬鼻而长尾。"[2]依据二郑之说，"蜼"有三种解释。第一，虺。《尔雅·释鱼》："蝮虺，博三寸，首大如擘。"[3]即身广三寸，头像人的拇指的蛇。第二，隼。《翨氏》："掌攻猛鸟。"郑玄注："猛鸟，鹰隼之属。"[4]隼为凶猛之鸟。第三，猕猴。郑玄说则据《尔雅·释兽》文，郭璞说蜼是一种类似于猕猴而体型较大的长尾猴，黄黑色，鼻露向上，为物捷健。[5]《说文·虫部》亦曰："蜼，如母猴，卬鼻长尾。"[6]又《由部》："禺，母猴属。"[7]据段注，母猴即猕猴或沐猴，母、猕、沐为一声之转。[8]

学者倾向于隼说或猕猴说，当以猕猴说为优。俞樾从隼说，他分析道："按蛇虺之虺，于义固无所取，至蜼乃猕猴之类，古人亦何取而象之？疑此字实当为隼。《翨氏》'掌攻猛鸟'，注曰：'猛鸟，鹰隼之属。'然则虎彝、隼彝，皆取其猛。《司常》：'掌九旗之物，熊虎为旗，鸟隼为旟。'彝之有取于虎隼，犹之乎旗旟矣。"[9]周聪俊亦从隼说，他指出：

---

1 周聪俊：《祼礼考辨》，台北：文史哲出版社，1994 年，第 149 页。
2 （清）孙诒让：《周礼正义》（第 6 册），北京：中华书局，1987 年，第 1514–1515 页。
3 （清）阮元校刻：《十三经注疏》（下册），北京：中华书局，1980 年，第 2641 页。
4 （清）孙诒让：《周礼正义》（第 12 册），北京：中华书局，1987 年，第 2926 页。
5 （清）阮元校刻：《十三经注疏》（下册），北京：中华书局，1980 年，第 2651 页。
6 （清）段玉裁：《说文解字注》，北京：中华书局，2013 年，第 679 页。
7 （清）段玉裁：《说文解字注》，北京：中华书局，2013 年，第 441 页。
8 （清）段玉裁：《说文解字注》，北京：中华书局，2013 年，第 679 页。
9 （清）俞樾：《群经平议》，《清经解续编》，王先谦编，上海：上海书店，1988 年，第 1098 页。

“按虺形纹饰，旧多称为螭虺纹或夔龙纹，此为铜器中习见纹饰之一，并非祼用之彝所独有，而古器象蛇虺全体之形者，就现存实物言，则无以征验，是斯说殆不足以据也。”又说：“按传世或出土实物，未发现有画蜼以为饰者，亦未有象全蜼形之器，是先儒多主后郑说，盖亦不足据信。”他认为鹗是鸷鸟，为鹰隼之属，《殷周青铜器通论》著录的商周鹗尊可能类于蜼彝。[1]这是从隼说而视之为象形器。周氏反对蛇虺说尚可，但反对猕猴说则值得怀疑。其实《宣和博古图》著录了一件商代青铜蜼尊，王黼说“是器款识旁刻兽形，其尾长而末有岐，正蜼也”[2]，岐即分叉，据此，则画蜼以为饰还是可能有的。贾公彦曰：“鸡彝、鸟彝相配皆为鸟，则虎彝、蜼彝相配皆为兽。”[3]这是对郑意的申说。也有解释“蜼”的寓意者，王昭禹、郑锷谓其智兽，李时珍、简朝亮则取其孝让，都是依附郑玄的猕猴说。[4]综上，蛇虺说当不足取，虽然隼说与猕猴说都有一定道理，但是考虑到贾公彦蜼彝与虎彝相配为兽的合理性，当以猕猴说为优。

蜼彝形制方面，由于没有猕猴之形的彝出土，所以就目前证据而言，更支持刻画说；但考虑到其他象形鸟兽尊彝的出土，蜼彝也有象形的可能。

献尊

献尊是有鸟羽或牛形物象的盛酒器。《周礼·春官·司尊彝》：“其朝践用两献尊。”郑司农注：“‘献’读为‘牺’。牺尊，饰以翡翠。”[5]郑司农认为献尊指牺尊，以鸟雀羽毛为图饰。《礼记·明堂位》：“牺象，周尊也。”[6]“牺

1 周聪俊：《祼礼考辨》，台北：文史哲出版社，1994年，第152页。
2 （宋）王黼编纂，牧东整理：《重修宣和博古图》，扬州：广陵书社，2010年，第111页。
3 （清）阮元校刻：《十三经注疏》（上册），北京：中华书局，1980年，第774页。
4 周聪俊：《祼礼考辨》，台北：文史哲出版社，1994年，第150页。
5 （清）孙诒让：《周礼正义》（第6册），北京：中华书局，1987年，第1514-1515页。
6 （清）阮元校刻：《十三经注疏》（下册），北京：中华书局，1980年，第1490页。

象”之“牺”即牺尊，也可知牺尊为周代之尊。《诗·鲁颂·閟宫》：“牺尊将将。”《毛传》：“牺尊，有沙饰也。”陈奂说“牺、沙声同，‘沙’读为‘娑’，假借字也”，并根据孔疏，疑《毛传》“沙”下夺“羽”字。[1]是《毛传》也以牺尊为羽饰。《礼记·明堂位》：“尊用牺象。”郑玄注：“牺尊以沙羽为画饰。”《郑志》：“刻画凤皇之象于尊，其形婆娑然。”[2]是郑玄以“沙”为凤皇，认为牺尊刻画凤皇，但特别突出凤皇羽毛舞动的样子。陈奂对郑玄说质疑道：“《郑志》‘沙’为‘凤皇’，其实‘沙’为羽之状，非必谓‘凤皇’也。”[3]总之，鸟羽为牺尊图饰。

又有以牛为饰说。阮谌曰：“牺尊饰以牛，象尊饰以象，于尊腹之上画为牛象之形。”[4]韦昭曰：“牺尊，饰以牺牛。”[5]司马彪亦曰：“画牺牛象以饰樽也。”[6]此说与毛、郑说的另一个区别是有画而无刻。

自王肃起，始出象形之说。王肃曰：“为牺牛及象之形，凿其背以为尊，故谓之牺象。”[7]又曰：“大和中，鲁郡于地中得齐大夫子尾送女器，有牺尊，以牺牛为尊，然则象尊，尊为象形也。”[8]《梁书·刘杳传》载刘杳亦言及此事，并说：“晋永嘉贼曹嶷于青州发齐景公冢，又得此二樽，形亦为牛象。二处皆古之遗器，知非虚也。”[9]是刘氏从王说。另外，王肃又认

1 （清）王先谦撰，吴格点校：《诗三家义集疏》（下册），北京：中华书局，1987年，第1081-1082页。
2 （清）阮元校刻：《十三经注疏》（下册），北京：中华书局，1980年，第1489页。
3 （清）王先谦撰，吴格点校：《诗三家义集疏》（下册），北京：中华书局，1987年，第1083页。
4 （清）阮元校刻：《十三经注疏》（上册），北京：中华书局，1980年，第616页。
5 上海师范大学古籍整理研究所校点：《国语》，上海：上海古籍出版社，1998年，第64页。
6 （清）郭庆藩撰，王孝鱼点校：《庄子集释》（中册），北京：中华书局，2012年，第346页。
7 （清）阮元校刻：《十三经注疏》（下册），北京：中华书局，1980年，第1489页。
8 （清）阮元校刻：《十三经注疏》（上册），北京：中华书局，1980年，第616页。
9 （唐）姚思廉：《梁书》（第3册），北京：中华书局，1973年，第715页。

为牺尊“刻为牛头”[1]。是象形说也有象全体与刻有牛头两说。

除聂崇义《新定三礼图》并列阮谌刻画牛形与郑玄刻画凤皇两图而未做取舍外[2]，后代学者对以上三说各有所主。唐代成玄英从王肃说，或曰：“牺尊，酒器，刻为牛首，以祭宗庙也。”或曰：“牺，刻作牺牛之形，以为祭器，名曰牺尊也。”[3]宋代王黼《宣和博古图》著录有两件牛形牺尊，从王肃说而斥汉儒说为“曲从臆断而迁就其义”[4]。洪迈也据此指出：“予按今世所存故物《宣和博古图》所写，牺尊纯为牛形，象尊纯为象形，而尊在背，正合王肃之说。然则牺字只当读如本音，郑司农诸人所云，殊与古制不类。则知目所未睹而臆为之说者，何止此哉！”[5]宋代苏辙、严粲等皆从牛饰说；朱熹以牛饰说为主，象形说为次，元代刘瑾、朱公迁和明代胡广并同朱说。[6]清儒王念孙对诸说作了非常详细的评断，现誊录如下：

《庄子·天地篇》云：“百年之木，破为牺尊，青黄而文之。”《淮南子·俶真训》云：“百围之木，斩而为牺尊，镂之以剞劂，杂之以青黄，华藻镈鲜，龙蛇虎豹，曲成文章。”高诱注曰：“牺尊，犹疏镂之尊。”牺古读若娑，娑与疏声相近。《明堂位》“周献豆”，郑注亦云：“献，疏刻之。”然则牺尊者，刻而画之为众物之形，在六尊之中最为华美，故古人言文饰之盛者，独举牺尊也。《鲁颂》言“牺尊将将”，亦是盛美之貌。《管

1 （清）郭庆藩撰，王孝鱼点校：《庄子集释》（中册），北京：中华书局，2012 年，第 346 页。

2 （宋）聂崇义纂辑，丁鼎点校、解说：《新定三礼图》，北京：清华大学出版社，2006 年，第 457 页。

3 （清）郭庆藩撰，王孝鱼点校：《庄子集释》（中册），北京：中华书局，2012 年，第 346、459 页。

4 （宋）王黼编纂，牧东整理：《重修宣和博古图》，扬州：广陵书社，2010 年，第 129–130 页。

5 （宋）洪迈：《容斋随笔》，长春：吉林文史出版社，1994 年，第 452 页。

6 周聪俊：《殷周礼制中醴及醴器研究》，《三礼礼器论丛》，台北：文史哲出版社，2011 年，第 40 页。

子·形势解》云“将将鸿鹄貌之美者”是也。《毛传》云“牺尊，有沙饰”者，郑司农云“饰以翡翠”，后郑云“刻画凤皇之象于尊，其羽形婆娑然”。说虽不同，而同是雕镂之义，则亦不甚相远也。至阮谌谓牺尊以牛为饰，只因牺字从牛，遂望文生义，而创为此说。案《说文》：“牺，宗庙之牲也。”《诗》曰：“以我齐明，与我牺羊。”《传》曰：“雄鸡自惮其牺。”然则牺者，牲之总名，而六畜之所公共，尊名谓之牺，何以知必为牛也？《记》曰：“天子以牺牛，诸侯以肥牛，大夫以索牛。”若牺牛可称牺，则肥牛亦可称为肥，索牛亦可称为索乎？然谌之说犹谓尊以牛为饰。至王肃则谓形如牛而背上负尊，且引齐大夫子尾送女器为证。于是后人皆信其言，而斥毛、郑诸儒为臆说，此尤不可以不辩。《周官》六尊六彝之名，多取诸鸟兽，鸡彝、鸟彝、虎彝、蜼彝，皆谓画其形以饰尊，若牺尊为牛形，则与鸡、鸟诸彝之制不合，其不可信一也。《郊特牲》云：“宗庙之器可用也，而不可便其利也，所以交于神明者，不可同于所安乐之义也。”故孔子言牺象不出门、嘉乐不野合，齐大夫子尾送女，安得用宗庙之祭器？其不可信二也。且牺尊果为子尾送女之器，则其铭内必有子尾之名，然后可以辨识，既有子尾之名，则是子尾家用之尊，而非宗庙献尸之尊，其不可信三也。据《庄子》《淮南子》所云，则牺尊皆以木为之，今鲁郡所得牺尊在地中七百余年，而完好可以辨识，则是金器而非木器，其不可信四也。然则子尾送女器，本与牺尊无涉，特王肃以牺尊为牛尊，故见有器如牛形者，即援以为证耳。宋《宣和博古图》所载周牺尊二，皆为牛形，则又袭肃说而伪为之者，不足深辩也。[1]

王念孙先申刻画鸟羽说，后对牛饰、牛形说几近釜底抽薪，拿掉了支撑的论据。段玉裁则从字形演变上驳斥了象牛形说。他说：“牺古音读

1 （清）王念孙：《广雅疏证》，南京：江苏古籍出版社，1984 年，第 225-226 页。

如沙。《说文·牛部》牺，贾侍中说此非古字。于此知古‘牺牲’‘牺尊’，字皆只作‘羲’，不从牛。毛公时《诗》作‘羲尊’，故毛于其同音得其义，训为有沙饰。此乃周秦相传古训，王肃、刘杳不知此，乃云‘牺象二尊形如牛象’，真妄说耳。”[1]此说其实也同时否定了以牛为饰说。陈奂也引《庄子·天地》和《淮南子·俶真》之文，坚持“牺尊木质，而画以沙羽为饰”，并批评“阮谌以为牛饰，王肃以为牛形，悉为臆说”[2]。

到了近现代，随着考古实物的出土，学者多取牺尊象形说。顾颉刚对刘杳说深为赞许：“此可见刘杳治学，不专读书，而注意出土实物与经典相质证，迥非郑玄辈之主观猜测以定古器者可比，可见六朝人治学实有超出汉人之处。”[3]徐中舒针对王念孙的论证提出了四条反对意见：第一，从出土象鸟兽形器可推出鸡彝、牺尊等可能为象形器；第二，周人“事死如事生”，第一代生人用具或玩好之物，在第二代有变为祭器的可能，第三、四代后成为定制；第三，现存古铜器的形制可能皆为仿效古代陶器、木器而作，虽然木器无存，但有陶制鸟兽形器，而且盘、盂、罍等不论材质如何，形制如一；第四，牺为六畜公共之名确然，牺象与鸡鸟并称，牺无疑为牛，而且文献有牺为牛的记载。[4]在前引鸡彝的观点中，徐中舒、郭宝钧、刘节、周聪俊也力主象形说。阮明套说：“时至今日，考古学有了长足发展，人们不必囿于经学的藩篱，可以对郑说与王说作一公允的评价：考古发掘了很多酒器，其中动物形的尊不计其数，有象、犀、牛、羊、虎等形，这足以印证王肃说的合理性。”[5]刘坤和林琳虽认为

---

1 （清）孙诒让：《周礼正义》（第 6 册），北京：中华书局，1987 年，第 1527–1528 页。

2 （清）王先谦撰，吴格点校：《诗三家义集疏》（下册），北京：中华书局，1987 年，第 1083 页。

3 顾颉刚著，印永清辑，魏得良校：《顾颉刚书话》，杭州：浙江人民出版社，1998 年，第 168 页。

4 徐中舒：《说尊彝》，《国立中央研究院历史语言研究所集刊》1936 年第 7 本第 1 分。

5 阮明套：《周代的酒与饮酒礼》，博士学位论文，北京：北京师范大学历史学院，2012 年，第 70 页。

六彝是刻画图饰的，但又因循王肃说，皆以牺尊等六尊为象形之物。[1]王雪萍在六尊形制上从王肃而持象形说，不过认为六彝形制尚待进一步的考证。[2]朱凤瀚在谈到出土的牛尊时说："牺即非专一兽名，取牺尊之名似易造成混淆，故不取。"[3]多了几分谨慎。

王念孙的论述虽不免推测之辞，但总体上推翻是很困难的。徐中舒前三条理由均属或然，也是有一定思考空间的。第一条尚可理解。对于第二条，《周礼·天官·大宰》所列诸侯"九贡"有"祀贡"[4]，《大行人》说侯服有"贡祀物"的义务[5]，说明祭祀用具有专门的获得途径，而"生人用具或玩好之物"转化为祭器说于经注无征。第三条不大确切，盘、盂、罍形制如一，也是大体而言，其实同一类出土器物还是各有千秋的。钱玄曾言："古代器皿，其形制既异，而质料亦殊。同一器焉，或以金为之，或以瓦为之，或以木为之。而考其所以殊别者，依经注所言，则或曰夏、殷、周三代别也；或曰天子、君、士、大夫别也；或曰祭宗庙、祭天地别也。其说烦冗，难辨是非。"[6]马承源等学者也指出："尊的形体可分为有肩大口尊、觚形尊、鸟兽尊等三类。"[7]即使是徐中舒与持象形说的邹衡都遵从王国维说，认为斝彝即斝，或称为散，与爵类似而大[8]，与鸡彝等象形物差别很大。按其思路，则尊彝不必形制一样，牺尊自然也容有差异，不必都为象形。第四条既然承认牺为六畜总名，那么牛、羊、

1 刘坤、林琳：《〈周礼〉中的酒器考辨》，《古籍整理研究学刊》2005年第1期。

2 王雪萍：《〈周礼〉饮食制度研究》，扬州：广陵书社，2010年，第225-226页。

3 朱凤瀚：《古代中国青铜器》，天津：南开大学出版社，1995年，第100页。

4 （清）孙诒让：《周礼正义》（第1册），北京：中华书局，1987年，第103-104页。

5 （清）孙诒让：《周礼正义》（第12册），北京：中华书局，1987年，第2974-2975页。

6 钱玄：《三礼名物图表》，《三礼研究》（第3册），耿素丽、胡月平选编，北京：国家图书馆出版社，2009年，第1829页。

7 马承源主编：《中国青铜器》，上海：上海古籍出版社，1988年，第198页。

8 徐中舒：《说尊彝》，《国立中央研究院历史语言研究所集刊》1936年第7本第1分；邹衡：《试论夏文化》，《夏商周考古学论文集》，北京：文物出版社，1980年，第149页。

家等都可入列，不应确然为牛。徐中舒似乎也觉出所列四点说服力不足，于是也承认“盖现存遗物中不但有象鸟兽诸形之器，即刻画凤皇牛象诸形，及以象牙松绿石为饰者，亦不少见。如以地下遗物为依据，则此三说似皆有同样可信之理由”[1]。此后他又提出了我们在讨论鸡彝时所引的相关理由以为佐证，对此，我们已经提出了一些看法。段玉裁从字形上入手，又为王念孙一助，是有一定说服力的。就命名为牺尊的实物而言，本身并没有自名为牺尊，力主象形说的学者都是先验地认为牺尊应为牛形，反过来又以实物论证之，难免有循环论证之嫌。

庄子笔下的尊并非象形之器。《庄子·逍遥游》载庄子言于惠施曰：“今子有五石之瓠，何不虑以为大樽而浮乎江湖，而忧其瓠落无所容？”成玄英疏：“樽者，漆之如酒罇，以绳结缚，用渡江湖，南人所谓腰舟者也。”[2]五石之瓠，是指容受很大的葫芦，樽即尊，说明葫芦可与尊的形制相似。

《周礼》中牺尊的材质是需要特别注意的一个问题。以象形为说者多默认牺尊为青铜器，而王念孙和陈奂据《庄子·天地》《淮南子·俶真》指出牺尊为木质，又镂刻文饰，与毛、郑说相类，颇具慧眼。庄子和刘安及其门客的活动时代去古未远，所言应当引起足够的重视，这对考察其他尊彝的材质和文饰也是重要的参考。王肃之后，年代久远，已难以出土当时的木质牺尊，而出土的所谓青铜牺尊是否也可以作为宗庙中的牺尊，或者是否为木质牺尊的仿制品，都是需要认真考虑的。黄侃在论及此类问题时就特别提醒道：“凡据新掊之器以傅往古之名，必宜谨而言之也。”[3]钱玄也指出，考之于旧说，器皿以木瓦制者为多，“尊櫑豆簋等

1 徐中舒：《说尊彝》，《国立中央研究院历史语言研究所集刊》1936年第7本第1分。

2 （清）郭庆藩撰，王孝鱼点校：《庄子集释》（上册），北京：中华书局，2012年，第42、44页。

3 黄侃：《礼学略说》，《二十世纪中国礼学研究论集》，陈其泰、郭伟川、周少川编，北京：学苑出版社，1998年，第28页。

皆以木瓦为之，无以金为之者。今依经所言，器皿之以金为之者，惟鼎铏釜之类也。而今所见出土诸器，以铜为主，有铜尊，有铜簋，有铜豆。盖木瓦之器，不能传久，易致坏朽。故不能以今所见皆铜器，而谓经传所云瓦木皆非事实，而亦不能因经传仅言木瓦之器，不言有铜器，而以今出土之铜豆、铜尊、铜簋皆为伪造。不能尽信书，亦不能尽信物，偏于一则必能通于彼者也。”[1]此实为公允持平之论，对于思考《周礼》尊彝的问题具有方法论上的指导意义。

至于《淮南子·俶真》比《庄子·天地》多出“华藻镈鲜，龙蛇虎豹，曲成文章”，说明牺尊图饰多样，这或可理解为踵事增华之笔，即便属实，证明木质牺尊上被镂刻文饰当无问题。

吉林大学考古与艺术博物馆藏有一件精美的商代早中期青铜三牺尊，该器“上口侈大，口径略大肩的直径，肩广，上饰三牺首”[2]，与王肃所言牛头之说相似。即便牺尊是牛尊，古代牺尊也可能刻画牛头，刻画说更不能轻易否定。

综上我们可以得出一个结论，牺尊刻木画图说既有文献可征，也有刻有牛头的青铜实物作为旁证（说明鸟羽和牛形都可以刻画），是不能轻易否定的；象形说虽有牛形尊的考古证据，但在关键的“牺”字的解读上尚存在一些问题，所以牺尊象形说可备一说，应该进一步讨论。

象尊

象尊是有大象或象骨物象的盛酒器。《周礼·春官·司尊彝》：“其再献用两象尊。”[3]象尊为周代之尊。《礼记·明堂位》：“牺象，周尊也。”[4]即其证。

---

1 钱玄：《三礼名物图表》，《三礼研究》（第 3 册），耿素丽、胡月平选编，北京：国家图书馆出版社，2009 年，第 1829 页。

2 史吉祥、于润义：《商代青铜器两件》，《社会科学战线》2009 年第 7 期。

3 （清）孙诒让：《周礼正义》（第 6 册），北京：中华书局，1987 年，第 1514 页。

4 （清）阮元校刻：《十三经注疏》（下册），北京：中华书局，1980 年，第 1490 页。

象尊形制共有四说。郑司农曰："象尊以象凤皇，或曰以象骨饰尊。"[1]所谓"以象凤皇"，比照前例，当为尊腹刻画凤皇之意；"以象骨饰尊"，孙诒让说象骨即象齿[2]，则为尊上镶嵌象齿。郑玄说象尊为"象骨饰之"[3]，是从郑司农或说，韦昭亦从此说。[4]又，在对献尊的讨论中，我们已经涉及阮谌象尊饰以象、王肃象尊为象形的观点。聂崇义《新定三礼图》并列阮谌刻画象形与郑玄饰象骨两图，未有取舍。[5]王黼《宣和博古图》著录有一件全体象形之尊，批评郑、阮画象、象骨饰尊说"殊不合古"[6]。洪迈亦据《宣和博古图》从王肃说。[7]王念孙曰："若象尊之制，司农谓以象骨饰尊，阮谌谓画象以为饰，经传既无明文，不敢臆断。王肃谓尊为象形而背上负尊，亦与鸡、鸟诸彝之制不合，不可从也。"[8]徐中舒和周聪俊等学者皆从王肃说，这在讨论鸡彝时已有征引。

《周礼》所载象尊可有多种类型。郑司农的刻画凤皇说，学者都予以忽略，大概是因为它与郑玄鸟彝刻画凤皇说相同，与郑玄牺尊刻画凤皇而突出羽毛舞动说相类，而且象尊当与鸡、鸟、虎、蜼等鸟兽尊彝相类，不应将"象"视为动词。对于其他三种观点，徐中舒也说现存遗物中"不但有象鸟兽诸形之器，刻画凤皇牛象诸形，以象牙松绿石为饰者，亦不少见"[9]。考之遗物，容庚、张维持《殷周青铜器通论》著录有三件商代象尊[10]，

1 （清）孙诒让：《周礼正义》（第6册），北京：中华书局，1987年，第1515页。

2 （清）孙诒让：《周礼正义》（第6册），北京：中华书局，1987年，第1528页。

3 （清）阮元校刻：《十三经注疏》（下册），北京：中华书局，1980年，第1489页。

4 上海师范大学古籍整理研究所校点：《国语》，上海：上海古籍出版社，1998年，第64页。

5 （宋）聂崇义纂辑，丁鼎点校、解说：《新定三礼图》，北京：清华大学出版社，2006年，第459页。

6 （宋）王黼编纂，牧东整理：《重修宣和博古图》，扬州：广陵书社，2010年，第131页。

7 （宋）洪迈：《容斋随笔》，长春：吉林文史出版社，1994年，第452页。

8 （清）王念孙：《广雅疏证》，南京：江苏古籍出版社，1984年，第226页。

9 徐中舒：《说尊彝》，《国立中央研究院历史语言研究所集刊》1936年第7本第1分。

10 容庚、张维持：《殷周青铜器通论》，北京：中华书局，2012年，第50页，图版73、74。

1974—1975 年陕西宝鸡茹家庄出土有西周象尊[1]，它们的全体皆为象形。装饰以象纹的，有故宫博物院所藏商代后期九象尊，腹部主纹为九条象纹[2]，觚、簋、卣等青铜器也有饰以象纹的，存世较多。[3]《诗·小雅·采薇》有“象弭”[4]，是弓以象牙为饰；《周礼·春官·巾车》载王有“象路”[5]，是车上有象牙为饰，又《弁师》载王的皮弁有“象邸”[6]，是帽子上饰有象牙，这些器物都不是全体为象形而冠以“象”字的例子，尤其是通过《周礼》的例子可以类推出象尊可以象骨为饰。所以《周礼》象尊的形制有象骨为饰、刻画大象之形、全体为象形三种可能。

著尊

著尊为筒形盛酒器，文饰简略而尊底无足。《周礼·春官·司尊彝》：“其朝献用两著尊。”郑司农注：“著尊者，著略尊也，或曰著尊，著地无足。”[7]郑玄从或说。[8]著略，孙诒让释为“文饰简略”之义[9]；著地无足，意谓无足而尊底直接触地，按此，尊彝中唯有著尊无足。《礼记·明堂位》：“著，殷尊也。”[10]是著尊为商代的无足之尊。《新定三礼图》述其形制：“著尊受五斗，漆赤中。”“今以黍寸之尺计之。口圆径一尺二寸，底径八寸，上下空径一尺五分，与献尊、象尊形制容受并同，但无足及饰耳。”[11]聂氏

1 宝鸡茹家庄西周墓发掘队：《陕西省宝鸡市茹家庄西周墓发掘简报》，《文物》1976 年第 4 期，图版 3-1。
2 杜廼松：《记九象尊与四蛇方甗》，《文物》1973 年第 12 期，图版 6-1。
3 梁彦民：《商人服象与商周青铜器中的象装饰》，《文博》2001 年第 4 期。
4 （清）王先谦撰，吴格点校：《诗三家义集疏》（下册），北京：中华书局，1987 年，第 583 页。
5 （清）孙诒让：《周礼正义》（第 8 册），北京：中华书局，1987 年，第 2153 页。
6 （清）孙诒让：《周礼正义》（第 10 册），北京：中华书局，1987 年，第 2535 页。
7 （清）孙诒让：《周礼正义》（第 6 册），北京：中华书局，1987 年，第 1514-1515 页。
8 （清）阮元校刻：《十三经注疏》（下册），北京：中华书局，1980 年，第 1490 页。
9 （清）孙诒让：《周礼正义》（第 6 册），北京：中华书局，1987 年，第 1529 页。
10 （清）阮元校刻：《十三经注疏》（下册），北京：中华书局，1980 年，第 1490 页。
11 （宋）聂崇义纂辑，丁鼎点校、解说：《新定三礼图》，北京：清华大学出版社，2006 年，第 460 页。

将郑司农两说基本合而为一。足对尊而言，其实也可是广义上的饰，所以郑司农两说也并不矛盾。无足而著地之尊并不多见，即便是无足，也有文饰。《宣和博古图》著录有两件周代著尊，其上有夔龙蟠曲、云雷回旋之纹。对于华丽的文饰，王黼的解释是“周因商器而益之以文”[1]。1930年殷墟出土一件著地无足的青铜器，腹上饰有雷纹和乳纹，张克明认为是《周礼》中的著尊。[2]但从文饰来看，似乎也不够简略。著尊之形，学者无异议，当与前述尊彝皆为筒形器，如此才显得齐整一些。

壶尊

壶尊是壶形的盛酒器。《周礼 · 春官 · 司尊彝》：“其馈献用两壶尊。”郑司农注：“壶者，以壶为尊。”[3]《左传》昭公十五年载：“以文伯宴，樽以鲁壶。”[4]即以壶为尊之例。《新定三礼图》载壶尊形制曰：“壶尊受五斗。”“今以黍寸之尺计之，口圆径八寸，脰高二寸，中径六寸半，脰下横径八寸，腹中横径一尺一寸，底径八寸，腹上下空径一尺二寸，足高二寸，下横径九寸，漆赤中。”[5]文献又有方壶和圆壶的记载。《仪礼 · 燕礼》：“司宫尊于东楹之西，两方壶。”“士旅食于门西，两圆壶。”郑玄注：“尊方壶，为卿大夫士也，臣道直方。”“尊士旅食者用圆壶，变于卿大夫也。”[6]郑玄未言方壶与圆壶的形制。何休曰：“壶，礼器，腹方口圆曰壶，反之曰方壶，有爵饰。”[7]据此，何氏所言壶当为圆壶，方壶是腹圆口方，有文饰。孙诒让据《燕礼》与《公羊传》何注推及《周礼》壶尊当

1 （宋）王黼编纂，牧东整理：《重修宣和博古图》，扬州：广陵书社，2010年，第135页。
2 张克明：《殷周青铜器求真》，台北：中华丛书编审委员会，1965年，第20–22页。
3 （清）孙诒让：《周礼正义》（第6册），北京：中华书局，1987年，第1514–1515页。
4 杨伯峻编著：《春秋左传注》（第4册），北京：中华书局，1990年，第1371页。
5 （宋）聂崇义纂辑，丁鼎点校、解说：《新定三礼图》，北京：清华大学出版社，2006年，第461页。
6 （清）阮元校刻：《十三经注疏》（上册），北京：中华书局，1980年，第1015页。
7 （清）阮元校刻：《十三经注疏》（下册），北京：中华书局，1980年，第2329页。

即方壶，而认为《新定三礼图》口圆非是。[1]观《新定三礼图》所绘壶尊，口腹皆圆，与何休所言方壶、圆壶形制都不符合，而《新定三礼图》据旧《图》，另有方壶与圆壶之制，方壶口方腹圆，圆壶口圆腹方，都画有云气[2]，基本符合何休所言方壶和圆壶的形制。此外，陈祥道还认为壶尊无足，他说："观投壶之壶，有颈与腹而无足，则壶尊无足可知矣。先儒谓壶有足，误也。"[3]陈氏以投壶推及壶尊，有待进一步的验证。

《周礼》所载壶尊为口腹皆圆而有足。考诸传世和考古实物，关百益《郑冢古器图考》著录有两件周蟠虺盖方壶，口方腹圆，有颈，有方座，壶身有细纹隆起，两龙横伏两耳。[4]1988年太原金胜村春秋晚期墓出土有四件形制相同的方壶，口方腹圆，束颈修长，有喇叭形方座，壶上有夔龙纹、卷龙纹、重叠三角纹等文饰，墓主的身份至少为卿或上大夫。[5]这些方壶的方座即方足，与陈祥道无足说截然不同。《宣和博古图》著录有两件周代壶尊，口腹皆圆，有颈有足，肩腹有云雷之饰。[6]《郑冢古器图考》著录有两件周代圆壶，口腹皆圆，有颈有足，文饰简单。[7]1974—1975年宝鸡茹家庄西周墓出土有一件西周中期的壶，此器口腹皆圆，有颈有足，无饰，墓主人为大夫強伯。[8]这些壶与《新定三礼图》基本相象，有足而与陈祥道说相异，又口腹皆圆，与孙诒让说不同。因此，陈氏无足说经不起推敲，孙氏所谓壶尊为方壶也值得重新考虑。《新定三礼图》中的壶

---

1 （清）孙诒让：《周礼正义》（第6册），北京：中华书局，1987年，第1529页。

2 （宋）聂崇义纂辑，丁鼎点校、解说：《新定三礼图》，北京：清华大学出版社，2006年，第163-364页。

3 （清）孙诒让：《周礼正义》（第6册），北京：中华书局，1987年，第1529页。

4 关百益：《郑冢古器图考》（第2册），北京：中华书局，1940年，第24-26页。

5 山西省考古研究所，太原市文物管理委员会：《太原金胜村251号春秋大墓及车马坑发掘简报》，《文物》1989年第9期，图15。

6 （宋）王黼编纂，牧东整理：《重修宣和博古图》，扬州：广陵书社，2010年，第136页。

7 关百益：《郑冢古器图考》（第2册），北京：中华书局，1940年，第28-29页。

8 宝鸡茹家庄西周墓发掘队：《陕西省宝鸡市茹家庄西周墓发掘简报》，《文物》1976年第4期。

尊口腹皆圆而有足，既不同于口方腹圆的方壶，又不同于口圆腹方的圆壶，正是用于天子宗庙祭祀的壶尊。

大尊

大尊是瓦质的盛酒器。《周礼·春官·司尊彝》："其朝践用两大尊。"郑司农注："大尊，大古之瓦尊。"[1]《礼记·明堂位》："泰，有虞氏之尊也。"郑玄注："泰用瓦。"[2]是大尊可称泰尊。《仪礼·燕礼》："公尊瓦大。"郑玄注："瓦大，有虞氏之尊也。"并以《礼记·礼器》"君尊瓦甒"为说。[3]郑玄曰："瓦甒，五斗。"孔疏："瓦甒五斗者，《汉礼器制度》文也，此瓦甒即《燕礼》'公尊瓦大'也。""按《礼图》，瓦大受五斗，口径尺，颈高二寸，径尺，大中，身锐，下平。瓦甒与瓦大同。"[4]可知郑玄和孔颖达都认为大尊、瓦大、瓦甒为一物。孙诒让亦从之。[5]

大尊、瓦大、瓦甒并非一物。《新定三礼图》载大尊形制："太尊受五斗。""今以黍寸之尺计之，口圆径一尺，脰高三寸，中横径九寸，脰下大横径一尺二寸，底径八寸，腹上下空径一尺五分，厚半寸，唇寸，底平，厚寸，与瓦甒形制容受皆同。"[6]此处只是指出大尊与瓦甒形制容受相同，但并未混为一物。《新定三礼图》说瓦甒形制与此小异："旧《图》云：'醴瓦，以瓦为之，受五斗，口径一尺，脰高二寸，大中，身锐，下平底。'今依此以黍尺计之。脰中横径宜八寸，腹横径一尺二寸，底径六寸，自脰下至腹横径四寸，自腹径至底径深八寸，乃容五斗之数，与瓦大，并有盖。"[7]按照《新定三礼图》两处记载，大尊虽然形制容受和瓦大

1 （清）孙诒让：《周礼正义》（第 6 册），北京：中华书局，1987 年，第 1514–1515 页。
2 （清）阮元校刻：《十三经注疏》（下册），北京：中华书局，1980 年，第 1490 页。
3 （清）阮元校刻：《十三经注疏》（上册），北京：中华书局，1980 年，第 1015 页。
4 （清）阮元校刻：《十三经注疏》（下册），北京：中华书局，1980 年，第 1433 页。
5 （清）孙诒让：《周礼正义》（第 6 册），北京：中华书局，1987 年，第 1530 页。
6 （宋）聂崇义纂辑，丁鼎点校、解说：《新定三礼图》，北京：清华大学出版社，2006 年，第 462 页。
7 （宋）聂崇义纂辑，丁鼎点校、解说：《新定三礼图》，北京：清华大学出版社，2006 年，第 451 页。

及瓦甒基本相同，有大朴之象，都无画饰，但还是有局部差别的，如有些具体尺寸不尽一致，大尊无盖，而瓦甒和瓦大都有盖。

周聪俊认为天子用大尊，诸侯用瓦大，士用甒。他结合《仪礼》和《礼记》中鲁国未用大尊、诸侯用瓦大、士用甒而推测道："按大尊、瓦大、瓦甒，以今言之，盖皆陶制之酒壶也。其形制相似，但未必即为一器。盖周人社会，有天子、诸侯、卿大夫、士与庶人之等级，随其身分之不同，在衣食住行等各方面所适用之礼仪及器物，亦有显著之差异。"并认为一般而言天子用大尊，诸侯用瓦大，士用甒。但他也注意到了《仪礼·大射》《礼记·礼器》和《仪礼·少牢馈食礼》有诸侯和卿大夫也用瓦甒的记载。[1]

大尊与其他两器区别较为明显，为天子之尊当无问题。瓦大与瓦甒的区别文献无征，从《新定三礼图》中同出而异名来看，虽未言区别，但"与瓦大，并有盖"一句，也明显透露出了刻意区分的意思。大概是因为两者形制容受近似，而所用等级和场合不同，故有尊卑之分，却又因近似而常被混用。

山尊

山尊为腹部刻画有山云图饰的盛酒器。《周礼·春官·司尊彝》："其再献用两山尊。"郑司农注："山尊，山罍也。"[2]《礼记·明堂位》："山罍，夏后氏之尊也。"[3]据此，山尊承自夏代，又名山罍。《明堂位》："尊用牺象、山罍。"[4]《礼器》："庙堂之上，罍尊在阼，牺尊在西。"[5]皆为山尊与山罍通称之证。郑玄曰："山罍，亦刻而画之，为山云之形。"[6]是山尊乃刻画

---

1 周聪俊：《殷周礼制中醴及醴器研究》，《三礼礼器论丛》，台北：文史哲出版社，2011 年，第 36–37 页。

2 （清）孙诒让：《周礼正义》（第 6 册），北京：中华书局，1987 年，第 1514–1515 页。

3 （清）阮元校刻：《十三经注疏》（下册），北京：中华书局，1980 年，第 1490 页。

4 （清）阮元校刻：《十三经注疏》（下册），北京：中华书局，1980 年，第 1489 页。

5 （清）阮元校刻：《十三经注疏》（下册），北京：中华书局，1980 年，第 1440 页。

6 （清）孙诒让：《周礼正义》（第 6 册），北京：中华书局，1987 年，第 1515 页。

有山云之形的尊。贾公彦曰："罍之字与'雷'声同，故以云雷解之。以其雷有声无形，但雷起于云，云出于山，故本而释之，以刻画山云之形也。"[1]这是以声训推究出山罍有山云之象。《新定三礼图》说山尊的容受为五斗，具体尺寸为："口圆径九寸，腹高三寸，中横径八寸，脰下大横径尺二寸，底径八寸，腹上下空径一尺五分，足高二寸，下径九寸。"[2]

罍

罍为刻画有云雷形的大型盛酒器。《周礼·春官·司尊彝》："春祠夏禴，祼用鸡彝、鸟彝，皆有舟；其朝践用两献尊，其再献用两象尊，皆有罍，诸臣之所昨也。秋尝冬烝，祼用斝彝、黄彝，皆有舟；其朝献用两著尊，其馈献用两壶尊，皆有罍，诸臣之所昨也。凡四时之间祀追享朝享，祼用虎彝、蜼彝，皆有舟；其朝践用两大尊，其再献用两山尊，皆有罍，诸臣之所昨也。"郑司农注："罍，臣之所饮也。"[3]罍的等级较低，不同于祭祀祖先神灵和进献尸的六彝六尊。

《韩诗》和《毛诗》等文献对罍的形制和容受均有记载，可据以解释《周礼》中的罍。《诗·国风·卷耳》："我姑酌彼金罍。"许慎曰："《韩诗》说：'金罍，大器也。天子以玉，诸侯、大夫皆以金，士以梓。《毛诗》说：'金罍，酒器也，诸臣之所酢。人君以黄金饰尊，大一硕，金饰龟目，盖刻为云雷之象。'谨案：《韩诗》说'天子以玉'，经无明文。谓之罍者，取象云雷博施，如人君下及诸臣。"[4]"櫑，龟目酒尊，刻木作云雷象，象施不穷也。""櫑或从缶。"即"櫑"为"罍"的或体。[5]是许慎从《毛

1 （清）孙诒让：《周礼正义》（第 6 册），北京：中华书局，1987 年，第 1534 页。
2 （宋）聂崇义纂辑，丁鼎点校、解说：《新定三礼图》，北京：清华大学出版社，2006 年，第 463 页。
3 （清）孙诒让：《周礼正义》（第 6 册），北京：中华书局，1987 年，第 1514–1515 页。
4 （清）陈寿祺撰，曹建墩校点：《五经异义疏证》，上海：上海古籍出版社，2013 年，第 9 页。
5 （清）段玉裁：《说文解字注》，北京：中华书局，2013 年，第 263–264 页。

诗》说。孔颖达认为罍当用木为之，并指出士当无饰，《韩诗》所说“士以梓”乃言其木体，天子、诸侯、大夫之罍亦用梓为木体而加饰。[1]贾公彦曰：“经文虽有《诗》云‘我姑酌彼金罍’，古《毛诗》说云‘人君以黄金’，则其余诸臣直有罍无黄金饰也。”[2]《尔雅·释器》：“小罍谓之坎。”郭注：“罍形似壶，大者受一觚。”[3]孙诒让据此指出：“盖罍有大中小三等，大者即酢罍，容一石；中者为山罍，与《鬯人》‘大罍’皆容五斗；小者为坎，所容未闻。”[4]《新定三礼图》也说：“罍用木，不用瓦，受一石，非五斗，明矣。”[5]总之，此处的罍为大型盛酒器，容受一石，刻梓木而画以云雷之形。《新定三礼图》述其具体形制曰：“谨以黍寸之尺依而计之，口径九寸五分，脰高三寸，中径七寸五分，脰下横径九寸，底径九寸，腹中横径一尺四寸，上下中径一尺六寸，足高二寸，下径一尺，画山云之形。”[6]按：此处所言“山云之形”，将罍与山尊相混，应改作“云雷之形”。

沈括曾目验一古铜罍，对罍的云雷之象有一段论述，可作参考：

> 礼书言罍画云雷之象，然莫知雷作何状。今祭器中画雷，有作鬼神伐鼓之象，此甚不经。余尝得一古铜罍，环其腹皆有画，正如人间屋梁所画曲水，细观之乃是云雷相间为饰。如者，古云字也，象云气之形；如◎者，雷字也，古文为雷，象回旋之声。其铜罍之饰，皆一一◎相间，乃所谓云雷之象也。[7]

1 （清）阮元校刻：《十三经注疏》（上册），北京：中华书局，1980 年，第 278 页。
2 （清）孙诒让：《周礼正义》（第 6 册），北京：中华书局，1987 年，第 1534 页。
3 （清）阮元校刻：《十三经注疏》（下册），北京：中华书局，1980 年，第 2599 页。
4 （清）孙诒让：《周礼正义》（第 6 册），北京：中华书局，1987 年，第 1535 页。
5 （宋）聂崇义纂辑，丁鼎点校、解说：《新定三礼图》，北京：清华大学出版社，2006 年，第 470 页。
6 （宋）聂崇义纂辑，丁鼎点校、解说：《新定三礼图》，北京：清华大学出版社，2006 年，第 470 页。
7 （宋）沈括：《梦溪笔谈》，上海：上海书店出版社，2009 年，第 162 页。

关百益认为罍只是盖子为木制。他说“刻木者指盖而言，不必兼指全器”，理由是《毛诗》“盖刻为云雷之象”之“盖”不是虚词，而是指罍盖，前面省去了“木”字，并引郑德解释《史记·梁孝王世家》“罍尊”所言“上盖刻为云雷象”为证。[1]关氏本是围绕出土的周代青铜云龙罍而言，况且郑德所言之“盖”当为推断语气，不必为名词，所以关氏之说似有武断之嫌。

舟

舟是彝的承盘。《周礼·春官·司尊彝》：“春祠夏禴，祼用鸡彝、鸟彝，皆有舟。”郑司农注：“舟，尊下台，若今时承盘。”[2]意谓舟是鸡彝等六彝的台座，如同汉代酒尊的承盘。聂崇义据郑玄《三礼图》说鸡彝曰：“其舟外漆朱中。今以黍寸之尺审而计之，盘口圆径尺四寸，其周高厚各半寸，盘下刻杀二等而渐大。圆局足与盘通高一尺，足下空径横尺二寸。六彝下舟形制皆同。其舟足则各随尊刻画其类以图饰之。此舟漆赤中，唯局足内青油画鸡为饰。制度容受同鸡彝，用盛郁鬯。”[3]据聂说，鸡彝舟是由两部分组成的，上面是鸡彝的托盘，下面是承盘的底座，叫圆局足，足上的图饰与鸡彝的图饰相同。

后世学者对二郑之说也有不同意见：

第一，舟形说。宋儒陈祥道曰：“天子、诸侯之尊废禁，废禁无足以下为贵，则彝舟之为物，盖象舟之形而已。先儒以废禁为去禁，谓舟若汉承盘圆而崇尺，恐不然也。”[4]清人林昌彝从其说。[5]

1 关百益：《郑冢古器图考》（第 2 册），北京：中华书局，1940 年，第 22 页。

2 （清）孙诒让：《周礼正义》（第 6 册），北京：中华书局，1987 年，第 1515 页。

3 （宋）聂崇义纂辑，丁鼎点校、解说：《新定三礼图》，北京：清华大学出版社，2006 年，第 445 页。

4 （宋）陈祥道：《礼书》卷 9，《文渊阁四库全书电子版》，上海、香港：上海人民出版社、迪志文化出版有限公司，1999 年。

5 （清）林昌彝：《三礼通释》（第 2 册），海口：海南出版社，2010 年，第 251 页。

第二，彝副说。清乾隆时期《西清古鉴》著录有周雷纹舟，口椭圆，《跋》曰：“《周礼·春官》用鸡彝、鸟彝皆有舟，舟盖彝之副，若如郑氏谓如今之承盘，则用两象尊皆有罍又何称焉？据此器可订汉儒之误。”今人关百益对此说颇为赞同。[1]其实《周礼》经文“皆有罍，诸臣之所昨也”已说明了罍的具体用途。江永亦曰：“皆有罍，皆者，皆春夏也，皆秋冬也，皆追享朝享也。非谓一尊即一罍也。”[2]可见罍与尊本不相涉，而彝副说也是推测之辞，文献无征。

第三，改“舟”为“盘”说。张桂光从甲骨文字形上考虑，认为“舟”当为“盘”字之误，是竖放的圈足浅腹盘。[3]此说与郑司农说大体一致，“舟”既然能以盘比况，则不应改字。

第四，盥洗说。黔容受郭宝钧所说舟可以注水的启发，认为舟是盛水的器物，用于行礼前的盥洗。[4]在我们看来，《司尊彝》是专门记述酒器的，舍弃承盘说而取盥洗器具说是不大合适的。

考古发现是支持承盘说的。1955 年安徽寿县蔡昭侯墓出土有三组尊盘，其中两组配合无疑；1978 年湖北随县曾侯乙墓出土有一组尊盘，出土时尊就置于盘内。李学勤认为它们与《司尊彝》所载彝舟的用途是一致的。[5]相较众说，此说文献与考古实物能够相互印证，最为可信。至于聂氏所言六彝“舟足则各随尊刻画其类以图饰之”，则很值得怀疑了。

（2）彝、尊、罍、舟的寓意

古人制器常取物作譬，《周礼·春官·司尊彝》所载酒器的名称多冠有物象，其物有相应的形象，它们具有的艺术审美价值自不待言，更重要的是，其中蕴含着深刻的文化寓意。

---

1 关百益：《郑冢古器图考》（第 2 册），北京：中华书局，1940 年，第 14 页。

2 （清）孙诒让：《周礼正义》（第 6 册），北京：中华书局，1987 年，第 1525 页。

3 张桂光：《“祼用鸡彝鸟彝，皆有舟”解》，《学术研究》1985 年第 2 期。

4 黔容：《释〈司尊彝〉》，《学术研究》1985 年第 5 期。

5 李学勤：《论擂鼓墩尊盘的性质》，《江汉考古》1989 年第 4 期。

古代学者从不同角度对《司尊彝》中各种尊彝物象的寓意进行了探索。具体而言，主要有以下认识：

南北朝皇侃和沈重认为鸡彝、鸟彝、斝彝、黄彝的得名缘由是春属鸡、夏属鸟、秋属收禾稼、冬属土色。[1] 宋人的论说更为详细。王昭禹曰："春者，时之始，而鸡以其司晨而木之属，故用鸡彝。""夏以五行为火，而鸟火属也，故用鸟彝。""四时之间祀，则以禘及其祖之所自出，故谓之追享。追享以尊尊，则有义之德焉，故彝以虎，虎者义也。""万物于秋为入，入为止，而著有止之象，故用著尊。""大尊，太古之瓦尊，有反本复始之意，禘以义，追及其祖之所自出，亦以仁而反本复始，故用大尊；山尊画为山形，山则以仁而兴利致养之意，祫以养死者之所归，合食于祖庙亦以仁而兴利致养，故用山尊。""春夏者用动之时也，故皆象以动物；秋冬者用静之时也，故皆象以静物；祫禘则有合四时之义，故一以静物也。"[2]

郑锷曰："春祠之彝，则饰以鸡，鸡，东方之畜，岁起于东，于时为春也；夏禴之彝，则饰以鸟，鸟，凤也，《书》曰'我则鸣鸟不闻'，指鸟为凤，夏为文明，而凤具五色，文明之禽也。""祼用斝彝，以明农事之成。黄彝者，画为黄目也。""冬者，万物归根复命之时，祼用黄彝，言明于外而欲以观其复。""先儒谓虎者西方之义兽，蜼似猕猴而大，其鼻上句，雨则自垂于树，以尾塞鼻，盖兽之智也。追享及迁庙之主，世既远矣，犹不忘祭，是谓尊尊，尊尊至于远祖，可以谓之义，彝刻以虎，以其义也。朝享行于祖考之庙，亲为近矣，每月祭焉，是谓亲亲，亲亲不忘乎月祭，可以谓之智，彝刻以蜼，以其智也。""春而耕，耕必资牛，故春之尊为牺牛之形；夏用象尊者，象南方之兽，其形绝大，时至于夏，

1 （清）阮元校刻：《十三经注疏》（下册），北京：中华书局，1980 年，第 1490 页。

2 （宋）王昭禹：《周礼详解》卷 18，《文渊阁四库全书电子版》，上海、香港：上海人民出版社、迪志文化出版有限公司，1999 年。

万物丰大，故夏之尊为象形。”“秋之时，物伤于末，将反其本，已敛其华，将取其实，故其献也用著地无足之尊；冬之时人功已成，可劳享之而饮酒矣，故其献也用酒壶之尊，名曰壶者，收藏蓄聚之义。”“尊刻以山，取其安以致养之意。”[1]

陈祥道曰：“先王制器，或远取诸物，或近取诸身，其取之也有义，其用之也以类。鸡鸟虎蜼之彝，取诸物也；斝耳黄目，取诸身也。春祠夏禴，彝以鸡鸟，以鸡鸟均羽物也；秋尝冬烝，彝以耳目，以耳目均人体也；追享朝享，彝以虎蜼，以虎蜼均毛物也。夫鸡东方之物也，仁也；鸟南方之物，礼也。此王者所以用祠禴也。”[2]“谓之罍者，有雷之象，盖雷出以时则利于物，反之则为害，器之为罍者，警之而已。《记》曰‘终日饮酒而不醉焉’，此先王之所用以避酒祸也，尊者，取其止而安。”[3]

易祓曰：“四时间祀为非常之礼，始以人道求之，则主乎动，终以神道事之，则主乎静。曰虎、曰蜼则用以祼，曰泰、曰山则用以献，非始出于动而终复于静乎？”[4]

北宋王黼对商周鼎彝物象的象征意义也有不少阐发，可作为理解《周礼》中尊彝物象寓意的参考。他说鼎上的纹饰“象蜼形以寓其智，作云雷以象泽物之功”。[5]解释周云雷宝彝的文饰曰：“夫云以致泽，雷以启蛰，所以养成万汇也。然苟或过焉，则亦所以为害。人之于食饮犹是也。

1 （宋）王与之：《周礼订义》，（清）纳兰性德辑：《通志堂经解》（第12册），扬州：江苏广陵古籍刻印社，1996年，第11–12页。

2 （宋）陈祥道：《礼书》卷95，《文渊阁四库全书电子版》，上海、香港：上海人民出版社、迪志文化出版有限公司，1999年。

3 （宋）王与之：《周礼订义》，（清）纳兰性德辑：《通志堂经解》（第12册），扬州：江苏广陵古籍刻印社，1996年，第11页。

4 （宋）易祓：《周官总义》卷12，《文渊阁四库全书电子版》，上海、香港：上海人民出版社、迪志文化出版有限公司，1999年。

5 （宋）王黼编纂，牧东整理：《重修宣和博古图》，扬州：广陵书社，2010年，第1页。

夫有以养其气，体则不能无益矣。然而染指者至于伤恩，酒薄者以之用戈，则害有甚于则者。故昔人于是，切切致意。凡器之所形，目之所击，莫不有微意焉。”[1] 说牺尊以牛为饰的蕴意为：“取其牺牲享食之义；又以示其性顺而德重，以兴稼穑，助民功，致民力，以出作入息而服畎亩之事而已。后稷教民稼穑，种蓺五谷，而人民育文武之功，所自起周人于此，盖贵其本也。”[2]说周代象尊曰：“象之为物，感雷而文生。是尊取形于象，以明乎夏德而已。夏者，假也，万物之所由而化也。方时天气下降，地气上腾，文明盛大，而物趋于侈靡，此象尊所由设也。《周礼·司尊彝》云‘春祠夏禴，其再献用两象尊’者，其是欤？又况象南越大兽也，以鼻致用而不以口，先王于是以见远夷来宾。昭德之致与夫养口体者异矣，然则用之于祭祀，岂徒然哉？”[3]说商代虎耳彝曰：“虎，西方兽，于五德为义，于五行为金，金与义皆主乎刚而有断。”[4]

今人对尊彝物象的涵义还有一些新的探索：

第一，图腾说。刘节认为《周礼》六彝必定是象形之器，并说“六彝之属所象者，颇有为古代氏族图腾之可能”。[5]杜廼松也说：“这些动物形象或许亦与原始社会遗留下来的图腾崇拜有着某种联系。”[6]

第二，牺牲说。邹衡认为灌器之所以取材于鸡，是因为古代东方人有鸡崇拜，以鸡为牺牲。[7]此说单独解释鸡彝尚可，但考虑到鸟、象、虎、蜼等物象并不是宗庙祭祀的主要牺牲，常用牺牲羊、豕、犬也没有入列，恐怕难以成立。

---

1 （宋）王黼编纂，牧东整理：《重修宣和博古图》，扬州：广陵书社，2010 年，第 153 页。
2 （宋）王黼编纂，牧东整理：《重修宣和博古图》，扬州：广陵书社，2010 年，第 129 页。
3 （宋）王黼编纂，牧东整理：《重修宣和博古图》，扬州：广陵书社，2010 年，第 131 页。
4 （宋）王黼编纂，牧东整理：《重修宣和博古图》，扬州：广陵书社，2010 年，第 148 页。
5 刘节：《古史考存》，北京：人民出版社，1958 年，第 169 页。
6 杜廼松：《论青铜鸟兽尊》，《故宫博物院院刊》（建院七十周年特刊），1995 年。
7 邹衡：《试论夏文化》，《夏商周考古学论文集》，北京：文物出版社，1980 年，第 154 页。

第三，巫觋通灵说。美籍华裔学者张光直指出：“商周青铜器上动物纹样乃是助理巫觋通天地工作的各种动物在青铜彝器上的形象。”[1]并认为“独占这种沟通手段也就意味着对知识和权力的控制，占有的动物越多越好。”[2]

对于以上颇具影响的新说，近年来也有一些学者作出了反思。聂甘霖对张光直的观点提出了针锋相对的意见，指其实际上是受到了弗雷泽巫术时代论的影响，而对中国文化作出了错误解读，并认为在中国传统文化中，青铜器纹饰起到的是道德教化和审美的功能。[3]赵世超注意到张氏的具体论据忽略了纹饰有“识善恶、禁不若、御罔两”的功能等问题。[4]马强认为：“象纹饰出现在铜器上应不是出于宗教信仰或崇拜，而是时人对大象喜好的表现，大象温和柔顺、安详端庄的品格，有德性之喻。宣德训诫、垂范后世，当是青铜器纹饰的主要功用。”并认为大象是财富和地位的象征也是一个原因。[5]以上三位学者的观点更多地倾向于重视教化的方面，是符合中国传统文化现实主义精神的，而图腾说和巫觋通灵说却沾染上了太多异域的巫术色彩。

先秦文献可以证明上古器物纹样的功能在于训诫教化人们。《左传》宣公三年所载王孙满的一段话值得重视：“昔夏之方有德也，远方图物，贡金九牧，铸鼎象物，百物而为之备，使民知神、奸。故民入川泽、山林，不逢不若，螭魅罔两，莫能逢之。用能协于上下，以承天休。”[6]王孙

1 ［美］张光直：《中国青铜时代》，北京：生活·读书·新知三联书店，1983年，第324页。类似论述亦见于［美］张光直：《美术、神话与祭祀》，台北：稻乡出版社，1993年，第61页；张光直：《商周青铜器上的动物纹样》，《考古与文物》1981年第2期。

2 ［美］张光直：《美术、神话与祭祀》，台北：稻乡出版社，1993年，第74页。

3 聂甘霖：《浅析商周青铜器上的动物纹样——兼评张光直先生的“萨满通灵说”》，《考古与文物》2003年第2期。

4 赵世超：《铸鼎象物说》，《社会科学战线》2004年第4期。

5 马强：《商周象纹青铜器初探》，《中原文物》2010年第5期。

6 杨伯峻编著：《春秋左传注》（第2册），北京：中华书局，1990年，第669–671页。

满作为王室成员，他的解释无疑是有很大权威性的。但此类先秦古书往往表达简略模糊，如果带着先验的巫术观念阅读古书，很容易生发巫术的体会。张光直解读道："夏人铸了铜鼎，又把物的形象放在上面，以使人知道哪些动物是助人通天地的，哪些动物是无助甚至有害于人的。王孙满已经告诉我们：有些动物能帮助巫觋沟通天地，而它们的形象便铸刻在古代的青铜礼器上。"[1]其实不然，陈奇猷谓此"盖使民知奸事之不可为而不为，则必不罹致祸害也"[2]，才是正解。夏代用九州所贡之金铸鼎，并将远方万物的图像铸于其上，目的是让人们周知各地奇异事物而区分善恶，以保佑他们远行时避免祸端，民无灾害，如此则上下协和而能得到上天的赐福。避免祸端也是辟邪，不过属于受到教化后的主动规避，与神秘的巫术无关。可见鼎上所铸物象起着训诫教化人们，使其知晓善恶、趋利避祸的作用，着实看不出什么神秘色彩。

先秦文献中关于虎、象的认识，有助于我们理解《周礼》中虎彝、象尊的寓意。《礼记·郊特牲》："虎豹之皮，示服猛也。"孔疏："虎豹是威猛之兽，今得其皮来列在王庭，是表示君臣之德能服四方之威猛者也。"[3]《吕氏春秋·慎势》："周鼎著象，为其理之通也。理通，君道也。"于省吾指出此处的"象"即"商人服象"之象。[4]意谓周鼎上雕刻大象的形状，是因为它代表着事理通达，以事理通达而治理国家是君主应有的准则。《韩非子·解老》："人希见生象也，而得死象之骨，案其图以想其生也，故诸人之所以意想者皆谓之象也。"[5]象骨能引发人们想到活象的样

---

1 ［美］张光直：《美术、神话与祭祀》，台北：稻乡出版社，1993 年，第 60 页。

2 （战国）吕不韦著，陈奇猷校注：《吕氏春秋新校释》（下册），上海：上海古籍出版社，2002 年，第 965 页。

3 （清）阮元校刻：《十三经注疏》（下册），北京：中华书局，1980 年，第 1447 页。

4 （战国）吕不韦著，陈奇猷校注：《吕氏春秋新校释》（下册），上海：上海古籍出版社，2002 年，第 1121、1134 页。

5 （清）王先慎撰，钟哲点校：《韩非子集解》，北京：中华书局，1998 年，第 148 页。

子，所以象又有想象之义。

学者多认为《司尊彝》中承彝之“舟”的名称取义于水中之舟的沉溺，用来表达嗜酒有害的道理。王昭禹曰：“彝皆有舟，为酒戒也。盖舟能载物，所受过量则有沉溺之惑。先王以为以礼饮酒者，始乎治，常卒乎乱，故于用礼每每戒焉。后世犹至于饮酒无度，沉湎淫佚，用乱丧德，用燕丧威仪，亦罔非酒为辜者，其不知礼意之甚也，可胜痛哉。”[1]易祓曰：“大概舟之为物，量其所受，则有济物之利，受过其量，则有沉溺之害。”[2]郑玄曰：“禁，承尊之器也。名之为禁者，因为酒戒也。”[3]周聪俊据此认为：“舟亦所以承彝之器，其作用与禁同，故宋儒以欲其不溺为说，义或如此。”[4]

用鼎、彝物象进行教化的思维方式符合先秦实际。《周易·系辞上》说圣人“以制器者尚其象”，“圣人立象以尽意”[5]。意思是通过直观的具体形象来表达抽象的价值观念，说明物象起着展现和传播某些观念的媒介作用。按照聂甘霖的意见，主要是君子建功立业的志向、人格道德的完善以及国家治理等观念，这些都属于宣德训诫和垂范后世的范畴。[6]合而观之，古代学者对于尊彝物象蕴意的阐发，虽然不免穿凿附会之处，但是多立足于道德教化这一本土文化的特征，总体路数是正确的。而图腾说、巫觋通灵说过于迁就外来学说，忽视了本民族的文化特征，牺牲说又证据薄弱，都不足信据。因此，解决这一问题最需要的不是革故鼎新

1 （宋）王昭禹：《周礼详解》卷 18，《文渊阁四库全书电子版》，上海、香港：上海人民出版社、迪志文化出版有限公司，1999 年。

2 （宋）易祓：《周官总义》卷 12，《文渊阁四库全书电子版》，上海、香港：上海人民出版社、迪志文化出版有限公司，1999 年。

3 （清）阮元校刻：《十三经注疏》（上册），北京：中华书局，1980 年，第 956 页。

4 周聪俊：《祼礼考辨》，台北：文史哲出版社，1994 年，第 159 页。

5 （清）阮元校刻：《十三经注疏》（上册），北京：中华书局，1980 年，第 81-82 页。

6 聂甘霖：《浅析商周青铜器上的动物纹样——兼评张光直先生的“萨满通灵说”》，《考古与文物》2003 年第 2 期。

的勇于推测，而恰恰是舍新立故的理性回归。

综观学者对《周礼》所载尊彝等酒器物象寓意的讨论不难发现，现代学者争论的焦点主要集中于西方理论在中国古史研究中的运用上。其实不唯这些酒器的研究，它们还是中国古史研究中广泛存在的重要问题。若要厘清这个问题，必须通过考察它们得以产生的学术背景，从理论和方法上进行深入反思。

自 20 世纪始，由美洲印第安奥吉布瓦方言“图腾”为要素而构建的图腾论，美国人类学家摩尔根的古典进化论，以及英国人类学家詹姆斯·弗雷泽提出的巫术时代论等西方学术理论被大量引进中国。梁启超在谈到西方学术对当时中国的影响时说：

> 国故之学，曷为直至今日乃渐复活耶？盖由吾侪受外来学术之影响，采彼都治学方法以理吾故物。于是乎昔人绝未注意之资料，映吾眼而忽莹；昔人认为不可理之系统，经吾手而忽整；乃至昔人不甚了解之语句，旋吾脑而忽畅；质言之，则吾侪所恃之利器，实“洋货”也。坐是之故，吾侪每喜以欧美现代名物训释古书，甚或以欧美现代思想衡量古人，加以国民自慢性为人类所不能免，艳他人之所有，必欲吾亦有之然后为快。[1]

许冠山在 20 世纪 80 年代所著《新史学九十年》中也说，近代以来史学的“所有学派莫不因应西潮的冲击而成，或以洋为师，或以洋为鉴，连擅用土法的考证史学家陈垣亦不例外，等而下之的，则挟洋以自重”[2]。西方理论固然有其价值所在，但那毕竟是从西方的文化土壤中归纳出来的，是否适用于中国，尚须严格的检验过程。而实际情况是，对于长期

1　梁启超：《先秦政治思想史》，北京：商务印书馆，2014 年，第 18 页。

2　许冠三：《新史学九十年·自序》，《新史学九十年》（上册），香港：香港中文大学出版社，1986 年，第 1 页。

专注考据之学而缺乏理论思考的中国史学界来说，这些舶来品如同清醒剂般刺激了中国学者的头脑，不少学者不假思索，直接采取了“拿来主义”以阐释中国古史，造成了中西文化生硬的对接。

埃文斯－普理查德对图腾论早有这方面的顾虑，他说：

> 人们可以使一个取自原始人语言的词例如图腾标准化，并用它来描述其他民族中类似于该词在其本土所指涉的现象。但是，这会成为更大混乱的原因，因为这种相似性可能是表面的，而正在讨论的现象又是如此多样化，以至于那个词会失去其所有的意义，而正如戈登威泽（Goldenweiser）所指出的那样，这便是图腾一词长久以来的命运。[1]

我国学者也多有这方面的批评。宋兆麟说：“在古史研究中，或者在考古工作中，有的同志看见器物上有鸟形象就一概称为鸟图腾，看见岩画上有羊奔跑就认为是羊图腾。这种看法显然过于简单。”[2]常金仓师称这类现象为“泛图腾论”，指出它的失误“就在于离开了中国的文化背景而拿域外社会作参照”[3]。刘宗迪深刻地指出：“由于中国学术界从一开始就缺乏对于图腾学说的全面而透彻的理解和领受，后继者对西方现代人类学关于图腾学说的理论反思缺乏了解，图腾理论早已流为一种浮泛浅薄的陈词滥调，日益遭到有良知学者的诟病。”[4]阎步克也说：“‘图腾’一词的使用经常过于泛化，甚至有滥用之嫌。”[5]各位学者的提醒切中要害，我们

1 ［英］E.E. 埃文斯－普理查德著，孙尚扬译：《原始宗教理论》，北京：商务印书馆，2001年，第15页。

2 宋兆麟：《漫谈图腾崇拜》，《文史知识》1986年第5期。

3 常金仓：《古史研究中的泛图腾论》，《陕西师范大学学报》（哲学社会科学版）1999年第3期。

4 刘宗迪：《图腾、族群和神话——涂尔干图腾理论述评》，《民族文学研究》2006年第4期。

5 阎步克：《服周之冕——〈周礼〉六冕礼制的兴衰变异》，北京：中华书局，2009年，第68页。

理当引以为戒。

中国与西方的巫术是有明显区别的。在弗雷泽看来，巫术和神灵打交道时，它“对待神灵的方式实际上就是和它对待无生物完全一样，也就是说，是强迫或压制这些神灵，而不是像宗教那样去取悦或讨好它们”[1]。胡新生总结西方学者对巫术的认识为：“运用超自然力量并通过特定仪法控制客体的神秘手段，它追求直接的现实效用，往往表现出不敬神灵的态度和自信自夸的倾向。”[2]这种理解强调巫术的控制作用，与宗教截然分开，其实只是弗雷泽版本的诠释，探讨中国先秦时代的巫术则需要变通之道，许兆昌提醒我们，要注意到中西方文化的差异，“在使用明显带有西方文化传统色彩的现代学术话语体系阐述独立发展起来的中国古代文化的时候，就必须充分考虑到中西方文明在基本概念及范畴上的差异”。他还指出，先秦时期的巫术与祭祀是相互渗透的，从行为方式来看，先秦社会的巫对待神灵的方式“主要表现为乞求和讨好”[3]。

翻检古书，中国上古时期有巫觋之职和巫术之事不假，但巫术并非处处萦绕也是事实。某个事物究竟有无巫术功能，某个行为究竟有无巫术色彩，理当具体分析。以《周礼》尊彝为例，与尊彝有关者为酒正、小宗伯、郁人、司尊彝等职官，其中小宗伯掌辨别名物，司尊彝掌尊彝陈列之位、告知执事者酌酒、辨别尊彝的用途、过滤酒鬯等，酒正、郁人掌注酒鬯于尊彝[4]，巫觋并未参与这些环节，自然也与巫术无涉。中国文化的现实主义精神已为学人广泛认同。如钱穆说：“中国人不看重并亦不

---

1 ［英］詹姆斯·乔治·弗雷泽著，徐育新、汪培基、张泽石译，汪培基校：《金枝》，北京：大众文艺出版社，1998 年，第 79 页。

2 胡新生：《中国古代巫术》，北京：人民出版社，2010 年，第 2 页。

3 许兆昌：《先秦社会的巫、巫术与祭祀》，《史学集刊》1997 年第 3 期。

4 （清）孙诒让：《周礼正义》（第 2 册），北京：中华书局，1987 年，第 354 页；（清）孙诒让：《周礼正义》（第 5 册），北京：中华书局，1987 年，第 1441 页；（清）孙诒让：《周礼正义》（第 6 册），北京：中华书局，1987 年，第 1490、1513、1514 页。

相信有另外的一个天国，因此中国人要求永生，也只想永生在这个世界上。中国人要求不朽，也只想不朽在这个世界上。中国古代所传诵的立德、立功、立言三不朽，便从这种观念下产生。中国人只想把他的德行、事业、教训永远留存在这个世界，这个社会上。”[1]对于统治者而言，他们真正关心的是国家的治乱安危，这种观念也深深地渗透到了尊彝等酒器的物象之上。

中国文化在世界文化中独具特色已是时人共识，研究中国古代礼乐文化，理应建立专门的文化解释体系。西方理论其实是一把双刃剑，一方面，它确实能够从材料和理论上为我们研究本民族文化带来许多有益的启示；另一方面，如果用现成的西方理论直接生硬套解我们民族的文化又是危险的，积非成是，就有成为学术迷信的可能。自 20 世纪图腾论和巫术时代论等西方学说东渐以来，古史学界从之者众，这与当时落后的中国向西方学习的时代环境密切相关。时值 21 世纪的今天，脱离本土文化而再用西方理论来套解中国古史，得出的结论自然经不起推敲。我们必须努力排除学术之外的干扰因素，对舶来的学术重新加以审视，就过去一个世纪以来的学术研究进行冷静和理性的反思和清理，以图在此基础上建立中国文化自身的理论阐释体系。换句话说，就是要在跟进和借鉴西方学术有益启发的同时，用自己的文化解释自己的文化，防止出现解读本土文化时披上世界文化百衲衣的现象。

当然，学者注意到西方理论，并且用以重新解读中国古代文化现象，也是一种可贵的怀疑精神。他们毕竟提出了问题，而且是在寻求真理过程中出现的，这在学术探索史上还是具有积极意义的。

2. 脩（卣）

《周礼》中的脩（卣）是天子宗庙祭祀时用来盛放鬯的酒器。《鬯人》：

1 钱穆：《中国文化史导论》，北京：商务印书馆，1994 年，第 18–19 页。

“凡祭祀，社壝用大罍，禜门用瓢赍，庙用脩，凡山川四方用蜃，凡祼事用概，凡疈事用散。”郑玄注：“‘脩’读曰‘卣’。卣，中尊，谓献象之属。尊者彝为上，罍为下。”[1]那么“脩”实际上即为常见的“卣”，地位间乎彝、罍，与六尊同为中尊，也是天子宗庙祭祀时用到的盛酒器。

卣在天子宗庙祭祀中盛放秬鬯和郁鬯。郑玄曰：“庙用脩者，谓始禘时，自馈食始。”[2]贾公彦曰：“以新死者木主入庙，特为此祭，故云始禘时也。”[3]始禘说经无明文，贾说颇为牵强。孙诒让认为“始禘”说难以讲通，当为“始祔”之讹，并解释道：“主已祔祖，而祭未纯吉，宜用大牢。馈食三献而毕事，故虽庙祭，而无上尊之祼。”[4]从理解郑玄注来说，此说较为圆通。孔颖达则认为卣专用于未祭之时。他说：“《春官》郁人掌和郁鬯，以实彝而陈之，则鬯当在彝。而《诗》及《尚书》、《左传》皆云‘秬鬯一卣’者，当祭之时乃在彝，未祭则在卣，赐时未祭，故卣盛之。”[5]按照孔氏的意思，无论秬鬯是否和以郁草汁，在祭祀前都要盛在卣中，而在祭祀的时候又转盛于彝。此说未将秬鬯与郁鬯分开，是很大的疏漏，程瑶田和黄以周已经指出了这个问题，黄氏认为郁鬯是祼酒而秬鬯是享酒，都用于祭祀之时。[6]周聪俊指出：“据文献资料与西周金文及殷商刻辞所见，（卣）皆专用以贮盛秬鬯，亦兼以盛郁。而据经传，鬯卣每连言，则郁鬯于未祭之时，亦或盛以卣器，殆亦可以确信无疑。”[7]因此，祭祀前秬鬯和郁鬯都盛于卣中，祭祀时秬鬯仍在卣中，郁鬯则转而盛入彝。

卣的形状多为圆形或椭圆形，口小腹大，足为圈形，有盖和提梁。

1 （清）孙诒让：《周礼正义》（第 6 册），北京：中华书局，1987 年，第 1498-1501 页。
2 （清）孙诒让：《周礼正义》（第 6 册），北京：中华书局，1987 年，第 1501 页。
3 （清）孙诒让：《周礼正义》（第 6 册），北京：中华书局，1987 年，第 1502-1503 页。
4 （清）孙诒让：《周礼正义》（第 6 册），北京：中华书局，1987 年，第 1504 页。
5 （清）阮元校刻：《十三经注疏》（上册），北京：中华书局，1980 年，第 574 页。
6 （清）孙诒让：《周礼正义》（第 6 册），北京：中华书局，1987 年，第 1505-1506 页。
7 周聪俊：《祼礼考辨》，台北：文史哲出版社，1994 年，第 155 页。

据陈芳妹的研究，提梁除了晚期盉曾沿用外，为卣所独有，在酒器中，唯有卣自始至终有盖。[1]1974—1975 年宝鸡市茹家庄西周墓曾出土有一件提梁卣，可作为卣一般形状的代表。[2]

3. 勺

《周礼》天子宗庙祭祀中用于斟酒的器具是勺。《酒正》："大祭三贰，中祭再贰，小祭壹贰，皆有酌数。唯齐酒不贰，皆有器量。"郑玄注："酌、器，所用注尊中者。"[3]"酌"本为动词。《说文 · 酉部》："酌，盛酒行觞也。"[4]而依郑玄注，"酌"与"器"在《酒正》中为名词，都是往尊中灌注酒的器物，其实就是勺子。孙诒让说由于勺是用来酌酒的，故而又通称为"酌"[5]。

《周礼》的勺包括龙勺、疏勺和蒲勺三种。《礼记 · 明堂位》："灌尊，夏后氏以鸡彝，殷以斝，周以黄目。其勺，夏后氏以龙勺，殷以疏勺，周以蒲勺。"郑玄注："龙，龙头也。疏，通刻其头。蒲，合蒲如凫头也。"[6]龙勺于柄上刻有龙头，疏勺于柄上刻镂文饰，未言何种文饰。孔颖达说"蒲勺"曰："蒲谓合蒲，当刻勺为凫头，其口微开，如蒲草本合，而末微开口也。"[7]三勺的形制，周聪俊已有详细讨论。[8]既然《司尊彝》记载各种祭祀场合用到三代祼尊，那么三代用勺也理应与每个时代的祼尊相配，其他尊彝，或亦如此。酒尊配以勺，也可以得到考古材料的印证。1974—1975 年河南三门峡上村岭五号战国墓出土有一件错金蟠螭纹

1 陈芳妹：《商周青铜酒器》，台北：故宫博物院，1994 年，第 25 页。
2 宝鸡茹家庄西周墓发掘队：《陕西省宝鸡市茹家庄西周墓发掘简报》，《文物》1976 年第 4 期。
3 （清）孙诒让：《周礼正义》（第 2 册），北京：中华书局，1987 年，第 354 页。
4 （清）段玉裁：《说文解字注》，北京：中华书局，2013 年，第 755 页。
5 （清）孙诒让：《周礼正义》（第 2 册），北京：中华书局，1987 年，第 355 页。
6 （清）阮元校刻：《十三经注疏》（下册），北京：中华书局，1980 年，第 1490 页。
7 （清）阮元校刻：《十三经注疏》（下册），北京：中华书局，1980 年，第 1490 页。
8 周聪俊：《祼礼考辨》，台北：文史哲出版社，1994 年，第 160–161 页。

方罍，里面就置有一件铜提勺。[1]

4. 瓒

《周礼》天子宗庙祭祀中的瓒是一种行祼礼时盛放郁鬯的器具。《郁人》："郁人掌祼器。"郑玄注："祼器，谓彝及舟与瓒。"[2]可知瓒属于祼器。《小宗伯》："凡祭祀、宾客，以时将瓒果。"[3]"果"同"祼"，此为奉送祼礼用瓒之事。《郁人》："凡祼玉，濯之，陈之，以赞祼事。"孙诒让曰："因其以圭璋为柄，故通谓之祼玉。"[4]这也说明天子宗庙祭祀所用的瓒，因用柄之玉不同而分为两种，即郑玄所言"祼玉，谓圭瓒、璋瓒"[5]。其中王用圭瓒，后用璋瓒。《典瑞》："祼圭有瓒以肆先王。"[6]"祼圭"即圭瓒，此言用圭瓒行礼祭祀先王。《考工记·玉人》："祼圭尺有二寸，有瓒，以祀庙。"[7]是圭瓒又有"祼圭"之名，圭柄的长度为一尺二寸。圭瓒还有一些别称。因圭瓒用来盛放郁鬯，《国语·鲁语上》有"鬯圭"之称。[8]又《礼记·明堂位》："灌用玉瓒大圭。"[9]"灌"同"祼"，"玉瓒大圭"即以大圭为柄的瓒。至于"祼圭有瓒"之"瓒"，郑司农曰："于圭头为器，可以挹鬯祼祭，谓之瓒。"[10]这里的"瓒"又特指圭柄一端的部件，不过"挹鬯祼祭"之说将尊彝所配挹取酒鬯的勺与瓒相混，是需要指出的不足之处。叔孙通《汉礼器制度》："瓒盘大五升，口径八寸，下有盘，口径一尺。"

---

1 河南省博物馆：《河南三门峡市上村岭出土的几件战国铜器》，《文物》1976年第3期。

2 （清）孙诒让：《周礼正义》（第6册），北京：中华书局，1987年，第1490页。

3 （清）孙诒让：《周礼正义》（第5册），北京：中华书局，1987年，第1444页。

4 （清）孙诒让：《周礼正义》（第6册），北京：中华书局，1987年，第1491–1492页。

5 （清）孙诒让：《周礼正义》（第6册），北京：中华书局，1987年，第1491页。

6 （清）孙诒让：《周礼正义》（第6册），北京：中华书局，1987年，第1588页。

7 （清）孙诒让：《周礼正义》（第14册），北京：中华书局，1987年，第3333页。

8 上海师范大学古籍整理研究所校点：《国语》，上海：上海古籍出版社，1998年，第158页。

9 （清）阮元校刻：《十三经注疏》（下册），北京：中华书局，1980年，第1489页。

10 （清）孙诒让：《周礼正义》（第6册），北京：中华书局，1987年，第1588页。

故而孙诒让将瓒与瓒盘视为一物。[1]则“瓒”有广义、狭义之说，瓒盘与承瓒之盘亦为二物。

郑玄认为祭祀山川所用大、中、边三璋之勺与圭瓒形制类似。《考工记·玉人》：“黄金勺，青金外，朱中，鼻寸，衡四寸。”郑玄注：“鼻子，勺流也。凡流皆为龙口也。衡，古文横，假借字也。衡谓勺径也。三璋之勺，形如圭瓒。”[2]又《诗·大雅·旱麓》：“瑟彼玉瓒，黄流在中。”郑笺：“圭瓒之状，以圭为柄，黄金为勺，青金为外，朱中央矣。”[3]此处郑笺是据《考工记·玉人》为说，《新定三礼图》即据郑说。[4]孙诒让直接指出黄金勺即三璋之瓒，黄金、青金为铜之二品。[5]所以，圭瓒之勺（瓒盘）为黄色的铜所制，外以青色的铜为饰，内以朱漆涂之，流口为龙头状，因口径为八寸，容受自然比三璋要大。

宋代以来始出怀疑郑、贾之说者。此由陈祥道发其端，他说：“先儒谓凡流皆为龙口，瓒盘大五升，口径八寸，下有盘口，径一尺。然古者有圭瓒、璋瓒，而无下盘，有鼻而无龙口，先儒之说盖汉制欤？”[6]黄以周的观点亦与陈说相类。[7]可见陈、黄二人否定了瓒有龙口和承盘之说。林昌彝对圭瓒有黄金勺的说法提出了质疑，他说：“圭瓒之勺，以玉为之，故《诗》曰‘瑟彼玉瓒，黄流在中’，玉白而郁鬯黄，相辉映然，知其用纯玉不饰也。”并认为郑、贾不应以《考工记·玉人》璋瓒形制推知圭

1 （清）孙诒让：《周礼正义》（第6册），北京：中华书局，1987年，第1588–1589页。

2 （清）孙诒让：《周礼正义》（第14册），北京：中华书局，1987年，第3338页。

3 （清）王先谦撰，吴格点校：《诗三家义集疏》（下册），北京：中华书局，1987年，第846页。

4 （宋）聂崇义纂辑，丁鼎点校、解说：《新定三礼图》，北京：清华大学出版社，2006年，第453页。

5 （清）孙诒让：《周礼正义》（第14册），北京：中华书局，1987年，第3339页。

6 （宋）陈祥道：《礼书》卷55，《文渊阁四库全书电子版》，上海、香港：上海人民出版社、迪志文化出版有限公司，1999年。

7 （清）黄以周撰，王文锦点校：《礼书通故》（第6册），北京：中华书局，2007年，第2396页。

瓒。[1]按此说，则圭瓒通体皆为玉质。周聪俊评价诸家观点道："惟以实物不传，且郑说瓒制，亦已以汉礼器拟周制，其说之不尽可信，殆亦可知。是林氏虽稍易郑说，盖亦未必然也。"[2]

以上学者只是对郑说略作改易，臧振则全然否定郑说而另创新说。他首先排除了瓒柄为玉的可能，认为玉在殷周非常珍贵，将玉作为陪衬青铜器之物"殊为不类"，以玉为易折部位的材料在力学上也难以置信，而且未曾见到著录和实物。在此基础上，他结合金文"瓒"字之形，提出瓒实际上为"以郁鬯灌注盛于器中之玉"，将其视作献祭神灵的食品。[3]方稚松和何景成通过对甲骨金文进行研究，也倾向于这种认识。[4]这是一种研究瓒之形制的新路数。

我们对这一观点还是存在一些疑问的。第一，学者对考古实物无望转而钟情于文字释读，孰不知久远的甲骨金文字体与实物能否吻合仍然是一个未知数。用甲骨文的字形来推断后世文献所载器物，应该谨慎为之。第二，臧氏把《考工记·玉人》"祼圭尺有二寸，有瓒，以祀庙"一句解释为"用于祼祭的圭，长尺二寸；祭祀之时，必以鬯酒灌之而后献上"[5]，这一解说恐不尽然,"祼圭"与"瓒"同出，若为一物，何必易名？"有瓒"正可以表明祼圭的一部分为瓒，《周礼·春官·典瑞》所载"祼圭有瓒以肆先王"亦是一例。[6]何景成似乎意识到了这个问题，所以他有"有"当训作"为"的说法，认为"祼圭有瓒"可解释为以祼圭为瓒。[7]即便如此，《考工记·玉人》所谓三璋"朱中"除了朱漆涂于器物之内的解

1 （清）林昌彝：《三礼通释》（第2册），海口：海南出版社，2010年，第171页。
2 周聪俊：《祼礼考辨》，台北：文史哲出版社，1994年，第169页。
3 臧振：《玉瓒考辨》，《考古与文物》2005年第1期。
4 方稚松：《释殷墟花园庄东地甲骨中的瓒、祼及相关诸字》，《中原文物》2007年第1期；何景成：《试论祼礼的用玉制度》，《华夏考古》2013年第2期。
5 臧振：《玉瓒考辨》，《考古与文物》2005年第1期。
6 （清）孙诒让：《周礼正义》（第6册），北京：中华书局，1987年，第1588页。
7 何景成：《试论祼礼的用玉制度》，《华夏考古》2013年第2期。

释外，并无他解，然而这一点并未引起学者应有的重视。所以祭品说还需要继续斟酌，推翻郑说的证据尚显不足。

考古实物的出土一定程度上改变了文献不足征的局面。1989 年江西省新干县大洋洲乡商代墓出土一件青铜器，发掘简报名之为“瓒”，此器“敞口、尖唇，腰微束，高圈足外撇，一侧斜安一扁平宽把，上饰目雷式云纹。下腹及圈足饰两层目雷式云纹一周，间以两周凸弦纹，弦纹上饰等距十字镂孔三个。通高 16.5、身高 13.7、口径 13.2、腹深 8.9 厘米”[1]。此外，台湾震旦艺术博物馆藏有两件玉器，孙庆伟认为即是玉瓒。玉瓒甲“通长 14.7 厘米，勺部口径 7 厘米，高 5.2 厘米”，柄部扁平，勺部略敛口，鼓腹假圈足，身有龙纹、云纹、网格纹等；玉瓒乙“通长 16.8 厘米，勺部口径 9 厘米、高 4 厘米”，柄部扁平，与甲器不同，此器“在柄部近勺处和勺底部有三个中空的圆柱状矮足；勺部和柄对称的一侧有一环形耳”，勺部直口，身有虺龙纹、凤鸟纹、云纹。[2]李学勤认为出土的商周柄形玉器即为圭瓒之柄[3]，不过孙庆伟言其缺乏有力证据。[4]万红丽总结了瓒的主要特征：“瓒多成对出现，其形制、纹饰、大小有的相同，首部椭圆形或圆形，有座，曲柄，也可能有直柄；或有銴，可装把，把的质料有的是玉，柄接于瓒首的腰际。”[5]

由于考古至今仍然没有发现文献所言玉柄金勺的瓒，所以孙庆伟曾有象形之说，他推测“文献中所谓的圭瓒和璋瓒其实是指瓒的柄部

1 江西省文物考古研究所，江西省新干县博物馆：《江西新干大洋洲商墓发掘简报》，《文物》1991 年第 10 期。

2 孙庆伟：《周代祼礼的新证据——介绍震旦艺术博物馆新藏的两件战国玉瓒》，《中原文物》2005 年第 1 期。

3 李学勤：《〈周礼〉玉器与先秦礼玉的源流——说祼玉》，《东亚玉器》（中册），邓聪主编，香港：香港中文大学中国考古艺术研究中心，1998 年，第 34-36 页。

4 孙庆伟：《周代祭祀及其用玉三题》，《古代文明》（第 2 辑），2003 年。

5 万红丽：《“瓒”的定名、形制及相关问题》，《东南文化》2004 年第 2 期。

分别作圭状和璋形，而并不是说以玉圭或玉璋作为瓒的柄部”[1]，亦可备一说。

值得一提的是，陈晓明根据现有出土器物，并结合《礼记·曲礼下》中祭祀用品有特殊名称的记载，推测“勺、斗被用于祭祀场合，当作赞助祼礼的器具，则可能被冠以特殊之名——‘瓒’”[2]。沈薇和李修松亦有此说。[3]不过这一推测似未周延，《周礼·春官·大祝》只言祭祀中有神号、鬼号、祇号、牲号、齍号、币号，[4]并不能说明其他用品也是别于日常名称的专称；况且在天子宗庙祭祀所用酒器之中，祼礼所用六彝分别名为鸡彝、鸟彝、斝彝、黄彝、虎彝、蜼彝（《司尊彝》）[5]，三代祼礼供挹取的勺分别名为龙勺、疏勺、蒲勺（《礼记·明堂位》）[6]，都是在彝、勺之前冠以修饰之辞，而不是彻底更易其名。

5. 爵

《周礼》载天子宗庙祭祀中使用的爵有玉爵和瑶爵，分别用于王和王后行献酒礼之时。

（1）玉爵

玉爵用于王向尸献酒之时。《周礼·天官·大宰》：“祀五帝，则掌百官之誓戒，与其具脩。前期十日，帅执事而卜日，遂戒。及执事，视涤濯。及纳亨，赞王牲事。及祀之日，赞玉币爵之事。祀大神祇亦如之。

1 孙庆伟：《周代金文所见用玉事例研究》，《古代文明》（第3辑），2004年；孙庆伟：《周代祼礼的新证据——介绍震旦艺术博物馆新藏的两件战国玉瓒》，《中原文物》2005年第1期。

2 陈晓明：《〈周礼〉祭祀用玉考》，硕士学位论文，成都：四川师范大学文学院，2009年，第79页。

3 沈薇、李修松：《祼礼与实物资料中的“瓒”——试以〈周礼〉资料分析》，《中原文物》2014年第5期。

4 （清）孙诒让：《周礼正义》（第8册），北京：中华书局，1987年，第1997页。

5 （清）孙诒让：《周礼正义》（第6册），北京：中华书局，1987年，第1514页。

6 （清）阮元校刻：《十三经注疏》（下册），北京：中华书局，1980年，第1490页。

享先王亦如之，赞玉几玉爵。”[1]祭祀先王时，大宰要辅助王用玉爵行礼。贾公彦说玉爵是祼礼之后王酌醴齐和盎齐献尸所用。[2]《说文·鬯部》说“爵”字古文全象雀形，并解释其寓意为“取其鸣节节足足也”[3]。《韩诗》：“一升曰爵，爵，尽也，足也。”[4]据此，爵象雀形是取节制饮酒之义。《新定三礼图》所绘玉爵即为雀形。[5]从考古发现的商周铜爵来看，爵多非雀形。其主要特征是：“有较深的筒状腹，口缘前有为倾倒液体用的长流口，简称为‘流’，后有呈尖状的‘尾’；流上近于口缘处或偏靠流一侧的口缘上立有两个‘柱’；器腹一侧有把手，与连接流尾的轴线成直角，通称为‘鋬’；腹底有三个尖而高的‘足’，其中一足在鋬下。”[6]容庚和张维持认为古人“基于雀、爵同音，所以取雀之形”乃是“儒家附会穿凿之说，难以征信”[7]。杜金鹏也认为《说文》和《新定三礼图》说爵之形“极大地歪曲了爵的形象”[8]。不过马承源指出：“三足的青铜爵至西周中期大体上退出了礼器的行列。西周晚期，个别的出现了爵的演化形式，容器部分似底的圈足杯，其后有宽的长把手可执，似鸟尾，自铭为‘金爵’。春秋时期，这种爵的前腹饰有鸟头，并有羽翼，则这种器就是雀了。雀、爵是同音字，这样看来，雀作为爵也是名实相符的。这种雀形的爵，数量并不多。”[9]1976年陕西扶风云塘西周铜器窖藏出土两件伯公父器，器自名“金爵”，发掘者称为“勺”。据简报，此器“通柄长19.1、口径9.1厘米。勺

1 （清）孙诒让：《周礼正义》（第1册），北京：中华书局，1987年，第134–148页。
2 （清）孙诒让：《周礼正义》（第2册），北京：中华书局，1987年，第518页。
3 （清）段玉裁：《说文解字注》，北京：中华书局，2013年，第220页。
4 （清）王先谦撰，吴格点校：《诗三家义集疏》（上册），北京：中华书局，1987年，第28页。
5 （宋）聂崇义纂辑，丁鼎点校、解说：《新定三礼图》，北京：清华大学出版社，2006年，第466页。
6 朱凤瀚：《古代中国青铜器》，天津：南开大学出版社，1995年，第89页。
7 容庚、张维持：《殷周青铜器通论》，北京：中华书局，2012年，第43页。
8 杜金鹏：《商周铜爵研究》，《考古学报》1994年第3期。
9 马承源：《中国古代青铜器》，上海：上海人民出版社，2008年，第146页。

身椭圆，颈饰变形蝉纹和云纹，圈足饰重环纹。柄部呈圭形，后端饰夔龙纹，前段连接勺部处下折呈弧形，背面镂孔”[1]。李学勤、李零和朱凤瀚都称之为“爵”[2]。故宫博物院藏有传世的春秋圈足雀形铜爵[3]，1950年，河南辉县固围村5号墓出土有战国陶鸟彝[4]，张持平谓之陶质雀形爵。[5]如此看来，古人爵象雀形的认识也并非毫无根据。

玉爵的制作有两种观点：

第一，刻木饰玉说。聂崇义说玉爵与爵一样，都是“刻木为之”。[6]孙诒让亦据《玉烛宝典》言天子之爵有玉饰，推测“玉爵亦刻木为之，而饰以玉，若《内宰》‘瑶爵’注亦谓‘以瑶为饰’”[7]。《考工记·梓人》：“梓人为饮器，勺一升，爵一升，觚三升。”[8]梓人制作木制器材，则刻木饰玉之说是有一定根据的。《礼记·明堂位》说祭祀周公时“爵用玉琖”，“爵，夏后氏以琖，殷以斝，周以爵”。郑玄和孔颖达都说夏爵玉琖是以玉为饰。[9]《说文·斗部》：“斝，玉爵也，夏曰醆（琖），殷曰斝，周曰爵。”[10]程瑶田认为玉爵即玉琖。[11]孙诒让亦曰：“王献之玉爵亦可称斝，盖斝之于爵，

1 陕西周原考古队：《陕西扶风县云塘、庄白二号西周铜器窖藏》，《文物》1978年第11期。
2 李零：《读〈楚系简帛文字编〉》，《出土文献研究》（第5辑），1999年；朱凤瀚：《古代中国青铜器》，天津：南开大学出版社，1995年，第128-129页。
3 张持平：《商周用爵制度的提出及初步研究》，《文博研究论集》，吴浩坤、陈克伦主编，上海：上海古籍出版社，1992年，第48、77页。
4 中国科学院考古研究所编著：《辉县发掘报告》，北京：科学出版社，1956年，第105页，图版76。
5 张持平：《商周用爵制度的提出及初步研究》，《文博研究论集》，吴浩坤、陈克伦主编，上海：上海古籍出版社，1992年，第48页。
6 （宋）聂崇义纂辑，丁鼎点校、解说：《新定三礼图》，北京：清华大学出版社，2006年，第370页。
7 （清）孙诒让：《周礼正义》（第1册），北京：中华书局，1987年，第148页。
8 （清）孙诒让：《周礼正义》（第14册），北京：中华书局，1987年，第3385页。
9 （清）阮元校刻：《十三经注疏》（下册），北京：中华书局，1980年，第1489-1490页。
10 （清）段玉裁：《说文解字注》，北京：中华书局，2013年，第724页。
11 （清）孙诒让：《周礼正义》（第1册），北京：中华书局，1987年，第148页。

虽有殷周之异，而散文得通。”[1]

第二，全为玉制说。《礼记·曲礼上》：“饮玉爵者弗挥。”郑玄注：“为其宝而脆。”[2]由于玉爵十分贵重，所以用它来饮酒时不能振去余酒，以免失手摔碎了。看来郑玄也有玉爵全是用玉制成的看法。孔颖达也认为“周爵或以玉为之”[3]。明人刘绩曰：“玉爵，天子所用也，以金为之饰。”[4]按此说，玉爵似为玉制而饰以金。清人桑宣则明言：“玉爵，玉为之也。”[5]

（2）瑶爵

瑶爵用于王后向尸献酒之时。《周礼·天官·内宰》：“大祭祀，后祼献，则赞，瑶爵亦如之。”郑玄和贾公彦认为王后于八献时始用瑶爵，此前皆从王而用玉爵。崔灵恩和江永等则认为王后除祼礼外，其他进献皆用瑶爵[6]，其论证详密，是可以信据的。

瑶爵如何制作，也有两种观点。第一，刻木而以瑶为饰。郑玄曰：“以瑶为饰。”[7]认为瑶爵是刻木为之而以瑶为饰。第二，全为玉制而无饰。刘绩曰：“玉爵，天子所用也，以金为之饰；以玉曰瑶爵，后与诸侯所用也，内宰后祼献则赞瑶爵是也。”[8]细审文意，当是言瑶爵以玉为之且无饰，而不辨玉、瑶之别。

王后使用的瑶爵逊于王之玉爵。《说文·玉部》：“瑶，石之美者。”[9]《楚

1 （清）孙诒让：《周礼正义》（第 9 册），北京：中华书局，1987 年，第 2385 页。
2 （清）阮元校刻：《十三经注疏》（上册），北京：中华书局，1980 年，第 1244–1245 页。
3 （清）阮元校刻：《十三经注疏》（下册），北京：中华书局，1980 年，第 1490 页。
4 （明）刘绩：《三礼图》卷 3，《文渊阁四库全书电子版》，上海、香港：上海人民出版社、迪志文化出版有限公司，1999 年。
5 （清）桑宣：《礼器释名》卷 11，光绪辛丑鍥研斋刻本，转引自周聪俊：《殷周礼制中醴及醴器研究》，《三礼礼器论丛》，台北：文史哲出版社，2011 年，第 46 页。
6 （清）孙诒让：《周礼正义》（第 2 册），北京：中华书局，1987 年，第 517–519 页。
7 （清）孙诒让：《周礼正义》（第 2 册），北京：中华书局，1987 年，第 517 页。
8 （明）刘绩：《三礼图》卷 3，《文渊阁四库全书电子版》，上海、香港：上海人民出版社、迪志文化出版有限公司，1999 年。
9 （清）段玉裁：《说文解字注》，北京：中华书局，2013 年，第 17 页。

辞·九歌》："瑶席兮玉瑱。"王逸注："瑶，石之次玉者。"[1]孙诒让据此指出："瑶次于玉，故祭祀献尸，王用玉爵，后用瑶爵。《祭统》云：'尸饮五，君洗玉爵献卿；尸饮七，以瑶爵献大夫。'亦瑶爵降于玉爵之证也。"[2]孙氏此言甚确。

（六）礼神的玉币帛

礼神的玉币帛是《周礼》天子宗庙祭祀中进献给祖先的礼物。《肆师》："立大祀，用玉帛牲牷；立次祀，用牲币；立小祀，用牲。"郑司农曰："大祀，天地。次祀，日月星辰。小祀，司命已下。"郑玄补充道："大祀又有宗庙，次祀又有社稷、五祀、五岳，小祀又有司中、风师、雨师、山川、百物。"[3]其中进献的玉、帛还有一个特别的名称——二精。《国语·楚语下》载观射父论祭祀曰："玉、帛为二精。"韦注："明洁为精。"[4]表明玉、帛都有圣洁之义。

1. 玉

《周礼》天子宗庙祭祀中所用的礼神之玉是指圭和璧。贾公彦曰："天地有礼神之玉，无郁鬯；宗庙无礼神之玉，而有郁鬯。[5]孙诒让也认为"人鬼无礼神之玉"[6]。其实此说可商。考之《尚书·金縢》，周公向大王、王季、文王祈祷时"植璧秉珪"。伪《孔传》："璧以礼神。植，置也。置于三王之坐，周公秉桓珪以为质。"[7]珪即圭，璧和珪即礼神之玉。《礼记·曾子问》载孔子曰："天子诸侯将出，必以币帛、皮、圭告于祖

1 （宋）洪兴祖：《楚辞补注》，南京：凤凰出版社，2007 年，第 50 页。
2 （清）孙诒让：《周礼正义》（第 2 册），北京：中华书局，1987 年，第 519–520 页。
3 （清）孙诒让：《周礼正义》（第 6 册），北京：中华书局，1987 年，第 1465 页。
4 上海师范大学古籍整理研究所校点：《国语》，上海：上海古籍出版社，1998 年，第 570–571 页。
5 （清）孙诒让：《周礼正义》（第 5 册），北京：中华书局，1987 年，第 1406 页。
6 （清）孙诒让：《周礼正义》（第 7 册），北京：中华书局，1987 年，第 1766 页。
7 （清）阮元校刻：《十三经注疏》（上册），北京：中华书局，1980 年，第 196 页。

祢。”[1]可以看出，圭与其他物品都是专门的礼神之物。又《说文·示部》：“春祭曰祠，品物少，多文词也，从示司声。仲春之月祠，不用牺牲，用圭璧及皮币。”[2]亦是一证。因此，天子宗庙祭祀是有专门礼神之玉的。

《周礼》天子宗庙祭祀用到“食玉”。《玉府》：“王齐，则共食玉。”[3]古代学者在“食玉”的理解上有三种意见。第一，食用玉屑说。郑司农曰：“王齐当食玉屑。”郑玄曰：“玉是阳精之纯者，食之以御水气。”贾疏：“其玉屑研之乃可食。”俞正燮亦引神仙家食玉之说为证。第二，含玉说。惠士奇曰：“食玉，掌于玉府，而不掌于膳夫，则玉非可食之物甚明。”他又以《左传》成公十七年所载声伯梦到有人“与己琼瑰食之”而惧怕死亡为说，指出食玉如同死人含玉之象。第三，以玉饰食器说。曾钊认为《玉府》经文不同于方书中食玉之法，王斋戒变食亦变器，食玉当指用膳有饰玉之器。孙诒让从其说，指出“先郑说盖据汉时神仙服食家言”[4]。

现代学者仍有认同二郑之说者。裘锡圭认为“所以要食玉，应该是由于玉的精多”，只是“御水气的说法恐怕是后起的”[5]。叶舒宪批评孙诒让“不相信食玉神话的真实性”[6]。不过他误解了孙氏，没有注意到孙氏的一句话：“《楚辞·离骚》云：‘精琼靡以为粻。’王注：‘精，凿也。靡，屑也。’精凿玉屑以为储粮，是古有食玉屑之法。”[7]所以孙氏只是认为《玉

1 （清）阮元校刻：《十三经注疏》（下册），北京：中华书局，1980 年，第 1393 页。
2 （清）段玉裁：《说文解字注》，北京：中华书局，2013 年，第 5 页。
3 （清）孙诒让：《周礼正义》（第 2 册），北京：中华书局，1987 年，第 456 页。
4 （清）孙诒让：《周礼正义》（第 2 册），北京：中华书局，1987 年，第 456–457 页。
5 裘锡圭：《稷下道家精气说的研究》，《裘锡圭学术文集：古代历史、思想、民俗卷》，上海：复旦大学出版社，2012 年，第 298 页。
6 叶舒宪：《食玉信仰与西部神话的建构》，《寻根》2008 年第 4 期。
7 （清）孙诒让：《周礼正义》（第 2 册），北京：中华书局，1987 年，第 456 页。刘师培据此而从郑司农说，参见刘师培：《周礼古注集疏》，《清经解三编》（第 7 册），刘晓东、杜泽逊编，济南：齐鲁书社，2011 年，第 647 页。

府》所言不是食用玉屑。张明娜也赞同食用玉屑说，认为食玉可以在生理上抵御水气，心理上则有增加德行之效。[1]确如孙诒让的看法，二郑的观点受到了汉代神仙信仰的影响，如果我们再考虑到郑玄注《周礼》时的纬书成分[2]，更不难理解这种倾向。对于第二、第三种观点，学者的解释与“食玉”二字联系起来颇显牵强。

这里试着提出一种新的解释——“食玉”是《周礼》天子宗庙祭祀所用礼神之玉的统称。裘锡圭提到在《尚书》《国语》《墨子》《管子》等文献中，祭祀鬼神或者鬼神飨祭祀都可以叫作“食”[3]。如果按照这一说法，《玉府》中“食玉”的意思就是祭祀所用的礼神之玉。天子宗庙祭祀前，玉府在王斋戒时备置礼神之玉，于义可通。据《礼记·曲礼下》，祭祀时这些玉统称为“嘉玉”。郑玄注：“嘉，善也。”[4]这是对礼神之玉的溢美之辞。

进献玉的时间，郑玄说奏乐致神后“礼之以玉而祼焉”[5]，则《周礼》天子宗庙祭祀进献礼神之玉在作乐致神之后。

2. 币帛

《周礼》天子宗庙祭祀中所用礼神币帛是指帛和皮。《肆师》：“立大祀，用玉帛牲牷；立次祀，用牲币。”[6]《大宰》载祭祀五帝：“及祀之日，

1 张明娜：《先秦斋戒礼研究》，博士学位论文，台北：台湾大学中国文学系，2010 年，第 194-198 页。

2 《四库全书总目提要》之《周礼注疏》条曰：“玄于三《礼》之学，本为专门，故所释特精。惟好引纬书，是其一短。”参见（清）纪昀总纂：《四库全书总目提要》（第 1 册），石家庄：河北人民出版社，2000 年，第 503 页。杨天宇和吕凯也有相关论述，参见杨天宇：《郑玄三礼注研究》，天津：天津人民出版社，2007 年，第 203-206 页；吕凯：《郑玄之谶纬学》，台北：台湾商务印书馆股份有限公司，2011 年。

3 裘锡圭：《读书札记九则》，《裘锡圭学术文集：语言文字与古文献卷》，上海：复旦大学出版社，2012 年，第 390-391 页。

4 （清）阮元校刻：《十三经注疏》（上册），北京：中华书局，1980 年，第 1269 页。

5 （清）孙诒让：《周礼正义》（第 7 册），北京：中华书局，1987 年，第 1757 页。

6 （清）孙诒让：《周礼正义》（第 6 册），北京：中华书局，1987 年，第 1465 页。

赞玉、币、爵之事。”郑玄注：“玉、币，所以礼神。玉与币各如其方之色。”[1]说明玉、币分指二物。《肆师》中玉、币对文，自然相异。《大宗伯》：“以苍璧礼天，以黄琮礼地，以青圭礼东方，以赤璋礼南方，以白琥礼西方，以玄璜礼北方，皆有牲币，各放其器之色”[2]。则礼天地四方（方明）时，牲、币为二物。从《肆师》既言“牲币”又言“牲”来看，牲、币显系二物。因此，《肆师》所谓次祀用币，逊于大祀所用玉帛。《礼记·曾子问》载孔子曰：“天子诸侯将出，必以币帛、皮、圭告于祖祢。”[3]则《肆师》中的“币”包括帛。郑玄曰：“皮帛者，束帛而表以皮为饰。”[4]表明皮是用来包裹帛的。

礼神之皮为虎豹皮。《周礼·春官·大宗伯》载相见礼：“孤执皮帛。”郑玄注：“皮，虎豹皮。”[5]《小行人》载诸侯进献王后：“璋以皮。”郑玄注：“皮，虎豹皮也。”[6]天子宗庙祭祀用皮当与此类似。

礼神之帛的颜色为赤黑色和赤黄色。《周礼·春官·大宗伯》：“孤执皮帛。”郑玄注：“帛，如今璧色缯也。”孙诒让曰：“凡璧以白为贵，汉之璧色缯即白色也。”[7]《肆师》中的“帛”郑玄无注。《仪礼·聘礼》：“释币制玄纁束。”[8]《既夕礼》：“赠用制币玄纁束。”[9]可知吉凶之礼所用的帛为玄纁二色，即将帛染成赤黑色和赤黄色。[10]郑玄曰：“玄纁者，

1 （清）孙诒让：《周礼正义》（第 1 册），北京：中华书局，1987 年，第 146 页。
2 （清）孙诒让：《周礼正义》（第 5 册），北京：中华书局，1987 年，第 1390–1398 页。
3 （清）阮元校刻：《十三经注疏》（下册），北京：中华书局，1980 年，第 1393 页。
4 （清）孙诒让：《周礼正义》（第 5 册），北京：中华书局，1987 年，第 1384 页。
5 （清）孙诒让：《周礼正义》（第 5 册），北京：中华书局，1987 年，第 1384 页。
6 （清）孙诒让：《周礼正义》（第 12 册），北京：中华书局，1987 年，第 3001 页。
7 （清）孙诒让：《周礼正义》（第 5 册），北京：中华书局，1987 年，第 1384–1385 页。
8 （清）阮元校刻：《十三经注疏》（上册），北京：中华书局，1980 年，第 1047 页。
9 （清）阮元校刻：《十三经注疏》（上册），北京：中华书局，1980 年，第 1156 页。
10 肖世孟认为“周代染玄色的礼服颜色应该是一种带有赤色的黑色，而不是完全的黑色”，纁“应该是介于正色赤和正色黄之间的橙红色”。参见肖世孟：《先秦色彩研究》，博士学位论文，武汉：武汉大学文学院，2011 年，第 148、94 页。

天地之色。”[1]又言聘礼中告祭宗庙的用帛数目曰：“玄居三，纁居二。”贾公彦谓此“象天三覆地二也”[2]。这是古人法天地的思维方式在用帛上的反映。

《周礼》天子宗庙祭祀用币的时间在告神杀牲时。《礼记·礼器》：“太庙之内敬矣！君亲牵牲，大夫赞币而从。”郑玄注：“纳牲于庭时也，当用币告神而杀牲。”[3]诸侯宗庙祭祀用礼神之币是在告神杀牲时，天子宗庙祭祀亦当放此。

《周礼》天子宗庙祭祀礼神用帛也可得到考古材料的印证。湖北江陵出土九店楚简第六组简记载祭祀兵死者武[illegible]神，要用到一种名为“[illegible][illegible]”的祭品。[4]此外湖南马王堆一号汉墓出土遣策有“合青笥二合，盛聂敝（币）”的记录，其中青笥指该墓出土的337、346两件竹笥，竹笥上所系木牌分别写有“缯聂币笥”和“麻布聂币笥”，“聂币”即竹笥内盛放的成串的丝织品碎片。[5]李家浩认为九店楚简中的“[illegible][illegible]”即马王堆一号汉墓的“聂币”，与《周礼》等文献中币用于祭祀的记载是一致的。[6]1982年湖北江陵马山一号楚墓出土了一箱丝织品碎片，周世荣推测它们也是“聂币”，或称为“帛币”[7]。

《周礼》天子宗庙祭祀使用币帛作为礼神之物，表面上是供给祖先衣

1　（清）孙诒让：《周礼正义》（第2册），北京：中华书局，1987年，第603页。
2　（清）阮元校刻：《十三经注疏》（上册），北京：中华书局，1980年，第1047页。
3　（清）阮元校刻：《十三经注疏》（下册），北京：中华书局，1980年，第1441页。
4　湖北省文物考古研究所、北京大学中文系编：《九店楚简》，北京：中华书局，2000年，第50页。
5　湖南省博物馆、中国科学院考古研究所编：《长沙马王堆一号汉墓》（上集），北京：文物出版社，1973年，第152页。
6　湖北省文物考古研究所、北京大学中文系编：《九店楚简》，北京：中华书局，2000年，第108页。
7　周世荣：《马王堆汉墓“聂币”与江陵马山一号楚墓“帛币”考》，《古文字研究》（第21辑），2001年。

料，[1]实际上表达的是对祖先的诚信之情。《左传》庄公十年载鲁庄公载："牺牲、玉帛，弗敢加也，必以信。"[2]郑玄曰："币，人所造成，以自覆币（蔽），谓束帛也。爱之斯欲衣食之，君子之情也，是以享用币，所以副忠信。"[3]币帛是君子用来表达忠诚信用之义的，祭祀中使用它作为礼神之物，正是为了承载这种情感。

（七）宝物

《周礼》载天子宗庙祭祀时会将国家的各种宝物展现出来，这些宝物包括国家传世之宝和征伐叛国所获之器。

1. 国家传世之宝

《周礼》中的国家传世之宝包括玉镇和大宝器。《天府》："掌祖庙之守藏与其禁令。"郑玄注："祖庙，始祖后稷之庙。其宝物世传守之。"[4]始祖后稷之庙储藏有国家的传世之宝。《天府》又曰："凡国之玉镇、大宝器，藏焉。若有大祭、大丧，则出而陈之；既事，藏之。"郑玄注："玉镇、大宝器，玉瑞玉器之美者，禘祫及大丧，陈之以华国也。"[5]贾公彦曰："此云玉镇即《大宗伯》云'以玉作六瑞'，镇圭之属即此宝镇也。彼又云'以玉作六器'，苍璧礼天之属即此宝器也。"[6]《大宗伯》："以玉作六瑞，以等邦国，王执镇圭，公执桓圭，侯执信圭，伯执躬圭，子执谷璧，男执蒲璧。"[7]"以玉作六器，以礼天地四方，以苍璧礼天，以黄琮礼地，以青

---

1 詹鄞鑫：《神灵与祭祀——中国传统宗教综论》，南京：江苏古籍出版社，1992 年，第 226 页。
2 杨伯峻编著：《春秋左传注》（第 1 册），北京：中华书局，1990 年，第 182 页。
3 （清）阮元校刻：《十三经注疏》（上册），北京：中华书局，1980 年，第 1074 页。
4 （清）孙诒让：《周礼正义》（第 6 册），北京：中华书局，1987 年，第 1564 页。
5 （清）孙诒让：《周礼正义》（第 6 册），北京：中华书局，1987 年，第 1564 页。
6 （清）孙诒让：《周礼正义》（第 6 册），北京：中华书局，1987 年，第 1565 页。
7 （清）孙诒让：《周礼正义》（第 5 册），北京：中华书局，1987 年，第 1380-1383 页。

圭礼东方，以赤璋礼南方，以白琥礼西方，以玄璜礼北方。”[1]需要指出的是，只有藏于祖庙之中的传世六瑞才用于展示，而王和公、侯、伯、子、男在祭祀仪式中各自随身所执的六瑞不在其中。

其他先秦文献也有一些祭祀时展示宝物的记载，可以补充《周礼》的内容。《逸周书·世俘》载周武王伐纣后祭祀先祖有两次陈玉之礼，分别为“壬子，王服衮衣，矢琰，格庙”和癸丑之日“王矢琰”[2]。孔晁曰：“矢，陈也。”[3]“琰”即琰圭。《考工记·玉人》：“琰圭九寸。”[4]《尚书·顾命下》在叙述周成王死后长子钊的即位大典时（其中有祭祀先王的仪节），详细罗列了周王室在路寝陈列宝器的状况：“越玉五重、陈宝、赤刀、大训、弘璧、琬琰，在西序。大玉、夷玉、天球、河图，在东序。胤之舞衣、大贝、鼖鼓，在西房。兑之戈、和之弓、垂之竹矢，在东房。”总计十六种，其中安放在西序和东序（西墙前和东墙前）的宝物全都是玉器（包括陈宝和河图），安放在西房和东房的是能工巧匠制作的各种器物。[5]因“在物者莫明于珠玉”[6]，所以玉在所陈列宝物中占有很大的比例。大宝龟

1 （清）孙诒让：《周礼正义》（第5册），北京：中华书局，1987年，第1389–1390页。夏鼐认为：“（《周礼》中）各种玉器的定名和用途，是编撰者将先秦古籍记载和口头流传的玉器名称和它们的用途收集在一起；再在有些器名前加上形容词使成为专名；然后把它们分配到礼仪中的各种用途去。这些用途，有的可能有根据，有的是依据字义和儒家理想，硬派用途。这样他们便把器名和用途，增减排比，使之系统化了。”参见夏鼐：《商代玉器的分类、定名和用途》，《考古》1983年第5期。吴十洲也根据考古材料指出：“‘六器’之说很可能晚出。将分散的不同功用的玉器汇合为一的做法，显然寄予了作者对祭祀分散神祇的一种超越，体现了建立统一的专制王权国家的意愿。”参见吴十洲：《两周礼器制度研究》，台北：五南图书出版公司、中华发展基金管理委员会，2004年，第203页。

2 黄怀信、张懋镕、田旭东撰，李学勤审定：《逸周书汇校集注》（上册），上海：上海古籍出版社，1995年，第451–452页。

3 黄怀信、张懋镕、田旭东撰，李学勤审定：《逸周书汇校集注》（上册），上海：上海古籍出版社，1995年，第448页。

4 （清）孙诒让：《周礼正义》（第14册），北京：中华书局，1987年，第3334页。

5 顾颉刚、刘起釪：《尚书校释译论》（第4册），北京：中华书局，2005年，第1737、1864页。

6 （清）王先谦撰，沈啸寰、王星贤点校：《荀子集解》（下册），北京：中华书局，2013年，第374页。

也应属于宝物的范畴。《礼记·礼器》言大祭先王时“龟为前列”[1]，对龟的重视程度可见一斑。龟的寿命很长，具有很大的神力，常用于占卜。《尚书·大诰》载周公曰：“文王遗我大宝龟绍天明。”通过大宝龟可以卜问天的意旨。[2]孙希旦亦曰：“以龟为宝者，龟之大者尤神，君自宝之，以占国之大事。”[3]

世界上其他民族也有类似宝物，在这些民族的观念中，它们与《周礼》中国家传世之宝的功能基本相同。美国文化人类学家基辛（R.Keesing）提到西非的阿善提（Ashanti）王国有一样神圣的宝物——金凳：

> 西非阿善提（Ashanti）王国最神圣的象征是金凳，一位大巫师曾宣称它包容着阿善提民族的灵魂，并警告说‘它包容着他们的权力、光荣与福祉，如果被夺取或毁坏，则国家亦将瓦解’。金凳从来不曾有人坐，也不接触地面；只有在盛大的仪式中阿善提王才祈示它的神力。[4]

当1910年英国总督向阿善提王国提出索取金凳的要求时，阿善提作出了十分强烈的反应，在一周之内就向英国开战了。[5]如此看来，金凳对于阿善提王国来说是多么重要，在受到威胁时，他们可以用生命来保护它。

---

1 （清）阮元校刻：《十三经注疏》（下册），北京：中华书局，1980年，第1442页。

2 顾颉刚、刘起釪：《尚书校释译论》（第3册），北京：中华书局，2005年，第1266-1267页。

3 （清）孙希旦撰，沈啸寰、王星贤点校：《礼记集解》（中册），北京：中华书局，1989年，第629页。

4 ［美］基辛（R.Keesing）著，陈其南校订，张恭启、于嘉云合译：《人类学与当代世界》，台北：巨流图书有限公司，2005年，第59页。

5 ［美］基辛（R.Keesing）著，陈其南校订，张恭启、于嘉云合译：《人类学与当代世界》，台北：巨流图书有限公司，2005年，第60页。

2. 征伐叛国所获之器

《周礼》中征伐叛国所获之器称为庸器。《典庸器》："掌藏乐器、庸器。及祭祀，帅其属而设筍虡，陈庸器。"[1] 郑玄注："庸器，伐国所获之器，若崇鼎、贯鼎及以其兵物所铸铭也。"[2] 也就是周王征伐崇国、贯国等叛乱之国后俘获的各种宝物。它们原本是这些国家政权的象征，后作为战利品而被视为周王室的重器。《礼记·明堂位》载"崇鼎、贯鼎"为"天子之器"[3]，即郑玄所言俘获宝鼎之事。对王室来说，重器之最，莫过于九鼎，它是夏、商、周三代的镇国之宝。《逸周书·世俘》载周武王曾向天宗上帝进献"殷王鼎"[4]。《左传》桓公二年载："武王克商，迁九鼎于雒邑。"[5] 迁鼎之变，意味着权力中心的转移。又《左传》宣公三年载楚庄王观兵周疆，向周人王孙满询问周室所藏九鼎的大小轻重，王孙满回溯了九鼎的迁传历史，以"周德虽衰，天命未改。鼎之轻重，未可问也"予以坚决回绝。[6] 他将九鼎与天命相联系，由此可见，在时人心目当中，它象征着至高无上的王权。[7]《左传》襄公十九年所载鲁国季武子"以所得于齐之兵作林钟，而铭鲁功焉"，为所获兵器铸器铭功之事。[8]《孟子·梁惠王下》载孟子劝诫齐宣王不要重创燕国时说："若杀其父兄，系累其子弟，毁其宗庙，迁其重器，如之何其可也？"[9] 也同样涉及这类问题。

---

1 （清）孙诒让：《周礼正义》（第 7 册），北京：中华书局，1987 年，第 1921 页。

2 （清）孙诒让：《周礼正义》（第 7 册），北京：中华书局，1987 年，第 1921 页。

3 （清）阮元校刻：《十三经注疏》（下册），北京：中华书局，1980 年，第 1491 页。

4 黄怀信、张懋镕、田旭东撰，李学勤审定：《逸周书汇校集注》（上册），上海：上海古籍出版社，1995 年，第 447 页。

5 杨伯峻编著：《春秋左传注》（第 1 册），北京：中华书局，1990 年，第 89 页。

6 杨伯峻编著：《春秋左传注》（第 2 册），北京：中华书局，1990 年，第 669–672 页。

7 陈维礼说："'九鼎'历来被认为是王权的象征，好像谁占有了它，谁就可以统治一切。这是被神化了。其实九鼎不过是武王掠夺财物中更其贵重的一部分，用来当作镇国之宝。"可备一说。参见陈维礼：《评"武王革命"》，《史学集刊》1987 年第 1 期。

8 杨伯峻编著：《春秋左传注》（第 3 册），北京：中华书局，1990 年，第 1047 页。

9 （清）阮元校刻：《十三经注疏》（下册），北京：中华书局，1980 年，第 2681 页。

《周礼》天子宗庙祭祀展示庸器，除了“华国”的目的外，更侧重于强调它们是祖先过去能力和功绩的明证。庸器作为一种战利品，它的展现意味着永远确立了已经取得的战争优势。这方面在古人阐述以所获兵器铸器铭功的意义时体现得很清楚。《左传》宣公十二年载楚大夫潘党说：“臣闻克敌必示子孙，以无忘武功。”[1]《左传》襄公十九年所载臧武仲的解释更为明白：“大伐小，取其所得，以作彝器，铭其功烈，以示子孙，昭明德而惩无礼也。”[2]这些话语间充满了彰显明德和惩罚无礼的政治意图，同时也强调了垂范子孙以实现教化的目的。

天子宗庙祭祀中国家宝物是营造神圣氛围的重要因素。它们是祖先历史的见证者，是传家宝，曾经并将继续闪烁着耀眼的光辉，寄托着对于过去的深厚情感。不唯如此，它们在古人的观念中还有神秘的功能。《国语·楚语下》载楚国大夫王孙圉论国之宝曰：“玉足以庇荫嘉谷，使无水旱之灾，则宝之；龟足以宪臧否，则宝之；珠足以御火灾，则宝之；金足以御兵乱，则宝之。”[3]这些宝物被古人赋予了各种情感和神秘的功能，它们是天子权力的载体和象征，代表着政权的合理性。正因为它们是国之重器，平日绝不轻易示人，所以等到天子宗庙祭祀等重大场合一旦被陈列出来，便是一种难得的盛事。对于天子来说，这些宝物满足了他展示神圣权力的欲望；对于参加者来说，目睹它们也是一种莫大的荣幸。

（八）镇圭与大圭

1. 镇圭

镇圭是天子在宗庙祭祀中所执刻有山形文饰的玉器。《周礼·春官·大

---

1 杨伯峻编著：《春秋左传注》（第 2 册），北京：中华书局，1990 年，第 744 页。

2 杨伯峻编著：《春秋左传注》（第 3 册），北京：中华书局，1990 年，第 1047 页。

3 上海师范大学古籍整理研究所校点：《国语》，上海：上海古籍出版社，1998 年，第 581 页。

宗伯》："王执镇圭。"[1]《典瑞》："王晋大圭，执镇圭，缫藉五采五就，以朝日。"[2]《郑志》："祭天地宗庙亦执之。"[3]故孔颖达说天子"执镇圭以朝日及祭天地宗庙"[4]。郑玄曰："镇，安也，所以安四方。镇圭者，盖以四镇之山为瑑饰，圭长尺有二寸。"[5]"瑑，文饰也。"[6]王与之亦谓："山安静不动，明王者能镇安天下。"[7]镇圭是以天下著名的四镇之山为文饰，象征着天子安定天下四方。《职方氏》载九州有九镇，分别为东南扬州之会稽、正南荆州之衡山、河南豫州之华山、正东青州之沂山、河东兖州之岱山、正西雍州之岳山、东北幽州之医无闾、河内冀州之霍山、正北并州之恒山。郑玄解释"四镇"取其四："四镇，山之重大者，谓扬州之会稽，青州之沂山，幽州之医无闾，冀州之霍山。"[8]其他五镇又总称为五岳。孙诒让曰："郑意此镇圭即瑑刻为山形，以山莫大于镇，故以为名，非谓必分象会稽等四山也。"[9]孙氏认为郑玄所言镇圭的文饰是依名义而推测，是有其道理的。

镇圭的形状为长一尺二寸宽三寸，顶端呈半圆形，以下为长方形。郑玄所言镇圭一尺二寸的长度，能得到其他文献的印证。《考工记·玉人》："镇圭尺有二寸，天子守之。"[10]《尔雅·释器》："珪大尺二寸谓之玠。"[11]戴震和孙诒让认为也是就镇圭而言。[12]镇圭的长度是有特定内涵的。《三礼义宗》：

1（清）孙诒让：《周礼正义》（第5册），北京：中华书局，1987年，第1380页。
2（清）孙诒让：《周礼正义》（第6册），北京：中华书局，1987年，第1574页。
3（清）孙诒让：《周礼正义》（第5册），北京：中华书局，1987年，第1380页。
4（清）阮元校刻：《十三经注疏》（上册），北京：中华书局，1980年，第1256页。
5（清）孙诒让：《周礼正义》（第5册），北京：中华书局，1987年，第1380页。
6（清）孙诒让：《周礼正义》（第14册），北京：中华书局，1987年，第3342页。
7（宋）王与之：《周礼订义》，（清）纳兰性德辑：《通志堂经解》（第11册），南京：江苏广陵古籍刻印社，1996年，第651页。
8（清）孙诒让：《周礼正义》（第10册），北京：中华书局，1987年，第1786页。
9（清）孙诒让：《周礼正义》（第5册），北京：中华书局，1987年，第1380页。
10（清）孙诒让：《周礼正义》（第14册），北京：中华书局，1987年，第3323页。
11（清）阮元校刻：《十三经注疏》（下册），北京：中华书局，1980年，第2601页。
12（清）孙诒让：《周礼正义》（第14册），北京：中华书局，1987年，第3323页。

“天子大圭尺有二寸者，法十二辰也。”[1]镇圭的宽度，贾公彦说为“广三寸”。[2]《考工记·玉人》：“大琮十有二寸，射四寸，厚寸，是谓内镇，宗后守之。”郑玄注：“如王之镇圭。”[3]则镇圭的厚度也是一寸。《说文》：“圭，瑞玉也，上圆下方。”[4]根据《新定三礼图》，镇圭的顶端呈半圆形，以下为长方形。[5]夏鼐结合文献与考古实物指出圭呈扁平长条形，“下端平直，上端作等边三角形”，当“把尖端削去，形成弧形，并非正圆”[6]，这一看法已经得到了学界的普遍接受[7]，可作为镇圭形制的参考。

镇圭的质地为纯玉。《考工记·玉人》：“天子用全。”郑司农注：“全，纯色也。”郑玄注：“全，纯玉也。”[8]贾公彦认为二郑之说无别，但孙诒让指出郑司农谓“玉色粹一”，强调颜色纯一，郑玄之意则是“不参以石”，强调玉质纯一。他继续解释说：“玉杂者，虽同色，而质必微异。”“玉全则不必色全。”[9]《说文·入部》：“纯玉曰全。”[10]当以郑玄说为优。

缫藉是用于承放镇圭的衬垫。《周礼·春官·典瑞》：“执镇圭，缫藉五采五就。”郑玄注：“缫有五采文，所以荐玉，木为中干，用韦衣而画之。”郑司农注：“就，成也。”“缫读为‘藻率’之藻。五就，五帀也。一帀为一就。”[11]《典瑞》：“掌玉瑞、玉器之藏，辨其名物与其用事，设其

1 （清）孙诒让：《周礼正义》（第 14 册），北京：中华书局，1987 年，第 3323 页。
2 （清）孙诒让：《周礼正义》（第 6 册），北京：中华书局，1987 年，第 1575 页。
3 （清）孙诒让：《周礼正义》（第 14 册），北京：中华书局，1987 年，第 3344 页。
4 （清）段玉裁：《说文解字注》，北京：中华书局，2013 年，第 700 页。
5 （宋）聂崇义纂辑，丁鼎点校、解说：《新定三礼图》，北京：清华大学出版社，2006 年，第 295 页。
6 夏鼐：《商代玉器的分类、定名和用途》，《考古》1983 年第 5 期。
7 孙庆伟：《出土资料所见的西周礼仪用玉》，《南方文物》2007 年第 1 期。
8 （清）孙诒让：《周礼正义》（第 14 册），北京：中华书局，1987 年，第 3326 页。
9 （清）孙诒让：《周礼正义》（第 14 册），北京：中华书局，1987 年，第 3327–3328 页。
10 （清）段玉裁：《说文解字注》，北京：中华书局，2013 年，第 226 页。
11 （清）孙诒让：《周礼正义》（第 6 册），北京：中华书局，1987 年，第 1574 页。

服饰。”郑玄注：“服饰，服玉之饰，谓缫藉。”[1]郑玄曰：“杂采曰缫。”[2]“藉犹荐也。”[3]故孙诒让曰：“据画采言之谓之缫，据荐玉言之谓之藉，其实一也。”[4]则缫藉系画有五色文饰的衬垫，镇玉置于其上。孔颖达曰：“凡言五采者，皆谓玄黄朱白苍”。[5]《左传》桓公二年载：“藻率鞞鞛。”杜注：“藻率以韦为之，所以藉玉也。”[6]按杜意，藻率即缫藉。郑玄、杜预所言“韦”是软皮，郑玄所言“木”指木版。郑玄曰：“缫藉，以五采韦衣版，若奠玉，则以藉之。”[7]《仪礼·觐礼》：“瑞玉有缫。”郑玄注：“缫所以藉玉，以韦衣木，广袤各如其玉（圭）之大小。”[8]所以贾公彦曰：“镇圭尺二寸，广三寸，则此木版亦长尺二寸，广三寸，与玉同。然后用韦衣之，乃于韦上画之。”[9]也就是说，镇圭的缫藉是以画有玄、黄、朱、白、苍五色的软皮套上木版而成，大小与镇圭完全一样。

“五就”是指缫藉上的五处文饰。郑司农所谓“就，成也”，“五就，五帀也。一帀为一就”，是说缫藉每一处都画有五采，共有五处，称为五就。《说文·帀部》：“帀，徧也。”段注：“古多假杂为帀。”[10]“帀”字当为郑玄所言“杂采曰缫”之“杂”[11]，是会合五色之义。郑玄曰：“采色一成曰就。”[12]“每一处五采备为一就，就，成也。”[13]孙诒让曰：“成者犹备也。谓众

1 （清）孙诒让：《周礼正义》（第 6 册），北京：中华书局，1987 年，第 1573 页。
2 （清）阮元校刻：《十三经注疏》（上册），北京：中华书局，1980 年，第 1072 页。
3 （清）阮元校刻：《十三经注疏》（上册），北京：中华书局，1980 年，第 1167 页。
4 （清）孙诒让：《周礼正义》（第 6 册），北京：中华书局，1987 年，第 1574–1575 页。
5 （清）阮元校刻：《十三经注疏》（下册），北京：中华书局，1980 年，第 1742 页。
6 （清）阮元校刻：《十三经注疏》（下册），北京：中华书局，1980 年，第 1742 页。
7 （清）孙诒让：《周礼正义》（第 12 册），北京：中华书局，1987 年，第 2953 页。
8 （清）阮元校刻：《十三经注疏》（上册），北京：中华书局，1980 年，第 1089 页。
9 （清）孙诒让：《周礼正义》（第 6 册），北京：中华书局，1987 年，第 1575 页。
10 （清）段玉裁：《说文解字注》，北京：中华书局，2013 年，第 275 页。
11 （清）阮元校刻：《十三经注疏》（上册），北京：中华书局，1980 年，第 1072 页。
12 （清）孙诒让：《周礼正义》（第 2 册），北京：中华书局，1987 年，第 573 页。
13 （清）孙诒让：《周礼正义》（第 12 册），北京：中华书局，1987 年，第 2953 页。

采等列相间全备，是谓一就，此就据画韦而言。”[1]这都是对郑司农说的进一步阐发。熊安生曰：“五采五就者，采别二行为一就，故五就也。”[2]贾公彦曰：“一采为一帀，五采为五帀，一帀为一就。”[3]熊、贾二氏的说法都是不对的，金榜和孙诒让等对此已有反驳。[4]

镇圭配有缫藉，用途有二。第一，保护镇圭的完好。郑玄曰：“所以荐玉，重慎也。”[5]孙诒让曰：“凡玉有缫者，为拜时奠之，备毁伤。”[6]第二，增加美观。林尹说：“玉置其上，盖增美观并防毁损也。”[7]增加美观是文饰的应有之义。

镇圭中间还缠有丝带。《考工记 · 玉人》：“天子圭中必。”郑玄注：“谓以组约其中央，为执之以备失坠。”[8]这是说圭的中间有丝带约束，以防止其坠落。

2. 大圭

大圭是指王插在腰带之间的玉笏。《周礼 · 春官 · 典瑞》：“王晋大圭，执镇圭，缫藉五采五就，以朝日。”郑司农注：“晋读为‘搢绅’之搢，谓插之于绅带之间，若带剑也。”[9]大圭是插在王腰带之间的，犹如佩剑一般。朝日即祭日。《管子 · 轻重己》载天子“搢玉揔（笏）”以祭日[10]，可知大圭与玉笏异名而同实。孙诒让指出：“凡王内外大小

1 （清）孙诒让：《周礼正义》（第 6 册），北京：中华书局，1987 年，第 1576 页。
2 （清）阮元校刻：《十三经注疏》（上册），北京：中华书局，1980 年，第 1256 页。
3 （清）孙诒让：《周礼正义》（第 6 册），北京：中华书局，1987 年，第 1580 页。
4 （清）孙诒让：《周礼正义》（第 6 册），北京：中华书局，1987 年，第 1581 页。
5 （清）阮元校刻：《十三经注疏》（上册），北京：中华书局，1980 年，第 1072 页。
6 （清）孙诒让：《周礼正义》（第 6 册），北京：中华书局，1987 年，第 1574 页。
7 林尹：《周礼今注今译》，北京：书目文献出版社，1985 年，第 217 页。
8 （清）孙诒让：《周礼正义》（第 14 册），北京：中华书局，1987 年，第 3329 页。
9 （清）孙诒让：《周礼正义》（第 6 册），北京：中华书局，1987 年，第 1574 页。
10 黎翔凤：《管子校注》（下册），北京：中华书局，2004 年，第 1529 页。

祭祀，盖皆搢大圭执镇圭。”[1] 则天子在宗庙祭祀中也会用到大圭。《礼记 · 玉藻》：“入大庙说笏，非古也。”郑玄注：“大庙之中，唯君当事说笏也。”[2]“说”在这里是脱下的意思，表明笏有搢、脱两种状态。这是天子宗庙祭祀用笏之证。

大圭的形状为长三尺宽三寸，近首之处呈尖形，最上面有一方首。《考工记 · 玉人》：“大圭长三尺，杼上，终葵首。”郑玄注：“王所搢大圭也，或谓之珽。终葵，椎也。为椎于其杼上，明无所屈也。杼，杀也。《相玉书》曰：‘珽玉六寸，明自炤。’”[3] 郑玄曰：“大圭，长三尺，杼上，终葵首。终葵首者，于杼上又广其首，方如椎头，是谓无所屈，后则恒直。”[4] 根据郑玄之说，大圭长为三尺，在近首之处宽度逐渐削减，呈尖形，最上面有一方首。孙诒让说郑玄所引《相玉书》“珽玉六寸”是“证大圭首六寸，名珽，自杀以下二尺四寸也”[5]。也就是说，大圭最上面的方首长为六寸，以下共长二尺四寸。就宽度而言，《礼记 · 玉藻》言笏“其中博三寸，其杀六分而去一”[6]。这是说笏宽为三寸，近方首的宽度减去了六分之一，剩下二寸半。用戴震的话说就是：“凡笏广三寸，杀半寸，自中已上渐杀，笏上广二寸半也。”孙诒让曰：“杼之近首者广二寸半，首与后同广三寸。”[7] 与戴说是一致的。

大圭的质地为纯玉。《礼记 · 玉藻》：“笏，天子以球玉。”郑玄注：“球，美玉也。”[8] 是大圭用美玉制成。《考工记 · 玉人》：“天子用全。”[9] 可知

1 （清）孙诒让：《周礼正义》（第 6 册），北京：中华书局，1987 年，第 1574 页。
2 （清）阮元校刻：《十三经注疏》（下册），北京：中华书局，1980 年，第 1480 页。
3 （清）孙诒让：《周礼正义》（第 14 册），北京：中华书局，1987 年，第 3330 页。
4 （清）阮元校刻：《十三经注疏》（下册），北京：中华书局，1980 年，第 1475 页。
5 （清）孙诒让：《周礼正义》（第 14 册），北京：中华书局，1987 年，第 3332 页。
6 （清）阮元校刻：《十三经注疏》（下册），北京：中华书局，1980 年，第 1480 页。
7 （清）孙诒让：《周礼正义》（第 14 册），北京：中华书局，1987 年，第 3332 页。
8 （清）阮元校刻：《十三经注疏》（下册），北京：中华书局，1980 年，第 1480 页。
9 （清）孙诒让：《周礼正义》（第 14 册），北京：中华书局，1987 年，第 3326 页。

大圭同镇圭一样，也是玉质纯一。

大圭的寓意有二。第一，取方正忠实之义。《礼记·玉藻》："天子搢珽，方正于天下也。"孔疏："方正于天下也者，言珽然无所诎，示己之端平正直而布于天下。"[1]《新定三礼图》："玉体瑜不掩瑕，瑕不掩瑜，善恶露见，是其忠实，故云'明自炤'也。故君子于玉比德焉，言其忠实也。"[2]第二，取质朴之义。《礼记·郊特牲》："大圭不琢，美其质也。"[3]《礼器》说"大圭不琢"是以素为贵。郑玄注："琢当为篆字之误也。"[4]孙诒让没有改字，他说："盖谓纯素无文，与镇圭有瑑异也。"[5]二说虽然小异，但认为大圭无饰却是一致的。

《周礼·春官·典瑞》："王晋大圭，执镇圭，缫藉五采五就。"[6]可知大圭的缫藉和中间丝带与镇圭相同。

（九）布巾

《周礼》中天子宗庙祭祀使用的布巾主要有三类：一是用于覆盖器具的疏布巾和画布巾；二是供尸饮食时擦拭的道布；三是用作屏风的黼依和盥洗用的盥巾。

1. 覆盖之巾

《周礼·天官·幂人》："掌共巾幂。"郑玄注："共巾可以覆物。"[7]"以巾覆物曰幂。"[8]则用于覆盖的布巾称为巾幂。《国语·周语中》："净其巾

1 （清）阮元校刻：《十三经注疏》（下册），北京：中华书局，1980年，第1475页。
2 （宋）聂崇义纂辑，丁鼎点校、解说：《新定三礼图》，北京：清华大学出版社，2006年，第291页。
3 （清）阮元校刻：《十三经注疏》（下册），北京：中华书局，1980年，第1455页。
4 （清）阮元校刻：《十三经注疏》（下册），北京：中华书局，1980年，第1433页。
5 （清）孙诒让：《周礼正义》（第14册），北京：中华书局，1987年，第3330页。
6 （清）孙诒让：《周礼正义》（第6册），北京：中华书局，1987年，第1574页。
7 （清）孙诒让：《周礼正义》（第2册），北京：中华书局，1987年，第414页。
8 （清）孙诒让：《周礼正义》（第1册），北京：中华书局，1987年，第37页。

幂。”[1] 即指此物。

（1）疏布巾

疏布巾是用来覆盖酒尊的粗布巾。《周礼 · 天官 · 幂人》：“以疏布巾幂八尊。”郑玄注：“以疏布者，天地之神尚质。”[2]疏布即粗布。《礼记 · 郊特牲》：“疏布之尚，反女功之始也。”[3] 因为《礼记 · 礼运》载宗庙祭祀“疏布以幂”，与郑说矛盾，所以孔颖达有“此盖记者杂陈夏殷诸侯之礼”的弥缝之说。[4] 孔说证据不足，难以令人信服。其实周礼有横向等差和纵向变迁，不应强求整齐划一。贾公彦认为疏布巾为七升的大功布。古代布的疏密以升为单位，八十缕为一升，大功布是加工成的细布。孙诒让则认为疏布巾不是大功布，而是六升之布。[5] 其说论证严密，是可以信据的。

《新定三礼图》说疏布巾的尺寸和形状为“二尺二寸之幅而圆”，并推断其用料为絺和绤。[6]《说文 · 糸部》：“絺，细葛也。”“绤，粗葛也。”[7] 疏布巾是用细葛或粗葛制作而成的。

（2）画布巾

画布巾是用来覆盖酒彝的布巾，画有黑白相间的斧形花纹。《周礼 · 天官 · 幂人》：“以画布巾幂六彝。”郑玄注：“宗庙可以文。画者，画其云气与？”[8] 画布巾覆盖的“六彝”，即《司尊彝》所载鸡彝、鸟彝、斝彝、黄彝、虎彝、蜼彝。贾疏：“此举六彝，对上经八尊无郁鬯，以言宗庙有

1 上海师范大学古籍整理研究所校点：《国语》，上海：上海古籍出版社，1998 年，第 62 页。
2 （清）孙诒让：《周礼正义》（第 2 册），北京：中华书局，1987 年，第 414 页。
3 （清）阮元校刻：《十三经注疏》（下册），北京：中华书局，1980 年，第 1455 页。
4 （清）阮元校刻：《十三经注疏》（下册），北京：中华书局，1980 年，第 1417 页。
5 （清）孙诒让：《周礼正义》（第 2 册），北京：中华书局，1987 年，第 414–415 页。
6 （宋）聂崇义纂辑，丁鼎点校、解说：《新定三礼图》，北京：清华大学出版社，2006 年，第 464 页。
7 （清）段玉裁：《说文解字注》，北京：中华书局，2013 年，第 666 页。
8 （清）孙诒让：《周礼正义》（第 2 册），北京：中华书局，1987 年，第 415 页。

郁鬯。”[1]郑玄认为宗庙可有文饰，这是与疏布巾主要用于天地祭祀相较而言。对于画布巾的云气文饰，郑玄是以推测态度来注解的。贾公彦曰：“三礼通礼，所言画者，解皆以为画云气，谓画为五色之云。俱无正文，故言‘与’以疑之。”王昭禹、黄以周则据下文“凡王巾，皆黼”，推测画布巾的文饰应为黼，而郑玄只认为“王巾”是王饮食覆物之巾。[2]不过经文既然言“凡”，则王所用巾的文饰皆为黼，祭祀亦在其列，故王、黄二氏说较长。《考工记·画缋》：“白与黑谓之黼。”[3]《尚书·益稷》伪《孔传》释“黼”曰：“黼若斧形。”孙炎指出：“黼文如斧形，盖半白半黑，似斧刃白而身黑。”[4]可见黼是一种黑白相间的斧形花纹。郑玄说黼意味着“周尚武”。贾公彦曰：“黼者，白与黑作斧文，取金斧断隔之义。周以武得天下，尚武，故用黼也。”[5]这也是一种象征手法的运用。

画布巾用十五升细麻布制作而成。《仪礼·燕礼》：“（公尊）幂用绤若锡。”[6]意谓幂以用锡为正，也会用到绤。《仪礼·丧服》：“锡者何也？麻之有锡者也。”郑玄注：“谓之锡者，治其布，使之滑易也。”[7]锡为质感柔滑的细麻布。郑玄认为有锡、绤之分是“冬夏异”的缘故。贾公彦曰：“夏宜用绤，冬宜用锡。”[8]黄以周曰：“凡尊幂，锡为上，絺次之，绤又次之。锡，布之细者也。絺，葛之细者也。《大射》‘幂用锡若絺’，《燕礼》‘幂用绤若锡’，惟君得用锡也。或絺或绤，亦惟其所用，上得兼下。郑以为冬夏之别，非其义也。《乡饮酒》《士昏》《特牲》皆用绤，是士以绤为正也。画布，为布之细者，即锡也。”[9]锡布的密度是很高的。《礼记·丧服》：

1 （清）孙诒让：《周礼正义》（第 2 册），北京：中华书局，1987 年，第 415 页。
2 （清）孙诒让：《周礼正义》（第 2 册），北京：中华书局，1987 年，第 416 页。
3 （清）孙诒让：《周礼正义》（第 13 册），北京：中华书局，1987 年，第 3306 页。
4 （清）阮元校刻：《十三经注疏》（上册），北京：中华书局，1980 年，第 141–142 页。
5 （清）孙诒让：《周礼正义》（第 2 册），北京：中华书局，1987 年，第 416 页。
6 （清）阮元校刻：《十三经注疏》（上册），北京：中华书局，1980 年，第 1015 页。
7 （清）阮元校刻：《十三经注疏》（上册），北京：中华书局，1980 年，第 1124 页。
8 （清）阮元校刻：《十三经注疏》（上册），北京：中华书局，1980 年，第 1015 页。
9 （清）孙诒让：《周礼正义》（第 2 册），北京：中华书局，1987 年，第 415–416 页。

“锡者十五升。”[1]段玉裁曰：“古者布十五升为最细。”[2]孙诒让认为十五升的锡布“精于功布，于差次亦正符合也”[3]。

画布巾为直径二尺二寸，外玄内纁的圆形布巾。《新定三礼图》：“旧《图》说笾巾云‘圆一幅’，则不言幅之广狭。《王制》孔疏云‘布幅广二尺二寸，帛幅广二尺四寸’，此画布当用二尺二寸之幅，而亦圆也。”[4]又说笾巾是“玄被纁里，圆一幅”[5]。孙诒让说画布巾为“用玄纁锡布一幅为巾而画之也”[6]。

2. 道布

《周礼》天子宗庙祭祀中的道布是供尸饮食时擦拭的新织麻布。《司巫》：“祭祀，则共匰主及道布及蒩馆。”杜子春注：“道布，新布三尺也。”郑玄注：“道布者，为神所设巾，《中霤礼》曰‘以功布为道布，属于几’也。”[7]道布是一种新织成的麻布，祭祀时被搭在几案上供神使用。由于尸代表祖先神灵饮食，所以实际上使用道布的是尸。林昌彝曰：“谓之道布，为道神故也。”[8]孙诒让曰：“生人有巾以自洁清，故祭祀时亦为神共之。”[9]其实两说不存在矛盾，可以兼备。其中孙说能够得到文化人类学材料的支持。北亚阿尔泰语系的楚瓦什人在祭祀祖先时，会“把食物和餐巾放在墓上”，并说道：“晚上起来吃饱，那儿有手帕可以擦嘴！”[10]据路

1 （清）阮元校刻：《十三经注疏》（上册），北京：中华书局，1980 年，第 1124 页。
2 （清）段玉裁：《说文解字注》，北京：中华书局，2013 年，第 667 页。
3 （清）孙诒让：《周礼正义》（第 2 册），北京：中华书局，1987 年，第 416 页。
4 （宋）聂崇义纂辑，丁鼎点校、解说：《新定三礼图》，北京：清华大学出版社，2006 年，第 451 页。
5 （宋）聂崇义纂辑，丁鼎点校、解说：《新定三礼图》，北京：清华大学出版社，2006 年，第 431 页。
6 （清）孙诒让：《周礼正义》（第 2 册），北京：中华书局，1987 年，第 415 页。
7 （清）孙诒让：《周礼正义》（第 8 册），北京：中华书局，1987 年，第 2066 页。
8 （清）林昌彝：《三礼通释》（第 2 册），海口：海南出版社，2010 年，第 155 页。
9 （清）孙诒让：《周礼正义》（第 8 册），北京：中华书局，1987 年，第 2069 页。
10 ［英］爱德华·泰勒著，连树声译：《原始文化》，上海：上海文艺出版社，1992 年，第 513 页。

易十四时代圣特·福伊克斯的记载，在法国国王死后的仪典中，“国王的蜡像供在宫廷中。宫臣们像对活人一样给他供饭。奴仆们铺上桌子，送上菜肴；司食长把餐巾递给在场的最高大臣再转给国王，主教授饮食。”[1]他们所用的餐巾就相当于《周礼》中的道布。

《周礼》天子宗庙祭祀中使用道布，是以生人的日常生活为模板而为祖先神灵备办用品的一个典型细节。胡新生指出道布不是摆设之物，而是特意为代表祖先的尸随时擦拭准备的。之所以由司巫来提供道布，是因为巫师经常使用或备有这类物品，时人认为它有辟除凶邪之气的功能。[2]根据顺势巫术的原理，道布可以为代表祖先神灵的尸擦拭污渍，自然也会给祖先神灵带来相应的洁净。这里遵循了接触律的原则，巫师经常使用道布，道布就沾染上了巫术色彩。因此尸在使用时就有赋予的法力，这种巫术功用与茅是颇为类似的。

3. 黼依与盥巾

《周礼》天子宗庙祭祀中的黼依是王位之后的屏风，盥巾是王、尸等行礼前的盥洗用巾。《典丝》：“凡祭祀，共黼画组就之物。”郑玄注：“以给衣服冕旒及依、盥巾之属。白与黑谓之黼。”[3]典丝为祭祀提供制作“黼画”的色丝。郑玄所谓“依”，是指黼依，“盥巾”即盥洗用巾。

黼依是王位之后的屏风。《周礼·春官·司几筵》：“凡大朝觐、大飨射，凡封国、命诸侯，王位设黼依。”郑玄注：“斧谓之黼，其绣白黑采，以绛帛为质。依，其制如屏风然。”[4]黼依是王位之后以赤色为底，饰有黑白斧形花纹的屏风。

---

1 ［英］爱德华·泰勒著，连树声译：《原始文化》，上海：上海文艺出版社，1992 年，第 515 页。

2 胡新生：《中国古代巫术》，北京：人民出版社，2010 年，第 212–213 页。

3 （清）孙诒让：《周礼正义》（第 2 册），北京：中华书局，1987 年，第 572 页。

4 （清）孙诒让：《周礼正义》（第 6 册），北京：中华书局，1987 年，第 1542 页。

盥巾是王、尸等行礼前的盥洗用巾。盥洗之事屡见于《周礼》。《郁人》："凡祼事，沃盥。"[1]《小祝》："大祭祀，逆齍盛，送逆尸，沃尸盥。"[2]《小臣》："大祭祀、朝觐，沃王盥。"[3]《御仆》："大祭祀，相盥而登。"[4]孙诒让曰："行礼时必澡手，使人奉匜盛水以浇沃之，而下以盘承其弃水也。"[5]洗手后必用巾擦手，《仪礼》多有这方面的记载。《特牲馈食礼》："尸盥，匜水实于盘中，箪巾在门内之右。""尸入门左，北面盥，宗人授巾。"[6]《少牢馈食礼》："小祝设盘匜与箪巾于西阶东。""尸入门左，宗人奉盘，东面于庭南；一宗人奉匜水，西面于盘东；一宗人奉箪巾，南面于盘北。乃沃尸，盥于盘上。卒盥，坐奠箪取巾。"[7]《士虞礼》："淳尸盥，宗人授巾。"郑玄注："淳，沃也。"[8]这些经文中提到的"箪"是指盛巾的竹器。

（十）玉几

《周礼》天子宗庙祭祀中所用的玉几是供祖先神灵凭依的器物。《大宰》："祀五帝，则掌百官之誓戒，与其具修。前期十日，帅执事而卜日，遂戒。及执事，视涤濯。及纳亨，赞王牲事。及祀之日，赞玉币爵之事。祀大神祇亦如之。享先王亦如之，赞玉几玉爵。"郑玄注："玉几所以依神。天子左右玉几。"[9]《仪礼·有司彻》："主人降，受宰几。""宰授几，主人受。"[10]这是在大夫祭礼中宰所行赞几之事，与《周礼》大宰"赞玉几"相类。《礼记·祭统》："铺筵设同几，为依神也。"[11]"同几"是说受祭者有

1 （清）孙诒让：《周礼正义》（第6册），北京：中华书局，1987年，第1492页。
2 （清）孙诒让：《周礼正义》（第8册），北京：中华书局，1987年，第2034页。
3 （清）孙诒让：《周礼正义》（第10册），北京：中华书局，1987年，第2512页。
4 （清）孙诒让：《周礼正义》（第10册），北京：中华书局，1987年，第2516页。
5 （清）孙诒让：《周礼正义》（第6册），北京：中华书局，1987年，第1492页。
6 （清）阮元校刻：《十三经注疏》（上册），北京：中华书局，1980年，第1181、1184页。
7 （清）阮元校刻：《十三经注疏》（上册），北京：中华书局，1980年，第1198、1201页。
8 （清）阮元校刻：《十三经注疏》（上册），北京：中华书局，1980年，第1168页。
9 （清）孙诒让：《周礼正义》（第1册），北京：中华书局，1987年，第134–148页。
10 （清）阮元校刻：《十三经注疏》（上册），北京：中华书局，1980年，第1207页。
11 （清）阮元校刻：《十三经注疏》（下册），北京：中华书局，1980年，第1605页。

妃配祭，不再特设他几。郑玄所谓“左右玉几”是左右各设一个玉几的意思。《司几筵》：“凡大朝觐、大飨射，凡封国、命诸侯，王位设黼依，依前南乡设莞筵纷纯，加缫席画纯，加次席黼纯，左右玉几。”[1]贾疏：“今此享先王鬼神之几，亦然与王平生同。”[2]《尚书·顾命》：“华玉仍几。”伪《孔传》：“华，彩色。华玉以饰凭几。”郑玄注：“华玉，五色玉也。”[3]孙诒让认为《司几筵》所载玉几是“以玉饰几”，即《顾命》以五色玉为饰的华玉几。[4]阮谌《图》说玉几的颜色曰：“两端赤，中央黑漆。”聂氏驳阮说曰：“《司几筵》掌五几：左右玉、雕、彤、漆、素，详五几之名，是无两端赤、中央黑漆矣，盖取彤、漆类而髤之也。”[5]认为几上全部涂以彤（赤色）、漆（黑色）之类材料。孙诒让沿其说。[6]

《周礼》天子宗庙祭祀有变几的制度。《司几筵》：“凡吉事变几。”郑司农注：“变几，变更其质，谓有饰也。”孙诒让曰：“有饰似谓就其木质，更加以雕刻。”[7]则“变几”是指变换不同雕刻样式的玉几。郑玄与郑司农的说法不同：“吉事，王祭宗庙，祼于室，馈食于堂，绎于祊，每事易几，神事文，示新之也。”[8]郑玄认为祼礼一几、馈食易几、绎祭又易几，变几只是使用新几以示洁净，而与木几的雕刻之饰无关。虽二郑对变几的理解有异，但总体上都是变易更新之意。

（十一）筵席

《周礼》天子宗庙祭祀中的筵席是为祖先神灵和王所设。《司几筵》：

---

1 （清）孙诒让：《周礼正义》（第6册），北京：中华书局，1987年，第1542页。
2 （清）孙诒让：《周礼正义》（第1册），北京：中华书局，1987年，第148页。
3 （清）阮元校刻：《十三经注疏》（上册），北京：中华书局，1980年，第239页。
4 （清）孙诒让：《周礼正义》（第6册），北京：中华书局，1987年，第1546页。
5 （宋）聂崇义纂辑，丁鼎点校、解说：《新定三礼图》，北京：清华大学出版社，2006年，第238页。
6 （清）孙诒让：《周礼正义》（第6册），北京：中华书局，1987年，第1542页。
7 （清）孙诒让：《周礼正义》（第6册），北京：中华书局，1987年，第1561页。
8 （清）孙诒让：《周礼正义》（第6册），北京：中华书局，1987年，第1561页。

“凡大朝觐、大飨射，凡封国、命诸侯，王位设黼依，依前南乡设莞筵纷纯，加缫席画纯，加次席黼纯，左右玉几。祀先王、昨席亦如之。”[1]对于经文所言“昨席”，二郑解释不同。郑司农注：“昨席，于主阶设席，王所坐也。”[2]孙诒让曰：“若飨礼，重，则当有阼席，故先郑据以为说。”[3]郑玄则曰：“‘昨’读曰‘酢’，谓祭祀及王受酢之席。”[4]认为是为王向尸献酒后接受尸回敬的酒时所设的席。贾公彦分析道：“此酢文承‘祀先王’下，即是祭礼受尸酢，不得为凡常饮酒礼，故后郑不从也。”[5]贾说是有道理的，经文中的“大飨”应该已经包含了郑司农的意思。因此，宗庙祭祀时，祖先神灵和王接受酢酒的用席与大朝觐等仪式一样，都是在黼依（王位之后以赤色为底，饰有黑白斧形花纹的屏风）之前面向南设有三种筵席，即莞筵纷纯、缫席画纯和次席黼纯。筵与席对文则异，散文则通。故郑玄曰：“筵亦席也，敷陈曰筵，藉之曰席。然其言之筵席通矣。”贾公彦曰：“设筵之法，先设者皆言筵，后加者为席。”[6]说明对文时筵是接地者，席是叠加者。

《周礼》天子宗庙祭祀的莞筵是狭长丝带镶边的小蒲席，缫席是边缘画有云气图案的五彩蒲席，次席是黑白花纹丝带镶边的竹席。二郑对这些筵席的理解有很大区别。郑司农曰：“纷读为豳，又读为‘和粉’之粉，谓白绣也。纯读为‘均服’之均。纯，缘也。缫读为‘藻率’之藻。次席，虎皮为席。”郑玄则曰：“纷如绶，有文而狭者。缫席，削蒲蒻，展之，编以五采，若今合欢矣。画，谓云气也。次席，桃枝席，有次列成文。”[7]郑玄对郑司农释“纯”为“缘”无异议，也就是今天所谓的边缘、镶边。莞筵

1　（清）孙诒让：《周礼正义》（第6册），北京：中华书局，1987年，第1542–1549页。
2　（清）孙诒让：《周礼正义》（第6册），北京：中华书局，1987年，第1549页。
3　（清）孙诒让：《周礼正义》（第6册），北京：中华书局，1987年，第1550页。
4　（清）孙诒让：《周礼正义》（第6册），北京：中华书局，1987年，第1549页。
5　（清）孙诒让：《周礼正义》（第6册），北京：中华书局，1987年，第1550页。
6　（清）孙诒让：《周礼正义》（第5册），北京：中华书局，1987年，第1253页。
7　（清）孙诒让：《周礼正义》（第6册），北京：中华书局，1987年，第1542–1543页。

纷纯。郑玄曰："莞，小蒲之席也。"[1]郝懿行指出："此乃蒲之别种，细小于蒲，为形织弱，故名蒲蒻，作席甚平，故曰蒲苹。郑笺以莞为小蒲之席是矣。"孙诒让宗其说。[2]纷，郑司农认为是白色文绣。按照郑玄的理解，则指狭长的丝带。那么莞筵就是用狭长丝带镶边的小蒲席。缫席画纯。郑司农读"缫"为"藻"。孙诒让曰："藻谓画水藻文也。"郑玄则认为它是边缘画有云气图案的五彩蒲席。次席黼纯。郑司农释"次席"为虎皮席。郑玄则认为其用桃枝竹依次编织而成。"黼"是黑白相间的斧形花纹。按此，次席就是黑白花纹丝带镶边的竹席。对于以上三种理解，学者多从郑玄说。[3]

（十二）大常

《周礼》天子宗庙祭祀中所用旌旗为大常。《巾车》："建大常，十有二斿，以祀。"郑玄注："大常，九旗之画日月者，正幅为縿，斿则属焉。"[4]《说文·糸部》："縿，旌旗之游所属也。"[5]孙诒让指出："斿即游之省，俗又作旒。"[6]大常上面画有日月，其主体部分名为縿，并有十二旒（即飘带）为饰。杨英杰根据文献记载和金文材料，已证宗庙祭祀有用旗之制。[7]

大常上画有日、月、星辰和龙。《周礼·春官·司常》："掌九旗之物名。"郑玄注："物名者，所画异物则异名也。"[8]司常所掌九旗有不同的图

1 （清）王先谦撰，吴格点校：《诗三家义集疏》（下册），北京：中华书局，1987年，第651页。

2 （清）孙诒让：《周礼正义》（第6册），北京：中华书局，1987年，第1544页。

3 林尹：《周礼今注今译》，北京：书目文献出版社，1985年，第215页；吕友仁：《周礼译注》，郑州：中州古籍出版社，2004年，第267页；杨天宇：《周礼译注》，上海：上海古籍出版社，2004年，第303页。

4 （清）孙诒让：《周礼正义》（第8册），北京：中华书局，1987年，第2142页。

5 （清）段玉裁：《说文解字注》，北京：中华书局，2013年，第663页。

6 （清）孙诒让：《周礼正义》（第8册），北京：中华书局，1987年，第2150页。

7 杨英杰：《先秦旗帜考释》，《文物》1986年第2期。

8 （清）孙诒让：《周礼正义》（第8册），北京：中华书局，1987年，第2200页。

画与名称。《司常》："日月为常。"将其列为九旗之首。[1]"常"即大常，上面画有日月。郑玄曰："王画日月，象天明也。"[2]《国语·越语下》："天道皇皇，日月以为常。"韦注："皇皇，著明也。常，象也。"[3]《释名·释兵》："日月为常，画日月于其端，天子所建，言常明也。"[4]除日月外，大常上还画有星辰和龙。《左传》桓公二年载臧哀伯曰："三辰旂旗，昭其明也。"杜注："三辰，日月星也，画于旂旗，象天之明。"[5]故郑玄曰："周以日月星辰画于旌旗，所谓三辰旌旗，昭其明也。"[6]他认为大常上也有星辰，贾公彦、孔颖达等说同。[7]《仪礼·觐礼》："天子乘龙，载大旂，象日月，升龙、降龙。"郑玄注："大旂，大常也。王建大常，縿首画日月，其下及旒交画升龙、降龙。"[8]《礼记·郊特牲》："旂十有二旒，龙章而设日月，以象天也。天垂象，圣人则之。"孔疏："龙为阳气，变化日月，以光照下，皆是象天也。"[9]皆为大常有龙之证。

大常的主体部分縿为浅绛色。《尔雅·释天》："纁帛縿。"郭注："纁，帛绛也。"[10]《说文·糸部》："纁，浅绛也。"[11]郑玄曰："凡九旗之帛皆用绛。"[12]可知縿为浅绛色。学者对此有不同意见，金榜从五方色的角度出发，认

1（清）孙诒让：《周礼正义》（第8册），北京：中华书局，1987年，第2200页。
2（清）孙诒让：《周礼正义》（第8册），北京：中华书局，1987年，第2207页。
3 上海师范大学古籍整理研究所校点：《国语》，上海：上海古籍出版社，1998年，第653-654页。
4（汉）刘熙撰，（清）毕沅疏证，王先谦补：《释名疏证补》，北京：中华书局，2008年，第241页。
5（清）阮元校刻：《十三经注疏》（下册），北京：中华书局，1980年，第1743页。
6（清）孙诒让：《周礼正义》（第6册），北京：中华书局，1987年，第1621页。
7（清）阮元校刻：《十三经注疏》（下册），北京：中华书局，1980年，第1743页；（宋）聂崇义纂辑，丁鼎点校、解说：《新定三礼图》，北京：清华大学出版社，2006年，第261页；（清）孙诒让：《周礼正义》（第8册），北京：中华书局，1987年，第2210页。
8（清）阮元校刻：《十三经注疏》（上册），北京：中华书局，1980年，第1093页。
9（清）阮元校刻：《十三经注疏》（下册），北京：中华书局，1980年，第1453页。
10（清）阮元校刻：《十三经注疏》（下册），北京：中华书局，1980年，第2610页。
11（清）段玉裁：《说文解字注》，北京：中华书局，2013年，第656页。
12（清）孙诒让：《周礼正义》（第8册），北京：中华书局，1987年，第2200页。

为“大常纁帛，象中黄之色也”[1]，孙诒让认为《释天》“纁为黄色，与绛微异，郭说未审”[2]。其实郭、郑说当是大体而言，既然“纁为黄色，与绛微异”，言绛也是可以的。

大常共有十二斿，祭祀时由六人持之。《周礼·夏官·节服氏》：“六人维王之大常。”郑司农注：“维，持之。”郑玄注：“维，维之以缕。王旌十二斿，两以缕缀连，旁三人持之。礼，天子旌曳地。”[3]大常有十二斿，两两缝织在一起，两旁各有三人捧着它们，以免其太长而接地。这也意味着斿是下垂的饰物，《新定三礼图》所绘大常在縿的一边横有十二斿[4]，显然是不对的，孙诒让已指陈其误。[5]《诗·鄘风·干旄》：“素丝纰之。”郑笺：“素丝者以为缕，以缝纰旌旗之旒縿，或以维持之。”[6]根据郑说，大常所用缝织之物为素丝，即白色的丝。

天子大常的存在也可从考古材料中得到一定程度的证明。《周礼·春官·司常》：“大丧共铭旌。”郑玄注：“铭旌，王则大常也。”[7]孙诒让曰：“凡丧礼铭旌，各用其生前之旗物为之。”[8]“王之旗帜以大常为最尊，故用为铭旌。”[9]铭旌就是在棺柩上标明死者以及“代表死者神明（灵魂）”的旗帜。[10]长沙马王堆汉墓一号汉墓出土有一幅T形帛画，其上宽部分画有日月，日月之下各有一条升龙，下窄部分画有两条左右相交的龙，还有四

1 （清）孙诒让：《周礼正义》（第8册），北京：中华书局，1987年，第2201页。
2 （清）孙诒让：《周礼正义》（第8册），北京：中华书局，1987年，第2203页。
3 （清）孙诒让：《周礼正义》（第10册），北京：中华书局，1987年，第2490页。
4 （宋）聂崇义纂辑，丁鼎点校、解说：《新定三礼图》，北京：清华大学出版社，2006年，第261页。
5 （清）孙诒让：《周礼正义》（第8册），北京：中华书局，1987年，第2150页。
6 （清）王先谦撰，吴格点校：《诗三家义集疏》（上册），北京：中华书局，1987年，第252页。
7 （清）孙诒让：《周礼正义》（第8册），北京：中华书局，1987年，第2221页。
8 （清）孙诒让：《九旗古义述》，《清经解四编》（第5册），刘晓东、杜泽逊编，济南：齐鲁书社，2015年，第187页。
9 （清）孙诒让：《周礼正义》（第8册），北京：中华书局，1987年，第2221页。
10 马雍：《论长沙马王堆一号汉墓出土帛画的名称和作用》，《考古》1973年第2期。

条下垂的飘带。[1]马雍和金景芳都指出它是铭旌[2]，金景芳认为它"是以大常之旗为铭的明旌"，其"上宽部分是旗的正幅，叫縿"，"下窄部分叫斾"，"下垂四个飘带，从旗制看，应名为斿，斿字亦作游或旒"。至于墓主人的身份是列侯妻却以大常为铭旌的原因，他认为这是"上僭王礼"[3]。

（十三）明火明水及相关器具

《周礼》天子宗庙祭祀用到的明火与明水，分别是使用夫遂和鉴两种工具通过日月取得的。《司烜氏》："掌以夫遂取明火于日，以鉴取明水于月，以共祭祀之明粢、明烛，共明水。"郑玄注："夫遂，阳遂也。鉴，镜属，取水者，世谓之方诸。取日之火，月之水，欲得阴阳之洁气也。明烛以照馔陈，明水以为玄酒。"郑司农注："明粢，谓以明水滫涤粢盛黍稷。"[4]《菙氏》："凡卜，以明火爇燋。"[5]《大司寇》："奉其明水火。"贾疏："奉此水火者，水以配郁鬯与五齐，火以给爨亨。"[6]《司烜氏》："凡邦之大事，共坟烛庭燎。"郑玄注："坟，大也。树于门外曰大烛，于门内曰庭燎，皆所以照众为明。"[7]祭祀时坟烛和庭燎与明烛一样，皆用明火。《大祝》："凡大禋祀、肆享、祭祇，则执明水火而号祝。"郑玄注："肆享，祭宗庙也。""明水火，司烜所共日月之气，以给烝享。执之如以六号祝。"[8]大祝在祝告神灵时执有明火和明水。《逸周书·克殷》："毛叔郑奉明水。"[9]

1 湖南省博物馆、中国科学院考古研究所编：《长沙马王堆一号汉墓》（下集），北京：文物出版社，1973 年，图版 71。

2 马雍：《论长沙马王堆一号汉墓出土帛画的名称和作用》，《考古》1973 年第 2 期；金景芳：《关于长沙马王堆一号汉墓帛画的名称问题》，《社会科学战线》1978 年第 1 期。

3 金景芳：《关于长沙马王堆一号汉墓帛画的名称问题》，《社会科学战线》1978 年第 1 期。

4 （清）孙诒让：《周礼正义》（第 12 册），北京：中华书局，1987 年，第 2909 页。

5 （清）孙诒让：《周礼正义》（第 7 册），北京：中华书局，1987 年，第 1958 页。

6 （清）孙诒让：《周礼正义》（第 11 册），北京：中华书局，1987 年，第 2759–2760 页。

7 （清）孙诒让：《周礼正义》（第 12 册），北京：中华书局，1987 年，第 2912 页。

8 （清）孙诒让：《周礼正义》（第 8 册），北京：中华书局，1987 年，第 2020 页。

9 黄怀信、张懋镕、田旭东撰，李学勤审定：《逸周书汇校集注》（上册），上海：上海古籍出版社，1995 年，第 372 页。

此谓武王祭社用明水。可见明火和明水在祭祀中的用途十分广泛，涉及占卜、淘洗粢盛、照明、调配郁鬯、炊爨与号祝等环节，它们都是通过特殊途径取得的。

《周礼》中用来取火的“夫遂”也可得到其他文献的印证。《淮南子·天文》：“阳燧见日则燃而为火。”高注：“阳燧金也。取金杯无缘者，熟摩令热，日中时以当日下，以艾承之，则燃得火也。”[1]高诱所述的取火方法为摩擦生火，所用“金杯”，孙诒让说是“室镜之形，非真用杯也”[2]，也就是一种青铜凹球面镜。《考工记·辀人》：“金锡半，谓之鉴燧之齐。”郑玄注：“鉴燧，取水火于日月之器也。”[3]“燧”即阳遂，郑玄与高诱都以阳遂为青铜所制。太阳当午之时，铜镜一边被摩擦生热，一边又聚光生热，将易燃的艾草置于其上，便可燃烧起来。阳遂也有用“五石”制成的。《论衡·率性》：“阳遂取火于天，五月丙午日中之时，消炼五石，铸以为器，磨砺生光，仰以向日，则火来至，此真取火之道也。”[4]这里的“五石”是炼制玻璃的原料，炼成的是玻璃凸透镜[5]，然后需要打磨，使其发光，对着太阳便可取火。摩擦生火是最原始的取火方法，按照祭祀报本反始的特点，高诱所述应该更切近《周礼·秋官·司烜氏》所载“夫遂取明火于日”的实际操作方式。李宗侗说《周礼》所载取明火是“著者或抄自古书，或传自习俗，不自觉的写上的”，认为它为西周古制。[6]以阳遂来获得明火的方法，乃原始取火文化与青铜时代文化相结合的产物，是周礼对原始文化的改造，它既体现了不忘其初的观念，又彰显着时人绚烂文明的光彩。

---

1 何宁：《淮南子集释》（上册），北京：中华书局，1998 年，第 172 页。
2 （清）孙诒让：《周礼正义》（第 12 册），北京：中华书局，1987 年，第 2910 页。
3 （清）孙诒让：《周礼正义》（第 13 册），北京：中华书局，1987 年，第 3240 页。
4 黄晖：《论衡校释》（第 1 册），北京：中华书局，1990 年，第 76–77 页。
5 徐克明、李志军：《从〈论衡〉和〈谭子化书〉探讨我国古透镜自先秦至五代的进展》，《自然科学史研究》1989 年第 1 期。
6 李宗侗：《中国古代社会新研：历史的剖面》，北京：中华书局，2010 年，第 20 页。

考古发现可以证明《周礼》等文献所载夫遂或阳遂的存在。1975年，在北京昌平白浮村西周早期木椁墓中出土了两件器物，其中一件“为一圆形铜片，质厚重，正面微凸，上有一半环形钮，直径 9.9 厘米，无纹饰。”发掘报告说“疑为铜镜或器盖”。另一件“形状同前，钮已锈蚀，直径9.5厘米”[1]。何堂坤指出发掘报告所言“正面微凸”是刊误，实际上“正面微凹”。该器“正面无锈处呈红黄色、显得甚为光洁”。经其亲自测量，“知其中心凹下约 0.4 厘米，各部曲率大体上是均匀的，曲率半径约 0.308 米”。他判断这两件器物都是阳燧（遂）。[2]1972 年，陕西扶风王太川村出土了一件西周中晚期的器物，“圆形，镜面中间微凹，直径 8 厘米。背饰重环纹，有桥形钮”，罗西章称其为铜镜。[3]何堂坤认为也是阳燧（遂）。[4]

宋兆麟提到在其儿时的乡间还有老人使用阳燧取火的现象。他说：“平时老人把阳燧放在布袋内，使用时把阳燧取出来，对着阳光。由于阳燧朝日面是凹的，又不是透明铜质的，阳光照射后又反射过来，所有光线都交叉在镜面前的中心点上，温度特高，即在燃点之上，一旦把易燃物质如艾绒放在焦点上，艾绒就会燃烧。”[5]

《周礼》中用来取水的“鉴”是盆状器具。郑玄曰：“鉴，镜属，取水者，世谓之方诸。”[6]《考工记 · 辀人》：“金锡半，谓之鉴燧之齐。”[7]据此，鉴是一面青铜镜。不过郑玄所谓的“方诸”在汉代不仅仅是指铜镜。《淮南子 · 天文》：“方诸见月则津而为水。”高注：“方诸阴燧，大蛤也。熟摩令

1 北京市文物管理处：《北京地区的又一重要考古收获——昌平白浮西周木椁墓的新启示》，《考古》1976 年第 4 期。
2 何堂坤：《铜镜起源初探》，《考古》1988 年第 2 期。
3 罗西章：《扶风出土的商周青铜器》，《考古与文物》1980 年第 4 期，图 11。
4 何堂坤：《铜镜起源初探》，《考古》1988 年第 2 期。
5 宋兆麟：《古代器物溯源》，北京：商务印书馆，2014 年，第 268 页。
6 （清）孙诒让：《周礼正义》（第 12 册），北京：中华书局，1987 年，第 2909 页。
7 （清）孙诒让：《周礼正义》（第 13 册），北京：中华书局，1987 年，第 3240 页。

热，月盛时以向月下，则水生，以铜盘受之，下水数滴。”[1]高诱以方诸为大蛤，它在摩擦生热后，对月可以生水，然后用铜盘承接，这里主要用到了两个取水工具。孙诒让则认为取水只用鉴一个工具，他指出：“取明水，止是用鉴承露，湿润蒸腾，遇冷成露，月夜澄朗，更无风云，露下尤多，因谓取水于月，以配明火。大蛤得水，亦同此理。”[2]青铜镜即便是凹面，也不方便盛水，孙氏所说的鉴自然不是指青铜镜。《说文·金部》：“鑑，大盆也。一曰鑑诸，可以取明水于月。”段注：“鑑诸当作鑑方诸也，转写夺字耳。”[3]“鑑”通“鉴”，许慎此处将“鑑方诸”视为一物，那么它也应是一种似盆的容器，或者就是盆，只是专门用来取明水的盆称作鑑方诸罢了。商承祚就指出：“承露物必大，镜地几何，岂足供用？”[4]因此，郑玄所言鉴为镜属的说法似欠审慎。李宗侗则依据古希腊、古罗马的习俗来解释《周礼》中取得明水的方法，他说：“用祭台上火所燃着的炭，浸入水中。因为炭有神性，故水亦有神性。我以为古代所谓明水，取法与此相同，明火所以燃祭台上的火，明水乃浸入炭的水。”[5]此说不顾中国古书的相关记载而径直采用异域习俗来解释《周礼》中的现象，笔者对其持谨慎态度。另外，明水用于淘洗粢盛和配郁鬯，需要保证洁净，如此制作明水，恐怕不大合适。

《周礼》所载明火、明水、明粢、明烛都冠以“明”字是有圣洁之义。郑玄曰：“取日之火，月之水，欲得阴阳之洁气也。”[6]《大祝》：“执明水火而号祝。”郑玄注：“明此圭洁也。”[7]所谓“此”，是指粢盛和牺牲等。

---

1 何宁：《淮南子集释》（上册），北京：中华书局，1998 年，第 172 页。商承祚反对高诱“阴燧”之说，他说：“高氏以取月水之鑑曰阴燧，形义俱乖。”此说可取，参见商承祚：《长沙古物闻见记　续记》，北京：中华书局，1996 年，第 166 页。

2 （清）孙诒让：《周礼正义》（第 12 册），北京：中华书局，1987 年，第 2911 页。

3 （清）段玉裁：《说文解字注》，北京：中华书局，2013 年，第 710 页。

4 商承祚：《长沙古物闻见记　续记》，北京：中华书局，1996 年，第 166 页。

5 李宗侗：《中国古代社会新研：历史的剖面》，北京：中华书局，2010 年，第 21 页。

6 （清）孙诒让：《周礼正义》（第 12 册），北京：中华书局，1987 年，第 2909 页。

7 （清）孙诒让：《周礼正义》（第 8 册），北京：中华书局，1987 年，第 2020 页。

《礼记·郊特牲》：“其谓之明水也，由主人之洁著此水也。”[1]可知“明”有洁净之义，祭祀者只有整洁身心后，才可获得洁净的阴阳之气，以供祭祀中表达对于鬼神的敬意。《淮南子·天文》：“日者阳之主也。”“月者阴之宗也。”[2]“积阳之热气生火，火气之精者为日；积阴之寒气为水，水气之精者为月。”[3]由此可见，祭祀所用的明火和明水在古人看来是作为阴阳之主的日月的精华，代表着神圣与洁净。对日取火，就月取水，许兆昌说“显然里面包含了巫术神秘的交感观念”[4]。这种遥相感应的方法，可归于顺势巫术的范畴。葛志毅则注意到了明火和明水的象征性意义。他指出：“它的出现，乃是对日常所用水火性质的升华结果。所以可以认为，明水火乃是以典型的意义再现水火在人们生活中的基础性资生意义。”[5]这一认识非常深刻，说明向人们展现和传递文化意蕴是祭祀活动非常重要的目的。

（十四）萧茅

《周礼》天子宗庙祭祀中所用的萧是指香蒿，用于燃烧以获得馨香之气；茅用于制作盛放祭品的垫子、过滤酒糟、祭神饮酒、为神主设置屏障、包裹祭肉和制作鼎盖。《甸师》：“祭祀，共萧茅。”[6]学者对“萧茅”一词有两种解读。第一种以郑兴和许慎为代表，认为萧茅用于祭酒时。郑兴曰：“萧字或为莤，莤读为缩。束茅立之祭前，沃酒其上，酒滲下去，若神饮之，故谓之缩，缩，浚也。”[7]许慎曰：“莤，礼祭，束茅加于裸

1 （清）阮元校刻：《十三经注疏》（下册），北京：中华书局，1980年，第1457页。
2 何宁：《淮南子集释》（上册），北京：中华书局，1998年，第171页。
3 何宁：《淮南子集释》（上册），北京：中华书局，1998年，第166-167页。
4 许兆昌：《先秦社会的巫、巫术与祭祀》，《史学集刊》1997年第3期。
5 葛志毅：《水火之义及改火、改水习俗考论》，《谭史斋论稿续编》，哈尔滨：黑龙江人民出版社，2004年，第344页。
6 （清）孙诒让：《周礼正义》（第1册），北京：中华书局，1987年，第289页。
7 （清）孙诒让：《周礼正义》（第1册），北京：中华书局，1987年，第289-290页。

圭，而灌鬯酒，是为莤，象神歆之也。”[1]郑、许的意思是说，祭祀时，灌鬯酒于茅上使其渗入其中，以让神灵歆享鬯酒。第二种以杜子春和郑玄为代表，认为萧为香蒿，茅用于制作盛放食物的垫子和过滤酒糟。杜子春曰：“萧，香蒿也。”郑玄曰：“《诗》所云‘取萧祭脂’，《郊特牲》云‘萧合黍稷，臭阳达于墙屋。故既荐然后焫萧合馨香’。合馨香者，是萧之谓也。”[2]郑玄认为茅在祭祀中用处有二：“以共祭之苴，亦以缩酒，苴以藉祭。缩酒，泲酒也。醴齐缩酌。”[3]一是作为用食物进行祭祀时盛放食物的垫子，二是用于过滤酒糟。对于“苴以藉祭”，郑玄在解释《司巫》“蒩”时也说：“蒩之言藉也，祭食有当藉者。”[4]

杜子春和郑玄对“萧茅”的解释是正确的。从上述可知，以上两种观点存在两处分歧。首先在对“萧”字的理解上，江曙指出郑兴没有认识到萧在祭祀中的作用，因此释“萧”为“莤”不妥[5]，这个评判是可取的。《诗·国风·采葛》：“彼采萧兮，一日不见，如三秋兮！”《毛传》：“萧，所以供祭祀。”[6]可以作为证据。第二个分歧是在茅的用处上，郑兴和许慎等认为茅只用于祭酒之时，郑玄则认为用作祭祀食物的垫子和过滤酒糟。其实，郑玄所谓“苴以藉祭”及“祭食有当藉者”包括了祭酒在内的所有祭品，过滤酒糟之事也完全合理。任慧峰支持郑兴而反对郑玄，他说：“此说有两点难以解释：一是萧茅是在祭祀时由甸师献上的，如果是用来过滤浊酒，未免太晚；二是依《周礼·酒正》，‘醴齐’是一种酒味很薄的浊酒，一宿即成，这种酒是很难用来给祖先喝的。”[7]这两点质疑是

1 （清）段玉裁：《说文解字注》，北京：中华书局，2013 年，第 757 页。
2 （清）孙诒让：《周礼正义》（第 1 册），北京：中华书局，1987 年，第 289 页。
3 （清）孙诒让：《周礼正义》（第 1 册），北京：中华书局，1987 年，第 289 页。
4 （清）孙诒让：《周礼正义》（第 8 册），北京：中华书局，1987 年，第 2066 页。
5 江曙：《论先秦文化中茅的作用及意义》，《船山学刊》2012 年第 1 期。
6 （清）王先谦撰，吴格点校：《诗三家义集疏》（上册），北京：中华书局，1987 年，第 328 页。
7 任慧峰：《先秦“扫祭”小考》，《理论月刊》2010 年第 1 期。

存在问题的。第一，《甸师》言“祭祀，共萧茅”，只是说甸师在需要祭祀时提供茅，它在仪式前是完全可以备置好而过滤酒的，并非一定要在仪式中提供而现场过滤。第二，醴齐作为浊酒，乃取其报本反始之义，是作为祭品使用的。因此，郑玄的看法总体上是正确的。杨伯峻指出：“缩酒者，一则用所束之茅漉酒去滓；一则当祭神之时，束茅立之，以酒自上浇下，其糟则留在茅中，酒汁渐渐渗透下流，像神饮之也。”[1]此说将祭酒包括在了缩酒之中，也可说通，因为祭神与过滤可以同时并存。杜棣生说现在鄂西仍有缩酒的遗风，该礼由巫师主持，具体方法是：“在地上先铺一层茅，在茅上加铺一层沙，把酒泼在上面，让它经沙和茅的过滤下沥，也算是‘象神歆之’。”张正明认为：“周代缩酒的方式，估计与现代不大一样，但缩酒的祭法逾三千年而未绝，却是令人惊讶的。”[2]

郑玄所言茅的用途并不全面，其实还有其他用处可寻。《周礼·春官·司巫》：“祭祀，则共匰主及道布及蒩馆。”[3]学者普遍认为其中的“蒩馆”与茅有关，不过对于它究竟是指什么，有什么功能，学者有三种看法：

其一，蒩馆是指为神主设置的屏障。杜子春曰：“蒩读为鉏。”“鉏，藉也。馆，神所馆止也。”孙诒让根据《士虞礼》的记载怀疑此处“鉏”当为“苴”的误写[4]，这是正确的。至于“馆，神所馆止也”，是以苴为祖先神灵所凭依的意思。这一说法有文献可征。《仪礼·士虞礼》：“取黍稷祭于苴三。”郑玄注：“苴，所以藉祭也。孝子始将纳尸，以事其亲，为神疑于其位，设苴以定之耳。或曰苴，主道也。则《特牲》《少牢》当有主象，而无，何乎？”[5]据此，用茅制作的苴还有定神位和主象二说，郑

1 杨伯峻编著：《春秋左传注》（第1册），北京：中华书局，1990年，第290页。
2 张正明：《楚文化史》，上海：上海人民出版社，1987年，第19页。
3 （清）孙诒让：《周礼正义》（第6册），北京：中华书局，1987年，第2066页。
4 （清）孙诒让：《周礼正义》（第6册），北京：中华书局，1987年，第2066–2068页。
5 （清）阮元校刻：《十三经注疏》（上册），北京：中华书局，1980年，第1168页。

玄倾向于前一种说法。孙诒让曰："虽不知杜意所从，然皆与馆止之义相通。"[1]成玄英与郑玄说同。《庄子·达生》："祝宗人玄端以临牢筴，说彘曰：'汝奚恶死？吾将三月犙汝，十日戒，三日齐，藉白茅，加汝肩尻乎雕俎之上，则汝为之乎？'"成玄英释"藉白茅"为"藉神坐以白茅"[2]，意谓用茅苴为神主设置屏障。

笔者也倾向于郑玄的观点。《国语·楚语下》载观射父说少皞氏时代祭祀有"屏摄之位"。韦注："屏，屏风也。摄，形如今要扇。皆所以明尊卑，为祭祀之位。近汉亦然。"[3]《左传》昭公十八年载郑国发生火灾时，"子产使子宽、子上巡群屏摄，至于大宫"。杜注："屏摄，祭祀之位，大宫，郑祖庙。巡行宗庙，不得使火及之。"[4]郑司农曰："束茅以为屏蔽，祀神之处，草易然，故巡行之。"[5]何休曰："茅旌，祀宗庙所用，迎道神，指护祭者。断曰藉，不断曰旌。"[6]按此，神主的周围用茅作为屏障，起到迎神以及固定和保护神位的作用。不过按郑司农和何休的说法，所用的茅未经切断。另外，茅作为屏障，也可以起到区隔神主与宗庙中其他器物的作用，以示神主的神圣地位。胡新生指出，用茅遮掩神位有投合"鬼神尚幽暗"的特性[7]，这一分析是恰当的。

其二，蒩馆用于祭祀后包裹祭肉。杜子春曰："书或为蒩馆，或为租饱。""租饱，茅裹肉也。"[8]学者对此有申说。段玉裁从声训角度说："读饱为苞苴之苞也。"惠士奇指出了具体的用途："蒩饱者，谓以茅包隋祭而藏

1 （清）孙诒让：《周礼正义》（第 8 册），北京：中华书局，1987 年，第 2068 页。
2 （清）郭庆藩撰，王孝鱼点校：《庄子集释》（中册），北京：中华书局，2012 年，第 646-647 页。
3 上海师范大学古籍整理研究所校点：《国语》，上海：上海古籍出版社，1998 年，第 560-561 页。
4 杨伯峻编著：《春秋左传注》（第 4 册），北京：中华书局，1990 年，第 1396 页。
5 （清）孙诒让：《周礼正义》（第 5 册），北京：中华书局，1987 年，第 1247 页。
6 （清）阮元校刻：《十三经注疏》（下册），北京：中华书局，1980 年，第 2284 页。
7 胡新生：《中国古代巫术》，北京：人民出版社，2010 年，第 133 页。
8 （清）孙诒让：《周礼正义》（第 8 册），北京：中华书局，1987 年，第 2066 页。

之也。”[1]意即祭祀后要用茅包裹祭肉收藏起来，那么“租饱”就是指包裹肉的茅。宋世荦综合字形和声训指出：“馆饱篆形相近，蒩馆为租饱，即苴苞字。《小戴记·曲礼》注‘苞苴’裹鱼肉者也。或以苇，或以茅，即本注或曰租饱茅裹肉之义。”[2]

其三，蒩馆为盛放茅苴的筐子。郑玄曰：“蒩之言藉也，祭食有当藉者。馆所以承蒩，谓若今筐也。”[3]郑玄认为蒩是用食物祭祀时放置食物的垫子，“蒩馆”是盛放茅苴的筐子。

诸家对“蒩”字的理解没有大的差别，分歧的关键在于“馆”字，三说相较，以郑玄说为长。《周礼·地官·乡师》：“大祭祀，羞牛牲，共茅蒩。”贾疏：“案《甸师职》：‘共萧茅。’彼直共茅与此乡师，乡师得茅束而切之，长五寸，立之祭前以藉祭，故云茅蒩也。”[4]他认为乡师所供是为祭天，司巫所供则为宗庙祭祀。[5]“蒩馆”与“茅蒩”当有相近之处，都以藉祭为最基本的用途。考虑到《司巫》载司巫在宗庙祭祀时“共匰主及道布及蒩馆”的行文[6]，或正如郑玄所言：“主先匰，蒩后馆，互言之者，明共主以匰，共蒩以筐，大祝取其主、蒩，陈之，器则退也。”[7]基于此，第三种郑玄的说法显然较他说为胜。不过就天子宗庙祭祀而言，茅苴也可以作为神位的屏障和用来包裹祭肉，诸家所言茅的三种用途可以并行而不悖。

《周礼》天子宗庙祭祀中茅也用于制作鼎盖——鼏。《说文·鼎部》：“鼏，鼎覆也。”[8]《仪礼·特牲馈食礼》：“陈鼎于门外，北面北上，有鼏。”[9]

---

1 （清）孙诒让：《周礼正义》（第 8 册），北京：中华书局，1987 年，第 2069 页。
2 （清）宋世荦：《周礼故书疏证》，《清经解三编》（第 5 册），刘晓东、杜泽逊编，济南：齐鲁书社，2011 年，第 201 页。
3 （清）孙诒让：《周礼正义》（第 8 册），北京：中华书局，1987 年，第 2066 页。
4 （清）孙诒让：《周礼正义》（第 3 册），北京：中华书局，1987 年，第 821 页。
5 （清）孙诒让：《周礼正义》（第 1 册），北京：中华书局，1987 年，第 292 页。
6 （清）孙诒让：《周礼正义》（第 8 册），北京：中华书局，1987 年，第 2066 页。
7 （清）孙诒让：《周礼正义》（第 8 册），北京：中华书局，1987 年，第 2066 页。
8 （清）段玉裁：《说文解字注》，北京：中华书局，2013 年，第 322 页。
9 （清）阮元校刻：《十三经注疏》（上册），北京：中华书局，1980 年，第 1180 页。

《仪礼》中扃、鼏常常连言。《公食大夫礼》："甸人陈鼎七，当门南面西上，设扃鼏，鼏若束若编。"郑玄注："扃，鼎扛所以举之者也。凡鼎鼏盖以茅为之，长则束本，短则编其中央。今文扃作铉，古文鼏皆作密。"[1]《士冠礼》："离肺实于鼎，设扃鼏。"[2]《士虞礼》："陈三鼎于门外之右，北面北上，设扃鼏。"[3]"扃"本指闭门之物。《说文·户部》："扃，外闭之关也。"段注："关者，以木横持门户也。"[4]在与鼎相关时，经文中它可以指代扛鼎之物，同于"鼏"字。《说文·鼎部》："鼏，以木横贯鼎耳举之。"段注："《礼经》十七篇多言扃鼏，注多言今文扃为铉，古文鼏为密。按扃者，假借字，鼏者，正字，铉者，音近义同字也，以木横贯鼎耳是曰鼏，两手举其木之端是曰扛鼎。鼏横于鼎盖之上，故《礼经》必先言抽扃，乃后取鼏，犹扃为户外闭之关，故或以扃代之也。"[5]根据郑玄注，用于覆盖鼎的鼏可能是用茅编制而成，如果茅草长，就编束其根部，短则束其中间。聂崇义认为"此盖令其致密不泄气也"[6]。

《周礼》天子祭祀所需的茅除了由王畿的职官甸师供应外，也是诸侯的职责。《大宰》："一曰祀贡。"郑司农注："牺牲包茅之属。"[7]《大行人》："邦畿方千里，其外方五百里谓之侯服，岁壹见，其贡祀物。"[8]"祀贡"与"祀物"分别是诸侯岁之常贡和因朝而贡，包含了茅在内的祭祀所用之物。茅以楚地所产为上品，典籍多有记载。《管子·封禅》："江、淮之间，一茅三脊，所以为藉也。"尹注："所谓灵茅。"[9]《轻重丁》："江、淮之间，

1 （清）阮元校刻：《十三经注疏》（上册），北京：中华书局，1980 年，第 1079 页。
2 （清）阮元校刻：《十三经注疏》（上册），北京：中华书局，1980 年，第 956 页。
3 （清）阮元校刻：《十三经注疏》（上册），北京：中华书局，1980 年，第 1167 页。
4 （清）段玉裁：《说文解字注》，北京：中华书局，2013 年，第 593 页。
5 （清）段玉裁：《说文解字注》，北京：中华书局，2013 年，第 322 页。
6 （宋）聂崇义纂辑，丁鼎点校、解说：《新定三礼图》，北京：清华大学出版社，2006 年，第 401 页。
7 （清）孙诒让：《周礼正义》（第 1 册），北京：中华书局，1987 年，第 103-104 页。
8 （清）孙诒让：《周礼正义》（第 12 册），北京：中华书局，1987 年，第 2975 页。
9 黎翔凤：《管子校注》（中册），北京：中华书局，2004 年，第 953 页。

一茅而三脊，毌（贯）至其本，名之曰菁茅。”[1]楚地之茅作为贡品似乎由来已久。《尚书 · 禹贡》就说荆州有贡品“包匦菁茅”。郑玄曰：“匦，缠结也。菁茅，茅有刺者，给宗庙缩酒。重之，故包裹又缠结也。”[2]《左传》僖公四年亦载管仲对楚国使者说：“尔贡苞茅不入，王祭不共，无以缩酒。”[3]管仲这番责备虽然是为齐国攻打楚国找个借口，但也透露出按照正常制度，诸侯有向周王室进贡祭祀用品的义务。

《周礼》天子宗庙祭祀中茅的用途是比较广泛的，究其原因，除了与它具有的特殊物理属性有关外，还与时人赋予它的独特文化意蕴和功能有关。

第一，茅可以表达洁净、专一、谨慎、精诚的意思。《周易 · 大过》初六爻辞：“藉用白茅，无咎。”王注：“以柔处下，过而可以无咎，其唯慎乎！”[4]《系辞上》：“藉之用茅，何咎之有？慎之至也。夫茅之为物薄，而用可重也，慎斯术也以往，其无所失矣。”[5]孔疏：“以柔处下，心能谨慎，荐藉于物，用洁白之茅，言以洁素之道奉事于上也。无咎者既能谨慎如此，虽遇大过之难而无咎也。”[6]《诗 · 国风 · 野有死麕》：“野有死麕，白茅包之。”“林有朴樕，野有死鹿。白茅纯束，有女如玉。”[7]白茅包裹猎物，以示洁净。《庄子 · 在宥》：“黄帝退，捐天下，筑特室，席白茅，闲居三月，复往邀之。”成玄英曰：“藉白茅以洁净。”[8]黄帝求道的寓言自不

1 黎翔凤：《管子校注》（下册），北京：中华书局，2004 年，第 1473 页。

2 （清）孙星衍撰，陈抗、盛冬铃点校：《尚书今古文注疏》，北京：中华书局，2004 年，第 167 页。

3 杨伯峻编著：《春秋左传注》（第 1 册），北京：中华书局，1990 年，第 290 页。

4 （清）阮元校刻：《十三经注疏》（上册），北京：中华书局，1980 年，第 41 页。

5 （清）阮元校刻：《十三经注疏》（上册），北京：中华书局，1980 年，第 79 页。

6 （清）阮元校刻：《十三经注疏》（上册），北京：中华书局，1980 年，第 41 页。

7 （清）王先谦撰，吴格点校：《诗三家义集疏》（上册），北京：中华书局，1987 年，第 111–112 页。

8 （清）郭庆藩撰，王孝鱼点校：《庄子集释》（中册），北京：中华书局，2012 年，第 390 页。

可信，但以白茅为席有助于清洁身心则是时人的观念无疑。《尸子·君治》载商汤为解除旱情，曾经“身婴白茅，以身为牲，祷于桑林之野”[1]。商汤仿效藉祭，身上缠绕白茅，以自身为牺牲，表达祈雨的诚意。《公羊传》宣公十二年载：“楚伐郑，郑伯肉袒，左执茅旌。”何注：“用茅者，取其心理顺一，自本而畅乎末，所以通精诚，副至意。”[2]

第二，茅有迎神的功能。何休曰：“茅旌，祀宗庙所用，迎道神。”[3]这与时人认为茅具有招神的巫术功能有关。《周礼·春官·男巫》：“掌望祀望衍授号，旁招以茅。”[4]就颇有巫术色彩。由此可以进一步推断，用鬯酒行祼礼迎神时用到茅，可能也有通过迎神开启正式献祭环节的标志性意义。

第三，茅有祛除不祥的功能。何休曰：“茅旌，祀宗庙所用，迎道神，指护祭者。”[5]“护祭”即含有此意，这也是茅的另一个巫术功能。《左传》宣公十二年载楚国军队以茅作为前导的标识，称之为“前茅”[6]。《礼记·杂记下》说大夫之丧时“御柩以茅”[7]，即以茅来导引送殡的队伍。胡新生就此类现象指出，茅不只是传递前方信息及指挥后续人马前进的特殊手段，而且具有辟除邪祟以保证后继者安全通过的意义。[8]《晏子春秋·内篇杂下》记载齐景公新筑路寝之台，但因夜里有枭鸟发出怪叫声而不敢登台，柏常骞为他禳解的办法是“筑新室，置白茅”[9]，表明时人认为白茅可以作为祛邪的道具。

1 李守奎、李轶：《尸子译注》，哈尔滨：黑龙江人民出版社，2003 年，第 81 页。
2 （清）阮元校刻：《十三经注疏》（下册），北京：中华书局，1980 年，第 2284 页。
3 （清）阮元校刻：《十三经注疏》（下册），北京：中华书局，1980 年，第 2284 页。
4 （清）孙诒让：《周礼正义》（第 8 册），北京：中华书局，1987 年，第 2072 页。
5 （清）阮元校刻：《十三经注疏》（下册），北京：中华书局，1980 年，第 2284 页。
6 杨伯峻编著：《春秋左传注》（第 2 册），北京：中华书局，1990 年，第 723 页。
7 （清）孙希旦撰，沈啸寰、王星贤点校：《礼记集解》（下册），北京：中华书局，1989 年，第 1111–1112 页。
8 胡新生：《中国古代巫术》，北京：人民出版社，2010 年，第 132–133 页。
9 吴则虞：《晏子春秋集释》（下册），北京：中华书局，1982 年，第 375–376 页。

睡虎地秦简《日书》也载有白茅祛邪的例子：

人生子未能行而死，恒然，是不辜鬼处之。以庚日日始出时濆门以灰，卒，有祭，十日收祭，裹以白茅，（狸）埋野，则毋（无）央（殃）矣。[1]

此谓生下的小孩不会走路就死了，这种常发的情况是不辜鬼在家而造成的。应对的办法是，在庚日太阳刚升起时在门口撒上灰，然后再祭祀鬼神，十天之后完成，用白茅将小孩包裹起来埋到野外，如此则可以免除灾祸。

人毋（无）故室皆伤，是粲迓之鬼处之，取白茅及黄土而西（洒）之，周其室，则去矣。[2]

无缘无故人们家里的东西就被损害了，这是粲迓之鬼在作祟，把白茅和黄土撒在室内四周就能驱除此鬼。

一室井血而星（腥）臭，地虫斵（斗）于下，血上（扁）漏，以沙垫之，更为井，食之以喷，饮以爽（霜）路（露），三日乃能人矣。若不三月食之若傅之，而非人也，必枯骨也。旦而最（撮）之，苞以白茅，果（裹）以贲（奔）而远去之，则止矣。[3]

1 睡虎地秦墓竹简整理小组编：《睡虎地秦墓竹简》，北京：文物出版社，1990 年，第 214 页。

2 睡虎地秦墓竹简整理小组编：《睡虎地秦墓竹简》，北京：文物出版社，1990 年，第 214 页。

3 睡虎地秦墓竹简整理小组编：《睡虎地秦墓竹简》，北京：文物出版社，1990 年，第 216 页。

这段话说的是家里的井水变成了血色还伴有腥臭味，这是由于有地虫在地下相斗而导致血的上涌。应对的办法是用沙子填埋此井，再挖一口井，吃米饭，喝霜露，三天之后可恢复正常。如果不这样做而使用该井，人三个月后就会变成枯骨。天亮时取几粒原来填埋井的沙子，用白茅将沙子和大麻籽裹好带到远处，地虫就不再争斗了。[1]

以上我们讨论了茅的各种文化意蕴和功能，《周礼》天子宗庙祭祀中茅的这些文化意蕴和功能常常是糅合在一起的。人们对茅的各种神秘观念并非是茅本身固有的，而是由于它有洁白、方便使用等物理属性，人们逐渐赋予其上并得到了广泛认同，进而被制礼者所采纳。正如法国文化人类学家马塞尔·莫斯所说："巫术品性并非被认为是自然、绝对而明确地存在于它们所属的物品之内；相对来说，它们往往是从外在而授予的。有的时候，品行是通过仪式得到的。"[2]

（十五）冰鑑

《周礼》天子宗庙祭祀中的冰鑑是指给祭品保鲜的盛冰之器。《凌人》："祭祀，共冰鑑。"[3]《说文·金部》："鑑，大盆也。"[4]鑑是一种很大的青铜盆，"冰鑑"即指盛有冰的青铜大盆。用冰鑑是为了防止饮食腐败，相当于今天冰柜的功能，在祭祀中自然是给祭品保鲜。1955年安徽寿县春秋晚期蔡侯墓出土有两件吴王光鑑，"腹内壁有四小圆环"。它们是吴王光（阖闾）为出嫁叔姬于蔡而作的媵器。[5]两器铭文皆载："台（以）乍（作）

---

1 王子今：《睡虎地秦简〈日书〉甲种疏证》，武汉：湖北教育出版社，2003年，第443-445页。

2 ［法］马塞尔·莫斯、昂利·于贝尔著，杨渝东、梁永佳、赵丙祥译：《巫术的一般理论 献祭的性质与功能》，桂林：广西师范大学出版社，2007年，第122页。

3 （清）孙诒让：《周礼正义》（第2册），北京：中华书局，1987年，第375页。

4 （清）段玉裁：《说文解字注》，北京：中华书局，2013年，第710页。

5 安徽省博物馆编著：《寿县蔡侯墓出土遗物》，北京：科学出版社，1956年，第9页，图版15。

叔姬寺宗吁彜（彝）荐鑑，用享用孝，眉寿无疆。”（《集成》10298、10299）[1]陈梦家和朱凤瀚均从“用享用孝”的铭文判断两器是祭祀所用。[2]郭宝钧又从其结构考察，认为它们似为《凌人》所载“冰鑑”，“腹内四环所以架冰，下留空隙，备其化水”[3]。根据礼制，鑑所需要的冰要在每年的十二月进行准备。《凌人》：“岁十有二月，令斩冰，三其凌。”郑玄注：“三之者，为消释度也。”“三其凌，三倍其冰。”[4]为防止消融，每年藏入冰室的冰要为预计使用的三倍。其他先秦文献也有相关记载。《左传》昭公四年载：“其藏冰也，深山穷谷，固阴冱寒，于是乎取之。其出之也，朝之禄位，宾、食、丧、祭，于是乎用之。”[5]《礼记·月令》亦载：“（季冬之月）冰方盛，水泽腹坚，命取冰。”[6]取冰是在阴气极盛、最寒冷的时候，那时的冰最为坚固，使用效果也是最好的。

（十六）弓矢

《周礼》天子宗庙祭祀中的弓矢是用来射牲的。《司弓矢》：“凡祭祀，共射牲之弓矢。”郑玄注：“射牲，示亲杀也。杀牲，非尊者所亲，唯射则可。”[7]《国语·楚语下》：“天子禘郊之事，必自射其牲。”[8]可证郑玄之说。孙诒让曰：“祭日之旦，迎牲入时，共弓矢以授王，与射人为官联也。此亦近射，盖当用夹、庾、杀矢。”[9]孙氏所言“夹、庾、杀矢”，源于《司弓

1　中国社会科学院考古研究所编：《殷周金文集成》（第 7 册），北京：中华书局，2007 年，第 5551–5552 页。

2　陈梦家：《寿县蔡侯墓铜器》，《考古学报》1956 年 2 期；朱凤瀚：《古代中国青铜器》，天津：南开大学出版社，1995 年，第 142 页。

3　郭宝钧：《商周铜器群综合研究》，北京：文物出版社，1981 年，第 90 页。

4　（清）孙诒让：《周礼正义》（第 2 册），北京：中华书局，1987 年，第 372 页。

5　杨伯峻编著：《春秋左传注》（第 4 册），北京：中华书局，1990 年，第 1249 页。

6　（清）阮元校刻：《十三经注疏》（下册），北京：中华书局，1980 年，第 1384 页。

7　（清）孙诒让：《周礼正义》（第 10 册），北京：中华书局，1987 年，第 2565–2566 页。

8　上海师范大学古籍整理研究所校点：《国语》，上海：上海古籍出版社，1998 年，第 567 页。

9　（清）孙诒让：《周礼正义》（第 10 册），北京：中华书局，1987 年，第 2566 页。

矢》射鸟兽用夹弓、庾弓及近射用杀矢的记载。《司弓矢》："夹弓、庾弓以授射豻侯、鸟兽者。"[1]"杀矢、鍭矢用诸近射。"[2]夹弓、庾弓是弹射力较差的弱弓，用于近射。《考工记·弓人》："往体多，来体寡，谓之夹臾之属。"臾与庾通。孙诒让解释说："往体，谓弓体外挠；来体，谓弓体内向。凡弓必兼往来两体，而后有张弛之用，但以往来之多少为强弱之差。此夹臾，谓弓之最弱者也。"[3]郑玄曰："杀矢，言中则死。""前尤重，中深，而不可远也。"[4]杀矢前端很重，射出后力度大，射入深，也因前端重而不能远射。

（十七）薪蒸

《周礼》天子宗庙祭祀中的薪蒸是指燃火的材料。《遂人》："凡国祭祀，共野牲，令野职。"郑玄注："野职，薪炭之属。"孙诒让曰"令委人共野职。"[5]《委人》："以式法共祭祀之薪蒸。"郑玄注："式法，故事之多少也。薪蒸，给炊及燎。粗者曰薪，细者曰蒸。"[6]所供应薪材的种类和数量都有相应规定。种类不同则用途有异，其中粗大者用于炊爨，细小者用作燎烛，所需数量则依照惯例而行。《礼记·月令》也有这方面的记载："（季冬之月）乃命四监收秩薪柴，以共郊庙及百祀之薪燎。"郑玄注："四监，主山林川泽之官也。大者可析谓之薪，小者合束谓之柴。薪施炊爨，柴以给燎。"[7]郑玄所说的"柴"与《委人》中的"蒸"所指相同。根据《月令》，委人所供的薪材取源于山林川泽之官。

---

1 （清）孙诒让：《周礼正义》（第 10 册），北京：中华书局，1987 年，第 2553 页。
2 （清）孙诒让：《周礼正义》（第 10 册），北京：中华书局，1987 年，第 2558–2559 页。
3 （清）孙诒让：《周礼正义》（第 10 册），北京：中华书局，1987 年，第 3563 页。
4 （清）孙诒让：《周礼正义》（第 10 册），北京：中华书局，1987 年，第 2559 页。
5 （清）孙诒让：《周礼正义》（第 4 册），北京：中华书局，1987 年，第 1140 页。
6 （清）孙诒让：《周礼正义》（第 4 册），北京：中华书局，1987 年，第 1176 页。
7 （清）阮元校刻：《十三经注疏》（下册），北京：中华书局，1980 年，第 1384 页。

（十八）烛

《周礼》天子宗庙祭祀用到的烛包括坟烛、庭燎和手执之烛。

1. 坟烛和庭燎

坟烛和庭燎都是树地之烛。《周礼·秋官·司烜氏》：“凡邦之大事，共坟烛、庭燎。”[1]国家大事，天子宗庙祭祀自然在其列。“坟”又作“蕡”。郑司农注：“蕡烛，麻烛也。”郑玄注：“坟，大也。树于门外曰大烛，于门内曰庭燎，皆所以照众为明。”[2]关于坟烛，二郑各有一说。段玉裁曰：“司农谓蕡即萉黂字，故云麻烛也。麻烛盖攒麻黀为之。”[3]萉黂，即麻或麻子，黀指麻秆，段氏认为郑司农所谓蕡烛就是捆束麻秆而成。程瑶田以《淮南子·说林》“黂烛捔，膏烛泽”为证，认为麻烛说应有所受，并以清代“麻蒸为夜行燎”相比况。[4]郑玄释“坟”为大是据《尔雅·释诂》。[5]《仪礼·燕礼》也说：“阍人为大烛于门外。”[6]大烛即坟烛，故此说亦通。司烜氏与阍人为官联。《阍人》：“大祭祀、丧纪之事，设门燎。”郑玄注：“燎，地烛也。”[7]门燎即坟烛，说明门外坟烛是树于地上的。按照郑玄注，庭燎与坟烛一样，亦树于地上。贾公彦曰：“于门内，在庭中，故谓之庭燎。庭燎与大烛亦一也。”[8]《国语·周语上》载周襄王使太宰文公与内史兴赐命于晋文公，“馆诸宗庙，馈九牢，设庭燎”[9]。《周语中》载宗庙举行宾礼时

1 （清）孙诒让：《周礼正义》（第 12 册），北京：中华书局，1987 年，第 2912 页。
2 （清）孙诒让：《周礼正义》（第 12 册），北京：中华书局，1987 年，第 2912 页。
3 （清）孙诒让：《周礼正义》（第 12 册），北京：中华书局，1987 年，第 2912 页。
4 （清）孙诒让：《周礼正义》（第 12 册），北京：中华书局，1987 年，第 2912 页。
5 （清）阮元校刻：《十三经注疏》（下册），北京：中华书局，1980 年，第 2568 页。
6 （清）阮元校刻：《十三经注疏》（下册），北京：中华书局，1980 年，第 1024 页。
7 （清）孙诒让：《周礼正义》（第 2 册），北京：中华书局，1987 年，第 547 页。
8 （清）孙诒让：《周礼正义》（第 12 册），北京：中华书局，1987 年，第 2913 页。
9 上海师范大学古籍整理研究所校点：《国语》，上海：上海古籍出版社，1998 年，第 40–41 页。

“火师监燎”。韦注：“火师，司火。燎，庭燎也。”[1]《仪礼·士丧礼》：“宵为燎于中庭。”[2]皆与《周礼》相类。

《周礼》天子宗庙祭祀坟烛和庭燎之制可考其大略。对于庭燎的数目及设置方式，贾公彦认为天子庭燎“或以百般一处设之，或百处设之”[3]。这是说庭燎或者百炬束于一处，或者分列于庭。天子百炬之说，皆据《礼记·郊特牲》“庭燎之百，由齐桓公始也”。郑玄注：“僭天子也。”[4]孙诒让曰：“当以百炬分列为正。门燎之数当减于庭，或无百炬也。”[5]庭燎所用材料和制作方法。贾公彦曰：“依慕容所为，以苇为中心，以布缠之，饴蜜灌之，若今腊烛。”[6]即用布缠绕苇草，再涂上蜂蜡。据《吕氏春秋·本味》，商汤为伊尹举行祓除之礼时曾“爝以爟火”[7]。《说文·火部》：“爝，苣火祓也。”段注：“苣，束苇烧之也。祓，除恶之祭也。”《火部》：“举火曰爟。”[8]按照许说，这里的火炬就是用苇草制作而成的。段玉裁曰：“古者烛多用苇。”“古烛盖以薪蒸为之，麻蒸亦其一端，麻蒸，其易然者。”[9]因此坟烛、庭燎是以易燃的苇草或麻秆为主要材料的。

2. 手执之烛

《周礼》天子宗庙祭祀还会用到手执的烛。首先是为王出入所执的烛。《宫正》：“凡邦之事跸宫中庙中，则执烛。”郑玄注：“事，祭事也。

1 上海师范大学古籍整理研究所校点：《国语》，上海：上海古籍出版社，1998 年，第 71、73 页。

2 （清）阮元校刻：《十三经注疏》（上册），北京：中华书局，1980 年，第 1137 页。

3 （清）孙诒让：《周礼正义》（第 12 册），北京：中华书局，1987 年，第 2913 页。

4 （清）阮元校刻：《十三经注疏》（下册），北京：中华书局，1980 年，第 1447 页。

5 （清）孙诒让：《周礼正义》（第 12 册），北京：中华书局，1987 年，第 2913 页。

6 （清）孙诒让：《周礼正义》（第 12 册），北京：中华书局，1987 年，第 2913 页。

7 （战国）吕不韦著，陈奇猷校注：《吕氏春秋新校释》（上册），上海：上海古籍出版社，2002 年，第 745 页。

8 （清）段玉裁：《说文解字注》，北京：中华书局，2013 年，第 491 页。

9 （清）段玉裁：《说文解字注》，北京：中华书局，2013 年，第 488 页。

邦之祭社稷，七祀于宫中，祭先公、先王于庙中，隶仆掌跸止行者，宫正则执烛以为明。”[1] 贾公彦说执烛乃是黎明时分为王照明，孙诒让又以《礼记 · 祭义》郊祀时“周人祭日，以朝以闇”为证，指出宗庙祭祀早晚时都应执烛。[2] 祭祀仪节颇多，昼之不足，自然继之以夜。《仪礼 · 燕礼》：“宵则庶子执烛于阼阶上，司宫执烛于西阶上。”[3]可作为“继之以夜”的参照。孙诒让说此处司宫为宫人，庶子也隶属于宫正[4]，并认为小烛也是司烜氏所供。[5]

其次是天府之官为行礼者进行盥洗而执烛。《周礼 · 春官 · 天府》：“凡吉凶之事，祖庙之中沃盥，执烛。”郑玄注：“吉事，四时祭也。凶事，后王丧朝于祖庙之奠。”[6]经文所谓“祖庙”及郑玄对吉凶之事的解释只是大致而言，其实但凡天子宗庙祭祀，皆有浇水洗手的清洁之举。贾公彦曰：“他官在祖庙中沃盥夙兴时，则天府之官与之执烛为明。他官在祖庙中沃盥者，谓《小祝》云大祭祀沃尸盥，《小臣》大祭祀沃王盥。此二官所沃盥在祖庙中，则天府为之执烛。”孙诒让又补充了行祼礼时郁人沃盥之事，指出天府之官也要为其执烛。[7]《郁人》：“凡祼事，沃盥。”[8] 即指此事。

《周礼》天子宗庙祭祀用烛特别是坟烛和庭燎，除照明外还有驱除邪祟的功能。《吕氏春秋 · 本味》：“汤得伊尹，祓之于庙，爝以爟火。”[9]说的是在神圣的宗庙中燃火来祛除伊尹身上的污秽之气。睡虎地秦简《日书》也有燃火祛邪的记载：“夏大暑，室无故而寒，幼龙处之。取牡棘炮室

1 （清）孙诒让：《周礼正义》（第 1 册），北京：中华书局，1987 年，第 224 页。
2 （清）孙诒让：《周礼正义》（第 1 册），北京：中华书局，1987 年，第 226 页。
3 （清）阮元校刻：《十三经注疏》（上册），北京：中华书局，1980 年，第 1024 页。
4 （清）孙诒让：《周礼正义》（第 1 册），北京：中华书局，1987 年，第 224 页。
5 （清）孙诒让：《周礼正义》（第 12 册），北京：中华书局，1987 年，第 2912 页。
6 （清）孙诒让：《周礼正义》（第 6 册），北京：中华书局，1987 年，第 1568 页。
7 （清）孙诒让：《周礼正义》（第 6 册），北京：中华书局，1987 年，第 1568 页。
8 （清）孙诒让：《周礼正义》（第 6 册），北京：中华书局，1987 年，第 1492 页。
9 （战国）吕不韦著，陈奇猷校注：《吕氏春秋新校释》（上册），上海：上海古籍出版社，2002 年，第 745 页。

中，龙去矣。”[1]在室内燃烧牡棘这种植物就能达到驱除幼龙这种邪物的效果。北大秦简《祓除》篇载上帝乔子教授工祝祓除之法，有“所以祓者，取熊熊之火”之语。[2]据此，秦代保留着用火祛邪的习俗。《周礼》天子宗庙祭祀用烛亦当体现了燃火祛邪的观念。

世界其他民族也有使用燃火驱除不祥的习俗，可作为《周礼》天子宗庙祭祀使用燃烛祛邪的旁证。古罗马小孩在初生时，苏格兰小孩在受洗礼前，都要在身旁燃火；赫布里底群岛（Hebrides）的人们有一成语“自火来的无恶物”[3]。“南美洲的印第安人当走到黑暗中去的时候，由于害怕恶魔同样带着火把。在马来半岛，土著人在产妇旁边点起火，为的是不让恶魔接近他。”而“印度人甚至在白天里也点着灯，为的是驱出恶魔。”[4]虽然以上所列世界各民族用火的场合不尽相同，但可看出火能驱邪的净化观念具有一定的普遍性。在印度吠陀时代，祭祀的场所也需要燃火以圣化，而且火是通过摩擦获得的（按：类似于明火的获得方式），如此才是崭新的。“这些情形下存在一种魔法力量，可以拒斥恶灵、毒咒、魍魅”[5]。

二、祭服

《周礼》中天子宗庙祭祀祭服的记载涉及两类问题：第一，王、王后、其他助祭者以及尸的各种等级祭服；第二，服贡制度与祭服的制作。

---

1 睡虎地秦墓竹简整理小组编：《睡虎地秦墓竹简》，北京：文物出版社，1990 年，第 212 页。

2 田天：《北大秦简〈祓除〉初识》，《简帛》（第 8 辑），2013 年。关于工祝，席涵静认为可能是“祝官中善于以歌唱诵祝辞者”，参见席涵静：《周代祝官研究》，台北：励志出版社，1978 年，第 24 页。

3 林惠祥：《文化人类学》，上海：上海古籍出版社，2013 年，第 214 页。

4 ［英］爱德华·泰勒著，连树声译：《原始文化》，上海：上海文艺出版社，1992 年，第 649 页。

5 ［法］马塞尔·莫斯、昂利·于贝尔著，杨渝东、梁永佳、赵丙祥译：《巫术的一般理论　献祭的性质与功能》，桂林：广西师范大学出版社，2007 年，第 188-189 页。

由于衣服是反映一个人身份和地位的直观方式，关乎君臣之别、等级之差，所以受到了统治者的高度重视。《礼记·王制》："变礼易乐者为不从，不从者君流；革制度衣服者为畔，畔者君讨。"孔颖达甚至称"制度衣服"为"政治之急"[1]。国家对衣服的严苛规范可见一斑。在所有衣服中又以祭服最为重要，故《周礼·春官·司服》述及衣服制度时首言祭服[2]；《王制》有"燕衣不踰祭服"之说[3]，即"燕衣常用而踰祭服，嫌于事神"[4]；《月令》直接指出郊庙祭服"以别贵贱等给（级）之度"[5]。表明在古人的观念里，祭服重于其他衣服，是体现社会等级的重要方式。

（一）各种等级的祭服

《周礼》天子宗庙祭祀有不同等级的参与者，所穿祭服也打上了鲜明的等级烙印。小宗伯负责辨别祭服的等级。《小宗伯》："辨吉凶之五服、车旗、宫室之禁。"[6]所谓"吉"，指包括祭祀在内的吉事。郑玄注："五服，王及公、卿、大夫、士之服。"孙诒让曰："吉凶五服，谓以爵次为差，吉凶皆有此五等，与丧服五服异。"[7]也就是说，根据地位的不同，祭服分为五个等级。

1. 天子的祭服

《周礼》天子参加宗庙祭祀的祭服有衮冕和鷩冕两种，它们都包括冕、衣裳和屦三个组成部分。《司服》："享先王则衮冕，享先公、飨、射

1 （清）阮元校刻：《十三经注疏》（上册），北京：中华书局，1980 年，第 1328 页。
2 （清）孙诒让：《周礼正义》（第 6 册），北京：中华书局，1987 年，第 1620 页。
3 （清）阮元校刻：《十三经注疏》（上册），北京：中华书局，1980 年，第 1337 页。
4 （清）皮锡瑞：《王制笺》,《清经解四编》（第 7 册），刘晓东、杜泽逊编，济南：齐鲁书社，2015 年，第 292 页。
5 （清）阮元校刻：《十三经注疏》（上册），北京：中华书局，1980 年，第 1371 页。
6 （清）孙诒让：《周礼正义》（第 5 册），北京：中华书局，1987 年，第 1436 页。
7 （清）孙诒让：《周礼正义》（第 5 册），北京：中华书局，1987 年，第 1436 页。

则鷩冕。”[1]祭祀先王用衮冕，祭祀先公用鷩冕。对于天子宗庙祭祀设有两种祭服的原因，戴震说：“《士虞礼记》曰：‘尸服卒者上服。’天子庙享，尸服有衮冕、鷩冕之殊，则天子不敢一服衮冕。”[2]孙诒让曰：“周先王先公，自文王以上，至后稷，皆在夏商之世，尸上服当以夏收殷冔，今周既易以冕服，故享先王服九章之衮冕，降于祀天之服，享先公又降之，则服鷩冕也。”[3]先王与先公曾经的衣服不一样，代表他们的尸所穿的衣服自然也随之有所区别。故而天子效仿尸服，专门设有两种宗庙祭祀的冕服。

（1）天子之冕

《周礼》对天子之冕的样式有比较详细的记载。《弁师》：“玄冕、朱里，延，纽，五采缫十有二就，皆五采玉十有二，玉笄，朱纮。”[4]这里涉及天子之冕的组件包括延、纽、旒、玉珠、玉笄、朱纮。此外还有玉瑱。

延

延是指冕上的长方形木板。郑玄曰：“延，冕之覆，在上，是以名焉。”[5]孙诒让曰：“延覆冕上，前后引出而长，故名为延，《尔雅·释诂》云‘延，长也’，即其义也。”[6]对延在冕中的位置以及得名缘由作了很好的解说。《白虎通义·绋冕》：“冕所以前后邃延者何？示进贤退不能也。”[7]说出了延的寓意。贾公彦曰：“古者绩麻三十升布，染之，上以玄，下以朱，衣之于冕之上下，云延者，即是上玄者也。”叔孙通《汉礼器制

---

1 （清）孙诒让：《周礼正义》（第6册），北京：中华书局，1987年，第1620页。
2 （清）孙诒让：《周礼正义》（第6册），北京：中华书局，1987年，第1622页。
3 （清）孙诒让：《周礼正义》（第6册），北京：中华书局，1987年，第1622页。
4 （清）孙诒让：《周礼正义》（第10册），北京：中华书局，1987年，第2522–2527页。
5 （清）孙诒让：《周礼正义》（第10册），北京：中华书局，1987年，第2522–2527页。
6 （清）孙诒让：《周礼正义》（第10册），北京：中华书局，1987年，第2525页。
7 （清）陈立撰，吴则虞点校：《白虎通疏证》（下册），北京：中华书局，1994年，第499页。

度》曰："凡冕以版，广八寸，长尺六寸，以此上玄下朱覆之。"[1]孔颖达曰："（冕）盖以木为干，而以布衣之。上玄下朱，取天地之色。"[2]以上可以得出三个信息：第一，延是以长方形的木版为之。[3]第二，《周礼·夏官·弁师》所载"玄冕"，说明延上面的麻布是玄色的。《毛传》："玄，黑而有赤也。"[4]玄色即赤黑色。第三，《弁师》所言"朱里"，是说延下面的麻布为朱色。

延上玄下朱象征着天地之色，这是古人制礼法天地思维的体现。金鹗曰："冕服，玄衣纁裳，以象天地。五冕皆用玄色之布覆其上，而纁其里，亦象天地之色。《弁师》'玄冕朱里'，朱当是黄朱，即纁色也。地色多黄，纯朱非所以象地，故古人象天地皆用玄纁。《穀梁》僖三年疏'冕上玄下纁'，可知《弁师》朱即纁也。"孙诒让从其说，并增加了证据。他说："朱里，《玉藻》注亦作'纁里'，《释名》又云'纁下'。依郑《士冠礼》注义，纁为三入，朱为四入，深浅小别，色大同也。"[5]《毛传》："朱，深纁也。"[6]亦为一证。至于《管子·轻重己》所载天子冕色则随着时节更替而有相应变化[7]，这一说法应是受到了战国时五行说泛化的影响，故而孙诒让指其"于礼无文，不为典要"[8]。

纽

纽是指连接于延的下面而垂于冠卷两旁的有孔之物。郑玄曰："纽，

---

1 （清）孙诒让：《周礼正义》（第10册），北京：中华书局，1987年，第2523页。

2 （清）阮元校刻：《十三经注疏》（下册），北京：中华书局，1980年，第1741页。

3 李贤和聂崇义说冕"前圆后方"，按此，延的长方形木版是前圆后方。（刘宋）范晔撰，（唐）李贤等注：《后汉书》（第1册），北京：中华书局，1965年，第100页；（宋）聂崇义纂辑，丁鼎点校、解说：《新定三礼图》，北京：清华大学出版社，2006年，第9页。

4 （清）王先谦撰，吴格点校：《诗三家义集疏》（上册），北京：中华书局，1987年，第514页。

5 （清）孙诒让：《周礼正义》（第10册），北京：中华书局，1987年，第2523页。

6 （清）王先谦撰，吴格点校：《诗三家义集疏》（上册），北京：中华书局，1987年，第514页。

7 马非百：《管子轻重篇新诠》（下册），北京：中华书局，1979年，第726–742页。

8 （清）孙诒让：《周礼正义》（第10册），北京：中华书局，1987年，第2524页。

小鼻在武上，笄所贯也。今时冠卷当簪者，广袤以冠縰，其旧象与？”[1]所谓“武”，郑玄说是冠卷[2]，也就是延下的筒状之物。张惠言曰：“冕武之色无文，约以玄缯为之。”[3]张氏所言武用缯，是就纯冕而言，其实还应与延相同，皆用麻布，但武有玄色是正确的。孙诒让进一步认为：“武盖亦玄表而朱里，与延色同。”[4]根据郑玄注，“纽”在武上，可称为小鼻。《说文·糸部》：“纽，系也。”《金部》：“钮，印鼻也。”[5]孙诒让据此指出：“凡器物之有空窍可穿丝者，并得称鼻。冕鼻谓之纽，犹印鼻谓之钮也。”[6]孙诒让曰：“纽之材盖与延同。”[7]林尹则直接持肯定的观点。[8]则纽为有孔的麻布。

纽的位置和用途。贾公彦曰：“纽者，缀于冕，两旁垂之，武两旁作孔，以笄贯之，使得其牢固也。”戴震曰：“延有纽，自延左右垂，笄贯之以为固。”[9]纽与延的下面相连接，垂于武的两旁，与武上的两孔正合，用笄贯穿其间，可起到加固的作用。

旒和玉珠

冕延的前端悬有五彩丝绳旒，旒上贯有五彩玉珠。《周礼·夏官·弁师》：“五采缫十有二就，皆五采玉十有二。”[10]郑玄和贾公彦都读为：“五采缫十有二，就皆五采玉十有二。”郑玄注：“缫，杂文之名也。合五采丝为之绳，垂于延之前后，各十二，所谓邃延也。就，成也。绳之每一帀而贯五采玉，十二斿则十二玉也。每就间盖一寸。”“缫不言皆，有不

1 （清）孙诒让：《周礼正义》（第 10 册），北京：中华书局，1987 年，第 2523 页。
2 （清）阮元校刻：《十三经注疏》（下册），北京：中华书局，1980 年，第 1476 页。
3 （清）孙诒让：《周礼正义》（第 10 册），北京：中华书局，1987 年，第 2524 页。
4 （清）孙诒让：《周礼正义》（第 10 册），北京：中华书局，1987 年，第 2524 页。
5 （清）段玉裁：《说文解字注》，北京：中华书局，2013 年，第 660、713 页。
6 （清）孙诒让：《周礼正义》（第 10 册），北京：中华书局，1987 年，第 2525 页。
7 （清）孙诒让：《周礼正义》（第 10 册），北京：中华书局，1987 年，第 2526 页。
8 林尹：《周礼今注今译》，北京：书目文献出版社，1985 年，第 329 页。
9 （清）孙诒让：《周礼正义》（第 10 册），北京：中华书局，1987 年，第 2525–2526 页。
10 （清）孙诒让：《周礼正义》（第 10 册），北京：中华书局，1987 年，第 2527 页。

皆者。此为衮衣之冕十二斿，则用玉二百八十八。鷩衣之冕缫九斿，用玉二百一十六。”贾公彦曰：“此据衮冕而言，谓合五采丝为藻绳十二道，为十二旒也。就皆五采玉十有二者，此各据一旒而言，玉有五色，以青赤黄白黑于一旒之上，每玉间相距一寸，十二玉则十二寸，就，成也。以一玉为一成，结之，使不相并也。”[1]郑、贾认为，经文所言专指衮冕，五彩丝合成的绳子垂在延的前后两端，各有十二旒，每一旒都贯有五彩玉珠十二颗，每一颗的间距是一寸，共有二百八十八颗玉珠，鷩冕则有所递减。金鹗和朱大韶等则以“五采缫十有二就”为句。金鹗曰：“经蒙上王之五冕立文，不得专明一冕。”朱大韶曰：“经于玉无言就者。”[2]皆有道理。《礼记·玉藻》：“天子玉藻，十有二旒。”[3]并未言及专属何冕，那么衮冕与鷩冕皆为十二旒。江永和金榜等学者还对前后有旒说提出了质疑，认为只有前旒。[4]《大戴礼记·子张问入官》：“古者冕而前旒。”[5]《淮南子·主术》：“古之王者，冕而前旒。”[6]皆为证据。黄世发、吕思勉和钱玄都认为后旒无义可取。[7]焦廷琥虽然指出郑玄是用欧阳氏之说，认为“其说自非无据”，但也没有充分的理由否定江永和金榜的观点。[8]因此，衮冕和鷩冕的玉珠数目当皆为郑玄所言一半，凡一百四十四颗。

《周礼》王冕之旒的数目为十二，每旒分别贯有十二颗玉珠，都是对

---

1 （清）孙诒让：《周礼正义》（第 10 册），北京：中华书局，1987 年，第 2527 页。
2 （清）孙诒让：《周礼正义》（第 10 册），北京：中华书局，1987 年，第 2527 页。
3 （清）阮元校刻：《十三经注疏》（下册），北京：中华书局，1980 年，第 1473 页。
4 （清）孙诒让：《周礼正义》（第 10 册），北京：中华书局，1987 年，第 2530-2531 页。
5 （清）王聘珍撰，王文锦点校：《大戴礼记解诂》，北京：中华书局，1983 年，第 141 页。
6 何宁：《淮南子集释》（中册），北京：中华书局，1998 年，第 606 页。
7 （清）黄世发：《群经冠服图考》，《清经解四编》（第 7 册），刘晓东、杜泽逊编，济南：齐鲁书社，2015 年，第 319、323 页；钱玄、钱兴奇编著：《三礼辞典》，南京：江苏古籍出版社，1998 年，第 705 页；吕思勉：《中国制度史》，上海：上海三联书店，2009 年，第 117 页。
8 （清）焦廷琥：《冕服考》，刘晓东、杜泽逊编：《清经解四编》（第 7 册），济南：齐鲁书社，2015 年，第 376-377 页。

天数的效法。《左传》哀公七年载鲁国大夫子服景伯曰："周之王也，制礼，上物不过十二，以为天之大数也。"[1]天子之数不能超过天数，还要与臣下有等级之差，这是制礼的一个原则。

《周礼》王冕前端有旒，蕴含着人君应当宽容臣民的道理。《大戴礼记·子张问入官》："古者冕而前旒，所以蔽明也。"[2]《晏子春秋·外篇》："冕前有旒，恶多所见也。"[3]《淮南子·主术》："古之王者，冕而前旒，所以蔽明也。"[4]《白虎通义·绋冕》："垂旒者，示不视邪，纩塞耳，示不听谗也。故水清无鱼，人察无徒，明不尚极知下。"[5]旒是用来遮挡视线的，对于人君而言，过于明察就没有了追随者。所以看见了就当没看见，对臣民不求全责备，要有宽容的态度，体现的是为君之道。

玉笄和朱纮

玉笄是冕上的玉簪，朱纮是系于玉笄上的朱色丝带。郑玄曰："朱纮，以朱组为纮也。纮一条，属两端于武。"[6]《说文·糸部》："纮，冠卷维也。"[7]纮是一种朱色的丝带，用来系在武的两端。对于郑玄所谓"属两端于武"，贾公彦解释说："此言属武者，据笄贯武，故以武言之，其实在笄。"朱纮的一头系在玉笄的左端，一头绕过面颊之下，再系于玉笄的右端，也是用于固定冕的。[8]

玉瑱

玉瑱是悬挂在冕玉笄之上用于塞耳的组件。《周礼·夏官·弁师》："诸

1 杨伯峻编著：《春秋左传注》（第4册），北京：中华书局，1990年，第1640–1641页。
2 （清）王聘珍撰，王文锦点校：《大戴礼记解诂》，北京：中华书局，1983年，第141页。
3 吴则虞：《晏子春秋集释》（下册），北京：中华书局，1982年，第452–453页。
4 何宁：《淮南子集释》（中册），北京：中华书局，1998年，第606–607页。
5 （清）陈立撰，吴则虞点校：《白虎通疏证》（下册），北京：中华书局，1994年，第499页。
6 （清）孙诒让：《周礼正义》（第10册），北京：中华书局，1987年，第2527页。
7 （清）段玉裁：《说文解字注》，北京：中华书局，2013年，第659页。
8 （清）孙诒让：《周礼正义》（第10册），北京：中华书局，1987年，第2529页。

侯之缫斿九就，瑉玉三采，其余如王之事。缫斿皆就，玉瑱，玉笄。”郑玄注：“玉瑱，塞耳者。”[1]诸侯之冕有塞耳朵用的玉。贾公彦曰：“王不言玉瑱，于此言之者，王与诸侯互见为义。”[2]聂崇义也认为王冕有玉瑱。[3]清人还有进一步的分析。金鹗曰：“古者冕弁，上有笄，下有瑱，笄所以固定冕弁，亦以县瑱也。”[4]孔广森曰：“王之冕言纮，不言瑱，诸侯又无纮，皆文不备。其瑱，天子亦以玉矣。”[5]玉瑱是悬挂在冕玉笄之上的玉制组件。

《周礼》王冕的玉瑱也蕴含着人君宽容臣民的道理。《大戴礼记·子张问入官》：“统絖塞耳，所以弇听也。”王聘珍曰：“塞犹充也，塞耳即充耳也。以纩为之谓之紞，垂玉石象于末谓之瑱。以紞贯瑱，县之于耳，谓之统耳。”[6]王氏认为“统絖塞耳”指的是玉瑱。《晏子春秋·外篇》：“纩纮琉耳，恶多所闻也。”[7]《淮南子·主术》：“黈纩塞耳，所以掩聪。”[8]《白虎通义·绋冕》：“纩塞耳，示不听谗也。故水清无鱼，人察无徒，明不尚极知下。”[9]玉瑱是用来填塞耳朵的，人君对于臣民应有的态度是，有的听到了，就当没有听到，同王冕有旒一样，对臣民不求全责备，要持有宽容的态度。叶舒宪则认为以玉为耳饰的功能是“模拟神灵”“通天和通神”[10]。这种说法轻易忽略了古代文献中的记载，忽视了周代礼乐文

1 （清）孙诒让：《周礼正义》（第10册），北京：中华书局，1987年，第2531页。
2 （清）孙诒让：《周礼正义》（第10册），北京：中华书局，1987年，第2532页。
3 （宋）聂崇义纂辑，丁鼎点校、解说：《新定三礼图》，北京：清华大学出版社，2006年，第12页。
4 （清）孙诒让：《周礼正义》（第10册），北京：中华书局，1987年，第2527页。
5 （清）孙诒让：《周礼正义》（第10册），北京：中华书局，1987年，第2528页。
6 （清）王聘珍撰，王文锦点校：《大戴礼记解诂》，北京：中华书局，1983年，第141页。
7 吴则虞：《晏子春秋集释》（下册），北京：中华书局，1982年，第452-453页。
8 何宁：《淮南子集释》（中册），北京：中华书局，1998年，第606-607页。
9 （清）陈立撰，吴则虞点校：《白虎通疏证》（下册），北京：中华书局，1994年，第499页。
10 叶舒宪：《珥蛇与珥玉：玉耳饰起源的神话背景——四重证据法的玉文化发生研究》，《百色学院学报》2012年第1期。

化具有的现实主义精神，而从神秘主义的角度给出了解释，恐怕还需要进一步考虑。

（2）天子衣裳

天子在宗庙祭祀中所穿冕服的衣裳为玄纁之色。《周礼·天官·染人》："掌染丝帛。凡染，春暴练，夏纁玄，秋染夏，冬献功。"郑玄注："玄纁者，天地之色，以为祭服。"[1]祭服的材料是染丝为玄纁二色而织成的帛，玄纁亦是效法天地之色。郑玄曰："凡冕服皆玄衣纁裳。"[2]《毛传》亦曰："祭服，玄衣纁裳。"[3]孔颖达曰："乾为天，坤为地，天色玄，地色黄，故玄以为衣，黄以为裳。土托于南方，南方故云用纁，是祭服用玄衣、纁裳之义。"[4]将玄衣纁裳的寓意说得非常明白了。

《周礼》天子在宗庙祭祀中所穿衮冕和鷩冕的衣裳，皆有数量不等的绘绣图案，古人称之为"章"。郑玄曰：

冕服九章，登龙于山，登火于宗彝，尊其神明也。九章，初一曰龙，次二曰山，次三曰华虫，次四曰火，次五曰宗彝，皆画以为缋；次六曰藻，次七曰粉米，次八曰黼，次九曰黻，皆希以为绣：则衮之衣五章，裳四章，凡九也。鷩画以雉，谓华虫也，其衣三章，裳四章，凡七也。[5]

天子祭祀先王的衮冕有九章，祭祀先公的鷩冕有七章。衮冕之衣为五章，绘有龙、山、华虫、火、宗彝；其裳为四章，绣有藻、粉米、黼、黻。鷩冕之衣为三章，绘有华虫、火、宗彝；其裳为四章，绣有藻、粉

1 （清）孙诒让：《周礼正义》（第 2 册），北京：中华书局，1987 年，第 603 页。
2 孙诒让：《周礼正义》（第 6 册），北京：中华书局，1987 年，第 1621 页。
3 （清）王先谦撰，吴格点校：《诗三家义集疏》（上册），北京：中华书局，1987 年，第 514 页。
4 （清）王先谦撰，吴格点校：《诗三家义集疏》（上册），北京：中华书局，1987 年，第 515 页。
5 （清）孙诒让：《周礼正义》（第 6 册），北京：中华书局，1987 年，第 1620-1621 页。

米、黼、黻。衣、裳有绘、绣之别。孔颖达曰："画色轻，故在衣以法天；绣色重，故在裳以法地也。"[1] 绘、绣是取法天地阴阳之义。

天子冕服上的图案都有各自的象征意义。衮冕得名是因以龙为首章。郑司农曰："衮，卷龙衣也。"[2]《诗·豳风·九罭》："衮衣绣裳。"《毛传》："衮衣，卷龙也。"[3]《礼记·玉藻》："龙卷以祭。"郑玄注："祭先王之服也。""龙卷，画龙于衣，字或作衮。"[4] 孙诒让说，卷龙谓在衣服上画有卷曲形的龙。[5] 卷龙具体的形态有升龙和降龙。升龙是昂首向上的龙，降龙是头朝下的龙。龙的寓意，郑玄说"尊其神"。贾公彦释"神"为"取其能变化"[6]。周锡保说龙"象征人君的应机布教而善于变化"[7]。衮冕第二章为山。贾公彦曰："取其人所仰。"[8]孔颖达曰："山者，安静养物。"[9]山安静而蕴藏万物，在物质上能够惠及于人。衮冕第三章、鷩冕第一章为华虫。衮冕上所绘华虫为有五色文采的虫类，鷩冕上所绘华虫则为雉。雉在古人的认识中还有更深层的涵义。孔颖达曰："雉也，取其文采，又性能耿介。"[10]雉在礼仪中象征着为人正直，将其绘于祭服之上，表达着对正直气节的推崇。刘新民从语言文字的角度另创新见，认为"华虫"既非五色虫又非雉，而是色彩华丽而富有神力的"虹"[11]，可备一说。衮冕第四章、鷩冕第二章为火。《考工记·画缋》："火以圜。"郑司农注："为圜形似火

1 （清）阮元校刻：《十三经注疏》（上册），北京：中华书局，1980 年，第 1374 页。
2 （清）孙诒让：《周礼正义》（第 6 册），北京：中华书局，1987 年，第 1620 页。
3 （清）王先谦撰，吴格点校：《诗三家义集疏》（上册），北京：中华书局，1987 年，第 543 页。
4 （清）阮元校刻：《十三经注疏》（下册），北京：中华书局，1980 年，第 1473 页。
5 （清）孙诒让：《周礼正义》（第 6 册），北京：中华书局，1987 年，第 1626 页。
6 （清）孙诒让：《周礼正义》（第 6 册），北京：中华书局，1987 年，第 1628 页。
7 周锡保：《中国古代服饰史》，北京：中国戏剧出版社，1984 年，第 15 页。
8 （清）孙诒让：《周礼正义》（第 6 册），北京：中华书局，1987 年，第 1628 页。
9 （清）阮元校刻：《十三经注疏》（上册），北京：中华书局，1980 年，第 1326 页。
10 （清）阮元校刻：《十三经注疏》（上册），北京：中华书局，1980 年，第 1326 页。
11 刘新民：《〈尚书·益稷〉"华虫"新考》，《考古与文物》2014 年第 4 期。

也。”郑玄注：“形如半环然。”[1]它的图像为似火的圆形或半圆形，取其明之义。

衮冕第五章、鷩冕第三章为宗彝。宗彝在这里不是指宗庙祭器，而是两种刻画于宗彝的动物形象。郑玄曰：“宗彝，谓宗庙之郁鬯樽也，故虞夏以上，盖取虎彝、蜼彝而已。”[2]所绘宗彝实为虎、蜼之象。之所以不言虎、蜼而称为宗彝，孔颖达认为是“取其美名”[3]。贾公彦曰：“虎、蜼同在于彝，故此亦并为一章也。虎取其严猛。蜼取其有智，以其卬鼻长尾，大雨则悬于树，以尾塞其鼻，是其智也。”[4]衮冕第六章、鷩冕第四章为藻。贾公彦曰：“藻，水草，亦取其有文，象衣上华虫。”[5]孔颖达又增加了清洁之义。[6]衮冕第七章、鷩冕第五章为粉米。郑玄曰：“粉米，白米也。”[7]贾公彦曰：“粉米共为一章，取其洁，亦取养人。”[8]粉米取洁净与生养之义。衮冕第八章、鷩冕第六章为黼。贾公彦曰：“黼者，白与黑作斧文，取金斧断隔之义。周以武得天下，尚武，故用黼也。”[9]衮冕第九章、鷩冕第七章为黻。贾公彦曰：“黻，黑与青，为形则两已相背，取臣民背恶向善，亦取君臣有合离之义、去就之理也。”[10]

现代学者也有将冕服纹章论证为原始图腾的。王宇清说：“设从现代民族学、社会学之观点观察，此种服章制度之起源，应是先民时代之图

1 （清）孙诒让：《周礼正义》（第13册），北京：中华书局，1987年，第3309页。
2 （清）孙星衍撰，陈抗、盛冬铃点校：《尚书今古文注疏》，北京：中华书局，2004年，第97页。
3 （清）阮元校刻：《十三经注疏》（上册），北京：中华书局，1980年，第1326页。
4 （清）孙诒让：《周礼正义》（第6册），北京：中华书局，1987年，第1628页。
5 （清）孙诒让：《周礼正义》（第6册），北京：中华书局，1987年，第1628页。
6 （清）阮元校刻：《十三经注疏》（上册），北京：中华书局，1980年，第1326页。
7 （清）孙星衍撰，陈抗、盛冬铃点校：《尚书今古文注疏》，北京：中华书局，2004年，第97页。
8 （清）孙诒让：《周礼正义》（第6册），北京：中华书局，1987年，第1628页。
9 （清）孙诒让：《周礼正义》（第2册），北京：中华书局，1987年，第416页。
10 （清）孙诒让：《周礼正义》（第6册），北京：中华书局，1987年，第1628页。

腾制度（Totemism）。”[1]尚民杰说：“十二章除黻一项尚不甚明了之外，其余十一章均与原始社会的崇拜对象有关。”认为它们是图腾崇拜的遗留。[2]蔡子谔说：“我们认为冕服审美文化中的纹饰即十二章纹饰，多是中国古代所谓‘诸夏部族’及其若干夷狄的众多图腾崇拜的遗制。”[3]崔圭顺说：“冕服所施的十二文章，很可能属于统合诸部落社会的过程当中，所接受的各部落所崇拜的图腾。”[4]对于以上诸说，阎步克已经给出了评论：“‘图腾’（totem）这个术语，用以指称某社会群体——主要是氏族——与某种动植物的特定神秘关系，可没什么证据显示十二章是特定人群的特定标志物与崇拜物。”[5]这是符合实际的。

时值冬季，为抵御严寒起见，天子参加宗庙祭祀时的祭服还要加上保暖的裘衣。《周礼·天官·司裘》：“掌为大裘，以共王祀天之服。”郑司农注：“大裘，黑羔裘，服以祀天，示质。”[6]宋绵初曰：“大裘为冬至祀天之服，其时必裘，故特言之。若他祭，则有春秋四时，故变文言衮服；倘值冬月，裘可知也。礼不表裘，大裘不裼，则大裘之上被以龙衮可知。经于祀天不言衮，享先王不言裘，互相备也。”[7]冬季气候严寒，祭服加裘是符合常理的。《礼记·玉藻》：“君子狐青裘。”郑玄注：“狐青裘盖玄衣之裘。”[8]孙诒让曰：“王衮冕以下五冕，当服狐青裘。”[9]所以天子参加宗庙祭祀时所穿衮冕和鷩冕都加有狐青裘。

1 王宇清：《冕服服章之研究》，台北：中华丛书编审委员会，1966 年，第 5 页。
2 尚民杰：《冕服十二章溯源》，《文博》1991 年第 4 期。
3 蔡子谔：《中国服饰美学史》，石家庄：河北美术出版社，2001 年，第 54 页。
4 ［韩］崔圭顺：《中国历代帝王冕服研究》，博士学位论文，上海：东华大学服装学院，2006 年，第 64 页。
5 阎步克：《服周之冕——〈周礼〉六冕礼制的兴衰变异》，北京：中华书局，2009 年，第 68 页。
6 （清）孙诒让：《周礼正义》（第 2 册），北京：中华书局，1987 年，第 491 页。
7 （清）孙诒让：《周礼正义》（第 6 册），北京：中华书局，1987 年，第 1621 页。
8 （清）阮元校刻：《十三经注疏》（下册），北京：中华书局，1980 年，第 1479 页。
9 （清）孙诒让：《周礼正义》（第 6 册），北京：中华书局，1987 年，第 1622 页。

（3）天子之屦

天子之屦是指天子参加宗庙祭祀所穿的鞋。《周礼·天官·屦人》："屦人掌王及后之服屦。为赤舄、黑舄，赤繶、黄繶；青句、素屦；葛屦。"[1]屦、舄有别。郑玄曰："复下曰舄，禪下曰屦。古人言屦以通于复。"[2]周人以舄为双层底的鞋，以屦为单层底的鞋，《屦人》言"屦"，既为通名，包括舄在内，也有专指。

繶和句皆为舄的饰物。郑玄曰："舄屦有絇、有繶、有纯者，饰也。"[3]郑司农曰："赤繶、黄繶，以赤黄之丝为下缘。"[4]繶是用赤黄之丝编织成的带子，用作鞋帮和鞋底接缝处的修饰物。句即絇，是指位于鞋头的装饰物，其"状如刀衣鼻"[5]。杨天宇说它"翘起如鼻，有孔，可穿系鞋带"[6]。絇还有特别的寓意。郑玄曰："絇谓之拘，著舄屦之头以为行戒。"贾公彦曰："言拘取自拘持为行戒者，谓使抵目不妄顾视也。"[7]这是提醒行礼者要遵守礼制，严肃对待，而不要随便环顾四周。

天子的祭服事宜由司服和节服氏共掌。《周礼·春官·司服》："司服掌王之吉凶衣服，辨其名物与其用事。"[8]司服掌管天子在吉凶之礼中所穿的衣服，辨别它们的名称、种类和用处。郑玄曰："用事，祭祀、视朝、甸、凶吊之事，衣服各有所用。"[9]孙诒让指出："此皆王执大礼、临大事之服。自六冕至冠弁服为吉服，吉礼吉事服之。"[10]天子宗庙祭祀自然属于大

1 （清）孙诒让：《周礼正义》（第 2 册），北京：中华书局，1987 年，第 620 页。
2 （清）孙诒让：《周礼正义》（第 2 册），北京：中华书局，1987 年，第 620 页。
3 （清）孙诒让：《周礼正义》（第 2 册），北京：中华书局，1987 年，第 620–621 页。
4 （清）孙诒让：《周礼正义》（第 2 册），北京：中华书局，1987 年，第 621 页。
5 （清）阮元校刻：《十三经注疏》（上册），北京：中华书局，1980 年，第 958 页。
6 杨天宇：《周礼译注》，上海：上海古籍出版社，2004 年，第 126 页。
7 （清）孙诒让：《周礼正义》（第 2 册），北京：中华书局，1987 年，第 628 页。
8 （清）孙诒让：《周礼正义》（第 6 册），北京：中华书局，1987 年，第 1620 页。
9 （清）孙诒让：《周礼正义》（第 6 册），北京：中华书局，1987 年，第 1620 页。
10（清）孙诒让：《周礼正义》（第 6 册），北京：中华书局，1987 年，第 1620 页。

礼、大事的范畴。《司服》：“凡大祭祀、大宾客，共其衣服而奉之。”郑玄注：“奉犹送也。送之于王所。”[1]贾公彦曰：“大祭祀，则中兼有小祭祀，以其皆是王亲祭，故举大而言。”[2]据此，无论祭祀规模的大小，只要是王亲自参加，司服就要将相应的祭服送到王的住处，备其穿戴。《礼记·月令》载仲秋之月天子“乃命司服具饬衣裳，文绣有恒，制有小大，度有长短”。郑玄注：“此谓祭服也。”[3]其掌理者与《周礼》“司服”之名相同。《节服氏》：“节服式掌祭祀、朝觐衮冕。”[4]天子祭服事宜还是节服氏的职责。

2. 诸臣的祭服

这里的诸臣祭服是指诸侯和诸侯之臣参加天子宗庙祭祀所穿的祭服。由于等级不同，他们的祭服也有相应的差次。《周礼·春官·司服》：“公之服，自衮冕而下如王之服；侯伯之服，自鷩冕而下如公之服；子男之服，自毳冕而下如侯伯之服。孤之服，自希冕而下如子男之服；卿大夫之服，自玄冕而下如孤之服。”郑玄注：“自公之衮冕，至卿大夫之玄冕，皆其朝聘天子及助祭之服。”[5]这里涉及的天子诸臣冕服有两类：首先是诸侯，有公、侯伯、子男三个档次；其次是诸侯国之臣，有孤和卿大夫两个档次。至于经文没有涉及王朝之臣的原因，孙诒让解释说：“此经不著王臣之服者，《典命》云：‘王之三公八命，其卿六命，其大夫四命，其衣服亦如之。’是王臣命数皆降于诸侯一等，则衣服亦约略相拟，其差次可推校而得，经固有此详略互见之例也。”[6]以王的祭服为参照，诸侯中的公可服衮冕及其以下的祭服；侯伯可服鷩冕及其以下的祭服；子男可服毳冕及其以下的祭服；诸侯国中的孤可服希冕及其以下的祭服；卿大夫

1 （清）孙诒让：《周礼正义》（第6册），北京：中华书局，1987年，第1673页。
2 （清）孙诒让：《周礼正义》（第6册），北京：中华书局，1987年，第1673页。
3 （清）阮元校刻：《十三经注疏》（上册），北京：中华书局，1980年，第1373页。
4 （清）孙诒让：《周礼正义》（第10册），北京：中华书局，1987年，第2490页。
5 （清）孙诒让：《周礼正义》（第6册），北京：中华书局，1987年，第1660页。
6 （清）孙诒让：《周礼正义》（第6册），北京：中华书局，1987年，第1663-1664页。

可服玄冕及其以下的祭服。孙诒让推断王朝之臣的服制为："三公鷩冕，加一命则衮冕；卿毳冕，孤即蒙卿，加一命则亦鷩冕；大夫希冕，士玄冕。侯国臣服，卿与大夫同；王臣之服，则卿与大夫不同，亦内外尊卑之异。"[1]

（1）诸臣之冕

诸臣之冕不存在等差，它们与王冕的区别主要在于旒和用玉的数目。《周礼·夏官·弁师》："诸侯及孤卿大夫之冕、韦弁、皮弁、弁绖，各以其等为之，而掌其禁令。"[2]此处涉及的是诸侯及其诸臣。贾公彦曰："既不别见天子之臣，文中可以兼之。"[3]冕作为助祭者身份的重要象征，都要按照他们的等级予以严格规范。诸侯之冕与王冕的形制有同有异。《弁师》："诸侯之缫斿九就，瑉玉三采，其余如王之事。缫斿皆就，玉瑱，玉笄。"[4]孙诒让曰："凡诸侯公衮冕以下，侯伯鷩冕以下，子男毳冕以下，盖同九斿、九就、九玉，无增减之差，故经云'诸侯之缫斿九就'，不云五等有异。"[5]

诸侯的冕旒共用瑉玉八十一颗。《周礼·夏官·弁师》："瑉玉三采。""瑉"又作"璑"。郑司农注："璑，恶玉名。"[6]所谓"恶玉"其实不是真玉。金鹗曰："凡经典石之似玉者，多通称玉，非必真玉也。注云恶玉玉之恶者，即石之美者，其义一也。"[7]"瑉玉三采"是指朱、白、苍三种颜色的华美石珠。诸侯之所以同天子相比少了玄黄二色，江永说是基于"不敢用天地之色也"[8]，也是细微之处体现的君臣等级之差。在数目上，郑

1 （清）孙诒让：《周礼正义》（第 6 册），北京：中华书局，1987 年，第 1665 页。
2 （清）孙诒让：《周礼正义》（第 10 册），北京：中华书局，1987 年，第 2541 页。
3 （清）孙诒让：《周礼正义》（第 10 册），北京：中华书局，1987 年，第 2541 页。
4 （清）孙诒让：《周礼正义》（第 10 册），北京：中华书局，1987 年，第 2531 页。
5 （清）孙诒让：《周礼正义》（第 10 册），北京：中华书局，1987 年，第 2532 页。
6 （清）孙诒让：《周礼正义》（第 10 册），北京：中华书局，1987 年，第 2531 页。
7 （清）孙诒让：《周礼正义》（第 10 册），北京：中华书局，1987 年，第 2535 页。
8 （清）孙诒让：《周礼正义》（第 10 册），北京：中华书局，1987 年，第 2533 页。

玄曰："用玉百六十二。"[1]这与他计算王冕用玉一样，也是认为前后有旒。其实只有前旒，按照减半的原则，诸侯用玉皆为八十一颗。

玉瑱用于塞耳。郑玄曰："玉瑱，塞耳者。"[2]玉瑱又名充耳。《诗·卫风·淇奥》："充耳琇莹。"《毛传》："充耳谓之瑱。"[3]《仪礼·士丧礼》："瑱用白纩。"郑玄注："瑱充耳，纩新绵。"[4]玉瑱有丝绳为系。《诗·齐风·著》载，士"充耳以素乎而，尚之以琼华乎而"；卿大夫"充耳以青乎而，尚之以琼莹乎而"；人君"充耳以黄乎而，尚之以琼英乎而"。郑笺："以素为充耳，谓所以县瑱者，或名为紞。织之，人君五色，臣则三色而已。此言素者，目所先见而云。尚犹饰也，饰之以琼华者，谓县紞之末，所谓瑱也。人君以玉为之琼华，石色似琼也。"[5]金鹗指出："瑱之制，县之以紞，上系于笄。紞与瑱通谓之充耳。"[6]

玉瑱可以塞耳，但一般只是作为装饰之物而垂于耳旁。《释名·释首饰》："瑱，镇也，县当耳傍，不欲使人妄听，自镇重也。或曰充耳。充，塞也；塞耳，亦所以止听也。故里语曰：'不瘖不聋，不成姑公。'"[7]"县当耳傍"意味着玉瑱实际上并未塞入耳朵，却已经表达了"不欲使人妄听"的告诫之义。

（2）诸臣衣裳

《周礼》天子宗庙祭祀中诸臣衣裳上所绘绣图案的数目不同。孙诒让曰："盖三公服鷩冕八章，孤亦服鷩冕七章，卿服毳冕六章，大夫服希冕

1 （清）孙诒让：《周礼正义》（第 10 册），北京：中华书局，1987 年，第 2531 页。
2 （清）孙诒让：《周礼正义》（第 10 册），北京：中华书局，1987 年，第 2531 页。
3 （清）王先谦撰，吴格点校：《诗三家义集疏》（上册），北京：中华书局，1987 年，第 269-270 页。
4 （清）阮元校刻：《十三经注疏》（上册），北京：中华书局，1980 年，第 1130 页。
5 （清）王先谦撰，吴格点校：《诗三家义集疏》（上册），北京：中华书局，1987 年，第 379-380 页。
6 （清）孙诒让：《周礼正义》（第 10 册），北京：中华书局，1987 年，第 2534 页。
7 （汉）刘熙撰，（清）毕沅疏证，王先谦补：《释名疏证补》，北京：中华书局，2008 年，第 162 页。

四章，上士亦服希冕而三章，中士服玄冕二章，下士亦服玄冕而一章。若然，则五冕之服章数，盖皆有奇有偶。鷩冕有七章八章，毳冕有五章六章，希冕有三章四章，玄冕有一章二章，皆奇偶兼备，乃得与命数相应。”[1]常金仓师指出：“以服章之多寡来区别尊卑上下，可能来自远古纹身的习惯，《后汉书·东夷列传》说倭人‘男子皆黥面文身，以其左右大小别尊卑之差’。等到人们制作了衣服，体纹隐而不显，势必要把体纹移植到衣服上来。”[2]这是一个合理的推测。

公所服衮冕与王的衮冕在服章方面还是有一点区别的。《仪礼·觐礼》：“侯氏裨冕。”郑玄注：“上公衮无升龙。”贾疏：“《白虎通》引传曰‘天子升龙，诸侯降龙’。以此言之，上得兼下，下不得僭上，则天子升降俱有，诸侯直有降龙而已。”[3]故孙诒让曰：“上公衮无升龙，余与王同。”[4]

按照孙诒让的推测，就天子宗庙祭祀而言，天子服衮冕祭祀先王，服鷩冕祭祀先公，助祭诸侯以及王朝之臣的祭服，理当有相应的差序，从而体现出等级。那么，当天子服衮冕九章时，诸侯中的公服鷩冕七章，侯伯服毳冕五章，子男服希冕三章；王朝的三公服毳冕六章，加一命者服鷩冕七章，卿服希冕四章，加一命者服毳冕五章，大夫服希冕三章，加一命者服希冕四章，上士服玄冕二章，中士服玄冕一章，下士服玄冕无章。当天子服鷩冕七章时，公服毳冕五章，侯伯服希冕三章，子男服玄冕一章；三公服希冕四章，加一命者服毳冕五章，卿服玄冕二章，加一命者服希冕三章，大夫服玄冕一章，加一命者服玄冕二章，士皆服玄冕无章。

（3）诸臣之屦

诸臣之屦是指诸臣参加天子宗庙祭祀所穿的鞋。《周礼·天官·屦人》：

1 （清）孙诒让：《周礼正义》（第 6 册），北京：中华书局，1987 年，第 1610 页。
2 常金仓：《周代社会生活述论》，长春：吉林人民出版社，2007 年，第 8 页。
3 （清）阮元校刻：《十三经注疏》（上册），北京：中华书局，1980 年，第 1088–1089 页。
4 （清）孙诒让：《周礼正义》（第 6 册），北京：中华书局，1987 年，第 1660 页。

“辨外内命夫命妇之命屦。”[1]“外内命夫”,《肆师》也称作“外内命男”。郑玄曰：“外命男，六乡以出也。内命男，朝廷卿大夫士也。”[2]诸臣之屦的颜色，郑玄曰：“命夫之命屦，纁屦。”孙诒让指出：“郑以命夫命屦为纁屦，专指士爵弁服言也。然此命夫当通公孤卿大夫士言之，经举屦以见舄，互文以见义。”[3]

中士及其以上天子之臣的祭服由王室提供。《周礼·春官·大宗伯》：“再命受服。”[4]郑司农注：“受服，受祭衣服，为上士。”郑玄更正曰：“王之中士亦再命。”孙诒让说，郑司农所谓“受祭衣服”，即“受助祭于君之服”。[5]据此，天子宗庙祭祀，中士及其以上天子之臣的祭服全部由王室来提供。《礼记·月令》也有这方面的信息，在孟夏之月，“蚕事毕，后妃献茧，乃收茧税”，目的是“以给郊庙之服”。郑玄注：“后妃献茧者，内命妇献茧于后妃。收茧税者，收于外命妇，外命妇虽就公桑蚕室而蚕，其夫亦当有祭服以助祭。”孔颖达谓：“夫助祭之服，当公家所为，故礼再命受服。”[6]

天子助祭诸臣祭服制度的执行是节服氏的职责。《周礼·夏官·节服氏》：“掌祭祀、朝觐衮冕，六人维王之大常。诸侯则四人，其服亦如之。”[7]曾钊曰：“盖诸侯祭祀、朝觐，则节服氏亦节适其服，故云亦如之。”[8]准此，除天子之外，节服氏也负责执行诸侯祭服的相关制度。

3. 王后与外内命妇的祭服

《周礼》天子宗庙祭祀中王后与外内命妇的祭服包括头饰、衣服和屦三个组成部分。其中头饰有副、编、次，衣服有袆衣、揄狄、阙狄、鞠

1 （清）孙诒让：《周礼正义》（第 2 册），北京：中华书局，1987 年，第 631 页。
2 （清）孙诒让：《周礼正义》（第 6 册），北京：中华书局，1987 年，第 1477 页。
3 （清）孙诒让：《周礼正义》（第 2 册），北京：中华书局，1987 年，第 631 页。
4 （清）孙诒让：《周礼正义》（第 5 册），北京：中华书局，1987 年，第 1368 页。
5 （清）孙诒让：《周礼正义》（第 5 册），北京：中华书局，1987 年，第 1368 页。
6 （清）阮元校刻：《十三经注疏》（上册），北京：中华书局，1980 年，第 1365 页。
7 （清）孙诒让：《周礼正义》（第 10 册），北京：中华书局，1987 年，第 2490–2491 页。
8 （清）孙诒让：《周礼正义》（第 10 册），北京：中华书局，1987 年，第 2492 页。

衣、展衣、缘衣，屦有黑舄、赤舄、纁屦、素屦。她们的祭服是“随其丈夫地位的高低，而有所区别的”[1]。

（1）头饰

妇人的头饰有三种，并有两个组件。《周礼·天官·追师》：“掌王后之首服，为副、编、次，追衡、笄，为九嫔及外内命妇之首服，以待祭祀、宾客。”[2]首服即头饰，副、编、次为妇人的三种头饰，它们上面都有衡和笄两个组件。

副类似于汉代的头饰步摇，走路时上面的垂珠会晃动。郑玄曰：“副之言覆，所以覆首为之饰，遗象若今步繇矣，服之以从王祭祀。”[3]《诗·鄘风·君子偕老》：“君子偕老，副笄六珈。”郑笺：“副既笄而加饰，如今步摇上饰，古之制所有，未闻。”[4]《礼记·明堂位》：“夫人副袆立于房中。”郑玄注：“副，首饰也，今之步摇是也。”[5]《释名·释首饰》：“王后首饰曰副。副，覆也，以覆首。亦言副贰也，兼用众物成其饰也。步摇，上有垂珠，步则摇动也。”[6]周代王后之副已不可知，汉代皇后参加宗庙祭祀的头饰步摇可以作为参考。司马彪《续汉书·舆服下》：“步摇以黄金为山题，贯白珠为桂枝相缪，一爵九华，熊、虎、赤羆、天鹿、辟邪、南山丰大特六兽。”[7]可见汉代步摇的底座形状如山，用黄金制成，上面有丰富的鸟兽花枝作为装饰。

编是使用他人的假发编成的发髻。郑玄曰：“编列发为之，其遗象

---

1 朱和平：《中国服饰史稿》，郑州：中州古籍出版社，2001 年，第 50 页。

2 （清）孙诒让：《周礼正义》（第 2 册），北京：中华书局，1987 年，第 607 页。

3 （清）孙诒让：《周礼正义》（第 2 册），北京：中华书局，1987 年，第 607 页。

4 （清）王先谦撰，吴格点校：《诗三家义集疏》（上册），北京：中华书局，1987 年，第 221-222 页。

5 （清）阮元校刻：《十三经注疏》（下册），北京：中华书局，1980 年，第 1489 页。

6 （汉）刘熙撰，（清）毕沅疏证，王先谦补：《释名疏证补》，北京：中华书局，2008 年，第 160 页。

7 （刘宋）范晔撰，（唐）李贤等注：《后汉书》（第 12 册），北京：中华书局，1965 年，第 3676-3677 页。

若今假紒矣。”[1]《释名·释首饰》：“编，编发为之也。”[2]汉代的假紒，孔颖达曰：“编列他发为之，假作紒形，加于首上。”[3]惠士奇说就是“假发为髻”[4]。紒即束发为髻。

次是使用自己和他人的头发合在一起而编成的发髻。郑玄曰：“次第发长短为之。”[5]《释名·释首饰》：“次，次第发也。”[6]孔颖达曰：“次者亦剃他发与己发相合为紒。”[7]次与编的区别在于，编只用他发编成发髻，而次是用己发和他发共同编成发髻。

《周礼·天官·追师》中的“衡”是指副、编、次上所用的笄，“笄”是指用于裹发的黑缯。衡、笄应连文为一物，还是各为一物，所指又如何，学者存在分歧。第一，“衡笄”为一物，即笄。郑司农曰：“衡，维持冠者。”并引《左传》桓公二年所载“衡紞纮綖”为说。[8]对于郑司农说，林颐山认为他只解释“衡”字，是“合衡笄为一”。孙诒让说所谓“维持冠者”，是以男子持冠用笄为释，而女子并无持冠之笄。[9]第二，“衡”为垂在副两旁的饰物，“笄”为玉笄。郑玄曰：“王后之衡、笄皆以玉为之。唯祭服有衡，垂于副之两旁。”[10]他认为衡、笄为二物，衡垂在副的两旁。由于郑玄说礼无明文，所以何楷、秦蕙田等学者皆从郑司农说。第三，“衡”是副、编、次上的笄，“笄”是用于裹发的黑缯。孙诒让虽然

1 （清）孙诒让：《周礼正义》（第2册），北京：中华书局，1987年，第607页。
2 （汉）刘熙撰，（清）毕沅疏证，王先谦补：《释名疏证补》，北京：中华书局，2008年，第160页。
3 （清）阮元校刻：《十三经注疏》（上册），北京：中华书局，1980年，第313页。
4 （清）孙诒让：《周礼正义》（第2册），北京：中华书局，1987年，第612页。
5 （清）孙诒让：《周礼正义》（第2册），北京：中华书局，1987年，第607页。
6 （汉）刘熙撰，（清）毕沅疏证，王先谦补：《释名疏证补》，北京：中华书局，2008年，第160页。
7 （清）阮元校刻：《十三经注疏》（上册），北京：中华书局，1980年，第313页。
8 （清）孙诒让：《周礼正义》（第2册），北京：中华书局，1987年，第607页。
9 （清）孙诒让：《周礼正义》（第2册），北京：中华书局，1987年，第609页。
10 （清）孙诒让：《周礼正义》（第2册），北京：中华书局，1987年，第607页。

也以衡、笄为二物，但他根据《仪礼·士昏礼》和《特牲馈食礼》所载妇人有持发纚笄（用于裹发的黑缯）的内容，指出《追师》之“衡”为副、编、次之笄，而“笄”是指纚笄，为妇人常服，王后首服两者皆有。[1]其说可从。

《周礼》中参加天子宗庙祭祀的妇人的头饰存在等级之差。郑玄曰：“外内命妇衣鞠衣、襢衣者服编，衣褖衣者服次。”[2]郑玄所谓“外内命妇”是广义的说法。郑司农曰：“外命妇，卿大夫之妻。”郑玄曰：“士妻亦为命妇。”“内命妇谓九嫔、世妇、女御。”[3]贾公彦曰：“周之礼，上士三命，中士再命，下士一命。”[4]则郑玄所言士妻是上士与中士之妻。此外，贾公彦说外命妇还包括三公夫人在内。[5]

（2）衣服

妇人参加天子宗庙祭祀的衣服共有六种。《周礼·天官·内司服》：“凡祭祀、宾客，共后之衣服；及九嫔世妇凡命妇，共其衣服。”[6]天子宗庙祭祀中王后的衣服有袆衣和揄狄，外内命妇的衣服有揄狄、阙狄、鞠衣、展衣和缘衣。

王后衣服

王后祭祀先王和先公所穿衣服分别为袆衣和揄狄。《周礼·天官·内司服》：“掌王后之六服，袆衣，揄狄，阙狄，鞠衣，展衣，缘衣，素沙。”郑玄注：“从王祭先王则服袆衣，祭先公则服揄翟。”[7]贾公彦曰：“郑言此者，欲见王后无外事，唯有宗庙分为二，与王祀先王衮冕、先公鷩

1 （清）孙诒让：《周礼正义》（第2册），北京：中华书局，1987年，第609-610页。
2 （清）孙诒让：《周礼正义》（第2册），北京：中华书局，1987年，第607页。
3 （清）孙诒让：《周礼正义》（第2册），北京：中华书局，1987年，第522页。
4 （清）孙诒让：《周礼正义》（第2册），北京：中华书局，1987年，第524页。
5 （清）孙诒让：《周礼正义》（第2册），北京：中华书局，1987年，第608页。
6 （清）孙诒让：《周礼正义》（第2册），北京：中华书局，1987年，第594页。
7 （清）孙诒让：《周礼正义》（第2册），北京：中华书局，1987年，第577页。

冕同差。”[1]王后不参与宫外的祭祀活动，天子宗庙祭祀在她参与的所有祭祀中最为重要，所以她的袆衣和揄狄正与天子所服衮冕和鷩冕相对应。

袆衣是指上面画有翚雉的衣服。郑司农曰：“袆衣，画衣也。”并引《礼记·祭统》“君卷冕立于阼，夫人副袆立于东房”证其与卷冕（衮冕）相应。[2]郑司农所谓袆衣为画衣，是说袆衣上有图画。贾公彦曰：“知画衣者，以王之冕服而衣画，故知后衣画也。”[3]也是与王的冕服相互比照。《说文·衣部》：“《周礼》曰王后之服袆衣，谓画袍。”[4]许说与郑司农说相合。刘熙说具体图画是翚雉。《释名·释衣服》：“王后之上服曰袆衣，画翚雉之文于衣也。伊洛而南，雉素质五色皆备成章曰翚。”[5]《说文·羽部》亦曰：“伊雒而南雉五采皆备曰翚。”[6]郑玄曰：“狄当为翟。翟，雉名，伊雒而南，素质，五色皆备成章曰翚；江淮而南，青质，五色皆备成章曰摇。王后之服，刻缯为之形而采画之，缀于衣以为文章。”认为“袆衣画翚”[7]。郑玄也认为图画是五种颜色皆备的翚雉。只是按照他的说法，首先要用缯帛制作出翚雉的形状并着以五色，然后再装饰在衣服上。孙诒让认为此说“不可通于男子之衮衣”[8]。袆衣当与冕服一样有画无刻。马瑞辰则认为：“袆衣不言翟，则非翟雉可知。”[9]此说只从字面推测，可信度不大，况且袆、翚可通。

揄狄是指上面画有摇雉的衣服。刘熙认为揄狄画摇雉。《释名·释衣

1 （清）孙诒让：《周礼正义》（第 2 册），北京：中华书局，1987 年，第 582 页。
2 （清）孙诒让：《周礼正义》（第 2 册），北京：中华书局，1987 年，第 577 页。
3 （清）孙诒让：《周礼正义》（第 2 册），北京：中华书局，1987 年，第 579 页。
4 （清）段玉裁：《说文解字注》，北京：中华书局，2013 年，第 395 页。
5 （汉）刘熙撰，（清）毕沅疏证，王先谦补：《释名疏证补》，北京：中华书局，2008 年，第 168 页。
6 （清）段玉裁：《说文解字注》，北京：中华书局，2013 年，第 141 页。
7 （清）孙诒让：《周礼正义》（第 2 册），北京：中华书局，1987 年，第 577 页。
8 （清）孙诒让：《周礼正义》（第 2 册），北京：中华书局，1987 年，第 579 页。
9 （清）马瑞辰撰，陈金生点校：《毛诗传笺通释》（上册），北京：中华书局，1989 年，第 171 页。

服》："摇翟，画摇雉之文于衣也。江淮而南，青质五色皆备成章曰摇。"[1] 摇翟即揄狄。郑司农等认为揄狄画羽毛。郑司农曰："褕翟，阙翟，画羽饰。"[2]《毛传》："褕翟，阙翟，羽饰衣也。"[3]《说文·衣部》："褕，褕翟，羽饰衣。"段注："褕者正字，揄者假借字也。"[4] 孙诒让曰："盖谓以采色画鸟羽，缀之衣以为饰。毛、许止云羽饰衣不言画者，文省。"[5] 郑玄坚持刻画说。他认为"揄翟画摇"，"刻缯为之形而采画之"[6]。即用缯帛制作出摇雉的形状并着上五色，然后再装饰在衣服上。孙毓反对画羽毛说："自古衣饰山、龙、华虫、藻、火，粉米及《周礼》六服，无言以羽饰衣者。羽施于旌旂盖则可，施于衣裳则否。盖附人身，动则卷舒，非可以羽饰故也。"[7] 孙诒让仍然认为揄翟与袆衣一样，皆画而不刻。[8] 那么，应以刘熙的观点为正。

袆衣与揄翟的整体颜色，一般认为分别是赤色和青色。郑玄曰："揄狄青，袆衣玄。"[9] 贾公彦指出揄狄之色是根据五行之色推出的，对应着"木色青"，五行之外，"袆衣最在上，象天色玄"[10]。揄狄之饰摇翟为青质，也正好相合。孙毓则以袆衣为赤色，孔颖达认为其理由是"以妇人尚华饰，赤为色之著"，以方色（与五行相应）推测，仍以揄狄为青。[11] 对于二说，孙诒让称许郑、贾精当，而批评孙、孔没有章法。[12] 由于经传没有

---

1 （汉）刘熙撰，（清）毕沅疏证，王先谦补：《释名疏证补》，北京：中华书局，2008 年，第 168 页。

2 （清）孙诒让：《周礼正义》（第 2 册），北京：中华书局，1987 年，第 577 页。

3 （清）王先谦撰，吴格点校：《诗三家义集疏》（上册），北京：中华书局，1987 年，第 224 页。

4 （清）段玉裁：《说文解字注》，北京：中华书局，2013 年，第 393 页。

5 （清）孙诒让：《周礼正义》（第 2 册），北京：中华书局，1987 年，第 579 页。

6 （清）孙诒让：《周礼正义》（第 2 册），北京：中华书局，1987 年，第 577 页。

7 （清）阮元校刻：《十三经注疏》（上册），北京：中华书局，1980 年，第 314 页。

8 （清）孙诒让：《周礼正义》（第 2 册），北京：中华书局，1987 年，第 581 页。

9 （清）孙诒让：《周礼正义》（第 2 册），北京：中华书局，1987 年，第 577 页。

10 （清）孙诒让：《周礼正义》（第 2 册），北京：中华书局，1987 年，第 588 页。

11 （清）阮元校刻：《十三经注疏》（上册），北京：中华书局，1980 年，第 314 页。

12 （清）孙诒让：《周礼正义》（第 2 册），北京：中华书局，1987 年，第 589 页。

明文记载，所以古人皆以五行或天地方色对服色进行推论，但这是一种先验的理论模式，是否符合周人实际，仍然值得考虑。不同于王的冕服上玄下纁，王后的衣服同色，郑玄言其寓意为“妇人尚专一，德无所兼，连衣裳不异其色”。[1] 表明王后衣服象征着德行专一。

妇人祭服画雉象征着高尚的品德。《诗·鄘风·君子偕老》：“玼兮玼兮，其之翟也。”“胡然而天也，胡然而帝也？”[2] 郑玄曰：“言其德当神明。”[3] 贾公彦理解为：“言服翟衣，尊之如天帝，比之如神明。”[4] 意谓穿翟衣者有神明之德。王先谦指其有违郑义，他说：“言服翟衣，尊事神明，必其德足当之。”[5] 王氏认为服翟衣者事奉神明，必须有足够的品德，否则就没有祭祀的资格。王说显然较贾说为胜。祭祀者的品德只有达到一定的程度，才是一个合格的祭祀者，所穿祭服，正与这种品德相合。

素沙是指衣服的白色里子。《周礼·天官·内司服》：“掌王后之六服，袆衣，揄狄，阙狄，鞠衣，展衣，缘衣，素沙。”郑司农注：“素沙，赤衣也。”[6] 他以素沙为一服，其色为赤，孙诒让认为这是理解为“以生帛为之而以丹沙染其色”[7]。《内司服》明言王后有六服而非七服，加之孙诒让说“经传凡言素者并为白，不当为赤”[8]，故郑玄另有他解。他说：“素沙者，今之白縳也。六服皆袍制，以白縳为里，使之张显。”[9]《说文·糸部》：

1 （清）孙诒让：《周礼正义》（第 2 册），北京：中华书局，1987 年，第 577 页。
2 （清）王先谦撰，吴格点校：《诗三家义集疏》（上册），北京：中华书局，1987 年，第 224、227 页。
3 （清）孙诒让：《周礼正义》（第 2 册），北京：中华书局，1987 年，第 577 页。
4 （清）阮元校刻：《十三经注疏》（上册），北京：中华书局，1980 年，第 691 页。
5 （清）王先谦撰，吴格点校：《诗三家义集疏》（上册），北京：中华书局，1987 年，第 227 页。
6 （清）孙诒让：《周礼正义》（第 2 册），北京：中华书局，1987 年，第 577 页。
7 （清）孙诒让：《周礼正义》（第 2 册），北京：中华书局，1987 年，第 580 页。
8 （清）孙诒让：《周礼正义》（第 2 册），北京：中华书局，1987 年，第 580 页。
9 （清）孙诒让：《周礼正义》（第 2 册），北京：中华书局，1987 年，第 577 页。

“縳，白鲜卮也。”段注：“縳以其质坚名之。”[1]所以素沙是由质地坚韧的丝织品制作成的白色里子。

命妇衣服

命妇的衣服有揄狄、阙狄、鞠衣、展衣和缘衣。《周礼·天官·内司服》：“辨外内命妇之服，鞠衣，展衣，缘衣，素沙。”郑玄注：“内命妇之服：鞠衣，九嫔也；展衣，世妇也；缘衣，女御也。外命妇者：其夫孤也，则服鞠衣；其夫卿大夫也，则服展衣；其夫士也，则服缘衣。三夫人及公之妻，其阙狄以下乎？侯伯之夫人揄狄，子男之夫人亦阙狄，唯二王后袆衣。”[2]就内命妇而言，不同于郑玄说，王应电认为世妇当服鞠衣，女御应服展衣。金榜也指出，按照郑玄所言九嫔、世妇、女御的衣服推测，三夫人应当服阙狄。但是根据《礼记·玉藻》“王后袆衣，夫人揄狄”的记载，应是三夫人服揄狄，九嫔服阙狄、世妇服鞠衣、女御服展衣，缘衣则是外命妇所服。[3]就三公之妻而言，陈祥道和金鹗都认为服揄狄。[4]

张惠言《妇人服表》详细罗列了命妇参加天子宗庙祭祀的服制。内命妇中，三夫人从王祭祀先王、先公服揄狄，九嫔从王后祭祀服阙狄，世妇从王后祭祀服鞠衣，女御从王后祭祀服展衣；外命妇中，三公夫人从王后祭祀服阙狄，王之孤、公之孤之妻助君祭祀服鞠衣，次国小国之卿之妻助君祭祀服鞠衣，王之卿大夫、公之卿大夫、侯伯子男之大夫之妻助君祭祀服展衣，王及侯国士之妻助君祭祀服褖（缘）衣。孙诒让认为此说“虽无明证，大较近之”。他还指出了其中的一些问题，即“惟天子三公鷩冕，夫人从后祭当揄狄”，“次国小国卿妻与大夫妻，似不宜分为二等”，

1 （清）段玉裁：《说文解字注》，北京：中华书局，2013 年，第 655 页。
2 （清）孙诒让：《周礼正义》（第 2 册），北京：中华书局，1987 年，第 590 页。
3 （清）孙诒让：《周礼正义》（第 2 册），北京：中华书局，1987 年，第 591 页。
4 （清）孙诒让：《周礼正义》（第 2 册），北京：中华书局，1987 年，第 593 页。

“天子士妻服亦不宜与侯国之士妻同”[1]。孙诒让综合诸经及前人之说，得出的服次为：“天子三公当鷩冕，妻当揄狄，则孤卿当毳冕，妻当阙狄；大夫当为絺（希）冕，妻当鞠衣；士当玄冕，妻当展衣。”[2]

由于多数经无明文，所以学者在《周礼》命妇参加天子宗庙祭祀的服制上作了不少推测，从中大致可以窥见等级之差，但与诸侯的祭服一样，妇人的祭服也有一个被忽略的问题值得注意。学者的讨论将祭祀先王和先公的祭服视为无别，如果是祭祀先公，王后、三夫人、三公夫人皆服揄狄，显示不出任何差次，这与礼制强调王后的特殊地位是相悖的。所以说，依照经文的逻辑，祭祀先公时王后服揄狄，其余妇人的祭服都须下降一等。

《周礼》中的阙狄是指上面画有雉的赤色衣服。阙狄上面的装饰有两说。第一，图画说。郑司农曰：“褕翟，阙翟，画羽饰。”[3]《毛传》：“褕翟，阙翟，羽饰衣也。”[4]郑司农认为阙狄与揄狄一样，也是在衣服上画羽为饰，但未言区别。《毛传》说同。陈祥道只是推测画有翟（雉），没用具体说明。[5]第二，刻雉说。郑玄认为阙狄是刻缯帛为雉形，直接装饰在衣服上，不再着五色，即所谓“刻而不画”[6]。《释名·释衣服》亦曰：“阙翟，翦阙缯为翟雉形以缀衣也。”[7]似与郑玄说同。与揄狄一样，孙毓亦驳郑司农说。[8]参考袆衣和揄狄的形制，阙狄是上面画有雉的衣服。阙狄的

1　（清）孙诒让：《周礼正义》（第 2 册），北京：中华书局，1987 年，第 617–618 页。
2　（清）孙诒让：《周礼正义》（第 2 册），北京：中华书局，1987 年，第 593 页。
3　（清）孙诒让：《周礼正义》（第 2 册），北京：中华书局，1987 年，第 577 页。
4　（清）王先谦撰，吴格点校：《诗三家义集疏》（上册），北京：中华书局，1987 年，第 224 页。
5　（清）王先谦撰，吴格点校：《诗三家义集疏》（下册），北京：中华书局，1987 年，第 581 页。
6　（清）孙诒让：《周礼正义》（第 2 册），北京：中华书局，1987 年，第 577 页。
7　（汉）刘熙撰，（清）毕沅疏证，王先谦补：《释名疏证补》，北京：中华书局，2008 年，第 168 页。
8　（清）阮元校刻：《十三经注疏》（上册），北京：中华书局，1980 年，第 314 页。

颜色，郑玄认为是赤色。[1]贾公彦说这是根据五行之色推出的，对应着“火色赤”[2]。孙毓有阙狄黑色说[3]，孙诒让指其“无所取法”而予以否定。[4]

《周礼》中的鞠衣是黄色衣服。郑司农曰：“鞠衣，黄衣也。”郑玄曰：“鞠衣，黄桑服也，色如鞠尘，象桑叶始生。”[5]所谓“鞠尘”，丁鼎说是酒曲所生的霉菌，颜色为淡黄。[6]那么，鞠衣的黄色如同鞠尘和初生的嫩黄桑叶。《释名·释衣服》则曰：“鞠衣，黄如鞠华色也。”[7]此说虽与郑玄说小异，但在鞠衣为黄色的认识上是一致的。据肖世孟的研究，“这种黄色应该是含赤的黄色，这种黄色接近于菊花的颜色，而桑叶初生的黄色色浅而带有绿色，应该更加接近先秦的绿色”[8]，此从其说。

《周礼》中的展衣是白色衣服。“展”字又作“襢”。《礼记·玉藻》：“一命襢衣。”《丧大记》：“世妇以襢衣。”[9]郑司农曰：“展衣，白衣也。”[10]郑玄亦曰：“展衣白。”[11]《释名·释衣服》：“襢衣，襢，坦也，坦然正白无文采也。”[12]但《毛传》曰：“礼有展衣者，以丹縠为衣。”[13]认为展衣是红色。马融之说同。[14]

---

1 （清）孙诒让：《周礼正义》（第 2 册），北京：中华书局，1987 年，第 577 页。
2 （清）孙诒让：《周礼正义》（第 2 册），北京：中华书局，1987 年，第 588 页。
3 （清）阮元校刻：《十三经注疏》（上册），北京：中华书局，1980 年，第 314 页。
4 （清）孙诒让：《周礼正义》（第 2 册），北京：中华书局，1987 年，第 589 页。
5 （清）孙诒让：《周礼正义》（第 2 册），北京：中华书局，1987 年，第 577 页。
6 （宋）聂崇义纂辑，丁鼎点校、解说：《新定三礼图》，北京：清华大学出版社，2006 年，第 53 页。
7 （汉）刘熙撰，（清）毕沅疏证，王先谦补：《释名疏证补》，北京：中华书局，2008 年，第 168 页。
8 肖世孟：《先秦色彩研究》，博士学位论文，武汉：武汉大学文学院，2011 年，第 113 页。
9 （清）阮元校刻：《十三经注疏》（下册），北京：中华书局，1980 年，第 1481、1572 页。
10 （清）孙诒让：《周礼正义》（第 2 册），北京：中华书局，1987 年，第 577 页。
11 （清）王先谦撰，吴格点校：《诗三家义集疏》（上册），北京：中华书局，1987 年，第 134 页。
12 （汉）刘熙撰，（清）毕沅疏证，王先谦补：《释名疏证补》，北京：中华书局，2008 年，第 168 页。
13 （清）王先谦撰，吴格点校：《诗三家义集疏》（上册），北京：中华书局，1987 年，第 228 页。
14 （清）阮元校刻：《十三经注疏》（上册），北京：中华书局，1980 年，第 297 页。

后世学者皆主二郑说。孔广森曰："《诗》言'瑳兮瑳兮，其之展也'。《说文》曰：'瑳，玉色鲜白。'以玉之白喻衣之白，则展衣白信矣。"[1]马瑞辰曰："古字从单、旦、亶声者，多有白义。襢之色白，取义正同。"[2]王先谦从其说。[3]展衣有"诚"的意思。郑玄曰："襢之言亶，亶，诚也。""'瑳兮瑳兮，其之展也'，下云'展如之人兮，邦之媛也'，言其行配君子。"[4]这是说服展衣的妇人，其德行要与君子相匹配。马瑞辰也说："服展衣者宜有展诚之德。"[5]王先谦曰："亶有诚义，郑又取为训意，谓服此衣者，宜顾名思义。"[6]表明展衣提醒着穿着者应有"诚"的品德。

《周礼》中的缘衣是黑色衣服。《内司服》："缘衣，素沙。"郑玄注："男子之褖衣黑，则是亦黑也。"[7]"缘"在其他文献中又作"褖"。《仪礼·士丧礼》："褖衣。"[8]《礼记·玉藻》："士褖衣。"[9]《释名·释衣服》："褖衣，褖然黑色也。"[10]

（3）屦

王后参加天子宗庙祭祀的屦为黑舄。《周礼·天官·屦人》："屦人掌王及后之服屦。为赤舄、黑舄。""辨外内命夫命妇之命屦。"[11]郑玄注："王

1 （清）孙诒让：《周礼正义》（第2册），北京：中华书局，1987年，第580页。
2 （清）马瑞辰撰，陈金生点校：《毛诗传笺通释》（上册），北京：中华书局，1989年，第175页。
3 （清）王先谦撰，吴格点校：《诗三家义集疏》（上册），北京：中华书局，1987年，第228-229页。
4 （清）孙诒让：《周礼正义》（第2册），北京：中华书局，1987年，第577页。
5 （清）马瑞辰撰，陈金生点校：《毛诗传笺通释》（上册），北京：中华书局，1989年，第175页。
6 （清）王先谦撰，吴格点校：《诗三家义集疏》（上册），北京：中华书局，1987年，第229页。
7 （清）孙诒让：《周礼正义》（第2册），北京：中华书局，1987年，第577页。
8 （清）阮元校刻：《十三经注疏》（上册），北京：中华书局，1980年，第1131页。
9 （清）阮元校刻：《十三经注疏》（下册），北京：中华书局，1980年，第1481页。
10 （汉）刘熙撰，（清）毕沅疏证，王先谦补：《释名疏证补》，北京：中华书局，2008年，第168页。
11 （清）孙诒让：《周礼正义》（第2册），北京：中华书局，1987年，第620页。

后吉服六，唯祭服有舄。玄舄为上，袆衣之舄也。下有青舄、赤舄。”[1]贾公彦曰：“袆衣玄舄，首服副，从王见先王。褕翟青舄，首服副，从王见先公。”[2]郑玄认为王后祭祀先王穿玄舄，祭祀先公穿青舄。孙诒让则主张：“袆衣玄，揄狄青，玄青与黑色并相近，当同服黑舄。”[3]由于《屦人》未提王后有玄舄和青舄，所以孙说为长。

命妇参与天子宗庙祭祀的屦。《周礼·天官·屦人》：“辨外内命夫命妇之命屦。”郑玄注：“命妇之命屦，黄屦以下。”贾疏：“以其外命妇孤妻已下，内命妇九嫔以下，不得服舄，皆自鞠衣以下，故云黄屦以下。言以下者，兼有卿大夫妻及二十七世妇，皆展衣白屦，士妻与女御皆褖衣黑屦，故云以下以广之。”[4]按此，孤妻、九嫔服鞠衣、黄屦，卿大夫妻和世妇服展衣、白屦，士妻与女御服褖衣、黑屦。孙诒让等学者对郑、贾关于衣裳说的说法提出了不同意见，自然与衣裳对应的屦随之也出现错位。孙诒让根据已有对祭服制度的认识指出：“王三夫人当服揄狄，九嫔及孤卿之妻并当服阙狄，则皆得服赤舄。世妇及大夫之妻当服鞠衣，并当服纁屦。御妻及士之妻服展衣，并当服白屦，无黄屦也。”[5]

4. 尸的祭服

尸的祭服是祖先穿过的衣服。《周礼·春官·守祧》：“守祧掌守先王先公之庙祧，其遗衣服藏焉。若将祭祀，则各以其服授尸。”[6]祖先的衣服平日由守祧负责保管，等到祭祀时，守祧要将这些衣服授予尸，作为他们参加祭祀的衣服。郑玄曰：“尸当服卒者之上服。”[7]《礼记·中庸》：“春

1 （清）孙诒让：《周礼正义》（第 2 册），北京：中华书局，1987 年，第 621 页。
2 （清）孙诒让：《周礼正义》（第 2 册），北京：中华书局，1987 年，第 622 页。
3 （清）孙诒让：《周礼正义》（第 2 册），北京：中华书局，1987 年，第 626 页。
4 （清）孙诒让：《周礼正义》（第 2 册），北京：中华书局，1987 年，第 631 页。
5 （清）孙诒让：《周礼正义》（第 2 册），北京：中华书局，1987 年，第 631-632 页。
6 （清）孙诒让：《周礼正义》（第 6 册），北京：中华书局，1987 年，第 1675、1682 页。
7 （清）孙诒让：《周礼正义》（第 6 册），北京：中华书局，1987 年，第 1682 页。

秋修其祖庙，陈其宗器，设其裳衣，荐其时食。”郑玄注：“裳衣，先祖之遗衣服也，设之当以授尸也。”[1]贾公彦曰：“先王之尸服衮冕，先公之尸服鷩冕也。”[2]戴震亦曰：“天子庙享，尸服有衮冕、鷩冕之殊。”[3]贾、戴二氏都是依据周制而言，孙诒让则注意到了时代不同的问题。他说：“周先王先公，自文王以上，至后稷，皆在夏商之世，尸上服当以夏收殷冔。”[4]于理亦通。孙氏还言及授服于尸的时间，他说：“此谓祭日之旦，以先王先公之遗衣服，授尸于其次，使服以入庙也。”[5]意即祭祀之日的早晨，守祧在尸入庙之前，要将祖先的衣服依次交给他们穿戴。《守祧》：“既祭，则藏其隋与其服。”[6]其中的“藏其服”，是将祖先的衣服收藏起来，以备下次使用。

《周礼》中尸须身穿祖先的衣服参加天子宗庙祭祀，意味着尸同祖先的形象与灵魂相结合。尸是祖先的代表，在此基础上，尸再穿上祖先生前的衣服，用郑玄的话说，可以达到“以象生时”的效果。[7]这样，尸所扮演的祖先的形象就更加真切鲜明了。其实不仅在于形象，而且意味着尸与祖先灵魂的合一。弗雷泽在阐述接触巫术的理论时，也涉及了人和所穿衣服之间的交感联系。这种思维方式在维多利亚的瓦特约巴勒克部落，以及新赫布里底群岛的塔纳岛等都有存在。[8]祖先的衣服与祖先曾经密切接触过，即便因祖先去世，二者实际上已经相互分离，这些衣服依然能够与祖先的灵魂互相感应。我们虽然不宜将尸的祭服径直划入接

1 （清）阮元校刻：《十三经注疏》（下册），北京：中华书局，1980 年，第 1629 页。
2 （清）孙诒让：《周礼正义》（第 6 册），北京：中华书局，1987 年，第 1682 页。
3 （清）孙诒让：《周礼正义》（第 6 册），北京：中华书局，1987 年，第 1622 页。
4 （清）孙诒让：《周礼正义》（第 6 册），北京：中华书局，1987 年，第 1622 页。
5 （清）孙诒让：《周礼正义》（第 6 册），北京：中华书局，1987 年，第 1682 页。
6 （清）孙诒让：《周礼正义》（第 6 册），北京：中华书局，1987 年，第 1683 页。
7 （清）孙诒让：《周礼正义》（第 6 册），北京：中华书局，1987 年，第 1682 页。
8 ［英］詹姆斯·乔治·弗雷泽著，徐育新、汪培基、张泽石译，汪培基校：《金枝》，北京：大众文艺出版社，1998 年，第 66-67 页。

触巫术的范畴，但它们体现的局部代表整体的思维方式都是一样的。

（二）服贡制度与祭服的制作

1. 服贡制度

《周礼》服贡制度是指诸侯向天子上贡祭服所需材料的制度。《大宰》："以九贡致邦国之用：一曰祀贡，二曰嫔贡，三曰器贡，四曰币贡，五曰材贡，六曰货贡，七曰服贡。"郑司农注："服贡，祭服。"郑玄注："服贡，絺、纻之属。"[1]"絺、纻之属"是指细葛布和麻布等制衣材料。《大行人》在述及诸侯因朝而贡时说："甸服，二岁壹见，其贡嫔物。""采服，四岁壹见，其贡服物。"郑司农注："嫔物，妇人所为物也。"郑玄注："嫔物，丝枲也。""服物，玄、纁、絺、纩也。"[2]丝枲为丝麻，玄、纁、絺、纩即赤黑色、黄赤色布帛和葛布、丝絮，皆为制衣材料。《染人》："凡染，春暴练，夏纁玄。"郑玄注："玄纁者，天地之色，以为祭服。"[3]服贡制度亦见于其他文献。《国语·齐语》和《管子·小匡》皆载齐桓公南征伐楚，"使贡丝于周"[4]。虽然这是以贡丝为名以达到征讨之实，但也反映出了周代的服贡制度。

2. 祭服的制作

祭服的制作是王后和外内命妇的义务。《周礼·天官·内宰》："中春，诏后帅外内命妇始蚕于北郊，以为祭服。"[5]仲春之时，内宰要告诉王后率领外内命妇在北郊养蚕，从而为制作祭服做准备。《礼记·祭统》："王后蚕于北郊以共纯服。"郑玄注："纯服，亦冕服也。"[6]《月令》："后妃齐戒，

---

1 （清）孙诒让：《周礼正义》（第 1 册），北京：中华书局，1987 年，第 103–104 页。

2 （清）孙诒让：《周礼正义》（第 12 册），北京：中华书局，1987 年，第 2975 页。

3 （清）孙诒让：《周礼正义》（第 2 册），北京：中华书局，1987 年，第 603 页。

4 上海师范大学古籍整理研究所校点：《国语》，上海：上海古籍出版社，1998 年，第 242 页；黎翔凤：《管子校注》（上册），北京：中华书局，2004 年，第 424 页。

5 （清）孙诒让：《周礼正义》（第 2 册），北京：中华书局，1987 年，第 528 页。

6 （清）阮元校刻：《十三经注疏》（下册），北京：中华书局，1980 年，第 1603 页。

亲东乡躬桑。”其目的也是“以供郊庙之服”[1]。

王后在祭服的制作中象征性的意义更多，主要工作还须外内命妇，特别是九嫔、世妇、女御等有关职官承担，这在《周礼》中记载得非常详细。《九嫔》：“以教九御妇德、妇言、妇容、妇功。”九御即女御。郑玄注：“妇功谓丝枲。”[2]《女御》：“以岁时献功事。”郑玄注：“丝枲成功之事。”[3]《典妇功》：“典妇功掌妇式之法，以授嫔妇及内人女功之事赍。”[4]典妇功按照标准授予九嫔、世妇及女御等从事妇功的材料。《典丝》：“凡祭祀，共黼画组就之物。”郑玄注：“以给衣服冕旒及依盥巾之属。”[5]《典枲》：“掌布、缌、缕、纻之麻草之物。”这是麻布和麻线之类。[6]《缝人》：“掌王宫之缝线之事，以役女御，以缝王及后之衣服。”[7]此为缝纫之事。《染人》：“掌染丝帛。”[8]这是丝帛染色之事。

其他先秦文献的记载也可印证《周礼》女官制作祭服之事。《国语·鲁语下》：“王后亲织玄紞，公侯之夫人加之以纮、綖（延），卿之内子为大带，命妇成祭服。”[9]这是说王后与外内命妇各有分工。《礼记·月令》：“（天子）命妇官染采，黼黻文章，必以法故，无或差贷。黑黄仓（苍）赤，莫不质良，毋敢诈伪，以给郊庙祭祀之服。”郑玄注：“妇官，染人也。”[10]这句话强调了对祭服品质的严格要求。《祭义》：“及良日，夫人缫，三盆手，遂布于三宫夫人、世妇之吉者，使缫，遂朱绿之，玄黄之，以为黼黻文

1（清）阮元校刻：《十三经注疏》（上册），北京：中华书局，1980 年，第 1363 页。
2（清）孙诒让：《周礼正义》（第 2 册），北京：中华书局，1987 年，第 552 页。
3（清）孙诒让：《周礼正义》（第 2 册），北京：中华书局，1987 年，第 560 页。
4（清）孙诒让：《周礼正义》（第 2 册），北京：中华书局，1987 年，第 566 页。
5（清）孙诒让：《周礼正义》（第 2 册），北京：中华书局，1987 年，第 572 页。
6（清）孙诒让：《周礼正义》（第 2 册），北京：中华书局，1987 年，第 574 页。
7（清）孙诒让：《周礼正义》（第 2 册），北京：中华书局，1987 年，第 596 页。
8（清）孙诒让：《周礼正义》（第 2 册），北京：中华书局，1987 年，第 603 页。
9 上海师范大学古籍整理研究所校点：《国语》，上海：上海古籍出版社，1998 年，第 208 页。
10（清）阮元校刻：《十三经注疏》（上册），北京：中华书局，1980 年，第 1371 页。

章。”[1]此处涉及缫丝时须择取吉日、命妇之吉者为主领，以及染色之事。

《周礼》中王后率领外内命妇制作祭服的过程，具有表达对神灵的诚敬之心和垂范教化的用意。《穀梁传》桓公十四年载：“天子亲耕以供粢盛，王后亲蚕以共祭服。国非无良农、工女也，以为人之所尽，事其祖祢，不若以已（己）所自亲者也。”[2]《礼记》也有这方面的论述。《祭统》：“天子亲耕于南郊以共齐盛，王后蚕于北郊以共纯服；诸侯耕于东郊亦以共齐盛，夫人蚕于北郊以共冕服。天子诸侯非莫耕也，王后、夫人非莫蚕也，身致其诚信，诚信之谓尽，尽之谓敬，敬尽然后可以事神明。此祭之道也。”[3]《祭义》：“服既成，君服以祀先王、先公，敬之至也。”[4]天子与王后亲自参与耕织，充分体现了他们对于神灵的诚敬之心，这是从祭祀者应有的心态来说的。《吕氏春秋·上农》：“后稷曰：‘所以务耕织者，以为本教也。’是故天子亲率诸侯耕帝籍田，大夫士皆有功业。是故当时之务，农不见于国，以教民尊地产也。后妃率九嫔蚕于郊，桑于公田。是以春秋冬夏皆有麻枲丝茧之功，以力妇教也。”[5]男耕女织是当时社会经济生活中的分工方式，天子与王后身为男女之尊，为广大民众做出表率，以期能够起到勉励生产的良好作用。

三、祭品

《周礼》天子宗庙祭祀时所用的祭品按照所盛器具来划分，主要有笾豆之实、簠簋之实、鼎俎之实、尊彝之实四大类，此外还有鸟卵与盐。从一定意义上来说，祭祀是饮食文化的一种特殊体现形式。《诗·小雅·楚

1 （清）阮元校刻：《十三经注疏》（下册），北京：中华书局，1980 年，第 1598 页。
2 （清）阮元校刻：《十三经注疏》（下册），北京：中华书局，1980 年，第 2377–2378 页。
3 （清）阮元校刻：《十三经注疏》（下册），北京：中华书局，1980 年，第 1603 页。
4 （清）阮元校刻：《十三经注疏》（下册），北京：中华书局，1980 年，第 1597–1598 页。
5 （战国）吕不韦著，陈奇猷校注：《吕氏春秋新校释》（下册），上海：上海古籍出版社，2002 年，第 1719 页。

茨》说“苾芬孝祀，神嗜饮食”[1],《左传》宣公四年也说“鬼犹求食”[2]。可以说“祭祀的全套程序几乎都是围绕着祭品来进行的”[3]。邓国光指出：“华夏鬼神的观念，鬼神与人的分别，只是存在空间不同；在精神特质上，人神没有差异，同样具有物欲。人之所好亦即鬼神所好。取悦的颂谀在人的社会里处处受用，自然施之于鬼神的世界，俗世的谄媚也通用于鬼神的祭祀仪式里。取悦、谀颂、谄媚不外有所求，这种颂美行动只是手段或代价。”[4]《周礼》天子宗庙祭祀中奉献祭品，当然是祭祀者满足祖先神灵食欲的举动，这样，祭祀者的祈求之事便好开口了。

（一）笾豆之实——果实、肉酱、泡菜等

《周礼》天子宗庙祭祀时的笾豆之实，是指盛在笾豆之中的果实、肉酱、泡菜等祭品。笾人负责提供笾中所盛祭品。《笾人》：“凡祭祀，共其笾荐羞之实。”郑玄注：“荐、羞，皆进也。”[5]醢人与醯人掌管豆中所盛祭品。《醢人》：“凡祭祀，共荐羞之豆实。”[6]《说文·酉部》：“醢，肉酱也。”[7]《醯人》：“醯人掌共五齐七菹，凡醯物。以共祭祀之齐菹，凡醯酱之物。”[8]《说文·皿部》：“醯，酸也。”[9]醯相当于今天日常食用的醋。“五齐七菹”，郑玄曰：“齐，当为齑。五齑，昌本、脾析、蜃、豚拍、深蒲也。”“七菹，韭、菁、茆、葵、芹、箈、笱菹。”“凡醯酱所和，细切为齑，全物若牒

1 （清）王先谦撰，吴格点校：《诗三家义集疏》（下册），北京：中华书局，1987年，第753页。

2 杨伯峻编著：《春秋左传注》（第2册），北京：中华书局，1990年，第680页。

3 王秀臣：《祭祀礼仪的象征系统及其文学意义》，《北方论丛》2009年第4期。

4 邓国光：《中国文化原点新探——以〈三礼〉的祝为中心的研究》，广州：广东人民出版社，1993年，第81页。

5 （清）孙诒让：《周礼正义》（第2册），北京：中华书局，1987年，第393页。

6 （清）孙诒让：《周礼正义》（第2册），北京：中华书局，1987年，第406页。

7 （清）段玉裁：《说文解字注》，北京：中华书局，2013年，第758页。

8 （清）孙诒让：《周礼正义》（第2册），北京：中华书局，1987年，第410页。

9 （清）段玉裁：《说文解字注》，北京：中华书局，2013年，第214页。

为菹。”[1]“五齐”是五种切细的菜和肉，孙诒让说形状类似于肉丝。[2]《说文·艸部》：“菹，酢菜也。”[3]酢菜就是酸味的泡菜。《诗·小雅·信南山》：“中田有庐，疆场有瓜。是剥是菹，献之皇祖。”[4]说的就是天子用制作的泡菜进献先祖的情形。《说文·肉部》：“腜，薄切肉也。”[5]孙诒让说全物是“小物不及四寸者，全而不切”，状如肉片。[6]可知“七菹”是七种被切成状如肉片的泡菜。“醯酱之物”，醯和酱是有区别的。孙诒让曰：“醯亦即和醯之齐菹，酱即未和醯之醢也。”“此醯酱之物共祭祀之用，则醯与酱各自共之，非和醯之酱明矣。”[7]孙说是有文献根据的。《礼记·郊特牲》说笾豆之荐“不敢用常亵味”[8]，说明祭祀要尽可能保持味道质朴，泡菜必须腌制，醢则可以不用亵味。因此，《仪礼·公食大夫礼》载：“宰夫自东房授醯酱。”郑玄注：“醯酱以醯和酱。”贾公彦特别强调：“祭祀无此法，以生人尚亵味故有之。”[9]

1. 各种笾实

天子宗庙祭祀时进献笾实的仪节共有四次，分别为朝事之笾、馈食之笾、加笾和羞笾，称为“四笾”。《周礼·天官·笾人》：“笾人掌四笾之实。”孙诒让说朝事、馈食和加笾都是八笾，羞笾则为二笾。[10]这里所谓“八笾”“二笾”，是指每次进献的笾数。笾实非常丰富，包括有谷物、盐、

1 （清）孙诒让：《周礼正义》（第 2 册），北京：中华书局，1987 年，第 407 页。
2 （清）孙诒让：《周礼正义》（第 2 册），北京：中华书局，1987 年，第 408 页。
3 （清）段玉裁：《说文解字注》，北京：中华书局，2013 年，第 43 页。
4 （清）王先谦撰，吴格点校：《诗三家义集疏》（下册），北京：中华书局，1987 年，第 757 页。
5 （清）段玉裁：《说文解字注》，北京：中华书局，2013 年，第 178 页。
6 （清）孙诒让：《周礼正义》（第 2 册），北京：中华书局，1987 年，第 408 页。
7 （清）孙诒让：《周礼正义》（第 2 册），北京：中华书局，1987 年，第 410 页。
8 （清）阮元校刻：《十三经注疏》（下册），北京：中华书局，1980 年，第 1454 页。
9 （清）阮元校刻：《十三经注疏》（上册），北京：中华书局，1980 年，第 1081 页。
10 （清）孙诒让：《周礼正义》（第 2 册），北京：中华书局，1987 年，第 379 页。

水产品、干鲜果实和饼等。

第一次进献的笾为朝事之笾。《周礼·天官·笾人》："朝事之笾，其实麷、蕡、白、黑、形盐、膴、鲍鱼、鱐。"郑司农注："朝事谓清朝未食，先进寒具口实之笾。"郑玄注："以《司尊彝》之职参之，朝事谓祭宗庙荐血腥之事。"[1]郑司农不以此"朝事"为祭祀之礼，而是王朝起后食用之事。郑玄则认为它是指宗庙祭祀之事，贾公彦和江永等皆从之。[2]本次所荐笾实共有八种，各有一笾，一共八笾。

麷，炒麦。郑司农曰："熬麦曰麷。"[3]孙诒让说熬就是炒的意思。

蕡，炒麻子。郑司农曰："熬麦曰麷，麻曰蕡。"郑玄曰："蕡，枲实也。"[4]麻子到周代已经基本退出了人们的食谱，仅在祭祀时使用。[5]

白，炒稻米。郑司农曰："熬麦曰麷，麻曰蕡，稻曰白。"[6]

黑，炒黍米。郑司农曰："熬麦曰麷，麻曰蕡，稻曰白，黍曰黑。"[7]

形盐，虎形的盐。郑司农曰："筑盐以为虎形，谓之形盐，故《春秋传》曰：盐虎形。"郑玄曰："形盐，盐之似虎者。"[8]

膴，大块生鱼肉。郑玄曰："膴，牒生鱼为大脔。"[9]

鲍鱼，火焙之鱼。郑玄曰："鲍者，于福室中糗干之，出于江淮也。"[10]

鱐，干鱼。郑玄曰："鱐者，析干之，出东海。"[11]

第二次进献的笾为馈食之笾。《周礼·天官·笾人》："馈食之笾，其

---

1 （清）孙诒让：《周礼正义》（第 2 册），北京：中华书局，1987 年，第 379 页。
2 （清）孙诒让：《周礼正义》（第 2 册），北京：中华书局，1987 年，第 379–382 页。
3 （清）孙诒让：《周礼正义》（第 2 册），北京：中华书局，1987 年，第 379 页。
4 （清）孙诒让：《周礼正义》（第 2 册），北京：中华书局，1987 年，第 379 页。
5 常金仓：《周代社会生活述论》，长春：吉林人民出版社，2007 年，第 15 页。
6 （清）孙诒让：《周礼正义》（第 2 册），北京：中华书局，1987 年，第 379 页。
7 （清）孙诒让：《周礼正义》（第 2 册），北京：中华书局，1987 年，第 379 页。
8 （清）孙诒让：《周礼正义》（第 2 册），北京：中华书局，1987 年，第 379 页。
9 （清）孙诒让：《周礼正义》（第 2 册），北京：中华书局，1987 年，第 379 页。
10 （清）孙诒让：《周礼正义》（第 2 册），北京：中华书局，1987 年，第 379 页。
11 （清）孙诒让：《周礼正义》（第 2 册），北京：中华书局，1987 年，第 379 页。

实枣、㮚、桃、干䕩、榛实。”郑玄注：“干䕩，干梅也。有桃诸、梅诸，是其干者。榛，似栗而小。”[1]此条经文所列笾实有枣、㮚（栗）、桃、干梅和榛子五种。贾公彦认为经文中有干梅和湿桃，亦当有湿梅和干桃，枣中亦有干湿，一共可得八数。[2]据此，本次所荐笾实共有五种，仍然是八笾。

第三次进献的笾为加笾。《周礼·天官·笾人》：“加笾之实，蔆、芡、㮚、脯，蔆、芡、㮚、脯。”郑玄注：“重言之者，以四物为八笾。”[3]加笾之实共有四种祭品，各有两笾，一共八笾。

蔆，水生草本植物菱。郑玄曰：“蔆，芰也。”[4]《说文·艸部》：“蔆，芰也，从艸淩声。楚谓之芰，秦谓之薢茩。”[5]就是现在所说的菱，为一种水生的草本植物，果实可食。《国语·楚语》：“楚到嗜芰。有疾，召其宗老而属之曰：‘祭我必以芰。’及祥，宗老将荐芰，屈建命去之。”韦注：“芰，蔆也。”[6]惠士奇说屈到为大夫，故祭祀他不能僭用天子之礼。[7]不过这件事情也从侧面反映出芰可用作祭品。

芡，水生的草本植物鸡头。郑玄曰：“芡，鸡头也。”[8]《说文·艸部》：“芡，鸡头也。”[9]因芡形状似鸡的脑袋，亦名鸡头，也是一种水生草本植物，其子可食。

㮚，栗子。亦见于馈食之笾。

1 （清）孙诒让：《周礼正义》（第2册），北京：中华书局，1987年，第385页。
2 （清）孙诒让：《周礼正义》（第2册），北京：中华书局，1987年，第386页。
3 （清）孙诒让：《周礼正义》（第2册），北京：中华书局，1987年，第387页。
4 （清）孙诒让：《周礼正义》（第2册），北京：中华书局，1987年，第387页。
5 （清）段玉裁：《说文解字注》，北京：中华书局，2013年，第33页。
6 上海师范大学古籍整理研究所校点：《国语》，上海：上海古籍出版社，1998年，第532-533页。
7 （清）孙诒让：《周礼正义》（第2册），北京：中华书局，1987年，第389页。
8 （清）孙诒让：《周礼正义》（第2册），北京：中华书局，1987年，第387-388页。
9 （清）段玉裁：《说文解字注》，北京：中华书局，2013年，第33页。

脯，一种切成薄片状的干肉。郑玄曰："薄析曰脯。"[1]《说文·肉部》："脯，干肉也。"[2]

第四次进献的笾为羞笾，共两笾。《周礼·天官·笾人》："羞笾之实，糗饵、粉餈。"郑司农注："糗，熬大豆与米也。粉，豆屑也。""餈，谓干饵饼之也。"郑玄注："此二物皆粉稻米、黍米所为也。合蒸曰饵，饼之曰餈。糗者，捣粉熬大豆，为饵餈之黏著，以粉之耳。饵言糗，餈言粉，互相足。"[3]

糗饵，吴达芸说："糗饵，乃是将米麦磨成粉状，炒成面茶。或不蒸即将它紧压在模子里成块状，即成为像现在所能吃到的绿豆糕、杏仁饼之类的食物，以便盛于笾中食用，食用时较干。[4]

粉餈，吴达芸说："粉餈则是将米麦磨成粉状后，不经过炒的手续即蒸成糕状，就如今日所吃的发糕或米糕之类较湿黏的食物。"[5]

2. 各种豆实

每次进献笾实的同时也要进献豆实，分别为朝事之豆、馈食之豆、加豆和羞豆。《周礼·天官·醢人》："醢人掌四豆之实。"每次进献的豆数，孙诒让说与笾数相当。[6]进献者也与笾相同。豆实也非常丰富，前三次进献的祭品皆为泡菜与肉酱进行搭配。

第一次进献的豆为朝事之豆。《周礼·天官·醢人》："朝事之豆，其实韭菹、醓醢，昌本、麋臡，菁菹、鹿臡，茆菹、麇臡。"郑玄注："作醢及臡者，必先膊干其肉，乃后莝之，杂以梁麹及盐，渍以美酒，涂置

---

1 （清）孙诒让：《周礼正义》（第1册），北京：中华书局，1987年，第308页。
2 （清）段玉裁：《说文解字注》，北京：中华书局，2013年，第176页。
3 （清）孙诒让：《周礼正义》（第2册），北京：中华书局，1987年，第389页。
4 吴达芸：《仪礼特牲少牢有司彻祭品研究》，台北：台湾中华书局，1973年，第31页。
5 吴达芸：《仪礼特牲少牢有司彻祭品研究》，台北：台湾中华书局，1973年，第31页。
6 （清）孙诒让：《周礼正义》（第2册），北京：中华书局，1987年，第394-395页。

甀中百日则成矣。”“凡菹醢皆以气味相成，其状未闻。”[1]醢与臡的做法是将肉片先晒干以成脯，再细切，拌上粱麴及盐，并用美酒渍之，置于小口甖中，百日乃成。郑玄所谓“凡菹醢皆以气味相成”，表明祭祀时各种泡菜与肉酱皆是根据气味而有着固定的匹配，如韭菹与醓醢相配，昌本与麋臡相配，菁菹与鹿臡相配，茆菹与麇臡相配。

韭菹，韭菜叶制作的泡菜。

醓醢，肉酱。郑司农曰：‘醓醢，肉酱也。”郑玄曰：“醓，肉汁也。”[2]段玉裁说醓醢是用六牲之肉做成的肉酱。[3]

昌本，用切成四寸的菖蒲根制作的泡菜。郑玄曰：“昌本，昌蒲根，切之四寸为菹。”[4]

麋臡，有骨的麋鹿肉酱。郑司农曰：“麋臡，麋骬髓醢。或曰麋臡，酱也。有骨为臡，无骨为醢。”[5]

菁菹，芜菁。郑司农曰：“菁菹，韭菹。”郑玄曰：“菁，蔓菁也。”[6]阮元指出郑司农注应作“菁菹，韭菁菹也”[7]。《说文·艸部》：“菁，韭华也。”[8]郑司农以菁菹乃韭菜花所做。郑玄则以“菁”为蔓菁，即芜菁，也称作诸葛菜、大头菜等。汉代以来，初冬采撷芜菁为咸菹。[9]余欣认为菁菹为醢人所掌，即盐渍芜菁，又据居延新简中“菁子”指芜菁子，推测郑玄注当有所本。[10]此说是可以信据的。郑玄曰：“葑，蔓菁也。陈宋之间

---

1 （清）孙诒让：《周礼正义》（第 2 册），北京：中华书局，1987 年，第 394 页。
2 （清）孙诒让：《周礼正义》（第 2 册），北京：中华书局，1987 年，第 403、394 页。
3 （清）孙诒让：《周礼正义》（第 2 册），北京：中华书局，1987 年，第 396 页。
4 （清）孙诒让：《周礼正义》（第 2 册），北京：中华书局，1987 年，第 394 页。
5 （清）孙诒让：《周礼正义》（第 2 册），北京：中华书局，1987 年，第 394 页。
6 （清）孙诒让：《周礼正义》（第 2 册），北京：中华书局，1987 年，第 394 页。
7 （清）孙诒让：《周礼正义》（第 2 册），北京：中华书局，1987 年，第 398 页。
8 （清）段玉裁：《说文解字注》，北京：中华书局，2013 年，第 25 页。
9 张泽咸：《魏晋南北朝时期的蔬菜》，《文史》（第 44 辑），1998 年。
10 余欣：《中古异相——写本时代的学术、信仰与社会》，上海：上海古籍出版社，2011 年，第 219、221 页。

谓之葑。”[1]则蔓菁又名葑。《诗·邶风·谷风》所载“采葑”和《唐风·采苓》之“采葑采葑”描写的都是采撷蔓菁的场景。[2]

鹿臡，有骨的鹿肉酱。

茆菹，初生的茅或莼菜制作的泡菜。郑玄曰：“郑大夫读茆为茅。茅菹，茅初生。或曰茆，水草。杜子春读茆为卯。”“茆，凫葵也。”[3]初生的茅可作菹，孙诒让说作茅菹解可通；若以凫葵解，则是莼菜。[4]

麋臡，有骨的獐肉酱。

第二次进献的豆为馈食之豆。《周礼·天官·醢人》：“馈食之豆，其实葵菹、蠃醢，脾析、蠯醢，蜃、蚳醢，豚拍、鱼醢。”贾疏：“此八豆之内，脾析、蜃、豚拍三者不言菹，皆齑也。”[5]可知脾析、蜃、豚拍都是切细的肉丝。馈食之豆的各种祭品也是根据气味而有着固定的匹配。除葵菹之外，其余皆为肉制品。

葵菹，金鹗认为葵指秋葵。[6]

蠃醢，蜾蝓或水螺肉酱。郑玄曰：“蠃，蜾蝓。”[7]孙诒让则认为蠃是水螺。[8]

脾析，牛胃切成的肉丝。郑司农曰：“脾析，牛百叶也。”[9]牛百叶即牛胃。

蠯醢，蛤蜯的肉酱。郑司农曰：“蠯，蛤也。”[10]杜子春曰：“蠯，蜯

---

1 （清）阮元校刻：《十三经注疏》（下册），北京：中华书局，1980 年，第 1622 页。
2 （清）王先谦撰，吴格点校：《诗三家义集疏》（上册），北京：中华书局，1987 年，第 170、434 页。
3 （清）孙诒让：《周礼正义》（第 2 册），北京：中华书局，1987 年，第 394 页。
4 （清）孙诒让：《周礼正义》（第 2 册），北京：中华书局，1987 年，第 389-400 页。
5 （清）孙诒让：《周礼正义》（第 2 册），北京：中华书局，1987 年，第 401 页。
6 （清）孙诒让：《周礼正义》（第 2 册），北京：中华书局，1987 年，第 401 页。
7 （清）孙诒让：《周礼正义》（第 2 册），北京：中华书局，1987 年，第 401 页。
8 （清）孙诒让：《周礼正义》（第 2 册），北京：中华书局，1987 年，第 307 页。
9 （清）孙诒让：《周礼正义》（第 2 册），北京：中华书局，1987 年，第 401 页。
10 （清）孙诒让：《周礼正义》（第 2 册），北京：中华书局，1987 年，第 401 页。

也。”孙诒让说蠯为一种狭长的蜯。[1]

蜃，圆状大蛤切成的肉丝。郑玄曰：“蜃，大蛤。”[2]孙诒让说蜃为圆状。[3]

蚳醢，用大蚂蚁的卵做成的肉酱。郑玄曰：“蚳，蛾子。”[4]《大戴礼记·夏小正》：“抵蚳。”传曰：“抵犹推也。蚳，蚁卵也，为祭醢也。”[5]

豚拍，猪体解后自肩至胁的肉制成的肉丝。郑玄曰：“郑大夫、杜子春皆以拍为膊，谓胁也。或曰豚拍，肩也。”[6]林尹说膊为肩甲，胁为两旁有肋骨处，此豚拍为“猪解后自肩至胁之肉体”[7]。

鱼醢，鱼肉做成的肉酱。

第三次进献的豆为加豆。《周礼·天官·醢人》：“加豆之实，芹菹、兔醢，深蒲、醓醢，箈菹、雁醢，笋菹、鱼醢。”[8]

芹菹，水芹制作的泡菜。郑玄曰：“芹，楚葵也。”[9]《诗·小雅·采菽》：“言采其芹。”郑笺：“芹，菜也，可以为菹。”[10]《诗·鲁颂·泮水》：“薄采其芹。”郑笺：“芹，水菜也。”[11]郭璞说芹为“今水中芹菜”，则芹即为水芹。《吕氏春秋·本味》载伊尹说汤以至味，其中菜之美者就有“云梦之芹”[12]，盖因产于楚地云梦的水芹味美，故而别名楚葵。

---

1 （清）孙诒让：《周礼正义》（第 2 册），北京：中华书局，1987 年，第 306-307 页。
2 （清）孙诒让：《周礼正义》（第 2 册），北京：中华书局，1987 年，第 401 页。
3 （清）孙诒让：《周礼正义》（第 2 册），北京：中华书局，1987 年，第 307 页。
4 （清）孙诒让：《周礼正义》（第 2 册），北京：中华书局，1987 年，第 401 页。
5 （清）王聘珍撰，王文锦点校：《大戴礼记解诂》，北京：中华书局，1983 年，第 32 页。
6 （清）孙诒让：《周礼正义》（第 2 册），北京：中华书局，1987 年，第 401 页。
7 林尹：《周礼今注今译》，北京：书目文献出版社，1985 年，第 56 页。
8 （清）孙诒让：《周礼正义》（第 2 册），北京：中华书局，1987 年，第 402 页。
9 （清）孙诒让：《周礼正义》（第 2 册），北京：中华书局，1987 年，第 402 页。
10 （清）王先谦撰，吴格点校：《诗三家义集疏》（下册），北京：中华书局，1987 年，第 791 页。
11 （清）王先谦撰，吴格点校：《诗三家义集疏》（下册），北京：中华书局，1987 年，第 1069 页。
12 （战国）吕不韦著，陈奇猷校注：《吕氏春秋新校释》（上册），上海：上海古籍出版社，2002 年，第 746 页。

兔醢，兔肉制成的肉酱。

深蒲，蒲始生嫩叶制作的泡菜。郑司农曰："深蒲，蒲蒻入水深，故曰深蒲。或曰深蒲，桑耳。"郑玄曰："深蒲，蒲始生水中子。"[1]孙诒让曰："深蒲盖蒲始生，嫩叶未出水者，故可为菹。"他认为桑耳为桑树上所生的木耳，不是深蒲。[2]《诗·大雅·韩奕》载韩侯出行，王使显父为他饯行，所备美味中就有蒲。与后文"笋菹"之笋。[3]

醓醢，六牲之肉做成的肉酱，亦见于朝事之豆。

箈菹，小竹笋制作成的泡菜。郑司农曰："箈，水中鱼衣。"郑玄曰："箈，箭萌。"[4]段玉裁说郑司农"箈"本作"菭"[5]。"水中鱼衣"指水苔，水苔不能食。林尹说："小竹谓之箭，草木始生皆曰萌，则箈者小竹笋也。"[6]小竹笋可食，可做菹。

雁醢，雁肉制成的肉酱。

笋菹，大竹笋制作的泡菜。郑玄曰："笋，竹萌。"孙诒让说此竹指大竹。[7]

鱼醢，鱼肉做成的肉酱，亦见于馈食之豆。

第四次进献的豆为羞豆。《周礼·天官·醢人》："羞豆之实，酏食、糁食。"郑司农注："糁食，菜餗蒸。"郑玄注："玄谓酏，餰也。《内则》曰：'取稻米举糔溲之，小切狼臅膏，以与稻米为餰。'又曰：'糁，取牛羊豕之肉三如一，小切之，与稻米，稻米二肉一，合以为饵，煎之。'"[8]

1 （清）孙诒让：《周礼正义》（第 2 册），北京：中华书局，1987 年，第 402–403 页。
2 （清）孙诒让：《周礼正义》（第 2 册），北京：中华书局，1987 年，第 403–404 页。
3 （清）王先谦撰，吴格点校：《诗三家义集疏》（下册），北京：中华书局，1987 年，第 977 页。
4 （清）孙诒让：《周礼正义》（第 2 册），北京：中华书局，1987 年，第 403 页。
5 （清）孙诒让：《周礼正义》（第 2 册），北京：中华书局，1987 年，第 404 页。
6 林尹：《周礼今注今译》，北京：书目文献出版社，1985 年，第 56 页。
7 （清）孙诒让：《周礼正义》（第 2 册），北京：中华书局，1987 年，第 403–404 页。
8 （清）孙诒让：《周礼正义》（第 2 册），北京：中华书局，1987 年，第 404–405 页。

酏食，稻米和以狼胸腔中的脂膏做成的粥。郑司农曰：“酏食，以酒酏为饼。”郑玄曰：“酏，餈也。《内则》曰：‘取稻米举糔溲之，小切狼臅膏，以与稻米为餈。’”孙诒让说郑司农所言可能是蒸饼馒头之类，不宜为豆实，故郑玄不从。[1]郑玄所言为一种粥，是用水浸泡稻米，和以细切的狼胸腔中脂膏。段玉裁说酏为一种薄粥。[2]

糁食，稻米和以牛、羊、豕肉做成的粥。郑司农曰：“糁食，菜餗蒸。”郑玄曰：“《内则》曰：‘取稻米举糔溲之，小切狼臅膏，以与稻米为餈。’又曰：‘糁，取牛羊豕之肉三如一，小切之，与稻米，稻米二肉一，合以为饵，煎之。’”[3]孙诒让说郑司农“意以菜与饘粥合蒸”[4]。郑玄则取《礼记·内则》说，做法为将牛、羊、豕肉三等分并细切，稻米与肉按照二比一的比例，做成饼然后再煎之成餈。段玉裁说餈为一种厚粥。[5]

大羹是盛在瓦豆或金属豆中的无味肉羹。《周礼·天官·亨人》：“祭祀，共大羹。”郑司农注：“大羹，不致五味也。”郑玄注：“大羹，肉湆。”[6]湆即肉汁，大羹不加五味，用今天的话说，“就是白煮肉”[7]。大羹用于祭祀，多见于先秦文献。《诗·大雅·生民》：“于豆于登”。《毛传》：“登，大羹也。”[8]这是祭祀上帝之礼。《仪礼·士虞礼》：“泰（大）羹湆自门入，设于铏南。”[9]《特牲馈食礼》：“设大羹湆于醢北。”[10]祭祀用大羹具有崇尚远

1 （清）孙诒让：《周礼正义》（第2册），北京：中华书局，1987年，第404–405页。
2 （清）孙诒让：《周礼正义》（第2册），北京：中华书局，1987年，第405–406页。
3 （清）孙诒让：《周礼正义》（第2册），北京：中华书局，1987年，第404–405页。
4 （清）孙诒让：《周礼正义》（第2册），北京：中华书局，1987年，第405页。
5 （清）孙诒让：《周礼正义》（第2册），北京：中华书局，1987年，第405–406页。
6 （清）孙诒让：《周礼正义》（第1册），北京：中华书局，1987年，第283页。
7 俞伟超、高明：《周代用鼎制度研究（上）》，《北京大学学报》（哲学社会科学版）1978年第1期。
8 （清）王先谦撰，吴格点校：《诗三家义集疏》（下册），北京：中华书局，1987年，第883页。
9 （清）阮元校刻：《十三经注疏》（上册），北京：中华书局，1980年，第1169页。
10 （清）阮元校刻：《十三经注疏》（上册），北京：中华书局，1980年，第1184页。

古社会质朴之义。郑玄曰："大羹湆，煮肉汁也，大古之羹，不和，无盐菜。"[1]《左传》桓公二年载臧哀伯曰："大羹不致，粢食不凿，昭其俭也。"[2]《仪礼·公食大夫礼》："大羹湆不和。"[3]《礼记·礼器》说"大羹不和"是取义"以素为贵"。[4]《郊特牲》："大羹不和，贵其质也。"[5]俞伟超和高明也指出："在先秦贵族眼里，大羹是诸羹之本，使用它，体现着崇高传统。"[6]

3. 原料的供应

《周礼》天子宗庙祭祀中笾豆之实的原料，由庖人、兽人、腊人、囿人、服不氏、甸师、场人、鳖人、鳖人、川衡、泽虞等职官供应。

庖人提供笾豆之中的四时美食。《周礼·天官·庖人》："共祭祀之好羞。"[7]郑玄注："谓四时所为膳食，若荆州之鲝鱼，青州之蟹胥，虽非常之物，进之孝也。"[8]孙诒让曰："此亦庶羞也。其与内外饔、笾人、醢人等为豆笾之实。"[9]荆州的鲝鱼和青州的蟹胥等皆为珍奇的美味，子孙持之以祭，孝心可鉴。

兽人、腊人、囿人、服不氏供应祭祀所需的兽肉。兽人供应死兽与生兽。《周礼·天官·兽人》："凡祭祀、丧纪、宾客，共其死兽生兽。凡兽入于腊人。"李钟伦曰："生兽则兽人直供与庖人，死兽则付之腊人，或鲜之，或干之，以共庖人之用也。"[10]入于腊人的死兽，要加工成不同种

1 （清）阮元校刻：《十三经注疏》（上册），北京：中华书局，1980年，第1081页。
2 杨伯峻编著：《春秋左传注》（第1册），北京：中华书局，1990年，第86页。
3 （清）阮元校刻：《十三经注疏》（上册），北京：中华书局，1980年，第1081页。
4 （清）阮元校刻：《十三经注疏》（下册），北京：中华书局，1980年，第1433页。
5 （清）阮元校刻：《十三经注疏》（下册），北京：中华书局，1980年，第1455页。
6 俞伟超、高明：《周代用鼎制度研究（上）》，《北京大学学报》（哲学社会科学版）1978年第1期。
7 （清）孙诒让：《周礼正义》（第1册），北京：中华书局，1987年，第260页。
8 （清）孙诒让：《周礼正义》（第1册），北京：中华书局，1987年，第260页。
9 （清）孙诒让：《周礼正义》（第1册），北京：中华书局，1987年，第260–261页。
10 （清）孙诒让：《周礼正义》（第1册），北京：中华书局，1987年，第299页。

类的祭品，以成笾豆之实。《腊人》："凡祭祀，共豆脯，荐脯、膴、胖，凡腊物。"[1]即兽肉制作成的薄切干肉、大块生肉、薄切的生肉。《国语·鲁语上》："设穽鄂，以实庙庖。"[2]即为设置陷阱和木格捕取野兽以供宗庙祭祀。囿人也供应死兽和生兽。《囿人》："祭祀、丧纪、宾客，共其生兽、死兽之物。"[3]囿人和兽人的关系是："盖囿人主牧养，兽人主搏取，或囿中所无，则兽人别共之，二官相与为官联也。"[4]服不氏专掌供应祭祀时所需的猛兽。《服不氏》："掌养猛兽而教扰之。凡祭祀，共猛兽。"[5]《冥氏》："为阱擭以攻猛兽。"《穴氏》："掌攻蛰兽。"郑玄注："熊羆之属冬藏者也。"[6]服不氏所养猛兽，除来自兽人供应的生兽外，还来自冥氏和穴氏。

用野兽作为宗庙祭祀的祭品是人君等级的一种象征。《左传》襄公三十年载："丰卷将祭，请田焉，弗许，曰：'唯君用鲜，众给而已。'"杨伯峻注："唯人君用新猎之兽以祭。"[7]这是郑穆公之子丰卷意欲举行田猎以祭祀祖先，子产则以君主才能以新猎之兽祭祀祖先予以拒绝。此事从侧面反映出了用野兽作为牺牲在当时是等级很高的祭祀礼仪。《晏子春秋·谏上》亦载齐景公曰："昔吾先君桓公，以管子为有力，邑狐与谷，以共宗庙之鲜，赐其忠臣，则是多忠臣者。"[8]齐桓公赐予管子采邑，让其供应宗庙祭祀所用野兽，是很高的物质和精神赏赐。

甸师和场人供应祭祀所需的瓜果。《周礼·天官·甸师》："祭祀，共萧茅，共野果蓏之荐。"郑玄注："甸在远郊之外，郊外曰野。果，桃李

---

1 （清）孙诒让：《周礼正义》（第1册），北京：中华书局，1987年，第310页。
2 上海师范大学古籍整理研究所校点：《国语》，上海：上海古籍出版社，1998年，第178页。
3 （清）孙诒让：《周礼正义》（第4册），北京：中华书局，1987年，第1221页。
4 （清）孙诒让：《周礼正义》（第4册），北京：中华书局，1987年，第1221页。
5 （清）孙诒让：《周礼正义》（第9册），北京：中华书局，1987年，第2443-2444页。
6 （清）孙诒让：《周礼正义》（第12册），北京：中华书局，1987年，第2923、2925页。
7 杨伯峻编著：《春秋左传注》（第3册），北京：中华书局，1990年，第1181页。
8 吴则虞：《晏子春秋集释》（上册），北京：中华书局，1982年，第43页。

之属。蓏，瓜瓞之属。”[1]甸师负责的是郊外出产的瓜果。《场人》：“凡祭祀、宾客，共其果蓏，享亦如之。”孙诒让曰：“祭祀之外别有所谓享，疑专指宗庙荐新言之，亦即《大宗伯》六享之‘以馈食享先王’也。”[2]场人负责的是城内园圃中的瓜果。于鬯指出：“凡物之不树而自生者谓之野，其语至今犹然。果蓏之类不一，或竟不必自树，或虽有树之者，仍有不树而自生者。不树而自生，故曰‘野果蓏’也。”“盖场人所共者，果蓏之自树者也，故彼职云‘掌国之场圃，而树之果蓏珍异之物’，是其据矣。甸师所共者，正欲别之于场人之所共，故曰‘野果蓏’也。《掌荼职》云‘征野疏材之物’，亦即此‘野’字。”[3]此说可从。2002—2003年，考古专家在周原遗址发掘了一座先周晚期的果蔬储藏坑，该坑是“一处储藏新鲜杏与甜瓜的专门设施”。孙周勇据此认为商代晚期及西周时期已经出现了专门的果蔬园圃。[4]

掌荼负责收聚祭祀所需的野生草木之实。《周礼·地官·掌荼》：“征野疏材之物，以待邦事，凡畜聚之物。”孙诒让曰：“此官别掌征敛野生疏材，以共祭祀宾客及王以下之庶羞也。”[5]

渔人、鳖人、川衡、泽虞供应祭祀所需水产品。《周礼·天官·渔人》：“凡祭祀、宾客、丧纪，共其鱼之鲜薧。”[6]鲜指鲜鱼，薧为干鱼。贾疏：“此所共者，共内外饔，以其膳夫不掌祭祀之事。”[7]《鳖人》：“祭祀，共蠯、蠃、蚳，以授醢人。”[8]贾疏：“案《醢人》有蠯醢、蠃醢、蚳醢，故以此三

1 （清）孙诒让：《周礼正义》（第1册），北京：中华书局，1987年，第292页。
2 （清）孙诒让：《周礼正义》（第4册），北京：中华书局，1987年，第1222-1223页。
3 （清）于鬯：《读周礼日记》，《续修四库全书》（第85册），《续修四库全书》编纂委员会编，上海：上海古籍出版社，1996年，第19-20页。
4 孙周勇：《周原遗址先周果蔬储藏坑的发现及相关问题》，《考古》2010年第10期。
5 （清）孙诒让：《周礼正义》（第4册），北京：中华书局，1987年，第1217页。
6 （清）孙诒让：《周礼正义》（第1册），北京：中华书局，1987年，第303页。
7 （清）孙诒让：《周礼正义》（第1册），北京：中华书局，1987年，第303页。
8 （清）孙诒让：《周礼正义》（第1册），北京：中华书局，1987年，第306页。

者授醢人。”[1]《川衡》：“祭祀，宾客，共川奠。”郑玄注：“川奠，笾豆之实，鱼鱐蜃蛤之属。”孙诒让曰：“川中所产之物可以共奠者，此官则共与笾人、醢人实之。”[2]《泽虞》：“凡祭祀、宾客，共泽物之奠。”郑玄注：“泽物之奠，亦笾豆之实，芹茆蔆芡之属。”孙诒让曰：“亦共与笾人、醢人实之。”[3]《国语·鲁语上》载里革说渔猎曰：“古者大寒降，土蛰发，水虞于是乎讲罛罶，取名鱼，登川禽，而尝之寝庙，行诸国，助宣气也。鸟兽孕，水虫成，兽虞于是乎禁罝罗，矠鱼鳖以为夏犒，助生阜也。”韦注：“水虞，渔师也，掌川泽之禁令。”“名鱼，大鱼也。川禽，鳖蜃之属。”“犒，干也。”[4]这段记载可以作为水产用于宗庙祭祀的证据。

（二）簠簋之实——粢盛

《周礼》天子宗庙祭祀时的簠簋之实是指盛在簠簋之中的谷物，称为粢盛。《小宗伯》：“辨六齍之名物与其用，使六宫之人共奉之。”郑玄注：“‘齍’读为‘粢’。六粢，谓六谷：黍、稷、稻、粱、麦、苽。”[5]孙诒让曰：“‘别六谷之名及其种类也。若黍稷为簋盛，稻粱麦苽为簠盛，麷蕡白黑为笾实之属，皆是也。”[6]小宗伯职责是在祭祀前辨别各种粢盛的名称及其与盛器搭配的方式。

《周礼》天子宗庙祭祀所用的粢盛有献种、耕种、储藏和加工一系列程序，体现了对于祭祀之事的重视程度。

1. 献种

献种是指王后向天子进献第二年春季耕作藉田所用的谷种。《周礼·地

1 （清）孙诒让：《周礼正义》（第 1 册），北京：中华书局，1987 年，第 307 页。
2 （清）孙诒让：《周礼正义》（第 4 册），北京：中华书局，1987 年，第 1206 页。
3 （清）孙诒让：《周礼正义》（第 4 册），北京：中华书局，1987 年，第 1207 页。
4 上海师范大学古籍整理研究所校点：《国语》，上海：上海古籍出版社，1998 年，第 178-179 页。
5 （清）孙诒让：《周礼正义》（第 5 册），北京：中华书局，1987 年，第 1440 页。
6 （清）孙诒让：《周礼正义》（第 5 册），北京：中华书局，1987 年，第 1440 页。

官·舍人》："以岁时县穜稑之种，以共王后之春献种。"郑玄注："县之者，欲其风气燥达也。"[1]孙诒让说"穜稑"盖为众谷通名。[2]舍人每年都要按时悬挂各类谷物的种子，使其容易风干而成为良种，以供王后在第二年春天献种于天子。《内宰》："上春，诏王后帅六宫之人而生穜稑之种，而献之于王。"郑玄注："古者使后宫藏种，以其有传类番孳之祥。必生而献之，示能育之，使不伤败，且以佐王耕事共禘郊也。"郑司农注："王当以耕种于藉田。"[3]内宰在孟春时要告知王后率领后宫嫔御，挑选能够生殖的谷种进献于天子，以便天子躬耕于藉田。郑玄认为此礼将后宫藏种、献种与女性的生育相比况，象征着孕育生命的能力。

王后向天子献种的现象是妇女孕育生命和早期男女分工的反映。刘师培视郑玄说为臆测之辞[4]，其实郑说是有道理的。葛志毅同意郑玄的说法，他认为献种是"利用妇女的生育功能祈求年谷丰登"，并以北欧民族信仰"五谷妈妈"的风俗为佐证。[5]丁进明言这是"与谷神有关的巫术"[6]。如果这一看法正确的话，那么《周礼》将妇女的生殖能力与育种联系起来的思维方式，应是源于原始社会的一种生殖巫术，可归于弗雷泽所言顺势巫术的范畴。南美洲奥里诺科的印第安人也有类似思维方式的巫术。因为女人会生孩子，所以他们让女人们怀抱婴儿顶着烈日在地里播种，以期结出许多的果实。[7]许倬云则不同意生殖角度的解释，而是将注意力转移到了早期的男女分工上。他说："其实由社会学的观点看，农业大部

1 （清）孙诒让：《周礼正义》（第4册），北京：中华书局，1987年，第1233页。
2 （清）孙诒让：《周礼正义》（第2册），北京：中华书局，1987年，第535页。
3 （清）孙诒让：《周礼正义》（第2册），北京：中华书局，1987年，第534页。
4 刘师培：《周礼古注集疏》，《清经解三编》（第7册），刘晓东、杜泽逊编，济南：齐鲁书社，2011年，第655页。
5 葛志毅：《论周代后妃在王室经济中的地位与作用》，《谭史斋论稿三编》，哈尔滨：黑龙江人民出版社，2006年，第226页。
6 丁进：《〈周礼〉与国家宗教》，《古籍研究》2004年第2期。
7 ［英］詹姆斯·乔治·弗雷泽著，徐育新、汪培基、张泽石译，汪培基校：《金枝》，北京：大众文艺出版社，1998年，第44页。

属于男子，只是后来的事，在最初，男子的事业是打猎，种植的始祖应归于妇女。”他不仅从《左传》《仪礼》《礼记》等文献中，找出了不少妇女见面礼和祭祀中进献的祭品皆为采集或种植所得的史料，而且还提到了一些文化人类学的例子。在新西兰的毛利人、美洲的印第安人、南非的卡佛人、西非的克鲁人等原始民族中，妇女是田间种植的主力。[1]其实，妇女藏种、献种的文化现象不必只有单一的支撑因素，而且早期生殖巫术和男女分工的因素并不互相排斥。因此，不妨将这一现象看作是以上两种文化因素综合作用的结果。

2. 耕种

天子宗庙祭祀所用粢盛名义上是以天子为首进行耕种的。《周礼·天官·甸师》：“掌帅其属而耕耨王藉，以时入之，以共齍盛。”郑玄注：“其属，府史胥徒也。耨，芸芓也。王以孟春躬耕帝藉。”甸师及其属下是王藉的主要耕种者，但既为王藉，天子就有象征的仪式性耕作，以为众人的典范。丁山根据甲骨卜辞的记载，指出商王行亲耕藉田之礼。[2]《国语·周语上》载虢公父说耕作藉田之法曰：“王耕一墢，班三之，庶民终于千亩。”韦注：“班，次也。王耕一墢，一耦之发也。耜广五寸，二耜为耦，一耦之发，广尺深尺。三之，下各三其上也。王一墢、公三、卿九、大夫二十七也。”“终，尽耕之也。”[3]《礼记·月令》：“(孟春之月）乃择元辰，天子亲载耒耜，措之于参保介之御间，帅三公、九卿、诸侯、大夫躬耕帝藉。”[4]这是天子亲自将农具耒耜放在车上，置于车右与御者之间，然后率领属下耕作藉田的情景。天子与诸侯耕于藉

1 许倬云：《从〈周礼〉中推测远古的妇女工作》，《求古编》，北京：商务印书馆，2014 年，第 227-236 页。

2 丁山：《中国古代宗教与神话考》，上海：上海书店出版社，2011 年，第 561 页。

3 上海师范大学古籍整理研究所校点：《国语》，上海：上海古籍出版社，1998 年，第 18-19 页。

4 （清）阮元校刻：《十三经注疏》（上册），北京：中华书局，1980 年，第 1356 页。

田，必敬其事。《礼记·祭义》："昔者天子为藉千亩，冕而朱纮，躬秉耒，诸侯为藉百亩，冕而青纮，躬秉耒，以事天地、山川、社稷、先古，以为醴、酪、齐盛，于是乎取之，敬之至也。"[1]《祭统》："天子亲耕于南郊以共齐盛，王后蚕于北郊以共纯服；诸侯耕于东郊亦以共齐盛，夫人蚕于北郊以共冕服。天子诸侯非莫耕也，王后、夫人非莫蚕也，身致其诚信，诚信之谓敬，尽之谓敬，敬尽然后可以事神明。此祭之道也。"[2]《穀梁传》桓公十四年载："天子亲耕，以供粢盛；王后亲蚕，以共祭服。国非无良农、工女也，以为人之所尽，事其祖祢，不若以已所自亲者也。"[3]天子和诸侯身穿冕服亲自参加耕种，都是为了表达对于祖先等神灵的敬意。

3. 储藏

廪人负责储藏粢盛。《周礼·地官·廪人》："大祭祀，则共其接盛。"郑玄注："接读为'一扱再祭'之'扱'。扱以授舂人舂之。大祭祀之谷，藉田之收藏于神仓者也，不以给小用。"[4]廪人从仓中取出谷物，提供给包括天子宗庙祭祀在内的大祭祀使用。《国语·周语上》："廪于藉东南，钟而藏之。"[5]可知此仓位于藉田的东南。储藏祭祀谷物的仓库称为神仓。《礼记·月令》："（季秋之月）藏帝藉之收于神仓，祗敬必饬。"郑玄注："重粢盛之委也。帝藉所耕千亩也，藏祭祀之谷为神仓。祗亦敬也。"[6]"祗敬必饬"一句，足以体现出行事者毕恭毕敬的谨慎收藏之状，以表达对于祭祀之事的重视。廪人之仓还有御廪之名。《公羊传》桓公十四年曰："御

1 （清）阮元校刻：《十三经注疏》（下册），北京：中华书局，1980 年，第 1597 页。
2 （清）阮元校刻：《十三经注疏》（下册），北京：中华书局，1980 年，第 1603 页。
3 （清）阮元校刻：《十三经注疏》（下册），北京：中华书局，1980 年，第 2377 页。
4 （清）孙诒让：《周礼正义》（第 4 册），北京：中华书局，1987 年，第 1227 页。
5 上海师范大学古籍整理研究所校点：《国语》，上海：上海古籍出版社，1998 年，第 20 页。
6 （清）阮元校刻：《十三经注疏》（下册），北京：中华书局，1980 年，第 1379 页。

廪者何？粢盛委之所藏也。”[1]《穀梁传》桓公十四年载：“甸粟而内之三宫，三宫米而藏之御廪。”范注：“三宫，三夫人也。宗庙之礼，君亲割，夫人亲舂。”[2]《汉书·五行志》亦载刘向曰：“御廪，夫人、八妾所舂米之藏以奉宗庙者也。”此为诸侯礼，可与天子之礼相互比况。这些说明后宫之人已舂之米是藏于廪人之仓的。廪人仓中之谷，既有藉田所产未舂的粗米，也有舂人和后宫之人已舂的细米。廪人所供应的对象，既可以是负责舂米的舂人和后宫之人，也可以是供应粢盛的后宫之人，而舂人供应的直接对象只有廪人。由此可见，《廪人》与《舂人》经文皆言“共其”，就其目的而言均备祭祀。

4. 加工

舂米是对粢盛的初步加工。《周礼·地官·舂人》：“祭祀，共其齍盛之米。”郑玄注：“齍盛，谓黍稷稻粱之属，可盛以为簠簋实。”[3]舂人的本职是将谷物去壳。《国语·楚语下》载观射父说祭祀前“王后必自舂其粢”，“夫人必自舂其盛”[4]。《穀梁传》文公十三年载：“礼，宗庙之事，君亲割，夫人亲舂，敬之至也。”[5]孙诒让认为天子之礼也有王后率六宫舂粢之事，乃舂人已经舂后，王后率六宫再次精舂。[6]还有一种可能，即王后率领六宫之人莅临督促，仪式性地舂米，以表对神灵的敬意，而绝大多数工作则是由女奴来完成的。《司厉》：“其奴，男子入于罪隶，女子入于舂槀。”郑司农注：“谓坐为盗贼而为奴者，输于罪隶、舂人、槀人之官也。”[7]《墨

1 （清）阮元校刻：《十三经注疏》（下册），北京：中华书局，1980 年，第 2221 页。
2 （清）阮元校刻：《十三经注疏》（下册），北京：中华书局，1980 年，第 2378 页。
3 （清）孙诒让：《周礼正义》（第 4 册），北京：中华书局，1987 年，第 1239 页。
4 上海师范大学古籍整理研究所校点：《国语》，上海：上海古籍出版社，1998 年，第 567 页。
5 （清）阮元校刻：《十三经注疏》（下册），北京：中华书局，1980 年，第 2409 页。
6 （清）孙诒让：《周礼正义》（第 2 册），北京：中华书局，1987 年，第 558 页。
7 （清）孙诒让：《周礼正义》（第 11 册），北京：中华书局，1987 年，第 2864 页。

子·天志下》："妇人以为舂酋。"[1]《管子·小匡》："女三嫁，入于舂谷。"[2]这些舂米的女奴都是因罪或被俘而没入官者。

（三）鼎俎之实——牺牲与铏羹

《周礼》天子宗庙祭祀中的鼎俎之实，包括盛放在鼎俎中的牺牲和鼎属器物铏中的羹。

1. 牺牲

（1）牺牲的种类

《周礼》天子宗庙祭祀共用到牛牲、羊牲、豕牲、犬牲、鸡牲、马牲和鱼牲七种牺牲。

牛牲

牛人负责供应祭祀所需牛牲。占卜后用于祭祀的牛称为享牛，未经占卜而备用的牛称为求牛。《周礼·地官·牛人》："凡祭祀，共其享牛、求牛，以授职人而刍之。"[3]陈祥道以占卜与否区分享牛和求牛，认为享牛是占卜后才能用于祭祀的牛，求牛则具备即可，不必占卜，犹如《曲礼》所谓"索牛"，和《左传》所谓"索马牛"。孙诒让倾向于这种看法。他指出："凡大祭祀，牛必卜系，其别择以备临时有故更易者，则不卜系，此即享牛、求牛之义。"享牛和求牛的涵义还有另外三种观点。第一，郑司农以祭祀的档次区分，认为享牛是正祭前一日之牛，求牛是祈祷鬼神而求福之牛。第二，郑玄以祭祀的时间区分，他释"享"为献，认为享牛是用于正祭的牛，又释"求"为终，以求牛为用于正祭第二天绎祭的牛。第三，惠士奇以占卜前后来区分，他释"求"为择，认

---

1 （清）孙诒让撰，孙启治、孙以楷点校：《墨子间诂》（上册），北京：中华书局，2001年，第215页。

2 黎翔凤：《管子校注》（上册），北京：中华书局，2004年，第418页。

3 （清）孙诒让：《周礼正义》（第3册），北京：中华书局，1987年，第924页。

为祭祀前三日人君选择合适毛色的牛牲而占卜为求牛，卜吉后饲养，叫做享牛。[1]按，陈、孙二氏的看法较他说为胜。《春秋》宣公三年载："三年春王正月，郊牛之口伤，改卜牛。牛死，乃不郊。"[2]成公七年载："鼷鼠食郊牛角，改卜牛。"[3]定公十五年载："鼷鼠食郊牛，牛死，改卜牛。"[4]牛牲受损而不能使用，于是又另择他牛占卜，备用牛牲应该就是《周礼》所谓的"求牛"。

牛牲还配备有相关的器具。《周礼·地官·牛人》："凡祭祀，共其牛牲之互与其盆簝，以待事。"郑司农注："互谓楅衡之属。盆簝皆器名。盆所以盛血，簝受肉笼也。"郑玄注："互，若今屠家县肉格。"[5]具体而言，"盆"是盛放杀牲后流出鲜血的瓦器，"簝"为盛放牲肉的竹器。"互"即悬挂牛肉的木架。贾公彦曰："当是始杀解体未荐之时，且县于互；待解讫乃荐之，故得有互以县肉也。"[6]也就是在杀牲解体时，割下的肉要放在木架子上，待到全部解体之后才进献牲肉。

封人在祭祀前要对牛牲加以装饰。《周礼·地官·封人》："凡祭祀，饰其牛牲，设其楅衡，置其絼。""设其楅衡，置其絼"是装饰牛牲的行为。郑司农曰："皆谓夕牲时也。"[7]即在祭祀前一天晚上进行。

"设其楅衡"是为牛角安上横木。杜子春曰："楅衡所以持牛，令不得抵触人。"郑司农曰："楅衡，所以楅持牛也。"郑玄则曰："楅设于角，衡设于鼻，如椵状也。"[8]《诗·鲁颂·閟宫》："秋而载尝，夏而楅衡。"《毛传》："楅衡，设牛角以楅之也。"郑笺："秋将尝祭，于夏则养牲。楅衡

---

1 （清）孙诒让：《周礼正义》（第 3 册），北京：中华书局，1987 年，第 924–925 页。
2 杨伯峻编著：《春秋左传注》（第 2 册），北京：中华书局，1990 年，第 667 页。
3 杨伯峻编著：《春秋左传注》（第 2 册），北京：中华书局，1990 年，第 831 页。
4 杨伯峻编著：《春秋左传注》（第 4 册），北京：中华书局，1990 年，第 1598 页。
5 （清）孙诒让：《周礼正义》（第 3 册），北京：中华书局，1987 年，第 930 页。
6 （清）孙诒让：《周礼正义》（第 3 册），北京：中华书局，1987 年，第 931 页。
7 （清）孙诒让：《周礼正义》（第 3 册），北京：中华书局，1987 年，第 893 页。
8 （清）孙诒让：《周礼正义》（第 3 册），北京：中华书局，1987 年，第 893 页。

其牛角，为其触抵人也。”[1]此处郑笺与毛说相同，而异于《周礼》郑注。《说文·木部》：“楅，以木有所畐束也。”[2]《说文·角部》：“衡，牛触，横大木。”[3]陈祥道和曾钊等都认为楅衡为牛角上的用具。[4]它有两个作用，一为防止牛牲触人，一为防止碰伤牛角，因为牛牲的角体完具对于祭祀来说是十分重要的。

“置其綯”是给牛鼻穿上绳子以备牵引。郑司农曰：“綯，著牛鼻绳，所以牵牛者。”[5]《礼记·祭统》：“及迎牲，君执纼。”郑玄注：“纼所以牵牲也,《周礼》作綯。”[6]可知“綯”与“纼”乃异名同物，都是指人君在祭祀迎牲时牵引牛牲的牛鼻绳，贾公彦认为它“以麻为之”[7]。

羊牲

羊人负责供应祭祀所需羊牲。《周礼·夏官·羊人》：“凡沈辜、侯禳、衅、积，共其羊牲。”孙诒让认为这里的“积”就是大牢中的羊。[8]《羊人》：“若牧人无牲，则受布于司马，使其贾买牲而共之。”所谓“若牧人无牲”并不是说没有羊牲，孙诒让说是指“无毛物纯色、角体完具中法式之牲”的情况。[9]可知祭祀前羊人一般是从牧人那里获得符合礼法的羊牲，一旦牧人没有这种羊牲，羊人就要从司马那里去领钱，委派手下的贾人去购买。

豕牲

由于《周礼》缺少冬官，所以豕牲的供应没有记载[10]，不过封人在祭

1 （清）王先谦撰，吴格点校：《诗三家义集疏》（下册），北京：中华书局，1987 年，第 1081-1082 页。
2 （清）段玉裁：《说文解字注》，北京：中华书局，2013 年，第 272 页。
3 （清）段玉裁：《说文解字注》，北京：中华书局，2013 年，第 188 页。
4 （清）孙诒让：《周礼正义》（第 3 册），北京：中华书局，1987 年，第 894 页。
5 （清）孙诒让：《周礼正义》（第 3 册），北京：中华书局，1987 年，第 893 页。
6 （清）阮元校刻：《十三经注疏》（下册），北京：中华书局，1980 年，第 1603 页。
7 （清）阮元校刻：《十三经注疏》（上册），北京：中华书局，1980 年，第 720 页。
8 （清）孙诒让：《周礼正义》（第 9 册），北京：中华书局，1987 年，第 2394-2395 页。
9 （清）孙诒让：《周礼正义》（第 9 册），北京：中华书局，1987 年，第 2395 页。
10 刘继刚认为《周礼》中应当存在豕人一职，其中一项职能就是“负责掌管祭祀用豕”，参见刘继刚：《论〈周礼〉中的“豕人”》，《农业考古》2013 年第 4 期。

祀前负责制作的名为“炮豚”的食物值得注意。《封人》：“毛炮之豚。”[1]豚即小豕。郑玄注：“毛炮豚者，爓去其毛而炮之，以备八珍。”[2]孙诒让以“毛炮之豚”为“以汤火去毛而后裹烧之”[3]。《诗·鲁颂·閟宫》：“毛炰胾羹。”《毛传》：“毛炰，豚也。”[4]孙诒让指出“毛炰”即《封人》所谓“毛炮”[5]。《礼记·内则》载有八种食物，即郑玄所谓“八珍”，其中之一是炮豚。[6]

犬牲

犬人和槁人负责喂养和供应祭祀所需的犬牲。《周礼·秋官·犬人》：“犬人掌犬牲。凡祭祀，共犬牲，用牷物。”[7]此官从牧人处接受犬牲，然后交予充人专门饲养，充人将犬牲系于槁人处饲养。《槁人》：“掌豢祭祀之犬。”因为槁人“掌共外内朝冗食者之食”[8]，即负责官员们的饭食，而犬食为谷物，所以系于槁人处。

鸡牲

鸡人负责供应祭祀所需鸡牲。《周礼·春官·鸡人》：“鸡人掌共鸡牲，辨其物。”“凡祭祀，面禳衅，共鸡牲。”郑玄注：“物谓毛色也。辨之者，阳祀用骍，阴祀用黝。”贾疏：“祭祀，谓宗庙之属。”[9]因为天子宗庙祭祀属于阳祀，所以鸡牲用骍，为赤色。《说文·鸟部》：“鲁郊以丹鸡，祝曰：‘以斯鷐音赤羽，去鲁侯之咎。’”[10]此即阳祀使用赤色鸡牲的明证。

---

1 （清）孙诒让：《周礼正义》（第3册），北京：中华书局，1987年，第895页。
2 （清）孙诒让：《周礼正义》（第3册），北京：中华书局，1987年，第895页。
3 （清）孙诒让：《周礼正义》（第3册），北京：中华书局，1987年，第896页。
4 （清）王先谦撰，吴格点校：《诗三家义集疏》（下册），北京：中华书局，1987年，第1081-1082页。
5 （清）孙诒让：《周礼正义》（第3册），北京：中华书局，1987年，第896页。
6 （清）阮元校刻：《十三经注疏》（下册），北京：中华书局，1980年，第1468页。
7 （清）孙诒让：《周礼正义》（第11册），北京：中华书局，1987年，第2867页。
8 孙诒让：《周礼正义》（第4册），北京：中华书局，1987年，第1243页。
9 （清）孙诒让：《周礼正义》（第6册），北京：中华书局，1987年，第1510、1512页。
10（清）段玉裁：《说文解字注》，北京：中华书局，2013年，第158页。

马牲

马作为牺牲，在天子宗庙祭祀中只用于逝去天子将葬朝庙之时。校人和圉人负责养马并供应马牲。《周礼·夏官·校人》："凡大祭祀、朝觐、会同，毛马而颁之。"郑玄注："齐其色也。颁，授当乘之。"[1]校人所选毛色一致的马是为分给乘马的人。逝去天子将葬朝庙之时是有马牲的。《圉人》："掌养马刍牧之事。""丧纪，牵马而入陈。"郑玄注："丧纪之马，启后所荐马。"贾疏："天子朝庙，亦当在祖庙中，陈设明器之时，亦遣人荐马及缨，入庙陈之。此马谓拟驾乘车，吉器最先者也。"[2]《仪礼·既夕礼》亦载朝祖庙时"荐马，缨三就，入门北面，交辔，圉人夹牵之"[3]。此处进献的马就是马牲。马很少用作牺牲，詹鄞鑫认为"可能是为了役使"[4]。

鱼牲

《周礼》天子宗庙祭祀中的鱼牲用于进献祖先和尸、宾食祭。《大司马》："大祭祀、飨食，羞牲鱼，授其祭。"郑玄注："牲鱼，鱼牲也。祭，谓尸宾所以祭也。"贾公彦说这里的"大祭祀"包括天地、宗庙及其他中小祭祀。[5]大司马所行"羞鱼牲"与"授其祭"是两种不同的祭祀仪节。

"羞牲鱼"是指向祖先进献鱼牲。先秦文献对此多有记载。《诗·周颂·潜》："猗与漆沮，潜有多鱼。有鳣有鲔，鲦鲿鰋鲤。以享以祀，以介景福。"[6]这是说漆、沮两条河里的鱼种类丰富，捕来用以奉祀祖先。《礼

1 （清）孙诒让：《周礼正义》（第 10 册），北京：中华书局，1987 年，第 2617 页。
2 （清）孙诒让：《周礼正义》（第 10 册），北京：中华书局，1987 年，第 2633–2634 页。
3 （清）阮元校刻：《十三经注疏》（上册），北京：中华书局，1980 年，第 1148 页。
4 詹鄞鑫：《神灵与祭祀——中国传统宗教综论》，南京：江苏古籍出版社，1992 年，第 228 页。
5 （清）孙诒让：《周礼正义》（第 9 册），北京：中华书局，1987 年，第 2361 页。
6 （清）王先谦撰，吴格点校：《诗三家义集疏》（下册），北京：中华书局，1987 年，第 1028 页。

记·乐记》："大飨之礼，尚玄酒而俎腥鱼。"郑玄注："大飨，袷祭先王，以腥为俎实，不臑熟之。"[1]"不臑熟"的意思就是不煮成熟食。《大戴礼记·礼三本》与《荀子·礼论》皆曰："大飨，尚玄尊，俎生鱼。"杨倞曰："大飨，袷祭先王也。"[2]《管子·禁藏》："举春，祭塞久祷，以鱼为牲。"[3]此言春季祭祀和祈祷时用鱼牲，自然包括宗庙祭祀在内。闻一多说在古代中国礼俗中鱼象征着种族繁殖能力强[4]，那么祭祀中有鱼牲就有祈祷子孙众多、宗族昌盛的用意。

"授其祭"属于食祭的范畴，是指大司马将所献鱼牲的一部分授予尸与宾，由尸与宾进行食祭。《周礼·天官·膳夫》："膳夫授祭。"郑玄注："礼，饮食必祭，示有所先。"[5]饮食之前要祭祀造食之人，以示不忘本。食神同时也"就成了吃饭的功能性保护神"[6]。尸祭以鱼者,《仪礼·有司彻》："司士羞湆鱼，缩执俎以升，尸取膴祭祭之。"[7]其中的"膴"指大块的生鱼肉。宾祭以鱼者，《仪礼·有司彻》："（尸）酌献侑，侑拜受，三献，北面答拜，司马湆鱼一，如尸礼。"[8]其中的"侑"即为宾。

（2）牺牲的标准

《周礼》天子宗庙祭祀中，所用牺牲的毛色及其纯度、角体完具程度都有一定的标准。

牺牲的毛色以赤色为主。《周礼·地官·牧人》："凡阳祀，用骍牲毛之；阴祀，用黝牲毛之。"郑玄注："骍牲，赤色。毛之，取纯毛也。""阳

1 （清）阮元校刻：《十三经注疏》（下册），北京：中华书局，1980年，第1529页。
2 （清）王聘珍撰，王文锦点校：《大戴礼记解诂》，北京：中华书局，1983年，第18页；（清）王先谦撰，沈啸寰、王星贤点校：《荀子集解》（下册），北京：中华书局，2013年，第415页。
3 黎翔凤：《管子校注》（中册），北京：中华书局，2004年，第1017页。
4 闻一多：《闻一多全集（一）》，北京：生活·读书·新知三联书店，1982年，第135页。
5 （清）孙诒让：《周礼正义》（第1册），北京：中华书局，1987年，第244页。
6 邹昌林：《中国古代国家宗教研究》，北京：学习出版社，2004年，第492页。
7 （清）阮元校刻：《十三经注疏》（上册），北京：中华书局，1980年，第1214页。
8 （清）阮元校刻：《十三经注疏》（上册），北京：中华书局，1980年，第1214页。

祀，祭天于南郊及宗庙。”[1] 先秦文献有很多关于周人在宗庙祭祀中使用骍牲的记载。《尚书·洛诰》：“戊辰，王在新邑，烝。祭岁，文王骍牛一，武王骍牛一。”[2] 成王在祭祀文武二王时所用牺牲为赤色的牛。《诗·小雅·信南山》：“祭以清酒，从以骍牡。享于祖考，执其鸾刀。”《毛传》：“周尚赤也。”[3]《诗·大雅·旱麓》：“清酒既载，骍牡既备，以享以祀，以介景福。”[4] 祖先配以祭天时也用骍牲。《诗·鲁颂·閟宫》：“皇皇后帝，皇祖后稷，享以骍牺，是享是宜，降福既多。”郑笺：“成王以周公功大，命鲁郊祭天亦配之以君祖后稷，其牲用赤牛纯色，与天子同也，天亦飨之宜之，多予之福。”[5]《礼记·檀弓上》：“周人尚赤。”“牲用骍。”郑玄注：“骍，赤类。”[6]《郊特牲》：“牲用骍，尚赤也。”郑玄注：“尚赤者周也。”[7]《明堂位》：“周骍刚。”郑玄注：“骍刚，赤色。”孔疏：“骍，赤色也。刚，牡也。”[8] 青铜铭文也有相关记载。西周中期大殷盖铭文：“赐刍（犓）羊（骍）犅（犅），曰：‘用啻（禘）于乃考。’”（《集成》4165）[9] 意谓赐予臣下赤色公牛来祭祀其祖先。楚简表明战国时人们也以骍牲为贵。“忻（祈）福于[示大]（太），一羊（骍）牡、一熊牡。”（新蔡甲一：7）[10] 此谓向太

1 （清）孙诒让：《周礼正义》（第 3 册），北京：中华书局，1987 年，第 916 页。
2 （清）孙星衍撰，陈抗、盛冬铃点校：《尚书今古文注疏》，北京：中华书局，2004 年，第 419 页。
3 （清）王先谦撰，吴格点校：《诗三家义集疏》（下册），北京：中华书局，1987 年，第 759 页。
4 （清）王先谦撰，吴格点校：《诗三家义集疏》（下册），北京：中华书局，1987 年，第 847 页。
5 （清）王先谦撰，吴格点校：《诗三家义集疏》（下册），北京：中华书局，1987 年，第 1081 页。
6 （清）阮元校刻：《十三经注疏》（上册），北京：中华书局，1980 年，第 1276 页。
7 （清）阮元校刻：《十三经注疏》（下册），北京：中华书局，1980 年，第 1452 页。
8 （清）阮元校刻：《十三经注疏》（下册），北京：中华书局，1980 年，第 1490 页。
9 中国社会科学院考古研究所编：《殷周金文集成》（第 3 册），北京：中华书局，2007 年，第 2348 页。
10 河南省文物考古研究所编著：《新蔡葛陵楚墓》，郑州：大象出版社，2003 年，第 187 页。

一求福时用了一头赤色公牛。“思为之求四羊（骍）义（牺）。”(新蔡乙四：143）[1] 这是使人索求四头赤色牺牲。

汪涛对周代宗庙祭祀中使用骍、白牲的原因作了很好的探究，有利于我们理解《周礼》天子宗庙祭祀使用骍牲的原因。他研究了商代甲骨文中所见牺牲，指出“晚商帝王在祖先宗庙进行的常规祭祀中，对红黄色祭牲有一种特别的偏好”，它们“象征血、太阳、火、灵魂或神灵再现等”，并认为“周代使用红色祭牲的传统，可以追溯到晚商时期”[2]。

古代学者常以“周人尚赤”的观念来解释用骍牲的原因，而“周人尚赤”的原因出现了两种说法。第一种是以德运来解释。孙诒让认为郑玄意谓“周郊祭受命帝即苍帝，则周以木德王而尚赤者”，并引《春秋感精符》所言“周以天统服色尚赤者，阳道尚左，故天左旋；周以木德王，火是其子，左行用其赤色也”和《孔子家语·五帝篇》“所尚各从其所王之德次，周人以木德王，尚赤，牲用骍”等加以说明。第二种是以董仲舒为代表的“三统”说，指出周正赤统。[3] 王晖也肯定这种“周人尚赤”的说法。[4]

其实“周人尚赤”说没有充分证据。胡新生说：“西周春秋时代牺牲尚赤、战旗尚白、礼服尚黑的史实表明，当时还没有人将某一种颜色置于特别尊贵的地位，更没有某种颜色可以代表或象征某一朝代某一民族的观念。”[5] 由此可见，用“周人尚赤”说来解释阳祀用骍牲是需要斟酌的。宗庙祭祀中也有用白色牺牲的。《诗·鲁颂·閟宫》：“秋而载尝，夏而楅衡。白牡骍刚，牺尊将将。”郑笺：“白牡，周公牲也。骍刚，鲁公

1 河南省文物考古研究所编著：《新蔡葛陵楚墓》，郑州：大象出版社，2003 年，第 209 页。
2 ［英］汪涛著，郅晓娜译：《颜色与祭祀——中国古代文化中颜色涵义探幽》，上海：上海古籍出版社，2013 年，第 149、153 页。
3 （清）孙诒让：《周礼正义》（第 3 册），北京：中华书局，1987 年，第 917 页。
4 王晖：《商周文化比较研究》，北京：人民出版社，2000 年，第 448-450 页。
5 胡新生：《“周人尚赤”说的历史考察》，《文史哲》2005 年第 2 期。

牲也。”《公羊传》文公十三年载：“周公用白牡，鲁公用骍犅，群公不毛。”何注：“白牡，殷牲也。骍犅，赤脊，周牲也。不毛，不纯色。”[1]这是鲁牲的情况。祭祀周公用白牡，也是取源于商代祭祀祖先的传统。汪涛发现商代时“白色动物，尤其是白猪和白色公牛”经常用于祭祀祖先，并将其与非洲赞比亚的那登布人的颜色观念作了类比。对于那登布人来说，白色“隐含着和谐、连续、纯洁、显明、公众、恰当、合法的理念。白色主要在人神相会、沟通生者与死者时使用”，“白色代表神圣和慷慨，并通过祖先崇拜显现出来”[2]。

天子宗庙祭祀所用牺牲必须是纯色和角体完具者。《周礼·春官·肆师》：“立大祀，用玉帛牲牷；立次祀，用牲币；立小祀，用牲。”天子宗庙祭祀属于其中的“大祀”[3]。《牧人》：“以共祭祀之牲牷。”郑司农注：“牷，纯也。”郑玄注：“牷，体完具。”[4]孙诒让指出：“凡言牲牷牺牲者，牲谓角体完具，牷谓毛羽纯色，牺则祭牲角体完具而又兼毛羽纯色也。盖单言牲，则纯厖兼有，而角体则无不完具者。”[5]《墨子·明鬼下》：“（三代圣王）必择六畜之胜腯肥倅，毛以为牺牲。”[6]“倅”即“粹”，指毛为纯色。

《周礼》规定天子宗庙祭祀的牺牲为纯色，是表达完美和慎重的意思。《礼记·郊特牲》：“毛血，告幽全之物也。告幽全之物者，贵纯之道也。”郑玄注：“幽，谓血也。”“纯，谓中外皆善。”[7]《尔雅·释畜》：“宗

---

1 （清）阮元校刻：《十三经注疏》（下册），北京：中华书局，1980 年，第 2272 页。

2 ［英］汪涛著，郅晓娜译：《颜色与祭祀——中国古代文化中颜色涵义探幽》，上海：上海古籍出版社，2013 年，第 141 页。

3 （清）孙诒让：《周礼正义》（第 6 册），北京：中华书局，1987 年，第 1465 页。

4 （清）孙诒让：《周礼正义》（第 3 册），北京：中华书局，1987 年，第 914–915 页。

5 （清）孙诒让：《周礼正义》（第 3 册），北京：中华书局，1987 年，第 916 页。

6 （清）孙诒让撰，孙启治、孙以楷点校：《墨子间诂》（上册），北京：中华书局，2001 年，第 236 页。

7 （清）阮元校刻：《十三经注疏》（下册），北京：中华书局，1980 年，第 1457 页。

庙齐毫。”郭注：“尚纯。”李巡曰：“祭于宗庙，当加谨敬，取其同色也。”[1]曹建墩指出：“人们对祭牲的毛色尤其重视，其原因在于它不仅为牺牲本身体质好坏的主要参考因素，且牲色的纯正亦是祭祀主体心理虔诚的体现。”[2]

《周礼》中牺牲角体完具与纯色的寓意是一致的。《国语·楚语下》载观射父曰：“夫神以精明临民者也，故求备物。”韦注：“备物，体具而精洁者。”[3]《礼记·月令》：“（仲秋之月）乃命宰、祝循行牺牲，视全具。”[4]这都是要保证牺牲的完好。《春秋》宣公三年载：“三年春王正月，郊牛之口伤，改卜牛。牛死，乃不郊。”[5]祈谷之礼所用的牛牲有了伤口而不能使用，于是另择他牛占卜，改卜之牛又死了，就不再举行祭礼。《左传》说“不郊”属于非礼。杜注：“言牛虽伤、死，当更改卜取其吉者，郊不可废也。”[6]可见完好的牺牲对于祭祀的顺利举行是非常重要的。类似的情况又见于成公七年、定公十五年和哀公元年。《春秋》成公七年载：“鼷鼠食郊牛角，改卜牛。鼷鼠又食其角，乃免牛。”[7]“免牛”指免而不杀之。定公十五年载：“鼷鼠食郊牛，牛死，改卜牛。”杨伯峻注：“食其肤与肉。”[8]哀公元年载：“鼷鼠食郊牛，改卜牛。”[9]《左传》昭公二十二年载：“宾孟适郊，见雄鸡自断其尾巴。问之，侍者曰：‘自惮其牺也。’”[10]吴土

1 （清）阮元校刻：《十三经注疏》（下册），北京：中华书局，1980 年，第 2653 页。
2 曹建墩：《东周祭祀研究》，博士学位论文，北京：清华大学人文社会科学学院，2007 年，第 167 页。
3 上海师范大学古籍整理研究所校点：《国语》，上海：上海古籍出版社，1998 年，第 565-566 页。
4 （清）阮元校刻：《十三经注疏》（上册），北京：中华书局，1980 年，第 1374 页。
5 杨伯峻编著：《春秋左传注》（第 2 册），北京：中华书局，1990 年，第 667 页。
6 杨伯峻编著：《春秋左传注》（第 2 册），北京：中华书局，1990 年，第 668 页。
7 杨伯峻编著：《春秋左传注》（第 2 册），北京：中华书局，1990 年，第 831 页。
8 杨伯峻编著：《春秋左传注》（第 4 册），北京：中华书局，1990 年，第 1598 页。
9 杨伯峻编著：《春秋左传注》（第 4 册），北京：中华书局，1990 年，第 1604 页。
10 杨伯峻编著：《春秋左传注》（第 4 册），北京：中华书局，1990 年，第 1434 页。

法说：“所谓雄鸡因怕被人宠养为祭用的牺牲而自坏其尾羽、残缺其形体，当然是信口开河的胡诌。但‘侍者’的这番解释却从一个侧面真实地反映了当时对祭用之牲在牲体方面的礼法要求，即只有角体完好、毛羽无损的牲畜，才能进入牺牲之列。”[1]

按照《周礼》记载，天子宗庙祭祀作为重要的祭祀仪式，所用牺牲应是纯赤色而完好无缺者，周代实际的祭祀情况也是基本如此。其用意是将最完好的食物奉献给祖先神灵，以表达对神灵无上的崇敬之情。

（3）牺牲的来源

《周礼》天子宗庙祭祀所需牺牲来源于王国远郊放牧之地、河川以及诸侯国进贡。用于祭祀的牺牲被确定后，由充人专门饲养。

王国远郊有牧人掌管放牧鸟兽。《周礼·天官·大宰》：“以九职任万民。”“四曰薮牧，养蕃鸟兽。”郑玄注：“牧，牧田在远郊，皆畜牧之地。”[2]《载师》：“牧田任远郊之地。”郑司农注：“牧田者，牧六畜之田。”[3]牧人总掌放牧之地六牲的牧养、繁殖以及区别毛色和种类，以便在祭祀时供给所需牲畜。《牧人》：“牧人掌牧六牲而阜蕃其物，以共祭祀之牲牷。”郑玄注：“六牲谓牛、马、羊、豕、犬、鸡。”[4]江永曰：“远郊有牧田，以授九职中之薮牧，使牧六牲，即以牲物为贡，牧人掌之，国有祭祀，牧人共之。于王朝，牛入地官牛人、充人及司门；羊入夏官羊人，豕入冬官豕人，犬入秋官犬人而豢于地官之槁人，鸡入春官鸡人，马入夏官圉人。”孙诒让曰：“此牧人是养牲之官，牛人等是共牲之官，共牲当由牧人共入牛人等。”[5]

遂人命令遂师将鸟兽牺牲供给牧人。《周礼·地官·遂人》：“凡国祭祀，共野牲。”郑玄注：“共野牲，入于牧人以待事也。”孙诒让曰：“此

1 吴土法：《先秦天子大祀牺牲考》，《浙江大学学报》（人文社会科学版）2004 年第 3 期。
2 （清）孙诒让：《周礼正义》（第 1 册），北京：中华书局，1987 年，第 78-79 页。
3 （清）孙诒让：《周礼正义》（第 4 册），北京：中华书局，1987 年，第 938 页。
4 （清）孙诒让：《周礼正义》（第 3 册），北京：中华书局，1987 年，第 914-915 页。
5 （清）孙诒让：《周礼正义》（第 3 册），北京：中华书局，1987 年，第 915 页。

官掌令遂师共野牲。”所谓野牲，“即九职中薮牧所养之鸟兽，其在遂地者，则遂师共之”。[1]《遂师》：“凡国祭祀，审其誓戒，共其野牲。”孙诒让曰：“谓受令于遂人，而取六遂以外薮牧所养之牲而共之。”[2]

渔人和川衡供应鱼牲。《周礼·天官·渔人》：“凡祭祀、宾客、丧纪，共其鱼之鲜薧。”[3]其中“鲜”指鲜鱼。《川衡》：“祭祀，宾客，共川奠。”郑玄注：“川奠，笾豆之实，鱼鱐蜃蛤之属。”[4]除笾豆之实外，俎上的鱼牲亦在其列。《国语·鲁语上》载里革曰：“古者大寒降，土蛰发，水虞于是乎讲罛罶，取名鱼，登川禽，而尝之寝庙。”韦注：“名鱼，大鱼也。”[5]里革所言即为捕鱼以供宗庙祭祀。

天子祭祀的一部分牺牲是诸侯的贡物。《周礼·天官·大宰》：“以九贡致邦国之用：一曰祀贡。”郑司农注：“祀贡，牺牲包茅之属。”[6]《大行人》：“邦畿方千里，其外方五百里谓之侯服，岁壹见，其贡祀物。”郑玄注：“祀贡者，牺牲之属。”[7]“祀贡”与“祀物”虽一为岁之常贡，一为因朝而贡，但所指实物无异，都是以牺牲等祭祀所用之物作为进献天子的贡物。

用于祭祀的牺牲被确定后，由充人专门饲养。《周礼·地官·牧人》：“凡祭祀，共其牺牲，以授充人系之。”郑玄注：“牺牲，毛羽完具也。授充人者，当殊养之。”[8]此与《墨子·明鬼下》所谓“牺牲不与昔聚群”的意思大概一致。[9]意谓有别于之前群养的方式，祭祀前牧人要将毛羽完具

1 （清）孙诒让：《周礼正义》（第 4 册），北京：中华书局，1987 年，第 1140 页。
2 （清）孙诒让：《周礼正义》（第 1 册），北京：中华书局，1987 年，第 1145–1146 页。
3 （清）孙诒让：《周礼正义》（第 1 册），北京：中华书局，1987 年，第 303 页。
4 （清）孙诒让：《周礼正义》（第 4 册），北京：中华书局，1987 年，第 1206 页。
5 上海师范大学古籍整理研究所校点：《国语》，上海：上海古籍出版社，1998 年，第 178 页。
6 （清）孙诒让：《周礼正义》（第 1 册），北京：中华书局，1987 年，第 103–104 页。
7 （清）孙诒让：《周礼正义》（第 12 册），北京：中华书局，1987 年，第 2974–2975 页。
8 （清）孙诒让：《周礼正义》（第 3 册），北京：中华书局，1987 年，第 922 页。
9 （清）孙诒让撰，孙启治、孙以楷点校：《墨子间诂》（上册），北京：中华书局，2001 年，第 237 页。

的牺牲交给充人专门饲养。孙诒让说授予充人牺牲的方式是："牧人共牲与牛人、羊人等，又与牛人、羊人等同授充人也。"[1]《牧人》："凡牲不系者，共奉之。"[2]因事祈祷或告祭之类的因祭则无须授予充人，直接供给祭有司便可。《充人》："充人掌祭祀之牲牷。祀五帝，则系于牢，刍之三月。享先王，亦如之。"[3]郑玄注："牢，闲也。必有闲者，防禽兽触齿。养牛羊曰刍。三月，一时，节气成。"[4]牺牲在牲牢饲养的时间是三个月，这与其他文献的记载是一致的。《庄子 · 达生》："祝宗人玄端以临牢筴，说彘曰：'汝奚恶死？吾将三月豢汝，十日戒，三日齐，藉白茅，加汝肩尻乎雕俎之上，则汝为之乎？'"[5]郑玄认为"节气成"是饲养三个月时间的用意。《公羊传》宣公三年载："帝牲在于涤三月。"何注："涤，宫名，养帝牲三牢之处也。谓之涤者，取其荡涤洁清。三牢者各主一月，取三月一时，足以充其天牲。"[6]《礼记 · 郊特牲》："帝牛必在涤三月。"郑玄注："涤，牢中所搜除处也。"[7]吴土法通过文献也得出鲁礼养牲三个月的制度，进而推知周礼亦当如此。[8]经过三个月的饲养，牺牲也达到了膘肥状态。[9]综上，专门饲养的目的主要是去除牺牲身上的污秽，保证它们的洁净，并且增膘，三个月后达到完满状态，便可步入神圣的祭坛。《周礼》郑玄注以"闲"释"牢"，意在强调用木栏保护牺牲以保持其角体的完具。

将常祀的牺牲专门饲养，体现了祭祀者对祭祀之事的高度重视，是

1 （清）孙诒让：《周礼正义》（第 3 册），北京：中华书局，1987 年，第 922 页。
2 （清）孙诒让：《周礼正义》（第 3 册），北京：中华书局，1987 年，第 923 页。
3 （清）孙诒让：《周礼正义》（第 3 册），北京：中华书局，1987 年，第 931–932 页。
4 （清）孙诒让：《周礼正义》（第 3 册），北京：中华书局，1987 年，第 931 页。
5 （清）郭庆藩撰，王孝鱼点校：《庄子集释》（中册），北京：中华书局，2012 年，第 646 页。
6 （清）阮元校刻：《十三经注疏》（下册），北京：中华书局，1980 年，第 2278 页。
7 （清）阮元校刻：《十三经注疏》（下册），北京：中华书局，1980 年，第 1453 页。
8 吴土法：《先秦天子大祀牺牲考》，《浙江大学学报》（人文社会科学版）2004 年第 3 期。
9 詹鄞鑫：《神灵与祭祀——中国传统宗教综论》，南京：江苏古籍出版社，1992 年，第 231 页。

以最为肥美的牺牲表达对神灵的无上敬意。用于因祭的牺牲不经过充人的饲养出于两个原因：一是大师等仪式属于突发事件，没有三个月时间来准备牺牲；二是祭祀规格不同，大师等仪式并非专门为了祭祀，所用牺牲的规格也应与常祀有所差别。

（4）牺牲的重要性

将牲畜作为祭祀中最为重要的祭品，同它们在社会财富中的地位密切相关。牲畜被视为社会财富的重要象征在《周礼》中多有体现。《小司徒》："乃颁比法于六乡之大夫，使各登其乡之众寡、六畜、车辇，辨其物，以岁时入其数，以施政教，以征令。"《族师》："以邦比之法，帅四闾之吏，以时属民而校，登其族之夫家众寡，辨其贵贱、老幼、废疾可任者，及其六畜车辇。"[1]《乡师》："以国比之法，以时稽其夫家众寡，辨其老幼、贵贱、废疾、牛马之物。"《闾师》："掌国中及四郊之人民、六畜之数，以任其力，以待其政令，以时征其赋。"《县师》："掌邦国都鄙稍甸郊里之地域，而辨其夫家、人民、田莱之数及其六畜车辇之稽。"《遂师》："以时登其夫家之众寡、六畜、车辇。"《遂大夫》："以岁时稽其夫家之众寡、六畜、田野。"《里宰》："掌比其邑之众寡与其六畜、兵器，治其政令。"《闾师》甚至规定："凡庶民，不畜者祭无牲。"[2]牲畜是当时国家重要的考察和登记对象，反映出它们在生产生活中的重要地位。

牛牲在祭祀中是最为重要的牺牲，羊牲次之，这取决于牛羊在周人生活中的重要地位。《礼记·玉藻》："君无故不杀牛。"郑玄注："故，谓祭祀之属。"[3]只有在祭祀等大事时人君才会杀牛，牛在当时的珍贵可见一斑。《韩非子·外储说右下》："秦昭王有病，百姓里买牛为王祷。""秦

1 （清）孙诒让：《周礼正义》（第3册），北京：中华书局，1987年，第774、881页。

2 （清）孙诒让：《周礼正义》（第4册），北京：中华书局，1987年，第819、947、981、1144、1151、1159、978页。

3 （清）阮元校刻：《十三经注疏》（下册），北京：中华书局，1980年，第1474页。

襄王病，百姓为之祷；病愈，杀牛塞祷。”[1] 这是百姓用牛向神祈祷和报福。《诗 · 小雅 · 无羊》：“谁谓尔无羊？三百维群。谁谓尔无牛？九十其犉。”“三十维物，尔牲则具。”[2] 这是说周宣王时牧养的牛羊很多，其中最为重要的七尺之牛就有九十头之多，一群羊也可达三百只。这些牛羊的毛色有三十种，足够用作祭祀神灵的牺牲。

牛羊用于祭祀由来已久，在原始民族中就有体现。尼罗河流域的努尔人视牛为重要的社会财富，因此也通过牛来与鬼魂或神灵建立联系，“如果没有公牛或公羊来献祭，努尔人的典礼仪式便不完整了”[3]。在他们那里，羊牲的地位也低于牛牲，“在一些不重要的场合下，人们往往杀死绵羊或山羊来做献祭，因为它们的价值较小”[4]。南非的祖鲁人盛行祖先崇拜，他们也向“死人的灵魂奉献心爱的牛作为牺牲”[5]。在我国内蒙古自治区布特哈旗的鄂伦春人那里，饲养的牛也主要在祭祖和跳神仪式上才屠宰。[6] 在云南省佤族社会中，“牛是财富的象征，并起着交换媒介的作用。他们剽牛以后必要留头，用以表示自己的富有”[7]，这里的“剽牛”是一种用牛祭天的活动。

2. 铏羹

铏羹是指盛放在铏中调味的菜肉羹。《周礼 · 天官 · 亨人》：“祭祀，共大羹、铏羹。”郑司农注：“铏羹加盐菜矣。”[8] 铏羹是和以盐菜的肉汁，

---

1 （清）王先慎撰，钟哲点校：《韩非子集解》，北京：中华书局，1998 年，第 335-336 页。

2 （清）王先谦撰，吴格点校：《诗三家义集疏》（下册），北京：中华书局，1987 年，第 654-655 页。

3 ［英］埃文斯 - 普理查德著，褚建芳、阎书昌、赵旭东译：《努尔人：对尼罗河畔一个人群的生活方式和政治制度的描述》，北京：华夏出版社，2002 年，第 24-25 页。

4 ［英］埃文斯 - 普理查德著，褚建芳、阎书昌、赵旭东译：《努尔人：对尼罗河畔一个人群的生活方式和政治制度的描述》，北京：华夏出版社，2002 年，第 34 页。

5 ［英］爱德华 · 泰勒著，连树声译：《原始文化》，上海：上海文艺出版社，1992 年，第 751 页。

6 《民族问题五种丛书》内蒙古自治区编委会编：《鄂伦春族社会历史调查》（第 1 集），呼和浩特：内蒙古人民出版社，1984 年，第 207 页。

7 汪宁生：《佤族铜鼓》，《民族考古学论集》，北京：文物出版社，1989 年，第 264 页。

8 （清）孙诒让：《周礼正义》（第 1 册），北京：中华书局，1987 年，第 283 页。

铏是用来盛放这种羹的器具。《诗 · 鲁颂 · 閟宫》载祭祀有“毛炰胾羹”。《毛传》：“毛炰，豚也。胾，肉也。羹，大羹、铏羹也。”即用猪肉煮的大羹和铏羹。[1]铏羹用菜,《仪礼》称为“铏芼”。《公食大夫礼》：“铏芼牛藿，羊苦，豕薇，皆有滑。”郑玄注：“藿，豆叶也。苦，苦荼也。滑，堇荁之属。”[2]《士虞礼》：“铏芼用苦，若薇，有滑，夏用葵，冬用荁。”郑玄注：“夏秋用生葵，冬春用干荁。”[3]其中包括了豆叶、苦荼、薇、堇荁、葵菜五种菜，而且菜与肉有一定搭配，同祭祀的季节也有关系。

（四）尊彝之实——酒鬯

《周礼》天子宗庙祭祀中所用尊彝之实是指盛放在尊彝里的酒和郁鬯。它们在盛入尊彝之前都要进行过滤。

1. 酒和郁鬯

（1）酒

《周礼》天子宗庙祭祀中的酒有“五齐”和“三酒”两大类，也就是五种浓度小的酒和三种浓度大的酒。《酒正》：“凡祭祀，以法共五齐三酒，以实八尊。”[4]祭祀时酒正的职责是将五齐和三酒分别注于盛酒的八尊之中。实际的执行者是酒人。《酒人》：“酒人掌为五齐三酒，祭祀则共奉之，以役世妇。”郑玄注：“酒人共酒，因留与其奚为世妇役。”[5]这里的“祭祀”指的是大、中祭祀，祭祀时酒人不仅要亲自供应所需的酒，还要率领女奴到世妇那里以供役使。小祭祀则由酒人派人送酒。《酒人》：“凡祭祀，共酒以往。”郑玄注：“不言奉，小祭祀。”孙诒让曰：“小祭祀不言奉者，

---

1 （清）王先谦撰，吴格点校：《诗三家义集疏》（下册），北京：中华书局，1987 年，第 1081-1082 页。

2 （清）阮元校刻：《十三经注疏》（上册），北京：中华书局，1980 年，第 1086 页。

3 （清）阮元校刻：《十三经注疏》（上册），北京：中华书局，1980 年，第 1171 页。

4 （清）孙诒让：《周礼正义》（第 2 册），北京：中华书局，1987 年，第 354 页。

5 （清）孙诒让：《周礼正义》（第 2 册），北京：中华书局，1987 年，第 365 页。

酒人使人以酒往，致主祭祀之有司，不亲奉之也。”[1]因祭祀大小不同，事前重视的程度也不同，礼节处处体现着隆杀之别。

“五齐”是五种浓度小的酒，它们的清浊程度有别。《周礼·天官·酒正》：“辨五齐之名，一曰泛齐，二曰醴齐，三曰盎齐，四曰缇齐，五曰沈齐。”所谓“齐”，意即“每有祭祀，以度量节作之”[2]。也就是造酒时要调节米曲水火之量。郑玄曰：“五齐浊。”[3]可知这五种酒都是未经过滤的浊酒。其中泛齐为酒糟上浮的最浊的酒。《礼记·郊特牲》：“明水涚齐，贵新也。”郑玄注：“涚齐，或为汎齐。”《释文》：“汎本又作泛。”[4]醴齐为汁糟相伴未分的甜味浊酒。《说文·酉部》：“醴，酒一宿孰也。”[5]是醴酒一夜便可酿就。《诗·周颂·丰年》：“为酒为醴，烝畀祖妣。”[6]《礼记·礼器》：“醴酒之用。”[7]皆为祭祀用醴之事。由于泛齐和醴齐很浊，所以要经过“缩酌”，用茅来过滤酒糟。盎齐为白色浊酒。《礼记·郊特牲》：“醆酒涚于清。”郑玄说“醆酒”就是盎齐。[8]缇齐为红赤色浊酒[9]，郑玄指出是下酒。[10]《说文·酉部》：“䤈，下酒也。”[11]《诗·小雅·伐木》：“䤈酒有萸。”《毛传》：

---

1 （清）孙诒让：《周礼正义》（第2册），北京：中华书局，1987年，第367页。

2 （清）孙诒让：《周礼正义》（第2册），北京：中华书局，1987年，第342页。

3 （清）阮元校刻：《十三经注疏》（下册），北京：中华书局，1980年，第1457页。

4 （清）阮元校刻：《十三经注疏》（下册），北京：中华书局，1980年，第1457页。

5 （清）段玉裁：《说文解字注》，北京：中华书局，2013年，第754页。

6 （清）王先谦撰，吴格点校：《诗三家义集疏》（下册），北京：中华书局，1987年，第1025页。

7 （清）阮元校刻：《十三经注疏》（下册），北京：中华书局，1980年，第1439页。

8 （清）阮元校刻：《十三经注疏》（下册），北京：中华书局，1980年，第1457页；（清）孙诒让：《周礼正义》（第6册），北京：中华书局，1987年，第1535页。

9 缇齐之所以为红赤色，方心芳认为是酒精“浸出原料中的色素”，阮明套则认为可能是“酒中加入了某种植物，类似现在的药酒”。参见方心芳：《曲糵酿酒的起源与发展》，生物学史专辑编纂组编纂：《科技史文集：生物学史专辑》，上海：上海科学技术出版社，1980年，第143页；阮明套：《周代的酒与饮酒礼》，博士学位论文，北京：北京师范大学历史学院，2012年，第38页。

10 （清）孙诒让：《周礼正义》（第2册），北京：中华书局，1987年，第342页。

11 （清）段玉裁：《说文解字注》，北京：中华书局，2013年，第754页。

"以筐曰醨。"[1]可知醨酒是一种用筐过滤的酒。《礼记·礼运》载祭祀时"粢醍在堂"，郑玄认为"醍"与"缇"同。[2]沈齐为酒糟下沉的浊酒，在五齐中最清。《礼记·礼运》载祭祀时"澄酒在下"，郑玄说"澄"与"沈"同。[3]五齐"在酿造过程中，精细程度亦不一样"[4]。微生物学家方心芳依据现代科学知识指出，《周礼》所载"五齐"是曲蘖酿酒的五个发酵阶段[5]，可备一说。

"三酒"是三种浓度大的酒。《周礼·天官·酒正》："辨三酒之物，一曰事酒，二曰昔酒，三曰清酒。"郑司农注："事酒，有事而饮也。昔酒，无事而饮也。清酒，祭祀之酒。"郑玄注："事酒，酌有事者之酒。""昔酒，今之酋久白酒。""清酒，今中山冬酿，接夏而成。"[6]二郑解释"事酒"为不与尸进行酬献的执事者所饮之酒。孙诒让则赞同刘熙释其为"有事而酿之酒"。黄以周等学者认为《仪礼·少牢馈食礼》所载祭祀前"宰命为酒"，即临事所酿的事酒。[7]昔酒是较事酒酿造时间长的白酒。贾公彦说此酒乃"群臣陪位不得行事者"所饮。"昔"又作"腊"。《国语·周语下》："厚味寔腊毒。"韦注："腊，亟也，读若'广（酋）'，昔酒焉，味厚者，其毒亟也。"[8]《郑语》："毒之酋腊者，其杀也滋速。"[9]看来这种酒特别浓烈。清酒的酿造时间最长，冬酿而夏成，在所有酒中最为清冽。郑司农所谓

1 （清）王先谦撰，吴格点校：《诗三家义集疏》（下册），北京：中华书局，1987年，第571页。

2 （清）阮元校刻：《十三经注疏》（下册），北京：中华书局，1980年，第1416页。

3 （清）阮元校刻：《十三经注疏》（下册），北京：中华书局，1980年，第1416页。

4 张舫：《周人饮酒钩沉》，《史学集刊》1987年第4期。

5 方心芳：《曲蘖酿酒的起源与发展》，生物学史专辑编纂组编纂：《科技史文集：生物学史专辑》，上海：上海科学技术出版社，1980年，第143页。

6 （清）孙诒让：《周礼正义》（第2册），北京：中华书局，1987年，第347页。

7 （清）孙诒让：《周礼正义》（第2册），北京：中华书局，1987年，第347页。

8 上海师范大学古籍整理研究所校点：《国语》，上海：上海古籍出版社，1998年，第92–93页。

9 上海师范大学古籍整理研究所校点：《国语》，上海：上海古籍出版社，1998年，第519页。

“祭祀之酒”，孙诒让认为它是加爵之时进献给尸的。[1]

根据祭祀大小不同，增添三酒的次数也不同，五齐则不增添。《周礼·天官·酒正》：“大祭三贰，中祭再贰，小祭壹贰，皆有酌数。唯齐酒不贰，皆有器量。”[2]杜子春注：“其三酒，人所饮者，益也。”[3]孙诒让曰：“此经三贰、再贰、壹贰，自是就正尊加益之数。”[4]也就是祭祀中所设置的三酒，需要往正尊中添酒。祭祀大小不同，增添的次数也不同，既不能多添，也不能少添。这体现了“立中制节”的原则，即《礼记·仲尼燕居》孔子所言“夫礼所以制中也”[5]。五齐则不同于三酒。郑司农曰：“齐酒不贰，为尊者质，不敢副益也。”[6]五齐乃代表祖先的尸所饮，为表达对尊者的敬意，不再额外添加。

（2）郁鬯

郁鬯是郁草汁和黑黍米所酿秬鬯的调和之物，用于天子宗庙祭祀的祼礼。《周礼·春官·肆师》：“及果，筑鬻。”郑司农注：“筑煮，筑香草，煮以为鬯。”[7]《说文·木部》：“筑，捣也。”[8]“鬻”是“煮”的古字。肆师捣煮的香草叫做“郁”，按照郑司农的说法，用的是香草的叶子，十叶为贯，在一种叫做鐎的器具中共煮一百二十贯。[9]捣也有专门的器具，且有象征意

1 （清）孙诒让：《周礼正义》（第 2 册），北京：中华书局，1987 年，第 348 页。“清酒”一词除了专指具体的一种酒外，在其他先秦文献中也被当作祭祀用酒的通称。《诗·小雅·信南山》：“祭以清酒，从以骍牡。享于祖考，执其鸾刀。”郑笺：“清，谓玄酒也。酒，郁鬯，五齐三酒也。”《诗·大雅·旱麓》：“清酒既载，骍牡既备，以享以祀，以介景福。”参见（清）王先谦撰，吴格点校：《诗三家义集疏》（下册），北京：中华书局，1987 年，第 759、847 页。

2 （清）孙诒让：《周礼正义》（第 2 册），北京：中华书局，1987 年，第 354 页。

3 （清）孙诒让：《周礼正义》（第 2 册），北京：中华书局，1987 年，第 354 页。

4 （清）孙诒让：《周礼正义》（第 2 册），北京：中华书局，1987 年，第 356 页。

5 （清）阮元校刻：《十三经注疏》（下册），北京：中华书局，1980 年，第 1613 页。

6 （清）孙诒让：《周礼正义》（第 2 册），北京：中华书局，1987 年，第 354 页。

7 （清）孙诒让：《周礼正义》（第 6 册），北京：中华书局，1987 年，第 1472 页。

8 （清）段玉裁：《说文解字注》，北京：中华书局，2013 年，第 255 页。

9 （清）孙诒让：《周礼正义》（第 6 册），北京：中华书局，1987 年，第 1491 页。

义。《礼记·杂记上》：“畅，臼以椈，杵以梧。”郑玄注：“所以捣郁也。”孔疏：“捣郁鬯用柏臼桐杵，为柏香，桐洁，于神为宜。”[1]捣煮之后，肆师要供给郁人郁草汁制作郁鬯。《郁人》：“凡祭祀、宾客之祼事，和郁鬯。”[2]郁人在这里的职责是“和”，即将郁草汁和黑黍米酿成的秬鬯调和起来，所用的秬鬯来自鬯人处。《鬯人》：“掌共秬鬯。”[3]《礼记·郊特牲》：“周人尚臭，灌用鬯臭。”[4]这是周人行祼礼使用郁鬯的明确记载。

2. 过滤酒鬯

酒鬯在盛入尊彝之前需要过滤，而且方法不一。《周礼·春官·司尊彝》：“凡六彝六尊之酌，郁齐献酌，醴齐缩酌，盎齐涚酌，凡酒脩酌。”[5]郑司农和郑玄对“献”“酌”二字的理解不一，释义也随之不同，其中以郑玄说为长。

郑司农把“酌”解读为清洁勺子而酌酒。郑司农曰：“‘献’读为‘仪’。仪酌，有威仪多也。涚酌，涚拭勺而酌也。脩酌，以水洗勺而酌也。”[6]具体而言，“献酌”是指用郁鬯行祼礼时洗勺酌鬯的仪节繁复；“涚酌”是指以巾擦拭勺子使其清洁，然后酌酒；“脩酌”指用水清洗勺子，然后酌酒。他唯一没有解释“缩酌”，是将《礼记·郊特牲》所言“缩酌用茅，明酌也”理解为醴酒需要用茅过滤，然后才可以盛于尊中，而与清洗勺子的方式没有关系。细读经文，对“酌”字的解释理应统一，郑司农的解释显得不够齐整。

郑玄将“酌”理解为斟酒于尊彝。郑玄曰：“酌犹斟也，酒已泲，则

1 （清）阮元校刻：《十三经注疏》（下册），北京：中华书局，1980 年，第 1555 页。
2 （清）孙诒让：《周礼正义》（第 6 册），北京：中华书局，1987 年，第 1490 页。
3 （清）孙诒让：《周礼正义》（第 6 册），北京：中华书局，1987 年，第 1496 页。
4 （清）阮元校刻：《十三经注疏》（下册），北京：中华书局，1980 年，第 1457 页。
5 （清）孙诒让：《周礼正义》（第 6 册），北京：中华书局，1987 年，第 1535 页。
6 （清）孙诒让：《周礼正义》（第 6 册），北京：中华书局，1987 年，第 1535 页。

斟之以实尊彝。”[1]他将“献”读为“莎”，认为“郁齐献酌”是捣煮郁草和以秬酒，又加入盎齐，用手搅拌搓揉使香汁渗入酒内，加以过滤，最后盛于彝。“醴齐缩酌”是往醴酒中和以事酒，然后用茅过滤而盛于彝。“盎齐涚酌”是往盎齐中和以清酒，然后过滤而盛于彝。“凡酒脩酌”，郑玄将“脩”读为“涤”，是以水和入三酒之中，然后过滤而盛于彝。[2]林尹认为除缩酌用茅过滤外，其他酒的过滤都用竹筐。[3]郑玄对滤酒方法的解释，与《郊特牲》所谓“缩酒用茅，明酌也。醆酒涚于清，汁献涚于醆酒”是一致的。[4]至于五齐中泛齐、缇齐、沈齐的过滤方法，郑玄曰：“泛从醴，缇、沈从盎。”[5]即泛齐和醴齐一样，缇齐、沈齐与盎齐一样。

（五）其他——鸟卵与盐

鸟卵单独备置，盐或置于笾，或为调味品，或单独备置，故一并论述。

1. 鸟卵

鸟卵是指家禽的卵。《周礼·夏官·掌畜》：“掌养鸟而阜蕃教扰之。祭祀，其卵鸟。”郑玄注：“阜犹盛也。蕃，蕃息也。鸟之可养使盛大蕃息者，谓鹅鹜之属。”[6]鹜即鸭子。《礼记·王制》载庶人春天祭祀时“韭以卵”[7]，孙诒让据此指出《掌畜》所言是天子宗庙祭祀献卵之事，他认为掌畜要将卵供给鸡人，鸡人供给庖人和内外饔诸官。[8]则鸟卵不是直接作为祭品，而是经过加工的。

---

1 （清）阮元校刻：《十三经注疏》（下册），北京：中华书局，1980 年，第 1457 页。
2 （清）孙诒让：《周礼正义》（第 6 册），北京：中华书局，1987 年，第 1535 页。
3 林尹：《周礼今注今译》，北京：书目文献出版社，1985 年，第 213 页。
4 （清）阮元校刻：《十三经注疏》（下册），北京：中华书局，1980 年，第 1457 页。
5 （清）孙诒让：《周礼正义》（第 6 册），北京：中华书局，1987 年，第 1535 页。
6 （清）孙诒让：《周礼正义》（第 9 册），北京：中华书局，1987 年，第 2452 页。
7 （清）阮元校刻：《十三经注疏》（上册），北京：中华书局，1980 年，第 1337 页。
8 （清）孙诒让：《周礼正义》（第 9 册），北京：中华书局，1987 年，第 2453 页。

2. 盐

《周礼》天子宗庙祭祀所用的盐有苦盐、散盐和形盐。《盐人》："掌盐之政令，以共百事之盐。祭祀，共其苦盐、散盐。"[1]《笾人》："朝事之笾，其实麷、蕡、白、黑、形盐、膴、鲍鱼、鱐。"[2]

苦盐是未经熬制而味道特别咸的盐。郑玄曰："杜子春读苦为鹽，谓出盐直用不湅治。"贾疏："鹽谓出于盐池，今之颗盐是也。"[3]《礼记·曲礼下》说祭祀宗庙时"鹽曰咸鹾"。郑玄注："大咸曰鹾，今河东云。"[4]《尔雅·释言》："咸，苦也。"郭注："苦即大咸。"[5]《说文·盐部》："鹽，河东盐池也。袤五十一里，广七里，周百十六里。"[6]可知鹽为一种味道特别咸的天然盐，它产于河东盐池，也就是今天山西运城市南部的盐池。王应电曰："苦盐即鹽也，出于盐池，未加湅治，其味微苦，故以苦名，今之颗盐也。"[7]因苦盐特别咸，故而其味微苦。

散盐是熬制海水而成的海盐。郑司农曰："散盐，湅治者。"郑玄曰："散盐，鬻水为盐。"[8]贾公彦曰："散盐，煮水为之，出于东海。"[9]《管子·地数》："君伐菹薪，煮泲（沛）水为盐。"[10]即指熬制此盐。王应电曰："散盐，煮海水为之，其形散，今之末盐也。"[11]王氏认为"散"是说形状，散盐是碎末形。孙诒让则曰："苦盐味大咸，为盐之最贵者。散盐则味微

1 （清）孙诒让:《周礼正义》（第 2 册），北京：中华书局，1987 年，第 411 页。
2 （清）孙诒让:《周礼正义》（第 2 册），北京：中华书局，1987 年，第 411、379 页。
3 （清）孙诒让:《周礼正义》（第 2 册），北京：中华书局，1987 年，第 411 页。
4 （清）阮元校刻:《十三经注疏》（上册），北京：中华书局，1980 年，第 1269 页。
5 （清）阮元校刻:《十三经注疏》（下册），北京：中华书局，1980 年，第 2581 页。
6 （清）段玉裁:《说文解字注》，北京：中华书局，2013 年，第 592 页。
7 （明）王应电:《周礼传》卷 1,《文渊阁四库全书电子版》，上海、香港：上海人民出版社、迪志文化出版有限公司，1999 年。
8 （清）孙诒让:《周礼正义》（第 2 册），北京：中华书局，1987 年，第 411 页。
9 （清）阮元校刻:《十三经注疏》（上册），北京：中华书局，1980 年，第 675 页。
10 黎翔凤:《管子校注》（下册），北京：中华书局，2004 年，第 1364 页。
11 （明）王应电:《周礼传》卷 1,《文渊阁四库全书电子版》，上海、香港：上海人民出版社、迪志文化出版有限公司，1999 年。

淡，用多而品略贱，祭祀则次于苦盐，宾客则次于形盐，故谓之散，散之言杂也。”[1]他认为“散”是说品级低，苦、散二盐因咸淡而有贵贱之分，这也是有一定道理的。不过更深层次的原因在于苦盐完全为天然生成的盐，而散盐是经过人为加工的盐，报本反始的祭祀观念决定了天然的粗糙食品更为周人所崇尚。

形盐是指天然生成的虎形之盐。郑司农曰：“筑盐以为虎形，谓之形盐。”郑玄曰：“形盐，盐之似虎者。”[2]郑司农认为形盐是加工成虎形的盐，郑玄则认为是天然生成似虎形者。叶时曰：“有积其卤而结者，其形似虎而非人筑成，谓之形盐。”[3]孙诒让更倾向于郑司农的看法，他根据《凉州异物志》有土人将盐雕刻为虎形而成戎盐的记载，指出形盐即戎盐，可能是古之遗制。[4]孙氏的这一推测是不能成立的。阎伯玙《盐池赋》曰：“其出形盐也，状雄虎之蹲于长野，攫拏兮布濩。”[5]可见现实中确实存在自然凝结而成似虎形的盐。形盐也见于其他先秦文献。《左传》僖公三十年载：“冬，王使周公阅来聘，飨有昌歜、白黑、形盐。”杜注：“形盐，盐形象虎。”“盐虎形，以象武也。”[6]盐形象虎可取威武之义。《吕氏春秋·本味》载伊尹提到“大夏之盐”。高注：“大夏，泽名，或曰山名，在西北。盐，形盐。”[7]

祭祀用盐的情况在里耶秦简也有记载。秦始皇三十二年三月，迁陵县在一次准备祭祀先农的祭品中用到了盐。“盐四分升一以祠先农。”[8]既然

1 （清）孙诒让：《周礼正义》（第2册），北京：中华书局，1987年，第412页。
2 （清）孙诒让：《周礼正义》（第2册），北京：中华书局，1987年，第379页。
3 （宋）叶时：《礼经会元》卷2,《文渊阁四库全书电子版》，上海、香港：上海人民出版社、迪志文化出版有限公司，1999年。
4 （清）孙诒让：《周礼正义》（第2册），北京：中华书局，1987年，第382页。
5 （清）董诰等编：《全唐文》（第2册），上海：上海古籍出版社，1990年，第1781页。
6 （清）阮元校刻：《十三经注疏》（下册），北京：中华书局，1980年，第1831页。
7 （战国）吕不韦著，陈奇猷校注：《吕氏春秋新校释》（上册），上海：上海古籍出版社，2002年，第746、765页。
8 湖南省文物考古研究所编著：《里耶发掘报告》，长沙：岳麓书社，2007年，第194页。

一般的县在祭祀时会用到盐，那么《周礼》所载三种祭祀用盐是所言非虚。据说在与秦同时期的古希腊和古罗马的习俗中，祭祖时也把盐作为祭品。[1]

盐成为祭祀必备品出于两个原因。第一，它在日常饮食中不可或缺。《左传》成公六年载："夫山、泽、林、盐，国之宝也。"[2]《汉书·食货志下》："夫盐，食肴之将。"[3]盐的重要性可见一斑，祭品中当然也不能缺少了它。第二，祭祀讲求圣洁，盐为白色晶体，正可表达圣洁之义。

◉ 第二节 祭器与祭品的清洗与检查

根据《周礼》的记载，为了确保祭器与祭品符合仪式的要求，很多职官在祭祀前都要对它们的准备情况进行认真检查，标准就是保证清洁和完备，其中尤以清洁之事最为重要。

一、祭器与粢盛的清洗、检查以及郁鬯的检查

祭祀前世妇、女御、郁人、司烜氏等职官要清洗祭器与粢盛，大宰、小宰、宰夫、大宗伯、小宗伯和肆师等职官要对祭器、粢盛、郁鬯进行检查，其中是否洗涤干净以及陈放情况是他们关注的主要方面。

（一）祭器与粢盛的清洗

祭器的清洗工作主要由世妇、女御和寺人掌理。《周礼·天官·世妇》："世妇掌祭祀、宾客、丧纪之事，帅女宫而濯摡。"[4]此处的世妇为内命妇。[5]

---

1 ［法］库朗热著，谭立铸等译：《古代城邦——古希腊罗马祭祀、权利和政制研究》，上海：华东师范大学出版社，2006 年，第 7 页。

2 杨伯峻编著：《春秋左传注》（第 2 册），北京：中华书局，1990 年，第 829 页。

3 （汉）班固撰，（唐）颜师古注：《汉书》（第 4 册），北京：中华书局，1962 年，第 1183 页。

4 （清）孙诒让：《周礼正义》（第 2 册），北京：中华书局，1987 年，第 557 页。

5 （清）孙诒让：《周礼正义》（第 1 册），北京：中华书局，1987 年，第 52 页。

郑玄注："溉，拭也。"[1]《说文·手部》："溉，涤也。"[2]可知"濯溉"就是洗涤的意思。祭祀之前，内命妇须率领宫中的女奴清洗干净将要使用的祭器。世妇的工作还有女御的协助。《女御》："凡祭祀，赞世妇。"郑玄注："助其帅莅女宫。"[3]此事工作量很大，所以有大量女奴的参与。《寺人》："若有丧纪、宾客、祭祀之事，则帅女宫而致于有司，佐世妇治礼事。"[4]说明有祭祀之事时，寺人会率领女奴向有关的职官报到，以便供其差遣，协助世妇办理有关礼的事情。

行裸礼时用的圭瓒和璋瓒由郁人专门清洗。《周礼·春官·郁人》："凡裸玉，濯之，陈之。"郑玄注："裸玉，谓圭瓒、璋瓒。"[5]孙诒让曰："若祭祀，则于大宰、大小宗伯视涤濯时，濯裸玉而陈之也。"[6]是圭瓒和璋瓒在洗涤之后要陈设妥当，以备检查。

负责洗涤粢盛的是司烜氏。《周礼·秋官·司烜氏》："以共祭祀之明齍。"郑司农注："明粢，谓以明水滫涤粢盛黍稷。"[7]可知洗涤粢盛时用的是明水。《左传》桓公六年载："奉盛以告曰'洁粢丰盛'。"[8]孙诒让说明粢就是洁粢。[9]《墨子·尚同》："其事鬼神也，酒醴粢盛，不敢不蠲洁。"[10]《孟子·尽心下》："牺牲既成，粢盛既洁，祭祀以时。"[11]说明事奉鬼神必须使用洁净的谷物来表达敬意。

---

1 （清）孙诒让：《周礼正义》（第 2 册），北京：中华书局，1987 年，第 557 页。
2 （清）段玉裁：《说文解字注》，北京：中华书局，2013 年，第 613 页。
3 （清）孙诒让：《周礼正义》（第 2 册），北京：中华书局，1987 年，第 560 页。
4 （清）孙诒让：《周礼正义》（第 2 册），北京：中华书局，1987 年，第 548–549 页。
5 （清）孙诒让：《周礼正义》（第 6 册），北京：中华书局，1987 年，第 1491 页。
6 （清）孙诒让：《周礼正义》（第 6 册），北京：中华书局，1987 年，第 1492 页。
7 （清）孙诒让：《周礼正义》（第 12 册），北京：中华书局，1987 年，第 2909 页。
8 杨伯峻编著：《春秋左传注》（第 1 册），北京：中华书局，1990 年，第 111 页。
9 （清）孙诒让：《周礼正义》（第 12 册），北京：中华书局，1987 年，第 2912 页。
10 （清）孙诒让撰，孙启治、孙以楷点校：《墨子间诂》（上册），北京：中华书局，2001 年，第 82 页。
11 （清）阮元校刻：《十三经注疏》（下册），北京：中华书局，1980 年，第 2774 页。

（二）祭器与郁鬯的检查

祭器的洗涤情况和郁鬯的准备情况由大宰和大宗伯等检查。《周礼·天官·大宰》："及执事，视涤濯。"郑玄注："初为祭祀前祭日之夕。"[1]大宰检查的时间为祭祀前一天的晚上。执事，指的是与大宰同往的其他职官，即小宰、宰夫、大宗伯、小宗伯和肆师。具体而言，小宰掌祭祀之"戒具"，"戒官有事者所当共"[2]。宰夫"从大宰而视涤濯"，并"赞小宰比官府之具"。郑玄注："比，校次之。"贾疏："此宰夫赞小宰校次之，使知善恶足否也。"[3]这是说，宰夫协助小宰检查祭器是否符合仪式的要求，并且排列它们的次序。大宗伯和小宗伯也要在祭祀前去"视涤濯"。《大宗伯》："凡祀大神，享大鬼，祭大祇，帅执事而卜日，宿，视涤濯。"[4]《小宗伯》："大祭祀，省牲，视涤濯。"[5]检查工作也有一定的行礼方式。《肆师》："凡祭祀之卜日、宿、为期，诏相其礼，视涤濯亦如之。"[6]肆师的任务是告诉大宰等职官如何行礼，同时协助他们。郁鬯由大宗伯检查。《大宗伯》："凡祀大神，享大鬼，祭大祇，帅执事而卜日，宿，视涤濯，莅玉鬯。"[7]这里的"玉鬯"是指将用于祭祀中祼礼的郁鬯，那么大宗伯检查的是肆师、郁人、鬯人和司尊彝准备郁鬯的情况。

宗庙祭祀前检查器具是否清洁也见于《仪礼》。《特牲馈食礼》："宗人升自西阶，视壶濯及豆笾，反降，东北面，告濯具。""（宗人）举鼎鼏告洁。"[8]这是祭祀前一天晚上宗人检查祭器之事。《少牢馈食礼》："宗

1 （清）孙诒让：《周礼正义》（第1册），北京：中华书局，1987年，第144页。
2 （清）孙诒让：《周礼正义》（第1册），北京：中华书局，1987年，第179页。
3 （清）孙诒让：《周礼正义》（第1册），北京：中华书局，1987年，第199、200页。
4 （清）孙诒让：《周礼正义》（第5册），北京：中华书局，1987年，第1404页。
5 （清）孙诒让：《周礼正义》（第5册），北京：中华书局，1987年，第1443页。
6 （清）孙诒让：《周礼正义》（第6册），北京：中华书局，1987年，第1471页。
7 （清）孙诒让：《周礼正义》（第5册），北京：中华书局，1987年，第1404页。
8 （清）阮元校刻：《十三经注疏》（上册），北京：中华书局，1980年，第1180页。

人命涤。”郑玄注：“涤，溉濯祭器，扫除宗庙。”[1]这包括了筮日得吉（祭祀前十一日）后宗人命令诸官清洗祭器之事。祭祀这一天清洁祭器的事宜为：“饔人摡鼎、匕、俎于雍爨，雍爨在门东南北上；廪人摡甑、甗、匕、敦于廪爨，廪爨在雍爨之北；司宫摡豆、笾、勺、爵、觚、觯、几、洗、篚于东堂下。”[2]《特牲馈食礼》和《少牢馈食礼》分别记载了诸侯的士和大夫举行的宗庙祭礼，虽然与天子相比，因有等级之差而存在一些区别，但也可为《周礼》祭器清洁制度提供旁证。

二、牺牲的清洗与检查

牺牲是最重要的祭品，祭祀前也要清洗与检查，此事由大宗伯、小宗伯、肆师、充人、封人、羊人等共同掌理。

（一）饲养时的检查

肆师检查牺牲是否符合要求。《周礼·春官·肆师》：“大祭祀，展牺牲，系于牢，颁于职人。”郑玄注：“展，省阅也。‘职’读为‘樴’。樴，可以系牲者。此樴人谓充人及监门人。”[3]将要举行天子宗庙祭祀，在牧人将牺牲交予充人之时，肆师要专门检查牺牲在体角和毛色等方面是否符合祭祀的要求，若符合要求，就系于牲牢，然后再由充人和监门人继续饲养。《穀梁传》成公七年载：“郊牛日，展觩角而知伤，展道尽矣。”[4]说的就是检查牺牲之事。按照《礼记》的说法，人君在牺牲初系和朔月月半之时，都要亲自视察。《礼记·祭义》：“古者天子诸侯必有养兽之官，及岁时，齐戒沐浴而躬朝之，牺牷祭牲必于是取之，敬之至也。君召牛，纳而视之，择其毛而卜之，吉然后养之。君皮弁、素积，朔月、月半，

1 （清）阮元校刻：《十三经注疏》（上册），北京：中华书局，1980 年，第 1196 页。
2 （清）阮元校刻：《十三经注疏》（上册），北京：中华书局，1980 年，第 1197 页。
3 （清）孙诒让：《周礼正义》（第 6 册），北京：中华书局，1987 年，第 1471 页。
4 （清）阮元校刻：《十三经注疏》（下册），北京：中华书局，1980 年，第 2419 页。

君巡牲，所以致力，孝之至也。”[1]孙诒让推测说，日展可能是由肆师负责，其他则是肆师跟从君王一起检查的。[2]

《礼记》对检查牺牲过程的记载更为详细。《月令》：“（仲秋之月）乃命宰、祝循行牺牲，视全具，案刍豢，瞻肥瘠，察物色，必比类，量小大，视长短，皆中度。五者备当，上帝其享。”[3]《月令》所言从事检查工作的是宰和祝，其说虽与《周礼》不同，但具体任务是一样的。此处涉及牺牲的角体是否完具、喂养的肥瘠状况、种类和颜色、是否符合旧例以及大小，可见对牺牲的要求是十分严格的，因为祭祀时要表达对神灵的崇高敬意，所以奉献完美无缺的牺牲自是理所当然。如果牺牲不符合要求，就要予以更换。《吕氏春秋·任数》：“韩昭厘侯视所以祠庙之牲，其豕小，昭厘侯令官更之。”[4]可见人君对选用牺牲之事十分重视。

按照周人的习惯，祭祀用牲以雄性为贵。《礼记·月令》：“（孟春之月）乃修祭典，命祀山林川泽，牺牲毋用牝。”孔疏：“宗庙大祭之时，虽非正月，皆不用牝。”孙希旦曰：“大祭祀，牺牲皆用牡。”[5]郑玄对孟春牺牲用牡的解释是“为伤妊生之类”，意思是不伤害繁衍生育的雌性动物。又西周中期剌鼎铭文载：“王啻（禘），用牡于大室，啻（禘）卲（昭）王。”（《集成》2776）[6]类似情况亦见于生活在非洲尼罗河流域努尔人的习俗中，除了葬礼之外，其他场合是不能用有繁殖能力的母牛来献祭的。[7]

---

1 （清）阮元校刻：《十三经注疏》（下册），北京：中华书局，1980年，第1597页。

2 （清）孙诒让：《周礼正义》（第6册），北京：中华书局，1987年，第1471页。

3 （清）阮元校刻：《十三经注疏》（上册），北京：中华书局，1980年，第1374页。

4 （战国）吕不韦著，陈奇猷校注：《吕氏春秋新校释》（下册），上海：上海古籍出版社，2002年，第1075页。

5 （清）孙希旦撰，沈啸寰、王星贤点校：《礼记集解》（上册），北京：中华书局，1989年，第418页。

6 中国社会科学院考古研究所编：《殷周金文集成》（第2册），北京：中华书局，2007年，第1443页。

7 ［英］埃文斯－普理查德著，褚建芳、阎书昌、赵旭东译：《努尔人：对尼罗河畔一个人群的生活方式和政治制度的描述》，北京：华夏出版社，2002年，第33页。

周人崇尚幼牲。《国语·楚语下》："郊禘不过茧栗，烝尝不过把握。"韦注："角如茧栗，郊禘，祭天也。"又曰："把握，长不出把。"[1]意谓用于祭祀的牺牲的角都要短小。《礼记·王制》："祭天地之牛，角茧栗；宗庙之牛，角握。"[2]山西曲村发现的战国祭祀遗址中，牺牲也皆为幼牲。[3]之所以用幼牲，是因为"周人认为幼犊谨悫，无牝牡之情，足以体诚敬之情"[4]。

世界其他民族对牺牲也有类似的要求。印度吠陀经和《圣经》等文献记载，祭祀前所用的牺牲"必须没有伤残、病症或者缺陷。它必须具备某种颜色，年龄、性别，视目的而定"[5]。埃文斯－普理查德在尼罗河流域考察努尔人时也发现了这种展示牲畜完美品质的现象。在努尔人看来，"牛角的颜色和形状是很重要的品质，但最基本的品质还在于形体的大小和胖瘦，腰腿骨看上去不应很明显这一点被认为是尤其重要的"，甚至"努尔人非常喜欢牛背上有一大块隆肉，在它们走动时一颤一颤的。为了增大这一特征，他们常常在小牛出生后不久便对这块隆肉进行特殊处理"[6]。

（二）牺牲的清洗

封人在天子宗庙祭祀前夕负责清洗牛牲。《周礼·地官·封人》："凡祭祀，饰其牛牲。"郑司农注："谓夕牲时也。"郑玄注："饰谓刷治洁清之也。"[7]这是祭祀前一天晚上洗掉牛牲身上的污秽，以使其变得清洁。这

1 上海师范大学古籍整理研究所校点：《国语》，上海：上海古籍出版社，1998 年，第 565–566 页。

2 （清）阮元校刻：《十三经注疏》（上册），北京：中华书局，1980 年，第 1337 页。

3 邹衡：《天马——曲村》，北京：科学出版社，1999 年，第 983–993 页。

4 曹建墩：《周代祭祀用牲礼制考略》，《文博》2008 年第 3 期。

5 ［法］马塞尔·莫斯、昂利·于贝尔著，杨渝东、梁永佳、赵丙祥译：《巫术的一般理论　献祭的性质与功能》，桂林：广西师范大学出版社，2007 年，第 194、262 页。

6 ［英］埃文斯－普理查德著，褚建芳、阎书昌、赵旭东译：《努尔人：对尼罗河畔一个人群的生活方式和政治制度的描述》，北京：华夏出版社，2002 年，第 34 页。

7 （清）孙诒让：《周礼正义》（第 3 册），北京：中华书局，1987 年，第 893 页。

个仪节与商周时期实行的祓礼颇有类似之处，当时地位低下者或罪人在得到君王重用前要受行祓礼，本质上是一种巫术，目的是袪除身上的污秽和不祥之气以获得新生。[1] 对于祭祀的牛牲来说，洗刷其身上的污秽也意味着角色的改变，逐渐从普通的牛变成了神圣的祭品。

陈祥道和林昌彝等则认为《周礼·地官·封人》中“饰”是文饰的意思。[2] 他们的根据是《庄子·列御寇》所载庄子的一段话：“子见夫牺牛乎？衣以文绣，食以刍叔，及其牵而入于大庙，虽欲为孤犊，其可得乎！”[3] 衣以文绣，即谓牺牲披上织有花纹的绸缎。孙诒让就此指出：“祭牲必先刷治洁清而后被以文绣，陈、曾说亦经义所晐，然非其本义也。”[4]

羊人负责在祭祀前洗刷羊牲。《周礼·夏官·羊人》：“凡祭祀，饰羔。”郑玄注：“羔，小羊也。”孙诒让曰：“《封人》‘祭祀饰牛牲’，不云‘饰犊’，此祭祀‘饰羔’，不云‘饰羊牲’，并互文以见义，明牲羔兼饰之也。”[5]《诗·小雅·楚茨》：“济济跄跄，洁尔牛羊，以往烝尝。”《毛传》：“济济跄跄，言有容也。”郑笺：“‘有容’，言威仪敬慎也。”[6]“洁尔牛羊”即祭祀前清洗牛羊之事，“济济跄跄”是说行礼的态度虔诚而认真。

（三）祭祀前夕的检查

天子宗庙祭祀前夕对牺牲的检查由大宗伯、小宗伯和充人共同完成。大宗伯莅临此事，是因为他是主管祭祀之官，第二天就要正式举行祭祀

1 张雁勇：《论“湔祓”仪式——前国家时代“尊贤”之风与“家国一体”的碰撞》，《历史教学》2015 年第 4 期。

2 （清）孙诒让：《周礼正义》（第 3 册），北京：中华书局，1987 年，第 893 页；（清）林昌彝：《三礼通释》（第 2 册），海口：海南出版社，2010 年，第 130-131 页。

3 （清）郭庆藩撰，王孝鱼点校：《庄子集释》（下册），北京：中华书局，2012 年，第 1057 页。

4 （清）孙诒让：《周礼正义》（第 3 册），北京：中华书局，1987 年，第 893 页。

5 （清）孙诒让：《周礼正义》（第 9 册），北京：中华书局，1987 年，第 2393 页。

6 （清）王先谦撰，吴格点校：《诗三家义集疏》（下册），北京：中华书局，1987 年，第 751 页。

了，必须予以高度重视。《周礼·春官·大宗伯》：“省牲镬。”[1]小宗伯协助大宗伯的工作。《小宗伯》：“大祭祀，省牲。”贾疏：“谓佐大宗伯。其大宗伯省牲者，察其不如法。”[2]充人负责牺牲的具体检查工作，并向莅临的大小宗伯报告牺牲的实际情况。《充人》：“展牲，则告牷。”郑司农注：“展，具也。具牲，若今时选牲也。充人主以牲牷告展牲者也。”[3]充人作为饲养牺牲的专门官员，对饲养状况最为熟悉，“告牷”就是汇报三个月来的工作成果，同时接受大宗伯的检查。

检查牺牲又称为“视牲”。《仪礼·特牲馈食礼》：“宗人视牲告充，雍正作豕，宗人举兽尾告备。”[4]祭祀前一天晚上宗人报告牺牲肥充，掌烹割的雍正检查猪的声气，宗人又举起兽尾报告完整无缺。虽然这是士的祭祖仪节，与天子宗庙祭祀有异，但也可以一窥检查牺牲的过程。

◉ 第三节　器服与祭品神圣性的象征方式

《周礼》天子宗庙祭祀所涉器服和祭品除具体实用功能外，还在很大程度上以各自的方式传递着丰富而幽深的文化意蕴，也就是使用了象征的思维方式。[5]这种思维方式明显区别于凡俗的社会生活，从物的层面集中渲染着祭祀活动的神圣氛围。它在《周礼》天子宗庙祭祀的器服和祭品上运用得十分频繁，主要通过以多、大、下、文、素为贵，以洁美之

1 （清）孙诒让：《周礼正义》（第 5 册），北京：中华书局，1987 年，第 1404 页。

2 （清）孙诒让：《周礼正义》（第 5 册），北京：中华书局，1987 年，第 1443 页。

3 （清）孙诒让：《周礼正义》（第 3 册），北京：中华书局，1987 年，第 934 页。

4 （清）阮元校刻：《十三经注疏》（上册），北京：中华书局，1980 年，第 1180 页。

5 瑞士心理学家卡尔·荣格说：“所谓象征，是指术语、名称，甚至是人们日常生活中常见的景象。但是除了传统的明显的意义之外，象征还有着特殊的内涵。”又说它“总是代表超出其自身明显和直接含义的东西”。参见［瑞］卡尔·荣格等著，张举文、容文库译，陆梁校：《人类及其象征》，沈阳：辽宁教育出版社，1988 年，第 1、32 页。简而言之，象征就是通过具体形象和名称来表达抽象的寓意。

状体现德行善美，以祭器象征国家政权，法天地则阴阳，以物象和仪节寄寓教化和训诫，以巫术营造神圣氛围和以异为敬七种方式（具体落实在器服和祭品的种类、数量、质地、形状、大小、颜色、文饰、等级、物象、完整度、清洁度、阴阳性、名称变易、准备时间、巫术、检查等维度上），发挥着沟通祖先神灵、强调祭祀者角色和等级之差、反映祭祀者美好德行以及劝勉训诫等一系列作用。其中宝器、道布、祭服、明火、明水等器服或祭品，在象征方式或功能上还具有多元性。

《礼记》的记载有助于理解《周礼》天子宗庙祭祀中器服和祭品体现的神圣性。《王制》："命服、命车不粥于市，宗庙之器不粥于市，牺牲不粥于市。"宗庙之器、命服和牺牲这些尊贵之物皆"不粥于市"[1]，即禁止它们在市场上流通。这就意味着如果违反规定，就损害了它们原本的神圣性。《郊特牲》亦曰："笾豆之荐，水土之品也。不敢用常亵味而贵多品，所以交于神明之义也，非食味之道也。先王之荐，可食也，而不可耆也。卷冕、路车，可陈也，而不可好也。《武》壮而不可乐也。宗庙之威，而不可安也。宗庙之器，可用也，而不可便其利也。所以交于神明者，不可以同于所安乐之义也。"[2]"神圣"二字可谓祭祀者赋予器服和祭品的最基本属性。涂尔干说："人们还必须透过符号，找到它（宗教信仰和仪轨）所表现的并赋予其意义的那个实在。最野蛮和最古怪的仪式，以及最奇异的神话，都传载着人类的某些需要以及个体生活或社会生活的某个方面。"[3]周代礼乐社会中的器服和祭品正是具有这样的意义。"仪式通过象征符号将社会的价值和规范与强烈的情感刺激紧密联系起来，规范和责任渗透在情感中，引领情感，又在人们的情感体验中，将其转换成想要做

1 （清）阮元校刻：《十三经注疏》（上册），北京：中华书局，1980 年，第 1344 页。
2 （清）阮元校刻：《十三经注疏》（下册），北京：中华书局，1980 年，第 1454–1455 页。
3 ［法］爱弥尔·涂尔干著，渠东、汲喆译：《宗教生活的基本形式》，北京：商务印书馆，2011 年，第 3 页。

和应该做的规范和责任。”[1]就《周礼》天子宗庙祭祀而言，器服和祭品通过被赋予某些具体形象和名称，对祭祀者的情感和观念施加着影响。

一、以多、大、下、文、素为贵

为了向祖先表达孝敬之心以及显示自身的角色和地位，祭祀者需要表现出“事死如事生，事亡如事存”[2]，或者“祭如在，祭神如神在”的重视态度。[3]祭品和器物这类道具正可以通过展示别于凡俗的尊贵为之一助。

第一，以多为贵。这是以器服和祭品的数量之多来表达尊贵。这一点在《周礼》天子宗庙祭祀中体现得非常明显，为祖先备置的器服和祭品的种类非常丰富，象征着国家贡赋充足，人民家给人足。《礼记·礼器》：“礼有以多为贵者。”[4]又曰：“礼以多为贵者，以其外心者也。德发扬，诩万物，大理物博。如此则得不以多为贵乎？故君子乐其发也。”郑玄注：“外心，用心于外，其德在表也。”[5]质言之，“古代贵族行礼是以惊人的铺张浪费标榜他们的地位和荣誉的”[6]。

《周礼》天子宗庙祭祀中笾、豆都要进献四次，品种繁多。具体表现为：第一次进献的笾实有𪍿、蕡、白、黑、形盐、膴、鲍鱼、鱐；第二次有枣、𣏾、桃、干䕩、榛实；第三次有菱、芡、𣏾、脯，菱、芡、𣏾、脯；第四次有糗饵和粉餈。第一次进献的豆实有韭菹、醓醢，昌本、麋臡，菁菹、鹿臡，茆菹、麋臡；第二次有葵菹、蠃醢，脾析、蠯醢，蜃、蚳醢，豚拍、鱼醢；第三次有芹菹、兔醢，深蒲、醓醢，箈菹、雁醢，

---

1 王小健：《服制与礼俗——周代妇女“三从”的礼仪符号及制度展现》，《妇女研究论丛》2015年第5期。

2 （清）阮元校刻：《十三经注疏》（下册），北京：中华书局，1980年，第1629页。

3 程树德撰，程俊英、蒋见元点校：《论语集释》（第1册），北京：中华书局，1990年，第175页。

4 （清）阮元校刻：《十三经注疏》（下册），北京：中华书局，1980年，第1431页。

5 （清）阮元校刻：《十三经注疏》（下册），北京：中华书局，1980年，第1434页。

6 常金仓：《周代礼俗研究》，哈尔滨：黑龙江人民出版社，2004年，第41页。

笋菹、鱼醢；第四次有酏食和糁食。《礼记·郊特牲》也说：“笾豆之荐，水土之品也，不敢用常亵味而贵多品。”[1]簠簋之实至少包括黍、稷、稻、粱、麦、苽，可能还有麻和豆。鼎俎之实包括牛、羊、豕、犬、马、鸡、鱼等。尊彝之实有五齐、三酒、郁鬯，其中“五齐”浓度较低，属于薄酒。郑玄曰：“祭祀必用五齐者，至敬不尚味，而贵多品。”[2]用到的盐也有苦盐、散盐和形盐三种。

《礼记·祭统》的一段话非常适合表达祭品的丰富状况：“水草之菹，陆产之醢，小物备矣；三牲之俎，八簋之实，美物备矣；昆虫之异，草木之实，阴阳之物备矣。凡天之所生，地之所长，苟可荐者，莫不咸在，示尽物也。”[3]祭品可谓包罗甚广，常见者有之，珍奇者有之；大者有之，小者有之；自然者有之，人工者有之；阳者有之，阴者有之；天产者有之，地产者有之，水产者亦有之。当然《春秋繁露·四祭》亦曰：“古者岁四祭。四祭者，因四时之所生孰，而祭其先祖父母也。”[4]各个季节祭品的数量和种类存在一定的差别。

《周礼》天子宗庙祭祀的器物有笾、豆、簠、簋、鑊、鼎、铏、俎、鸡彝、鸟彝、斝彝、黄彝、虎彝、蜼彝、献尊、象尊、壶尊、著尊、大尊、山尊、罍、舟、脩（卣）、酌（勺）、瓒、玉爵、瑶爵、玉、币帛、玉镇、大宝器、庸器、镇圭、大圭、疏布巾、画布巾、道布、黼依、盥巾、玉几、筵席、大常、萧茅、冰鑑、弓矢、坟烛、庭燎、手执之烛。祭服，天子和诸臣有衮冕、鷩冕、毳冕、希冕、玄冕；王后和外内命妇有袆衣、揄狄、阙狄、鞠衣、展衣、缘衣。

第二，以大为贵。这是以体量之大来显示尊贵。《周礼》天子宗庙祭祀中，牺牲以牛牲最尊，羊牲次之，豕又次之，故牛鼎最大，羊鼎次之，

1 （清）阮元校刻：《十三经注疏》（下册），北京：中华书局，1980 年，第 1454-1455 页。
2 （清）孙诒让：《周礼正义》（第 2 册），北京：中华书局，1987 年，第 354 页。
3 （清）阮元校刻：《十三经注疏》（上册），北京：中华书局，1980 年，第 1603 页。
4 （汉）董仲舒撰，（清）凌曙注：《春秋繁露》，北京：中华书局，1975 年，第 512 页。

豕鼎最小，牛镬、羊镬、豕镬亦然。《礼记·礼器》："（礼）有以大为贵者，宫室之量，器皿之度，棺椁之厚，丘封之大，此以大为贵也。"[1]"大器具有积极价值的姿态，能给人的感情以强烈的刺激与影响。"[2]

第三，以下为贵。这是以器物下面的变化来体现尊贵。《周礼·春官·司尊彝》记载用作祼礼的郁鬯之彝有舟承之，而六尊皆不用舟，未言是否用禁。《礼记·礼器》："（礼）有以下为贵者。"又曰："天子诸侯之尊废禁，大夫士棜、禁。"郑玄注："废犹去也。"[3]陈祥道反对郑玄说，认为"言彝有舟，以见尊有禁也。天子诸侯之尊废禁，废禁无足以下为贵，则彝舟之为物，盖象舟之形而已"[4]。按郑说，天子宗庙祭祀之尊无禁，按陈说，是有禁而无足。无论采用哪种说法，都能体现"以下为贵"的礼义。

第四，以文为贵。这是以文饰来展现尊贵。《周礼》天子宗庙祭祀中天子与诸臣冕服的衣裳、冕旒都有隆杀之差，天子衮冕九章，鷩冕七章，冕旒用玉颜色五采、数为十二、质地纯一，诸臣皆等而下之，亦有差次；王后与外内命妇的首服有副、编、次之差，衣裳有袆衣、揄狄、阙狄、鞠衣、展衣、缘衣之次。《礼记·礼器》："礼有以文为贵者。"孔疏："德多则文备。"[5]文饰的繁简意味着德的大小。

第五，以素为贵。这是以质朴之状来象征尊贵。《周礼》天子宗庙祭祀中有不少祭品和器服具有原始质朴的形态。祭品里，笾实有蕡（麻子），其实它在周代时已经基本退出了食谱；笾实中的膴为大块生鱼肉，《礼记·郊特牲》说笾豆之荐"不敢用常亵味"[6]，可见笾豆之实并非美味；

1 （清）阮元校刻：《十三经注疏》（上册），北京：中华书局，1980 年，第 1433 页。
2 吴十洲：《两周礼器制度研究》，台北：五南图书出版公司、中华发展基金管理委员会，2004 年，第 439 页。
3 （清）阮元校刻：《十三经注疏》（下册），北京：中华书局，1980 年，第 1433 页。
4 （宋）陈祥道：《礼书》卷 97，《文渊阁四库全书电子版》，上海、香港：上海人民出版社、迪志文化出版有限公司，1999 年。
5 （清）阮元校刻：《十三经注疏》（下册），北京：中华书局，1980 年，第 1433 页。
6 （清）阮元校刻：《十三经注疏》（下册），北京：中华书局，1980 年，第 1454 页。

粢盛中有不舂的糙米；大羹为不用五味调和的大古之羹；苦盐是未经熬制的天然盐，味道很苦，反而是盐中最贵者；五齐是代表祖先的尸所饮，不能另外添加。《荀子·礼论》："（祭祀）尚玄尊，俎生鱼，先大羹，贵食饮之本也。"杨注："尚，上也。玄酒，水也。大羹，肉汁无盐梅之味者也。本，谓造饮食之初。"[1]《礼论》又曰："尊之尚玄酒也，俎之尚生鱼也，俎之先大羹也，一也。"杨注："一，谓一于古也。此以象太古时，皆贵本之义，故云一也。"[2]这些都是祖先在早期时饮食简单和匮乏的真实写照。至于《周礼》所载王后和女官进献笾豆之实，则是反映了原始社会以来女性主要从事采集和家庭劳动的生产方式。

器服方面，虽然礼制时代的青铜铸造工艺已经达到了很高的水平，但是相当一部分器具仍然用材质朴。笾为竹制，豆、簠、簋、俎、爵等可能为木制，尊彝中大尊为瓦制，其他也可能是木制，大圭无饰，都是制器之初的反映。用于覆尊的疏布巾为葛制的粗布，为神灵和尸备置的道布以及冕的主要材质都是麻，都意味着不忘女功之始。不用常法而通过日月取得明火和明水的方式，也是原始文化的遗存。

其他文献也可与《周礼》中的记载相互印证。《礼记·礼器》："（礼）有以素为贵者。"又曰："大圭不琢，大羹不和。"[3]这其实是报本反始观念的另一种表达。报本反始意味着器服和祭品通过形象的原初状态呈现出神圣性。《郊特牲》说用粢盛祭社旨在"报本反始"。孙希旦解释说："报本者，报其养人之本；反始者，反其生物之始。"[4]社代表着土地，土地为养人之本，所以要用生长出的谷物来祭祀。《礼器》称这一思维方式

1 （清）王先谦撰，沈啸寰、王星贤点校：《荀子集解》（下册），北京：中华书局，2013年，第415页。

2 （清）王先谦撰，沈啸寰、王星贤点校：《荀子集解》（下册），北京：中华书局，2013年，第416页。

3 （清）阮元校刻：《十三经注疏》（下册），北京：中华书局，1980年，第1433页。

4 （清）孙希旦撰，沈啸寰、王星贤点校：《礼记集解》（中册），北京：中华书局，1989年，第686-887页。

为“反本脩古，不忘其初”。孔疏：“反本，谓反其本性。脩古，谓脩习于古。”[1]它在祭祀事宜中具有普遍的适用性。《礼器》：“醴酒之用，玄酒之尚；割刀之用，鸾刀之贵。”[2]玄酒是水，鸾刀为钝刀，都是最原始的饮用之物，“礼越隆重，用物越朴质”[3]。《大戴礼记·礼三本》与《荀子·礼论》皆谓：“礼有三本：天地者，生之本也；先祖者，类之本也；君师者，治之本也。”[4]则天子宗庙祭祀属于报答“类之本”的范畴，即报答宗族生命延续之本。器服和祭品体现出的“反始”或“脩古”的保守特点均表达着祭祀者饮水思源，“对原始生活方式的怀念和追忆”[5]，“其实质在于使人文施设的实行本身能够唤起人的自然真实情感，以达成人的真实的道德成就”[6]。

《周礼》天子宗庙祭祀中的器服和祭品体现的原始文化质朴特性，不仅表达着祭祀者缅怀先人当初艰苦生产生活的情愫，而且根据《礼记·郊特牲》的记载，还有助于“交于神明”[7]。原始文化于是成了祭祀制度中颇有生气的道具，它们呈现和传递着不忘其初的价值观念，获得了荣光闪耀的地位，美国学者马瑞塔把文化遗存的这类作用称为“文化价值的转变”[8]。

二、以洁美之状体现德行善美

《周礼》天子宗庙祭祀中祭品和器物的洁美之状，传递着祭祀者对祖

1 （清）阮元校刻：《十三经注疏》（下册），北京：中华书局，1980 年，第 1439–1440 页。
2 （清）阮元校刻：《十三经注疏》（下册），北京：中华书局，1980 年，第 1439 页。
3 常金仓：《周代礼俗研究》，哈尔滨：黑龙江人民出版社，2004 年，第 33 页。
4 （清）王聘珍撰，王文锦点校：《大戴礼记解诂》，北京：中华书局，1983 年，第 17 页；（清）王先谦撰，沈啸寰、王星贤点校：《荀子集解》（下册），北京：中华书局，2013 年，第 413 页。
5 王晖：《周代大礼返本归朴说》，《齐鲁学刊》1997 年第 5 期。
6 李景林：《儒家的丧祭理论与终极关怀》，《中国社会科学》2004 年第 2 期。
7 （清）阮元校刻：《十三经注疏》（下册），北京：中华书局，1980 年，第 1455 页。
8 ［美］乌格朋著，费孝通译：《社会变迁》，《费孝通译文集》（上册），北京：群言出版社，2002 年，第 83 页。

先的孝敬之心，象征着祭祀者美好的德行。就整个天子宗庙祭祀而言，笾豆之实、簠簋之实、鼎俎之实、尊彝之实等祭品都已备置完毕，各种器物都已陈列妥当，表明祭祀者经过了十分精心的筹备。具体来说，祭品中笾豆之实的珍异多品，粢盛的饱满、洁净和馨香，酒鬯的芬芳，牺牲的角体完具、毛色纯一和形态丰硕，器物中的白茅蕴含着洁净、专一、谨慎、精诚之义，宝器的贵重，玉几的华美，筵席和祭服的文饰，都体现了祭祀者用最美好的东西表达着对祖先神灵的无上敬意。《论衡·祀义篇》："或难曰：'祭则鬼享之'，何谓也？曰：'言其脩具谨洁，粢盛肥香，人临见之，意饮食之。推己意以况鬼神，鬼神有知，必享此祭，故曰鬼享之也。'"[1]祭器洁净，祭品馨香，祖先神灵也非常乐于接受这样的进献。

古人特别重视祭祀者进献祭品时的德行。我们从古人关于纣、文二王祭祀的讨论中就可以看出这一点。《论衡·祀义篇》："难曰：'《易》曰：'东邻杀牛，不如西邻之礿祭。夫言东邻不若西邻，言东邻牲大福少，西邻祭少福多也。'今言鬼不享，何以知其福有多少也？曰：'此亦谓脩具谨洁与不谨洁也。'纣杀牛祭，不致其礼；文王礿祭，竭尽其敬。夫礼不至，则人非之；礼敬尽，则人是之。是之则举事多助；非之，则言行见畔。"[2]《汉书·郊祀志下》载杜邺曰："'东邻杀牛，不如西邻之瀹祭'，言奉天之道，贵以诚质大得民心也。行秽祀丰，犹不蒙佑；德修荐薄，吉必大来。"[3]可见祭品丰厚而无德行，不如祭品简薄而其心诚敬。

春秋时人们依然强调祭品进献者的德行。《左传》桓公六年载随侯欲命少师追杀楚师，而季梁论述祭祀中牺牲、粢盛与酒的寓意说："夫民，神之主也，是以圣王先成民而后致力于神。故奉牲以告曰'博硕肥腯'，

1 黄晖：《论衡校释》（第 4 册），北京：中华书局，1990 年，第 1053 页。
2 黄晖：《论衡校释》（第 4 册），北京：中华书局，1990 年，第 1054 页。
3 （汉）班固撰，（唐）颜师古注：《汉书》（第 5 册），北京：中华书局，1962 年，第 1262 页。

谓民力之普存也，谓其畜之硕大蕃滋也，谓其不疾瘯蠡也，谓其备腯咸有也；奉盛以告曰‘洁粢丰盛’，谓其三时不害而民和年丰也；奉酒醴以告曰‘嘉栗旨酒’，谓其上下皆有嘉德而无违心也。所谓馨香，无谗慝也。”[1]祭品理应反映人们的真实生活状态。圣王治理国家，视人民为鬼神之本，祭祀进献肥美的牺牲，就意味着人民拥有财力，他们的牲畜无病而得以很好地繁殖生长，各种好的品种都有；所供谷物洁净，所盛器物丰满，意味着不违农时而人民和乐丰收；所奉酒醴颇佳，意味着国家上下都有好的品德。这些祭品的芳香，昭示着国家被治理得很好，祭祀者德行善美而没有邪恶。然而当时随国的状态是“今民各有心，而鬼神乏主”。当随侯欲以“吾牲牷肥腯，粢盛丰备”来表明自己有信时，季梁反问道：“君虽独丰，其何福之有？”[2]强调祭品丰厚而无德行是愧对神灵的。

类似记载又见于《左传》僖公五年。当时虞公声称：“吾享祀丰洁，神必据我。”宫之奇劝谏道：“鬼神非人实亲，惟德是依。故《周书》曰：‘皇天无亲，惟德是辅。’又曰：‘黍稷非馨，明德惟馨。’又曰：‘民不易物，惟德系物。’如是，则非德，民不和，神不享矣。神所冯依，将在德矣。”[3]宫之奇连续三次援引《周书》，意在反复强调祭品体现德行的重要性，“这种德行好坏的标准就是对于人民和民事的态度”[4]。

虽然祭品只呈现于祭祀场合，但季梁和宫之奇这些贤人都将它提到了治国的高度，道破了它的内涵实际上在民在德，可谓非常深刻的见解。

三、以祭器象征国家政权

祭器在国家政权的存在中具有标志性意义。《周礼》天子宗庙祭祀中

1 杨伯峻编著：《春秋左传注》（第 1 册），北京：中华书局，1990 年，第 111-112 页。
2 杨伯峻编著：《春秋左传注》（第 1 册），北京：中华书局，1990 年，第 111-112 页。
3 杨伯峻编著：《春秋左传注》（第 1 册），北京：中华书局，1990 年，第 309-310 页。
4 邹昌林：《中国古代国家宗教研究》，北京：学习出版社，2004 年，第 478 页。

陈设的玉镇、大宝器（礼天地四方的苍璧、黄琮、青圭、赤璋、白琥、玄璜以及大宝龟等）和庸器（天子征伐叛乱之国后俘获的各种宝器），都象征着天子无比崇高的权威。其中庸器中的九鼎作为祖先伟大功绩的见证者，更是不二的神圣政权标志。《孟子·梁惠王下》载孟子在劝诫齐宣王不要重创燕国时说："若杀其父兄，系累其子弟，毁其宗庙，迁其重器，如之何其可也？"[1]当时讨伐一个国家，就要毁坏其宗庙，夺取其祭器。一个国家向别国示弱，也以祭器为重。《左传》襄公二十五年载晋平公进攻齐国，齐国"赂晋侯以宗器、乐器"以求和；郑国攻打陈国，陈哀公也"使司马桓子赂以宗器"[2]。在所有宗庙祭祀用器当中，尤以为华国而陈设的玉镇、大宝器和庸器最具代表性，为国家所专擅。

四、法天地则阴阳

效法天地阴阳是周礼遵循天地之道的一种重要思维方式。《周礼》天子宗庙祭祀中，这一思维方式表现在器服和祭品上就是天玄地黄、天圆地方、天文历数、五方之色、阴阳相济五个方面，其中尤以天玄地黄、天文历数、阴阳相济的运用为多。《礼记·乐记》："大礼与天地同节。"郑玄注："言顺天地之气与其数。"[3]《礼记·丧服四制》："凡礼之大体，体天地，法四时，则阴阳，顺人情，故谓之礼。訾之者，是不知礼之所由生也。"郑玄注："礼之言体也，故谓之礼，言本有法则而生也。"[4]关于这种观念产生的原因，常金仓师指出是人类在面对强大的自然力时，"认为人与他们周围的动物、植物一样，都受这强大力量的支配，动植物有生死枯荣，人也免不了类似的命运，于是他们变得聪明起来，他们开始对

1 （清）阮元校刻：《十三经注疏》（下册），北京：中华书局，1980 年，第 2681 页。
2 杨伯峻编著：《春秋左传注》（第 3 册），北京：中华书局，1990 年，第 1101-1103 页。
3 （清）阮元校刻：《十三经注疏》（下册），北京：中华书局，1980 年，第 1530 页。
4 （清）阮元校刻：《十三经注疏》（下册），北京：中华书局，1980 年，第 1694 页。

这强大的自然力采取了顺从、模拟的态度，他们也从这顺从与模拟中获得了一些成功”，并认为这一观念早在史前时期就已经产生了。[1]

（一）天玄地黄

天玄地黄是古人对天地颜色的认识。《周礼》天子宗庙祭祀中这一观念主要体现在器服上。用于礼神的币帛有玄、纁二色；覆盖尊彝的画布巾玄表纁里；冕服之延上玄下纁，其武外玄内纁，衣服是玄衣纁裳。这里的纁色与黄色是相近的颜色。天玄地黄的观念首见于《周易·坤卦·文言》：“夫玄黄者，天地之杂也，天玄而地黄。”[2]可知天子宗庙祭祀中反映的天玄地黄观念是上古宇宙观的一种体现方式。

（二）天圆地方

天圆地方是古人对天地形状的直观认识。《周礼》天子宗庙祭祀中，天子与诸臣冕上面木版延的形状是前圆后方，天子所执镇圭的形状是顶端呈半圆形，以下为长方形，亦即上圆下方，都反映着天圆地方的观念。明确的天圆地方说见于《大戴礼记·曾子天圆》，单居离问于曾子曰：“天圆而地方者，诚有之乎？”曾子答曰：“天之所生上首，地之所生下首。上首之谓圆，下首之谓方。”并说曾闻孔子曰：“天道曰圆，地道曰方，方曰幽而圆曰明。”[3]方圆的概念可能是光凭肉眼观察天体而抽象出来的。[4]

（三）天文历数

古代天文中将周天划分为十二个部分，历法中将一年划分为十二个月，所以但凡礼制中的数字十二，都被视为天数的象征。在《周礼》天子宗庙祭祀所用的器服之中，天子镇圭的长度为十二寸，冕有十二旒，

1 常金仓：《周代礼俗研究》，哈尔滨：黑龙江人民出版社，2004 年，第 217–218 页。
2 （清）阮元校刻：《十三经注疏》（上册），北京：中华书局，1980 年，第 19 页。
3 （清）王聘珍撰，王文锦点校：《大戴礼记解诂》，北京：中华书局，1983 年，第 98 页。
4 常金仓：《周代礼俗研究》，哈尔滨：黑龙江人民出版社，2004 年，第 219 页。

每旒贯有十二颗玉珠，大常有十二旒，都是在效法天数。《左传》哀公七年载：“周之王也，制礼，上物不过十二，以为天之大数也。”[1]就是对周礼中这一观念的直接表述。

（四）五方之色

《周礼》本有六方之色，分别指苍、黄、青、赤、白、玄，因苍、玄二色与黑色相似，所以约有五色。《大宗伯》：“以苍璧礼天，以黄琮礼地，以青圭礼东方，以赤璋礼南方，以白琥礼西方，以玄璜礼北方。”[2]《考工记·画缋》：“画缋之事，杂五色，东方谓之青，南方谓之赤，西方谓之白，北方谓之黑，天谓之玄，地谓之黄。”[3]这种观念主要体现在《周礼》天子宗庙祭祀的祭服中：天子冕旒上玉珠的颜色分别为青、赤、黄、白、黑；妇人之衣的颜色分别为袆衣玄、揄狄青、阙狄赤、鞠衣黄、展衣白、缘衣黑。

（五）阴阳相济

《周礼》天子宗庙祭祀的器服和祭品中，阴阳相济的思维方式运用得十分广泛。在古人的观念里，人和不少事物被赋予了阴阳的属性。《大宗伯》：“以天产作阴德。”又曰：“以地产作阳德。”郑玄注：“天产者动物，谓六牲之属；地产者植物，谓九谷之属。”[4]在祭品方面，鼎俎之实属阳，笾豆、簠簋、尊彝之实属阴；粢盛的生产过程强调男女分工，女子负责藏种、献种，象征孕育生命的能力，男子从事耕作；进献祭品时，男子进献鼎俎之实，女子进献笾豆和簠簋之实，男女皆有进献酒醴之礼。在器服方面，鼎俎为奇数，笾豆、簠簋、尊彝为偶数，是天产与奇数相合，地产与偶数相应；

1 杨伯峻编著：《春秋左传注》（第 4 册），北京：中华书局，1990 年，第 1640–1641 页。
2 （清）孙诒让：《周礼正义》（第 5 册），北京：中华书局，1987 年，第 1390 页。
3 （清）孙诒让：《周礼正义》（第 1 册），北京：中华书局，1987 年，第 54 页。
4 （清）孙诒让：《周礼正义》（第 5 册），北京：中华书局，1987 年，第 1399 页。

夏属阳，《周礼》将掌管男子首服的弁师置于夏官，取男子属阳之义；女子制作祭服，以示男耕女织的传统；冕服，上体之衣的绘画是轻浮之象，法天法阳，下体之裳的刺绣是深沉之象，法地法阴；大常之章有日月星辰、升龙、降龙，也是法天法阳；当日月相对时，日为阳，月为阴，明火取自太阳，明水源于月亮，各得阴阳洁气，相辅相成。

《礼记》也提到了祭祀中阴阳相济的思维方式。《祭统》："昆虫之异，草木之实，阴阳之物备矣。"[1]表明动物属阳，植物属阴，阴阳齐备可以相济为用。酒醴由谷物酿造，也与牺牲相辅相成，故《郊特牲》曰："凡饮，养阳气也；凡食，养阴气也。"[2]饮指酒醴，食以牺牲为主，二者兼备，"其义在阴阳相济养人中和之德"。[3]动植物的阴阳属性，还影响到了盛放它们的器具及其数目的奇偶。《郊特牲》："鼎俎奇而笾豆偶，阴阳之义也。"孔疏："鼎俎奇者，以其盛牲体，牲体，动物，动物属阳，故其数奇。笾豆偶者，其食兼有植物，植物为阴，故其数偶。故云阴阳之义也。"[4]奇偶正是阴阳的另一种表现形式。[5]

《周礼》天子宗庙祭祀中动物属阳、植物属阴以及男女分工的原因，可以从文化人类学中得到一些启示。常金仓师援引印度北安达曼岛男女分工的事实指出，动植物的阴阳属性"与获取食物者的性别分工有关"[6]。在北安达曼岛，雨季期间的主要食物是动物的肉，由男人来提供；旱季期间的主要食物是植物产品，由女人来提供。[7]又如在巴西南比克瓦拉人

1 （清）阮元校刻：《十三经注疏》（下册），北京：中华书局，1980 年，第 1603 页。
2 （清）阮元校刻：《十三经注疏》（下册），北京：中华书局，1980 年，第 1446 页。
3 常金仓：《周代礼俗研究》，哈尔滨：黑龙江人民出版社，2004 年，第 219 页。
4 （清）阮元校刻：《十三经注疏》（下册），北京：中华书局，1980 年，第 1446 页。
5 李零：《中国方术续考》，北京：东方出版社，2000 年，第 309-312 页；葛志毅：《〈周易〉阴阳与〈洪范〉五行》，《谭史斋论稿续编》，哈尔滨：黑龙江人民出版社，2004 年，第 219-220 页。
6 常金仓：《周代社会生活述论》，长春：吉林人民出版社，2007 年，第 206 页。
7 ［英］拉德克利夫 - 布朗著，梁粤译，梁永佳校：《安达曼岛人》，桂林：广西师范大学出版社，2005 年，第 270 页。

的经济生活中，“狩猎与种植是男人的工作；采集食物则是女人的工作”[1]，东非的博尼人、桑涅人、恩多罗博人、奥基埃克人亦是如此。[2]从这些文化人类学材料可以推测，我国原始社会时也有类似的生活方式。

到了周代礼乐社会，早期性别分工模式仍然延续着，并投射到了各种礼仪当中。《周礼·夏官·大司马》：“（中夏）遂以苗田，如蒐之法，车弊献禽以享礿。”郑玄注：“礿，宗庙之夏祭也。”[3]《大司马》：“（中冬）入献禽以享烝。”[4]这是男子以田猎所获祭祀祖先。《诗·周南·关雎》：“参差荇菜，左右流之。”《召南·采蘩》：“于以采蘩？于沼于沚。于以用之？公侯之事。”据毛、郑的解释，这是后妃和公侯夫人采集荇菜、蘩菜为菹以供宗庙祭祀之用。[5]因此，《周礼》天子宗庙祭祀中男女进献祭品总体有动物和植物之别，是原始社会里男女获得食物的劳动分工在礼制时代的遗绪。

需要补充的是，《周礼》天子宗庙祭祀中妇人所经手的醓醢、兔醢、脯之类肉制品也属于阴性。对于这一点，孔颖达在谈到笾豆的奇偶时说：“笾豆偶者，其食兼有植物，植物为阴，故其数偶。”[6]可知食物中有植物，即可视为阴性。这是原因之一。孙希旦曰：“腶、脯虽出于牲体，然析而干之，则其视全物亦有动静之异矣，故以此配椇、榛、枣、栗植物，而皆为妇人之挚焉。”[7]意谓视牺牲之全物，显然为动物，脯之类虽然出自牲

1 ［法］列维－斯特劳斯著，王志明译：《忧郁的热带》，北京：生活·读书·新知三联书店，2000 年，第 366 页。

2 ［英］A·费德尔斯 C·萨尔瓦多利撰，吕昭义译：《东非的狩猎采集民》，《民族译丛》1983 年第 6 期。

3 （清）孙诒让：《周礼正义》（第 9 册），北京：中华书局，1987 年，第 2318 页。

4 （清）孙诒让：《周礼正义》（第 9 册），北京：中华书局，1987 年，第 2350 页。

5 （清）王先谦撰，吴格点校：《诗三家义集疏》（上册），北京：中华书局，1987 年，第 11、70 页。

6 （清）阮元校刻：《十三经注疏》（下册），北京：中华书局，1980 年，第 1446 页。

7 （清）孙希旦撰，沈啸寰、王星贤点校：《礼记集解》（上册），北京：中华书局，1989 年，第 161 页。

体，但已加工成干肉，与植物皆属静物。动物在被切榨之后，已非原形，与植物同为静物。这是原因之二。依此，《周礼》天子宗庙祭祀所用豆实中的醓醢、兔醢之类为肉酱，亦属静物而为阴性。

五、以物象和仪节寄寓教化和训诫

《周礼》天子宗庙祭祀中的一些器服或者其一定部位具有物象，它们除了美观效果外，主要昭示着教化和训诫之义。《周礼》天子宗庙祭祀用到虎彝、蜼彝、象尊、山尊、罍等尊彝，古人认为虎为义兽，取其有义和威猛；蜼为智兽，取其有智；象，取其文明盛大、温和柔顺；山，取其安以致养；罍有雷，雷因时而出有利于物，反之有害，以示警戒。使用的圭，镇圭的文饰有山，象征天子安定四方；大圭之形方正，取方正忠实之义。画布巾，其上黼文是黑白相间的斧形花纹，以寓周人以武得天下。冕，呈现俯仰之形，劝勉高位之人避免骄矜之心，施惠于下；其延前后引出而长，蕴含进贤退不能之义。冕服，图案多样，天子之衣有升龙、降龙，取其神奇和变化；山，物质惠及于人，又接近鬼神，被人景仰；华虫，若是五色之虫，取文采丰富，若是雉，象征正直的气节；火，取照明之义；宗彝，虎取严猛，蜼取有智，与尊彝一致；藻，取富有文理和清洁；粉米取洁净与生养；黼，象征周以武得天下，与画布巾一样；黻取臣民背恶向善和君臣合离之义、去就之理。妇人祭服，服翟衣者有事奉神明的品德；鞠衣与亲桑联系；展衣代表展诚之德。屦饰之絇，有提醒行礼者遵守礼制之义。

《周礼》所载一些器服和祭品也反映着立中制节的要义，立中制节是强调行礼要有所节制。天子宗庙祭祀中设置有三酒，可以往正尊中添酒，但是祭祀的大小不同，添加的次数相应有异，还不能任意多添或少添。承彝之物为舟，饮酒之爵象雀形，都用来表达嗜酒有害和戒酒切要的道理。冕之旒用以遮挡视线，玉瑱用作填塞耳朵，不欲使人妄视妄听。

这是提醒人君，对臣民虽应明察，但也不能过分苛责，否则会出现“水至清则无鱼，人至察则无徒”[1]的后果。可以发现，器服和祭品不仅体现了“报本反始”式的质朴，还有不少华美文饰的装点，二者均未偏废。《论语·雍也下》：“质胜文则野，文胜质则史。”[2]正是礼制力求避免的状况。

古人的论述中有不少立中制节的观念。《礼记·三年问》载先王制定丧期曰：“故先王焉，为之立中制节。”[3]意谓追求中道，对人的行为有所节制，以防止人情任意泛滥。其实不唯丧礼，“立中制节”是一切礼文制作的原则。[4]《仲尼燕居》载孔子曰：“礼所以制中。”[5]《檀弓上》载子思曰：“先王之制礼也，过之者俯而就之，不至焉者，跂而及之。”[6]都是对这一原则的阐述。《曲礼上》：“礼不踰节。”孔疏：“礼者所以辨尊卑，别等级，使上不逼下，下不僭上，故云礼不踰越节度也。”[7]此谓礼有尊卑之别，不能上下错乱。《曲礼上》：“君子恭敬撙节，退让以明礼。”郑玄注：“撙犹趋也。”孔疏：“撙者，趋也。节，法度也。言恒趋于法度。”[8]孙希旦则曰：“有所抑而不敢肆，谓之撙；有所制而不敢过，谓之节。”又曰：“撙节所以约礼之用。”[9]郑、孔与孙氏虽然在解释上小异，但本质上是一致的。《祭义》：“祭，丰年不奢，凶年不俭。”[10]这是说在祭祀上花费财物，不能因丰年而奢侈浪费，也不可因荒年而过于从简。《礼器》：“牲不及肥大，荐

1 （清）王聘珍撰，王文锦点校：《大戴礼记解诂》，北京：中华书局，1983 年，第 141 页。
2 程树德撰，程俊英、蒋见元点校：《论语集释》（第 2 册），北京：中华书局，1990 年，第 400 页。
3 （清）阮元校刻：《十三经注疏》（下册），北京：中华书局，1980 年，第 1663 页。
4 常金仓：《周代礼俗研究》，哈尔滨：黑龙江人民出版社，2004 年，第 35 页。
5 （清）阮元校刻：《十三经注疏》（下册），北京：中华书局，1980 年，第 1613 页。
6 （清）阮元校刻：《十三经注疏》（上册），北京：中华书局，1980 年，第 1282 页。
7 （清）阮元校刻：《十三经注疏》（上册），北京：中华书局，1980 年，第 1231 页。
8 （清）阮元校刻：《十三经注疏》（上册），北京：中华书局，1980 年，第 1231 页。
9 （清）孙希旦撰，沈啸寰、王星贤点校：《礼记集解》（上册），北京：中华书局，1989 年，第 10 页。
10 （清）阮元校刻：《十三经注疏》（上册），北京：中华书局，1980 年，第 1334 页。

不美多品。”[1]说明并不是要求牺牲无休止地肥硕，笾豆、簠簋之实等也并不是越多越好，而是根据礼制，以适度为宜。《礼器》载孔子曰：“礼不可不省也。礼不同、不丰、不杀。”论者曰：“先王之制礼也，不可多也，不可寡也，唯其称也。”[2]强调的也是行礼要避免乱制。

《周礼》记载国家之间的契约铭刻于宗庙尊彝之上，可以起到神灵监视的作用。《司约》：“凡大约剂，书于宗彝。”郑玄注：“大约剂，邦国约也。书于宗庙之六彝，欲神监焉。”[3]根据惠士奇、江永和孙诒让的观点，宗彝不必非为六彝，只要是钟鼎类宗庙之器，都可能铭刻这种契约。[4]这正是利用了宗庙的神圣氛围，使人们对契约产生敬畏之心。葛志毅认为，这种约剂关系“尚具有原始民主的若干特征，其时未进入专制集权形态下尊卑悬隔、贵贱天壤的极端殊别关系中”[5]。此言指出了这种契约反映的时代特征。

六、以巫术营造神圣氛围

《周礼》天子宗庙祭祀中的有些仪节具有巫术色彩。这主要表现在三个方面：第一，司巫用匰奉持神主。司巫是掌理巫术事宜的职官，举行天子宗庙祭祀时，其任务是将藏于石室的祖先神主授于大祝进行安放。为了避免对神灵造成亵渎，司巫不能徒手奉持神主，而必须使用专门盛放神主的竹筐“匰”，体现了对祭祀仪式的慎重和对祖先神灵的敬畏。第二，茅在祭祀中有迎神和祛除不祥的巫术作用。天子宗庙祭祀中，用鬯酒行祼礼而迎神时用到茅，这有通过迎神开启正式献祭环节的标志性意

1 （清）阮元校刻：《十三经注疏》（下册），北京：中华书局，1980 年，第 1435 页。
2 （清）阮元校刻：《十三经注疏》（下册），北京：中华书局，1980 年，第 1433–1434 页。
3 （清）孙诒让：《周礼正义》（第 11 册），北京：中华书局，1987 年，第 2847–2848 页。
4 （清）孙诒让：《周礼正义》（第 11 册），北京：中华书局，1987 年，第 2847–2848 页。
5 葛志毅：《〈周官〉时代问题平议》，《谭史斋论稿续编》，哈尔滨：黑龙江人民出版社，2004 年，第 412 页。

义。祖先神主的周围用茅作为屏障，可以起到祛除不祥的作用。第三，使用坟烛和庭燎驱除邪祟。由于在时人的观念中，燃火可以祛邪，所以树立于庙门之外的坟烛和庙门之内的庭燎除了有照明的作用外，还有驱除邪祟的用处。以上三个方面都以特别的巫术色彩共同营造着天子宗庙祭祀的神圣氛围。

七、以异为敬

以异为敬是指用变易的方式来表达孝敬之心。《周礼》所载天子宗庙祭祀的祭品和器具，主要表现为通过使用珍异祭品、清洁祭品与器物、更易祭品名号、变换器具四个方面对祖先致以孝敬。这些都不同于日常生活，也就意味着祖先得到了特别款待。

使用珍异祭品。《周礼》天子宗庙祭祀中的笾豆之实都是珍异之物。其中笾实有麷、蕡、白、黑、形盐、膴、鲍鱼、鱐、枣、栗、桃、干藤、榛实、菱、芡、脯、糗饵、粉餈；豆实有韭菹、醓醢，昌本、麋臡，菁菹、鹿臡，茆菹、麇臡。《礼记·郊特牲》："笾豆之实，水土之品也。不敢用亵味而贵多品，所以交于旦（神）明之义也。"郑玄注："水土之品，言非人常所食。"孔疏："笾豆所充实之物，皆是水土所生，品类非人所常食也。"又曰："不敢用亵美食味而贵众多品族也，何意如此？所以交接神明之义也。神道与人既异，故不敢用人之食味，神以多大为功，故贵多品。"[1]《郊特牲》还有一处类似的经文："笾豆之荐，水土之品也。不敢用常亵味而贵多品，所以交于神明之义也，非食味之道也。"郑玄注："言礼以异为敬。"[2]神灵的地位高于生人，祭祀者为了表示对他们的孝敬之心，笾豆之实已是常食之物无法胜任，于是集种类丰富与品种珍异为一体。《诗·小雅·信南山》："中田有庐，疆场有瓜。是剥是菹，献之皇祖。

1 （清）阮元校刻：《十三经注疏》（下册），北京：中华书局，1980 年，第 1446 页。
2 （清）阮元校刻：《十三经注疏》（下册），北京：中华书局，1980 年，第 1454–1455 页。

曾孙寿考，受天之祜。”郑笺：“中田，田中也。农人作庐焉，以便其田事，于畔上种瓜。瓜成又入其税，天子剥削淹渍以为菹。贵四时之异物。皇，君。祜，福也。献瓜菹于先祖者，顺孝子之心也，孝子则获福。”[1]这一段记载正是天子择四时珍异而祭祖的真实写照。

清洁祭品与器物。《周礼》明言粢盛、牛牲和祭器在天子宗庙祭祀前要经过清洗，酒鬯要进行过滤。笾豆中的干果和其他牺牲虽未明言，亦当一并清洗。牺牲作为最重要的祭品，还有专门的饲养环节。这些工作完成之后，大宰等职官莅临检查，确保符合祭祀标准。随着这些祭前准备事宜的一步步推进，祭品和器具逐渐从凡俗之物变成了圣洁之物，体现着祭祀者对于祖先的无上敬意。

更易祭品名号。《周礼》天子宗庙祭祀中，粢盛和牺牲等祭品不再使用日常的名称，而是都要予以美化，被赋予神圣的意义。《大祝》：“辨六号，一曰神号，二曰鬼号，三曰祇号，四曰牲号，五曰齍号，六曰币号。”郑玄注：“号，谓尊其名，更为美称焉。”[2]《礼记·曲礼下》在这方面的记载十分详尽：“凡祭宗庙之礼，牛曰一元大武，豕曰刚鬣，豚曰腯肥，羊曰柔毛，鸡曰翰音，犬曰羹献，雉曰疏趾，兔曰明视；脯曰尹祭，槀鱼曰商祭，鲜鱼曰脡祭；水曰清涤，酒曰清酌，黍曰芗合，粱曰芗萁，稷曰明粢，稻曰嘉蔬，韭曰丰本，盐曰咸鹾；玉曰嘉玉，币曰量币。”郑玄注：“号牲物者，异于人用也。元，头也。武，迹也。腯（豚），亦肥也。《春秋传》作‘腯’。腯，充貌也。翰，犹长也。羹献，食人之余也。尹，正也。商犹量也。脡，直也。萁，辞也。嘉，善也。稻，菰蔬之属也。丰，茂也。大咸曰鹾，今河东云。币，帛也。”[3]细绎经注之义，更易

1 （清）王先谦撰，吴格点校：《诗三家义集疏》（下册），北京：中华书局，1987年，第757页。

2 （清）孙诒让：《周礼正义》（第8册），北京：中华书局，1987年，第1997页。

3 （清）阮元校刻：《十三经注疏》（上册），北京：中华书局，1980年，第1269页。

祭祀用品的名称，无一不是通过赞美的方式突出它们的显著特征，把凡俗色彩从神圣氛围中彻底分离出去，进而达到最终的神圣化。这种以异为敬、以变示尊的方式，具有鲜明的宗教性质，祭品带着美名与馨香之气，成为祭祀者与祖先神灵得以顺畅沟通的桥梁。沟通是因为对神灵有所祈求，因此更易祭品的名号反映了祭祀活动中的“俗世功利意识”[1]。

蔡先金使用民族学的材料为祭祀中的名号变换提供了旁证。他引用了我国纳西族的风俗，“祭天坛中绝对不许称本族以外的语言，而且所用的器皿一入天坛内，名号都换过了。这些被尊称的本身就是神物，其名称的字词与发音都一样是神圣的不可亵渎，因为这些字词和声音要与世俗不同，甚至世俗者不能用，也不能听”[2]。纳西族的这一风俗可以当作《周礼》祭祀中变换名号礼制的活化石。

变换器具体现于变几的制度。《周礼·春官·司几筵》：“凡吉事变几。”郑司农注：“变几，变更其质，谓有饰也。”“变几”即变换不同雕刻样式的几。郑玄注：“玄谓吉事，王祭宗庙，裸于室，馈食于堂，绎于祊，每事易几，神事文，示新之也。”[3]郑玄认为变几只是使用新几以示洁净。不管是郑司农认为的仪式中要变换不同雕刻样式的几，还是郑玄所言的使用新几以示洁净，其意并无二致，都是用变易更新的方式来表达对祖先神灵的敬意。

---

1 邓国光：《中国文化原点新探——以〈三礼〉的祝为中心的研究》，广州：广东人民出版社，1993 年，第 81 页。

2 蔡先金：《西周巫术演化形态研究》，博士学位论文，长春：吉林大学古籍研究所，2003 年，第 148 页。

3 （清）孙诒让：《周礼正义》（第 6 册），北京：中华书局，1987 年，第 1561 页。

第三章

《周礼》天子宗庙祭祀前的准备事宜（下）

《周礼》记载天子宗庙祭祀前，除了准备必需的器服和祭品外，还有卜筮、发布与执行誓戒禁令、准备乐舞、立尸与为期几个环节。其中卜筮是指占卜应祀与否或祭祀之日的吉凶；发布与执行誓戒禁令是对祭祀者作出规范，使其各种行为符合礼制的要求；准备乐舞乃提前悬挂乐器、召集和选拔舞者；立尸为确定替祖先神灵接受进献的代表；为期是在祭祀前夕确定第二天的具体行事时间。这些环节都属于天子宗庙祭祀准仪式的范畴，旨在保证祭祀之日的仪式顺利举行。

◉ 第一节 卜筮

《周礼》关于祭祀卜筮的记载比较丰富。此事由大宰、大宗伯、小宗伯、肆师、大史、龟人、菙氏、大卜、卜师、占人和筮人共十一位职官联合掌理，体现出了对祭祀之事非常审慎的态度。

举行国家大事时，卜筮有先后、轻重之别。《周礼·春官·筮人》："凡国之大事，先筮而后卜。"郑玄注："当用卜者，先筮之，即事渐也。于筮之凶，则止不卜。"[1]应当占卜的祭祀等国家大事，都要先占筮，如果得吉，然后再占卜。倘若占筮的结果为凶，则不再占卜。卜筮"传达的是天意"[2]。之所以先筮后卜，贾公彦说是因为"筮轻龟重，贱者先即事"[3]。晁福林解释说："祈求得知神灵的意旨，要有一个过程，不能操之过急，故而先以不太重要的筮法询问一下，犹投石问路，若神意示凶，则不进行

1 （清）孙诒让：《周礼正义》（第7册），北京：中华书局，1987年，第1965页。
2 李申：《中国儒教史》（上卷），上海：上海人民出版社，1999年，第41页。
3 （清）孙诒让：《周礼正义》（第7册），北京：中华书局，1987年，第1966页。

占卜，若神意示吉，则再占卜。”[1]由于占筮礼轻，不足为凭，所以不像占卜那样有众多职官的参与。《礼记·表记》：“卜筮不相袭也。”郑玄注：“袭，因也。大事则卜，小事则筮。”《表记》又曰：“天子无筮，诸侯有守筮，天子道以筮。”郑玄注：“谓征伐出师若巡守也。天子至尊，大事皆用卜也。”“守筮，守国之筮，国有事则用之。”“始将出，卜之，道有小事，则用筮。”孔疏：“云‘天子至尊，大事皆用卜也’者，谓不徒用筮而已，兼用卜也。此云‘无筮’，无徒筮耳，不谓全无筮也。”[2]据此，天子宗庙祭祀作为国家大事，卜筮皆用，以卜为重，可证《周礼》的记载是有根据的。陈来认为“《周礼》所说可能是西周后期”的情形。[3]

卜筮用的是龟甲和蓍草。《白虎通义·蓍龟》解释其原因说：“干草枯骨，众多非一，独以蓍龟何？此天地之间寿考之物，故问之也。龟之为言久也，蓍之为言耆也，久长意也。龟曰卜，蓍曰筮何？卜，赴也，爆见兆也。筮也者，信也，见其卦也。”[4]这是“有灵观”的一种体现。[5]

一、大宰和大宗伯莅临占卜

为了显示对占卜的重视，执掌国事的大宰和主管祭祀的大宗伯都要

---

1 晁福林：《先秦民俗史》，上海：上海人民出版社，2001 年，第 388 页。陈筱芳则对《筮人》所载“先筮而后卜”的真实性提出了质疑，她根据《诗·小雅·杕杜》、《尚书·洪范》和《尚书·君奭》中言“卜筮”而非“筮卜”的说法，推测“西周不大可能存在先筮后卜的礼制或习俗”，又从《左传》中诸侯和大夫基本先卜后筮而只有一次先筮后卜的非常行为的记载，得出了此法符合春秋礼制的结论。此说论据似显薄弱。参见陈筱芳：《周代卜筮礼制新探》，《礼学与中国传统文化——庆祝沈文倬先生九十华诞国际学术研讨会论文集》，浙江大学古籍研究所编，北京：中华书局，2006 年，第 56-65 页。

2 （清）阮元校刻：《十三经注疏》（下册），北京：中华书局，1980 年，第 1644-1645 页。

3 陈来：《古代宗教与伦理：儒家思想的根源》，北京：生活·读书·新知三联书店，2009 年，第 83 页。

4 （清）陈立撰，吴则虞点校：《白虎通疏证》（上册），北京：中华书局，1994 年，第 329 页。

5 梁钊韬：《中国古代巫术：宗教的起源和发展》，广州：中山大学出版社，1999 年，第 133 页。

莅临其事。《周礼·天官·大宰》："祀五帝，则掌百官之誓戒，与其具修。前期十日，帅执事而卜日，遂戒。及执事，视涤濯。及纳亨，赞王牲事。及祀之日，赞玉币爵之事。祀大神祇亦如之。享先王亦如之。"[1]在所谋定祭祀之日的前十天，大宰要率领众官占卜祭祀的日期。根据《周礼》经文，这里的"执事"包括了大宗伯、小宗伯、肆师、大史、大卜、卜师等职官。《大宗伯》也说："凡祀大神，享大鬼，祭大祇，帅执事而卜日。"[2]此处"执事"是指其属下的小宗伯、肆师、大史、大卜、卜师等。吴土法和秦佳慧看到《大宰》和《大宗伯》两条经文彼此重复，也认识到大宗伯是占卜的主持者，于是指出《周礼》作者"未加审慎的分析和处理就草率地将其分别编入二官的执掌之中"，造成了"职事重复、职责混乱"[3]。其实这种说法未免有些苛责了。既然大宰身为众官之长，卜事官员众多，那么将大宰莅临说成是率领众官也未尝不可，更何况《大宰》中的"执事"包括有大宗伯，《大宗伯》中的"执事"显然没有大宗伯本身。《肆师》："凡祭祀之卜日、宿、为期，诏相其礼。"[4]在参与卜事的众官之中，肆师负责告知如何行礼。

《周礼》天子宗庙祭祀的常祀与因祭的占卜情况不同。《左传》僖公三十一年载："礼不卜常祀，而卜其牲、日。"[5]常祀不卜吉凶，而是占卜牺牲的吉凶和祭祀之日。孙诒让据此指出："凡常祀，皆不卜应祀与不。常祀之有定日者，则又不卜日。"并认为祈告之类非常之祭才有占卜应祀与否。[6]具体到《周礼》天子宗庙祭祀，四时祭和间祀这类常祀都不卜应祀与否，而是卜日，其他因祭则是占卜应祀与否。

---

1 （清）孙诒让：《周礼正义》（第1册），北京：中华书局，1987年，第134-148页。

2 （清）孙诒让：《周礼正义》（第5册），北京：中华书局，1987年，第1404页。

3 吴土法、秦佳慧：《〈周礼〉天子庙享卜日礼仪考》，《浙江大学学报》（人文社会科学版）2009年第1期。

4 （清）孙诒让：《周礼正义》（第6册），北京：中华书局，1987年，第1471页。

5 杨伯峻编著：《春秋左传注》（第1册），北京：中华书局，1990年，第486页。

6 （清）孙诒让：《周礼正义》（第1册），北京：中华书局，1987年，第142页。

二、龟卜程序

《周礼》记载龟卜的程序共有九个环节，依次为：奉龟与供燋契、陈龟、贞龟、辨龟、视高、命龟、作龟、占龟、系币。这些仪节都是围绕龟展开的，许兆昌认为它们是交感巫术的一种体现方式[1]，蔡先金进一步谓之"'交感巫术'中的'顺势巫术'"[2]。《周礼》所记龟卜的程序，陈梦家认为"和殷人实际的卜事程序，或者相距不远"[3]。王宇信也说："《周礼》一书所记有关卜官及所司职事，基本上与根据商代甲骨实物研究所恢复的占卜程序相近。"[4]吴土法和秦佳慧结合西周金文以及《仪礼》《礼记》等先秦文献，对《周礼》天子宗庙祭祀的龟卜程序作了详细的论述，指出其"当属周礼内容"[5]，是基本可以信据的。

第一步奉龟与供燋契，是指龟人将整治好的龟甲送到占卜之处，菙氏供应灼烧龟甲的燋和契。《周礼·春官·龟人》："若有祭事，则奉龟以往。"郑玄注："奉犹送也。送之所当于卜。"孙诒让指出地址是在庙中所卜之处。[6]《菙氏》："菙氏掌共燋契，以待卜事。"燋是用来存火的束苇或荆木条，契是灼烧龟甲的木契。[7]董作宾说："燋之为物，实即今之木炭。""炭，为燋薪之经火烧而焦黑者，而所谓焦黑者，亦即燋也。采来之散木为樵，火烧而焦为燋，炭则其异名而已。今所见殷墟出土之甲骨，同时有甚多之炭块，则与所谓'燋'者，不能无相当之关系也。"[8]王宇信

1 许兆昌：《先秦社会的巫、巫术与祭祀》，《史学集刊》1997 年第 3 期。

2 蔡先金：《西周巫术演化形态研究》，博士学位论文，长春：吉林大学古籍研究所，2003 年，第 79 页。

3 陈梦家：《殷墟卜辞综述》，北京：中华书局，1988 年，第 17 页。

4 王宇信：《中国甲骨学》，上海：上海人民出版社，2009 年，第 136 页。

5 吴土法、秦佳慧：《〈周礼〉天子庙享卜日礼仪考》，《浙江大学学报》（人文社会科学版）2009 年第 1 期。

6 （清）孙诒让：《周礼正义》（第 7 册），北京：中华书局，1987 年，第 1955 页。

7 （清）孙诒让：《周礼正义》（第 7 册），北京：中华书局，1987 年，第 1955–1958 页。

8 董作宾：《商代龟卜之推测》，《董作宾全集》（甲编，第 3 册），台北：艺文印书馆，1977 年，第 856 页。

和晁福林等学者皆从其说。[1]

第二步陈龟，是指将龟甲陈设于宗庙大门口的西塾。《大卜》："凡旅，陈龟。"[2]此谓有故而祭祀上帝、四望。天子宗庙祭祀也有这一仪节，[3]但由小宗伯掌理。[4]

第三步贞龟，是指将龟甲端正地放置在门坎外的占卜之处。《大卜》："国大迁、大师，则贞龟。"郑玄注："正龟于卜位也。"[5]天子宗庙祭祀有此仪节[6]，也由小宗伯掌理。[7]

第四步辨龟，是指辨别龟甲的各种特征。《卜师》："凡卜，辨龟之上下左右阴阳。"郑玄注："上，仰者也。下，俯者也。左，左倪也。右，右倪也。阴，后弇也。阳，前弇也。"[8]卜师关注的是龟甲的上仰、下俯、左斜、右斜、后长、前长的特征，如果没有问题，他就"授命龟者"。[9]

第五步视高，是指大卜将龟腹甲示于大宗伯检查。《大卜》："大祭祀，则视高命龟。"[10]郑玄注："视高，以龟骨高者可灼处，示宗伯也。大事宗伯莅卜，卜用龟之腹骨，骨近足者其部高。"[11]大卜和大宗伯在这一环节的目的，就是确定龟腹甲接近四足突起的部位是否适合灼烧。

第六步命龟，是指向龟甲禀告所要卜问的事情。《卜师》："凡卜，辨

1 王宇信：《中国甲骨学》，上海：上海人民出版社，2009 年，第 128 页；晁福林：《先秦民俗史》，上海：上海人民出版社，2001 年，第 261 页。

2 （清）孙诒让：《周礼正义》（第 7 册），北京：中华书局，1987 年，第 1944 页。

3 吴土法、秦佳慧：《〈周礼〉天子庙享卜日礼仪考》，《浙江大学学报》（人文社会科学版）2009 年第 1 期。

4 （清）孙诒让：《周礼正义》（第 7 册），北京：中华书局，1987 年，第 1942 页。

5 （清）孙诒让：《周礼正义》（第 7 册），北京：中华书局，1987 年，第 1944 页。

6 吴土法、秦佳慧：《〈周礼〉天子庙享卜日礼仪考》，《浙江大学学报》（人文社会科学版）2009 年第 1 期。

7 （清）孙诒让：《周礼正义》（第 7 册），北京：中华书局，1987 年，第 1942 页。

8 （清）孙诒让：《周礼正义》（第 7 册），北京：中华书局，1987 年，第 1948 页。

9 （清）孙诒让：《周礼正义》（第 7 册），北京：中华书局，1987 年，第 1948 页。

10 （清）孙诒让：《周礼正义》（第 7 册），北京：中华书局，1987 年，第 1942 页。

11 （清）孙诒让：《周礼正义》（第 7 册），北京：中华书局，1987 年，第 1939 页。

龟之上下左右阴阳，授命龟者而诏相之。”[1]卜师将龟甲授予命龟者，告诉并协助他完成相关礼节，这个命龟者为大卜。《大卜》：“大祭祀，则视高命龟。”郑玄注：“命龟，告龟以所卜之事。”[2]《左传》文公十八年载：“惠伯令龟。”杜注：“以卜事告龟。”[3]可知命龟又称为“令龟”。

第七步作龟，是指灼烧龟甲，使其呈现兆纹。先由菙氏点燃燋和契。《菙氏》：“凡卜，以明火爇燋，遂龡其焌契，以授卜师，遂役之。”郑玄注：“谓以契柱燋火而吹之也。契既然，以授卜师，用作龟也。役之，使助之。”[4]根据《说文·火部》的解释，爇、焌都是燃火的意思。[5]《菙氏》的意思是说，凡是占卜之事，菙氏用明火点燃燋，接着用燋火吹燃契，然后交给卜师，并给予协助。《卜师》：“扬火以作龟，致其墨。”[6]此即卜师作龟之事。郑玄注：“扬犹炽也。致其墨者，孰灼之，明其兆。”孙诒让曰：“墨即兆也。谓之墨者，如墨画之分明。”[7]郑玄曰：“作龟，谓以火灼之，以作其兆也。春灼后左，夏灼前左，秋灼前右，冬灼后右。”[8]卜师在这个环节的职责就是使用点燃的契灼烧龟甲，灼烧的部位依据季节的不同而有一定章法，龟甲受热，随之出现了鲜明的兆纹。

第八步占龟，是指依据龟甲受热后出现的兆纹，判断所谋定祭日的吉凶。《占人》：“凡卜筮，君占体，大夫占色，史占墨，卜人占坼。”[9]这是占龟时的分工情况。对于经文有“筮”的原因，贾公彦解释说：“此君体已下，皆据卜而言，而兼云筮者，凡卜皆先筮，故连言之。”[10]在参与者

1 （清）孙诒让：《周礼正义》（第 7 册），北京：中华书局，1987 年，第 1948 页。
2 （清）孙诒让：《周礼正义》（第 7 册），北京：中华书局，1987 年，第 1942 页。
3 （清）阮元校刻：《十三经注疏》（下册），北京：中华书局，1980 年，第 1861 页。
4 （清）孙诒让：《周礼正义》（第 7 册），北京：中华书局，1987 年，第 1958 页。
5 （清）段玉裁：《说文解字注》，北京：中华书局，2013 年，第 484–485 页。
6 （清）孙诒让：《周礼正义》（第 7 册），北京：中华书局，1987 年，第 1947 页。
7 （清）孙诒让：《周礼正义》（第 7 册），北京：中华书局，1987 年，第 1947 页。
8 （清）孙诒让：《周礼正义》（第 7 册），北京：中华书局，1987 年，第 1939 页。
9 （清）孙诒让：《周礼正义》（第 7 册），北京：中华书局，1987 年，第 1960 页。
10 （清）孙诒让：《周礼正义》（第 7 册），北京：中华书局，1987 年，第 1961 页。

方面，孙诒让指出："君通王侯，大夫亦通卿及中下大夫言之，不徒大卜、下大夫二人也。"[1] 占龟事大，参与者较多，天子也会亲临。陈来说："(这）说明当时君主对占卜的重视，这种重视可能与上古时代君巫合一的传统有关，也可能是因为重大国事须由王者决定和承担责任。"[2] 其中第二种认识应是更切合实际的。《大史》："大祭祀，与执事卜日。"郑玄注："与之者，当视墨。"贾公彦据此认为《占人》"史占墨"之"史"即大史。[3] 孙诒让进一步推测道："《叙官》大史下大夫二人，上士四人；卜师上士四人，卜人中士八人。此史在大夫之下，卜人之上，以次差之，其大史之上士与？"[4] 占龟的要素有四。郑玄曰："体，兆象也。色，兆气也。墨，兆广也。坼，兆璺也。体有吉凶，色有善恶，墨有大小，坼有微明。[5] 大体而言，兆象涉及五行之象，兆气指气如雨、雨后云气在上、色泽光明、雾气冥冥、阴阳之气相侵，墨为粗大的兆纹，坼是墨的小枝，比较细微。[6] 这些要素在古人眼里，各有吉凶。郑玄曰："凡卜象吉，色善，墨大，坼明，则逢吉。"[7] 卜日如果得此结果，那么先前谋定的祭日就确定下来了，如果不吉，只好另卜他日。

第九步系币，是指占卜结束之后，将礼神之币同写有命辞及结果的简策系在一起。《占人》："凡卜筮既事，则系币以比其命。"郑玄注："既卜筮，史必书其命龟之事及兆于策，系其礼神之币，而合藏焉。"[8] 可知系

---

1 （清）孙诒让：《周礼正义》（第7册），北京：中华书局，1987年，第1960页。
2 陈来：《古代宗教与伦理：儒家思想的根源》，北京：生活·读书·新知三联书店，2009年，第72页。
3 （清）孙诒让：《周礼正义》（第8册），北京：中华书局，1987年，第2090页。
4 （清）孙诒让：《周礼正义》（第7册），北京：中华书局，1987年，第1960页。
5 （清）孙诒让：《周礼正义》（第7册），北京：中华书局，1987年，第1960页。
6 （清）孙诒让：《周礼正义》（第7册），北京：中华书局，1987年，第1927、1961–1962页。
7 （清）孙诒让：《周礼正义》（第7册），北京：中华书局，1987年，第1960页。按：贾公彦、浦镗、孔继汾、孙诒让皆以"象"为"体"之误，参见第1962–1963页。
8 （清）孙诒让：《周礼正义》（第7册），北京：中华书局，1987年，第1963页。

好简策之后，要收藏于府库之中。

◉ 第二节　发布与执行誓戒禁令

《周礼》所载天子宗庙祭祀制度，从祭祀仪式举行之前开始，大宰等职官会发布一系列誓戒禁令，要求官员严守职责，旨在以强制的方式保证祭礼的正常举行。这些规范性措施都赋予了祭祀仪式神圣性和严肃性。反之，任何过失的、不协调的、不和谐的行为都是对神圣氛围的亵渎，一旦出现这类局面，就会破坏祭祀应有的社会功能。《礼记·曲礼上》："临祭不惰。"郑玄注："为无神也。"贾疏："祭如在，故临祭须敬，不得怠惰。"[1]强调的正是对祭祀事宜不得怠慢，对神灵要有崇敬的态度。若有参加者造成负面影响，轻者会有舆论的谴责，重者则会受到严厉的惩罚。诚如涂尔干所说："宗教生活一旦开始，任何带有日常生活特点的行为都要被禁止。"[2]也只有这样，才会让参与者强烈地感受到与日常生活的巨大反差，对神圣仪式怀有谨慎、敬畏和肃穆的心态。

一、大宰总掌誓戒

大宰总掌祭祀前对百官的誓戒。《周礼·天官·大宰》："祀五帝，则掌百官之誓戒，与其具脩。""享先王亦如之。"[3]郑玄注："誓戒，要之以刑，重失礼也。《明堂位》所谓'各扬其职，百官废职服大刑'，是其辞之略也。具，所当共。脩，扫除粪洒。"[4]天子宗庙祭祀前，大宰要将违反祭礼

---

1 （清）阮元校刻：《十三经注疏》（上册），北京：中华书局，1980 年，第 1250–1251 页。
2 ［法］爱弥尔·涂尔干著，渠东、汲喆译：《宗教生活的基本形式》，北京：商务印书馆，2011 年，第 420 页。
3 （清）孙诒让：《周礼正义》（第 1 册），北京：中华书局，1987 年，第 134–148 页。
4 （清）孙诒让：《周礼正义》（第 1 册），北京：中华书局，1987 年，第 135 页。

的严重性告诫百官遵循职守，不要在言行举止上失礼，并要求有关的职官备置好祭祀物品，打扫干净祭祀场所。以《左传》桓公六年的记载为例，祝史要做到“正辞”，而不“矫举以祭”[1]，即祭祀时的祝告不能虚言君王之美，诈称功德。由于事关重大礼典，不容出现差错，所以大宰拿出了刑罚来告诫。《大宰》：“以八柄诏王驭群臣：一曰爵，以驭其贵；二曰禄，以驭其富；三曰予，以驭其幸；四曰置，以驭其行；五曰生，以驭其福；六曰夺，以驭其贫；七曰废，以驭其罪；八曰诛，以驭其过。”[2]天子统御群臣有“八柄”，其中夺（没收财产）、废（放逐）、诛（杀）即为惩罚百官的刑罚。

大宰在誓戒之日为总掌，实际上大宰、小宰、宰夫、大司寇、肆师都各有分工。《周礼·天官·大宰》：“前期十日，帅执事而卜日，遂戒。”郑玄注：“既卜，又戒百官以始齐。”[3]齐、斋字通。《说文·示部》：“斋，戒洁也。”[4]在卜日占卜得吉后，大宰要告诫百官开始斋戒。小宰和宰夫都佐助大宰。《小宰》：“以法掌祭祀、朝觐、会同、宾客之戒具。”郑玄注：“法，谓其礼法也。戒具，戒官有事者所当共。”[5]《宰夫》：“以式法掌祭祀之戒具与其荐羞。”[6]孙诒让曰：“盖前祭十日，大宰则戒齐，宰夫则戒具及荐羞也。”[7]誓戒之日，小宰和宰夫负责依据礼法告诫有关职官在祭祀时要供给各种器具与祭品。大司寇也参与誓戒。《大司寇》：“若禋祀五帝，则戒之日，莅誓百官，戒于百族。”郑玄注：“戒之日，卜之日也。”[8]比照大宰在“祀五帝”与“享先王”时皆有誓戒之事，可推知此处所载大司寇

1 杨伯峻编著：《春秋左传注》（第 1 册），北京：中华书局，1990 年，第 111 页。
2 （清）孙诒让：《周礼正义》（第 1 册），北京：中华书局，1987 年，第 71 页。
3 （清）孙诒让：《周礼正义》（第 1 册），北京：中华书局，1987 年，第 141 页。
4 （清）段玉裁：《说文解字注》，北京：中华书局，2013 年，第 3 页。
5 （清）孙诒让：《周礼正义》（第 1 册），北京：中华书局，1987 年，第 179 页。
6 （清）孙诒让：《周礼正义》（第 1 册），北京：中华书局，1987 年，第 199 页。
7 （清）孙诒让：《周礼正义》（第 1 册），北京：中华书局，1987 年，第 200 页。
8 （清）孙诒让：《周礼正义》（第 11 册），北京：中华书局，1987 年，第 2758 页。

的职事也通于天子宗庙祭祀。百族，郑玄说是指“府史以下”[1]，即庶人在官者。那么，大司寇在天子宗庙祭祀誓戒时的职责有二：第一，亲临大宰誓戒百官；第二，亲自告诫庶人在官者。《肆师》：“凡祭祀之卜日、宿、为期，诏相其礼。”[2]则誓戒时肆师负责告诉并协助相关职官行礼。

祭祀前进行誓戒亦见于其他先秦文献。《左传》昭公十五年载：“十五年春，将禘于武公，戒百官。”杨伯峻注：“先期告戒百官，使之准备并斋戒。”[3]这是鲁国在宗庙祭祀前的誓戒。《仪礼·少牢馈食礼》：“吉，则史韇筮，史兼执筮与卦，以告于主人‘占曰从’，乃官戒。”郑玄注：“官戒，戒诸官也。当共祭祀事者，使之具其物且齐也。”[4]这是诸侯之卿大夫在祭祖前筮日得吉后的誓戒。为了表示对祭祀的重视，天子也会亲临誓戒。《礼记·郊特牲》：“卜之日，王立于泽，亲听誓命，受教谏之义也。献命库门之内，戒百官也。大庙之命，戒百姓也。”[5]这是天子祭天之前参加誓戒。张明娜对此有很好的分析：“对君王而言，卜日之时便知道需要接下来为了祭祀而斋戒；虽然已经知道即将斋戒，但君王仍需参加誓戒的原因是‘受教谏’，因此誓戒是要君王谦逊、接受谏言。这样一来等于正式通知君王。”[6]

二、誓戒的进一步传达与执行

为了使大宰等职官发布的誓戒得到切实贯彻，后续还有进一步传达与执行的事宜。主要表现在八个方面：第一，再次告诫（宿）；第二，对

1 （清）孙诒让：《周礼正义》（第 11 册），北京：中华书局，1987 年，第 2758 页。
2 （清）孙诒让：《周礼正义》（第 6 册），北京：中华书局，1987 年，第 1471 页。
3 杨伯峻编著：《春秋左传注》（第 4 册），北京：中华书局，1990 年，第 1369 页。
4 （清）阮元校刻：《十三经注疏》（上册），北京：中华书局，1980 年，第 1196 页。
5 （清）阮元校刻：《十三经注疏》（下册），北京：中华书局，1980 年，第 1453 页。
6 张明娜：《先秦斋戒礼研究》，博士学位论文，台北：台湾大学中国文学系，2010 年，第 31 页。

不同等级传达；第三，执行刑罚；第四，预习礼仪；第五，斋戒；第六，整修宗庙；第七，禁止喧哗与驱赶乌鸢；第八，跸止与守卫。

（一）再次告诫（宿）

天子宗庙祭祀前的再次告诫由大宗伯总掌，小宗伯和肆师佐助。《周礼·春官·大宗伯》：“凡祀大神，享大鬼，祭大祇，帅执事而卜日，宿。”郑玄注：“宿，申戒也。”[1]孙诒让说“申戒”即再戒之义。江永指出“宿”在祭前三日进行。[2]《小宗伯》：“掌五礼之禁令与其用等。”郑司农注：“五礼，吉、凶、宾、军、嘉。”郑玄注：“用等，牲器尊卑之差。”[3]祭祀为吉礼，由于小宗伯“凡国之大礼，佐大宗伯”[4]，所以天子宗庙祭祀时，小宗伯所掌禁令也涉及辅助大宗伯对百官进行告诫。《肆师》：“凡祭祀之卜日、宿、为期，诏相其礼。”[5]可知再戒之时，肆师负责告诉并协助有关职官行礼。

（二）对不同等级传达

誓戒禁令传达的等级不同，负责的职官也有所区别。首先是针对诸侯、卿大夫和士的。《周礼·夏官·射人》：“若有国事，则掌其戒令，诏相其事。”郑玄注：“谓王有祭祀之事，诸侯当助其荐献者也。戒令，告以齐与期。”贾疏：“齐谓散齐，期谓祭日。”[6]郑、贾所言范围颇显狭小，其实但凡诸侯在祭祀时需要遵循的礼节，都应加以告诫和佐助。《司士》：“凡祭祀，掌士之戒令，诏相其法事。”[7]此谓司士掌管针对士的戒令。《祭

1 （清）孙诒让：《周礼正义》（第5册），北京：中华书局，1987年，第1404页。
2 （清）孙诒让：《周礼正义》（第5册），北京：中华书局，1987年，第1405页。
3 （清）孙诒让：《周礼正义》（第5册），北京：中华书局，1987年，第1434页。
4 （清）孙诒让：《周礼正义》（第5册），北京：中华书局，1987年，第1463页。
5 （清）孙诒让：《周礼正义》（第6册），北京：中华书局，1987年，第1471页。
6 （清）孙诒让：《周礼正义》（第9册），北京：中华书局，1987年，第2425-2426页。
7 （清）孙诒让：《周礼正义》（第10册），北京：中华书局，1987年，第2468页。

仆》："祭仆掌受命于王以视祭祀，而警戒祭祀有司，纠百官之戒具。"郑玄注："谓王有故不亲祭也。祭祀有司，有事于祭祀者。纠谓校录所当共之牲物。"[1]依照郑玄的意思，王只有不参加祭祀时才由祭仆视察祭祀的准备情况，这恐怕只是主观的猜测。因为即使王亲自参加祭祀，也可以委派祭仆这一任务。

其次是针对下层民众的誓戒禁令。《周礼·春官·世妇》："掌女宫之宿戒。"郑玄注："女宫，刑女给宫中事者。宿戒，当给事豫告之齐戒也。"[2]这是世妇负责针对女奴的告诫。《讶士》："凡邦之大事聚众庶，则读其誓禁。"孙诒让曰："大事，亦谓大祭祀、大丧纪、大军旅、大宾客，有戒守征役之事。"[3]《布宪》："凡邦之大事合众庶，则以刑禁号令。"孙诒让曰："大事当亦兼有大祭祀、大丧纪、大宾客戒守征役之事。"[4]则天子宗庙祭祀为征发劳役而聚集民众时，讶士负责宣读誓辞和禁令，布宪负责宣示刑罚禁令，都是严明纪律之举。

（三）执行刑罚

天子宗庙祭祀中，条狼氏主要掌理在誓戒中以刑罚作为对百官和民众的威慑。《周礼·秋官·条狼氏》："凡誓，执鞭以趋于前，且命之。"郑玄注："前，谓所誓众之行前也。有司读誓辞，则大言其刑以警所誓也。誓者，谓出军及将祭祀时也。"[5]条狼氏在誓戒时手持鞭子在队伍前巡行，并大声警告他们听从命令："誓大夫曰敢不关，鞭五百，誓师曰三百，誓邦之大史曰杀，誓小史曰墨。"[6]根据王引之的说法，此处"大史"与"小

1 （清）孙诒让：《周礼正义》（第10册），北京：中华书局，1987年，第2513页。
2 （清）孙诒让：《周礼正义》（第6册），北京：中华书局，1987年，第1686页。
3 （清）孙诒让：《周礼正义》（第11册），北京：中华书局，1987年，第2816页。
4 （清）孙诒让：《周礼正义》（第12册），北京：中华书局，1987年，第2890页。
5 （清）孙诒让：《周礼正义》（第12册），北京：中华书局，1987年，第2916页。
6 （清）孙诒让：《周礼正义》（第12册），北京：中华书局，1987年，第2916页。

史”中的“史”皆为“事”的讹文。[1]“敢不关”，孙诒让说是指不通告于君。[2]师，郑玄训为乐师，孙诒让认为只要是乐官都包括在内，并引《左传》襄公十四年所载卫献公鞭打乐人师曹为证。[3]陈衍则反驳郑玄曰：“即以祭祀言，亦总誓百官，岂有专誓乐师之理！”[4]当以陈说为长。鞭刑是惩罚官员的刑罚，程度较轻。《尚书·尧典下》：“鞭作官刑。”[5]《国语·鲁语上》：“薄刑用鞭扑。”韦注：“鞭，官刑。”[6]皆谓此刑。至于大事和小事的贼话对象，杨天宇认为是指众人。[7]

禁暴氏掌管天子宗庙祭祀中对于民众的处罚。《周礼·秋官·禁暴氏》：“凡国聚众庶，则戮其犯禁者以徇。”孙诒让曰：“‘凡国聚众庶’者，即《布宪》‘凡邦之大事合众庶’是也。”[8]而“戮其犯禁者”，正与《条狼氏》所谓“誓邦之大史（事）曰杀”相应。郑玄曰：“徇，举以示其地之众也。”[9]据此，禁暴氏诛杀犯禁者之后还要示之于众。从中可以看出，同犯禁的统治阶层相比，对犯禁民众的惩罚要严酷很多。

（四）预习礼仪

参加天子宗庙祭祀的职官要在两次告诫之日预习礼仪。《周礼·春官·大史》：“戒及宿之日，与群执事读礼书而协事。”郑玄注：“协，合也。合谓习录所当共之事也。”[10]大史与参加祭祀的职官一起阅读礼书，预

1 （清）孙诒让：《周礼正义》（第12册），北京：中华书局，1987年，第2918页。
2 （清）孙诒让：《周礼正义》（第12册），北京：中华书局，1987年，第2919页。
3 （清）孙诒让：《周礼正义》（第12册），北京：中华书局，1987年，第2919页。
4 陈衍撰，潘琳校注：《周礼疑义辨证》，北京：华夏出版社，2011年，第180页。
5 （清）孙星衍撰，陈抗、盛冬铃点校：《尚书今古文注疏》，北京：中华书局，2004年，第54页。
6 上海师范大学古籍整理研究所校点：《国语》，上海：上海古籍出版社，1998年，第162-163页。
7 杨天宇：《周礼译注》，上海：上海古籍出版社，2004年，第552页。
8 （清）孙诒让：《周礼正义》（第12册），北京：中华书局，1987年，第2893页。
9 （清）孙诒让：《周礼正义》（第4册），北京：中华书局，1987年，第1072页。
10 （清）孙诒让：《周礼正义》（第8册），北京：中华书局，1987年，第2090页。

习祭祀时应该办的事，以免到时出错。《小史》："大祭祀，读礼法，史以书叙昭穆之俎簋。"郑司农注："大祭祀，小史主叙其昭穆，以其主定系世。"郑玄注："读礼法者，大史与群执事。史，此小史也。""俎簋，牲与黍稷，以书次之，校比之。"[1]在大史等读礼书的同时，小史的任务是按照礼书中的规定，排定祖先的昭穆顺序以及所用祭器俎簋的位次。

天子宗庙祭祀中掌理具体预习礼仪的还有大、小宗伯和肆师。《周礼·春官·大宗伯》："治其大礼，诏相王之大礼。"郑玄注："治，犹简习也。豫简习大礼，至祭，当以诏相王。"[2]大宗伯在祭祀前要预习天子之礼，以备祭祀时告诉和协助天子行礼。《小宗伯》："凡大礼，佐大宗伯。"[3]小宗伯在预习和祭祀之日行礼时都要协助大宗伯。《小宗伯》："诏相祭祀之小礼。"郑玄注："小礼，群臣之礼。"[4]小宗伯还专掌群臣行礼事宜。《肆师》："相治小礼，诛其慢怠者。"[5]郑玄曰："诛，责让也。"[6]孙诒让说肆师为小宗伯的佐助者。[7]《肆师》："凡祭祀之卜日、宿、为期，诏相其礼。"[8]据此，预习礼仪时的所有事宜，均由肆师负责告诉并协助相关职官行礼。《肆师》："掌兆中、庙中之禁令。"指"不得使人干犯神位"[9]。

（五）斋戒

祭祀时的斋戒，是指祭祀前祭祀者为了表示对祭祀的重视，在衣食住行等方面体现的虔诚状态。在《周礼》天子宗庙祭祀中，它是大宰誓戒百官事项的重要组成部分。

1 （清）孙诒让：《周礼正义》（第8册），北京：中华书局，1987年，第2100–2101页。
2 （清）孙诒让：《周礼正义》（第5册），北京：中华书局，1987年，第1404页。
3 （清）孙诒让：《周礼正义》（第5册），北京：中华书局，1987年，第1445页。
4 （清）孙诒让：《周礼正义》（第5册），北京：中华书局，1987年，第1445页。
5 （清）孙诒让：《周礼正义》（第6册），北京：中华书局，1987年，第1472页。
6 （清）孙诒让：《周礼正义》（第1册），北京：中华书局，1987年，第72页。
7 （清）孙诒让：《周礼正义》（第6册），北京：中华书局，1987年，第1473页。
8 （清）孙诒让：《周礼正义》（第6册），北京：中华书局，1987年，第1471页。
9 （清）孙诒让：《周礼正义》（第6册），北京：中华书局，1987年，第1474页。

1. 斋戒的行为

《周礼》提到斋戒时天子在饮食、洗浴和衣冠上的礼制。作为主祭者，天子的斋戒行为无疑对百官具有典范意义。《礼记·曲礼上》："祷祠、祭祀，供给鬼神，非礼不诚不庄。"[1]《祭义》也说："孝子将祭祀，必有齐庄之心以虑事。"[2]《国语·楚语下》载观射父曰："先王之祀也，以一纯。"他将祭祀先王的心态概括为"一纯"。韦注："心纯一而洁者。"[3]用元人吴澄的话说，也就是保持"其心诚实，其容庄肃"的状态。[4]祭祀者的这种虔诚状态从斋戒时就开始形成了。

天子在斋戒时会变更饮食的方式。《周礼·天官·膳夫》："王齐，日三举。"郑司农注："齐必变食。"贾疏："齐必变食，故加牲体至三大牢。"[5]《论语·乡党》："齐必变食，居必迁坐。"邢疏："谓将欲接事鬼神，宜自洁净，故改其常馔也。"[6]举，即杀牲盛馔。[7]斋戒时天子用膳从平日的"一举"变为"三举"，张明娜说这是用以多为贵来表达诚敬之心[8]，与此相关，这也是礼以异为敬的表现形式。也有学者从体能的角度进行解释。史浩曰："当不饮酒、不茹荤之时，惧其日力之不足，则不能胜祭事，故三举以助之。"秦蕙田从其说。[9]这一说法也是有一定道理的，天子将要祭祀，需要摄取比平日更多的能量来保证胜任主祭者的角色。不过天子也

1 （清）阮元校刻：《十三经注疏》（上册），北京：中华书局，1980 年，第 1231 页。
2 （清）阮元校刻：《十三经注疏》（下册），北京：中华书局，1980 年，第 1601 页。
3 上海师范大学古籍整理研究所校点：《国语》，上海：上海古籍出版社，1998 年，第 565-566 页。
4 （清）孙希旦撰，沈啸寰、王星贤点校：《礼记集解》（上册），北京：中华书局，1989 年，第 9 页。
5 （清）孙诒让：《周礼正义》（第 1 册），北京：中华书局，1987 年，第 248 页。
6 （清）阮元校刻：《十三经注疏》（下册），北京：中华书局，1980 年，第 2495 页。
7 （清）孙诒让：《周礼正义》（第 1 册），北京：中华书局，1987 年，第 242 页。
8 张明娜：《先秦斋戒礼研究》，博士学位论文，台北：台湾大学中国文学系，2010 年，第 190 页。
9 （清）秦蕙田：《五礼通考》卷 4，《文渊阁四库全书电子版》，上海、香港：上海人民出版社、迪志文化出版有限公司，1999 年。

不可能比平日多吃多少，主要还是为了表达对祭祀之事的重视。以上是就吉事而言，若是举行丧礼或遭遇灾祸时斋戒祭祀祖先则“不举”。《膳夫》：“大丧则不举，大荒则不举，大札则不举，天地有灾则不举。”郑玄注：“大荒，凶年。大札，疫疠也。天灾，日月晦食。地灾，崩动也。大故，寇戎之事。”[1]这是天子为了表达哀痛或反省的心境。斋戒时王食无乐。《礼记·曲礼上》：“齐者，不乐。”[2]《郊特牲》：“凡声，阳也。”“昏礼不用乐，幽阴之义也。乐，阳气也。”[3]有乐为阳，无乐为阴，乐为阳气。因斋戒崇尚清净阴幽，所以王在食时无乐。

天子斋戒时用秬鬯洗浴。《周礼·春官·鬯人》：“凡王之齐事，共其秬鬯。”郑玄注：“给淬浴。”贾疏：“给王洗浴，使之香洁也。”[4]《礼记·祭义》：“夫妇齐戒，沐浴盛服。”[5]其中“沐”是洗发，“浴”为洗身，也涉及此事。林素娟说：“沐浴所用之秬鬯以黑黍和香草酿成，具有祓除不洁，转化生命状态，通神明的特质。”[6]斋戒时沐浴“应该包括了洗去物质上及不可见的不净”[7]。沐浴后要穿明衣，以示洁净。《论语·乡党》：“齐必有明衣布。”邢疏：“将祭而齐，则必沐浴，浴竟而著明衣，所以明洁其体也。明衣以布为之，故曰‘齐必有明衣布’也。”[8]程树德指出：“斋时亲身之衣尊称曰明，亦明水、明火取诸洁之义也。”[9]

---

1 （清）孙诒让：《周礼正义》（第 1 册），北京：中华书局，1987 年，第 248–249 页。
2 （清）阮元校刻：《十三经注疏》（上册），北京：中华书局，1980 年，第 1248 页。
3 （清）阮元校刻：《十三经注疏》（下册），北京：中华书局，1980 年，第 1446、1456 页。
4 （清）孙诒让：《周礼正义》（第 6 册），北京：中华书局，1987 年，第 1507 页。
5 （清）阮元校刻：《十三经注疏》（下册），北京：中华书局，1980 年，第 1593 页。
6 林素娟：《饮食礼仪的身心过渡意涵及文化象征意义——以三〈礼〉斋戒、祭祖为核心进行探讨》，《中国文哲研究集刊》，（第 32 期），2008 年。
7 张明娜：《先秦斋戒礼研究》，博士学位论文，台北：台湾大学中国文学系，2010 年，第 148 页。
8 （清）阮元校刻：《十三经注疏》（下册），北京：中华书局，1980 年，第 2494–2495 页。
9 程树德撰，程俊英、蒋见元点校：《论语集释》（第 2 册），北京：中华书局，1990 年，第 685 页。明衣非浴衣，参见张明娜：《先秦斋戒礼研究》，博士学位论文，台北：台湾大学中国文学系，2010 年，第 159–162 页。

斋戒时，从王至士的衣冠为玄色或白色。《周礼·春官·司服》："其齐服有玄端、素端。"[1]孙诒让曰："素端者，如玄端而素也。此通蒙王以下至大夫士为文，吉事齐则玄端服，凶事齐则素端服也。"[2]又言其形制曰："凡玄端皆玄冠、缁布衣、玄裳、黑屦，素端则缟冠、白布衣、素裳、素屦，此玄端、素端之正服也。唯天子、诸侯有玄冕玄端服，凡冕服皆丝衣，则当玄冕玄缯衣，与玄冠玄端服不同，其素端当亦有麻冕素帛衣，可例推也。"[3]郑玄认为王在斋戒时服衮冕。金鹗反驳道："齐祭必异服，自天子以至于士皆然，以祭重于齐，不可无别。又齐服取阴幽之义，不尚文饰；祭贵盛服，必致其华美也。衮冕甚文，齐服岂宜此乎？"[4]金氏所言甚是。简而言之，斋戒之服，吉事通体为玄色，凶事则为白色，与祭服有明显的区别。《礼记·郊特牲》："齐之玄也，以阴幽思也。"[5]斋戒衣服之所以为玄色，是因为鬼神尚幽暗，这样斋戒者容易与鬼神沟通。张明娜又从色彩学的视角指出，玄色"给人沉静、庄严的感觉，使斋戒者得以静心"[6]，也是可取的。

《礼记》可以对《周礼》中的斋戒状态作出补充。《月令》："君子齐戒，处必掩，身毋躁，止声色，毋或进，薄滋味，毋致和，节嗜欲，定心气，百官静，事毋刑，以定晏阴之所成。"郑玄注："掩犹隐翳也，躁犹动也。今《月令》毋躁为欲静。""进犹御见也，声谓乐也。""为其气异，此时伤人。""微阴扶精，不可散也。""罪罚之事不可以闻。""晏，安也。阴称安。"[7]这些都是为了使斋戒者的内心保持清净的状态。

---

1 （清）孙诒让：《周礼正义》（第6册），北京：中华书局，1987年，第1660页。
2 （清）孙诒让：《周礼正义》（第6册），北京：中华书局，1987年，第1662页。
3 （清）孙诒让：《周礼正义》（第6册），北京：中华书局，1987年，第1669页。
4 （清）孙诒让：《周礼正义》（第10册），北京：中华书局，1987年，第2487-2488页。
5 （清）阮元校刻：《十三经注疏》（下册），北京：中华书局，1980年，第1457页。
6 张明娜：《先秦斋戒礼研究》，博士学位论文，台北：台湾大学中国文学系，2010年，第221页。
7 （清）阮元校刻：《十三经注疏》（上册），北京：中华书局，1980年，第1370页。

2. 斋戒的意义

祭祀前的斋戒共有两次，名为散斋和致斋，分别始于两次告诫之后。《礼记·祭统》："散齐七日。""致齐三日。"[1]《坊记》："七日戒，三日齐。"孔疏："七日戒者，谓散齐也；三日齐者，谓致齐也。"[2]从时间的长度来看，斋戒所需十日，大大超过了正式祭祀的一日，目的是"让参与祭祀者身心都做好准备，使祭祀典礼能够完美达成"[3]。

宗庙祭祀时，不论是斋戒者的衣冠还是心态和行为，均表达着他们对祖先的思念之情。《礼记·郊特牲》："齐之玄也，以阴幽思也。故君子三日齐，必见其所祭者。"郑玄注："齐三日者，思其居处，思其笑语，思其志意，思其所乐，则见之也。"[4]孙希旦曰："齐之玄，谓齐服玄冠、玄衣、玄裳也。大夫士齐服玄端、玄裳，人君玄冕、玄衣、玄裳。盖玄者幽阴之色，阳明则发散于外，幽阴则收敛于内。君子服以称情，齐服幽阴之色，欲使称其服，以专思虑于亲也。思虑专，故三日齐，必见其所祭者。"[5]《礼记·祭义》也提到了斋戒者的各种内心活动："致齐于内，散齐于外。齐之日，思其居处，思其笑语，思其志意，思其所乐，思其所嗜。齐三日，乃见其所为齐者。"郑玄注："致齐思其五者也，散齐七日，不御不乐不吊耳，见所为齐者思之熟也。所嗜，素所欲饮食也。"[6]孙希旦曰："致齐于内，专其内之所思也。散齐于外，防其外之所感也。"[7]《祭统》：

---

1 （清）阮元校刻：《十三经注疏》（下册），北京：中华书局，1980年，第1603页。
2 （清）阮元校刻：《十三经注疏》（下册），北京：中华书局，1980年，第1621页。
3 张明娜：《先秦斋戒礼研究》，博士学位论文，台北：台湾大学中国文学系，2010年，第53页。
4 （清）阮元校刻：《十三经注疏》（下册），北京：中华书局，1980年，第1457页。
5 （清）孙希旦撰，沈啸寰、王星贤点校：《礼记集解》（中册），北京：中华书局，1989年，第723页。
6 （清）阮元校刻：《十三经注疏》（下册），北京：中华书局，1980年，第1592页。
7 （清）孙希旦撰，沈啸寰、王星贤点校：《礼记集解》（下册），北京：中华书局，1989年，第1208–1209页。

及时将祭，君子乃齐。齐之为言齐也，齐不齐以致齐者也。是故君子非有大事，非有恭敬也，则不齐。不齐则于物无防也，耆欲无止也。及其将齐也，防其邪物，讫其耆欲，耳不听乐。故《记》曰‘齐者不乐’，言不敢散其志也。心不苟虑，必依于道；手足不苟动，必依于礼。是故君子之齐也，专致其精明之德也。故散齐七日以定之，致齐三日以齐之。定之之谓齐，齐者，精明之至也，然后可以交于神明也。[1]

通过内外两次斋戒，斋戒者可以排除外界干扰，达到精神专注于逝去亲人的目的。沈文倬指出，“五思”反映出思念亡亲的感情十分真切，是远鬼神而近人的。[2]常金仓师认为“斋戒与原始社会某些巫术相似，它通过思维的高度集中，使人达到一种迷离恍惚的境界，似与死者共处共乐”[3]。斋戒时渐入这一状态，祭祀时定然更加亲近祖先。

斋戒作为正式祭祀前的必要环节，斋戒者在这时要克制平日的各种欲望，避免把凡俗生活中的习惯带入到祭祀当中。通过这番工夫，他们才能达到洁身清心、专心致志、虔诚无比的祭祀心态，与神明进行畅达的沟通。张应斌说：“每一个祭礼情境都是以鬼神名义封闭起来的与现实隔绝的文化场。”[4]纪志昌说：“‘斋戒’是祭祀前的准备，为的是要慎重其事，其实也是祭祀中最重要的一段历程。”又说：“尽管祭物再丰，祭礼之祭程再长，繁缛的外在形式还不是最重要的，最重要的是致祭之心，所以斋戒是为了祭祀沟通天人作好准备。”[5]一句话，斋戒就是祭祀者从凡俗世界进入神圣祭祀仪式的通行证，是一种过渡礼仪。[6]

1 （清）阮元校刻：《十三经注疏》（下册），北京：中华书局，1980年，第1603页。
2 沈文倬：《宗周礼乐文明考论》，杭州：浙江大学出版社，1999年，第82页。
3 常金仓：《周代礼俗研究》，哈尔滨：黑龙江人民出版社，2004年，第166页。
4 张应斌：《周代祭礼哲学与复古情结》，《江汉论坛》1993年第5期。
5 纪志昌：《“诚”与“斋戒”——从祭礼到哲学的转化》，《哲学与文化》2000年第11期。
6 所谓过渡礼仪，是指“从一境地到另一境地，从一个到另一个（宇宙或社会）世界”的仪式进程。参见［法］阿诺尔德·范热内普著，张举文译：《过渡礼仪》，北京：商务印书馆，2012年，第14页。

据说在古印度、闪米特、希腊和罗马那里，重要祭祀前也有一系列斋戒行为。在吠陀时代的印度，他们要专门住在特殊的小棚屋，沐浴、换上簇新的麻衣、禁欲、禁食（持续好几个月只能吃牛奶）、守夜等等，进而“从他的身体中消除他的世俗本性中的不洁性质，将他与普通生活隔离开来，并将他逐步引入诸神的神圣世界之中”[1]。虽然这些斋戒行为在细节上与《周礼》天子宗庙祭祀不同，但是它们在寓意上是完全一致的。

3. 斋戒的强迫性与主动性

对于斋戒者来说，斋戒行为并不是一个享受的过程。之所以能够得到执行，是因为它具有强迫性和主动性两种属性。

（1）斋戒的强迫性

斋戒的强迫性有内外两种来源。从内在来说，斋戒行为并不是一种轻易可以进入的状态，而是需要斋戒者靠一定的意志力来达到的。从外在来说，对百官的两次告诫，已经给斋戒打上了社会约束的烙印，意味着这是祭祀前必须履行的义务，是分内之事，百官必须就范。倘若有人对此持有怠慢态度，与既有礼制唱反调，“就等于割断了他与群体之间的纽带”[2]，是一种反社会反传统的行为，后果便是受到相应的社会制裁。不少西方学者对这类问题的认识已经提升到了理论的层面。马凌诺斯基有一个称作“文化迫力”的概念。他说：“人类有机的需要形成了基本的‘文化迫力’，强制了一切社区发生种种有组织的活动。”[3]“从经验上说，道德动机是由于神经系统及全机体的一种倾向，使他在某种环境中，依内在的逼迫，采取某一种方向的动作。”他进而指出，这种内在的逼迫是

1 ［法］马塞尔·莫斯、昂利·于贝尔著，杨渝东、梁永佳、赵丙祥译：《巫术的一般理论 献祭的性质与功能》，桂林：广西师范大学出版社，2007 年，第 188-189 页。

2 ［法］爱弥尔·涂尔干著，渠东、汲喆译：《宗教生活的基本形式》，北京：商务印书馆，2011 年，第 551 页。

3 ［英］马林诺斯基著，费孝通译：《文化论》，《费孝通译文集》（上册），北京：群言出版社，2002 年，第 220 页。

“机体在一定文化情境中逐渐训练出来的”[1]。

其他学者也有这方面的表述。拉德克利夫－布朗说：“仪式性禁限是人们行为的戒律，它与某种信仰密切相关，即相信：一个人若违犯这一戒律，他的破禁行为将导致他的仪式状态恶化。”[2]马塞尔·莫斯指出：“不管积极仪式多么富于自愿性，但它都或多或少地跟一个强制性的，或起码也是以自动而不可避免的效应进行惩罚的消极仪式相联系。”[3]这些阐释正可以解释斋戒行为受到价值观念的约束而呈现出的强迫性。

（2）斋戒的主动性

就主动性而言，对于斋戒者，斋戒这一过程虽然需要意志力来维持，但并不是任何人都可以进行的，而是一种宗教的特权和荣耀。以付出一定时间和精力的痛苦过程作为代价来接近神灵，更反映出了祭祀行为的神圣性。这就是设计此类礼制的实质所在。西方学者对这一问题的原理也有不少阐发。爱德华·泰勒说：“进行斋戒、自苦、麻醉以及采取其他方法使人进入病态兴奋的一个主要原因，是病人希望看到幽灵形象，他们从这些形象中企盼获得神圣的知识甚至世俗的权力。”[4]普罗伊斯说：“痛苦追求和唤起了一种蒙恩的状态，因为禁忌体系在使人遭受磨难的同时，同样也会自然地使之获得力量和特权。”[5]涂尔干说：“表面看来，它只能起到阻止行动的作用，而不是激励或修正行动的作用。然而，作为这种约

---

1 ［英］马林诺斯基著，费孝通译：《文化论》，《费孝通译文集》（上册），北京：群言出版社，2002年，第204页。

2 ［英］A.R 拉德克利夫－布朗著，潘蛟、王贤海、刘文远等译，潘蛟校：《原始社会的结构与功能》，北京：中央民族大学出版社，1999年，第149页。

3 ［法］马塞尔·莫斯、昂利·于贝尔著，杨渝东、梁永佳、赵丙祥译：《巫术的一般理论 献祭的性质与功能》，桂林：广西师范大学出版社，2007年，第151页。

4 ［英］爱德华·泰勒著，连树声译：《原始文化》，上海：上海文艺出版社，1992年，第432页。

5 ［法］爱弥尔·涂尔干著，渠东、汲喆译：《宗教生活的基本形式》，北京：商务印书馆，2011年，第427页。

束作用的无意后果，人们发现，它对于培养个体的宗教性和道德性却具有最为重要的作用。”也就是说，“他（祭祀者）通过摆脱凡俗世界的活动，逐步接近了神圣世界；他抛弃了那些贬低其本性的卑贱琐碎的事务，使自己得到了纯化和圣化”[1]。这些论述的共同之处，就是将病态、牺牲、痛苦、磨难、约束等消极词汇作为起点，而落脚点都放在了神圣、权力、幸福、力量、特权等美好的字眼上。正是基于此类两个极端可以实现转化的思维方式，斋戒行为才顽固地根植于社会文化当中，发挥着独特的效用。

（六）整修宗庙

大宗伯、守祧和隶仆共同掌理宗庙的整修工作。《周礼·春官·守祧》：“其庙，则有司脩除之；其祧，则守祧黝垩之。”郑玄注：“有司，宗伯也。脩除、黝垩互言之，有司恒主脩除，守祧恒主黝垩。”郑司农注：“黝读为幽。幽，黑也。垩，白也。[2]《尔雅·释宫》：“地谓之黝，墙谓之垩。”郭注：“黑饰地也。”“白饰墙也。”[3]郑玄所言宗伯即大宗伯。大宗伯和守祧共同掌理清扫宗庙，粉刷墙壁成白色以及涂地为黑色的工作。《隶仆》：“祭祀，脩寝。”郑玄注：“于庙祭寝，或有事焉。《月令》凡新物，先荐寝庙。”[4]郑玄认为凡是一年中物熟之时，都荐新于庙后之寝，需要提前清扫。其实祭祀前对宗庙的整修不只是刷墙涂地和清扫，宗庙的修缮也是祭祀前需要重视的部分。《穀梁传》文公十三年载：“大室屋坏。大室屋坏者，有坏道也，讥不修也，大室犹世室也，周公曰大庙，伯禽曰大室，群公曰宫。”“为社稷之主，而先君之庙坏，极称之，志不敬也。”范

1 ［法］爱弥尔·涂尔干著，渠东、汲喆译：《宗教生活的基本形式》，北京：商务印书馆，2011 年，第 423 页。
2 （清）孙诒让：《周礼正义》（第 6 册），北京：中华书局，1987 年，第 1682 页。
3 （清）阮元校刻：《十三经注疏》（下册），北京：中华书局，1980 年，第 2597 页。
4 （清）孙诒让：《周礼正义》（第 10 册），北京：中华书局，1987 年，第 2520 页。

注：“极称言屋坏不复依，违其文。”[1]实际上这类卑贱的劳役都落在了隶民的身上。《司隶》：“邦有祭祀、宾客、丧纪之事，则役其烦辱之事。”[2]烦辱之事即繁杂低贱的事。《罪隶》：“掌役百官府与凡有守者，掌使令之小事。”这里的“役”就是《司隶》所言“烦辱之事”[3]。祭祀前整修宗庙，一方面是为了宗庙在形式上焕然一新，另一方面也意味着扫除了不祥之气。

宗庙祭祀前的整修之事亦见于其他文献，可证《周礼》的记载属实。《仪礼·少牢馈食礼》：“乃官戒，宗人命涤。”郑玄注：“涤，溉濯祭器，扫除宗庙。”[4]《礼记·祭义》：“孝子将祭祀，必有齐庄之心以虑事，以具服物，以脩宫室，以治百事。”做到“宫室既脩，墙屋既设”。郑玄注：“脩、设，谓除及黝垩。”[5]《中庸》：“春秋脩其祖庙。”郑玄注：“脩，谓扫粪也。”[6]《管子·小匡》载齐桓公曰：“吾恐宗庙之不扫除，社稷之不血食。”[7]齐桓公用“宗庙不扫除”指代对国家的担忧。这里虽然是比喻，但也说明扫除宗庙意味着对祖先致以敬意，清洁干净的宗庙是国家安定的象征。

（七）禁止喧哗与驱赶乌鸢

天子宗庙祭祀时为了对祖先表示敬意，衔枚氏负责下令禁止百官喧哗。《周礼·秋官·衔枚氏》：“国之大祭祀，令禁无嚣。”郑玄注：“令，令主祭祀者。”贾疏：“国之大祭祀，谓天地宗庙。令主祭祀之官，使禁止无得讙嚣，讙嚣则不敬鬼神故也。”[8]营造安静肃穆的祭祀氛围是对神灵

1 （清）阮元校刻：《十三经注疏》（下册），北京：中华书局，1980 年，第 2409 页。
2 （清）孙诒让：《周礼正义》（第 11 册），北京：中华书局，1987 年，第 2883 页。
3 （清）孙诒让：《周礼正义》（第 11 册），北京：中华书局，1987 年，第 2884 页。
4 （清）阮元校刻：《十三经注疏》（上册），北京：中华书局，1980 年，第 1196 页。
5 （清）阮元校刻：《十三经注疏》（下册），北京：中华书局，1980 年，第 1601、1593 页。
6 （清）阮元校刻：《十三经注疏》（下册），北京：中华书局，1980 年，第 1629 页。
7 黎翔凤：《管子校注》（上册），北京：中华书局，2004 年，第 396 页。
8 （清）孙诒让：《周礼正义》（第 12 册），北京：中华书局，1987 年，第 2941 页。

的敬重。郑玄曰："衔枚，止言语嚣讙也。枚状如箸，横衔之，有繣结于项。"贾疏："繣谓以组为之，系著两头，于项后结之。"[1]主掌此事的职官之所以取名衔枚，取义于人口中横衔着结绕在脖子上的形如筷子的木条。《大司马》："遂鼓行，徒衔枚而进。"[2]这是冬季狩田行军时为了防止出声，兵众口中都衔着枚前进。《礼记·杂记下》："升正柩，诸侯执綍五百人，四綍皆衔枚。"孔疏："谓执綍之人，口皆衔枚，止喧嚣也。"[3]此谓诸侯将葬朝庙时，牵引灵柩者口中都含有枚。

射鸟氏负责驱赶祭祀时飞来的乌和鸢。《周礼·夏官·射鸟氏》："祭祀，以弓矢驱乌鸢。"郑玄注："乌鸢，善钞盗，便污人。"[4]"鸢"指老鹰之类的猛禽。大概是因为当时有很多乌鸦和鸢，它们善于掠夺物品，不免排泄粪便，其中乌鸦还有嘈杂的鸣叫声，所以为了保证祭祀环境的安静和清洁，射鸟氏负责用弓箭驱赶飞来的乌和鸢。

（八）跸止与守卫

为防止无关人员对祭祀活动的干扰，大小司寇、师氏、阍人、内竖和隶仆负责进行跸止，亦即清道禁止通行。《周礼·秋官·大司寇》："凡邦之大事，使其属跸。"郑玄注："跸止行也。"[5]小司寇佐助大司寇。《小司寇》："凡国之大事，使其属跸。"[6]《师氏》："凡祭祀、宾客、会同、丧纪、军旅，王举则从。听治亦如之。使其属帅四夷之隶，各以其兵服守王之门外，且跸。"门外，是指库门之外。[7]《阍人》："大祭祀、丧纪之事，设门燎，跸宫门、庙门。"郑玄注："跸，止行者。"[8]《内竖》："若有祭祀、

1　（清）孙诒让：《周礼正义》（第 11 册），北京：中华书局，1987 年，第 2733 页。
2　（清）孙诒让：《周礼正义》（第 9 册），北京：中华书局，1987 年，第 2347 页。
3　（清）阮元校刻：《十三经注疏》（下册），北京：中华书局，1980 年，第 1566 页。
4　（清）孙诒让：《周礼正义》（第 9 册），北京：中华书局，1987 年，第 2447 页。
5　（清）孙诒让：《周礼正义》（第 11 册），北京：中华书局，1987 年，第 2761 页。
6　（清）孙诒让：《周礼正义》（第 11 册），北京：中华书局，1987 年，第 2778–2779 页。
7　（清）孙诒让：《周礼正义》（第 4 册），北京：中华书局，1987 年，第 1007–1008 页。
8　（清）孙诒让：《周礼正义》（第 2 册），北京：中华书局，1987 年，第 547 页。

宾客、丧纪之事，则为内人跸。”郑玄注：“内人，从世妇有事于庙者。内竖为六宫跸者，以其掌内小事。”内人即女御。[1]《隶仆》：“掌跸宫中之事。”郑司农注：“跸谓止行者，清道。”[2]以上这些官员的职责均涉及宗庙祭祀。[3]《汉书·丙吉传》：“吉又尝出，逢清道群斗者。”颜注：“清道谓天子当出，或有斋祠，先令道路清净。”[4]西汉祭祀时的清道之制，当承自周代跸止之制。

天子宗庙祭祀时承担守卫任务的是师氏、司隶、蛮隶、闽隶、夷隶、貉隶和保氏。《周礼·地官·师氏》：“凡祭祀、宾客、会同、丧纪、军旅，王举则从。听治亦如之。使其属帅四夷之隶，各以其兵服守王之门外。”孙诒让曰：“师氏使其属帅之者，盖与司隶同帅之，二官为联事也。四夷之隶，即蛮隶、闽隶、夷隶、貉隶。”[5]《司隶》：“邦有祭祀、宾客、丧纪之事，则役其烦辱之事。掌帅四翟之隶，使之皆服其邦之服，执其邦之兵，守王宫与野舍之厉禁。”四翟之隶即四夷之隶。[6]《蛮隶》：“其在王宫者，执其国之兵以守王宫。”[7]《闽隶》：“其守王宫者与其守厉禁者，如蛮隶之事。”[8]《夷隶》：“其守王宫者与其守厉禁者，如蛮隶之事。”《貉隶》：“其守王宫者与其守厉禁者，如蛮隶之事。”[9]据刘雨的研究，祭祀时四夷之隶的守卫职责在

1 （清）孙诒让：《周礼正义》（第2册），北京：中华书局，1987年，第550页。
2 （清）孙诒让：《周礼正义》（第10册），北京：中华书局，1987年，第2521页。
3 （清）孙诒让：《周礼正义》（第11册），北京：中华书局，1987年，第2761页；（清）孙诒让：《周礼正义》（第2册），北京：中华书局，1987年，第547、550页；（清）孙诒让：《周礼正义》（第10册），北京：中华书局，1987年，第2521页。
4 （汉）班固撰，（唐）颜师古注：《汉书》（第10册），北京：中华书局，1962年，第3147页。
5 （清）孙诒让：《周礼正义》（第4册），北京：中华书局，1987年，第1006-1008页。
6 （清）孙诒让：《周礼正义》（第11册），北京：中华书局，1987年，第2883页。
7 （清）孙诒让：《周礼正义》（第11册），北京：中华书局，1987年，第2885页。
8 据王引之说增补，参见（清）孙诒让：《周礼正义》（第11册），北京：中华书局，1987年，第2886页。
9 （清）孙诒让：《周礼正义》（第11册），北京：中华书局，1987年，第2887-2888页。

金文中也能得到印证。[1]《保氏》："凡祭祀、宾客、会同、丧纪、军旅，王举则从。听治亦如之。使其属守王闱。"孙诒让曰："此保氏守王闱，亦即王宫之侧门。"[2]以上涉事职官众多，说明祭祀时的戒备十分森严。汉宣帝时京师一年当中用于庙寝园祭祀的卫士是非常多的。《汉书·韦贤传》："一岁祠，上食二万四千四百五十五，用卫士四万五千一百二十九人。"[3]虽然汉宣帝时的礼制与周代有别，但也可以看出古代对祭祀守卫之事的重视程度。

◉ 第三节　准备乐舞

乐舞是天子宗庙祭祀中必不可少的元素。据《周礼》记载，祭祀之日前与乐舞相关的准备事宜是悬挂乐器和以鼓征学士。

一、悬挂乐器

《周礼》天子宗庙祭祀前悬挂乐器的事由大司乐和乐师总掌。《大司乐》："凡乐事，大祭祀宿县，遂以声展之。"孙诒让曰："宿谓祭前之夕也。""祭前之夕"，即祭祀前一天晚上。郑玄曰："叩听其声，具陈次之，以知完不。"[4]凡是有关演奏音乐的事情，如是大祭祀，就在祭祀前一天晚上悬挂乐器，先叩击乐器听其声音，然后依次陈列，检查是否完好。这体现了对祭祀用乐的重视。《仪礼·大射》："乐人宿县于阼阶东。"大射礼前的这一环节，正与《大司乐》中的"宿县"类似。[5]吴士法对《大司

1　刘雨：《西周金文中的祭祖礼》，《考古学报》1989 年第 4 期。
2　（清）孙诒让：《周礼正义》（第 4 册），北京：中华书局，1987 年，第 1017–1018 页。
3　（汉）班固撰，（唐）颜师古注：《汉书》（第 10 册），北京：中华书局，1962 年，第 3116 页。
4　（清）孙诒让：《周礼正义》（第 7 册），北京：中华书局，1987 年，第 1779 页。
5　（清）阮元校刻：《十三经注疏》（上册），北京：中华书局，1980 年，第 1028 页。

乐》中的以上经文提出了异议。他指出："大司乐所掌乐悬之事，既与典庸器、视瞭、小胥以及大师等职所掌者相同，又无彼此之间的联事之迹。所以，窃疑此乃因《周礼》作者在编写过程中缺乏诸经之间的照应和统一而造成的重复龃龉。"[1] 其实大司乐乃乐官之长，因为祭祀是国家大事，所以《周礼》作者在此处言明其祭祀时的职责范围，并无不妥。又《乐师》："凡乐，掌其序事，治其乐政。"郑玄注："序事，次序用乐之事。"孙诒让曰："政谓若正乐县、舞位及诸子戒令，皆是也。"[2] 其中的"正乐县"即校正悬挂乐器的事。

《周礼》天子宗庙祭祀悬挂乐器的具体工作由典庸器、大师、小师、视瞭、大师、小师和小胥共同完成。典庸器负责陈设木架。《典庸器》："及祭祀，帅其属而设筍虡。"杜子春注："横者为筍，从者为鐻。"[3]"鐻"为"虡"的或体。杨天宇说筍虡就是悬挂钟磬的木架，"横梁叫做筍，立柱叫做虡"[4]。郑玄曰："设筍虡，视瞭当以县乐器焉。"[5] 筍虡陈设完毕后，由视瞭悬挂乐器。编钟、特钟、编磬、特磬及悬鼓皆悬挂于筍虡。[6]《诗·周颂·有瞽》："有瞽有瞽，在周之庭，设业设虡。"[7] 瞽即大师、小师，他们都莅临陈设和悬挂之事。[8] 小胥也有这种职责。《小胥》："正乐县之位，王宫县。"郑司农注："宫县四面县。""四面象宫室四面有墙，故谓之宫县。"[9]按此，在天子的礼仪中，四面都要悬挂乐器，小胥要确保

1 吴土法：《〈周礼〉宗祀乐事官联考》，《杭州大学学报》（哲学社会科学版）1997 年第 2 期。
2 （清）孙诒让：《周礼正义》（第 7 册），北京：中华书局，1987 年，第 1806 页。
3 （清）孙诒让：《周礼正义》（第 7 册），北京：中华书局，1987 年，第 1921 页。
4 杨天宇：《周礼译注》，上海：上海古籍出版社，2004 年，第 349 页。
5 （清）孙诒让：《周礼正义》（第 7 册），北京：中华书局，1987 年，第 1921 页。
6 （清）孙诒让：《周礼正义》（第 7 册），北京：中华书局，1987 年，第 1921 页。
7 （清）王先谦撰，吴格点校：《诗三家义集疏》（下册），北京：中华书局，1987 年，第 1026 页。
8 （清）孙诒让：《周礼正义》（第 7 册），北京：中华书局，1987 年，第 1870 页。
9 （清）孙诒让：《周礼正义》（第 7 册），北京：中华书局，1987 年，第 1823 页。

它们悬挂的位置没有错误。[1]这种悬挂乐器的方式象征着天子尊贵的身份和无上的地位。《小胥》："辨其声。"[2]各种乐器悬挂之后，小胥还要检查它们是否符合正常的音律。

二、鼓征学士

《周礼》天子宗庙祭祀中，大胥和小胥通过击鼓召集并选拔舞者。大胥掌管有舞者的名册。《大胥》："大胥掌学士之版，以待致诸子。"卿大夫、士诸子及俊选学舞者皆为学士[3]，但以贵族子弟为主。贾公彦曰："卑者之子不得舞宗庙之酎，祭祀之舞亦不得用卑者之子。"[4]方苞亦曰："大司乐帅国子而舞，非贵游子弟弗用也。"[5]则天子宗庙祭祀的舞者皆为贵族子弟。此制与汉制同,《汉大乐律》："卑者之子，不得舞宗庙之酎。"[6]《大胥》："凡祭祀之用乐者，以鼓征学士。"郑玄注："击鼓以召之。"[7]凡是祭祀用乐，大胥击鼓召集学士。召集后从中选拔。[8]小胥是这件事的协助者。《小胥》："小胥掌学士之征令而比之，觵其不敬者。"郑玄注："比犹校也。不敬，谓慢期不时至也。觵，罚爵也。"[9]小胥负责发布召集学士的命令并考核人数，其考核人数的依据当然来自大胥掌管的名册，如有迟到不敬

1 方建军指出《周礼》此制与西周考古材料不合，他认为"《周礼》所言恐怕未必针对西周"。参见方建军：《商周乐器文化结构与社会功能研究》，上海：上海音乐学院出版社，2006 年，第 257 页。即便如此，周代有乐悬体制，它"集中反映出乐器具有表现等级礼制的重要符号功能"，仍是学者共识。参见许兆昌：《先秦乐文化考论》，哈尔滨：黑龙江人民出版社，2010 年，第 255 页。

2 （清）孙诒让：《周礼正义》（第 7 册），北京：中华书局，1987 年，第 1823 页。

3 （清）孙诒让：《周礼正义》（第 7 册），北京：中华书局，1987 年，第 1814 页。

4 （清）孙诒让：《周礼正义》（第 3 册），北京：中华书局，1987 年，第 911 页。

5 （清）方苞：《周礼集注》卷 5,《文渊阁四库全书电子版》，上海、香港：上海人民出版社、迪志文化出版有限公司，1999 年。

6 （清）孙诒让：《周礼正义》（第 7 册），北京：中华书局，1987 年，第 1814 页。

7 （清）孙诒让：《周礼正义》（第 7 册），北京：中华书局，1987 年，第 1821 页。

8 （清）孙诒让：《周礼正义》（第 7 册），北京：中华书局，1987 年，第 1821–1822 页。

9 （清）孙诒让：《周礼正义》（第 7 册），北京：中华书局，1987 年，第 1822 页。

的人，就要予以处罚。

◉ 第四节 立尸与为期

一、立尸

《周礼》天子宗庙祭祀中，立尸就是确定扮演祖先的人。《周礼》多次提到祭祀中的尸。《守祧》："若将祭祀，则各以其服授尸。"[1]《大祝》："隋衅、逆牲、逆尸，令钟鼓。""来瞽，令皋舞，相尸礼。"[2]《小祝》："大祭祀，逆齍盛，送逆尸，沃尸盥。"[3]尸在祭祀前就已确定，是表现亡亲形象的神主。[4]宗庙祭祀时大家看到尸，就相当于看到了逝去的先公和先王。故《礼记·郊特牲》曰："尸，神象也。"[5]《礼记·坊记》亦曰："祭祀之有尸也，宗庙之有主也，示民有事也。"[6]《白虎通义·宗庙》论及立尸的具体原因时说："祭所以有尸者何？鬼神听之无声，视之无形，升之阼阶，仰视榱桷，俯视几筵，其器存，其人亡，虚无寂寞，思慕哀伤，无可泻泄，故座尸而食之，毁损其馔，欣然若亲之饱，尸醉若神之醉矣。"[7]这是从祭祀者的心理状态来说的，尽管祖先已经逝去，但以尸来代替他们接受祭祀者的拜祭，就仿佛祖先又重新回到了现实当中，"实现了与祖先面对面的交流"[8]，祭祀者表达情感有了可以依附的具体对象。"尸是活的神像，在设主献祭出现之后，人们大抵以为这种无生命的神像并不能真正享用祭

1 （清）孙诒让：《周礼正义》（第 6 册），北京：中华书局，1987 年，第 1682 页。
2 （清）孙诒让：《周礼正义》（第 8 册），北京：中华书局，1987 年，第 2021、2023 页。
3 （清）孙诒让：《周礼正义》（第 8 册），北京：中华书局，1987 年，第 2034 页。
4 沈文倬：《宗周礼乐文明考论》，杭州：浙江大学出版社，1999 年，第 81 页。
5 （清）阮元校刻：《十三经注疏》（下册），北京：中华书局，1980 年，第 1457 页。
6 （清）阮元校刻：《十三经注疏》（下册），北京：中华书局，1980 年，第 1620 页。
7 （清）陈立撰，吴则虞点校：《白虎通疏证》（下册），北京：中华书局，1994 年，第 580 页。
8 刘源：《商周祭祖礼研究》，北京：商务印书馆，2004 年，第 308 页。

品，于是产生了在活人中选择一个（或一些）符合特定要求的人作为死者的替身，由他们来享用祭品，以使祭献者得到心理上的满足。”[1]立尸的现象不仅见于古代中国，古印度婆罗门教的《摩奴法论》也记载有类似的祭祀制度。在祭祖之时，一些优秀的婆罗门被请来分别做某些祖先的替身，献祭者会不断叫着祖先们的名字劝他们尽情用食。[2]

宗庙祭祀中充当尸的人是祖先的孙辈和与祖先昭穆相同的后代子孙。《礼记·曾子问》载孔子曰：“祭成丧者必有尸，尸必以孙，孙幼则使人抱之，无孙则取同姓可也。”郑玄注：“人以有子孙为成人。”孔疏：“成人之丧威仪具备，必须有尸以象神之威仪也。尸必以孙，若其孙幼，则使人抱之，若无孙，则取同姓昭穆孙行嫡者可也。”[3]孙希旦曰：“尸必以孙，用所祭者之孙，以其昭穆同也。取于同姓者，尸必嫡子无父者，或近属不可得，则取于族属之远者，但同姓之人，在孙行而昭穆同者，则得取以为尸也。然此谓祭祖、祢以下尔。若天子、诸侯祭远祖，则但取其庙之所出而昭穆同者以为尸，又不必皆孙行也。”[4]《祭统》亦曰：“夫祭之道，孙为王父尸，所使为尸者，于祭者子行也。父北面而事之，所以明子事父之道也。”郑玄注：“子行，犹子列也。祭祖则用孙列，皆取于同姓之嫡孙也。”[5]孙希旦曰：“尸用所祭者之孙，无孙则取族中孙行者为之，以其昭穆同也。此据祭考庙而言之，故尸于主祭者为子行，主祭者于尸为诸父也。北面而事之者，天子、诸侯之礼，朝践时尸在堂上南面，主人北面而事之也。”[6]尸须为祖先的孙辈或与祖先昭穆相同的后

1 常金仓：《周代礼俗研究》，哈尔滨：黑龙江人民出版社，2004 年，第 157-158 页。
2 蒋忠新译：《摩奴法论》，北京：中国社会科学出版社，1986 年，第 59-60 页。
3 （清）阮元校刻：《十三经注疏》（下册），北京：中华书局，1980 年，第 1399 页。
4 （清）孙希旦撰，沈啸寰、王星贤点校：《礼记集解》（中册），北京：中华书局，1989 年，第 542 页。
5 （清）阮元校刻：《十三经注疏》（下册），北京：中华书局，1980 年，第 1605 页。
6 （清）孙希旦撰，沈啸寰、王星贤点校：《礼记集解》（下册），北京：中华书局，1989 年，第 1244 页。

代子孙，尸为孙辈时是主祭者的子列，如此可以“潜移默化地影响尸对父行孝，彰显出周人以礼仪实践进行道德宣传与教化的精神”[1]。具体到天子宗庙祭祀，《白虎通义·宗庙》载曾子曰：“王者祭宗庙，以卿为尸，射以公为耦，不以公为尸何？避嫌也。三公尊近，天子亲稽首拜尸，故不以公为尸。”[2]据此，尸还得是王室之卿，三公位尊，近于天子，为了避嫌，不得为尸。

天子宗庙祭祀以孙辈为尸，还可以通过文化人类学的知识获得进一步的解释。常金仓师注意到澳大利亚土人的一种观念，即将一个人看作其祖先的再生。他据此指出，中国古代孙为王父尸的现象是原始社会里生命轮转观念的体现，在原始思维中，孙为祖父的继体。[3]非洲东南的伊拉人也相信灵魂转世之说，他们认为“几乎每一个人死后迟早会回到这个世界上来，通常是在孙子身上转世”。[4]英国文化人类学家爱德华·泰勒称这种观念为“灵魂的迁移”，在他的《原始文化》一书中，这样的例子还有不少。在东非的瓦尼卡部落，人们认为“死去的祖先的灵魂使婴儿苏生”；在几内亚，“跟死去的亲属在肉体上或精神上显然相似的幼儿，普遍确信他继承了亲属的灵魂”；西非的约卢巴人，“一边用‘你回来了’这句话来迎接新生的婴儿，一边寻找特征，以便了解是那位祖先的灵魂回到了婴儿的形体内”。这种轮回转世的观念甚至在有些民族那里根深蒂固，曾以十分极端的方式表现出来，如远离乡土而做奴隶的西非黑人会“怀着重新在故乡复活的希望自杀”[5]。因此，天子宗庙祭祀中的尸象征着祖

---

1 任晓锋：《周代宗庙尸祭礼仪考论》，《科学·经济·社会》2014 年第 1 期。

2 （清）陈立撰，吴则虞点校：《白虎通疏证》（下册），北京：中华书局，1994 年，第 580 页。

3 常金仓：《周代礼俗研究》，哈尔滨：黑龙江人民出版社，2004 年，第 158-159 页。

4 ［英］雷蒙德·弗思著，费孝通译：《人文类型》，《费孝通译文集》（上册），北京：群言出版社，2002 年，第 437 页。

5 ［英］爱德华·泰勒著，连树声译：《原始文化》，上海：上海文艺出版社，1992 年，第 486-488 页。

先的复生。[1]

二、为期

为期是指在天子宗庙祭祀前夕，确定第二天正式祭祀的具体行事时间。《周礼·春官·鸡人》："凡国事为期，则告之时。"郑玄注："象鸡知时也。"[2]《仪礼·少牢馈食礼》："主人门东南面。宗人朝服北面，曰：'请祭期。'主人曰：'比于子。'宗人曰：'旦明行事。'主人曰：'诺。'乃退。"郑玄注："肃诸官而皆至，定祭早晏之期，为期亦夕时也。"[3]祭祀前一天晚上，要求参与祭祀的众官都聚集于庙门之外，由宗人确定第二天行事的时间。《肆师》："凡祭祀之卜日、宿、为期，诏相其礼。"孙诒让曰："为期者，即《鸡人》之为期。""为期，《少牢》则宗人，天子祭祀当是肆师。"[4]因此是由肆师负责天子宗庙祭祀时为期的相关礼节。

---

1 梁钊韬：《中国古代巫术：宗教的起源和发展》，广州：中山大学出版社，1999 年，第 175 页。

2 （清）孙诒让：《周礼正义》（第 6 册），北京：中华书局，1987 年，第 1511 页。

3 （清）阮元校刻：《十三经注疏》（上册），北京：中华书局，1980 年，第 1197 页。

4 （清）孙诒让：《周礼正义》（第 6 册），北京：中华书局，1987 年，第 1471、1511 页。

第四章

《周礼》天子宗庙祭祀之日的仪式

《周礼》天子宗庙祭祀的各项准备事宜都具有过渡性质，它们最终都是为了正式仪式的照常举行。《保氏》："养国子以道：乃教之六艺，一曰五礼，二曰六乐，三曰五射，四曰五驭，五曰六书，六曰九数；乃教之六仪，一曰祭祀之容，二曰宾客之容，三曰朝廷之容，四曰丧纪之容，五曰军旅之容，六曰车马之容。"郑玄注："五礼，吉凶宾军嘉也。六乐，《云门》《大咸》《大韶》《大夏》《大濩》《大武》。""祭祀之容，齐齐皇皇。"[1]保氏所教国子"六艺"，排在第一位的是"五礼"，第二位的是"六乐"，所教"六仪"，排在首位的是"祭祀之容"。"五礼"中第一个是祭祀鬼神的吉礼；"六乐"都是祭祀时表演的乐舞，其中《大韶》《大濩》和《大武》用于天子宗庙祭祀；"祭祀之容"说的是祭祀者恭敬虔诚的仪容。可见在古人心目中，祭祀在国家所有仪式中最为重要。

《周礼》天子宗庙祭祀仪式是表达礼义的重要平台。《礼记·文王世子》："古之人一举事，而众皆知其德之备也。"[2]举事即行礼，只要行其礼，其义自然明了。《韩非子·解老》："礼者，所以貌情也，群义之文章也，君臣父子之交也，贵贱贤不肖之所以别也。中心怀而不谕，故疾趋卑拜以明之；心爱而不知，故好言繁辞以信之。礼者，外饰之所以谕内也。故曰：'礼以貌情也。'"[3]礼仪为表明内心情感的外部文饰，它是各种义的表现，用来规定君臣、父子之间的关系，表明贵贱、贤与不肖之间的区别。凌廷堪有言，礼"一仪节之细，莫不各有精义弥纶于其间"[4]。黄侃也说："丧虽主哀，祭虽主敬，苟无礼物威仪以将之，哀敬之情亦无所显示矣。"[5]法国天主教现代主义代表人物阿尔弗雷德·卢瓦西谈到了研究宗教

1 （清）孙诒让：《周礼正义》（第 4 册），北京：中华书局，1987 年，第 1010–1011 页。
2 （清）阮元校刻：《十三经注疏》（下册），北京：中华书局，1980 年，第 1411 页。
3 （清）王先慎撰，钟哲点校：《韩非子集解》，北京：中华书局，1998 年，第 132 页。
4 （清）凌廷堪：《礼经释例》（第 1 册，卷首），北京：中华书局，1985 年，第 4 页。
5 黄侃：《礼学略说》，《二十世纪中国礼学研究论集》，陈其泰、郭伟川、周少川编，北京：学苑出版社，1998 年，第 29 页。

仪式的价值所在。他说："仪式是所有宗教中最稳定最持久的要素，因而，从仪式中我们可以更透彻地揭示古代崇拜的精髓。"[1]基于祭祀仪式的重要性，本章将专门梳理和分析《周礼》所载天子宗庙祭祀之日的仪式。

◉ 第一节 呼旦告时、陈列祭器祭品及告洁告备、次位

天子宗庙祭祀的正式仪式开始前，还有一些需要履行的程序。《周礼》涉及三件事情：呼旦告时、陈列祭器祭品及告洁告备、次位。

一、呼旦告时

呼旦告时是指鸡鸣时叫醒百官，并告诉小宗伯和王。《周礼·春官·鸡人》："大祭祀，夜呼旦以嘂百官。"郑玄注："夜，夜漏未尽，鸡鸣时也。呼旦，以警起百官，使夙兴。"[2]《说文·㗊部》："嘂，高声也。一曰大呼也。"[3]鸡人叫醒百官的同时，巾车负责鸣铃予以配合。《巾车》："大祭祀，鸣铃以应鸡人。"郑玄注："鸡人主呼旦，鸣铃以和之，声且警众。必使鸣铃者，车有和鸾相应和之象。"[4]鸡人呼旦时还须专门告诉主事者。《鸡人》："凡国事为期，则告之时。"郑玄注："告其有司主事者。""告时者，至此旦明而告之。"[5]《小宗伯》："祭之日，逆齍，省镬，告时于王。"[6]则鸡人告诉的主事者为小宗伯，小宗伯转而向王报告。

1 转引自［英］A.R 拉德克利夫－布朗著，潘蛟、王贤海、刘文远等译，潘蛟校：《原始社会的结构与功能》，北京：中央民族大学出版社，1999 年，第 173 页。
2 （清）孙诒让：《周礼正义》（第 6 册），北京：中华书局，1987 年，第 1510 页。
3 （清）段玉裁：《说文解字注》，北京：中华书局，2013 年，第 87 页。
4 （清）孙诒让：《周礼正义》（第 8 册），北京：中华书局，1987 年，第 2191 页。
5 （清）孙诒让：《周礼正义》（第 6 册），北京：中华书局，1987 年，第 1511 页。
6 （清）孙诒让：《周礼正义》（第 5 册），北京：中华书局，1987 年，第 1443 页。

自王参加祭祀始，师氏和保氏一直跟随左右。《周礼·地官·师氏》："掌以美诏王。""凡祭祀、宾客、会同、丧纪、军旅，王举则从。"郑玄注："告王以善道也。""举犹行也。"[1]此谓祭祀时师氏随王同行，以善道告知于王付诸行动。《保氏》："掌谏王恶。""凡祭祀、宾客、会同、丧纪、军旅，王举则从。"郑玄注："谏者，以礼义正之。"[2]同师氏的职责相对，保氏的任务是祭祀时劝谏王的过失。

如果天子不能参加宗庙祭祀，人臣可以摄祭。《周礼·春官·大宗伯》："若王不与祭祀，则摄位。"郑玄注："王有故，代行其祭事。"孙诒让曰："谓凡祭祀，王宜亲祭，而有故不与也。"[3]王有事而不能亲自参加祭祀时，可以由大宗伯代替行礼。《礼记·祭统》："君子之祭也，必身亲莅之。有故，则使人可也。虽使人也，君不失其义者，君明其义故也。"郑玄注："莅临也，君不失其义者。言君虽不自亲祭，祭礼无关于君德，不损也。"[4]主祭者因有事不能亲自参加祭祀而由别人代替时，不会影响他对祭祀之义的领会。

二、陈列祭器祭品及告洁告备

世妇掌管祭器和祭品的陈列。《周礼·天官·世妇》："及祭之日，莅陈女宫之具，凡内羞之物。"郑玄注："莅，临也。内羞，房中之羞。"[5]世妇要亲自率领女奴陈列祭器与房中祭品，并进行核查，以免出现差错。内羞是指笾豆中的谷物。[6]女御协助世妇。《女御》："凡祭祀，赞世妇。"[7]此外，世妇中

1 （清）孙诒让：《周礼正义》(第4册)，北京：中华书局，1987年，第996、1006-1007页。
2 （清）孙诒让：《周礼正义》（第4册），北京：中华书局，1987年，第1010、1017页。
3 （清）孙诒让：《周礼正义》（第5册），北京：中华书局，1987年，第1408页。
4 （清）阮元校刻：《十三经注疏》（下册），北京：中华书局，1980年，第1606页。
5 （清）孙诒让：《周礼正义》（第2册），北京：中华书局，1987年，第558页。
6 （清）孙诒让：《周礼正义》（第2册），北京：中华书局，1987年，第558页。
7 （清）孙诒让：《周礼正义》（第2册），北京：中华书局，1987年，第560页。

的外命妇也会参与。《世妇》："及祭祀，比其具。"郑玄注："比，次也。具，所濯摡及粢盛之爨。"[1]这与《天官》中世妇的职责完全相同。[2]《孟子·万章章句下》载孔子在宗庙祭祀前有"簿正祭器"的举动。赵注："为簿书以正其宗庙祭祀之器，即其旧礼取备于国中。"[3]则世妇等在祭祀之日可能也有类似之举。

小宗伯和小祝也参与粢盛的陈列工作。《周礼·春官·小宗伯》："祭之日，逆齍。"[4]《小祝》："大祭祀，逆齍盛。"[5]说的都是迎接粢盛的事。孙诒让指出："逆齍当有二。一则祭晨馔陈，舂人共米实于筐筥，二裸之后，小祝迎之以入，肆师表之告洁，而后付饎人炊之，此未炊之齍盛也。及馈献之后，炊饎已熟，小祝复迎之以入，实于簠簋，而后荐之，此已炊之齍盛也。盖祭礼盛与牲并重，第一次迎齍告洁，与迎牲告硕之节相准；第二次迎齍，与亨饪迎鼎之节相准，两迎小宗伯皆莅之。"[6]孙氏关于祭祀中共有两次迎接粢盛的说法是正确的，不过也存在两个问题。第一，第一次供给粢盛的是六宫之人而不是舂人。《小宗伯》："辨六齍之名物与其用，使六宫之人共奉之。"[7]第二，将第一次迎粢之礼置于正式祭祀中的裸礼之后并无确凿证据。《小祝》："大祭祀，逆齍盛，送逆尸。"[8]"逆尸"为正式祭祀时的第一个环节。因此，根据经文中的顺序，第一次迎接粢盛应在正式祭祀之前。

1 对于两世妇职掌类似而分属两处的原因，孙诒让指出天官之世妇为内命妇，春官之世妇为外命妇。参见（清）孙诒让：《周礼正义》（第6册），北京：中华书局，1987年，第1686页。

2 （清）孙诒让：《周礼正义》（第1册），北京：中华书局，1987年，第52页。

3 （清）阮元校刻：《十三经注疏》（下册），北京：中华书局，1980年，第2744页。

4 （清）孙诒让：《周礼正义》（第5册），北京：中华书局，1987年，第1443页。

5 （清）孙诒让：《周礼正义》（第8册），北京：中华书局，1987年，第2034页。

6 （清）孙诒让：《周礼正义》（第5册），北京：中华书局，1987年，第1444页。

7 （清）孙诒让：《周礼正义》（第5册），北京：中华书局，1987年，第1440页。

8 （清）孙诒让：《周礼正义》（第5册），北京：中华书局，1987年，第1444页肆师确认粢盛和祭器符合要求后告洁告备。《周礼·春官·肆师》："祭之日，表齍盛，告洁；展器陈，告备。"时间在祭日早晨。郑玄注："故书'表'为'剽'，剽表皆谓徽识也。"[1]贾公彦曰："当祭之日，具其黍稷等，盛于簠簋，陈于庙堂东，又以徽识表其名，又告洁净。"[2]"于六粢之上皆为徽识小旌，书其黍稷之名以表之。余馔不表，独此表之者，以其余器所盛各异，睹器则知其实；此六谷者，簠盛稻粱，簋盛黍稷，皆有会盖覆之，睹器不知其实，故特须表显之也。"[3]"徽识"为"小旌"，也就是小旗。盛有谷粢盛的簠簋都有盖子，不能知晓其中之物，所以要使用徽识。其实除了便于识别外，徽识也意味着经过检查，确认粢盛洗涤干净，达到了圣洁的要求，可以放心用于祭祀。《左传》桓公六年载："奉盛以告曰'洁粢丰盛'。"杨伯峻注："此言为谷则洁清，在器则丰满。"[4]即是粢盛告洁之辞。《肆师》所谓"展器陈，告备"，说的是祭器全部按照规定陈列完毕，肆师经过检查后，报告完好齐备。《小宗伯》："告备于王。"[5]肆师报告的对象是小宗伯，小宗伯再告于王。《礼记·郊特牲》："祭之日，王皮弁以听祭报，示民严上也。"郑玄注："报犹白也，夙兴朝服以待白祭事者。"[6]虽然这里说的是祭天仪式，但天子宗庙祭祀亦当依此而行。

三、次位

次位指大史安排助祭者的行礼位置。《周礼·春官·大史》："祭之日，执书以次位常。"郑玄注："谓校呼之，教其所当居之处。"孙诒让曰：

---

1 （清）孙诒让：《周礼正义》（第 6 册），北京：中华书局，1987 年，第 1472 页。
2 （清）孙诒让：《周礼正义》（第 6 册），北京：中华书局，1987 年，第 1472 页。
3 （清）孙诒让：《周礼正义》（第 6 册），北京：中华书局，1987 年，第 1472-1473 页。
4 杨伯峻编著：《春秋左传注》（第 1 册），北京：中华书局，1990 年，第 111 页。
5 （清）孙诒让：《周礼正义》（第 5 册），北京：中华书局，1987 年，第 1443 页。
6 （清）阮元校刻：《十三经注疏》（下册），北京：中华书局，1980 年，第 1453 页。

“位谓诸臣助祭之位。常即《大宰》八法之官常，谓祭有司当官常行之品式也。”[1]大史手持祭祀的礼书，按照它来安排助祭诸臣各就其位。《左传》昭公十六年所载子产说孔张“其祭在庙，已有著位”即指此事。[2]规定祭祀之位有两个作用，“一方面能体现出个人身份地位上的差异，另一方面也维持了典礼的秩序，保障典礼的顺利进行”[3]。大史所执礼书还有另外一个用处。《大史》：“辩事者考焉，不信者诛之。”郑玄注：“谓抵冒其职事。”贾疏：“此谓助祭之人。大史掌礼，知行事得失。所行仪注谓之事，则与人考焉。”孙诒让曰：“群执事各有当掌之职事，凡慢废不修，与专擅侵官因而争讼者，皆为抵冒。”[4]如果因礼事而出现争讼，大史就依据礼书进行裁断，违背礼者就予以处罚。

◉ 第二节　迎神

《周礼》天子宗庙祭祀的迎神仪节由金奏和升歌组成，目的是迎尸与降神。

一、《大司乐》所载迎神乐歌

《周礼·春官·大司乐》所载迎神乐歌的内容涉及调乐、乐器、诗歌以及奏乐次数四个问题。《大司乐》：“乃奏无射，歌夹钟，舞《大武》，以享先祖。”此谓宗庙时享之乐。[5]亦即四时祭之乐。《大司乐》：

1 （清）孙诒让：《周礼正义》（第 8 册），北京：中华书局，1987 年，第 2091 页。
2 杨伯峻编著：《春秋左传注》（第 4 册），北京：中华书局，1990 年，第 1378 页。
3 秦佳慧：《春秋丧葬庙享典礼考论——以〈春秋左传〉为中心》，博士学位论文，杭州：浙江大学人文学院，2007 年，第 123 页。
4 （清）孙诒让：《周礼正义》（第 8 册），北京：中华书局，1987 年，第 2091 页。
5 （清）孙诒让：《周礼正义》（第 7 册），北京：中华书局，1987 年，第 1751 页。

“乃奏夷则，歌小吕，舞《大濩》，以享先妣。”[1]这是特祭先妣姜嫄。其中“奏”为迎尸，“歌”为降神[2]，亦即金奏和升歌两个仪节。《大司乐》：“凡乐，黄钟为宫，大吕为角，大蔟为徵，应钟为羽，路鼓路鼗，阴竹之管，龙门之琴瑟，《九德》之歌，《九磬》之舞，于宗庙之中奏之，若乐九变，则人鬼可得而礼矣。”郑玄注：“禘大祭也。”[3]这段话说的是天子宗庙祭祀中最隆重的禘祭。除了吹奏“阴竹之管”专属祼礼时的下管之乐，以及“《九磬》之舞”乃进献时的合乐兴舞外，其他都可用于迎神的乐歌。[4]

迎神时的调乐涉及阳声、阴声与四个音阶。《周礼·春官·大师》：“大师掌六律、六同，以合阴阳之声。阳声：黄钟、大蔟、姑洗、蕤宾、夷则、无射。阴声：大吕、应钟、南吕、函钟、小吕、夹钟。皆文之以五声，宫、商、角、徵、羽。”[5]六律和六同是古乐中的十二律，与天子宗庙祭祀相关的黄钟、大蔟、夷则和无射为阳声，大吕、应钟、小吕和夹钟属阴声。五声为五个音阶，《大司乐》提到了最隆重的天子宗庙祭祀禘祭所用的音阶——宫、角、徵、羽[6]，不过未言祭祀先祖的时享和特祭先妣的音阶，或许它们是一样的。十二律和五声的名称，均与三代天文有关。“‘五声’阶名来自苍龙七宿在春、夏、秋、冬的天象，‘宫’声来自‘中宫’（北斗）。‘十二律’名来自‘十二支’之‘恒星符号’。”[7]

《周礼·春官·大司乐》提到迎神时的乐器有路鼓、路鼗和龙门之琴瑟。《鼓人》：“以路鼓鼓鬼享。”郑玄注：“路鼓，四面鼓也。鬼享，享宗

1 （清）孙诒让：《周礼正义》（第 7 册），北京：中华书局，1987 年，第 1748 页。
2 （清）孙诒让：《周礼正义》（第 7 册），北京：中华书局，1987 年，第 1751 页。
3 （清）孙诒让：《周礼正义》（第 7 册），北京：中华书局，1987 年，第 1757 页。
4 （清）孙诒让：《周礼正义》（第 7 册），北京：中华书局，1987 年，第 1767 页。
5 （清）孙诒让：《周礼正义》（第 7 册），北京：中华书局，1987 年，第 1832 页。
6 吴高歌对五音无商是无“商音”而非无“商调”作了很好的分析，参见吴高歌：《〈周礼·大司乐〉三大祭中的五音无商说考》，《中国历史文物》2004 年第 6 期。
7 周武彦：《中国古代音乐考释》，长春：吉林人民出版社，2005 年，第 13–41 页。

庙也。”[1]郑司农注：“路鼓、路鼗，两面。”而郑玄注：“路鼓、路鼗，四面。”[2]是路鼓和路鼗有两面、四面二说。郑玄曰：“鼗如鼓而小，持其柄摇之，旁耳还自击。”[3]路鼗类似于现在的拨浪鼓。《说文·革部》中“鼗”字又作“鞀”“鞉”[4]。它是用来引导作乐的。《释名·释乐器》：“鞉，导也，所以导乐作也。”[5]《吕氏春秋·仲夏纪》：“命乐师，修鞀鞞鼓。”高注：“所以节乐也。”[6]即用鼗引导乐节。“龙门之琴瑟”，郑玄曰：“龙门为山名。”[7]制作琴瑟的木材产于龙门山。其实《大司乐》对于金奏和升歌所用乐器只是略举几例，另外还有钟、镈、晋鼓、磬和拊等等。

迎神的诗歌称为《九德》之歌。郑司农曰：“《九德》之歌，《春秋传》所谓水、火、金、木、土、谷谓之六府，正德、利用、厚生谓之三事。六府三事谓之九功，九功之德皆可歌也，谓之九歌也。”[8]《楚辞·离骚》：“奏《九歌》。”王注：“《九歌》，《九德》之歌，禹乐也。”[9]崔灵恩曰：“宗庙之中又别有《九德》之歌者，显宗庙之祭所歌之词，皆是扬宗庙之德，故加以九德，彰明先祖之德，章成九功之义”[10]。《九德》之歌用来颂扬祖先

1 （清）孙诒让：《周礼正义》（第3册），北京：中华书局，1987年，第901页。鼓长于节奏，在早期乐器中地位最为特殊，最具有震撼力和神秘性，因为它与音乐关系密切，所以先秦时期“鼓”字发展为表示演奏音乐的动词。参见李纯一：《中国上古出土乐器综论》，北京：文物出版社，1996年，第1页；许兆昌：《“樂”字本义及早期樂与藥的关系》，《史学月刊》2006年第11期；刘玉梅：《舞意天道兼——论周代雅乐的象征性及其影响》，《文化与诗学》2010年第1期。

2 （清）孙诒让：《周礼正义》（第7册），北京：中华书局，1987年，第1758页。

3 （清）孙诒让：《周礼正义》（第7册），北京：中华书局，1987年，第1856页。

4 （清）段玉裁：《说文解字注》，北京：中华书局，2013年，第109页。

5 （汉）刘熙撰，（清）毕沅疏证，王先谦补：《释名疏证补》，北京：中华书局，2008年，第226页。

6 （战国）吕不韦著，陈奇猷校注：《吕氏春秋新校释》（上册），上海：上海古籍出版社，2002年，第244、247页。

7 （清）孙诒让：《周礼正义》（第7册），北京：中华书局，1987年，第1758页。

8 （清）孙诒让：《周礼正义》（第7册），北京：中华书局，1987年，第1758页。

9 （宋）洪兴祖：《楚辞补注》，南京：凤凰出版社，2007年，第40页。

10 （清）孙诒让：《周礼正义》（第6册），北京：中华书局，1987年，第1762页。

功德，此事专属升歌。

禘祭迎神时奏乐九次，四时祭奏乐六次。《周礼·春官·大司乐》：“若乐九变若乐九变，则人鬼可得而礼矣。”郑玄注：“变犹更也。乐成则更奏也。”[1]林尹说：“变谓一曲终了从头更奏一番，一曲终了亦谓之一成，犹今俗谓一遍也。”[2]禘祭的金奏和升歌，奏乐次数为九。至于四时祭和祭祀先妣，孙诒让说四时祭次数为六，祭祀先妣则不可考。[3]

二、金奏和升歌

金奏和升歌都是通过声音来降神，但各有侧重。江永曰：“金奏主器声，升歌主人声也。”[4]它们各有一套乐官相互配合的官联系统。

1. 金奏

金奏与迎尸入庙是同步进行的。《周礼·春官·大祝》：“相尸礼。”郑玄注：“延其出入，诏其坐作。”此礼涉及“祭初延之入”[5]，亦即助尸入庙。《小祝》：“大祭祀，逆齍盛，送逆尸。”孙诒让解释“逆尸”之礼曰：“祭初，逆尸入庙门，赞大祝也。”[6]由大祝与小祝共同迎尸。《仪礼·少牢馈食礼》：“祝出迎尸于庙门之外。”[7]此文与《周礼》迎尸的记载类似。祝为迎尸者，意味着充当了“主祭者与尸沟通的中介”[8]。金奏是因敲击钟和镈而得名。郑玄曰：“金奏，击金以为奏乐之节。金谓钟及镈。”贾公彦曰：“金奏谓奏金，金即钟镈，钟镈以金为之，故言金。”[9]“祭祀仪式的正乐由

1 （清）孙诒让：《周礼正义》（第 6 册），北京：中华书局，1987 年，第 1753 页。
2 林尹：《周礼今注今译》，北京：书目文献出版社，1985 年，第 234 页。
3 （清）孙诒让：《周礼正义》（第 7 册），北京：中华书局，1987 年，第 1761 页。
4 （清）孙诒让：《周礼正义》（第 7 册），北京：中华书局，1987 年，第 1890 页。
5 （清）孙诒让：《周礼正义》（第 8 册），北京：中华书局，1987 年，第 2023 页。
6 （清）孙诒让：《周礼正义》（第 8 册），北京：中华书局，1987 年，第 2034 页。
7 （清）阮元校刻：《十三经注疏》（上册），北京：中华书局，1980 年，第 1201 页。
8 刘源：《商周祭祖礼研究》，北京：商务印书馆，2004 年，第 310 页。
9 （清）孙诒让：《周礼正义》（第 7 册），北京：中华书局，1987 年，第 1885、1900 页。

‘金奏’开启，也是为祭祀仪式奠定了音乐基调，基调确定即决定了歌诗、合舞的乐曲。”[1]

金奏由大司乐、乐师、镈师、钟师、鼓人、视瞭、瞽矇和磬师联合掌理。

金奏之乐称为《肆夏》，由大司乐和乐师命令演奏。《周礼·春官·大司乐》：“尸出入则令奏《肆夏》。”贾疏：“谓尸初入庙门及祭祀讫出庙门，皆令奏《肆夏》。”[2]《钟师》：“凡乐事，以钟鼓奏《九夏》：《王夏》《肆夏》《昭夏》《纳夏》《章夏》《齐夏》《族夏》《祴夏》《骜夏》。”[3]《九夏》是周代九种乐曲的总称，“多用于控制行礼者的行步之节”[4]，其中就有《肆夏》，用来控制尸的行步之节。《乐师》：“飨食诸侯，序其乐事，令奏钟鼓，令相，如祭之仪。”[5]祭祀和飨礼一样，开始金奏的命令由乐师下达。金奏中敲击钟鼓的顺序是先钟后鼓。郑玄曰：“以钟鼓者，先击钟，后击鼓。”[6]

击钟由钟师和视瞭负责，击鼓由鼓人、镈师、瞽矇和视瞭负责。《周礼·春官·钟师》：“掌金奏。”郑玄注：“金谓钟及镈。”钟即编钟。[7]镈是一种大钟。郑玄曰：“击镈者亦视瞭。”[8]《鼓人》：“以晋鼓鼓金奏。”郑玄注：“晋鼓长六尺六寸。”[9]《镈师》：“镈师掌金奏之鼓。凡祭祀，鼓其金

1 杨隽：《“金奏”乐象与“祗庸”乐德——兼论〈周颂〉的礼学文化内涵》，《文艺评论》2011年2期。
2 （清）孙诒让：《周礼正义》（第7册），北京：中华书局，1987年，第1780页。
3 （清）孙诒让：《周礼正义》（第7册），北京：中华书局，1987年，第1886页。
4 许兆昌：《“九夏”考述》，《古代文明》2008年第4期。
5 （清）孙诒让：《周礼正义》（第7册），北京：中华书局，1987年，第1811页。
6 （清）孙诒让：《周礼正义》（第7册），北京：中华书局，1987年，第1886页。
7 （清）孙诒让：《周礼正义》（第7册），北京：中华书局，1987年，第1885页。
8 （清）孙诒让：《周礼正义》（第7册），北京：中华书局，1987年，第1900页。“钟声具有极强的穿透力，往往给人一种震撼人心的力量。”参见刘玉梅：《舞意天道兼——论周代雅乐的象征性及其影响》，《文化与诗学》2010年第1期。
9 （清）孙诒让：《周礼正义》（第3册），北京：中华书局，1987年，第901–902页。

奏之乐。”郑玄注：“谓主击晋鼓，以奏其钟镈也。”孙诒让曰：“先乐金奏，其节最重，或当钟师击镈，故此官改而击鼓，其他节则皆此官自击镈，而以鼓人击鼓。”[1]也就是说，除金奏之外，镈师当如官名，以击镈为专职。天子宗庙祭祀还有专门的路鼓和路鼗。《鼓人》：“以路鼓鼓鬼享。”[2]此谓击路鼓。《瞽矇》：“掌播鼗。”郑玄注：“播谓发扬其音。”《视瞭》：“掌凡乐事播鼗。”[3]意即摇动鼗鼓使其发声。

击磬也是金奏的组成部分。《周礼 · 春官 · 视瞭》：“击颂磬、笙磬。”郑玄注：“磬在东方曰笙，笙，生也；在西方曰颂，颂或作庸，庸，功也。”[4]二磬的陈设位置有异。按照黄以周的观点，磬分为特磬和编磬两种，由磬师击特磬，视瞭击编磬。[5]

2. 升歌

降神的升歌在《周礼》中称作登歌。《周礼 · 春官 · 大师》：“大祭祀，帅瞽登歌。”[6]《小师》：“大祭祀登歌。”[7]郑司农曰：“登歌，歌者在堂也。”[8]顾名思义，登歌就是歌者（瞽矇）登上庙堂吟唱诗歌。这个仪节由乐师、大祝、大师、小师、瞽矇、视瞭和磬师共同掌理。

升歌之前先要由乐师和大祝召唤瞽矇，并由大师率领到场。《周礼 · 春官 · 乐师》：“诏来瞽。”郑玄注：“诏视瞭扶瞽者来入也。”[9]乐师要告诉视

---

1 （清）孙诒让：《周礼正义》（第 7 册），北京：中华书局，1987 年，第 1900 页。
2 （清）孙诒让：《周礼正义》（第 3 册），北京：中华书局，1987 年，第 901 页。
3 （清）孙诒让：《周礼正义》（第 7 册），北京：中华书局，1987 年，第 1864、1869 页。
4 （清）孙诒让：《周礼正义》（第 7 册），北京：中华书局，1987 年，第 1869 页。“磬声清脆亮丽、古朴清雅，穿透力极强，适应于祭祀、大飨等各种大型仪典。”参见刘玉梅：《舞意天道兼——论周代雅乐的象征性及其影响》，《文化与诗学》2010 年第 1 期。
5 （清）孙诒让：《周礼正义》（第 7 册），北京：中华书局，1987 年，第 1882 页。
6 （清）孙诒让：《周礼正义》（第 7 册），北京：中华书局，1987 年，第 1846–1847 页。
7 （清）孙诒让：《周礼正义》（第 7 册），北京：中华书局，1987 年，第 1862 页。
8 （清）孙诒让：《周礼正义》（第 7 册），北京：中华书局，1987 年，第 1847 页。
9 （清）孙诒让：《周礼正义》（第 7 册），北京：中华书局，1987 年，第 1808 页。

瞭搀扶着瞽矇到达歌唱的位置。《视瞭》：“凡乐事，相瞽。”[1]《礼记·礼器》：“乐有相步。”[2]亦指此事。栗建伟总结了相者的三项任务：“既要搀扶、引导瞽矇行步，又要为瞽矇介绍在场人物，还要帮助瞽矇携带乐器。”[3]《大祝》：“来瞽。”郑玄注：“谓呼之入。”[4]大祝此时的任务是呼唤瞽矇到场。《大师》：“大祭祀，帅瞽登歌。”[5]呼唤之后，率领瞽矇登堂的是大师。

升歌开始，先要击拊。《周礼·春官·大师》：“大祭祀，帅瞽登歌，令奏击拊。”郑玄注：“击拊，瞽乃歌也。”贾疏：“拊所以导引歌者，故先击拊，瞽乃歌也。歌者出声谓之奏。”郑玄曰：“拊形如鼓，以韦为之，著之以糠。”[6]拊是一种形状像鼓、里面装有糠的乐器。《释名·释乐器》：“搏拊，以韦盛糠，形如鼓，以手拊拍之也。”[7]《小师》：“大祭祀登歌，击拊。”郑玄注：“亦自有拊击之，佐大师令奏。”[8]小师辅助大师，也有击拊之责。

瞽矇在升歌中有吟唱诗歌和演奏琴瑟两项任务。《周礼·春官·瞽矇》：“掌播鼗、柷、敔、埙、箫、管、弦、歌。”[9]郑玄曰：“弦，谓琴瑟也。歌，依咏诗也。”[10]“依咏”意谓“依于琴瑟以为节”[11]，即瞽矇诗歌的吟唱要与琴

1 （清）孙诒让：《周礼正义》（第 7 册），北京：中华书局，1987 年，第 1870 页。
2 （清）阮元校刻：《十三经注疏》（下册），北京：中华书局，1980 年，第 1439 页。
3 栗建伟：《周代乐仪研究》，博士学位论文，武汉：华中师范大学历史文化学院，2014 年，第 42 页。
4 （清）孙诒让：《周礼正义》（第 8 册），北京：中华书局，1987 年，第 2023 页。
5 （清）孙诒让：《周礼正义》（第 7 册），北京：中华书局，1987 年，第 1846–1847 页。
6 （清）孙诒让：《周礼正义》（第 7 册），北京：中华书局，1987 年，第 1846–1847 页。
7 （汉）刘熙撰，（清）毕沅疏证，王先谦补：《释名疏证补》，北京：中华书局，2008 年，第 230 页。
8 （清）孙诒让：《周礼正义》（第 7 册），北京：中华书局，1987 年，第 1862 页。
9 （清）孙诒让：《周礼正义》（第 7 册），北京：中华书局，1987 年，第 1864 页。
10 （清）孙诒让：《周礼正义》（第 7 册），北京：中华书局，1987 年，第 1856 页。
11 （清）孙诒让：《周礼正义》（第 7 册），北京：中华书局，1987 年，第 1859 页。

瑟的节奏相互配合。《大司乐》所言“龙门之琴瑟”[1]，就是最隆重的天子宗庙禘祭所用的琴瑟，至于四时祭等天子宗庙祭祀，或许不受此限。《瞽矇》：“掌《九德》《六诗》之歌，以役大师。”郑玄注：“役，为之使。”[2]此处涉及瞽矇在各种仪式中负责的全部诗篇。贾公彦认为升歌时吟唱的是《诗·周颂》中的《清庙》[3]，这是四时祭的诗篇，天子宗庙禘祭则更为《九德》之歌。

升歌时堂下会击磬。《周礼·春官·视瞭》：“击颂磬、笙磬。”[4]《尚书·皋陶谟下》记载了舜时宗庙祭祀的升歌：“戛击鸣球，搏拊琴瑟以咏，祖考来格。”郑玄注：“鸣球即玉磬也。磬，县也，而以合堂上之乐。玉磬和，尊之也。”[5]这是升歌中的击特磬、击拊和弦歌三件事情。[6]因此，升歌时视瞭击磬。

3. 音乐迎神的渊源和功能

《周礼》天子宗庙祭祀在迎神时加入音乐元素，是对原始社会以来祭祀文化的继承。《礼记·礼运》：“夫礼之初，始诸饮食，其燔黍捭豚，污尊而抔饮，蒉桴而土鼓，犹若可以致其敬于鬼神。”“桴”即鼓槌，“蒉桴”为抟土为桴，“土鼓”指筑土为鼓。[7]《明堂位》：“土鼓、蒉桴、苇籥，伊耆氏之乐也。”[8]可知远古先民在祭祀鬼神时已使用简陋的乐器来演奏音乐了。《郊特牲》：“殷人尚声，臭味未成，涤荡其声，乐三阕，然后出迎牲。声音之号，所以昭告于天地之间也。”此谓先行奏乐以呼告神灵闻声而

1 （清）孙诒让：《周礼正义》（第 7 册），北京：中华书局，1987 年，第 1757 页。
2 （清）孙诒让：《周礼正义》（第 7 册），北京：中华书局，1987 年，第 1868 页。
3 （清）孙诒让：《周礼正义》（第 7 册），北京：中华书局，1987 年，第 1847 页。
4 （清）孙诒让：《周礼正义》（第 7 册），北京：中华书局，1987 年，第 1869 页。
5 （清）孙星衍撰，陈抗、盛冬铃点校：《尚书今古文注疏》，北京：中华书局，2004 年，第 122–125 页。
6 （清）孙诒让：《周礼正义》（第 7 册），北京：中华书局，1987 年，第 1847 页。
7 （清）阮元校刻：《十三经注疏》（下册），北京：中华书局，1980 年，第 1415 页。
8 （清）阮元校刻：《十三经注疏》（下册），北京：中华书局，1980 年，第 1491 页。

来。[1] 这是殷人的迎神方式。《周礼》中迎神时的金奏和升歌，正是对前代的进一步改造，但万变不离其宗。《国语·楚语下》："和声以听之，以告遍至。"韦注："中和之声，使神听之。""至，神至也。"[2] 斯里兰卡的维达人也有类似的迎神方式。苏联学者科奇涅夫说："每个维达人公社都有一个专职祭司，称为卡普拉莱或杜加纳瓦。维达人认为，他有唤来亚卡的力量和本领。在给纳埃亚卡（即亲人灵魂）跳纳塔纳瓦舞的仪式上，这个祭司呼请去世不久的人的亚卡来接收祭品。"[3] 祭司呼请与升歌的目的是相同的。

《周礼》天子宗庙祭祀音乐迎神的目的是感召、取悦祖先神灵，并强化祭祀者诚信与忠敬的心态。许兆昌指出："以乐致神在远古时期正是巫术活动的一项重要内容，其思维方式就是通过音乐感染并最终达到控制客体，包括自然体及超自然体。"[4] 将使用音乐来感召神灵视为迎神乐歌的应有之义是没有问题的。不过在《周礼》所反映的迎神仪节中，音乐已经表现为取悦而非控制的方式了，营造的是"象征仪式的肃穆、威严和神圣"[5]。天子宗庙祭祀的所有歌声中，升歌最为重要，它也是祭祀中的三个重要环节之一。《礼记·祭统》：

> 夫祭有三重焉。献之属莫重于祼，声莫重于升歌，舞莫重于《武宿夜》，此周道也。凡三道者，所以假于外，而以增君子之志也。故与志进退，志轻则亦轻，志重则亦重。轻其志而求外之重也，虽圣人弗能得也。

---

1 （清）阮元校刻：《十三经注疏》（下册），北京：中华书局，1980 年，第 1457-1458 页。

2 上海师范大学古籍整理研究所校点：《国语》，上海：上海古籍出版社，1998 年，第 566-566 页。

3 ［苏］В·И·科奇涅夫撰，王濂溪译：《维达人》，《民族译丛》1986 年第 1 期。

4 许兆昌：《先秦社会的巫、巫术与祭祀》，《史学集刊》1997 年第 3 期。

5 方建军：《商周乐器文化结构与社会功能研究》，上海：上海音乐学院出版社，2006 年，第 192 页。

是故君子之祭也，必身自尽也，所以明重也。道之以礼，以奉三重，而荐诸皇尸，此圣人之道也。[1]

孙希旦曰："祼者献之始，升歌者声之始，《武宿夜》者舞之始。"[2]以上三事都是天子宗庙祭祀中每种环节的开始，故而称为"三重"[3]。升歌与祼礼及舞蹈《武宿夜》，都是通过外在的表现形式来体现内在精神"君子之志"的，孙希旦说具体是指诚信与忠敬之志。[4]与此同时，这些仪节的举行也是一个强化祭祀者相应祭祀心态的过程。

◉ 第三节 祼礼

《周礼》天子宗庙祭祀中以郁鬯进献祖先神灵的仪节称为"祼礼"。它是祭祀中进献事宜的第一个环节，属于《礼记·祭统》所言祭祀"三重"之一，所谓"献之属莫重于祼"[5]。《大宗伯》："以肆献祼享先王。"郑玄注："祼之言灌，灌以郁鬯，谓始献尸求神时也。"[6]"祼之言灌也，明不为饮，主以祭祀。唯人道宗庙有祼，天地大神至尊不祼，莫称焉。凡郁鬯受祭之，啐之，奠之。"[7]《说文·示部》亦曰："祼，灌祭也。"[8]贾公彦

1 （清）阮元校刻：《十三经注疏》（下册），北京：中华书局，1980年，第1604页。
2 （清）孙希旦撰，沈啸寰、王星贤点校：《礼记集解》（下册），北京：中华书局，1989年，第1241页。
3 声之始是升歌而非金奏，孙诒让据《国语·鲁语下》指出金奏谓"先乐"，"明非乐之正也"，视升歌为乐事第一节。参见（清）孙诒让：《周礼正义》(第7册)，北京：中华书局，1987年，第1807页。
4 （清）孙希旦撰，沈啸寰、王星贤点校：《礼记集解》（下册），北京：中华书局，1989年，第1241页。
5 （清）阮元校刻：《十三经注疏》（下册），北京：中华书局，1980年，第1604页。
6 （清）孙诒让：《周礼正义》（第5册），北京：中华书局，1987年，第1330页。
7 （清）孙诒让：《周礼正义》（第1册），北京：中华书局，1987年，第181页。
8 （清）段玉裁：《说文解字注》，北京：中华书局，2013年，第6页。

曰："凡宗庙之祭，迎尸入户，坐于主北。王以圭瓒酌郁鬯以献尸，尸得之，沥地祭讫，啐之，奠之，不饮。尸为神象，灌地所以求神，故云始献尸求神时也。"[1]这是以王行祼礼为例的，具体步骤是：迎尸入座后，王将盛在圭瓒中的郁鬯献于尸，尸接受过来，一滴滴浇于地下，接着亲自尝一尝，最后置于地上奠祭。祼礼使得尸最终与祖先的灵魂融为了一体。尸被视为祖先的代表，在所有参与者中，他与祖先的关系最为紧密，更容易接触祖先。他将郁鬯浇于地下的动作，意味着召请神灵来饮，当他亲自品尝时，俨然完全成为召请来的神灵。

《周礼》天子宗庙祭祀中，祼礼前先有清洁之事，然后王初祼，后亚祼。辅助他们行礼的是郁人、御仆、小祝、天府、大仆、大宗伯、小宗伯、小宰、内宰和外宗。祼礼相应的奏乐为下管之乐，由大师、小师和笙师共同配合演奏。整个祼礼象征祭祀者美好德行，具有沟通祖先神灵以及培养民众品德的功能。

一、祼礼前的清洁

祼礼前的清洁是指王、王后和尸洗手，以及清洗盛有郁鬯的瓒。此事由郁人、御仆、小祝、天府共同负责。《周礼·春官·郁人》："凡祼事，沃盥。"贾疏："若祭祀，王及后祼，皆郁人沃以水盥手及洗瓒也。"[2]郁人要帮助王和后洗手，并将他们使用的圭瓒和璋瓒清洗干净。具体方法为："奉匜盛水以浇沃之，而下以盘承其弃水也。"[3]《御仆》："大祭祀，相盥而登。"郑玄注："相盥者，谓奉盘授巾与？"[4]王和后洗手时，是由郁人浇水，御仆用盘接水并奉上手巾。尸洗手与王、后不同，由小祝掌理。《小

1 （清）孙诒让：《周礼正义》（第 5 册），北京：中华书局，1987 年，第 1335 页。
2 （清）孙诒让：《周礼正义》（第 6 册），北京：中华书局，1987 年，第 1492 页。
3 （清）孙诒让：《周礼正义》（第 6 册），北京：中华书局，1987 年，第 1492 页。
4 （清）孙诒让：《周礼正义》（第 10 册），北京：中华书局，1987 年，第 2516 页。

祝》："大祭祀，逆齍盛，送逆尸，沃尸盥。"贾疏："尸尊不就洗。"[1]奉盘授巾者也应是御仆。《仪礼·少牢馈食礼》："小祝设盘匜与箪巾于西阶东。"郑玄注："为尸将盥。"[2]胡匡衷曰："小祝，佐祝者。"[3]而奉匜、盘、巾、沃尸盥者皆是宗人。[4]这些记载虽与《小祝》存在一定差异，但也大体上可以互为印证。《天府》："凡吉凶之事，祖庙之中沃盥，执烛。"郑玄注："吉事，四时祭也。"[5]王、王后和尸进行盥洗时，天府之官负责执烛照明。

二、祼礼的仪节

郁人是专门负责祼礼的司仪。《周礼·春官·郁人》："以赞祼事，诏祼将之仪与其节。"郑玄注："节，谓王奉玉送祼早晏之时。"[6]为了使祼礼正常举行，郁人要起到辅助作用，负责告诉行礼者相关仪节和时间。

王所行祼礼是初祼，小宗伯、小宰、大宗伯和大仆是辅助者。《周礼·春官·小宗伯》："凡祭祀、宾客，以时将瓒果。""瓒"指圭瓒，"果"同"祼"。郑玄注："将，送也，犹奉也。祭祀以时奉而授王。"[7]此谓小宗伯用圭瓒盛上郁鬯交给王。《小宰》："凡祭祀，赞玉爵之事、祼将之事。"郑玄注："赞王酌郁鬯以献尸谓之祼。"[8]这是小宰佐助王向尸进献郁鬯。《礼记·祭统》："君执圭瓒祼尸。"[9]与天子类似，诸侯亦有持圭瓒行祼礼之事。孔颖达说合祭时的祼礼方式为："当灌之时，众尸皆同在太庙中，依次而

---

1 （清）孙诒让：《周礼正义》（第 8 册），北京：中华书局，1987 年，第 2034 页。
2 （清）阮元校刻：《十三经注疏》（上册），北京：中华书局，1980 年，第 1198 页。
3 （清）胡培翚著，段熙仲点校：《仪礼正义》（下册），南京：江苏古籍出版社，1993 年，第 2260 页。
4 （清）阮元校刻：《十三经注疏》（上册），北京：中华书局，1980 年，第 1201 页。
5 （清）孙诒让：《周礼正义》（第 6 册），北京：中华书局，1987 年，第 1568 页。
6 （清）孙诒让：《周礼正义》（第 6 册），北京：中华书局，1987 年，第 1491–1492 页。
7 （清）孙诒让：《周礼正义》（第 5 册），北京：中华书局，1987 年，第 1444 页。
8 （清）孙诒让：《周礼正义》（第 1 册），北京：中华书局，1987 年，第 181 页。
9 （清）阮元校刻：《十三经注疏》（下册），北京：中华书局，1980 年，第 1603 页。

灌，所灌郁鬯。”[1]在行礼过程中，大宗伯和大仆也是告教者。《大宗伯》：“治其大礼，诏相王之大礼。”郑玄注：“豫简习大礼，至祭，当以诏相王。”[2]大仆主要负责端正王的祭服和应处的位置，并告诉他行礼的方式。《大仆》：“祭祀、宾客、丧纪，正王之服位，诏法仪。”[3]小宗伯还负责告诉群臣如何行礼。《小宗伯》：“诏相祭祀之小礼。”郑玄注：“小礼，群臣之礼。”[4]《肆师》：“相治小礼，诛其慢怠者。”这是佐助小宗伯。[5]凡是王和群臣行礼，大小宗伯、肆师和大仆都有告教之责，肆师还惩罚行礼时行为怠慢的人。

王后所行裸礼是亚裸，内宰、内小臣和外宗是辅助者。《周礼·天官·内宰》：“大祭祀，后裸献，则赞。”郑玄注：“谓祭宗庙，王既裸而出迎牲，后乃从后裸也。《祭统》：‘君执圭瓒裸尸，大宗执璋瓒亚裸。’此大宗亚裸，谓夫人不与而摄耳。”[6]王行裸礼毕出门迎牲，一般由王后进行亚裸，若王后有故未能参与祭祀，则由大宗伯代为行礼。内宰辅助王后或大宗伯向尸进献郁鬯。此外，《内宰》：“正后之服位，而诏其礼乐之仪。”贾疏：“位谓后助祭之位，正之使不失其所。”[7]在王后行礼时，内宰还负责端正王后的祭服，并告诉她应处的位置以及与乐相应的相关仪节。内小臣也有职责。《内小臣》：“若有祭祀、宾客、丧纪，则摈，诏后之礼事。”郑玄注：“摈，为后传辞，有所求为。”贾疏：“小臣摈赞而传辞，与诸司求物，供所为也。”[8]内小臣负责告诉其他参与者供应祭品。《外宗》：“掌宗庙之祭祀佐王后荐玉豆，视豆笾，及以乐彻亦如之。王后以乐羞

1 （清）阮元校刻：《十三经注疏》（下册），北京：中华书局，1980 年，第 1416 页。
2 （清）孙诒让：《周礼正义》（第 5 册），北京：中华书局，1987 年，第 1404 页。
3 （清）孙诒让：《周礼正义》（第 10 册），北京：中华书局，1987 年，第 2502 页。
4 （清）孙诒让：《周礼正义》（第 5 册），北京：中华书局，1987 年，第 1445 页。
5 （清）孙诒让：《周礼正义》（第 6 册），北京：中华书局，1987 年，第 1472–1473 页。
6 （清）孙诒让：《周礼正义》（第 2 册），北京：中华书局，1987 年，第 517 页。
7 （清）孙诒让：《周礼正义》（第 2 册），北京：中华书局，1987 年，第 517、520 页。
8 （清）孙诒让：《周礼正义》（第 2 册），北京：中华书局，1987 年，第 538–539 页。

盦，则赞。凡王后之献亦如之。”郑玄注：“献，献酒于尸。”祼礼也包括在内。[1] 既然内宰掌进献，那么外宗当掌授予王后璋瓒之事，犹如小宗伯助王一样，外宗之名与其相近。《外宗》：“王后不与，则赞宗伯。”郑玄注：“后有故不与祭，宗伯摄其事。”[2] 这是出现的特殊情况。

三、祼礼的奏乐

祼礼中的奏乐之节称为下管。《周礼·春官·大师》：“下管播乐器。”郑司农注：“下管，吹管者在堂下。”[3]即在庙堂之下吹奏管笙。孙诒让曰：“盖金奏为迎尸之乐，升歌为降神之乐，合乐为馈孰时之乐，而舞亦并作焉。惟下管间歌，当荐献何节，经注并无说。意者，下管为二祼之乐，间歌为朝践之乐与？”[4] 诚如孙氏所言，《周礼》所见奏乐节目只有金奏、登歌（升歌）、下管三种，其中金奏与升歌已经各有相应的仪节，祼礼作为进献之礼中最为重要的仪节，理当对应下管一节，孙氏的推测是成立的。关于所奏乐曲，《礼记》的《明堂位》和《祭统》皆言天子宗庙祭祀的下管之乐为《象》”[5]。《诗·周颂·维清》之《毛诗序》曰：“奏《象舞》也。”郑笺：“《象舞》，象用兵时刺伐之舞，武王制焉。”[6] 这里认为《象》是指《维清》之篇，孙希旦从之。[7]姚小鸥说《象》的立意有二：“一则赞颂先王之典型为后王仿效之‘法象’，二则颂扬后王追步前王之德，似续先祖之功。”[8]

---

1 （清）孙诒让：《周礼正义》（第 6 册），北京：中华书局，1987 年，第 1692-1693 页。
2 （清）孙诒让：《周礼正义》（第 6 册），北京：中华书局，1987 年，第 1693 页。
3 （清）孙诒让：《周礼正义》（第 7 册），北京：中华书局，1987 年，第 1849 页。
4 （清）孙诒让：《周礼正义》（第 7 册），北京：中华书局，1987 年，第 1767 页。
5 （清）阮元校刻：《十三经注疏》（下册），北京：中华书局，1980 年，第 1489、1607 页。
6 （清）王先谦撰，吴格点校：《诗三家义集疏》（下册），北京：中华书局，1987 年，第 1003 页。
7 （清）孙希旦撰，沈啸寰、王星贤点校：《礼记集解》（中册），北京：中华书局，1989 年，第 578 页。
8 姚小鸥：《诗经三颂与先秦礼乐文化》，北京：北京广播学院出版社，2000 年，第 101 页。

下管之乐由大师、小师、瞽矇、视瞭、笙师和钟师等职官共同掌理。

大师、小师、瞽矇、视瞭负责鼓的演奏。《周礼·春官·大师》："下管播乐器，令奏鼓朄。"郑司农注："朄读为道引之引。""朄，小鼓也。"郑玄注："鼓朄犹言击朄。"[1]大师敲击名为朄的小鼓，以此作为演奏管乐的引导。小师应和大师击朄。《小师》："下管，击应鼓。"郑玄注："小鼓。"[2]这是下管亦奏鼗鼓。《瞽矇》："掌播鼗。"郑玄注："播谓发扬其音。"[3]《视瞭》："凡乐事播鼗。"[4]《尚书·皋陶谟下》："下管鼗鼓。"[5]即为证据。

笙师和钟师等负责钟笙之乐。《周礼·春官·笙师》："凡祭祀、飨射，共其钟笙之乐。"郑玄注："钟笙，与钟声相应之笙。"笙师负责吹笙以应和钟声，此事涉及下管。[6]因此，吴土法提出"其掌理击钟之职，似为钟师"的看法。[7]若参考金奏之节，击钟者有钟师、镈师和视瞭，其中定有下管击钟者。又《笙师》："掌吹竽、笙、埙、籥、箫、篪、篴、管。"郑玄注："教，教视瞭也。"[8]则吹笙亦有视瞭参与。

瞽矇和视瞭吹奏管和箫。"下管"之"管"以管为主，以箫为辅。《周礼·春官·瞽矇》："掌播鼗、柷、敔、埙、箫、管、弦、歌。"[9]其中就有箫和管。《笙师》："掌吹竽、笙、埙、籥、箫、篪、篴、管。"郑玄注："教，教视瞭也。"[10]吹奏箫和管的是瞽矇和视瞭。郑玄曰："箫，编小竹

1 （清）孙诒让：《周礼正义》（第 7 册），北京：中华书局，1987 年，第 1849 页。
2 （清）孙诒让：《周礼正义》（第 7 册），北京：中华书局，1987 年，第 1862 页。
3 （清）孙诒让：《周礼正义》（第 7 册），北京：中华书局，1987 年，第 1864 页。
4 （清）孙诒让：《周礼正义》（第 7 册），北京：中华书局，1987 年，第 1869 页。
5 （清）孙星衍撰，陈抗、盛冬铃点校：《尚书今古文注疏》，北京：中华书局，2004 年，第 127 页。
6 （清）孙诒让：《周礼正义》（第 7 册），北京：中华书局，1987 年，第 1899 页。
7 吴土法：《〈周礼〉宗祀乐事官联考》，《杭州大学学报》（哲学社会科学版）1997 年第 2 期。
8 （清）孙诒让：《周礼正义》（第 7 册），北京：中华书局，1987 年，第 1894 页。
9 （清）孙诒让：《周礼正义》（第 7 册），北京：中华书局，1987 年，第 1864 页。
10 （清）孙诒让：《周礼正义》（第 7 册），北京：中华书局，1987 年，第 1894 页。

管。”箫亦为管属，它的基本样式是“以绳编联众竹管，比次为之”[1]。《大司乐》：“阴竹之管。”郑玄注：“阴竹，生于山北者。”[2]阴竹之管乃天子宗庙祭祀所用之管，它是用生长于山北的竹子制作而成。

四、祼礼的功能

《周礼》天子宗庙祭祀中的祼礼是祭祀者用芬芳的郁鬯与祖先神灵进行沟通的方式，象征着祭祀者美好的德行，并借此培养民众诚信和敬上的品德。

郁鬯是祭祀者同祖先神灵沟通的媒介。《礼记 · 曲礼下》：“凡挚，天子鬯。”郑玄注：“挚之言至也。天子无客礼，以鬯为挚者，所以唯用告神为至也。”[3]《说苑 · 修文》：“天子以鬯为贽。鬯者，百草之本也。上畅于天，下畅于地，无所不畅，故天子以鬯为贽。”[4]《礼记 · 郊特牲》：“周人尚臭，灌用鬯臭。郁合鬯，臭阴达于渊泉。灌以圭璋，用玉气也。既灌，然后迎牲，致阴气也。”[5]徐中舒说：“祼用郁鬯，取其芳香条畅以降神。”认为“此为古代制香之法”[6]。随着郁鬯的香气在宗庙中飘扬四达，祭祀者至诚之心可鉴，可以借此通于神灵。

郁鬯和瓒象征着祭祀者美好的德行。《白虎通义 · 考黜》：“玉以象德，金以配情，芬香条鬯，以通神灵。玉饰其本，君子之性，金饰其中，君子之道，君子有黄中通理之道美素德。金者，精和之至也；玉者，德美之至也；鬯者芬香之至也。君子有玉瓒秬鬯者，以配道德也。其至矣，

1 （清）孙诒让：《周礼正义》（第 7 册），北京：中华书局，1987 年，第 1856、1858 页。
2 （清）孙诒让：《周礼正义》（第 7 册），北京：中华书局，1987 年，第 1757–1758 页。
3 （清）阮元校刻：《十三经注疏》（上册），北京：中华书局，1980 年，第 1270 页。
4 （汉）刘向撰，赵善诒疏证：《说苑疏证》，上海：华东师范大学出版社，1985 年，第 566 页。
5 （清）阮元校刻：《十三经注疏》（下册），北京：中华书局，1980 年，第 1457 页。
6 徐中舒：《说尊彝》，《国立中央研究院历史语言研究所集刊》1936 年第 7 本第 1 分。

合天下之极美，以通其志也，其唯玉瓒秬鬯乎！”[1]这段话将郁鬯的芬芳和瓒有玉有金的形制，同祭祀者的美好德行联系在了一起。

祼礼可以培养民众诚信和敬上的品德。《周易·观卦》：“盥而不荐，有孚颙若。”马融曰：“盥者，进爵灌地以降神也，此是祭祀盛时。及神降荐牲，其礼简略，不足观也。‘国之大事，唯祀与戎’，王道可观，在于祭祀，祭祀之盛，莫过初盥降神。故孔子曰：‘禘自既灌而往者，吾不欲观之矣。’此言及荐简略，则不足观也。以下观上，见其至盛之礼，万民信敬，故曰有孚顒若。孚，信；顒，敬也。”[2]根据马说，“盥”即为祼礼，它被视为祭祀中最为隆盛的仪节，借此可以培养万民的信、敬之心。这里强调的是祼礼在教化上的功能。

◉ 第四节　迎牲、杀牲与割牲

《周礼》天子宗庙祭祀中祼礼之后的仪节是将牺牲迎入庙庭的迎牲之礼。《礼记·郊特牲》：“既灌然后迎牲。”[3]亦谓此。迎入牺牲后，行杀牲之礼，继而切割牲体，以备进献。

一、迎牲

迎牲是指王走出庙门迎接牺牲，其间有音乐相伴。《周礼·春官·大司乐》：“王出入则令奏《王夏》。”[4]王走出庙门时，大司乐令乐官演奏名

1 （清）陈立撰，吴则虞点校：《白虎通疏证》（上册），北京：中华书局，1994 年，第 306 页。

2 （清）马国翰辑：《周易马氏传》（卷上），《玉函山房辑佚书》（第 1 册），台北：文海出版社，1974 年，第 100 页。

3 （清）阮元校刻：《十三经注疏》（下册），北京：中华书局，1980 年，第 1457 页。

4 （清）孙诒让：《周礼正义》（第 7 册），北京：中华书局，1987 年，第 1780 页。

为《王夏》的乐曲，内容大约是歌颂天子的。[1]《钟师》："凡乐事，以钟鼓奏《九夏》:《王夏》《肆夏》《昭夏》《纳夏》《章夏》《齐夏》《族夏》《祴夏》《骜夏》。"[2]《王夏》居于《九夏》首位，表明这时的金奏是"天子至尊威仪的象征"[3]。

为慎重起见，小宗伯在迎牲前要对牺牲进行最后的检查，确保合格后再交予五官。《周礼·春官·小宗伯》："毛六牲，辨其名物，而颁之于五官，使共奉之。"郑玄注："毛，择毛也。"孙诒让曰："物，谓种类之别。"[4]小宗伯检查的着眼点是牺牲的毛色、名称和种类。贾公彦曰："至祭日之旦，在庙门之前，颁与五官，使共奉之，助王牵入庙。"[5]即为迎牲之事做准备。

五官各有所牵的牺牲。郑司农曰："司徒主牛，宗伯主鸡，司马主马及羊，司寇主犬，司空主豕。"[6]《周礼·地官·大司徒》："祀五帝，奉牛牲，羞其肆，享先王亦如之。"[7]《大司马》："丧祭，奉诏马牲。"[8]《大司寇》："大祭祀，奉犬牲。"[9]至于鸡和羊，"鸡人属春官，羊人属夏官"[10]，亦各有所掌。司空当掌奉豕。

除了以上五官牵牲外，还有大宰、小宰、大祝、小祝、司弓矢、大司乐和封人等助王行迎牲之礼。

大宰、小宰、大祝和小祝随王入庙，并由司弓矢授王弓矢。《周礼·天

1 刘清河、李锐:《雅风美俗之先秦礼乐》，台北：云龙出版社，1995年，第123页。
2 （清）孙诒让:《周礼正义》（第7册），北京：中华书局，1987年，第1886页。
3 杨隽:《"金奏"乐象与"祗庸"乐德——兼论〈周颂〉的礼学文化内涵》，《文艺评论》2011年第2期。
4 （清）孙诒让:《周礼正义》（第5册），北京：中华书局，1987年，第1440页。
5 （清）孙诒让:《周礼正义》（第5册），北京：中华书局，1987年，第1440页。
6 （清）孙诒让:《周礼正义》（第5册），北京：中华书局，1987年，第1440页。
7 （清）孙诒让:《周礼正义》（第3册），北京：中华书局，1987年，第764-766页。
8 （清）孙诒让:《周礼正义》（第9册），北京：中华书局，1987年，第2363页。
9 （清）孙诒让:《周礼正义》（第10册），北京：中华书局，1987年，第2758页。
10 （清）孙诒让:《周礼正义》（第5册），北京：中华书局，1987年，第1440页。

官·大宰》："及纳亨，赞王牲事。"郑玄注："纳亨，纳牲，将告杀，谓乡祭之晨，既杀以授亨人。"[1]孙诒让曰："王亲迎牲而纳之于庭，乃告，致之于神而后杀，而授亨人。是既致牲，乃授亨，故通谓之纳亨。实则纳致之时，尚未亨也。"[2]纳亨实际上是指迎牲至于庙庭与杀后授于亨人两件事情，所以王迎牲至于庙庭时，有大宰随行以备佐助。《大祝》："逆牲、逆尸。"[3]又《小祝》："凡事，佐大祝。"[4]大祝从君迎牲，小祝又跟从大祝。迎牲入庙时，由司弓矢将弓矢授于王，以备杀牲。《司弓矢》："凡祭祀，共射牲之弓矢。"郑玄注："射牲，示亲杀也。"孙诒让曰："祭日之旦，迎牲入时，共弓矢以授王。"[5]

迎牲之时有专门的乐舞。《周礼·春官·大司乐》："牲出入则令奏《昭夏》。"郑玄注："乐章名。"[6]又《大祝》："逆牲，逆尸，令钟鼓。"[7]迎牲的乐曲名为《昭夏》，由大司乐和大祝命令乐官演奏。吴土法认为《大司乐》与《大祝》皆言逆牲掌令奏之事，"当是《周礼》作者因缺乏二经之间的照应和统一而造成的重复抵牾"[8]。其实大司乐是乐官之长，大祝是祝官之长，专掌与鬼神交接之事，大司乐爵位高于大祝[9]，祭祀奏乐时大司乐让大祝传令也未尝不可。与乐曲相配合的是封人的舞蹈。《封人》："歌舞牲及毛炮之豚。"郑玄注："谓君牵牲入时，随歌舞之，言其肥香以歆神也。"孙诒让曰："入谓二祼之后，王迎牲入庙门时也。""封人随牲后歌舞，为

---

1 （清）孙诒让：《周礼正义》（第1册），北京：中华书局，1987年，第145页。
2 （清）孙诒让：《周礼正义》（第11册），北京：中华书局，1987年，第2759页。
3 （清）孙诒让：《周礼正义》（第8册），北京：中华书局，1987年，第2021页。
4 （清）孙诒让：《周礼正义》（第8册），北京：中华书局，1987年，第2035页。
5 （清）孙诒让：《周礼正义》（第10册），北京：中华书局，1987年，第2565–2566页。
6 （清）孙诒让：《周礼正义》（第7册），北京：中华书局，1987年，第1780页。
7 （清）孙诒让：《周礼正义》（第8册），北京：中华书局，1987年，第2021页。
8 吴土法：《〈周礼〉宗祀乐事官联考》，《杭州大学学报》（哲学社会科学版）1997年第2期。
9 《周礼·春官·叙官》："大司乐，中大夫二人。""大祝，下大夫二人，上士四人。"参见（清）孙诒让：《周礼正义》（第5册），北京：中华书局，1987年，第1268、1284页。

求神之歆享。舞盖亦以手袖为威仪。”[1]王牵牲进入庙门时，封人以既定程式唱歌跳舞，歌舞极力体现的正是牺牲的肥硕特征。郑司农曰：“封人主歌舞其牲，云博硕肥腯。”[2]以情理推之，这应是富有激情的唱和之声，吴土法谓之“歌咏其辞”[3]。

《周礼》天子宗庙祭祀迎牲之事，可以与《礼记》和甲骨文的记载相互印证。《礼记·礼器》：“君亲牵牲。”[4]《明堂位》：“君肉袒迎牲于门。”[5]《祭义》：“祭之日，君牵牲，穆答君，卿大夫序从。既入庙门，丽于碑。”郑玄注：“祭，谓宗庙也。”“丽犹系也。”[6]这里同时告诉我们，牵牲入庙后须将绳子系于庭中的碑上。《祭统》也说：“及迎牲，君执纼，卿大夫从。”[7]《祭统》中的“纼”是指牛鼻绳，所以君王所牵牺牲仅指牛牲，由大司徒佐助。据于省吾研究，甲骨文中“王于宗门逆羌”和“王于南门逆羌”的记载，是商代王在宗庙祭祀中所行迎牲之礼，可证《周礼》和《礼记》的记载属实。[8]

二、杀牲

王与众官迎牲至于庙庭之后，须以玉币告神将要杀牲。《周礼·天官·大宰》：“及祀之日，赞玉币爵之事。”[9]“赞玉币”即大宰助王进献玉币。《小宰》：“凡祭祀，赞玉币爵之事。”郑玄注：“又从大宰助王也。”贾疏：“谓小宰执以授大宰，大宰执以授王，是相赞助，故云又从大宰助

1 （清）孙诒让：《周礼正义》（第3册），北京：中华书局，1987年，第895页。
2 （清）孙诒让：《周礼正义》（第3册），北京：中华书局，1987年，第895页。
3 吴土法：《先秦天子大祀牺牲考》，《浙江大学学报》（人文社会科学版）2004年第3期。
4 （清）阮元校刻：《十三经注疏》（下册），北京：中华书局，1980年，第1441页。
5 （清）阮元校刻：《十三经注疏》（下册），北京：中华书局，1980年，第1489页。
6 （清）阮元校刻：《十三经注疏》（下册），北京：中华书局，1980年，第1594页。
7 （清）阮元校刻：《十三经注疏》（下册），北京：中华书局，1980年，第1603页。
8 于省吾：《甲骨文字释林》，北京：中华书局，2009年，第47-48页。
9 （清）孙诒让：《周礼正义》（第1册），北京：中华书局，1987年，第146、148页。

王也。”[1]郑玄曰：“纳牲于庭时，当用币告神而杀牲。”[2]《礼记·礼器》：“君亲牵牲，大夫赞币而从。”[3]那么宗庙祭祀迎牲之时应已有执币随行者，就《周礼》而言，执币者当为小宰。

用币告神时还有称为“硕牲”的祝辞。《周礼·地官·充人》：“硕牲，则赞。”郑玄注：“赞，助也。君牵牲入，将致之，助持之也。”[4]以“博硕肥腯”之辞敬告祖先神灵之时，充人帮助牵牲。《左传》桓公六年载随国季梁语曰：“夫民，神之主也，是以圣王先成民而后致力于神。故奉牲以告曰‘博硕肥腯’，谓民力之普存也，谓其畜之硕大蕃滋也，谓其不疾瘯蠡也，谓其备腯咸有也。”[5]告硕的仪节意在敬告神灵人民财力富足，进而体现统治者的治理有方。《墨子·尚同》说奉事鬼神时“牺牲不敢不腯肥”[6]，其用意亦在于此。

杀牲之礼由射人和大仆辅助王来完成。《周礼·夏官·射人》：“祭祀，则赞射牲。”郑玄注：“烝尝之礼有射豕者。”孙诒让曰：“天子诸侯宗庙之祭，并用大牢，则当兼射牛羊豕”[7]。《大仆》：“凡祭祀、宾客、丧纪，正王之服位，诏法仪，赞王牲事。”郑玄注：“牲事，杀割匕载之属。”[8]据郑玄注，杀牲有大仆的参与。郑玄曰：“射牲，示亲杀也。杀牲，非尊者所亲，唯射为可。”[9]杀牲时王只主射牲，其他相关事宜则由射人和大仆完成。《国语·楚语下》载观射父曰：“天子禘郊之事，必自

1 （清）孙诒让：《周礼正义》（第1册），北京：中华书局，1987年，第181页。
2 （清）阮元校刻：《十三经注疏》（下册），北京：中华书局，1980年，第1441页。
3 （清）阮元校刻：《十三经注疏》（下册），北京：中华书局，1980年，第1441页。
4 （清）孙诒让：《周礼正义》（第3册），北京：中华书局，1987年，第935页。
5 杨伯峻编著：《春秋左传注》（第1册），北京：中华书局，1990年，第111页。
6 （清）孙诒让撰，孙启治、孙以楷点校：《墨子间诂》（上册），北京：中华书局，2001年，第82页。
7 （清）孙诒让：《周礼正义》（第9册），北京：中华书局，1987年，第2439页。
8 （清）孙诒让：《周礼正义》（第10册），北京：中华书局，1987年，第2502页。
9 （清）孙诒让：《周礼正义》（第10册），北京：中华书局，1987年，第2565-2566页。

射其牲。”“诸侯宗庙之事，必自射牛、刲羊、击豕。”韦注：“牲，牛也。”[1]《仪礼 · 少牢馈食礼》：“司马刲羊，司士击豕。”郑玄注：“刲、击皆谓杀之。”[2]王不同于诸侯，射牲时只射最重要的牛牲，射羊与射豕之事可能交由射人和大仆。“这种在祀典中射牲的礼仪，似乎在殷商时代就已经有了。”[3]傅亚庶认为“天子射牲，恐怕是来源于狩猎社会的古老习俗”[4]，这个推测是合理的。

牛牲在被杀时要用到水和稾。《周礼 · 地官 · 封人》：“凡祭祀，饰其牛牲，设其楅衡，置其絼，共其水稾。”郑玄注：“水稾，给杀时洗荐牲也。”贾疏：“其牛将杀，不须饲之。又充人已饲三月，不得将杀始以水稾饮饲。水所以洗牲，稾所以薦牲，故双言洗薦牲也。”[5]贾氏认为牛牲已经被充人饲养了三个月，无须在祭祀杀牲前再度饮水食稾，所以水只能是用来清洗牲体的，稾也只会用作杀牲时的衬垫之物。吕友仁也说：“水用来洗净杀过的牲体，稿即禾秆，用来垫杀过的牲体。”[6]《礼记 · 祭统》：“及迎牲，君执纼，卿大夫从，士执刍。”其中的“士执刍”与“共其水稾”十分相似。郑玄注：“刍谓稾也，杀牲时用薦之。”孔疏：“刍谓藁也，以其杀牲以刍藁藉之。”[7]因此宋杰指出：“屠宰时用稾草铺设在牲畜身下以吸收鲜血，待血液流尽后再用清水洗净尸体创口附近的血污。”[8]我们结合传世文献和文化人类学材料，认为“共其水稾”还可能是史前狩猎习俗的遗存，即用水清洗杀牲后留在牲体上的鲜血，并用饲料禾秆安慰

1 上海师范大学古籍整理研究所校点：《国语》，上海：上海古籍出版社，1998 年，第 567、570 页。
2 （清）阮元校刻：《十三经注疏》（上册），北京：中华书局，1980 年，第 1197 页。
3 吴土法：《先秦天子大祀牺牲考》，《浙江大学学报》（人文社会科学版）2004 年第 3 期。
4 傅亚庶：《中国上古祭祀文化》，北京：高等教育出版社，2005 年，第 310 页。
5 （清）孙诒让：《周礼正义》（第 3 册），北京：中华书局，1987 年，第 893、895 页。
6 吕友仁：《周礼译注》，郑州：中州古籍出版社，2004 年，第 158 页。
7 （清）阮元校刻：《十三经注疏》（下册），北京：中华书局，1980 年，第 1603 页。
8 宋杰：《汉代死刑中的“显戮”》，《史学月刊》2012 年第 2 期。

牛牲的灵魂，以此保证牛牲作为祭品应有的圣洁状态。[1] 牛牲是最重要的牺牲，是牺牲的代表，以理推之，其他牺牲的处理可能也有这种环节。

《周礼》天子宗庙祭祀中的杀牲作为一个祭祀仪节，有其特定的用意。《礼记·玉藻》："君无故不杀牛。""君子远庖厨，凡有血气之类，弗身践也。"郑玄注："故，谓祭祀之属。践当为翦声之误也，翦犹杀也。"[2] 只有在举行祭祀等国家大事时人君才会亲自杀牛，从而体现出别于常日的敬慎态度。同时，王与射人及大仆在公共场合的这种行为，使牺牲经历了从鲜活到死亡的生命转折过程，这一过程定然为在场祭祀者带来了一种强烈的视觉冲击。基于此，天子宗庙祭祀仪式的神圣氛围也就得到了进一步的渲染。

三、割牲

杀牲之后，内饔、司士、大仆与羊人等都要切割牲体，以备进献。《周礼·天官·内饔》："凡宗庙之祭祀，掌割亨之事。"[3]"割"即为切割牺牲。《大戴礼记·诸侯衅庙礼》："雍人举羊，升屋自中，中屋南面，刲羊，血流于前，乃降。门以鸡。有司当门北面，雍人割鸡屋下，当门。郏室割鸡于室中，有司亦北面也。"[4] 此处雍人"刲羊"和"割鸡"，与《周礼》内饔割牲之事类似，雍人即内饔。[5]《司士》："帅其属而割牲。"[6] 司士及其属与内饔的职责相同。《大仆》："祭祀、宾客、丧纪，正王之服位，诏法仪，赞王牲事。""牲事"包括割牲在内。[7] 也有专门负责某一牺牲的职

1 张雁勇：《〈周礼〉"共其水稾"的文化人类学解读》，《原生态民族文化学刊》2018 年第 3 期。
2 （清）阮元校刻：《十三经注疏》（下册），北京：中华书局，1980 年，第 1474 页。
3 （清）孙诒让：《周礼正义》（第 1 册），北京：中华书局，1987 年，第 274 页。
4 （清）王聘珍撰，王文锦点校：《大戴礼记解诂》，北京：中华书局，1983 年，第 203 页。
5 （清）孙诒让：《周礼正义》（第 1 册），北京：中华书局，1987 年，第 275 页。
6 （清）孙诒让：《周礼正义》（第 10 册），北京：中华书局，1987 年，第 2469 页。
7 （清）孙诒让：《周礼正义》（第 10 册），北京：中华书局，1987 年，第 2502 页。

官。《羊人》:“祭祀，割羊牲。”[1]以理推之，虽然《周礼》未言牛人、鸡人、犬人有割牲事，但也与羊人的职责相仿。《诗·小雅·楚茨》:“济济跄跄，洁尔牛羊，以往烝尝，或剥或亨。”“剥”指“解剖其肉”[2]，亦即割牲。《礼记·礼器》:“君亲割牲。”郑玄注:“亲割，谓进牲孰体时。”[3]《郊特牲》:“君再拜稽首，肉袒亲割，敬之至也。”郑玄注:“割，解牲体。”[4]《穀梁传》文公十三年亦载:“礼，宗庙之事，君亲割，夫人亲舂，敬之至也。”[5]割牲之事虽由专门的职官负责，但人君也要象征性地割牲。

天子宗庙祭祀的割牲有三次，分别为三次进献而做准备。《礼记·礼运》:“腥其俎，孰其殽。”“退而合亨，体其犬豕牛羊。”[6]即为三次割牲后的进献。每次牺牲的切割都有一定礼数，前两次分别切割牲体为七个部分和二十一个部分，至于第三次，则“更破使多”[7]，数目很多，已经不再计数。

◉ 第五节 进献笾豆之实、牺牲、酒与粢盛

《周礼》天子宗庙祭祀祼礼之后，要向祖先进献笾豆之实、牺牲、酒与粢盛。笾豆之实包括朝事笾豆、馈食笾豆、加笾加豆、羞笾羞豆、肉豆；牺牲有牲首、牲血、未熟牲肉、半生半熟牲肉、煮熟牲肉、烤肉；酒的进献共有九次；所献粢盛是炊熟的谷物。乐舞在第四次献酒之后兴起。这些记载基本上反映了周代天子宗庙祭祀祼礼之后进献仪节的整体

1 （清）孙诒让:《周礼正义》（第9册），北京：中华书局，1987年，第2394页。

2 （清）王先谦撰，吴格点校:《诗三家义集疏》（下册），北京：中华书局，1987年，第751页。

3 （清）阮元校刻:《十三经注疏》（下册），北京：中华书局，1980年，第1441页。

4 （清）阮元校刻:《十三经注疏》（下册），北京：中华书局，1980年，第1457页。

5 （清）阮元校刻:《十三经注疏》（下册），北京：中华书局，1980年，第2409页。

6 （清）阮元校刻:《十三经注疏》（下册），北京：中华书局，1980年，第1417页。

7 （清）孙诒让:《周礼正义》（第10册），北京：中华书局，1987年，第2469页。

面貌，以下按照行礼顺序依次阐述。

一、朝践之礼

《周礼》天子宗庙祭祀中的朝践之礼包括第一次进献笾豆、进献未熟牲肉和牲血、前两次献酒。《司尊彝》："其朝践用两献尊。"郑玄注："朝践，谓荐血腥、酌醴，始行祭事。后于是荐朝事之豆笾，既又酌献。"[1]贾疏："王出迎牲之时，祝延尸向户外户牖之间，南面，后于是荐朝事八豆、八笾。王迎牲入庙，卿大夫赞币而从，牲丽于碑，王亲杀，大仆赞王牲事，取血以告杀，取毛以告纯，肫解而腥之为七体，荐于神坐讫，王以玉爵酌醴齐以献尸，后亦以玉爵酌醴齐以献尸。此谓经朝践用两献尊也。""先荐后献，祭礼也。其实荐豆笾在王献前，今在王献后乃言后荐豆笾者，郑欲说王事讫乃说后事，故后言荐豆笾也。"孙诒让补充了两点：第一，后献当用瑶爵；第二，"血与腥同荐，与初杀牲时血毛之荐异"[2]。因此朝践之礼可分为进献笾豆、荐血腥和献酒三个步骤。

（一）进献朝事笾豆

进献朝事笾豆是朝践之礼的第一个步骤。《周礼·天官·笾人》："朝事之笾，其实麷、蕡、白、黑、形盐、膴、鲍鱼、鱐。"[3]《醢人》："朝事之豆，其实韭菹、醓醢，昌本、麋臡，菁菹、鹿臡，茆菹、麇臡。"[4]郑玄注："朝事谓祭宗庙荐血腥之事。"[5]"朝事"实为"朝践"的别称。沈文倬指出："践当作翦，训杀也。杀牲之事在早晨，故又称'朝事'。"[6]两种名

1 （清）孙诒让：《周礼正义》（第6册），北京：中华书局，1987年，第1514页。
2 （清）孙诒让：《周礼正义》（第6册），北京：中华书局，1987年，第1517页。
3 （清）孙诒让：《周礼正义》（第2册），北京：中华书局，1987年，第379页。
4 （清）孙诒让：《周礼正义》（第2册），北京：中华书局，1987年，第394页。
5 （清）孙诒让：《周礼正义》（第2册），北京：中华书局，1987年，第379页。
6 沈文倬：《宗周礼乐文明考论》，杭州：浙江大学出版社，1999年，第103页。

称只是在取义上各有侧重。

进献笾豆时，王后为主献者，并有九嫔、内宰、外宗、世妇、女御和内小臣的协助。《周礼·天官·九嫔》："凡祭祀，赞玉齍，赞后荐彻豆笾。"[1] 其中的"荐"即指进献笾豆之事。《内宰》："赞九嫔之礼事。"内宰协助九嫔赞后之事，包括进献笾豆。[2]《外宗》："掌宗庙之祭祀佐王后荐玉豆，视豆笾。"贾疏："凡王之豆笾，皆玉饰之，余文豆笾不云玉者，文略，皆有玉可知。若然，直云荐豆不云笾者，以豆云玉，略笾不言，义可知也。"则经文包含了进献笾豆。郑玄曰："视，视其实。"贾疏："视豆笾者，谓在堂东未设之时，视其实也。"孙诒让又补充道："视者，视备否及美恶也。"[3]在进献之前，外宗先要检查设在堂东的笾豆中的祭品是否符合要求，然后再与九嫔和内宰共同佐助王后行礼。

整个进献过程中，由内宰、世妇和内小臣负责赞助王后、九嫔、女御和外宗行礼的方式。《周礼·天官·内宰》："正后之服位，而诏其礼乐之仪。"郑玄注："位谓后助祭之位，正之使不失其所。"[4]《世妇》："及祭祀，比其具，诏王后之礼事。""相外内宗之礼事。"[5]《女御》："凡祭祀，赞世妇。"[6] 女御跟随世妇。《内小臣》："若有祭祀、宾客、丧纪，则摈，诏后之礼事，相九嫔之礼事，正内人之礼事。"郑玄注："诏、相、正者，异尊卑也。"[7]内小臣诏、相、正的对象不同。贾公彦曰："后尊云诏，诏告而已；九嫔稍卑则言相，相，佐助之言也；女御卑，直正之而已。"[8]女御即经文所谓内人。这是等级不同，用辞体现尊卑之别。此官从内宰行事，

1 （清）孙诒让：《周礼正义》（第 2 册），北京：中华书局，1987 年，第 554 页。
2 （清）孙诒让：《周礼正义》（第 2 册），北京：中华书局，1987 年，第 520 页。
3 （清）孙诒让：《周礼正义》（第 6 册），北京：中华书局，1987 年，第 1692 页。
4 （清）孙诒让：《周礼正义》（第 2 册），北京：中华书局，1987 年，第 517、520 页。
5 （清）孙诒让：《周礼正义》（第 6 册），北京：中华书局，1987 年，第 1686-1687 页。
6 （清）孙诒让：《周礼正义》（第 2 册），北京：中华书局，1987 年，第 560 页。
7 （清）孙诒让：《周礼正义》（第 2 册），北京：中华书局，1987 年，第 538 页。
8 （清）孙诒让：《周礼正义》（第 2 册），北京：中华书局，1987 年，第 539 页。

与世妇为官联。[1]

王后因故未能参加祭祀，由大宗伯代其行礼。《周礼·春官·大宗伯》："凡大祭祀，王后不与，则摄而荐豆笾彻。"[2]"荐豆笾"即进献豆笾之事。《外宗》："王后不与，则赞宗伯。"[3]外宗本是协助王后进献笾豆，若是大宗伯代行其礼，则改为协助大宗伯。

《周礼》宗庙祭祀中进献笾豆的记载，也可从《礼记》中找到证据。《礼记·明堂位》："君肉袒迎牲于门，夫人荐豆笾，卿大夫赞君，命妇赞夫人。"孔疏："夫人荐豆笾者，谓朝践及馈孰并酳尸之时荐豆笾也。""命妇赞夫人者，命妇于内则世妇以下，于外则卿大夫妻并助夫人荐豆笾及祭事之属也。"[4]《祭统》："夫人荐豆。"[5]这些都是诸侯宗庙祭祀中的情况。

（二）荐血腥

《周礼》天子宗庙祭祀中的荐血腥是指向祖先神灵进献牺牲的血腥，包括登首（升首）、血祭、荐腥，也就是进献牲首、牲血和未熟牲肉。

进献牲首的仪节称为登首或升首。《周礼·夏官·羊人》："祭祀，割羊牲，登其首。"郑玄注："登，升也。升首，报阳也。升首于室。"[6]羊人将割下的羊首进献于宗庙之室，报阳是其目的。《礼记·郊特牲》："升首于室。"郑玄注："制祭之后，升牲首于北墉下，尊首尚气也。"[7]升首的时间在制祭之后，地点位于室内北墉下，目的是报阳气。贾公彦曰："祭祀之时，三牲之首俱升，此特言羊者，以其羊人不升余牲。"[8]孔颖达亦曰：

1　（清）孙诒让：《周礼正义》（第 2 册），北京：中华书局，1987 年，第 539 页。
2　（清）孙诒让：《周礼正义》（第 5 册），北京：中华书局，1987 年，第 1408 页。
3　（清）孙诒让：《周礼正义》（第 6 册），北京：中华书局，1987 年，第 1693 页。
4　（清）阮元校刻：《十三经注疏》（下册），北京：中华书局，1980 年，第 1489 页。
5　（清）阮元校刻：《十三经注疏》（下册），北京：中华书局，1980 年，第 1603 页。
6　（清）孙诒让：《周礼正义》（第 9 册），北京：中华书局，1987 年，第 2394 页。
7　（清）阮元校刻：《十三经注疏》（下册），北京：中华书局，1980 年，第 1457 页。
8　（清）孙诒让：《周礼正义》（第 9 册），北京：中华书局，1987 年，第 2394 页。

“三牲之首皆升也。”[1]则升首之节除了有羊首之外，还有牛首与豕首。

升首体现“报阳”，可以从升首前后的仪节中找出原因。《礼记·郊特牲》：“取膟膋燔燎升首，报阳也。”郑玄注：“膟膋，肠间脂也，与萧合烧之，亦有黍稷也。”孔疏：“取膟膋燔燎升首者，此谓朝践时祝取膟膋燎于炉炭，入以告神于室，出以绥于主前，又升首于室。”[2]整个过程是：祝官先将牺牲肠间脂膏与萧及黍稷一同烧焦，入室告神，又出室祭于庙主前，最后行室内升首之礼。《周礼·天官·甸师》：“祭祀，共萧茅。”[3]其中的“萧”，正是此时所用。贾公彦曰：“报阳者，首为阳，对足为阴。”[4]这是专以祭品是阳物为说。孔颖达则曰：“报阳也者，言膟膋黍稷并是阳气之物，首又是牲体，亦是阳，亲之魂气在天，为阳，今以阳物祭之，故云报阳也。”[5]又《郊特牲》：“首也者，直也。”孔疏：“直，正也，言首为一体之正。”[6]牺牲已是阳物，首又为“一体之正”，阳气最盛。相较贾说，孔氏的解释更为全面。烧焦之物与牲首皆为阳物，而且是专为祖先的魂气而行礼，可谓以阳报阳的行为。

进献牲血的仪节是血祭。《周礼·春官·大祝》：“隋衅、逆牲、逆尸，令钟鼓。”郑玄注：“隋衅，谓荐血也。凡血祭曰衅。”[7]贾公彦将“隋衅”释为“血以告杀”，亦即杀牲后的荐血。孙诒让则曰：“宗庙大祭祀有两次荐血，初即血以告杀，与毛并荐，《礼运》云‘荐其血毛’，《礼器》云‘血毛诏于室’，《郊特牲》云‘毛血告幽全之物也’是也。次为血祭，《郊特牲》云‘血祭盛气也’是也。前荐与毛并荐，在初杀牲时，诏告于室

1 （清）阮元校刻：《十三经注疏》（下册），北京：中华书局，1980 年，第 1458 页。
2 （清）阮元校刻：《十三经注疏》（下册），北京：中华书局，1980 年，第 1457–1458 页。
3 （清）孙诒让：《周礼正义》（第 1 册），北京：中华书局，1987 年，第 289 页。
4 （清）孙诒让：《周礼正义》（第 9 册），北京：中华书局，1987 年，第 2394 页。
5 （清）阮元校刻：《十三经注疏》（下册），北京：中华书局，1980 年，第 1458 页。
6 （清）阮元校刻：《十三经注疏》（下册），北京：中华书局，1980 年，第 1457–1458 页。
7 （清）孙诒让：《周礼正义》（第 8 册），北京：中华书局，1987 年，第 2020–2021 页。

中而不祭；后荐与腥并荐，唯血无毛，在制祭后，朝践三献前，于堂上灌地而祭。二荐不同。此注以血祭释隋衅，则宜指后荐言之。”[1]《礼记·郊特牲》：“毛血，告幽全之物也，告幽全之物者，贵纯之道也；血祭，盛气也。”郑玄注：“幽谓血也，纯谓中外皆善。”孔颖达释“毛血”曰：“此谓祝初荐血毛于室时也。血是告幽之物，毛是告全之物。告幽者，言牲体肉里美善，告全者，牲体外色完具。所以备此告幽者、告全之物者，贵其牲之纯善之道也。故郑云‘纯谓中外皆善’，言中善则血好，外善则毛好也。”又谓“血祭”曰：“此是堂上制祭后又荐血腥时也。”“血是气之所舍，故云盛气也。”[2]可见两次荐血及其用意分得非常清楚。结合郑玄注，确如孙诒让所言，《大祝》所载“隋衅”仅指血祭。《郊特牲》：“魂气归于天，形魄归于地，故祭所以求诸阴阳之义也。”[3]血祭即求诸阳气之义，牲血代表着鲜活的生命，它是“诱神邀祖的道具”[4]。血祭不只出现于古代中国，在古希腊和古罗马的祭祖习俗中，有时也会“奠以牺牲的血”[5]。

血祭所用牲血是凝血。杨华指出：“根据祭礼之仪式，从告杀到第二次荐血，其间要经过多长的时间，现在难以拟定，但由一般常识我们知道，鲜血暴露于空气中，在静止状态下是极易凝固的。在今日汉族乡间，岁末杀猪时仍然向血中撒盐使之凝聚，以便块状食用。在傣族等少数民族中，也是将牲血与碎肉搅拌作浆状食用。”[6]

进献未熟的牲肉称作“荐腥”。大司徒和乡师负责进献牛牲。《周礼·地官·大司徒》：“奉牛牲，羞其肆。”郑玄注：“进所肆解骨体。”[7]“肆”

1　（清）孙诒让：《周礼正义》（第 8 册），北京：中华书局，1987 年，第 2022 页。
2　（清）阮元校刻：《十三经注疏》（下册），北京：中华书局，1980 年，第 1457–1458 页。
3　（清）阮元校刻：《十三经注疏》（下册），北京：中华书局，1980 年，第 1457 页。
4　杨华：《古礼新研》，北京：商务印书馆，2012 年，第 110 页。
5　[法] 库朗热著，谭立铸等译：《古代城邦——古希腊罗马祭祀、权利和政制研究》，上海：华东师范大学出版社，2006 年，第 7 页。
6　杨华：《古礼新研》，北京：商务印书馆，2012 年，第 96 页。
7　（清）孙诒让：《周礼正义》（第 3 册），北京：中华书局，1987 年，第 764–766 页。

指豚解，即将牲体切割成七个部分。[1]《乡师》：“大祭祀，羞牛牲。”[2]乡师是大司徒的属官，所以其是大司徒进献时的辅助者。小子负责进献羊牲。《小子》：“掌祭祀羞羊肆。”其中的“肆”也是指豚解。[3]对于六牲中的鸡、马、犬、豕，《周礼》都没有记载进献的职官。江永认为鸡由大宗伯进献[4]，以此类推，马、犬、豕应分别由大司马、大司寇和大司空进献。《大司马》：“大祭祀，飨食，羞牲鱼。”郑玄注：“牲鱼，鱼牲也。”[5]则六牲之外的鱼牲由大司马进献。

小子和司士辅助各官进献牺牲。《周礼·夏官·小子》：“祭祀，赞羞。”贾疏：“《大司马职》云‘祭祀羞牲鱼’之等，此官即赞之。”[6]不论进献何种牺牲，小子都是协助者。又《司士》：“羞俎豆。”[7]牲体都盛于俎上，可见司士也给予相应的协助。林琳和傅亚庶说王后会“用盛食物的豆、竹编器皿笾盛装牲肉在尸主之前献上，此时称所献牲肉为‘荐腥’”[8]，当是将王后进献笾豆之事与大司徒等职官的荐腥之事混淆了。

荐腥之礼实际上是祭祀中报本反始原则的重要体现。《礼记·礼运》：“腥其俎。”即为祭祀时荐腥之礼。孔颖达曰：“谓朝践时既杀牲以俎盛肉进于尸前也。”郑玄还特别强调此礼“法于大古”[9]。《礼运》描述“大古”时的情形说：“未有火化，食草木之食，鸟兽之肉，饮其血，茹其毛。”[10]当时的先民们过着茹毛饮血的生活，处境十分艰苦，食用“鸟兽之肉”和“饮其血”分别与文明时代中的荐腥和血祭相应。《祭义》也说：“建设朝

---

1 （清）孙诒让：《周礼正义》（第 3 册），北京：中华书局，1987 年，第 765–766 页。
2 （清）孙诒让：《周礼正义》（第 3 册），北京：中华书局，1987 年，第 821 页。
3 （清）孙诒让：《周礼正义》（第 9 册），北京：中华书局，1987 年，第 2386 页。
4 （清）孙诒让：《周礼正义》（第 9 册），北京：中华书局，1987 年，第 2362 页。
5 （清）孙诒让：《周礼正义》（第 9 册），北京：中华书局，1987 年，第 2361 页。
6 （清）孙诒让：《周礼正义》（第 9 册），北京：中华书局，1987 年，第 2393 页。
7 （清）孙诒让：《周礼正义》（第 10 册），北京：中华书局，1987 年，第 2469 页。
8 林琳、傅亚庶：《周礼庙祭中的用酒与用牲》，《社会科学战线》2011 年第 11 期。
9 （清）阮元校刻：《十三经注疏》（下册），北京：中华书局，1980 年，第 1417 页。
10（清）阮元校刻：《十三经注疏》（下册），北京：中华书局，1980 年，第 1416 页。

事，燔燎羶芗，见以萧光，以报气也，此教众反始也。”[1]“建设朝事”（即朝践）是通过“报气”以达到“教众反始也”的目的，也就是回溯到那一段遥远的历史，体现祭祀的尚质之义。

（三）献酒

《周礼》天子宗庙祭祀朝践之礼中的献酒，是指王和王后向尸前两次的献酒。根据天子宗庙祭祀的时节不同，用尊也有相应的差异。《司尊彝》：“春祠夏禴，祼用鸡彝、鸟彝，皆有舟；其朝践用两献尊，其再献用两象尊。”“秋尝冬烝，祼用斝彝、黄彝，皆有舟；其朝献用两著尊，其馈献用两壶尊。”“凡四时之间祀追享朝享，祼用虎彝、蜼彝，皆有舟；其朝践用两大尊，其再献用两山尊。”[2]孙诒让指出：“经于春夏及间祀言朝践再献，秋冬言朝献馈献，其实春夏及间祀亦有朝献馈献，秋冬亦有朝践再献，以尊同，互文见义也。”[3]对于朝践中的进献事宜，他明确指出：“此王献尸于户西，谓三献也。其尊春夏用献尊，秋冬用著尊，间祀用大尊。”[4]一共是三种情况。《礼记·礼运》：“醴醆以献。”孔疏：“朝践之时用醴。”[5]即为朝践时的醴齐之献。这是第一轮献酒，由王和王后的两次进献组成，分别为祼礼以后的三献和四献。

王向尸献酒时，由小臣、大宰和小宰共同佐助。小臣助王洗手。《周礼·夏官·小臣》：“大祭祀，朝觐，沃王盥。”贾疏：“大祭祀，天地宗庙酌是。王将献尸，先盥手洗爵，乃酌献，故小臣为王沃水盥手也。”孙诒让曰：“大祭祀沃王盥者，谓朝践献尸时，此官执匜水为王沃盥也。”[6]执巾者与祼礼一样，也为御仆。《大宰》：“赞玉几玉爵。”郑玄注：“宗庙献用

1 （清）阮元校刻：《十三经注疏》（下册），北京：中华书局，1980年，第1596页。
2 （清）孙诒让：《周礼正义》（第6册），北京：中华书局，1987年，第1514页。
3 （清）孙诒让：《周礼正义》（第6册），北京：中华书局，1987年，第1516页。
4 （清）孙诒让：《周礼正义》（第6册），北京：中华书局，1987年，第1517页。
5 （清）阮元校刻：《十三经注疏》（下册），北京：中华书局，1980年，第1417页。
6 （清）孙诒让：《周礼正义》（第10册），北京：中华书局，1987年，第2512页。

玉爵。”[1]即大宰助王用玉爵向尸献酒。《小宰》：“凡祭祀，赞玉币爵之事。”郑玄注：“又从大宰助王也。”贾疏：“谓小宰执以授大宰，大宰执以授王，是相赞助，故云又从大宰助王也。”[2]据此，行礼的过程是：小宰先将醴齐酌入玉爵，然后授于大宰，继而大宰交予王，最后由王献尸。这一献酒程序适用于之后王的所有献酒仪节。

王后向尸献酒时，由内宰、内小臣和外宗共同佐助。《周礼 · 天官 · 内宰》：“大祭祀，后祼献，则赞，瑶爵亦如之。”[3]“瑶爵”之献即内宰协助王后用瑶爵向尸献酒。内宰还负责端正王后的祭服，并告诉她应处的位置以及与乐相和的相关仪节。内小臣也有类似的职责，并且负责传辞。《外宗》：“掌宗庙之祭祀佐王后荐玉豆，视豆笾，及以乐彻亦如之。凡王后之献亦如之。”郑玄注：“献，献酒于尸。”[4]王后此后的献酒仪节也与此相同。如果王后因故未能参加祭祀，就由大宗伯代替行礼。[5]王后在之后进行其他献酒仪节时，参与的职官及其职责均与此事相同。

二、奠爵

《周礼》天子宗庙祭祀中的“奠爵”是指迎尸入室前，大祝和小祝向庙主进献盛在斝爵中的酒，他们迎尸入室后，尸举起斝爵浇地、浅尝，并置地行祭。

朝践之后，尸要从堂入室。《周礼 · 春官 · 大祝》：“逆尸，令钟鼓。”天子宗庙祭祀中，此谓朝践后的延尸，即大祝将尸从堂上迎入室内。[6]又《大祝》：“相尸礼。”郑玄注：“延其出入，诏其坐作。”[7]这是大祝协助

1 （清）孙诒让：《周礼正义》（第 1 册），北京：中华书局，1987 年，第 148 页。
2 （清）孙诒让：《周礼正义》（第 1 册），北京：中华书局，1987 年，第 181 页。
3 （清）孙诒让：《周礼正义》（第 2 册），北京：中华书局，1987 年，第 517 页。
4 （清）孙诒让：《周礼正义》（第 6 册），北京：中华书局，1987 年，第 1692–1693 页。
5 （清）孙诒让：《周礼正义》（第 6 册），北京：中华书局，1987 年，第 1693 页。
6 （清）孙诒让：《周礼正义》（第 8 册），北京：中华书局，1987 年，第 2020–2022 页。
7 （清）孙诒让：《周礼正义》（第 8 册），北京：中华书局，1987 年，第 2023 页。

尸行礼，当然也包括这次迎尸之礼。《小祝》："大祭祀，逆齍盛，送逆尸。""凡事，佐大祝。"[1]大祝迎尸时，小祝佐助大祝行礼。

迎尸入室前后皆有奠爵之礼。《周礼·春官·小祝》："大祭祀，逆齍盛，送逆尸，沃尸盥，赞隋，赞彻，赞奠。"郑玄注："奠，奠爵也。"并说这是佐助大祝。[2]贾公彦曰："大祝酌酒，奠于铏南，则《郊特牲》注'天子奠斝，诸侯奠角'，小祝其时赞之。"孙诒让的阐说更为详细："四献后，延主入室时，奠神之爵也。其爵用斝。其酒，《礼运》孔疏谓天子用齐酒是也。"[3]"盖朝践之后，荐孰之时，延主入室，祝酌斝奠于铏南，乃迎尸入室，举此奠斝，王拜妥尸，尸执斝祭之，啐之，奠之。"[4]奠爵的仪节也见于《仪礼》和《礼记》。《仪礼·特牲馈食礼》："祝洗酌奠，奠于铏南。""主人拜妥尸，尸答拜，执奠，祝飨。"[5]《少牢馈食礼》："祝酌奠。"郑玄注："酌奠，酌酒为神奠之。"[6]《礼记·郊特牲》："举斝角，诏妥尸。古者尸无事则立，有事而后坐也。"郑玄注："妥，安坐也。尸始入，举奠斝若奠角，将祭之，祝则诏主人拜妥尸，使之坐。天子奠斝，诸侯奠角。"[7]

综上，奠爵的整个过程是：朝践礼毕，迎庙主入室，大祝和小祝用斝爵斟酒，进献于铏的南边，这是第一次奠爵；然后大祝和小祝迎尸入室，并协助王行礼，此时尸举起斝爵，王向尸行拜礼使之安坐，尸拿着斝爵一滴滴浇于地下，接着浅尝一口，最后放在地上奠祭。

三、烹煮牲体、进献馈食笾豆、荐爓、献酒、献燔

朝践之后，内饔、司士、大仆和羊人等职官要对牲体进行第二次切

1 （清）孙诒让：《周礼正义》（第8册），北京：中华书局，1987年，第2034–2035页。
2 （清）孙诒让：《周礼正义》（第8册），北京：中华书局，1987年，第2034页。
3 （清）孙诒让：《周礼正义》（第8册），北京：中华书局，1987年，第2035页。
4 （清）孙诒让：《周礼正义》（第6册），北京：中华书局，1987年，第1494–1495页。
5 （清）阮元校刻：《十三经注疏》（上册），北京：中华书局，1980年，第1183–1184页。
6 （清）阮元校刻：《十三经注疏》（上册），北京：中华书局，1980年，第1201页。
7 （清）阮元校刻：《十三经注疏》（下册），北京：中华书局，1980年，第1457页。

割。以下就割牲后的烹煮牲体、进献馈食笾豆、荐爓、献酒、献燔依次予以说明。

（一）烹煮牲体

割牲之后，由大宰将牲体交付亨人烹煮，以备举行荐爓之礼。《周礼·天官·大宰》："及纳亨，赞王牲事。"[1]纳亨是指纳牲与杀牲后授于亨人两件事情，此处涉及的是后者。贾公彦曰："腥其俎，肫解而腥之。以此讫，乃纳与亨人爓祭。"[2]《亨人》："掌共鼎镬以给水火之齐。职外内饔之爨亨煮。"郑玄注："齐，多少之量。""职，主也。爨，今之灶。主于其灶煮物。"[3]亨人的具体工作是在烹煮食物时调节灶的火候及用水的多少。《内饔》："凡宗庙之祭祀，掌割亨之事。"[4]烹煮也有内饔的配合。

《周礼》所载亨人调节水火是烹制食物最基本的工序，是颇有讲究的。《吕氏春秋·本味》载伊尹说汤以至味，其中有一段关于烹制时使用水火的议论："凡味之本，水最为始。五味三材，九沸九变，火为之纪。时疾时徐，灭腥去臊除膻，必以其胜，无失其理。"[5]凡是调味，水为根本。鼎镬中的咸、苦、酸、辛、甘五种味道在水、木、火的作用下多次煮沸，不断变化，在于以火为节。用火煮食，时而炽热，时而微弱，以除去其中的腥味、臊味和膻味，火候要适度。其实不仅调节火候很重要，燃烧时间的长短、所用薪材的类型和薪材的优劣都会影响燃烧效果，这一点葛志毅根据《隋书·王劭传》和《路史》的记载已经指出过，他进一步指出，古人曾"把兽肉等食物直接置于火上烧烤"而"体悟到薪材与食

1 （清）孙诒让：《周礼正义》（第 1 册），北京：中华书局，1987 年，第 145 页。
2 （清）孙诒让：《周礼正义》（第 1 册），北京：中华书局，1987 年，第 145 页。
3 （清）孙诒让：《周礼正义》（第 1 册），北京：中华书局，1987 年，第 281–282 页。
4 （清）孙诒让：《周礼正义》（第 1 册），北京：中华书局，1987 年，第 274 页。
5 （战国）吕不韦著，陈奇猷校注：《吕氏春秋新校释》（上册），上海：上海古籍出版社，2002 年，第 745 页。

物味道间的关系”，这种观念在炊具发明使用后仍然继续存在。[1]

烹煮牲体时，大、小宗伯都要莅临检查。《周礼 · 春官 · 大宗伯》：“凡祀大神，享大鬼，祭大祇，帅执事而卜日，宿，视涤濯，莅玉鬯，省牲镬。”[2]《小宗伯》：“祭之日，逆齍，省镬。”郑玄注：“省镬，视亨腥孰。”[3]在检查烹煮牲体时，小宗伯是大宗伯的随从。

（二）进献馈食笾豆

烹煮牲体的同时，王后进献馈食之笾豆。《周礼 · 天官 · 笾人》：“馈食之笾，其实枣、桌、桃、干穛、榛实。”[4]《醢人》：“馈食之豆，其实葵菹、蠃醢，脾析、蠯醢，蜃、蚳醢，豚拍、鱼醢。”[5]郑玄注：“馈食，荐孰也。”贾疏：“此谓朝践荐腥后，堂上更体其犬豕牛羊烹孰之时，后荐谓之馈食之笾也。”孙诒让又指出：“在九献第五献之前爓荐体解之时，后荐此豆笾也。”[6]也就是说，将牲体进行分解并将其煮成半熟状态时，王后要进献馈食笾豆。

（三）荐爓

荐爓是指进献经过热水煮至半熟的牲体。《周礼》记载小子和司士参与此事。《小子》：“掌祭祀羞羊肆、羊殽。”郑司农注：“羞，进也。”“羊殽，体解节折也。”孙诒让曰：“凡牲之爓孰者，必体解。”羞“羊殽”，就是进献分解成二十一个部分的半熟羊牲。[7]郑玄曰：“凡骨有肉曰殽。”[8]

---

1 葛志毅：《水火之义及改火、改水习俗考论》，《谭史斋论稿续编》，哈尔滨：黑龙江人民出版社，2004 年，第 351-354 页。
2 （清）孙诒让：《周礼正义》（第 5 册），北京：中华书局，1987 年，第 1404 页。
3 （清）孙诒让：《周礼正义》（第 5 册），北京：中华书局，1987 年，第 1443 页。
4 （清）孙诒让：《周礼正义》（第 2 册），北京：中华书局，1987 年，第 385 页。
5 （清）孙诒让：《周礼正义》（第 2 册），北京：中华书局，1987 年，第 401 页。
6 （清）孙诒让：《周礼正义》（第 2 册），北京：中华书局，1987 年，第 385-386 页。
7 （清）孙诒让：《周礼正义》（第 9 册），北京：中华书局，1987 年，第 2386、2388 页。
8 （清）阮元校刻：《十三经注疏》（上册），北京：中华书局，1980 年，第 1193 页。

杨伯峻说："骨有肉曰骰，犹今之排骨。"[1]则羊骰即羊排骨。《小子》："祭祀，赞羞。"[2]《司士》："（祭祀）帅其属而割牲，羞俎豆。"[3]据此，小子与司士是荐爓的执行者。比照荐腥时的主献者，荐爓中牛、马、犬、豕的主献者，应分别是大司徒和乡师、大司马、大司寇、大司空。《礼记》中荐爓的记载可与《周礼》互证。《礼记·礼运》："孰其骰。"郑玄注："谓体解而爓之。"孔疏："孰其骰，骨体也，孰谓以汤爓之，以其所爓骨体进于尸前也。""此孰其骰，谓体解讫以汤爓之，不全孰次于腥而荐之堂。"[4]意谓用热水烹煮分解的牲体，待煮至半熟时，进献于庙堂之上尸的面前。《祭义》："爓祭祭腥而退。"郑玄注："汤内曰爓。"[5]其中的"爓祭"亦是荐爓之祭。

进献之前，先要将镬中的牲体依次盛入鼎俎之中，此事由内饔、诸子、大仆和御仆执行。《周礼·天官·内饔》："王举，则陈其鼎俎，以牲体实之。"郑玄注："取于镬以实鼎，取于鼎以实俎。"[6]这是说鼎俎依礼各有安放之处，牲体在镬中烹煮之后，内饔盛之于鼎，将要食用的时候，再从鼎中取出置于俎上。虽然这是专就王饮食时杀牲陈馔而言，但其仪节与祭祀是相同的。《诸子》："大祭祀，正六牲之体。"郑玄注："正谓朼载之。"贾疏："按《特牲》《少牢》，移鼎入陈，即有一人鼎中匕出牲体，一人在鼎西，北面载之于俎。既言正六牲之体，明是此二事也。"孙诒让指出："朼者，以匕出牲体于鼎也，吉祭用棘。"[7]《大仆》："赞王牲事。"其中也包括"匕载"之事。贾疏："人君于祭祀之礼，匕牲为圀而已，其

1 杨伯峻编著：《春秋左传注》（第2册），北京：中华书局，1990年，第769页。
2 （清）孙诒让：《周礼正义》（第9册），北京：中华书局，1987年，第2393页。
3 （清）孙诒让：《周礼正义》（第10册），北京：中华书局，1987年，第2469页。
4 （清）阮元校刻：《十三经注疏》（下册），北京：中华书局，1980年，第1417页。
5 （清）阮元校刻：《十三经注疏》（下册），北京：中华书局，1980年，第1594页。
6 （清）孙诒让：《周礼正义》（第1册），北京：中华书局，1987年，第269页。
7 （清）孙诒让：《周礼正义》（第10册），北京：中华书局，1987年，第2478页。

余不亲。彼诸侯亲匕，明天子亦然，是以大仆得有赞牲之事。《少牢》不亲匕，下人君故也。《特牲》亲匕者，士卑不嫌也。”[1]《御仆》：“大祭祀，相盥而登。”郑玄注：“登谓为王登牲体于俎。”[2]也是助王将牲体置于俎上。

荐爓也是报本反始的表现形式，不同之处在于它“法于中古”[3]。我们已经知道，先民们曾经有过茹毛饮血的生活状态，后来随着时间的推移，这种状况迎来了质的突破。《礼运》说“后圣有作，然后脩火之利”，先民们掌握用火技术之后，可以通过“以炮以燔，以亨以炙”来“养生送死，以事鬼神上帝”。郑玄训“炮”为“裹烧之”；释“燔”为“加于火上”；说“亨”为“煮之镬也”；言“炙”为“贯之火上”[4]。同文另一处也提到当时“燔黍捭豚”的情景[5]，即将黍米和捭析的豚肉放在烧石上进行烧烤。此外，《礼记·郊特牲》：“有虞氏之祭也，尚用气，血、腥、爓祭，用气也。”孔疏：“血、腥、爓三者而祭是用气也，以其并未熟故云用气也。”[6]这说明时人虽然掌握了用火技术，饮食方式较以前已大有改观，但是做出的食物仍然是半生不熟的状态。因此，文明时代在祭祀中将牲体煮至半熟的荐爓之礼，正是对以上历史阶段饮食状况的仪式性重现。

（四）献酒

第二轮献酒称作“馈献”，是裸礼以来的第五、六献。《周礼·春官·司尊彝》：“春祠夏禴，裸用鸡彝、鸟彝，皆有舟；其朝践用两献尊，其再献用两象尊。”“秋尝冬烝，裸用斝彝、黄彝，皆有舟；其朝献用两著尊，其馈献用两壶尊。”“凡四时之间祀追享朝享，裸用虎彝、蜼彝，皆有舟；其朝践用两大尊，其再献用两山尊。”郑玄注：“馈献，谓荐孰时。

1 （清）孙诒让：《周礼正义》（第 10 册），北京：中华书局，1987 年，第 2502–2503 页。
2 （清）孙诒让：《周礼正义》（第 10 册），北京：中华书局，1987 年，第 2516 页。
3 （清）阮元校刻：《十三经注疏》（下册），北京：中华书局，1980 年，第 1417 页。
4 （清）阮元校刻：《十三经注疏》（下册），北京：中华书局，1980 年，第 1416 页。
5 （清）阮元校刻：《十三经注疏》（下册），北京：中华书局，1980 年，第 1415 页。
6 （清）阮元校刻：《十三经注疏》（下册），北京：中华书局，1980 年，第 1457 页。

后于是荐馈食之豆笾。”[1]贾疏：“馈献在朝践后，亦在当尸未入室，再献是王酳尸后节也，是以云馈献谓荐熟时也。此即《礼运》云‘熟其殽’，郑注云‘体解而爓之’是也。”[2]“朝践讫，乃孰其殽，荐于神前，王以玉爵酌盎齐以献尸，后亦玉爵酌盎齐以献尸，名为馈献。”[3]可知馈献时尸仍然在庙堂之上，进献的是盎齐。只是贾氏所言王后持有“玉爵”有误，应为“瑶爵”。孙诒让指出：“谓五献、六献也。王以玉爵酌盎齐献尸，尊与八献同。后又以瑶爵酌盎齐亚献尸，尊与王同。以其与再献同酌盎齐，又同春夏用象尊，秋冬用壶尊，故云尊相因。郑言此者，亦见春夏五献六献同名馈献，秋冬八献九献同名再献也。”[4]对于间祀，以例推之，当用山尊。《礼记·礼运》：“醴醆以献。”孔疏：“馈食之时用醆。”[5]指的就是馈献之礼。

（五）献燔

献燔是指献酒之后进献烤肉的仪节。《周礼·夏官·量人》：“凡祭祀、飨宾，制其从献脯、燔之数量。”郑司农注：“从献者，肉殽从酒也。”郑玄注：“燔，从于献酒之肉炙也。数，多少也。量，长短也。”[6]“制”即切割。[7]脯、燔分属飨宾与祭祀。故孙诒让曰：“祭礼从献以肝燔。”“饮食礼从献以脯醢。”[8]就祭祀而言，量人的职责，是按照多少长短的规定来切割献酒之后进献的烤肉。其他先秦文献也有宗庙祭祀献燔的记载。《诗·小雅·楚茨》：“或燔或炙。”郑笺：“燔，燔肉也。炙，肝炙也。皆从献之

1 （清）孙诒让：《周礼正义》（第 6 册），北京：中华书局，1987 年，第 1514 页。
2 （清）孙诒让：《周礼正义》（第 6 册），北京：中华书局，1987 年，第 1519 页。
3 （清）孙诒让：《周礼正义》（第 2 册），北京：中华书局，1987 年，第 518 页。
4 （清）孙诒让：《周礼正义》（第 6 册），北京：中华书局，1987 年，第 1519 页。
5 （清）阮元校刻：《十三经注疏》（下册），北京：中华书局，1980 年，第 1417 页。
6 （清）孙诒让：《周礼正义》（第 9 册），北京：中华书局，1987 年，第 2381 页。
7 林尹：《周礼今注今译》，北京：书目文献出版社，1985 年，第 308 页。
8 （清）孙诒让：《周礼正义》（第 9 册），北京：中华书局，1987 年，第 2383 页。

俎也。”孔疏：“言从献者，既献酒，即以此燔肉从之而置之在俎也。”[1]《礼记 · 礼运》也说：“醴醆以献，荐其燔炙。”[2]

四、迎接与进献粢盛

馈献后要举行第二次迎粢之礼，这次小祝迎接的是饎人炊好的粢盛。《周礼 · 春官 · 小祝》：“大祭祀，逆齍盛。”贾疏：“祭宗庙馈献后，尸将入室食，小祝于庙门外，迎饎人之齍盛于庙堂东，实之，荐于神座前。”[3]

饎人把粢盛做成熟食。《周礼 · 地官 · 饎人》：“掌凡祭祀共盛。”郑玄注：“炊而共之。”孙诒让曰：“凡祭祀之齍盛，皆于灶炊之。《士虞礼》《特牲馈食礼》谓之‘饎爨’，《少牢馈食礼》谓之‘廪爨’是也。”[4]炊爨之时世妇和女御也在场，负责陈列粢盛及其器具。《世妇》：“及祭之日，莅陈女宫之具。”[5]《女御》：“凡祭祀，赞世妇。”郑玄注：“助其帅莅女宫。”[6]《世妇》：“及祭祀，比其具。”其中的“具”包括“粢盛之爨”[7]。

饎人将粢盛加工成熟食后，由小宗伯和小祝负责迎入庙内，舍人将其装入簠簋。《周礼 · 春官 · 小宗伯》：“祭之日，逆齍。”郑玄注：“逆齍，受饎人之盛以入。”[8]《小祝》亦曰：“大祭祀，逆齍盛。”[9]贾公彦曰：“今言逆齍，明于庙门之外迎入，向庙堂东实之于簠簋也。”[10]舍人负责将粢盛装入簠簋。《舍人》：“凡祭祀，共簠簋，实之，陈之。”[11]江永指出：“簋盛黍

---

1 （清）阮元校刻：《十三经注疏》（上册），北京：中华书局，1980 年，第 468–469 页。
2 （清）阮元校刻：《十三经注疏》（下册），北京：中华书局，1980 年，第 1417 页。
3 （清）孙诒让：《周礼正义》（第 8 册），北京：中华书局，1987 年，第 2034 页。
4 （清）孙诒让：《周礼正义》（第 4 册），北京：中华书局，1987 年，第 1240 页。
5 （清）孙诒让：《周礼正义》（第 2 册），北京：中华书局，1987 年，第 558 页。
6 （清）孙诒让：《周礼正义》（第 2 册），北京：中华书局，1987 年，第 560 页。
7 （清）孙诒让：《周礼正义》（第 6 册），北京：中华书局，1987 年，第 1686 页。
8 （清）孙诒让：《周礼正义》（第 5 册），北京：中华书局，1987 年，第 1443 页。
9 （清）孙诒让：《周礼正义》（第 8 册），北京：中华书局，1987 年，第 2034 页。
10（清）孙诒让：《周礼正义》（第 5 册），北京：中华书局，1987 年，第 1443 页。
11（清）孙诒让：《周礼正义》（第 4 册），北京：中华书局，1987 年，第 1229 页。

稷为正馔，簠盛稻粱为加馔。天子八簋，诸侯六簋。簠之数未闻。凡宾客之礼，簠皆少于簋，则祭时宜亦放此。天子盖四簠，诸侯盖二簠。天子用六粢，有麦、苽，盖亦盛之于簠。”[1]

炊熟的粢盛在庙中备置妥当后，小宗伯要对其名称、种类和盛放情况进行最后的检查。《周礼·春官·小宗伯》：“辨六齍之名物与其用。”[2]粢盛经过小宗伯仔细检查之后，就交于后宫之人执之前往进献。《小宗伯》：“使六宫之人共奉之。”孙诒让曰：“六宫奉齍，与五官奉牲，职掌内外，互相备也。”[3]《世妇》：“帅六宫之人共齍盛。”[4]《女御》：“凡祭祀，赞世妇。”郑玄注：“助其帅莅女宫。”[5]女御是世妇的随从。

粢盛的主献者是王后，大宗伯、外宗、世妇、九嫔、女御、内宰和内小臣都是协助者。《周礼·春官·大宗伯》：“奉玉齍。”[6]《外宗》：“王后以乐羞齍，则赞。”郑玄注：“赞犹佐也。”[7]《世妇》：“及祭祀，比其具，诏王后之礼事。”郑玄注：“荐彻之节。”又《世妇》：“相外内宗之礼事。”郑玄注：“同姓异姓之女有爵佐后者。”[8]其中的外宗是异姓之女有爵者。《九嫔》：“凡祭祀，赞玉齍。”[9]《女御》：“凡祭祀，赞世妇。”郑玄注：“助其帅莅女宫。”[10]《内宰》：“正后之服位，而诏其礼乐之仪。”郑玄注：“荐彻之礼当与乐相应。”又《内宰》：“赞九嫔之礼事。”郑玄注：“助九嫔赞后之事。”[11]《内小臣》：“凡祭祀、宾客、丧纪，则摈，诏后之礼事，相九嫔

1 （清）孙诒让：《周礼正义》（第 4 册），北京：中华书局，1987 年，第 1229 页。
2 （清）孙诒让：《周礼正义》（第 5 册），北京：中华书局，1987 年，第 1440 页。
3 （清）孙诒让：《周礼正义》（第 5 册），北京：中华书局，1987 年，第 1440-1441 页。
4 （清）孙诒让：《周礼正义》（第 6 册），北京：中华书局，1987 年，第 1687 页。
5 （清）孙诒让：《周礼正义》（第 2 册），北京：中华书局，1987 年，第 560 页。
6 （清）孙诒让：《周礼正义》（第 5 册），北京：中华书局，1987 年，第 1404 页。
7 （清）孙诒让：《周礼正义》（第 6 册），北京：中华书局，1987 年，第 1692 页。
8 （清）孙诒让：《周礼正义》（第 6 册），北京：中华书局，1987 年，第 1686-1687 页。
9 （清）孙诒让：《周礼正义》（第 2 册），北京：中华书局，1987 年，第 554 页。
10 （清）孙诒让：《周礼正义》（第 2 册），北京：中华书局，1987 年，第 560 页。
11 （清）孙诒让：《周礼正义》（第 2 册），北京：中华书局，1987 年，第 520 页。

之礼事，正内人之礼事。”郑玄注：“摈，为后传辞，有所求为。诏、相、正者，异尊卑也。”内人为女御。[1]以上构成了进献粢盛时的官联系统。需要提及的是，其中《外宗》和《内宰》都提到了奏乐。孙诒让曰：“以乐羞齍，盖歌《清庙》。”[2]

五、食祭

这里所谓的食祭，是指尸在食前祭祀造食之先的仪节。《周礼·春官·小祝》：“大祭祀，逆齍盛，送逆尸，沃尸盥，赞隋。”郑玄注：“隋，尸之祭也。”[3]“隋，尸所祭肺脊黍稷之属。”[4]“赞隋”是指小祝赞大祝命祭。[5]《大祝》：“辨九祭，一曰命祭。”郑玄注：“谓祭食者。”[6]《膳夫》：“以乐侑食，膳夫授祭。”郑玄注：“礼，饮食必祭，示有所先。”[7]意即食前祭祀创造食物的先人，用以表达怀念和敬意。《仪礼·特牲馈食礼》：“祝命挼祭，尸左执觯，右取菹抨于醢，祭于豆间。佐食取黍稷肺祭授尸，尸祭之。”郑玄注：“命，诏尸也。挼祭，祭神食也。”“擩醢者，染于醢。”[8]挼、隋二字义通。[9]《少牢馈食礼》也有类似的记载：“尸取韭菹辩抨于三豆，祭于豆间。上佐食取黍稷于四敦，下佐食取牢一切肺于俎，以授上佐食。上佐食兼与黍以授尸，尸受，同祭于豆祭。”郑玄注：“同，合也，合祭于俎豆之祭也。”[10]《礼记·郊特牲》：“祭黍稷加肺。”郑玄注：“谓绥祭也。”[11]

1 （清）孙诒让：《周礼正义》（第2册），北京：中华书局，1987年，第538–539页。
2 （清）孙诒让：《周礼正义》（第6册），北京：中华书局，1987年，第1692页。
3 （清）孙诒让：《周礼正义》（第8册），北京：中华书局，1987年，第2034页。
4 （清）孙诒让：《周礼正义》（第6册），北京：中华书局，1987年，第1683页。
5 （清）孙诒让：《周礼正义》（第8册），北京：中华书局，1987年，第2034页。
6 （清）孙诒让：《周礼正义》（第8册），北京：中华书局，1987年，第1998页。
7 （清）孙诒让：《周礼正义》（第1册），北京：中华书局，1987年，第244页。
8 （清）阮元校刻：《十三经注疏》（上册），北京：中华书局，1980年，第1184页。
9 （清）孙诒让：《周礼正义》（第6册），北京：中华书局，1987年，第1684页。
10 （清）阮元校刻：《十三经注疏》（上册），北京：中华书局，1980年，第1201页。
11 （清）阮元校刻：《十三经注疏》（下册），北京：中华书局，1980年，第1457页。

亦指此事。综上，尸行食祭的仪节为：祝告知尸食祭，尸于是取泡菜蘸上肉酱置于豆间进行祭祀，佐食者又取黍稷肺交给尸行祭。

六、荐熟、侑尸、献酒、献燔、进献笾豆

（一）荐熟

荐熟是指进献完全煮熟的牲体。与荐爓一样，大宰先要将牲体交给亨人和内饔进行烹煮，在这期间，大、小宗伯都要莅临检查；煮熟之后，再由内饔、诸子、大仆和御仆将镬中的牲体依次盛入鼎俎之中。《周礼》没有涉及各种牲体专门的进献者，以理推之，情况应同荐腥和荐爓时相仿。《礼记·礼运》："退而合亨，体其犬豕牛羊。"即祭祀时准备荐熟之礼。郑玄注："此谓荐今世之食也。体其犬豕牛羊，谓分别骨肉之贵贱以为众俎也。"[1]与荐腥和荐爓不同的是，这次进献的牲体已经完全煮熟，是郑玄所谓"今世之食"，不再法古。至此，天子宗庙祭祀进献牺牲经历了荐血腥、荐爓、荐熟三个阶段。[2]邹昌林说这个演变过程"不仅反映了人类饮食内容的进步，实际也反映了社会生产的进步"[3]，林素娟说它"象征由质而文，无文至人文化成的过程"[4]，这些概括是简明得当的。随着祭礼程序的一步步推进，呈现出了祭祀者与祖先神灵之间的距离逐渐亲近的态势。

（二）侑尸

侑尸是指尸食告饱后，大祝劝尸继续食用，并令奏乐。《周礼·春官·大祝》："隋衅、逆牲、逆尸，令钟鼓，右亦如之。"郑玄注："右读

1 （清）阮元校刻：《十三经注疏》（下册），北京：中华书局，1980 年，第 1417 页。

2 我国海南省的黎族在祭祀祖先时也有"先祭生后祭熟"的习俗，参见高泽强、潘先锷：《祭祀与避邪——黎族民间信仰文化初探》，昆明：云南民族出版社，2007 年，第 73-78 页。

3 邹昌林：《中国古礼研究》，台北：文津出版社，1992 年，第 74 页。

4 林素娟：《饮食礼仪的身心过渡意涵及文化象征意义——以三〈礼〉斋戒、祭祖为核心进行探讨》，《中国文哲研究集刊》（第 32 期），2008 年。

亦当为侑。”其方式是“侑劝尸食而拜”[1]。贾公彦曰：“一口谓之一饭。”“天子十一饭而侑也。”[2]天子之礼，大祝劝尸继续食用是在十一饭告饱之后。综上，尸在吃了十一口饭后告饱时，大祝须行拜礼劝其继续食用，同时命令乐官伴奏钟鼓之乐。

其他先秦文献中宗庙祭祀侑尸的内容，可证《周礼》侑尸的记载属实。《诗·小雅·楚茨》：“我黍与与，我稷翼翼，我仓既盈，我庾维亿。以为酒食，以享以祀，以妥以侑，以介景福。”郑笺：“以黍稷为酒食，献之以祀先祖，既又迎尸，使处神坐而食之。为其嫌不饱，祝以主人之辞劝之，所以助孝子受大福也。”[3]《仪礼·特牲馈食礼》：“尸三饭告饱，祝侑，主人拜。”“佐食羞庶羞，四豆设于左，南上，有醢。又三饭，告饱，祝侑之如初。举骼及兽鱼如初，尸又三饭，告饱，祝侑之如初。”[4]等级不同，礼亦有别。不同于天子宗庙祭祀，特牲馈食礼是诸侯之士的祭祖礼，在尸吃了三口饭后，祝就进行劝侑。

（三）献酒

第三轮献酒称为朝献和再献，其中王的朝献是指祼礼以来的第七献，王后的再献是指第八献，最后是诸臣的三献，为第九献。《周礼·春官·司尊彝》：“春祠夏禴，祼用鸡彝、鸟彝，皆有舟；其朝践用两献尊，其再献用两象尊。”“秋尝冬烝，祼用斝彝、黄彝，皆有舟；其朝献用两著尊，其馈献用两壶尊。”“凡四时之间祀追享朝享，祼用虎彝、蜼彝，皆有舟；其朝践用两大尊，其再献用两山尊。”郑玄注：“其变朝践为朝献者，尊相因也。朝献，谓尸卒食，王酳之。再献者，王酳尸之后，后酌

1 （清）孙诒让：《周礼正义》（第8册），北京：中华书局，1987年，第2021、2007页。

2 （清）阮元校刻：《十三经注疏》（上册），北京：中华书局，1980年，第1202页。

3 （清）王先谦撰，吴格点校：《诗三家义集疏》（下册），北京：中华书局，1987年，第750页。

4 （清）阮元校刻：《十三经注疏》（上册），北京：中华书局，1980年，第1184页。

亚献，诸臣为宾，又次后酌盎齐，备卒食三献也。于后亚献，内宗荐加豆笾。其变再献为馈献者，亦尊相因。”[1]朝献与朝践时一样，春夏时祭用献尊，秋冬时祭用著尊，间祀用大尊；再献与馈献时一样，春夏时祭用象尊，秋冬时祭用壶尊，间祀用山尊。朝献是在尸食毕，王用玉爵向其进献醴齐的仪节，漱口谓之“酳”，“酳尸”就是请尸饮酒漱口，表示安食养乐的意思。再献是继王进献之后，王后用瑶爵向尸进献盎齐。三献是诸侯作为臣子继王后用瑶爵向尸进献盎齐。

（四）献燔

献燔是指献酒之后进献烤肉。同馈献时一样，量人切割烤肉，酳尸后亦行献燔之礼。《周礼·夏官·量人》：“凡祭祀、飨宾，制其从献脯、燔之数量。”[2]《仪礼·特牲馈食礼》也有酳尸后进献烤肉的记载：“主人洗角升，酌酳尸，尸拜受，主人拜送。尸祭酒，啐酒，宾长以肝从。”郑玄注：“肝，肝炙也。”《特牲馈食礼》：“主妇洗爵于房，酌，亚献尸。”“兄弟长以燔从。”郑玄注：“燔，炙肉也。”[3]由于天子与诸侯之士举行宗庙祭祀的等级不同，所以献燔之人也有区别。

（五）进献笾豆

加笾、加豆是王后再献之后进献的笾豆。《周礼·天官·笾人》：“加笾之实，蔆、芡、㮚、脯，蔆、芡、㮚、脯。”[4]《醢人》：“加豆之实，芹菹、兔醢，深蒲、醓醢，箈菹、雁醢，笋菹、鱼醢。”[5]郑玄和贾公彦说进献加笾、加豆在王后再献之后。郑玄曰：“加笾，谓尸既食，后亚献尸所

1 （清）孙诒让：《周礼正义》（第6册），北京：中华书局，1987年，第1514页。
2 （清）孙诒让：《周礼正义》（第9册），北京：中华书局，1987年，第2381页。
3 （清）阮元校刻：《十三经注疏》（上册），北京：中华书局，1980年，第1184–1185页。
4 （清）孙诒让：《周礼正义》（第2册），北京：中华书局，1987年，第387页。
5 （清）孙诒让：《周礼正义》（第2册），北京：中华书局，1987年，第402页。

加之笾。""于后亚献，内宗荐加豆笾。"[1]"加爵之豆笾。"贾疏："天子礼，以尸既食后，亚献尸为加，此时荐之，故云加爵之豆笾。"[2]《仪礼·特牲馈食礼》："主妇洗爵于房，酌，亚献尸。尸拜受，主妇北面拜送。宗妇执两笾户外坐，主妇受，设于敦南。"[3]这里的宗妇与主妇，相当于《周礼》中的内宗与王后。故贾公彦指出："以其内宗所荐，明主于后。"[4]意谓进献加笾、加豆与王后相关，应在王后再献之后。进献加笾、加豆的具体时间还有另外两种观点可备参考。其一，崔灵恩认为在王献尸之后，王后再献之前。[5]其二，江永、金榜认为在九献后诸臣献尸时。他们赞同崔灵恩"九献之后，谓之加爵"的说法，认为"加笾""加豆"之"加"与此相应。[6]

外宗负责检查加笾、加豆中的祭品是否符合要求，内宗是其主献者。《周礼·春官·外宗》："掌宗庙之祭祀佐王后荐玉豆，视豆笾。"郑玄注："视，视其实。"孙诒让曰："此所荐并通朝事、馈食言之。内宗荐加豆笾，亦当视之也。"[7]《内宗》："掌宗庙之祭祀荐加豆笾。"[8]世妇是外宗和内宗的协助者。《世妇》："相外内宗之礼事。"[9]《女御》："凡祭祀，赞世妇。"[10]在行礼之时，由女御协助世妇告诉外宗和内宗有关的礼节。

肉豆也是王后再献之后进献的豆。《周礼·夏官·小子》："掌祭祀羞羊肆、羊殽、肉豆。"郑司农注："肉豆者，切肉也。"[11]此处的"肉豆"即

---

1 （清）孙诒让：《周礼正义》（第2册），北京：中华书局，1987年，第387-388；（清）孙诒让：《周礼正义》（第6册），北京：中华书局，1987年，第1514页。
2 （清）孙诒让：《周礼正义》（第6册），北京：中华书局，1987年，第1690页。
3 （清）阮元校刻：《十三经注疏》（上册），北京：中华书局，1980年，第1185页。
4 （清）孙诒让：《周礼正义》（第2册），北京：中华书局，1987年，第388页。
5 （清）孙诒让：《周礼正义》（第6册），北京：中华书局，1987年，第1520页。
6 （清）孙诒让：《周礼正义》（第2册），北京：中华书局，1987年，第388页。
7 （清）孙诒让：《周礼正义》（第6册），北京：中华书局，1987年，第1692页。
8 （清）孙诒让：《周礼正义》（第6册），北京：中华书局，1987年，第1690页。
9 （清）孙诒让：《周礼正义》（第6册），北京：中华书局，1987年，第1687页。
10 （清）孙诒让：《周礼正义》（第2册），北京：中华书局，1987年，第560页。
11 （清）孙诒让：《周礼正义》（第9册），北京：中华书局，1987年，第2386页。

盛于豆中的羊肉切片。孙诒让曰："通用六牲，不专用羊也。"[1] 除羊牲之外，还有盛于豆中的其他牲肉切片。《仪礼·特牲馈食礼》："佐食羞庶羞，四豆设于左。"[2]《小子》中尸食的"肉豆"即此"庶羞"[3]。孔颖达谓《周礼》中的内羞和庶羞皆由世妇进献。[4] 孙诒让则曰："豆笾中内羞为世妇所荐，庶羞则当小子荐之。"[5] 其实司士也负责进献肉豆。《司士》："帅其属而割牲，羞俎豆。"[6] 豆中之物必然为牲肉。

九献之后所献的笾豆称作"羞笾"和"羞豆"，总称为"内羞"。《周礼·天官·笾人》："羞笾之实，糗饵、粉餈。"《醢人》："羞豆之实，酏食、糁食。"[7] 羞笾和羞豆之实都是谷物。《世妇》："及祭之日，莅陈女宫之具，凡内羞之物。"进献内羞属于世妇的掌理范围，内羞即指《笾人》和《醢人》所言"羞笾"与"羞豆"之实。[8]

需要补充的是，笾豆和俎中皆有鱼肉，尸在食鱼前的食祭由大司马协助。《周礼·夏官·大司马》："大祭祀、飨食，羞牲鱼，授其祭。"郑玄注："祭，谓尸宾所以祭也。"授祭涉及尸的食祭，即《大祝》所言"共祭"[9]。《大祝》："九曰共祭。"郑玄注："共犹授也。"[10] 是祭祀时大司马取鱼肉授尸以祭。《仪礼·少牢馈食礼》："上佐食举尸一鱼，尸受振祭，哜之。"[11] 此时大司马与佐食的职责类似。

---

1 （清）孙诒让：《周礼正义》（第 9 册），北京：中华书局，1987 年，第 2386 页。
2 （清）阮元校刻：《十三经注疏》（上册），北京：中华书局，1980 年，第 1184 页。
3 （清）孙诒让：《周礼正义》（第 9 册），北京：中华书局，1987 年，第 2388 页。
4 （清）阮元校刻：《十三经注疏》（上册），北京：中华书局，1980 年，第 469 页。
5 （清）孙诒让：《周礼正义》（第 2 册），北京：中华书局，1987 年，第 555 页。
6 （清）孙诒让：《周礼正义》（第 10 册），北京：中华书局，1987 年，第 2469 页。
7 （清）孙诒让：《周礼正义》（第 2 册），北京：中华书局，1987 年，第 389、404 页。
8 （清）孙诒让：《周礼正义》（第 2 册），北京：中华书局，1987 年，第 558 页。
9 （清）孙诒让：《周礼正义》（第 9 册），北京：中华书局，1987 年，第 2361–2362 页。
10 （清）孙诒让：《周礼正义》（第 8 册），北京：中华书局，1987 年，第 1998 页。
11 （清）阮元校刻：《十三经注疏》（上册），北京：中华书局，1980 年，第 1202 页。

七、乐舞

乐舞是指乐歌和舞蹈并举，它是天子宗庙祭祀仪式中的重要环节。《周礼》记载有天子宗庙祭祀乐舞的种类、准备和举行情况。恩格斯曾指出："舞蹈尤其是一切宗教祭祀的主要组成部分。"[1] 乐舞兴起的时间有两说。第一，在四献之后。贾公彦曰："大合乐者，据荐腥之后。"[2] "周之礼，凡祭祀皆先作乐下神，乃荐献，荐献讫乃合乐也。"孙诒让指出："贾说荐献讫乃合乐者，谓朝践荐腥，后四献之后而合乐。"[3] 孔颖达亦曰："荐孰时，当此大合乐也。"[4] 孙诒让补充道："《祭义》云'反馈乐成'，注云：'反馈是进孰也。'盖乐合于进孰之前，而阕于既进之后。"[5] 因此合乐自荐熟之前开始，直到荐熟完成时停止。第二，九献之后。杜佑曰："自九献之后，遂降，冕而抚干，舞《大武》之乐以乐尸。"[6] 刘源从杜说，他指出："馈孰一节，尸入室前，设馔阴厌飨神，无合乐兴舞之理。此后，尸即入室，王亦入室妥尸，无暇兴舞。"[7] 以情理推之，以杜说为长。

（一）乐舞种类

《周礼》记载了七种大型乐舞，其中有三种用于天子宗庙祭祀。《大司乐》："以乐舞教国子舞《云门》《大卷》《大咸》《大磬》《大夏》《大濩》，《大武》。"[8] 与天子宗庙祭祀有关的三种乐舞，分别名为《大武》、《九磬》（或《大磬》）和《大濩》，它们"尽管表演形式、内容各有差异，但它们都有同样的指归，指向的都是君王之德"[9]，都是表现古帝王的政绩，颂扬其德

1 ［德］恩格斯：《家庭、私有制和国家的起源》，北京：人民出版社，1999 年，第 94 页。
2 （清）孙诒让：《周礼正义》（第 7 册），北京：中华书局，1987 年，第 1732 页。
3 （清）孙诒让：《周礼正义》（第 7 册），北京：中华书局，1987 年，第 1766 页。
4 （清）阮元校刻：《十三经注疏》（下册），北京：中华书局，1980 年，第 1417 页。
5 （清）孙诒让：《周礼正义》（第 7 册），北京：中华书局，1987 年，第 1767 页。
6 （唐）杜佑：《通典》，北京：中华书局，1984 年，第 281 页。
7 刘源：《商周祭祖礼研究》，北京：商务印书馆，2004 年，第 183 页。
8 （清）孙诒让：《周礼正义》（第 7 册），北京：中华书局，1987 年，第 1725、1731 页。
9 刘玉梅：《舞意天道兼——论周代雅乐的象征性及其影响》，《文化与诗学》2010 年第 1 期。

行。[1] 此外，还有缦乐和燕乐同以上乐舞配合。

1.《大武》

《大武》是周代乐舞的代表。《周礼 · 春官 · 大司乐》：“舞《大武》，以享先祖。”此处涉及的是天子宗庙时祭。[2]郑玄曰：“《大武》，武王乐也。武王伐纣以除其害，言其德能成武功。”[3]《大武》“基本内容是向祖先报告自己的赫赫武功，并表示要继承先王遗志”[4]，主旨是颂扬和表决心的。《吕氏春秋 · 古乐》：“武王即位，以六师伐殷，六师未至，以锐兵克之于牧野。归，乃荐俘馘于京太室，乃命周公作为《大武》。”[5]《大武》属于武舞，是周人灭商凯旋之后，武王命令周公为宗庙祭祀而创作的大型乐舞。

《大武》作为周人乐舞的代表，规模甚为宏大。《礼记 · 乐记》记载了一段孔子对《大武》的描述：

> 夫乐者，象成者也。总干而山立，武王之事也。发扬蹈厉，大公之志也。《武》乱皆坐，周召之治也。且夫《武》，始而北出，再成而灭商，三成而南，四成而南国是疆，五成而分，周公左，召公右，六成复缀以崇，天子夹振之而驷伐，盛威于中国也。分夹而进，事早济也，久立于缀，以待诸侯之至也。[6]

《大武》的每一部分为一成，共有六成，每一成都有特定的象征意

1 许兆昌：《试论上古时期“乐”的政治表达功能》，《吉林大学社会科学学报》2006 年第 1 期。

2 （清）孙诒让：《周礼正义》（第 7 册），北京：中华书局，1987 年，第 1751 页。

3 （清）孙诒让：《周礼正义》（第 7 册），北京：中华书局，1987 年，第 1725 页。

4 姚小鸥：《诗经三颂与先秦礼乐文化》，北京：北京广播学院出版社，2000 年，第 82 页。

5 （战国）吕不韦著，陈奇猷校注：《吕氏春秋新校释》（上册），上海：上海古籍出版社，2002 年，第 289-290 页。

6 （清）阮元校刻：《十三经注疏》（下册），北京：中华书局，1980 年，第 1542 页。

义。第一成“总干而山立”是持盾立正，如山一样岿然不动，象征周人誓师北上；第二成中的“发扬蹈厉”乃勇猛冲锋，象征牧野之战时奋勇杀敌，“《武》乱皆坐”象征克商凯旋后的偃武修文；第三成是又向南方诸国用兵；第四成为划定南方诸国疆界，安定荆蛮；第五成象征周召分治；第六成象征天子大会诸侯。从这些舞蹈动作来看，编排《大武》所用的素材直接来源于武王伐纣以及此后发生的国家大事。《礼记·祭统》：“祭有三重。”其中“舞莫重于《武宿夜》”。郑玄注：“《武宿夜》，武曲名也。”熊安生曰：“此即《大武》之乐也。”[1]王国维考证出《大武》之乐的乐章及次序分别为：《诗·周颂》中的《武宿夜》（即《昊天有成命》）、《武》、《酌》、《桓》、《赉》和《般》。[2]

兴舞之时，天子要亲自率领群臣跳舞。《礼记·明堂位》载鲁国以天子之礼祭祀周公时，君主“朱干玉戚，冕而舞《大武》”[3]。《祭统》亦曰：“及入舞，君执干戚就舞位。君为东上，冕而揔干，率其群臣，以乐皇尸。是故天子之祭也，与天下乐之；诸侯之祭也，与竟内乐之。冕而揔干，率其群臣，以乐皇尸，此与竟内乐之之义也。”[4]尸酒足饭饱之后，天子与群臣参与乐舞，竭力取悦于尸，营造着一种众人振奋欢愉的氛围。

从本质上来说，创造欢乐氛围只是《大武》表面的功能，而通过加强祭祀者彼此之间的情感基础来增强群体的凝聚力才是最终目的。文化人类学材料可以为我们的理解提供很好的参考。澳洲的瓦拉蒙加人也以戏剧的表现方式来纪念自己的祖先。斯宾塞和吉兰考察过其中的黑蛇族。“他们

1 （清）阮元校刻：《十三经注疏》（下册），北京：中华书局，1980 年，第 1604 页。

2 王国维：《周大武乐章考》，《观堂集林》（上册），北京：中华书局，1959 年，第 104-108 页。按：致力于考证《大武》乐章及其次序的学者还有高亨、孙作云、张西堂、阴法鲁、杨向奎、彭松、姚小鸥、张国安等。参见张国安：《先秦乐政与乐教研究》，博士学位论文，扬州：扬州大学中国文化研究所，2004 年，第 98-114 页。

3 （清）阮元校刻：《十三经注疏》（下册），北京：中华书局，1980 年，第 1489 页。

4 （清）阮元校刻：《十三经注疏》（下册），北京：中华书局，1980 年，第 1604 页。

把祖先'塔拉瓦拉'（Thalaualla）从开始浮出大地到最终回归地下的神话历史全部表演出来。他们追随着祖先走完了他的全部旅程。"[1]涂尔干就此指出："那些荣耀的纪念不仅可以活生生地展现在人们的眼前，也可以使人们体会到彼此的亲属关系，使人们感到自己变得更加强壮、更有信心：如果一个人看到了如此遥远的过去重新回到了他的身边，如此宏伟的事物重新激荡着他的胸怀，他就会更加确信自己的信仰。这就是仪典的特征，它起着教导的作用。而且，它还倾向于完全作用于心灵，仅仅作用于心灵。"[2]就《周礼》中的《大武》而言，它"实际上是把武王灭商的主导思想和灭商的整个过程表现出来。后人就是通过这个节目去体会武王灭商的全过程及周人得天下的原因"[3]。《大武》具有很强的感染力，容易使祭祀者的精神达到极度亢奋的状态，增强对祖先的认同感，从而找到共同的归属感，"取得政治上的认同与归顺"[4]。所以说祭祀者参与乐舞时的娱乐敬神行为不过是表象，不断教化和巩固祭祀者这个团体才是真正的目的。

2.《九磬》

《九磬》是舜时乐舞的代表。《周礼·春官·大司乐》："《九德》之歌，《九磬》之舞，于宗庙之中奏之，若乐九变，则人鬼可得而礼矣。"《九磬》用于天子宗庙祭祀中最为隆重的禘祭。[5]"《九磬》"也作《大磬》或《大韶》"。郑玄曰："《大磬》，舜乐也。言其德能绍尧之道也。"[6]此谓《九磬》是舜时的乐舞，表达的是颂扬舜继承了尧的功德。《礼记·乐记》亦

---

1 ［法］爱弥尔·涂尔干著，渠东、汲喆译：《宗教生活的基本形式》，北京：商务印书馆，2011年，第515页。

2 ［法］爱弥尔·涂尔干著，渠东、汲喆译：《宗教生活的基本形式》，北京：商务印书馆，2011年，第518页。

3 邹昌林：《中国古礼研究》，台北：文津出版社，1992年，第54页。

4 杨隽：《论周代庙堂典乐》，《社会科学辑刊》2010年第1期。

5 （清）孙诒让：《周礼正义》（第7册），北京：中华书局，1987年，第1757-1758页。

6 （清）孙诒让：《周礼正义》（第7册），北京：中华书局，1987年，第1725页。

曰："《韶》，继也。"郑玄注："舜乐名也，韶之言绍也，言舜能继绍尧之德。《周礼》曰《大韶》。"[1]《说文·音部》："韶，虞舜乐也。"[2]对于"韶"的意思，姜亮夫认为本义应为"鼗"，也就是小鼓。由于该乐以鼗鼓为主要乐器，所以名之为"《韶》"。[3]《吕氏春秋》将它的创作时间追溯到了帝喾之时。《吕氏春秋·古乐》："帝喾命咸黑所作为《声歌》（"声"又作"唐"）——《九招》《六列》《六英》。"[4]其实，不论《九磬》创作于哪个时代，古人认为它代表了舜时的乐舞文化都是可以确定的。《论语·八佾》："子谓《韶》：'尽美矣，又尽善矣。'"[5]《论语·述而》："子在齐闻《韶》，三月不知肉味，曰：'不图为乐之至于斯也。'"[6]此乐将崇仰周礼的孔子带到了极为美妙的享受境界，足见它是非常契合礼制精神的。

3.《大濩》

《大濩》是商代乐舞的代表。《周礼·春官·大司乐》："舞《大濩》，以享先妣。"[7]祭祀先妣姜嫄时的《大濩》是用来颂扬商汤之德的。郑玄曰："《大濩》，汤乐也。汤以宽治民，而除其邪，言其德能使天下得其所也。"[8]《大濩》为汤时之乐的记载也见于其他先秦文献。《墨子·三辩》："汤放桀

1　（清）阮元校刻：《十三经注疏》（下册），北京：中华书局，1980年，第1534页。许兆昌指出："《韶》既为帝舜之乐，应当以歌诵舜之功业德绩为主题，不应仅仅表现其对帝尧功绩的继承。"此说于理可通。参见许兆昌：《虞舜乐文化零证》，《史学集刊》2007年第5期。

2　（清）段玉裁：《说文解字注》，北京：中华书局，2013年，第103页。

3　姜亮夫：《九歌解题》，《姜亮夫全集（八）——楚辞学论文集》，昆明：云南人民出版社，2002年，第281页。

4　（战国）吕不韦著，陈奇猷校注：《吕氏春秋新校释》（上册），上海：上海古籍出版社，2002年，第288页。

5　程树德撰，程俊英、蒋见元点校：《论语集释》（第1册），北京：中华书局，1990年，第222页。

6　程树德撰，程俊英、蒋见元点校：《论语集释》（第2册），北京：中华书局，1990年，第456页。

7　（清）孙诒让：《周礼正义》（第7册），北京：中华书局，1987年，第1748页。

8　（清）孙诒让：《周礼正义》（第7册），北京：中华书局，1987年，第1725页。

于大水，环天下自立以为王，事成功立，无大后患，因先王之乐，又自作乐，命曰《护》。"[1]《吕氏春秋·古乐》："汤乃命伊尹作为《大护》。"[2]"护"与"濩"相通。《白虎通义·礼乐》解释得很明白："汤曰《大濩》者，能护民之急也。"[3]刘清河和李锐解释祭祀先妣用汤乐《大濩》的原因说：

> "先妣"乃指女性祖先，《大濩》相传为殷商立国之主成汤所作，为何要将这二者连在一起，可能与文王之父王季娶殷女为妻有关，即文王的母亲——"先妣"乃属于殷商一族，《诗经·大雅·大明》中说"挚仲氏任，自彼殷商，来嫁于周"，说的就是王季娶殷商王畿之内挚国的任姓女子为妻之事。用殷商乐舞——先妣熟悉的乡音祭享先妣，一来先妣乐于接受，二来又示对先妣的尊崇之意。[4]

周代女性祖先配祭于男性祖先，此处的先妣只能是周人的女性始祖姜嫄，所以两位学者的论证是值得重新考虑的。周武彦认为周人使用《大濩》是"周王朝安定殷民的一种政治需要——尊重殷人习俗，确保国泰民安"[5]，这一推断是合理的。

大型乐舞文武皆备。《白虎通义·礼乐》："王者之乐有先后者，各上其德也。此言以文得之先以文，谓持羽毛儛也。以武得之先以武，谓持干戚儛也。"[6]黄以周曰："《五经通义》云：'王者之乐，各当其德。以文

1 （清）孙诒让撰，孙启治、孙以楷点校：《墨子间诂》（上册），北京：中华书局，2001 年，第 40 页。

2 （战国）吕不韦著，陈奇猷校注：《吕氏春秋新校释》（上册），上海：上海古籍出版社，2002 年，第 289 页。

3 （清）陈立撰，吴则虞点校：《白虎通疏证》（上册），北京：中华书局，1994 年，第 102 页。

4 刘清河、李锐：《雅风美俗之先秦礼乐》，台北：云龙出版社，1995 年，第 39-40 页。

5 周武彦：《中国古代音乐考释》，长春：吉林人民出版社，2005 年，第 133 页。

6 （清）陈立撰，吴则虞点校：《白虎通疏证》（上册），北京：中华书局，1994 年，第 109 页。

得之，先文乐，持羽毛而舞；以武得之，先武乐，持朱干玉戚而舞。'云先必有后，是则文乐亦有武舞，武乐亦有文舞，特分先后而已。"孙诒让曰："大舞则文舞以羽籥为主，而亦有干戚；武舞以干戚为主，而亦有羽籥。"[1]商汤和周武王以征伐得天下，故《大濩》和《大武》皆为武舞，其后有文舞；舜以文得天下，则《九磬》为文舞，其后有武舞。

4. 缦乐和燕乐

大型乐舞配有缦乐和燕乐。缦乐是配合正乐的杂乐。《周礼·春官·磬师》："凡祭祀，奏缦乐。"[2]郑玄曰："缦读为缦锦之缦，谓杂声之和乐者也。"[3]孙诒让解释说："缦锦之读，盖取杂文之义。杂声者，谓其非雅乐声曲，散杂不名一调，而可以和正乐，故曰杂声和乐。杂之云者，异于雅正之谓。"[4]燕乐是天子燕居之乐。[5]《钟师》："凡祭祀，飨食，奏燕乐。"孙诒让曰："于合乐时奏之也。"[6]《旄人》："凡祭祀、宾客，舞其燕乐。"孙诒让曰："合乐时并奏燕舞也。"[7]

（二）准备乐舞

乐舞开始前，乐官和舞者先要入位。大胥和小胥在祭礼前已召集学士，并从中选拔了参加跳舞的人。将要兴舞时，大司乐就率领这些选好的学士前往跳舞。《周礼·春官·大司乐》："帅国子而舞。"[8]乐师和大祝负责命令歌者和舞者入场。《乐师》："诏来瞽皋舞。"郑玄注："诏视瞭扶瞽

1 （清）孙诒让：《周礼正义》（第5册），北京：中华书局，1987年，第1278页。
2 （清）孙诒让：《周礼正义》（第7册），北京：中华书局，1987年，第1885页。
3 （清）孙诒让：《周礼正义》（第7册），北京：中华书局，1987年，第1882页。
4 （清）孙诒让：《周礼正义》（第7册），北京：中华书局，1987年，第1883页。
5 （清）孙诒让：《周礼正义》（第7册），北京：中华书局，1987年，第1883页。
6 （清）孙诒让：《周礼正义》（第7册），北京：中华书局，1987年，第1892页。
7 （清）孙诒让：《周礼正义》（第7册），北京：中华书局，1987年，第1903页。
8 （清）孙诒让：《周礼正义》（第7册），北京：中华书局，1987年，第1779、1781页。

者来入也。皋之言号，告国子当舞者舞。”[1]《视瞭》：“凡乐事，相瞽。”即视瞭搀扶瞽矇之事。[2]大祝与乐师的职责是相同的。《大祝》：“来瞽，令臯舞。”郑玄注：“臯读为卒嘷呼之嘷。来、嘷者，皆谓呼之入。”[3]

舞者入场后，要规正他们的队列并授予舞器。队列的规正由诸子和小胥共同负责。《周礼·夏官·诸子》：“凡乐事，正舞位。”郑玄注：“位，佾处。”[4]小胥使用的是惩罚的手段。《小胥》：“巡舞列而挞其怠慢者。”郑玄注：“挞犹抶也。抶以荆扑。”[5]小胥巡视舞蹈队列，用荆条鞭打怠慢之人。舞器由诸子、司干和司兵授予舞者。诸子在规正舞位后授舞器。《诸子》：“凡乐事，正舞位，授舞器。”贾疏：“文舞则授羽籥，武舞授干戚之等。”[6]羽指雉羽，籥是一种舞者所吹的竹管乐器，干为大盾，戚即斧头。《司干》：“司干掌舞器。祭祀，舞者既陈，则授舞器，既舞则受之。”[7]司干不仅掌管发放舞器，还负责舞蹈结束后将其收藏起来。此官通掌文舞的舞器，至于武舞，则只掌专为大舞而设的有文饰的朱干玉戚（即赤色的大盾和有玉饰的斧头），不掌与戎事所用兵器一样的舞器。[8]《司兵》：“祭祀，授舞者兵。”与司干不同的是，司兵负责的是不饰朱玉的干戚。[9]

（三）举行乐舞

《周礼》记载乐舞的举行由小师、鼓人、籥师、钟师、笙师、磬师、瞽矇、旄人、鞮鞻氏和韎师相互配合。

小师总掌乐舞表演过程中诗歌、音乐与舞蹈的相互配合。《周礼·春

1 （清）孙诒让：《周礼正义》（第 7 册），北京：中华书局，1987 年，第 1808 页。
2 （清）孙诒让：《周礼正义》（第 7 册），北京：中华书局，1987 年，第 1870 页。
3 （清）孙诒让：《周礼正义》（第 8 册），北京：中华书局，1987 年，第 2023 页。
4 （清）孙诒让：《周礼正义》（第 10 册），北京：中华书局，1987 年，第 2478 页。
5 （清）孙诒让：《周礼正义》（第 7 册），北京：中华书局，1987 年，第 1822 页。
6 （清）孙诒让：《周礼正义》（第 10 册），北京：中华书局，1987 年，第 2478 页。
7 （清）孙诒让：《周礼正义》（第 7 册），北京：中华书局，1987 年，第 1923-1924 页。
8 （清）孙诒让：《周礼正义》（第 7 册），北京：中华书局，1987 年，第 1923-1924 页。
9 （清）孙诒让：《周礼正义》（第 10 册），北京：中华书局，1987 年，第 2547 页。

官·小师》："掌六乐声音之节与其和。"孙诒让曰："六乐即《大司乐》之六乐，彼以舞为主，而亦有声歌。此官辨其节奏，使与舞相应也。"[1]所谓"六乐"，即《大司乐》所谓"六舞"。其实小师就是整个乐舞的指挥者。

负责击鼓的是鼓人、籥师和钟师等。乐舞的类型不同，击鼓者也有区别。《周礼·地官·鼓人》："以路鼓鼓鬼享。"郑玄注："鬼享，享宗庙也。"[2]鼓人负责武舞中的击鼓。[3]《籥师》："掌教国子舞羽吹籥。祭祀则鼓羽籥之舞。"郑玄注："文舞有持羽吹籥者，所谓籥舞也。""鼓之者，恒为之节。"[4]文舞中籥师负责击鼓为节。《钟师》："掌鼙，鼓缦乐。"郑玄注："作缦乐，击鼙以和之。"在磬师作缦乐时，钟师击鼙以和之。[5]鼙是一种小鼓。[6]《礼记·文王世子》："胥鼓《南》。"郑玄注："《南》，南夷之乐也。"[7]大胥击鼓以为南夷之乐的舞节。吴土法据此指出宗庙祭祀的四夷之乐均由大胥击鼓为节。[8]

管乐由笙师、视瞭、瞽矇吹奏。《周礼·春官·笙师》："凡祭祀、飨射，共其钟笙之乐，燕乐亦如之。"[9]笙师负责吹笙以与钟声相应和。孙诒让说"钟笙之乐"涉及合乐[10]，则合乐中的燕乐也是一样的。除吹笙外，孙氏还指出燕乐中还有箫与管。[11]笙师和视瞭负责吹笙，瞽矇和视瞭吹奏箫与管。

1 （清）孙诒让：《周礼正义》（第7册），北京：中华书局，1987年，第1864页。
2 （清）孙诒让：《周礼正义》（第3册），北京：中华书局，1987年，第901页。
3 （清）孙诒让：《周礼正义》（第7册），北京：中华书局，1987年，第1905页。
4 （清）孙诒让：《周礼正义》（第7册），北京：中华书局，1987年，第1903–1904页。
5 （清）孙诒让：《周礼正义》（第7册），北京：中华书局，1987年，第1893页。
6 （清）阮元校刻：《十三经注疏》（上册），北京：中华书局，1980年，第1028页。
7 （清）阮元校刻：《十三经注疏》（下册），北京：中华书局，1980年，第1405页。
8 吴土法：《〈周礼〉宗祀乐事官联考》，《杭州大学学报》（哲学社会科学版）1997年第2期。
9 （清）孙诒让：《周礼正义》（第7册），北京：中华书局，1987年，第1899页。
10 （清）孙诒让：《周礼正义》（第7册），北京：中华书局，1987年，第1899页。
11 （清）孙诒让：《周礼正义》（第7册），北京：中华书局，1987年，第1899页。

磬和钟由磬师和钟师敲击。《周礼·春官·磬师》："凡祭祀，奏缦乐。"[1]《钟师》："凡祭祀、飨食，奏燕乐。"[2]

瞽矇演奏柷和敔。《周礼·春官·瞽矇》："掌播鼗、柷、敔、埙、箫、管、弦、歌。"[3]金鹗说柷和敔的作用相当于后世的拍板。[4]《尚书·皋陶谟下》："合止柷、敔。"[5]这是祭祀祖先之乐的记载，孙诒让指出即为合乐之节。[6]

瞽矇还负责吟唱诗歌。《周礼·春官·瞽矇》："掌《九德》《六诗》之歌，以役大师。"郑玄注："役，为之使。"[7]也就是瞽矇在大师的安排下吟唱诗歌。孙诒让说合乐时歌六诗[8]，合乐即乐舞并举之时。郑玄曰："合乐，谓歌乐与众声俱作。"金鹗曰："合乐，堂上歌诗，琴瑟与堂下之乐合作。"[9]专门用于天子宗庙祭祀的诗歌是"颂"。大师所教六诗中就有"颂"。《大师》："教六诗：曰风，曰赋，曰比，曰兴，曰雅，曰颂。"[10]颂有特殊的涵义。《毛诗序》："颂者，美盛德之形容，以其成功告于神明者也。"[11]郑玄曰："颂之言容，天子之德，光被四表，格于上下，无不覆焘，无不持载，此谓之容。"[12]"颂之言诵也，容也，诵今之德，广义美之。"[13]《释

---

1 （清）孙诒让：《周礼正义》（第7册），北京：中华书局，1987年，第1885页。

2 （清）孙诒让：《周礼正义》（第7册），北京：中华书局，1987年，第1892页。

3 （清）孙诒让：《周礼正义》（第7册），北京：中华书局，1987年，第1864页。

4 （清）孙诒让：《周礼正义》（第7册），北京：中华书局，1987年，第1860页。

5 （清）孙星衍撰，陈抗、盛冬铃点校：《尚书今古文注疏》，北京：中华书局，2004年，第127页。

6 （清）孙诒让：《周礼正义》（第7册），北京：中华书局，1987年，第1737页。

7 （清）孙诒让：《周礼正义》（第7册），北京：中华书局，1987年，第1868页。

8 （清）孙诒让：《周礼正义》（第7册），北京：中华书局，1987年，第1868页。

9 （清）孙诒让：《周礼正义》（第7册），北京：中华书局，1987年，第1766页。

10 （清）孙诒让：《周礼正义》（第7册），北京：中华书局，1987年，第1842页。孙定辉认为《周礼·春官·大师》所言"六诗"之"兴"诗是用于祭祖的诗歌，可备一说。参见孙定辉：《〈春官〉"六诗"之兴与〈诗经〉之"兴"诗》，《重庆师范大学学报》（哲学社会科学版）2013年第5期。

11 （清）阮元校刻：《十三经注疏》（上册），北京：中华书局，1980年，第272页。

12 （清）阮元校刻：《十三经注疏》（上册），北京：中华书局，1980年，第581页。

13 （清）孙诒让：《周礼正义》（第7册），北京：中华书局，1987年，第1843页。

名·释言语》："颂，容也，叙说其成功之形容也。"《释典艺》："称颂成功，谓之颂。"[1]颂是用以表现天子德政之美并敬告神灵的诗歌。大师不仅教瞽矇，还教学士。[2]瞽矇主唱，跳舞的学士也深知诗歌之义，只有这样，他们才可以做到完美协调。

瞽矇和学士在表演的同时，也经历一个深化自我德行的过程。《周礼·春官·大师》："以六德为本。"这是对学习诗歌的人在德行上的主要要求。郑玄注："所教诗必有知、仁、圣、义、忠、和之道，乃后可教以乐歌。"[3]贾疏："凡受教必以行为本，故使先有六德为本，乃可习六诗也。孙诒让则认为"六德"可能是指《大司乐》"以乐德教国子"中的"中、和、祗、庸、孝、友"[4]。从大师掌管教授诗歌来看，应与大司乐所教乐德相合，孙氏的说法显得更为切合。吟唱诗歌的瞽矇和跳舞的学士（或国子）已经具有了"六德"的修养，他们既有的内在德行与外在的诗歌和舞蹈正好相应，表演可谓深化自我德行的良机。

燕乐中的舞蹈由旄人和靺师共同负责。《周礼·春官·旄人》："凡祭祀、宾客，舞其燕乐。"这里的燕乐不仅包括野人参与表演的夷乐，还包括野人参与表演的次于雅乐的散乐[5]，亦即少数民族之乐和民间音乐。[6]夷乐的作用是"荐宗庙之乐"[7]，虽然它与四夷有关，但其表演者并非四夷

1 （汉）刘熙撰，（清）毕沅疏证，王先谦补：《释名疏证补》，北京：中华书局，2008 年，第 113、213 页。

2 （清）孙诒让：《周礼正义》（第 7 册），北京：中华书局，1987 年，第 1843 页。

3 （清）孙诒让：《周礼正义》（第 7 册），北京：中华书局，1987 年，第 1846 页。

4 （清）孙诒让：《周礼正义》（第 7 册），北京：中华书局，1987 年，第 1846 页。中德，德礼相称；和德，"和"之行德的心性落实；祗德，敬畏之心；庸德，勤礼有功，德性牢固；孝德，孝敬父母；友德，友爱兄弟。张国安认为孝、友"亦当与协睦宗族义有关"。参见张国安：《先秦乐政与乐教研究》，博士学位论文，扬州：扬州大学中国文化研究所，2004 年，第 155-162 页。

5 （清）孙诒让：《周礼正义》（第 7 册），北京：中华书局，1987 年，第 1903 页。

6 杨华：《先秦礼乐文化》，武汉：湖北教育出版社，1997 年，第 142 页。

7 （宋）易祓：《周官总义》卷 2，《文渊阁四库全书电子版》，上海、香港：上海人民出版社、迪志文化出版有限公司，1999 年。

之人，而是中国之人。《白虎通义 · 礼乐》："谁为舞者？以为使中国之人。何以言之？夷狄之人礼不备，恐有过误也。"[1]依班固之见，夷狄之人礼数不备，可能会出现失误。在四夷之乐中，韎师专掌东夷之乐。《韎师》："韎师掌教韎乐。祭祀则帅其属而舞之。"郑玄注："舞之以东夷之舞。"[2]四夷之乐本为四种乐舞。郑玄曰："四夷之乐，东方曰《韎》，南方曰《任》，西方曰《株离》，北方曰《禁》。"[3]不难发现，《周礼》唯言东夷之乐有专职掌理，其他三乐却没有提及。孙诒让推测其中的原因说："四夷乐韎，盖犹近雅，故其用最多，特设官以教之。"[4]王震中谓史前东夷族的音乐造诣和贡献是十分杰出的，可作为孙说的一个证据。[5]张国安也说："韎乐为东夷之乐，既特设一官，其用乐、规模盛于其他夷乐当可知。"[6]吴土法则将此归之于《周礼》是未加统稿的集体之作。[7]今从孙氏等说。

夷乐中的吹奏和歌唱由鞮鞻氏掌管。《周礼 · 春官 · 鞮鞻氏》："掌四夷之乐与其声歌。祭祀，则龡而歌之。"郑玄注："吹之以管籥为之声。"[8]

天子宗庙祭祀包含四夷之乐是有特定政治考量的。郑玄曰："王者必作四夷之乐，一天下也。"[9]也就是说，加入四夷之乐的元素象征着天子兼容并包，统摄整个天下。《白虎通义 · 礼乐》的解释更为具体，该篇引《乐元语》曰："兴四夷之乐，明德广及之也。"《礼乐》："谁制夷狄之乐？以为先圣王也。先王推行道德，调和阴阳，覆被夷狄。故夷狄安乐，来朝

1 （清）陈立撰，吴则虞点校：《白虎通疏证》（上册），北京：中华书局，1994 年，第 111 页。
2 （清）孙诒让：《周礼正义》（第 7 册），北京：中华书局，1987 年，第 1902 页。
3 （清）孙诒让：《周礼正义》（第 7 册），北京：中华书局，1987 年，第 1919 页。
4 （清）孙诒让：《周礼正义》（第 7 册），北京：中华书局，1987 年，第 1902 页。
5 王震中：《东夷的史前史及其灿烂文化》，《中国史研究》1988 年第 1 期。
6 张国安：《先秦乐政与乐教研究》，博士学位论文，扬州：扬州大学中国文化研究所，2004 年，第 13 页。
7 吴土法：《〈周礼〉宗祀乐事官联考》，《杭州大学学报》（哲学社会科学版）1997 年第 2 期。
8 （清）孙诒让：《周礼正义》（第 7 册），北京：中华书局，1987 年，第 1919–1920 页。
9 （清）孙诒让：《周礼正义》（第 7 册），北京：中华书局，1987 年，第 1919 页。

中国，于是作乐乐之。”[1] 吴土法指出：“宗庙之中而容纳夷、狄、蛮、戎诸乐，其用意无非是藉此以表示天子拥有辽阔的领土和强大的势力，政治教化深入于边远的蛮夷之邦，统治范围犹如《诗经 · 小雅 · 北山》所云‘溥天之下，莫非王土，率土之滨，莫非王臣’。”[2] 因此“雅乐体系的最初并不是一个完全封闭的体系”[3]，先王制作和演奏四夷之乐意味着对夷狄文化的宽容和认可。

不过天子宗庙祭祀在容纳夷乐的同时，也有刻意区隔的成分，其显著体现就是四夷乐舞与天子乐舞的地点不同。《白虎通义 · 礼乐》：“合欢之乐儛于堂，四夷之乐陈于门外之右。”“作之门外者何？夷在外，故就之也。夷狄无礼义，不在内。”[4] 贾公彦亦曰：“凡舞夷乐，皆门外为之。”[5] 所谓“门外”即庙门之外。《国语 · 周语中》载周定王曰：“夫戎、狄，冒没轻儳，贪而不让。其血气不治，若禽兽焉。其适来班贡，不俟馨香嘉味，故坐诸门外，而使舌人体委与之。”[6] 周王室将前来朝聘的戎狄当作禽兽看待，在赐给他们牲牢时让其坐在门外，由舌人专门传递。这与天子宗庙祭祀对待夷乐的态度非常相似。一言以蔽之，天子宗庙祭祀中对待夷乐的方式，反映出当时华夏民族对夷狄既容纳又刻意区隔的态度。

其实以上对待夷狄的两种方式并不矛盾。借用文化人类学上的一个说法，此类现象就是“流动性和区分之同时存在”。王铭铭指出：“流动不等于趋同，人类可能流动越来越频繁，但却也可能是在这个过程中刻

1 （清）陈立撰，吴则虞点校：《白虎通疏证》（上册），北京：中华书局，1994 年，第 107、110 页。
2 吴土法：《〈周礼〉宗祀乐事官联考》，《杭州大学学报》（哲学社会科学版）1997 年第 2 期。
3 杨华：《先秦礼乐文化》，武汉：湖北教育出版社，1997 年，第 142 页。
4 （清）陈立撰，吴则虞点校：《白虎通疏证》（上册），北京：中华书局，1994 年，第 108、111 页。
5 （清）孙诒让：《周礼正义》（第 7 册），北京：中华书局，1987 年，第 1902 页。
6 上海师范大学古籍整理研究所校点：《国语》，上海：上海古籍出版社，1998 年，第 62 页。

意地创造出相互之间的区分和隔阂的。”[1]在周代礼乐社会，这一现象非常明显。《公羊传》成公十五年所言“内诸夏而外夷狄”[2]，正是对这类观念的概括。古代华夏民族对待四夷的态度往往有两个侧面，其一是受到“部落中心主义”观念的支配，在战争、称谓、朝聘、婚姻、盟会等方面对四夷持有明显的偏见；其二则是对四夷持有博大的襟怀，采取怀柔感化的方针。[3]天子乐舞在门内，四夷乐舞在门外，就是华夏民族与四夷之间现实方位关系的一个缩影，其根源则在周人观念之中。

◉ 第六节 赐酒于助祭者和执事者

进献仪节结束后，天子宗庙祭祀还有向助祭者和执事者赐酒的环节，以示祖先施惠于下。《周礼》明文涉及的有赐酒于士、郁人和量人。

一、赐酒于助祭者——士

被赐酒的助祭者为士，他们要按照昭穆次序排列。《周礼·夏官·司士》：“凡祭祀，掌士之戒令，诏相其法事；及赐爵，呼昭穆而进之。”郑玄注：“此所赐王之子姓兄弟。”贾疏：“谓祭末旅酬无算爵之时，皆有酒爵赐及之，皆以昭穆为序也。”[4]《礼记·祭统》：“凡赐爵，昭为一，穆为一。昭与昭齿，穆与穆齿。凡群有司皆以齿。此之谓长幼有序。”[5]这是诸侯宗庙祭祀的赐爵之礼。《祭统》还说献爵于“士及群有司，皆以齿，明

1 王铭铭、刘琪：《人类学家的凝视与环顾——王铭铭教授访谈》，《学术月刊》2015 年第 3 期。

2 （清）阮元校刻：《十三经注疏》（下册），北京：中华书局，1980 年，第 2297 页。

3 常金仓：《穷变通久：文化史学的理论与实践》，北京：人民出版社，2014 年，第 175-185 页。

4 （清）孙诒让：《周礼正义》（第 10 册），北京：中华书局，1987 年，第 2468 页。

5 （清）阮元校刻：《十三经注疏》（下册），北京：中华书局，1980 年，第 1606 页。

尊卑之等”[1]。孔颖达曰：“凡赐爵者，爵，酒爵也，谓祭祀旅酬时，赐助祭者酒爵，故云赐爵。昭为一，穆为一者，言君众兄弟子孙等在昭列者则为一色，在穆列者自为一色，各自相旅。尊者在前，卑者在后，若同班列，则长者在前，少者在后。是昭与昭齿，穆与穆齿。”[2]祭祀将要结束的旅酬（即相互敬酒）之时，由天子向同姓的助祭之士赐酒，行礼时这些士都要按照昭穆的次序排列位置。其中昭穆各列又以齿为序，亦即以年龄大小排列次序。

需要指出的是，这里的士仅限于无爵之士。贾公彦说在天子宗庙祭祀时，同姓无爵者从昭穆，有爵者则以爵为序。[3]孙诒让曰：“此谓同姓无爵者也。祭祀赐爵虽通于同姓异姓，但异姓序官，必有爵乃得赐，同姓虽无爵亦与士同得赐，故此官依昭穆须呼之，令进升受爵也。其有爵者，则不依昭穆。”[4]这反映了周人对亲疏远近关系的重视。

无爵之士以昭穆为序而被赐酒，蕴含着两方面的寓意。第一，象征着祖先布施恩惠于子孙。《周礼·夏官·司士》：“及赐爵，呼昭穆而进之。”郑玄注：“赐爵，神惠及下也。”[5]第二，庙主与尸有昭穆，生者也有昭穆，体现的是祖先与生人亲疏远近的关系。《国语·鲁语上》载鲁国一名宗官执事曰：“夫宗庙之有昭穆也，以次世之长幼，而等胄之亲疏也。”[6]《礼记·祭统》亦曰：“夫祭有昭穆，昭穆者，所以别父子、远近、长幼、亲疏之序而无乱也。是故有事于大庙，则群昭群穆咸在而不失其伦。此之谓亲疏之杀也。”[7]

---

1 （清）阮元校刻：《十三经注疏》（下册），北京：中华书局，1980 年，第 1605 页。
2 （清）阮元校刻：《十三经注疏》（下册），北京：中华书局，1980 年，第 1606 页。
3 （清）阮元校刻：《十三经注疏》（上册），北京：中华书局，1980 年，第 1193 页。
4 （清）孙诒让：《周礼正义》（第 10 册），北京：中华书局，1987 年，第 2468 页。
5 （清）孙诒让：《周礼正义》（第 10 册），北京：中华书局，1987 年，第 2468 页。
6 上海师范大学古籍整理研究所校点：《国语》，上海：上海古籍出版社，1998 年，第 174 页。
7 （清）阮元校刻：《十三经注疏》（下册），北京：中华书局，1980 年，第 1605 页。

二、赐酒于执事者——郁人和量人

被赐酒的执事者是郁人和量人。《周礼·春官·郁人》:“大祭祀，与量人受举斝之卒爵而饮之。”这里的大祭祀专指宗庙祭祀。郑玄注:“斝，受福之嘏，声之误也。”[1]郑玄改“斝”为“嘏”，其实无须改字。陆佃、孙希旦等都指出这里的“举斝”类似于《礼记·郊特牲》所载“举斝”，[2]即举起斝爵。孙诒让对这一仪节的前后情况说得很明白，现引述如下:

> 盖朝践之后，荐孰之时，延主入室，祝酌斝奠于铏南，乃迎尸入室，举此奠斝，王拜妥尸，尸执斝祭之，啐之，奠之。及九献加爵毕，太子入，尸执奠斝，太子受，祭之，啐之，卒斝。洗斝以献尸，尸受，祭之，啐之，卒斝。尸又洗斝酢太子，太子受，祭之，啐之，奠之。及礼毕，尸将出，王则以此奠斝赐郁人、量人饮之。奠斝之时，啐而未卒爵，故此经云“受卒爵”,《量人》则云‘受斝历’也。但礼无二人同饮一爵之事，盖先受者为举奠之余，其次或当受而更酌，经通言不别耳。[3]

尸行奠爵之礼时用到斝爵，到祭礼结束时，尸与太子使用这一斝爵互相献酒三次。最后一次太子受斝爵，只是浅尝一口，并未饮尽。[4]尸将退出之时，王将斝爵中的酒赐予郁人和量人。

《周礼》赐酒于郁人的记载属常礼，量人则还有变通。《量人》:“凡宰祭，与郁人受斝历而皆饮之。”[5]“斝历”就是斝中的酒。孙诒让曰:“王

1 （清）孙诒让:《周礼正义》（第6册），北京：中华书局，1987年，第1494页。

2 （清）孙诒让:《周礼正义》（第6册），北京：中华书局，1987年，第1494页。

3 （清）孙诒让:《周礼正义》（第6册），北京：中华书局，1987年，第1494-1495页。

4 对于太子受爵的原因，官献瑶曰:“天子诸侯，继世为君，所以有上嗣受爵之礼。”参见（清）胡培翚著，段熙仲点校:《仪礼正义》（下册），南京：江苏古籍出版社，1993年，第2167页。

5 （清）孙诒让:《周礼正义》（第9册），北京：中华书局，1987年，第2383页。

或未有太子，或太子幼未能行礼，则以大宰摄举斝，故经云宰祭，盖欲通晐常变。”[1]

“周人常用酒来表达对某人德行的嘉许和赞扬”[2]，郁人是行祼礼时的佐助者，量人掌管切割进献的烤肉，他们被赐予奠祭之酒，自然意味着祖先神灵给予他们恩惠。故黄以周曰：“受而饮其余沥，所以重神惠也。”[3]

◉ 第七节　仪式的退出

天子宗庙祭祀全部进献仪式完成后，由肆师报告礼事完毕。《周礼·春官·肆师》：“凡祭祀礼成，则告事毕。”[4]《大戴礼记》也有类似记载，《诸侯迁庙》：“摈者曰：‘迁庙事毕。’”《诸侯衅庙》亦曰：“既事，宗人告事毕，皆退。”[5]虽然仪式的退出环节是整个祭祀仪式的尾声，但也由四个部分组成，即祭爟、送尸、撤除俎和豆笾、藏隋与尸服，显示出对祭祀善始善终的重视态度。

一、祭爟

祭爟是指祭祀发明用火的人。《周礼·夏官·司爟》：“凡祭祀，则祭爟。”郑玄注：“报其为明之功，礼如祭爨。”[6]祭爨之礼见于《仪礼》。《仪礼·特牲馈食礼》：“尸卒食而祭饎爨、雍爨。”郑玄注：“雍，孰肉，以尸享祭，灶有功也。旧说云：‘宗妇祭饎爨，亨者祭雍爨，用黍肉而已，

1 （清）孙诒让：《周礼正义》（第9册），北京：中华书局，1987年，第2384页。
2 张舫：《周人饮酒钩沉》，《史学集刊》1987年第4期。
3 （清）孙诒让：《周礼正义》（第9册），北京：中华书局，1987年，第2385页。
4 （清）孙诒让：《周礼正义》（第6册），北京：中华书局，1987年，第1474页。
5 （清）王聘珍撰，王文锦点校：《大戴礼记解诂》，北京：中华书局，1983年，第202-203页。
6 （清）孙诒让：《周礼正义》（第9册），北京：中华书局，1987年，第2399页。

无笾豆俎。'”[1]祭爟与祭爨皆由尸受享，在祭品的设置上都比较简单。

二、送尸

送尸是将尸送出庙门，由小祝掌理此事。《周礼·春官·小祝》：“大祭祀，逆齍盛，送逆尸。”[2]祭祀开始时小祝曾负责迎尸进入庙门，祭祀结束时又负责礼送尸走出庙门。《仪礼·少牢馈食礼》所载与此礼相似：“祝先，尸从，遂出于庙门。”郑玄注：“事尸之礼，讫于庙门。”[3]送尸时也有奏乐。《大司乐》：“尸出入则令奏《肆夏》。”[4]《诗·小雅·楚茨》描述送尸之礼说：“神具醉止，皇尸载起。鼓钟送尸，神保聿归。”郑笺：“神安归者，归于天也。”[5]尸醉则神醉，享受完祭品，尸继而起身出庙门。奏响钟鼓之乐送尸，也意味着送神，祖先的神灵自此又离开了宗庙。

三、撤除俎和豆笾

在尸走出庙门之后开始撤除俎和豆笾。《周礼·春官·大祝》：“既祭，令彻。”孙诒让曰：“《膳夫》云‘凡祭祀，则彻王之胙俎’，《内小臣》云‘彻后之俎’，此彻俎也。《九嫔》云‘赞后彻豆笾’，《外宗》云‘佐王后荐玉豆，视豆笾，及以乐彻亦如之’，《大宗伯》云‘凡大祭祀，王后不与，则摄而荐豆笾彻’，此彻豆笾也。此官皆令之。”[6]大祝所令内容包括了彻俎、彻笾豆、以乐彻。《小祝》：“赞彻。”孙诒让曰：“赞大祝令之也。又佐膳夫、内小臣彻俎，九嫔、外宗彻豆笾，与彼为官联也。”[7]《仪礼·特

---

1 （清）阮元校刻：《十三经注疏》（上册），北京：中华书局，1980年，第1192页。
2 （清）孙诒让：《周礼正义》（第8册），北京：中华书局，1987年，第2034页。
3 （清）阮元校刻：《十三经注疏》（上册），北京：中华书局，1980年，第1203页。
4 （清）孙诒让：《周礼正义》（第7册），北京：中华书局，1987年，第1780页。
5 （清）王先谦撰，吴格点校：《诗三家义集疏》（下册），北京：中华书局，1987年，第754页。
6 （清）孙诒让：《周礼正义》（第8册），北京：中华书局，1987年，第2024页。
7 （清）孙诒让：《周礼正义》（第8册），北京：中华书局，1987年，第2034页。

牲馈食礼》："祝命彻阼俎豆笾。"郑玄注："阼俎，主人之俎。"[1]可与《周礼》中大祝、小祝令彻相互印证。

撤除俎和笾豆时有乐歌。《周礼·春官·乐师》："及彻，帅学士而歌彻，令相。"郑司农注："谓将彻之时自有乐，故帅学士而歌彻。"郑玄注："彻者歌《雍》，《雍》在《周颂·臣工》之什。""令视瞭扶工。"[2]"令视瞭扶工"谓乐师命令视瞭搀扶瞽矇入场歌唱。《小师》："彻，歌。"郑玄注："于有司彻而歌《雍》。"孙诒让曰："此官帅瞽矇歌《雍》以为节也。"[3]贾疏："祭末至彻祭器之时，乐师帅学士而歌彻。但学士主舞，瞽人主歌，今云'帅学士而歌彻'者，此绝读之，然后合义。歌彻之时，歌舞俱有，谓帅学士使之舞，歌者自是瞽人歌《雍》诗也。"曾钊和孙诒让都不同意这一说法，他们考虑到《乐师》经文有"歌"字，于是认为学士不只跳舞而且歌唱。[4]其实从经文来看，学士必有歌唱之举，至于是否有舞，则不得而知。此时有乐歌是为了告诉人们祭祀将要结束，并营造祭祀顺利完成时和乐融融的氛围。

膳夫和内小臣分别掌理撤除王、后之俎。《周礼·天官·膳夫》："凡王祭祀、宾客食，则彻王之胙俎。""王祭祀"指宗庙祭祀。郑玄注："膳夫亲彻胙俎，胙俎最尊也。其余则其属彻之。"[5]孙诒让曰："祭祀及宾客食，虽尊尸、宾，然王自有常尊，故膳夫之长亲彻之。""若尸、宾之俎，则膳夫使其属彻之。"[6]天子宗庙祭祀中，王与尸皆有俎，膳夫掌撤王俎，其属掌撤尸俎。《内小臣》："彻后之俎。"郑玄注："俎，谓后受尸之爵，饮于房中之俎。"[7]贾疏："天子诸侯祭礼亡。案《特牲》，荐俎，乃受尸之

1 （清）阮元校刻：《十三经注疏》（上册），北京：中华书局，1980 年，第 1191 页。
2 （清）孙诒让：《周礼正义》（第 7 册），北京：中华书局，1987 年，第 1809–1810 页。
3 （清）孙诒让：《周礼正义》（第 7 册），北京：中华书局，1987 年，第 1863 页。
4 （清）孙诒让：《周礼正义》（第 7 册），北京：中华书局，1987 年，第 1809 页。
5 （清）孙诒让：《周礼正义》（第 1 册），北京：中华书局，1987 年，第 251 页。
6 （清）孙诒让：《周礼正义》（第 1 册），北京：中华书局，1987 年，第 252 页。
7 （清）孙诒让：《周礼正义》（第 2 册），北京：中华书局，1987 年，第 538 页。

酢，次主妇酳尸，尸酢主妇于东房中，受尸之酢亦有荐俎。后之俎，小臣所彻，亦约与士礼主妇之俎同也。”[1]天子宗庙祭祀时王后亦有俎，其撤俎之事由内小臣负责。

撤除豆笾之事由九嫔、内宰、外宗和内宗等辅助王后进行。《周礼·天官·九嫔》：“凡祭祀，赞玉齍，赞后荐彻豆笾。”[2]内宰是九嫔的协助者。《内宰》：“赞九嫔之礼事。”郑玄注：“助九嫔赞后之事。”[3]外宗亦佐助王后。《外宗》：“掌宗庙之祭祀佐王后荐玉豆，视豆笾，及以乐彻亦如之。”贾疏：“亦佐后也。”[4]内宗协助外宗。《内宗》：“掌宗庙之祭祀荐加豆笾，及以乐彻，则佐传豆笾。”郑玄注：“佐传，佐外宗。”贾疏：“笾豆后于神前彻之，传于外宗，外宗传于内宗，内宗传于外者。”[5]《大宗伯》：“凡大祭祀，王后不与，则摄而荐豆笾彻。”[6]若王后未能参与祭祀，则由大宗伯代行撤除豆笾。

膳夫与王后撤除俎和笾豆之事在《诗》中也有记载。《诗·小雅·楚茨》：“诸宰君妇，废彻不迟。”郑笺：“废，去也。尸出而可彻，诸宰彻去诸馔，君妇笾豆而已。‘不迟’，以疾为敬也。”[7]孔颖达说“宰”即膳夫。[8]“君妇”则是王后。

负责接受所撤俎和豆笾的是小子。《周礼·夏官·小子》：“祭祀，赞羞，受彻焉。”孙诒让曰：“谓膳夫彻王之胙俎，内小臣彻后之俎，九嫔、外宗赞后彻豆笾。大宗伯，王后不与，则摄彻豆笾。皆此官受之也。”[9]王

1 （清）孙诒让：《周礼正义》（第2册），北京：中华书局，1987年，第538–539页。
2 （清）孙诒让：《周礼正义》（第2册），北京：中华书局，1987年，第554页。
3 （清）孙诒让：《周礼正义》（第2册），北京：中华书局，1987年，第520页。
4 （清）孙诒让：《周礼正义》（第6册），北京：中华书局，1987年，第1692页。
5 （清）孙诒让：《周礼正义》（第6册），北京：中华书局，1987年，第1690页。
6 （清）孙诒让：《周礼正义》（第5册），北京：中华书局，1987年，第1408页。
7 （清）王先谦撰，吴格点校：《诗三家义集疏》（下册），北京：中华书局，1987年，第754页。
8 （清）阮元校刻：《十三经注疏》（上册），北京：中华书局，1980年，第470页。
9 （清）孙诒让：《周礼正义》（第9册），北京：中华书局，1987年，第2393页。

后、九嫔、膳夫、内小臣以及外宗，最终都要将俎和豆笾交给小子进行处理。

四、藏隋与尸服

守祧掌理埋藏尸食祭所用之物与尸服。《周礼·春官·守祧》："既祭，则藏其隋与其服。"[1]藏服之事很好理解，守祧在祭祀前曾授于尸祖先的衣服，此时祭礼结束，于是将其重新收藏起来。关于"隋"的意思，二郑认识不一。郑司农曰："神前所沃灌器名。"郑玄则曰："尸所祭肺脊黍稷之属，藏之以依神。"[2]郑司农以"隋"为祼礼所用的茅苴。孙诒让曰："依《礼经》苴为祭藉，不徒沃酒，故后郑此注不从"。[3]郑玄所言"尸所祭肺脊黍稷之属"是指尸食祭所用之物。藏隋就是埋隋，埋藏位置在宗庙西阶之东。[4]

1 （清）孙诒让：《周礼正义》（第6册），北京：中华书局，1987年，第1683页。
2 （清）孙诒让：《周礼正义》（第6册），北京：中华书局，1987年，第1683页。
3 （清）孙诒让：《周礼正义》（第6册），北京：中华书局，1987年，第1684页。
4 （清）孙诒让：《周礼正义》（第6册），北京：中华书局，1987年，第1686页，

第五章

《周礼》天子宗庙祭祀的功能及其运行机制

《周礼》明确规定了天子宗庙祭祀等国家祭祀具有的政治属性。《大宗伯》开宗明义地指出："大宗伯之职，掌建邦之天神、人鬼、地祇之礼，以佐王建保邦国。"[1]大宗伯的职责是制定国家祭祀天神、人鬼和地祇的礼制，并以此来辅佐天子建立和安定天下。那么，包括天子宗庙祭祀在内的国家祭祀的价值最终是落实在了政治之上。《大宰》的表述更为具体："礼典，以和邦国，以统百官，以谐万民。"[2]大宰负责修立六典以辅佐天子统治天下，其中的礼典为大宗伯所掌，目的是通过执行礼典，达到天下各国融洽和乐、统合百官以及使人民和睦相处的目的。《国语·鲁语上》载展禽曰："夫祀，国之大节也；而节，政之所成也。故慎制祀以为国典。"[3]《礼记·仲尼燕居》载孔子曰："明乎郊社之义、尝禘之礼，治国其如指诸掌而已乎！"[4]由于包括天子宗庙祭祀在内的国家祭祀，具有切实满足统治者安邦定国愿望的重要社会功能，所以陈来说西周以来对鬼神的崇拜和祭祀"是注意其人世的社会政治功能，而不是信仰或神界本身"[5]；张卫中指出"祭祀实际上成了一种重要的政治制度"[6]；刘明说它的目的"与其社会秩序保持着高度的一致性"[7]。

《周礼》所载天子宗庙祭祀作为国家祭祀体系中的大宗，表面上是围绕虚无缥缈的祖先神灵举行了一系列祭祀仪式，实际上盘算的却是祭祀者们可以触摸的真实世界。其中因祭是因事而行，目的是保证祖

1 （清）孙诒让：《周礼正义》（第5册），北京：中华书局，1987年，第1296页。
2 （清）孙诒让：《周礼正义》（第1册），北京：中华书局，1987年，第58页。
3 上海师范大学古籍整理研究所校点：《国语》，上海：上海古籍出版社，1998年，第165页。
4 （清）阮元校刻：《十三经注疏》（下册），北京：中华书局，1980年，第1613页。
5 陈来：《古代宗教与伦理：儒家思想的根源》，北京：生活·读书·新知三联书店，2009年，第290页。
6 张卫中：《春秋时期礼的传播方式》，《礼学与中国传统文化——庆祝沈文倬先生九十华诞国际学术研讨会论文集》，浙江大学古籍研究所编，北京：中华书局，2006年，第88页。
7 刘明：《周秦时代生死观研究》，北京：人民出版社，2013年，第127页。

先对有关事项的知情权，体现王命出于祖先，希望得到祖先的保佑，有着十分明显的针对性；常祀则专为祭祀而设，具有恒定的社会功能，尤其值得关注。天子宗庙祭祀以大量时间、人力、物力为代价，从时间、空间、人物、器服、祭品、仪轨、分工等丰富而直观的角度，竭力营造着神圣肃穆的祭祀氛围。在祭祀者看来，做出这些努力无疑是值得的，因为它被寄予了很多期待，发挥着同国家政权紧密联系的深层次社会功能。对于周天子来说，祭祀祖先全然“成了政权意志的手段与途径”[1]。

本章将分别从追念、祈福于祖先及增强宗族内聚力，巩固君臣关系，以孝道垂范教化臣民，将礼义嵌入人心，确认与展示祭祀者的身份及地位，娱乐与审美六个方面，对《周礼》所载天子宗庙祭祀的功能及其运行机制展开论述。

◉ 第一节　追念、祈福于祖先及增强宗族内聚力

《周礼》所载天子宗庙祭祀，首先表现为存在天然血缘关系的王室宗族成员崇拜共同的祖先，这些宗族成员是整个祭祀活动的主要参与者。[2]其中表达思亲之情是祭祀活动的表层，感恩祖先的政治遗产、谨守祖先

1　李向平：《周代的祖宗崇拜与王权的历史特征》，《社会科学战线》1991 年第 3 期。

2　朱凤瀚指出：“西周王族有两个层次，低层次的王族指以时王与其亲子（及其各自家族）组成的家族，高层次的王族是以低层次王族为主干的宗族。”参见朱凤瀚：《商周家族形态研究》（增订本），天津：天津古籍出版社，2004 年，第 334 页。按：本书所言“王室宗族”相当于“高层次的王族”。郭政凯从财产关系角度将周代以来的宗族分为非实体和实体两类，非实体类宗族“包括出自一个远始祖的所有后裔，具有共同的姓，不共财，规模可以极大，成员之间以对始祖的追溯、认同作为维系宗族的手段”；实体类宗族“包括一个近始祖的所有后裔，规模比第一类小，一般容纳七八代人”。参见郭政凯：《中国古代宗族的伸缩性》，《史学集刊》1993 年第 3 期。按：本书所言“王室宗族”相当于追溯周人始祖后稷的非实体类宗族。

确立的法度以及祈求祖先赐福是王室宗族成员进一步表达的意愿，而增强王室宗族的内聚力是他们作为一个血缘团体举行祭祖仪式的最终深层次目标。

一、表达思亲之情

《周礼》天子宗庙祭祀仪式是王室宗族成员表达追念祖先之情的场合，他们和祖先之间的情感由此得到了很好的沟通。古人在这方面的论述比比皆是，字里行间处处饱含脉脉的温情。《礼记·祭义》："君子合诸天道，春禘、秋尝。霜露既降，君子履之，必有悽怆之心，非其寒之谓也。春雨露既濡，君子履之，必有怵惕之心，如将见之。"[1]《孝经·丧亲章》："为之宗庙，以鬼享之。春秋祭祀，以时思之。"[2]君子目睹一年四季的递嬗，心底不免触景生情，流露出对逝去亲人的怀念，随之产生了祭祀的意愿。《孟子·滕文公上》载曾子曰："生事之以礼，死葬之以礼，祭之以礼，可谓孝矣。"[3]《礼记·祭义》："先王之孝也，色不忘乎目，声不绝乎耳，心志嗜欲不忘乎心。致爱则存，致慤则著。著、存不忘乎心，夫安得不敬乎！君子生则敬养，死则敬享，思终身弗辱也。"[4]孝子对亲人没有忘却之时，亲人在世时努力奉养，亲人离世则终身思念不已。

以上经典的记载可谓弥漫着古人鲜活的人生感怀气息。著名哲学家冯友兰将这种只求主观情感安慰的祭祀心理视为"诗意的表现"。他说："祭礼已不再有宗教的意味，而完全成为诗意的表现了。"[5]何兆武也说："中国古人大抵是诗意的，他们偏爱具体的形象有甚于抽象的概

1 （清）阮元校刻：《十三经注疏》（下册），北京：中华书局，1980 年，第 1592 页。
2 （清）阮元校刻：《十三经注疏》（下册），北京：中华书局，1980 年，第 2561 页。
3 （清）阮元校刻：《十三经注疏》（下册），北京：中华书局，1980 年，第 2701 页。
4 （清）阮元校刻：《十三经注疏》（下册），北京：中华书局，1980 年，第 1592 页。
5 冯友兰：《中国哲学简史》，北京：生活·读书·新知三联书店，2009 年，第 165-166 页。

念；他们的思维方式是一种诗情的领悟，而非一种名理的推导。”[1]同对天神和地祇的祭祀相比，近于人情确实是宗庙祭祀的一大鲜明特点，它的许多社会功能也是围绕人情来设计和发挥的。当然，这种人情也需要一定的克制，不可肆意释放，因为在时人的观念之中，“有直情而径行者，戎狄之道也”[2]。

二、感恩祖先政治遗产并谨守其法度

表达思亲之情只是王室宗族成员参加天子宗庙祭祀的表象，感恩祖先的政治遗产才是它的根本所在。表达思亲之情乃人的本性使然，说它是举行天子宗庙祭祀最明显和最容易被理解的目的，当然无可置疑，甚至可以推测祖先崇拜意识的原动力正在于此。[3]然而，这种纯粹的情感并不足以成为宗庙祭祀在周代礼乐社会中具有强固性和持续性的充分条件，它一定要让位于其他更为重要的文化因素。换句话说，仅仅为了表达出血缘关系的情感，宗庙祭祀是不会被重视到如此程度的，必定有着赖以存在的其他文化因素作为支撑。这一文化因素就是“政治”。

对于王室宗族成员而言，先公、先王这些祖先遗留下来的政治遗产使他们得到了很大的实惠——国家政权，所以这种切实的利益就成为支撑天子宗庙祭祀存在的强大力量。“对于启以后的君主们来说，他们的政

1　何兆武：《西方哲学精神》，北京：清华大学出版社，2002 年，第 142 页。

2　（清）阮元校刻：《十三经注疏》（上册），北京：中华书局，1980 年，第 1304 页。

3　准确地说，祭祀者对父、祖父这些近祖表达亲情是自然感情的流露，但对曾祖、高祖、始祖这些远祖来说，亲情关系则越来越淡，更多强调的是基于族源关系的崇敬之情。《礼记》中就有这方面的说法。《大传》：“自仁率亲，等而上之至于祖，名曰轻；自义率祖，顺而下之至于祢，名曰重。”郑玄注：“自，犹用也，率，循也。用恩则父母重而祖轻，用义则祖重而父母轻。”《礼运》：“（命）降于祖庙之谓仁义。”郑玄注：“谓教令由祖下者。《大传》曰自祢率而上至于祖，远者轻仁也；自祖率而下至于祢，高者重义也。”参见（清）阮元校刻：《十三经注疏》（下册），北京：中华书局，1980 年，第 1508、1418 页。杨学政说：“血缘感情为基础的祖先崇拜是祖先崇拜的原生形态。”参见杨学政：《原始宗教论》，昆明：云南人民出版社，1991 年，第 197 页。

权不是像希腊人那样由选区的投票授予的，而是那位冒险家祖先留下的一份遗产。在这些君主的心目中，念念不忘的是祖先的‘圣德’。”[1]正因为伟大的祖先在国家政权的建立和发展过程中做出过巨大贡献，所以后代在对他们的亲情上又附加上了得到政治利益后的感恩戴德，这样情感就出现了政治化的倾向，使天子宗庙祭祀具有了政治属性。

先秦文献中就有反映宗庙祭祀政治属性的记载。《礼记·祭法》对基于功劳而祭祀的观念有一段论述：“夫圣王之制祭祀也，法施于民则祀之，以死勤事则祀之，以劳定国则祀之，能御大灾则祀之，能捍大患则祀之。”后面还列举了后土、帝喾、尧、舜等“有功烈于民者”，其中也提到了“文王以文治，武王以武功去民之灾”的功业。[2]那些对国家和人民作出过巨大贡献的人被列入祀典，此处考虑的是祭祀者与被祭祀者之间的政治关系。《管子·轻重己》所载宗庙祭祀中的“功祭”一词[3]，似可用来概括这种关系。

子孙对祖先感恩戴德，于是谨守祖先确立的法度就成为宗族的牢固信念。这在祭祀用诗中就有体现。《诗·周颂·维清》：“维清缉熙，文王之典。”郑笺：“缉熙，光明也。天下之所以无败乱之政而清明者，乃文王有征伐之法故也。文王受命，七年五伐也。”[4]《我将》：“仪式刑文王之典（或作“德”），日靖四方。”[5]这是说效法文王常道（德）而布政于天下，于是天下得以安定。这些都是周人宗庙祭祀中的诗歌，对于祭祀者有着潜移默化的影响。《礼记·中庸》载孔子曰：“武王、周公，其达孝矣乎！善继人之志，善述人之事者也。春秋修其祖庙，陈其宗器，设其裳衣，

1 常金仓：《周代礼俗研究》，哈尔滨：黑龙江人民出版社，2004 年，第 168–169 页。
2 （清）阮元校刻：《十三经注疏》（下册），北京：中华书局，1980 年，第 1590 页。
3 马非百：《管子轻重篇新诠》（下册），北京：中华书局，1979 年，第 738 页。
4 （清）王先谦撰，吴格点校：《诗三家义集疏》（下册），北京：中华书局，1987 年，第 1004 页。
5 （清）王先谦撰，吴格点校：《诗三家义集疏》（下册），北京：中华书局，1987 年，第 1011 页。

荐其时食。”[1]冯友兰解释说：“继吾人之亲之事业，使其未竟之志得申；或吾人自有述作，使吾人之亲之名‘附骥尾而致千里’，因亦在众人之思慕记忆中，得不朽焉。”[2]《孝经·卿大夫章》：“非先王之法服不敢服，非先王之法言不敢道，非先王之德行不敢行。是故非法不言，非道不行。”[3]在宗族的观念里，诚如张应斌所言，“勿改古道，勿违古训，因循守旧成为子孙后代的最高美德”[4]，继续遵循和传承祖先的法度被视为基业长青的不二法宝。

于是，祭祀者以孝子之心向祖先表达了思亲和报功两种心境。《论衡·祭意》对此有简明的阐述：“凡祭祀之义有二：一曰报功，二曰修先。报功以勉力，修先以崇恩，力勉恩崇，功立化通，圣王之务也。”王充对“报功”的解释是“民赖其力，故祭报之”[5]。“修先”即表达亲情。二者结合起来就是“人有赏功供养之道，故有报恩祀祖之义”[6]。这与《管子·轻重己》中“戚祭”与“功祭”的说法正好相合。[7]

三、祈求祖先赐福

实际上，所谓孝子之心只是理想化的心态，礼书也道出了祭祀者祈求祖先赐福的真实想法。《礼记·郊特牲》：“祭有祈焉，有报焉，有由辟焉。”郑玄注：“祈犹求也，谓祈福祥，求永贞也。报，谓若获禾报社。由，用也。辟读为弭，谓弭灾兵，远罪疾也。”[8]除了获得福佑而回报神灵外，祭祀还有祈求福祥和攘除灾祸的目的，这些都是为了获取好处。《郊特牲》这句

---

1 （清）阮元校刻：《十三经注疏》（下册），北京：中华书局，1980年，第1629页。
2 冯友兰：《中国哲学史》（上册），北京：中华书局，1947年，第434页。
3 （清）阮元校刻：《十三经注疏》（下册），北京：中华书局，1980年，第2547页。
4 张应斌：《周代祭礼哲学与复古情结》，《江汉论坛》1993年第5期。
5 黄晖：《论衡校释》（第4册），北京：中华书局，1990年，第1065页。
6 黄晖：《论衡校释》（第4册），北京：中华书局，1990年，第1066页。
7 马非百：《管子轻重篇新诠》（下册），北京：中华书局，1979年，第738页。
8 （清）阮元校刻：《十三经注疏》（下册），北京：中华书局，1980年，第1457页。

话是通论祭祀，《周礼》天子宗庙祭祀自然也一样。《礼记·曲礼上》："礼尚往来，往而不来，非礼也，来而不往，亦非礼也。"[1]这一原则不仅用于处理人与人之间的关系，而且适用于人神之间。孔颖达在解释《礼记·祭统》所载贤者之祭要"致其诚信与其忠敬"而"不求其为"时指出："不求者，谓孝子之心无所求也，但神自致福。"[2]这真是古人头脑中一种巧妙的逻辑构思。质言之，"生人离不开死者，死者亦离不开生人。由此而产生出了同一家庭中各代的血肉联系，彼此结成一个永远不可分离的整体"[3]。

先秦史料中就有子孙在祭祀仪式中向祖先祈福和祖先赐福的记载。《诗·小雅·楚茨》："以享以祀，以妥以侑，以介景福。""祀事孔明，先祖是皇。神保是飨，孝孙有庆，报以介福，万寿无疆。"[4]《小雅·信南山》也与此类似："中田有庐，疆场有瓜。是剥是菹，献之皇祖。曾孙寿考，受天之祜。"[5]"是烝是享，苾苾芬芬。祀事孔明，先祖是皇。报以介福，万寿无疆。"[6]《周颂·载见》言及周成王祭祀周武王，祈求的愿望是"以介眉寿，永言保之，思皇多祜"[7]。这些都是说周人在祭祀祖先时祈求祖先赐下洪福，保佑他们万寿无疆。[8]除传世文献外，周代金文中也有周人向祖先祈求福佑的记载。

---

1 （清）阮元校刻：《十三经注疏》（上册），北京：中华书局，1980 年，第 1231 页。

2 （清）阮元校刻：《十三经注疏》（下册），北京：中华书局，1980 年，第 1602–1603 页。

3 ［法］库朗热著，谭立铸等译：《古代城邦——古希腊罗马祭祀、权利和政制研究》，上海：华东师范大学出版社，2006 年，第 24–25 页。

4 （清）王先谦撰，吴格点校：《诗三家义集疏》（下册），北京：中华书局，1987 年，第 750–751 页。

5 （清）王先谦撰，吴格点校：《诗三家义集疏》（下册），北京：中华书局，1987 年，第 757 页。

6 （清）王先谦撰，吴格点校：《诗三家义集疏》（下册），北京：中华书局，1987 年，第 760 页。

7 （清）王先谦撰，吴格点校：《诗三家义集疏》（下册），北京：中华书局，1987 年，第 1032 页。

8 杜正胜说："福涵盖长命、财富和权力地位三方面。""周人向祖先祈祷的大福盖以寿考为主。""在宗族组织强韧的社会，荣宗耀祖是第一要务，但不论祖先或子孙，他们所关切的都是宗族的生命，而非个人之寿考。"参见杜正胜：《从眉寿到长生——中国古代生命观念的转变》，《"中央研究院"历史语言研究所集刊》1995 年第 66 本第 2 分。

西周晚期虢宣公子白鼎铭文载：“虢宣公子白乍（作）尊鼎，用卲享于皇祖考，用［祈眉寿］，子子孙孙，永用为宝。”（《集成》2637）[1]

西周晚期梁其鼎铭文载：“梁其乍（作）尊鼎，用享考（孝）于皇祖考，用祈多福，眉寿无疆，畯臣天（子），其百子千孙，其万年无疆，其子子孙孙永宝用。”（《集成》2768）[2]

春秋早期邿遣簋铭文载：“邿遫（遣）乍（作）宝簋，用追孝于其父母，用赐永寿，子子孙孙，永宝用享。”（《集成》4040）[3]

何飞燕和孙孝忠在这方面提供了更多证据[4]，可资参考。因此杜正胜说：“人情好生恶死，周代人要求生命的延续，就今日资料所见，其主要方式是祷请，主要对象是祖先，主要场合是宗庙。”[5]余和祥说：“中国人的生活理想之一是寿，寿是活力充盈的表示，它不仅仅是一个个体生命健康的表征，更是一个血系健康的标识，并且是最可靠的标识。”[6]天子宗庙祭祀作为王室宗族的集体行为，祈求祖先赐予的应是整个宗族长久的生命力。

四、增强王室宗族内聚力

上述分析是从《周礼》天子宗庙祭祀中祭祀者的心态来说的，其实

1 中国社会科学院考古研究所编：《殷周金文集成》（第 2 册），北京：中华书局，2007 年，第 1337 页。

2 中国社会科学院考古研究所编：《殷周金文集成》（第 2 册），北京：中华书局，2007 年，第 1436 页。

3 中国社会科学院考古研究所编：《殷周金文集成》（第 3 册），北京：中华书局，2007 年，第 2214 页。

4 何飞燕：《从周代金文看祖先神崇拜的二重性特点》，《人文杂志》2008 年第 4 期；孙孝忠：《周代的祈寿风与祝嘏辞》，《厦门大学学报》（哲学社会科学版）2012 年第 6 期。

5 杜正胜：《从眉寿到长生——中国古代生命观念的转变》，《“中央研究院”历史语言研究所集刊》1995 年第 66 本第 2 分。

6 余和祥：《论祖宗祭祀礼的伦理思想根源》，《中南民族大学学报》（人文社会科学版）2002 年第 5 期。

在仪式的举行过程中，往往呈现“倒过来”的态势。也就是说，子孙们对于祖先的亲情与政治上的感激往往是由祭祀仪式催生出来的，这一仪式不仅仅用于表达它们。埃文斯－普理查德说：“如果有任何情感表达伴随着仪式，那完全不是情感表达引发了仪式，而是仪式引发了情感。”[1]这一说法稍显绝对，余琳说周代“礼仪的存在并不在完全依靠对于思想的表达为前提，礼仪本身也可生成意义”[2]，这种表述更为准确些，它对于我们认识《周礼》天子宗庙祭祀颇有启发价值。

《周礼》所载天子宗庙祭祀能够通过激发王室宗族成员的共同情感，增强他们的内聚力。这里所说的宗族内聚力，是指宗族内部各成员之间为了共同的目的而相互聚合的一种倾向。宗族成员基于共同的祖先而存在天然的血缘关系，他们组成了一个命运共同体[3]，每个人都受惠于这个群体，有延续群体生命、增强群体生命力的强烈诉求。《左传》文公七年说宋昭公准备铲除众公子，乐豫反对道：“不可。公族，公室之枝叶也；若去之，则本根无所庇荫矣。”[4]昭公三年载晋国叔向也有“公室将卑，其宗族枝叶先落，则公室从之”的说法。[5]这些关于春秋时代诸侯公室的记载，说明了增强宗族内聚力是何等重要。

血缘关系作为一种潜在的资源，只要恰当地唤起和利用，就会产生很大的力量。因此一个宗族往往通过举行共同仪式来不断加强内聚力，竭力维系这个群体的存在，而祭祀祖先正是他们精心设计的一种重要方式。在周代社会，能够举行祭祖仪式往往是一个宗族之所以成为宗族的

1 ［英］E.E. 埃文斯－普理查德著，孙尚扬译：《原始宗教理论》，北京：商务印书馆，2001年，第 54 页。

2 余琳：《夏商周三代审美风尚与礼仪构建》，博士学位论文，北京：中国社会科学院研究生院文学系，2010 年，第 104 页。

3 “西周王朝主要是姬姓诸世族政治利益的代表”，参见朱凤瀚：《商周家族形态研究》（增订本），天津：天津古籍出版社，2004 年，第 395 页。

4 杨伯峻编著：《春秋左传注》（第 2 册），北京：中华书局，1990 年，第 557 页。

5 杨伯峻编著：《春秋左传注》（第 4 册），北京：中华书局，1990 年，第 1237 页。

重要标志。梁煌仪就说："族群之结合，须具有共同血统、历史、风俗等文化因素，方能维持团结，宗庙即族群认同之基点。"[1]在祭祖仪式中，宗族成员的个性暂时被淡化，在一起追述祖先的过程中，命运共同体的集体意识得以加强，有助于形成福佑同享、互惠互利、休戚与共的强大内聚力，进而保证整个宗族的长期存在。高丙中说："祭祀活动是宗族组织的例行大事，是以祖宗的名义联络族人的感情。通过血缘认同以达到组织认同，把对祖宗的虔诚导向对宗族组织的忠诚。"[2]林素英指出："祭祀系统对于无后者，亦有补救之措施，以示人间之温情。换言之，将个人不欲灭绝之情，由于定期祭礼之举行而得到心灵之安顿，亦可明了缘于宗族之常存，于是个人虽然有死亡，然而宗族却不断延续。"[3]与此类似，田仲一成也说："祭祀的目的是再产生集团的生命力。"[4]

周代礼乐社会中，宗族内聚力无疑是天子维护统治的重要基础。这种力量越强大，他对国家的控制力就越大，地位也就更加稳固，天子宗庙祭祀就是为了实现这一目的而创设的重要制度。对于王室这种钟鸣鼎食的大宗族来说，随着时间的推移，支脉渐多必然导致成员之间的血缘关系逐渐疏远，最容易出现自然感情的淡漠以及利益上的冲突。[5]在这种情况下，以天子为中心的王室宗族围绕共同的祖先举行神圣的宗庙祭祀仪式，就具有非常重要的现实意义。在祭祀中，宗族成员暂时隔绝了凡俗生活，把主要精力集中于祭祀活动，宗族成员之间以及他们与祖先之间的距离，自然比平日显得更为亲近。如此则宗族成员可以借此良机

1 梁煌仪：《周代宗庙祭礼之研究》，博士学位论文，台北：台湾政治大学中文研究所，1986 年，第 237 页。
2 钟敬文主编：《民俗学概论》，上海：上海文艺出版社，2009 年，第 114 页。
3 林素英：《〈周礼〉祭祀系统在思想史上的意义》，《齐鲁文化研究》（第 8 辑），2009 年。
4 ［日］田仲一成：《中国戏曲文学在祭祀仪式中产生的过程》，《戏曲研究》2008 年第 2 期。
5 常金仓：《先秦道德与道德环境 · 序》，晁天义：《先秦道德与道德环境》，北京：中国社会科学出版社，2010 年，第 4 页。

建立联结、互通情愫，维持尊卑有序的伦理道德，彰显宗族的地位、力量、荣耀，培养集体认同感和使命感，进而使得维护整个王室宗族利益的观念开枝散叶（参加仪式的尸和绝大多数舞者是王室宗族的子弟，对后代的教育亦在其中），最终达到增强王室宗族内聚力，保证“家国一体”政治结构长期存在的目的。所以《国语·楚语下》观射父说祭祖可起到“弭其百苛，殄其谗慝，合其嘉好，结其亲昵，亿其上下，以申固其姓”的作用。[1]意谓它有益于人们消弭残害，解除怨恨，相处和睦亲昵，安定上下，加强整个宗族的内聚力。蔡介民说祭祖“非只为死者，亦为生者而设也”[2]。郭守信甚至说，周代宗庙祭祀是“利用族人对祖先的虔诚信仰来进行统治，利用死人来支配活人”。[3]此言可谓切中肯綮，甚为明朗。

◉ 第二节 巩固君臣关系

《周礼》天子宗庙祭祀不仅关系到王室宗族内部的团结问题，而且关涉巩固君臣关系的问题。《大宰》：“礼典，以和邦国，以统百官，以谐万民。”[4]礼典具有使天下协调融洽和统合百官的功能，属于重要礼典的天子宗庙祭祀即是如此。天子宗庙祭祀是一条维系天子与众臣关系的神圣纽带，这一点在国家功臣配祭祖先的莫大荣耀中已有体现。神灵世界的君臣关系，对于激励臣子忠君报国无疑会起到很好的示范作用。[5]其他方面则主要表现在祭祀结束时和结束后天子对于众臣的施惠行为上。

---

1 上海师范大学古籍整理研究所校点：《国语》，上海：上海古籍出版社，1998 年，第 567 页。

2 蔡介民：《中国祭礼源流考》，《新东方杂志》1950 年第 5 期。

3 郭守信：《周代祭祀初论》，《中国史研究》1986 年第 2 期。

4 （清）孙诒让：《周礼正义》（第 1 册），北京：中华书局，1987 年，第 58 页。

5 关于这一方面的内容，第一章第一节“祭祀对象”中已有论述。

一、天子施惠于助祭者

《周礼》中天子宗庙祭祀结束时，天子要向助祭者赐酒以表布施恩惠。助祭者包括无爵的同姓之士和有爵的同姓和异姓。这些仪节的作用可以从天子和臣子两个方面来考察。对天子而言，体现的是利益的分享。景红艳认为赏赐行为象征着天子“能将恩惠富贵自上而下分施于其下属，使他们共同分享政治利益”，“通过利用祭祀活动以增强赏赐活动的客观性和公正性，以消弭因为权力分配不公而引起的不满和敌对的心理，从而达到了在政治上控制大臣的目的”[1]。对臣子而言，起到的是激励作用。《诗·周颂·雝》在描述天子宗庙祭祀中的情形时说：“有来雝雝，至止肃肃。相维辟公，天子穆穆。于荐广牡，相予肆祀。”《毛传》：“相，助。广，大也。”郑笺：“雝雝，和也。肃肃，敬也。有是来时雝雝然，既至止而肃肃然者，乃助王禘祭，百辟与诸侯也。天子是时则穆穆然于进大牡之牲，百辟与诸侯又助我陈祭祀之馔。言得天下之欢心。”[2]百官与诸侯都怀着和睦恭敬的心态前来协助天子祭祀。由于这些臣子平日有治国理政之功，天子祭祀时又有助祭之劳，所以换来了在神圣仪式中天子的赐酒，享受隆恩的逻辑结果就是臣子更当竭尽忠心来回报天子。

《周礼》还提到了祭祀仪式结束之后天子施惠于群有司。《祭仆》：“既祭，帅群有司而反命，以王命劳之，诛其不敬者。”[3]祭祀结束后，祭仆要率领执事者向天子汇报整个仪式的举行情况，并奉命慰劳这些执事者，对于在祭祀时表现不敬的人，则要予以责罚。汇报是祭仆围绕刚刚完成的祭祀仪式作出的总结和反思。在施惠的对象上，接受者从祭祀仪式时的郁人和量人，进一步扩展到了所有执事者。《韩非子·二柄》：“明主

---

1 景红艳：《西周赏赐制度研究》，博士学位论文，西安：陕西师范大学历史文化学院，2006年，第136、137页。

2 （清）王先谦撰，吴格点校：《诗三家义集疏》（下册），北京：中华书局，1987年，第1030页。

3 （清）孙诒让：《周礼正义》（第10册），北京：中华书局，1987年，第2514页。

之所导制其臣者，二柄而已矣。二柄者，刑、德也。何谓刑德？曰：杀戮之谓刑，庆赏之谓德。为人臣者畏诛罚而利庆赏，故人主自用其刑德，则群臣畏其威而归其利矣。”[1]体现在天子宗庙祭祀中，慰劳是鼓励，处罚是震慑。要之，赏罚二柄旨在维护天子权威下的正常君臣关系。

二、天子施惠于诸侯

诸侯也是祭祀仪式结束后天子施惠的重要对象。《周礼·春官·大宗伯》：“以脤膰之礼，亲兄弟之国；以贺庆之礼，亲异姓之国。”[2]孔广森说此处经文是互文见义。[3]据此，对异姓之国也有脤膰之礼，对兄弟之国也有贺庆。郑玄解释“脤膰”为“社稷、宗庙之肉”[4]，是“脤膰之礼”为天子赏赐诸侯祭肉之礼。《大行人》：“归脤以交诸侯之福。”郑玄注：“王使臣于诸侯之礼也。”[5]说的也是此事。

（一）同姓、异姓诸侯皆被赐予祭肉

根据《周礼》记载，同姓诸侯与异姓诸侯都可享受天子赐予祭肉的待遇，并未说明要根据他们的等级而有所取舍。从其他文献来看，只有地位尊贵的先代之后或具有功德的诸侯才有这一资格。《国语·齐语》和《左传》僖公九年都记载了葵丘之会时，周襄王祭祀文、武后赐“胙”于齐桓公的事。韦注：“胙，祭肉也。”[6]《左传》僖公二十四年还记载了郑国

1 （清）王先慎撰，钟哲点校：《韩非子集解》，北京：中华书局，1998 年，第 39 页。
2 （清）孙诒让：《周礼正义》（第 5 册），北京：中华书局，1987 年，第 1363-1365 页。
3 （清）孙诒让：《周礼正义》（第 5 册），北京：中华书局，1987 年，第 1363 页。
4 （清）孙诒让：《周礼正义》（第 5 册），北京：中华书局，1987 年，第 1363 页。
5 （清）孙诒让：《周礼正义》（第 12 册），北京：中华书局，1987 年，第 2949 页。
6 上海师范大学古籍整理研究所校点：《国语》，上海：上海古籍出版社，1998 年，第 244-245 页；杨伯峻编著：《春秋左传注》（第 1 册），北京：中华书局，1990 年，第 326-327 页。张世超认为典籍中的“胙”也可包含祭酒，参见张世超：《祼礼及相关问题新探》，《中国文字研究》（第 19 辑），2014 年。按：大概是祭肉的地位高于祭酒，所以用“胙”指代二者。

皇武子所说周天子赐予宋国祭肉的事，文曰：“宋，先代之后也，于周为客。天子有事，膰焉。”杨伯峻注：“此膰字用为动词，致胙也。”[1]《史记·周本纪》还说周显王九年“致文、武胙于秦孝公”，“三十五年，致文、武胙于秦惠王”[2]。《商君列传》亦载：“秦人富强，天子致胙于孝公，诸侯毕贺。”[3]杨伯峻说：“其实此致胙于齐桓，其后致胙于秦孝、惠，皆以其强大，足以令诸侯，非被功德。秦且灭周，于周何功何德？”[4]这是从春秋现实情况的角度来分析的，春秋以来礼坏乐崩，天子之举已经与传统礼制形同而实异。李宗侗说：“说天子所以以亲遗同姓，馈同姓，亦不错。最初分肉只能在同姓人内，或同邦人内。但周初大事封建以后，几乎将各邦皆变成同姓，或变成亲戚，界限扩充无限，所以分肉亦不只限于同姓。”[5]金景芳赞同其说。[6]考古发现为解决这一问题提供了很有价值的信息。景红艳通过对青铜器铭文的仔细分析，得出了“周天子宗庙祭祀后的赐膰对象是相当广泛的，它并不仅仅限于同姓宗亲，同时还包括大量的异姓贵族以及殷商王朝的遗民”的结论。[7]由此看来，《周礼》相关记载是有史实依据的。

（二）同姓、异姓诸侯被赐予祭肉的本质

天子在宗庙祭祀后赐予同姓和异姓诸侯祭肉是笼络之举。《周礼·春官·大宗伯》：“以脤膰之礼，亲兄弟之国；以贺庆之礼，亲异姓之国。”[8]

1 杨伯峻编著：《春秋左传注》（第 1 册），北京：中华书局，1990 年，第 427 页。

2 （汉）司马迁撰，（刘宋）裴骃集解，（唐）司马贞索隐，张守节正义：《史记》（第 1 册），北京：中华书局，1959 年，第 160 页。

3 （汉）司马迁撰，（刘宋）裴骃集解，（唐）司马贞索隐，张守节正义：《史记》（第 7 册），北京：中华书局，1959 年，第 2232 页。

4 杨伯峻编著：《春秋左传注》（第 1 册），北京：中华书局，1990 年，第 326 页。

5 李宗侗：《中国古代社会新研：历史的剖面》，北京：中华书局，2010 年，第 23 页。

6 金景芳：《金景芳先秦思想史讲义》，天津：天津古籍出版社，2007 年，第 51 页。

7 景红艳：《从青铜器铭文看周代的赐“膰”礼》，《考古与文物》2012 年第 2 期。

8 （清）孙诒让：《周礼正义》（第 5 册），北京：中华书局，1987 年，第 1363–1365 页。

其中的一个“亲”字即表达了以人情笼络诸侯的意思。郑玄曰：“同福禄。”[1]意即天子与诸侯共享祖先神灵赐予的福禄。刘晔原和郑惠坚也指出，分发祭肉的结果是“祖宗的祭肉带着祖宗的福德进入本家和亲戚之家”[2]。祭品本是供奉给祖先神灵的，祭祀之后又被分赐给生人，显然是一种神人共享的行为。文化人类学上的接触律可以解释这一现象，即“凡由一全体分开的各部分，仍暗中互相感应”。[3]祖先神灵在祭祀中享受过的祭肉沾染上了神性，具有神圣属性，成为福禄的载体，当祭肉被分赐之后，就是神圣性的传递媒介，天子福禄也就随之传播了出去，作为接受方的诸侯由此也获得了神圣的力量。

天子赐予诸侯祭肉实际上是一种施惠行为。《礼记 · 祭统》：“俎者，所以明祭之必有惠也。”[4]俎实象征着神灵给予生人的恩惠。天子赐予诸侯祭肉意味着祖先如同生前一样继续将恩泽施于诸侯。它体现了古代中国国家产生的独特方式——施舍聚民——对于礼制的影响。[5]这里的惠赐祭肉和史前部落首领施惠于民在本质上是完全一致的，祭肉并非人人都能得到，所以显得尤为珍贵。在宗庙祭祀后天子借着祖先之名施惠于臣子，诸侯受惠之后自然存有报恩之心，如此一来，就起到了巩固君臣关系的作用。

（三）同姓、异姓诸侯被赐予祭肉的原因

同姓诸侯被赐予祭肉，主要源于血缘关系基础上的政治因素——以藩屏周。《左传》僖公二十四年载周王室大夫富辰曰：“大上以德抚民，其次亲亲，以相及也。昔周公吊二叔之不咸，故封建亲戚以蕃屏周。”又

1 （清）孙诒让：《周礼正义》（第 5 册），北京：中华书局，1987 年，第 1363 页。
2 刘晔原、郑惠坚：《中国古代的祭祀》，北京：商务印书馆，1996 年，第 134 页。
3 林惠祥：《文化人类学》，上海：上海古籍出版社，2013 年，第 235 页。
4 （清）阮元校刻：《十三经注疏》（下册），北京：中华书局，1980 年，第 1605 页。
5 常金仓：《穷变通久：文化史学的理论与实践》，北京：人民出版社，2014 年，第 160-161 页。

曰："周之有懿德也，犹曰'莫如兄弟'，故封建之。其怀柔天下也，犹惧有外侮；扞御侮者，莫如亲亲，故以亲屏周。"[1]昭公二十六年载王子朝告诸侯曰："昔武王克殷，成王靖四方，康王息民，并建母弟，以蕃屏周。"[2]定公四年卫国祝佗曰："昔武王克商，成王定之，选建明德，以蕃屏周。"[3]周天子利用天然的血缘关系分封了很多同姓诸侯，称大国诸侯为"伯父"，小国诸侯为"叔父"[4]，将血缘关系与政治关系相互交缠在了一起，试图结成牢固的命运共同体。天子宗庙祭祀之后赐给同姓诸侯带有神性的祭肉，即是借着祖先恩赐之名保持这种同姓相亲关系的重要途径。《左传》隐公八年说天子分封时"胙之土而命之氏"[5]，这里的"胙"为动词，是赐予的意思，"胙土"即天子赐予诸侯土地。《说文·肉部》："胙，祭福肉也。"[6]这里的"胙"是名词，亦即《周礼》所说的"脤膰"。所以祭祀后赐"胙"可以看作是对"胙土"的进一步巩固，是天子对诸侯政权合法性的再次确认。如此则同姓诸侯虽然统治远方，但在祖先和天子恩德的感召之下，仍也效力于天子以巩维国基。

异姓诸侯被纳入赏赐祭肉的行列主要有三个方面的原因。第一，异姓诸侯虽然与王室没有天然的血缘关系，却也受到了这一因素的浸染。《仪礼·丧服》说诸侯为天子服斩衰三年[7]，《孝经·士章》言"资于事父以事君而敬同"[8]，说明基于血缘关系的爱敬之情也可以用于处理君臣之间的关系，既然同姓诸侯可以获得祭肉，那么异姓同样可以。第二，王室与异姓诸侯存在或有潜在的婚姻关系，这从周天子称异姓大国诸侯为"伯

1 杨伯峻编著：《春秋左传注》（第 1 册），北京：中华书局，1990 年，第 420、425 页。
2 杨伯峻编著：《春秋左传注》（第 4 册），北京：中华书局，1990 年，第 1475 页。
3 杨伯峻编著：《春秋左传注》（第 4 册），北京：中华书局，1990 年，第 1536 页。
4 （清）阮元校刻：《十三经注疏》（上册），北京：中华书局，1980 年，第 1092 页。
5 杨伯峻编著：《春秋左传注》（第 1 册），北京：中华书局，1990 年，第 61 页。
6 （清）段玉裁：《说文解字注》，北京：中华书局，2013 年，第 174 页。
7 （清）阮元校刻：《十三经注疏》（上册），北京：中华书局，1980 年，第 1100 页。
8 （清）阮元校刻：《十三经注疏》（下册），北京：中华书局，1980 年，第 2548 页。

舅”，异姓小国诸侯为“叔舅”就可看出。[1] 葛志毅说：“周人出于政治上的设计，很善于利用妇女婚姻关系，如与异姓结为婚姻甥舅关系以成就政治上的联盟，即为显例。”[2] 祭祀是国家大事，天子赐予联姻或潜在联姻的诸侯国祭肉，即为重视和维系既有政治联盟的重要体现方式。第三，对分封异姓诸侯的进一步巩固。周天子在分封同姓诸侯的同时，也分封了齐、宋等异姓诸侯，在“宗盟”式的政权组织形式之下，周人将异姓贵族同时纳入到了以同姓贵族为正宗的天下一体的宗法等级秩序当中。[3] 为了保持与这些异姓诸侯的良好关系，天子在祭祀之后也会赐予他们祭肉。

◉ 第三节 以孝道垂范教化臣民

《周礼》天子宗庙祭祀在功能上不只局限于处理统治阶层内部的各种关系，其辐射范围还延伸到了教化天下所有臣民。《大司徒》说大司徒掌管面向民众的“十二教”，其中第一条就是“以祀礼教敬，则民不苟”[4]。贾公彦专以祭祀祖先作了分析：“凡祭祀者，所以追养继孝，事死如事生。但人于死者不见其形，多有致慢，故《礼》云‘祭，极敬也。’是以一曰以祀礼教敬，死者尚敬，则生事其亲不苟且也。”[5] “孝道，是中国伦理的骨干”[6]，通过祭祀来教化臣民尊敬祖先、孝敬父母，天子宗庙祭祀当然是不错的现实范本。

---

1 （清）阮元校刻：《十三经注疏》（上册），北京：中华书局，1980 年，第 1092 页。
2 葛志毅：《周代贵族妇女的政治文化特征及相关的伦理观念影响》，《谭史斋论稿三编》，哈尔滨：黑龙江人民出版社，2006 年，第 266 页。
3 巴新生：《西周伦理形态研究》，天津：天津古籍出版社，1997 年，第 78 页。
4 （清）孙诒让：《周礼正义》（第 3 册），北京：中华书局，1987 年，第 705 页。
5 （清）孙诒让：《周礼正义》（第 3 册），北京：中华书局，1987 年，第 706 页。
6 何联奎：《中国礼俗研究》，台北：台湾中华书局，1975 年，第 100 页。

一、天子宗庙祭祀的教化是典范政治

《周礼》天子宗庙祭祀作为国家最为隆重的祭祀祖先活动，在处理天子与臣民关系上，被纳入到了中国古代“典范政治”的政治机制当中，发挥着引导臣民思维和行为方式的重要作用。所谓“典范政治”是指：“社会首先要给它的成员树立一个或一些模范、表率，或者榜样，然后由其他社会成员亦步亦趋效法这个榜样的行为，从而使整个社会的行为协调一致。”[1]《礼记·缁衣》提到孔子说“民以君为心，君以民为体”，“君以民存，亦以民亡”[2]。民众历来被认为是治理国家的基石，统治者要想立国安邦，就必须充分利用一切手段处理好这个根本问题，其中教化民众即为手段之一。《论语·子路上》载孔子说民富之后要“教之”[3]，《孟子·滕文公》载孟子也说“逸居而无教，则近于禽兽”[4]。制造顺民即为教化民众的目的，故《论语·阳货上》载子游闻诸孔子曰：“小人学道则易使也。”[5]民众学习礼乐后容易听从使唤。《管子·治国》对此表述更为详细：“民富则安乡重家，安乡重家则敬上畏罪，敬上畏罪则易治也。”[6]由家推及到国，这是古人在国家治理上的一个重要实践逻辑。

先秦文献可为《周礼》天子宗庙祭祀体现的典范政治提供证据。《国语·鲁语上》提到鲁国的一位宗官执事论述宗庙祭祀说：“夫祀，昭孝也。各致齐敬于其皇祖，昭孝之至也。”[7]《礼记·礼运》：“（命）降于祖庙之谓

---

1 常金仓：《穷变通久：文化史学的理论与实践》，北京：人民出版社，2014年，第143页。

2 （清）阮元校刻：《十三经注疏》（上册），北京：中华书局，1980年，第156页。

3 程树德撰，程俊英、蒋见元点校：《论语集释》（第3册），北京：中华书局，1990年，第905页。

4 （清）阮元校刻：《十三经注疏》（下册），北京：中华书局，1980年，第2705页。

5 程树德撰，程俊英、蒋见元点校：《论语集释》（第4册），北京：中华书局，1990年，第1189页。

6 黎翔凤：《管子校注》（中册），北京：中华书局，2004年，第924页。

7 上海师范大学古籍整理研究所校点：《国语》，上海：上海古籍出版社，1998年，第174页。

仁义。”孔疏：“此亦政教之命降下于民，由祖庙而来，谓法祖庙以下政令。之谓仁义者，父亲仁也，祖尊义也，言法此父祖，施仁义于民也。”[1]《礼运》又曰：“祖庙，所以本仁也。”孔疏：“王在宗庙以子礼事尸，是欲使仁义之教达于下也，亦即降于祖庙之谓仁义。”[2]《坊记》：“祭祀之有尸也，宗庙之有主也，示民有事也；修宗庙，敬祀事，教民追孝也。”[3]从中可以看出，统治阶层举行宗庙祭祀的一个重要目的是将“孝”的观念下达于民。

统治者垂范孝道之后，臣民就会受到相应教化。《诗·小雅·天保》：“禴祠烝尝，于公先王。神之吊矣，诒尔多福。民之质矣，日用饮食。群黎百姓，徧为尔德。”[4]此谓天子举行宗庙祭祀，祖先随之降下福庆，人民安居乐业，积极效法君王的尊上之德。《论语·学而》载曾子曰：“慎终追远，民德归厚矣。”[5]在曾子看来，人君如果能做到丧尽其哀、祭尽其敬，人民自然可以蒙而化俗，积极拥护他的统治。有子曰：“其为人也孝弟，而好犯上者，鲜矣；不好犯上，而好作乱者，未之有也。”[6]有子认为孝敬父母、善待兄长的人性情和顺，很少会走上犯上作乱的道路，如此则国家秩序得以稳定。说明判断一个人究竟忠不忠，只要看他孝不孝就可以大致确定了。《孝经·孝治章》载孔子曰：“生则亲安之，祭则鬼享之，是以天下和平，灾害不生，祸乱不作，故明王之以孝治天下也如此。”[7]这句

1 （清）阮元校刻：《十三经注疏》（下册），北京：中华书局，1980 年，第 1418–1419 页。
2 （清）阮元校刻：《十三经注疏》（下册），北京：中华书局，1980 年，第 1425 页。
3 （清）阮元校刻：《十三经注疏》（下册），北京：中华书局，1980 年，第 1620 页。
4 （清）王先谦撰，吴格点校：《诗三家义集疏》（下册），北京：中华书局，1987 年，第 578–579 页。
5 程树德撰，程俊英、蒋见元点校：《论语集释》（第 1 册），北京：中华书局，1990 年，第 37 页。
6 程树德撰，程俊英、蒋见元点校：《论语集释》（第 1 册），北京：中华书局，1990 年，第 10 页。
7 （清）阮元校刻：《十三经注疏》（下册），北京：中华书局，1980 年，第 2552 页。

话简直把孝道尊奉成了治理国家的神丹妙药。正是基于这种认识，《礼记·大学》谓“孝者，所以事君也”[1]。《祭统》：“忠臣以事其君，孝子以事其亲，其本一也。”[2]《孝经·广扬名章》：“君子之事亲孝，故忠可移于君。”[3]一望而知，周代礼乐社会将孝亲与忠君在逻辑上统一了起来，把家的观念拓展到了更为广阔的国家观念之上。

二、天子宗庙祭祀孝道教化的强迫性

《周礼》天子宗庙祭祀这种自上而下的孝道教化也是权力的一种体现形式，具有强迫性。统治者以维护统治秩序为目的，迎合着人最基本的情感需求，凭借手中的既有权力，制造和垄断着符合自身利益的政治意识形态，不断对臣民进行道德熏染。与此同时，也意味着对于其他社会思想的否定、挤压、排斥和泯灭。这种意识形态的灌输在臣民的思想空间中占据了绝对的优势，他们别无选择，如此就从思想上制造出了大批孝亲忠君的散沙顺民。《荀子·天论》说祭祀是“非以为得求也，以文之也。君子以为文，而百姓以为神”。《礼论》也说：“其在君子，以为人道也；其在百姓，以为鬼事也。”[4]荀子一针见血地道破了祭祀的实质，它顺应人情而文饰政事，是用来培养不同社会阶层应有的心理态度和行为方式的。郭守信认为祭祀对于统治者是人道教化，对于被统治的民众才是欺骗。[5]其实，欺骗固然存在，但对于民众自上而下的人道教化却也是事实，只是民众对此习焉不察罢了。所以说，在统治者眼里祭祀只是个高级的、具有可操作性的技术手段而已，对缺乏受教育机会的普通民众而

1 （清）阮元校刻：《十三经注疏》（下册），北京：中华书局，1980 年，第 1674 页。

2 （清）阮元校刻：《十三经注疏》（下册），北京：中华书局，1980 年，第 1602 页。

3 （清）阮元校刻：《十三经注疏》（下册），北京：中华书局，1980 年，第 2558 页。

4 （清）王先谦撰，沈啸寰、王星贤点校：《荀子集解》（下册），北京：中华书局，2013 年，第 374、445 页。

5 郭守信：《周代祭祀初论》，《中国史研究》1986 年第 2 期。

言，他们身受其制却难以通晓其中的道理。诚如李向平所言，周代的王权“披上了一层美丽迷人的道德外衣，继而使人们在服从其严酷统治时，仿佛就是在接受某种道德、伦理要求似的，难以有政治思想意识上的自觉”[1]。

《周礼》天子宗庙祭祀进行孝道教化这种权力的实现方式，对于天下广大臣民也是具有强迫性的。虽然它在表面上没有采取强制的方式，而是充溢着温情脉脉，但实际上也是一种文化压力。《国语·楚语下》载观射父说人君祭祀的功能是“上所以教民虔也，下所以昭事上也”，接着列举了一些具体仪节。他说：“天子禘郊之事，必自射其牲，王后必自舂其粢；诸侯宗庙之事，必自射牛、刲羊、击豕，夫人必自舂其盛。况其下之人，其谁敢不战战兢兢以事百神！天子亲舂禘郊之盛，王后亲缫其服，自公以下至于庶人，其谁敢不齐肃恭敬致力于神！民所以摄固者也，若之何其舍之也！”[2]其中的“其谁敢不战战兢兢以事百神”和“其谁敢不齐肃恭敬致力于神”，把臣民的祭祀心态刻画得栩栩如生，这正是文化压力强度之大的真实体现。在充满温情和敬意的纱幕背后，分明有一把文化压力的钝刀实现着一种叫作权力的实在东西。

◉ 第四节 将礼义嵌入人心

《周礼》天子宗庙祭祀仪式虽然是以祭祀天子的祖先为主轴而展开的，但它同时也是很多礼义信息的重要聚合平台，或者说它“包含了一种关于参与者社会和文化世界的象征性信息”[3]。这些礼义信息的存在都是

1 李向平：《周代的祖宗崇拜与王权的历史特征》，《社会科学战线》1991 年第 3 期。
2 上海师范大学古籍整理研究所校点：《国语》，上海：上海古籍出版社，1998 年，第 567 页。
3 色音：《祖先崇拜的宗教人类学探析》，《内蒙古师范大学学报》（哲学社会科学版）2012 年第 3 期。

指向“嵌入到祭祀者内心中去”这个目标的。

一、礼义的展现形式

《周礼》天子宗庙祭祀仪式中，丰富的各种礼义是通过器服与祭品、进献与施惠仪节、乐舞三个方面予以展现的。

第一，器服与祭品是礼义的物化形式。概括地说，主要落实在《周礼》天子宗庙祭祀中器服与祭品的种类、数量、质地、形状、大小、颜色、文饰、等级、物象、完整度、清洁度、阴阳性、名称变易、准备时间、巫术、检查等层面上。它们展现的方式主要有七种，即以多、大、下、文、素为贵，以洁美之状体现德行善美，以祭器象征国家政权，法天地则阴阳，以物象寄寓教化和训诫，以巫术营造神圣氛围以及以异为敬。

第二，进献与施惠仪节是通过祭祀者的行为展现礼义。《周礼》天子宗庙祭祀中王与王后四次相续进献酒鬯是夫妻一体之义；王、王后、臣属相续献酒，又是显示贵贱有别、尊卑有等；男官进献牲俎，王后和女官进献笾豆，是通过分工以见男女有别；牺牲的进献历经从生到熟、从整体到分割的过程，象征着从远古到近世，由质到文的演变情况；祭祀功臣、食神、火神，是对他们功绩的推崇，亦即尚贤之义；向无爵之士赐酒时以昭穆长幼为序，这是表示亲疏远近关系的；赏赐臣属祭酒、祭肉，是奉行礼尚往来的原则。祭祀者身体力行，在通过各种祭祀仪节展现丰富礼义的同时，也内化到了心灵之中。

第三，乐舞是通过音乐与舞蹈进行教化。《周礼》天子宗庙祭祀中的《大武》等大型乐舞是对圣王功德的赞颂和宣扬。《大司乐》：“以乐德教国子中、和、祗、庸、孝、友。”郑玄注：“中犹忠也。和，刚柔适也。祗，敬。庸，有常也。善父母曰孝，善兄弟曰友。”[1]大司乐所教乐德，都

1 （清）孙诒让：《周礼正义》（第7册），北京：中华书局，1987年，第1723页。

属于处理人与人之间关系的伦理道德范畴。国子作为天子宗庙祭祀仪式中主要舞者，知而有行，行又唤知，实践中的体验更有利于他们内化礼乐精神。四夷乐舞的掺入，则是体现了华夏对四夷一直以来既容纳又区隔的双重态度。《礼记·乐记》也多次强调了乐的好处，说“乐者为同”，“同则相亲”，“乐文同则上下和”，“乐至则无怨”[1]。又说“乐在宗庙之中，君臣上下同听之，则莫不和敬”，“听其雅颂之声，志意得广焉”。孔疏：“雅以施正道，颂以赞成功，若听其声则淫邪不入，故志意得广焉。”[2]可见乐能起到犹如润滑剂般和合人心的效果。

二、礼义的传播模式

礼义在仪式中被重复强调，仪式也在时节更易中不断重复，直接的口头说教永远比不上付诸亲身体验来得深切著明。葛兰言曾戏言，古代中国的“蚱蜢跳跃似乎也暗示着整个社会的规范”[3]，用这句耐人寻味的话来形容《周礼》天子宗庙祭祀真是再合适不过了。所有礼义都是借助天子宗庙祭祀神圣的时间和空间，以丰富而可供观瞻的象征方式展现出来，旨在将礼义潜移默化地嵌入到每一位祭祀者内心中去，影响他们的精神品质和思维方式，以便通过内化于心达到外化于行的效果，最终服务于周代礼乐社会的正常运转。若用一个模式来概括这个过程，那就是象征→传播→接收→接受→输出。推而广之，天子宗庙祭祀与其他社会礼仪（如吉礼中的祭天、祭社稷、祭山川，或吉礼以外的宾礼、丧礼、聘礼等）相映成趣、相互补充，共同确认、强调和传承着礼乐精神，一起助力于维护礼乐社会的秩序。林素娟很好地阐明了这个问题：

1 （清）阮元校刻：《十三经注疏》（下册），北京：中华书局，1980 年，第 1529 页。
2 （清）阮元校刻：《十三经注疏》（下册），北京：中华书局，1980 年，第 1545 页。
3 ［法］葛兰言著，汪润译：《中国人的信仰》，哈尔滨：哈尔滨出版社，2012 年，第 12 页。

仪式中通过象征、隐喻的运用，行礼者的亲身实践，使得社会规范和文化的价值观通过仪式之全身心参与、隐喻与象征的催化，成为与仪式者强烈的情感经验和身体感。此时所谓之身体，并不只是血肉之躯，而是敞开而融入整体情境、场所的身体，同时具有身体、情感、精神、场所等向度。从更大的层面来说，文化的概念会体现于象征符号中，而此象征符号也反映了此文化系统对于自然、宇宙秩序之体认。通过对象征符号、隐喻的运用，使得具体生活方式和特定形而上学之间形成了基本的一致。也通过仪式的强烈情感参与，将象征符号中的宇宙图象渗透到身体中，形成肉化于身体的信念。于是，这个象征系统变成解释框架，不断被证成其有效性。[1]

这段话道出了行礼实践与礼义（社会规范和文化的价值观）的同构关系，而且把行礼者在仪式中的体验过程描述得积极而和谐。

三、礼义传播的强迫性

《周礼》天子宗庙祭祀的礼义还有一个退而求其次的文化压力层面，亦即强迫性值得关注。《左传》桓公二年载臧哀伯曰："夫德，俭而有度，登降有数，文、物以纪之，声、明以发之，以临照百官。百官于是乎戒惧，而不敢易纪律。"[2]臧哀伯认为行为准则通过外在形式体现出来会使百官产生畏惧的心态，从而达到提醒和规诫他们行为的效果。这说明除了和谐体验的理想层面外，在祭祀仪式的实践中呈现出来的礼义还是少不了文化压力的属性。因此"象征符号实际起着文化控制的作用"[3]。无论是

1 林素娟：《仪式、象征、身体——探讨饮食礼仪的教化意涵》，《思想与文化》（第 11 辑），2011 年。

2 杨伯峻编著：《春秋左传注》（第 1 册），北京：中华书局，1990 年，第 89 页。

3 王小健：《服制与礼俗——周代妇女"三从"的礼仪符号及制度展现》，《妇女研究论丛》2015 年第 5 期。

以何种心态行礼，礼义都被认为是天然的、先验的东西，它只须被深刻领会进而落到实处，对于任何反思都是完全排斥的。

◉ 第五节 确认与展示祭祀者的身份及地位

《周礼》天子宗庙祭祀是确认与展示祭祀者身份及地位的神圣平台。强调等级名分是周代礼乐社会最为显著的一个文化特征。《左传》昭公七年载："天有十日，人有十等。下所以事上，上所以共神也。故王臣公，公臣大夫，大夫臣士，士臣皂，皂臣舆，舆臣隶，隶臣僚，僚臣仆，仆臣台。"[1]周代礼乐社会往往通过各种外在形象确认与展示人们的身份和地位。由于祭祀仪式带有强烈的神圣色彩，所以人们的身份和地位在这种公开场合的确认与展示显得颇具力度。《周礼》天子宗庙祭祀就是这样一个神圣的平台，涉及的人物有天子、王后以及大宰、大宗伯、诸侯等众多臣子。

一、确认与展示天子的身份及地位

《周礼》天子宗庙祭祀首先要确认与展示的是天子的主祭权。天子作为天下共主，是包括天子宗庙祭祀在内的一切国家大型祭祀活动的主祭者，换言之，他拥有独一无二的祭祀特权。在天子宗庙祭祀中，宗庙里陈列着象征天子权力和威信的宝物，天子身穿衮冕或鷩冕，执镇圭、佩大圭，出入庙门时伴着专门的乐曲《王夏》，率领群臣迎牲、射牲，亲自行祼礼，多次行献礼，向群臣赐酒；兴舞之时，他要亲自率领群臣跳舞；每次行礼，皆有相应的职官佐助。这些无一不是王者特权的标志。质言之，古人认为主祭权是"贵族家族内部政治地位和权力以及财产继承的

1 杨伯峻编著：《春秋左传注》（第 4 册），北京：中华书局，1990 年，第 1284 页。

标志”[1]。推而广之，“对于天子、国君来说，宗庙的祭祀权就是国家的统治权”[2]，“祭祀特权，根本上是被用来表现现世的政治特权的”[3]，两者是合为一体的。[4]

垄断国家最高祭祀权的天子通过祭拜祖先的各种行为，一方面可以确认和展示他在王室宗族里的核心地位，进而维持他对所有宗族成员的统合权力；另一方面也可以确认和展示身为天下共主的威严和权力，保证天下大权定于一尊，以此培养臣民对其威权的敬畏感。从祭祀前各职官供应器服和祭品，到从事卜筮、发布和执行誓戒禁令、准备乐舞等活动，以及祭祀者和执事者在祭祀之日各自履行职责，都反映了以天子为中心的中央政权职官系统的运转情况。与此同时，上有祖先神灵的佑护，下有臣民的服从，祭祀仪式的顺利举行也意味着天子权力在现实中的顺利施展，无疑会增强天子唯我独尊的安全感和自信心。因此，与其说天子在虔诚崇拜着创立基业的历代祖先，毋宁说他正在自信满满地致力于肯定和崇拜自身权力的合法性来得更为切实。

二、确认与展示王后的身份及地位

《周礼》天子宗庙祭祀中，王后是地位仅次于天子的另一个重要角色。王后亲自率领女官制作祭服，在裸、献之时继天子行礼，还掌管荐、彻笾豆和进献粢盛之事。每次行礼，皆有相应的女官佐助。除特殊情况外，她必须与天子共同参加宗庙祭祀仪式。《左传》文公二年载：“凡君即位，好舅甥，修昏姻，娶元妃以奉粢盛，孝也。孝，礼之始也。”[5]《礼

1 张鹤泉：《周代祭祀研究》，台北：文津出版社，1993 年，第 46 页。
2 郭守信：《周代祭祀初论》，《中国史研究》1986 年第 2 期。
3 葛志毅：《早期的神权与政权——上古史研究札记》，《中国古代社会与思想文化研究论集》（第 2 辑），葛志毅主编，哈尔滨：黑龙江人民出版社，2007 年，第 27 页。
4 万九河：《中国古代的宗教》，《东北师大学报》（哲学社会科学版）1987 年第 1 期。
5 杨伯峻编著：《春秋左传注》（第 2 册），北京：中华书局，1990 年，第 526–527 页。

记·祭统》:“既内自尽,又外求助,昏礼是也。故国君娶夫人致辞曰:‘请君之玉女,与寡人共有敝邑,事宗庙社稷。’此求助之本也。夫祭也者,必夫妇亲之,所以备外内之官也,官备则具备。”郑玄注:“具谓所供众物。”[1]《昏义》:“昏礼者,将合二姓之好,上以事宗庙,而下以继后世也。”[2]在周人的观念中,娶妻的首要目的就是奉祀祖先、传承香火,显示出妻子的角色无可替代,其中的伦理色彩非常浓厚。

王后参与天子宗庙祭祀是周礼的特别规定。在凡俗时间里,礼制对男女之间互相递受物品规范得非常严格。《孟子·离娄上》:“男女授受不亲。”[3]《礼记·内则》:“男不言内,女不言外,非祭非丧,不相授器。”[4]《坊记》:“非祭,男女不交爵。”[5]这种刻意疏远男女距离的禁忌只有在丧、祭活动中才允许有所改观,说明宗庙祭祀是公开确认和展示女性社会身份与地位的少有平台,反映了以王后为代表的女性在社会中不可或缺的重要地位。朱凤瀚在研究商周女性祭祀问题时指出:“能用来说明女性在家族内地位高低的标志之一,就是女性在家族祭祀活动中所处的位置。因为祭祀祖先神等神灵无疑是宗法制度下家族成员显示其身份的最重要的活动之一。”[6]这句话是适合理解《周礼》天子宗庙祭祀中王后特殊地位的。当然,这种地位“是在承担生育职能以延续家族之宗旨下,依赖于男性并将自身融化于男性意志之中”[7]。

三、确认与展示众臣的身份及地位

确认与展示众臣的身份和地位也是《周礼》天子宗庙祭祀的应有之

1 (清)阮元校刻:《十三经注疏》(下册),北京:中华书局,1980年,第1603页。
2 (清)阮元校刻:《十三经注疏》(下册),北京:中华书局,1980年,第1680页。
3 (清)阮元校刻:《十三经注疏》(下册),北京:中华书局,1980年,第2722页。
4 (清)阮元校刻:《十三经注疏》(下册),北京:中华书局,1980年,第1462页。
5 (清)阮元校刻:《十三经注疏》(下册),北京:中华书局,1980年,第1622页。
6 朱凤瀚:《论商周女性祭祀》,《中国社会历史评论》(第1卷),1999年。
7 朱凤瀚:《论商周女性祭祀》,《中国社会历史评论》(第1卷),1999年。

义。郑玄曰："宗庙之中，以有事为荣也。"[1]能够位列天子宗庙祭祀这样的神圣场合，对于众臣来说实属莫大的荣耀。《礼记·中庸》："宗庙之礼，所以序昭穆也，序爵，所以辨贵贱也，序事，所以辨贤也。"郑玄注："序，犹次也。爵，谓公、卿、大夫、士也。事，谓荐羞也，以辨贤者，以其事别所能也，若司徒羞牛，宗伯共鸡牲矣。"[2]在祭祀仪式中，无爵同姓之士以昭穆为序，体现出他们是宗族成员；有爵者以爵位为序，反映了他们的贵贱等差；大司徒、大宗伯等分别承担职责，意在分辨贤能。展示众臣身份和地位的另一个明显标志是祭服，众臣因等级不同而祭服有异，高贵与卑贱之分自然一清二楚地呈现了出来。

身份和地位本质上是权力的体现。郭于华有一段话谈到了仪式与国家权力之间的关系，她说：

> 仪式作为象征性的行为与活动，不仅是表达性的，而且是建构性的；它不仅可以展现观念的、心智的内在逻辑，也可以是展现和建构权威的权力技术。而政治权力亦不仅仅表现为简单的强制，而是力图呈现为一种合法合理的运用。就仪式的现实内容来说，在民间社会层面，它们往往是当地人们日常生活中最基本的生存技术；而在国家层面，它则与权力技术相关联，或者说它就是一种权力技术或权力实践的过程。[3]

我们暂且不去考虑这里所谈的民间社会，就《周礼》所涉天子宗庙祭祀仪式而言，它正是国家权力以合法合理的方式展开的实践过程，是集表达性和建构性于一体的政治行为。林素英也指出，祭祀通过显示昭

1 （清）阮元校刻：《十三经注疏》（下册），北京：中华书局，1980 年，第 1629 页。
2 （清）阮元校刻：《十三经注疏》（下册），北京：中华书局，1980 年，第 1629 页。
3 郭于华：《导论：仪式——社会生活及其变迁的文化人类学视角》，《仪式与社会变迁》，郭于华主编，北京：社会科学文献出版社，2000 年，第 4 期。

穆有序、贵贱有等的现象，可以使祭祀者“理解政治伦理存在之必要”[1]。这里所说的“政治伦理”当然是关涉政治权力的问题。总之，对于天子、王后以及众臣来说，确认和展示权力是一件获得安全感和自信心的事情，它是维持周代礼乐社会既有秩序强有力的支撑要素。

◉ 第六节 娱乐与审美

《周礼》天子宗庙祭祀还有娱乐与审美两个重要社会功能。它们主要的表现方式是，在通过誓戒禁令对祭祀者的行为作出各种严格规范的同时，也利用乐舞激发和释放着祭祀者的娱乐和审美欲望。在天子宗庙祭祀仪式中表演的大型乐舞是祭祀者们平日没有机会观赏到的国家最高层次艺术，展现出隆重的祭祀仪式在庄严肃穆之外还有生动活泼的一面。

一、娱乐与审美融于一体

《周礼》天子宗庙祭祀中的乐舞表达并激发了祭祀者愉悦的情感。以《大武》为例，《左传》宣公十二年载楚庄王说《大武》曰：“夫武，禁暴、戢兵、保大、定功、安民、和众、丰财者也，故使子孙无忘其章。”[2]沉浸在这种乐舞中的娱乐是神圣的娱乐。[3]兴起《大武》，表明子孙们没有忘却祖先的伟大功业，他们怀着感恩戴德之心，在宗庙祭祀的神圣状态之下，以一系列丰富多彩的音乐、气势恢宏的舞蹈，直观而生动地再现着周族祖先曾经创造辉煌业绩的过程。“我国古代盛行的礼仪和乐舞这两种截然不同的事物最初都是由手势动作语言分化而来的。这种分化是极其容易、

1 林素英：《〈周礼〉祭祀系统在思想史上的意义》，《齐鲁文化研究》（第 8 辑），2009 年。

2 杨伯峻编著：《春秋左传注》（第 2 册），北京：中华书局，1990 年，第 745-746 页。

3 方建军：《古代仪式中的“音声”》，《音乐学论丛》，上海：上海音乐学院出版社，2012 年，第 37 页。

极其自然的，当它用于人际（后来也用于人与鬼神之间）交接时便形成了礼仪，当它用于拟事状物以自娱时便形成了乐舞。”[1]所以，乐舞就是表达内心情感的一种动作语言。用《毛诗序》的话说就是：“诗者，志之所之也。在心为志，发言为诗，情动于中而形于言，言之不足，故嗟叹之，嗟叹之不足，故咏歌之，咏歌之不足，不知手之舞之足之蹈之也。”[2]心志、言语、嗟叹、咏歌、舞蹈，身随心动，逐渐外显，能将内心的情感通过乐舞表达出来，该是一件多么令人畅快淋漓的事情！在古代，“‘音乐’在所有使人‘欢乐’的形式中，占据首位”[3]。《逸周书·命训》载周文王说对待万民要“娱之以乐”[4],《礼记·乐记》说“夫乐者，先王之所以饰喜也”[5]，均涉及乐舞的娱乐功能。

《周礼》天子宗庙祭祀中乐舞激发祭祀者愉悦情感的机制，我们可以通过文化人类学家林惠祥的一段话得到有益启示：

> 跳舞者本身固能直接感受快乐，但旁观者也能获得观舞的快感。旁观者不但由跳舞的快乐而感染快乐，他们还得享受跳舞者所不能得的一种快乐。跳舞者不能看见自己的状态，那种美观的舞态只有旁观者得饱眼福。跳舞者只能感觉，而不能观看，旁观者虽不能感觉却能观看。这便是旁观者喜欢观看跳舞的缘故。但跳舞者因晓得观众在赞美欣赏着他们，故也不以自己看不见为嫌而觉得极为高兴。以此两方面的感情都兴奋起来，都为动作与音调所陶醉，愈趋愈剧，终之达到极为狂热的状态。[6]

1 常金仓：《穷变通久：文化史学的理论与实践》，北京：人民出版社，2014年，第102页。
2 （清）阮元校刻：《十三经注疏》（上册），北京：中华书局，1980年，第269–270页。
3 周武彦：《中国古代音乐考释》，长春：吉林人民出版社，2005年，第10页。
4 黄怀信、张懋镕、田旭东撰，李学勤审定：《逸周书汇校集注》（上册），上海：上海古籍出版社，1995年，第36页。
5 （清）阮元校刻：《十三经注疏》（下册），北京：中华书局，1980年，第1545页。
6 林惠祥：《文化人类学》，上海：上海古籍出版社，2013年，第309页。

《周礼》天子宗庙祭祀中乐舞的娱乐和审美功能其实是融于一体的。拉德克利夫－布朗指出："所谓的审美情感在很大程度上取决于动态意向。当我们通过眼睛的运动来跟踪某个形状，觉得它是运动的，而且这是一种我们目前只能用'和谐'这个词来描述的特别运动，此时我们就说这个形状是美的。"[1]《大武》等宗庙祭祀乐舞的各种节奏都是颇具观赏价值的，它将娱乐和审美融于一体，使充实的快乐在神人之间传染和弥漫开来。对于祖先神灵和代表他们的尸而言，乐舞是祭祀者大献殷勤的娱神之举；对于祭祀者来说，它能唤起大家关于祖先曾经创建基业、维护国家昌盛以及安乐民众的共同集体记忆。汹涌澎湃的美妙情感油然而生，相互激发和传递着对于祖先的追念和崇敬之心。这种神圣的祭祀氛围与日常生活形成了强烈而鲜明的反差，身心愉悦的艺术享受极有利于激发起祭祀者全新的生活热情。当然，也只有受过良好教育的贵族阶层，才能将乐舞这种内在的意蕴很好地体悟出来。

二、娱乐与审美的政治属性

《周礼》天子宗庙祭祀的乐舞终究还是要为政治服务的，或者说政治即是它的第一属性，它是带有浓厚政治色彩的艺术。《吕氏春秋·适音》："凡音乐通乎政。""先王必托于音乐以论其教。""先王之制礼乐也，非特以欢耳目、极口腹之欲也，将以教民平好恶、行理义也。"[2]《毛诗序》："正得失，动天地，感鬼神，莫近于诗。先王以是经夫妇，成孝敬，厚人伦，美教化，移风俗。"[3]礼与乐是既对立又统一的关系。《礼记·乐记》："乐者为同，礼者为异，同则相亲，异则相敬。""乐至则无怨，礼至则不争，

1 ［英］拉德克利夫－布朗著，梁粤译，梁永佳校：《安达曼岛人》，桂林：广西师范大学出版社，2005 年，第 188 页。

2 （战国）吕不韦著，陈奇猷校注：《吕氏春秋新校释》（上册），上海：上海古籍出版社，2002 年，第 276 页。

3 （清）阮元校刻：《十三经注疏》（上册），北京：中华书局，1980 年，第 270 页。

揖让而治天下者，礼乐之谓也。”[1] 所以刘清河和李锐指出：“礼，何以入人心者也深，不仅仅在于它被披上一层血缘亲情的温情脉脉的面纱，还在于它具有一定的与艺术相类似的潜移默化，影响人们心理情感的审美属性。”[2]彭林说：“乐有音调，有节奏，有强烈的感染力，闻声而心从，润物细无声。”[3] 陈来指出，乐可以“缓解等级制度的内在紧张”，“增益亲和关系”，代表的是“和谐原则”[4]。杨华也说：“乐能够沟通上下，促进交流，实现君臣之间、君民之间的和融、凝聚，这正是苛峻的礼法不能达到的。”[5]总而言之，统治者把人们对乐舞的感性体验纳入到了理性教化的范畴，旨在利用理性教化来引导和规范感性体验，实为政治上的“乐教”行为。

1 （清）阮元校刻：《十三经注疏》（下册），北京：中华书局，1980 年，第 1529 页。

2 刘清河、李锐：《雅风美俗之先秦礼乐》，台北：云龙出版社，1995 年，第 92 页。

3 彭林：《中国古代礼仪文明》，北京：中华书局，2013 年，第 64 页。

4 陈来：《古代宗教与伦理：儒家思想的根源》，北京：生活·读书·新知三联书店，2009 年，第 303-305 页。

5 杨华：《古礼新研》，北京：商务印书馆，2012 年，第 40 页。

结 论

本书梳理和论述了《周礼》所载天子宗庙祭祀的对象及类型、祭前准备事宜、祭祀之日的仪式，并且具体分析了相应的文化寓意和功能。在此基础上，又对整个祭祀的社会功能及其运行机制进行了探索。由于时代久远，涉及问题纷繁复杂，我们永远也不可能再以周代礼乐社会的眼光来审视他们的社会及观念，唯一能够做到的是，运用自己的理性来分析和推断，力求尽可能地接近历史的真相。现就本书得出的主要结论陈述如下：

第一，祭祀对象及类型。祭祀对象以先王与先公为主，此外，女性始祖先妣姜嫄享受特祭，功臣还可配祭于祖先。祭祀类型可分为常祀与因祭两大类别。常祀是指天子定期举行的祭祖仪式，它专为祭祀而设，包括四时祭和间祀。四时祭为春祠、夏禴、秋尝、冬烝；间祀为追享和朝享，分别是指禘祭中的分祭与合祭两种祭祀方式。因祭即因事而祭，它同某些特定事件相联系，包括因灾祸祈祷、因丧而祭、大师告祭、大田告祭和大会同告祭。

第二，祭前准备事宜。具体包括器服与祭品的准备、卜筮、准备乐舞、发布与执行誓戒禁令、立尸与为期。人们的祭祀意识随着祭祀之日的临近，有一个不断渐进强化的过程。各项祭前准备事宜就是不断强调祭祀的旨趣以及为正式祭祀仪式铺平道路的过程，可以视为一种过渡仪式。它将器服、祭品和祭祀者同凡俗世界完全隔离，并将其带入到了神圣的时间（祭祀时间）和神圣的空间（宗庙）之中，实现了从凡俗状态到神圣状态的一系列过渡。

《周礼》天子宗庙祭祀涉及的器物共有十八种：匰主、笾豆、簠簋、鼎俎、尊彝及相关酒器、玉币帛、宝器、镇圭与大圭、布巾、玉几、筵席、大常、明火明水及相关器具、萧茅、冰鑑、弓矢、薪蒸、烛。祭服依据穿着者的身份来划分有四种，包括天子、诸臣、王后及外内命妇、尸的祭服。祭品按照所盛器具的不同，主要分为笾豆之实、簠簋之实、鼎俎之实、尊彝之实四大类，其中笾豆之实有果实、肉酱、泡菜等，簠簋之实为粢盛（谷物），鼎俎之实是肉类，尊彝之实为酒鬯。此外还有鸟卵和盐。这些器服与祭品来源于王畿的赋税和诸侯的纳贡，在国家财政预算中是一项很重要的支出，使用时都遵循着一定的法规。器物与祭品在使用前须经过专门的检查，以确保清洁、完好，陈列方式也要符合礼制的规定。

器服与祭品属于天子宗庙祭祀系统中的物质层面，它们在很大程度上以各自的方式传递着丰富而幽深的文化意蕴，亦即使用了象征的思维方式。这种思维方式明显区别于凡俗的社会生活，从物的层面集中渲染着祭祀活动的神圣氛围，它主要是通过以多、大、下、文、素为贵，以洁美之状体现德行善美，以祭器象征国家政权，法天地则阴阳，以物象寄寓教化和训诫，以巫术营造神圣氛围以及以异为敬七种方式（具体落实在器服和祭品的种类、数量、质地、形状、大小、颜色、文饰、等级、物象、完整度、清洁度、阴阳性、名称变易、准备时间、巫术、检查等维度上），发挥着沟通祖先神灵、突出祭祀者身份和地位、反映祭祀者美好德行以及劝勉训诫祭祀者等一系列作用。

卜筮、一系列誓戒禁令的发布及执行、乐舞的准备、立尸与为期都属于天子宗庙祭祀准仪式的范畴，为祭祀之日仪式的顺利举行提供了重要保障。

卜筮是占卜应祀与否或祭祀之日的吉凶，由大宰、大宗伯、小宗伯、肆师、大史、龟人、菙氏、大卜、卜师、占人和筮人十一位职官联合掌理，体现出了对祭祀非常审慎的态度。卜筮要先占筮，得吉后再龟卜，如果占筮结果为凶，则不再龟卜。龟卜共有九个环节，程序依次为：奉龟与供燋契、陈龟、贞龟、辨龟、视高、命龟、作龟、占龟、系币。这些仪节都是围绕龟展开的，属于交感巫术。

发布与执行誓戒禁令是对祭祀者作出规范，属于祭祀系统中的约束层面，旨在通过强制的方式保证祭礼的正常举行。它强调的是对祭祀事宜不得怠慢，对神灵要有崇敬的态度。祭祀前十日，大宰总掌誓戒，进一步传达与执行的事宜有八个方面：再次告诫（宿）、对不同等级传达、执行刑罚、预习礼仪、斋戒、整修宗庙、禁止喧哗与驱赶乌鸢、跸止与守卫。其中又以斋戒最为重要，目的是使祭祀者排除外界干扰，精神专注于逝去的祖先。对于祭祀者来说，斋戒行为并不是一个享受的过程，之所以能够得到执行，是因为它具有强迫性和主动性。

准备乐舞的环节包括提前悬挂乐器、召集和选拔舞者两项事宜。立尸为确定替祖先神灵接受进献的代表，充当尸的人是祖先的孙辈和与祖先昭穆相同的后世子孙。用尸来代替祖先神灵接受祭祀者的膜拜，就仿佛祖先又重新回到了现实当中，祭祀者表达情感有了可以依附的具体对象。为期是指在祭祀前夕确定祭祀之日的具体行事时间。

第三，祭祀仪式。在祭祀之日，正式仪式开始之前还有一些临祭的程序，即鸡人、巾车呼旦警起百官，小宗伯告时于王，世妇等陈列祭器与祭品，肆师告洁告备，大史安排助祭诸臣行礼的位置。

正式仪式包括了迎神，祼礼，迎牲、杀牲与割牲，进献笾豆之实、牺牲、酒与粢盛，赐酒于助祭者和执事者，仪式的退出六大步骤。虽然整个祭祀仪式细密繁复，但也有条不紊，主要有以下四个特点：一，王和王后相续行礼，突出其崇高地位。具体表现在行祼礼时王初祼，后亚祼；献酒时，王和后各有三次相续进献之礼。二，男女分工。牺牲属阳物，王和大宰、大司徒、射人等职官负责迎牲、杀牲和进献牲体，笾豆、簠簋之实属阴物，由王后和女官负责进献。三，进献的牲体由生到熟。天子宗庙祭祀进献牺牲经历了荐血腥、荐爓和荐熟三个阶段，它们反映的是从远古到周代的生活方式。进献程序的一步步推进，呈现出了祭祀者与祖先神灵之间的距离逐渐亲近的态势。四，用乐营造神圣氛围。迎神时有金奏和升歌，祼礼时有下管之乐；尸出入奏《肆夏》，王出入奏《王夏》，牲出入奏《昭夏》；侑尸时有钟鼓之乐；九献之后兴起《大武》等大型乐舞，还有缦乐和燕乐与其配合；撤除笾豆之时也伴有乐歌。在整个仪式过程中，以天子为中心的祭祀者围绕着祭祀对象，通过各种祭祀仪节，充分呈现出了肃穆、有序而神圣的祭祀状态。

第四，社会功能及其运行机制。统治者总是以政治的眼光，从社会中摄取有利于统治的因素。当一种社会行为方式一旦进入统治者的视野，进而上升为国家制度中的因素时，原本支撑这一行为方式的文化结构就会因掺入政治因素而变得复杂化。以天子为首的统治者不惜以大量的人力、物力和精力为代价，反复举行不同规模的宗庙祭祀仪式，实际上只是构成天子宗庙祭祀系统的表层要素，而由这个系统发挥的各种社会功能才是它的真正内核。作为一种政治制度，虽然天子宗庙祭祀的仪节和品物十分繁复，但指向的目的是十分明确的，即在礼乐社会的格局之下展现文化意蕴、服务于现实政治。它的预设功能主要体现为：追念、祈福于祖先及增强宗族内聚力，巩固君臣关系，以孝道垂范教化臣民，将礼义嵌入人心，确认与展示祭祀者的身份及地位，此外还有与政治相关的娱乐和审美功能。以上六项功能，既是天子宗庙祭祀系统正常运行的逻辑结果，又是支撑它得以存在的主要精神支柱，这些功能在整个国家治理过程中发挥着重要的作用。

第五，材料性质。通过考察我们发现，与《诗经》《国语》《左传》《仪礼》《礼记》等文献相比，《周礼》天子宗庙祭祀中职官与职事搭配的记载显得更为纤细具体，这些究竟是否属实，大多无可质证；但可以肯定的是，《周礼》关于天子宗庙祭祀的对象及类型、祭前准备事宜、祭祀之日仪式以及社会功能的记载，绝大多数可以得到其他文献和考古材料直接或间接的印证，而且根据文献记载和文化人类学调查报告，有些文化因素甚至可以追溯到遥远的史前时代。库朗热说："信仰的变迁需要很长的时间，而外在仪式及礼法的变迁则更是漫长的事。”[1]列维－布留尔说：“有关死亡和死人的风俗也许是一切风俗中最持久的。因此，当社会环境、制度和信仰改变了，这些风俗只是很慢地跟着改变。”[2]常金仓师也指出，丧、祭等社会生活“在人类创造的文化中是最为持久、最为稳定的因素，它不像政治事件那样瞬息万变，也不像国家制度可以由一道命令一朝废兴，即使在社会剧烈变动时期，在文化传播十分活跃时期，生活方式的变更及其普及也是相当缓慢的”[3]。由于祭祀制度一般具有极强的稳定性，所以我们虽然不能推断出《周礼》关于天子宗庙祭祀的记载与周代礼乐社会完全吻合的结论，但也有理由相信，这些记载反映的总体文化结构、寓意以及社会功能，都与天下共主的周代礼乐社会实际情况相去不远。借用阎步克论述礼制“结构性来源”的表述[4]，那就是周代天子宗庙祭祀为《周礼》所载天子宗庙祭祀的结构性来源。

第六，研究方法的反思。自 20 世纪初以来，考古学在历史研究中的作用越来越突出。考古材料可分为有文字和无文字两种情况，它们扩大了史料的范围，无疑有助于拓展和深化我们对于祭祀礼制的认识，但也必须清醒地认识到考古材料的局限性，坚持文献和实物并重的科学态度。本书关于尊彝形制的分析就是这方面的一个典型案例。同样也是 20 世纪初以来，主动借力西方理论解释中国历史文化的学术研究在中国遍地开花，其效果可谓有利亦有弊。不可否认，西方理论的传入为我们理解周代礼乐文化提供了新的视角和思路，但是周代礼乐文化有其自身的文

1 ［法］库朗热著，谭立铸等译：《古代城邦——古希腊罗马祭祀、权利和政制研究》，上海：华东师范大学出版社，2006 年，第 11 页。

2 ［法］列维－布留尔著，丁由译：《原始思维》，北京：商务印书馆，1981 年，第 298-299 页。

3 常金仓：《周代社会生活述论 · 几点说明》，《周代社会生活述论》，长春：吉林人民出版社，2007 年，第 1 页。

4 阎步克：《服周之冕——《〈周礼〉六冕礼制的兴衰变异》，北京：中华书局，2009 年，第 24、33 页。

化体系，要想作出合理的解释，还须继续深入到这一礼乐文化体系中去努力挖掘。就本书所论《周礼》天子宗庙祭祀而言，对于后宫藏种、孙为王父尸、整个祭祀仪式的功能等问题，在分析史料的基础上结合文化人类学上的调查材料及其理论可以得到合理的解释；而对于尊彝的物象、明水的获得以及祭服上的物象、冕旒、玉瑱等文化现象，古人本来已经作出了深得精义的阐释，如果运用隔着时空的西方理论走着险道偏锋，不免有刻意求新之嫌。

第七，今后的研究空间。本书探索的《周礼》天子宗庙祭祀属于人鬼祭祀的范畴。除此之外，《周礼》中的祭祀系统还包括了对于天神和地祇的祭祀内容。如果能将这两大祭祀分支作出全面的梳理和分析，那么我们就可以从宏观上总览《周礼》整个祭祀系统的面貌。若以此研究为前提，深入考察这三大分支之间的相互关系，进而从中抽绎出整个祭祀系统的特点、社会功能及其运行机制也就成为可能。这些研究工作，不仅有助于我们深刻理解祭祀之所以被古人视为“国之大事”的真正原因，而且对于明确《周礼》祭祀系统在中国政治制度史坐标上的定位，无疑也具有积极的学术价值。

参考文献

一、古籍

[1]（战国）吕不韦著，陈奇猷校注：《吕氏春秋新校释》，上海：上海古籍出版社，2002年。
[2]（汉）司马迁撰，（刘宋）裴骃集解，（唐）司马贞索隐，张守节正义：《史记》，北京：中华书局，1959年。
[3]（汉）班固撰，（唐）颜师古注：《汉书》，北京：中华书局，1962年。
[4]（汉）董仲舒撰，（清）凌曙注：《春秋繁露》，北京：中华书局，1975年。
[5]（汉）刘向撰，赵善诒疏证：《说苑疏证》，上海：华东师范大学出版社，1985年。
[6]（汉）刘熙撰，（清）毕沅疏证，王先谦补：《释名疏证补》，北京：中华书局，2008年。
[7]（汉）刘向集录，范祥雍笺证，范邦瑾协校：《战国策笺证》，上海：上海古籍出版社，2011年。
[8]（魏）何晏集解，（梁）皇侃义疏：《论语集解义疏》，上海：商务印书馆，1937年。
[9]（晋）杜预：《春秋左传集解》，上海：上海人民出版社，1977年。
[10]（刘宋）范晔撰，（唐）李贤等注：《后汉书》，北京：中华书局，1965年。
[11]（唐）姚思廉：《梁书》，北京：中华书局，1973年。
[12]（唐）杜佑：《通典》，北京：中华书局，1984年。
[13]（宋）卫湜：《礼记集说》，台北：商务印书馆，1983年。
[14]（宋）朱熹：《四书章句集注》，北京：中华书局，1983年。
[15]（宋）洪迈：《容斋随笔》，长春：吉林文史出版社，1994年。
[16]（宋）黎靖德编，王星贤点校：《朱子语类》，北京：中华书局，1994年。
[17]（宋）王与之：《周礼订义》，（清）纳兰性德辑：《通志堂经解》，扬州：江苏广陵古籍刻印社，1996年。
[18]（宋）聂崇义纂辑，丁鼎点校、解说：《新定三礼图》，北京：清华大学出版社，2006年。
[19]（宋）洪兴祖：《楚辞补注》，南京：凤凰出版社，2007年。
[20]（宋）沈括：《梦溪笔谈》，上海：上海书店出版社，2009年。
[21]（宋）王黼编纂，牧东整理：《重修宣和博古图》，扬州：广陵书社，2010年。
[22]（清）马国翰辑：《周易马氏传》，《玉函山房辑佚书》，台北：文海出版社，1974年。
[23]（清）阮元校刻：《十三经注疏》，北京：中华书局，1980年。
[24]（清）王聘珍撰，王文锦点校：《大戴礼记解诂》，北京：中华书局，1983年。
[25]（清）王念孙：《广雅疏证》，南京：江苏古籍出版社，1984年。
[26]（清）江永：《周礼疑义举要》，北京：中华书局，1985年。
[27]（清）王先谦撰，吴格点校：《诗三家义集疏》，北京：中华书局，1987年。
[28]（清）孙诒让撰，王文锦、陈玉霞点校：《周礼正义》，北京：中华书局，1987年。
[29]（清）许宗彦：《鉴止水斋集》，《清经解》，（清）阮元编，上海：上海书店，1988年。
[30]（清）俞樾：《群经平议》，《清经解续编》，（清）王先谦编，上海：上海书店，1988年。
[31]（清）徐养原：《周官故书考》，《清经解续编》，（清）王先谦编，上海：上海书店，1988年。
[32]（清）马瑞辰撰，陈金生点校：《毛诗传笺通释》，北京：中华书局，1989年。

[33]（清）孙希旦撰，沈啸寰、王星贤点校：《礼记集解》，北京：中华书局，1989年。
[34]（清）董诰等编：《全唐文》，上海：上海古籍出版社，1990年。
[35]（清）孙星衍等辑，周天游点校：《汉官六种》，北京：中华书局，1990年。
[36]（清）胡培翚著，段熙仲点校：《仪礼正义》，南京：江苏古籍出版社，1993年。
[37]（清）陈立撰，吴则虞点校：《白虎通疏证》，北京：中华书局，1994年。
[38]（清）李道平撰，潘雨廷点校：《周易集解纂疏》，北京：中华书局，1994年。
[39]（清）于鬯：《读周礼日记》，《续修四库全书》编纂委员会编：《续修四库全书》，上海：上海古籍出版社，1996年。
[40]（清）王先慎撰，钟哲点校：《韩非子集解》，北京：中华书局，1998年。
[41]（清）纪昀总纂：《四库全书总目提要》，石家庄：河北人民出版社，2000年。
[42]（清）孙诒让撰，孙启治、孙以楷点校：《墨子间诂》，北京：中华书局，2001年。
[43]（清）俞正燮撰，涂小马、蔡建康、陈松泉校点：《癸巳类稿》，沈阳：辽宁教育出版社，2001年。
[44]（清）俞正燮：《癸巳存稿》，沈阳：辽宁教育出版社，2003年。
[45]（清）孙星衍撰，陈抗、盛冬铃点校：《尚书今古文注疏》，北京：中华书局，2004年。
[46]（清）黄以周撰，王文锦点校：《礼书通故》，北京：中华书局，2007年。
[47]（清）林昌彝：《三礼通释》，海口：海南出版社，2010年。
[48]（清）宋世荦：《周礼故书疏证》，《清经解三编》，刘晓东、杜泽逊编，济南：齐鲁书社，2011年。
[49]（清）张宗泰：《周官礼经注正误》，《清经解三编》，刘晓东、杜泽逊编，济南：齐鲁书社，2011年。
[50]（清）郭庆藩撰，王孝鱼点校：《庄子集释》，北京：中华书局，2012年。
[51]（清）万斯大撰，温显贵校注：《经学五书》，上海：华东师范大学出版社，2012年。
[52]（清）段玉裁：《说文解字注》，北京：中华书局，2013年。
[53]（清）孔广森撰，王丰先点校：《大戴礼记补注》，北京：中华书局，2013年。
[54]（清）王先谦撰，沈啸寰、王星贤点校：《荀子集解》，北京：中华书局，2013年。
[55]（清）陈寿祺撰，曹建墩校点：《五经异义疏证》，上海：上海古籍出版社，2013年。
[56]（清）焦廷琥：《冕服考》，《清经解四编》，刘晓东、杜泽逊编，济南：齐鲁书社，2015年。
[57]（清）皮锡瑞：《王制笺》，《清经解四编》，刘晓东、杜泽逊编，济南：齐鲁书社，2015年。
[58]（清）孙诒让：《九旗古义述》，《清经解四编》，刘晓东、杜泽逊编，济南：齐鲁书社，2015年。
[59]（清）黄世发：《群经冠服图考》，《清经解四编》，刘晓东、杜泽逊编，济南：齐鲁书社，2015年。
[60] 刘仲平：《司马法今注今译》，台北：台湾商务印书馆股份有限公司，1977年。
[61] 杨伯峻：《列子集释》，北京：中华书局，1979年。
[62] 马非百：《管子轻重篇新诠》，北京：中华书局，1979年。
[63] 吴则虞：《晏子春秋集释》，北京：中华书局，1982年。

[64] 林尹:《周礼今注今译》, 北京: 书目文献出版社, 1985年。
[65] 黄晖:《论衡校释》, 北京: 中华书局, 1990年。
[66] 杨伯峻编著:《春秋左传注》(修订本), 北京: 中华书局, 1990年。
[67] 程树德撰, 程俊英、蒋见元点校:《论语集释》, 北京: 中华书局, 1990年。
[68] 黄怀信、张懋镕、田旭东撰, 李学勤审定:《逸周书汇校集注》, 上海: 上海古籍出版社, 1995年。
[69] 黄怀信:《逸周书校补注译》, 西安: 西北大学出版社, 1996年。
[70] 上海师范大学古籍整理研究所校点:《国语》, 上海: 上海古籍出版社, 1998年。
[71] 何宁:《淮南子集释》, 北京: 中华书局, 1998年。
[72]《文渊阁四库全书电子版》, 上海、香港: 上海人民出版社、迪志文化出版有限公司, 1999年。
[73] 李守奎、李轶:《尸子译注》, 哈尔滨: 黑龙江人民出版社, 2003年。
[74] 黎翔凤:《管子校注》, 北京: 中华书局, 2004年。
[75] 吕友仁:《周礼译注》, 郑州: 中州古籍出版社, 2004年。
[76] 杨天宇:《周礼译注》, 上海: 上海古籍出版社, 2004年。
[77] 顾颉刚、刘起釪:《尚书校释译论》, 北京: 中华书局, 2005年。
[78] 刘师培:《周礼古注集疏》,《清经解三编》, 刘晓东、杜泽逊编, 济南: 齐鲁书社, 2011年。

二、今人专著

[1] 关百益:《郑冢古器图考》, 北京: 中华书局, 1940年。
[2] 冯友兰:《中国哲学史》, 北京: 中华书局, 1947年。
[3] 李亚农:《周族的氏族制与拓跋族的前封建制》, 上海: 华东人民出版社, 1954年。
[4] 中国科学院考古研究所编著:《辉县发掘报告》, 北京: 科学出版社, 1956年。
[5] 安徽省博物馆编著:《寿县蔡侯墓出土遗物》, 北京: 科学出版社, 1956年。
[6] 刘节:《古史考存》, 北京: 人民出版社, 1958年。
[7] 王国维:《观堂集林》, 北京: 中华书局, 1959年。
[8] 陕西博物馆、陕西文物管理委员会:《青铜器图释》, 北京: 文物出版社, 1960年。
[9] 杨宽:《古史新探》, 北京: 中华书局, 1965年。
[10] 张克明:《殷周青铜器求真》, 台北: 中华丛书编审委员会, 1965年。
[11] 孙作云:《诗经与周代社会研究》, 北京: 中华书局, 1966年。
[12] 王宇清:《冕服服章之研究》, 台北: 中华丛书编审委员会, 1966年。
[13] 周何:《春秋吉礼考辨》, 台北: 嘉新水泥公司文化基金会, 1970年。
[14] 吴达芸:《仪礼特牲少牢有司徹祭品研究》, 台北: 台湾中华书局, 1973年。
[15] 湖南省博物馆、中国科学院考古研究所编:《长沙马王堆一号汉墓》, 北京: 文物出版社, 1973年。
[16] 何联奎:《中国礼俗研究》, 台北: 台湾中华书局, 1975年。
[17] 董作宾:《董作宾全集(甲编)》, 台北: 艺文印书馆, 1977年。

[18] 朱天顺:《原始宗教》，上海：上海人民出版社，1978年。
[19] 席涵静:《周代祝官研究》，台北：励志出版社，1978年。
[20] 章景明:《殷周庙制论稿》，台北：学海出版社，1979年。
[21] 高亨:《文史述林》，北京：中华书局，1980年。
[22] 邹衡:《夏商周考古学论文集》，北京：文物出版社，1980年。
[23] 徐复观:《〈周礼〉成立时代及其思想性格》，台北：台湾学生书局，1980年。
[24] 金景芳:《古史论集》，济南：齐鲁书社，1981年。
[25] 郭宝钧:《商周铜器群综合研究》，北京：文物出版社，1981年。
[26] 朱天顺:《中国古代宗教初探》，上海：上海人民出版社，1982年。
[27] 闻一多:《闻一多全集（一）》，北京：生活·读书·新知三联书店，1982年。
[28] 饶宗颐、曾宪通:《云梦秦简日书研究》，香港：香港中文大学出版社，1982年。
[29] 宋兆麟:《原始社会史》，北京：文物出版社，1983年。
[30] 金景芳:《中国奴隶社会史》，上海：上海人民出版社，1983年。
[31] 北京大学历史系考古教研室:《元君庙仰韶墓地》，北京：文物出版社，1983年。
[32] 中国社会科学院考古研究所编著:《宝鸡北首岭》，北京：文物出版社，1983年。
[33] [美] 张光直:《中国青铜时代》，北京：生活·读书·新知三联书店，1983年。
[34] 林耀华:《原始社会史》，北京：中华书局，1984年。
[35] 周锡保:《中国古代服饰史》，北京：中国戏剧出版社，1984年。
[36] 中国社会科学院考古研究所编著:《新中国的考古发现和研究》，北京：文物出版社，1984年。
[37] 青海省文物管理处考古队、中国社会科学院考古研究所:《青海柳湾》，北京：文物出版社，1984年。
[38]《民族问题五种丛书》内蒙古自治区编委会编:《鄂伦春族社会历史调查》（第1集），呼和浩特：内蒙古人民出版社，1984年。
[39] 方俊吉:《礼记之天地鬼神观探究》，台北：文史哲出版社，1985年。
[40] 许冠三:《新史学九十年》，香港：香港中文大学出版社，1986年。
[41] 张正明:《楚文化史》，上海：上海人民出版社，1987年。
[42] 陈梦家:《殷墟卜辞综述》，北京：中华书局，1988年。
[43] 马承源主编:《中国青铜器》，上海：上海古籍出版社，1988年。
[44] 马承源主编:《商周青铜器铭文选》，北京：文物出版社，1988年。
[45] 王贵民:《商周制度考信》，台北：明文书局，1989年。
[46] 宋兆麟:《巫与巫术》，成都：四川民族出版社，1989年。
[47] 汪宁生:《民族考古学论集》，北京：文物出版社，1989年。
[48] 谢维扬:《周代家庭形态》，北京：中国社会科学出版社，1990年。
[49] 睡虎地秦墓竹简整理小组编:《睡虎地秦墓竹简》，北京：文物出版社，1990年。
[50] 杨学政:《原始宗教论》，昆明：云南人民出版社，1991年。
[51] 陈戍国:《先秦礼制研究》，长沙：湖南教育出版社，1991年。
[52] 湖北省荆沙铁路考古队:《包山楚简》，北京：文物出版社，1991年。

[53] 李衡眉:《论昭穆制度》,台北:文津出版社,1992年。
[54] 康学伟:《先秦孝道研究》,台北:文津出版社,1992年。
[55] 邹昌林:《中国古礼研究》,台北:文津出版社,1992年。
[56] 周何:《古礼今谈》,台北:万卷楼图书有限公司,1992年。
[57] 吕文郁:《周代采邑制度研究》,台北:文津出版社,1992年。
[58] 杨向奎:《宗周社会与礼乐文明》,北京:人民出版社,1992年。
[59] 詹鄞鑫:《神灵与祭祀——中国传统宗教综论》,南京:江苏古籍出版社,1992年。
[60] 张鹤泉:《周代祭祀研究》,台北:文津出版社,1993年。
[61] 邓国光:《中国文化原点新探——以〈三礼〉的祝为中心的研究》,广州:广东人民出版社,1993年。
[62] 金春峰:《〈周官〉之成书及其反映的文化与时代新考》,台北:东大图书股份有限公司,1993年。
[63] [美]张光直:《美术、神话与祭祀》,台北:稻乡出版社,1993年。
[64] 周聪俊:《祼礼考辨》,台北:文史哲出版社,1994年。
[65] 钱穆:《中国文化史导论》,北京:商务印书馆,1994年。
[66] 陈芳妹:《商周青铜酒器》,台北:故宫博物院,1994年。
[67] 左言东编著:《先秦职官表》,北京:商务印书馆,1994年。
[68] 刘乐贤:《睡虎地秦简日书研究》,台北:文津出版社,1994年。
[69] 张践、马洪路、李树琦:《中国春秋战国宗教史》,北京:人民出版社,1994年。
[70] 朱凤瀚:《古代中国青铜器》,天津:南开大学出版社,1995年。
[71] 刘清河、李锐:《雅风美俗之先秦礼乐》,台北:云龙出版社,1995年。
[72] 郝铁川:《经国治民之典——〈周礼〉与中国文化》,开封:河南大学出版社,1995年。
[73] 钱玄:《三礼通论》,南京:南京师范大学出版社,1996年。
[74] 商承祚:《长沙古物闻见记 续记》,北京:中华书局,1996年。
[75] 李纯一:《中国上古出土乐器综论》,北京:文物出版社,1996年。
[76] 刘晔原、郑惠坚:《中国古代的祭祀》,北京:商务印书馆,1996年。
[77] 谢谦:《中国古代宗教与礼乐文化》,成都:四川人民出版社,1996年。
[78] 方建军:《中国古代乐器概论(远古—汉代)》,西安:陕西人民出版社,1996年。
[79] 山西省考古研究所、太原市文物管理委员会,陶正刚、侯毅、渠川福:《太原晋国赵卿墓》,北京:文物出版社,1996年。
[80] 杨华:《先秦礼乐文化》,武汉:湖北教育出版社,1997年。
[81] 朱筱新:《中国古代的礼仪制度》,北京:商务印书馆,1997年。
[82] 巴新生:《西周伦理形态研究》,天津:天津古籍出版社,1997年。
[83] 张荣明:《殷周政治与宗教》,台北:五南图书出版有限公司,1997年。
[84] 林素英:《古代祭礼中之政教观——以〈礼记〉成书前为论》,台北:文津出版社,1997年。
[85] 钱玄、钱兴奇编著:《三礼辞典》,南京:江苏古籍出版社,1998年。
[86] 吕大吉:《宗教学通论新编》,北京:中国社会科学出版社,1998年。

[87] 葛志毅、张惟明:《先秦两汉的制度与文化》，哈尔滨：黑龙江教育出版社，1998年。
[88] 顾颉刚著，印永清辑，魏得良校:《顾颉刚书话》，杭州：浙江人民出版社，1998年。
[89] 邹衡:《天马——曲村》，北京：科学出版社，1999年。
[90] 郭沫若:《两周金文辞大系图录考释》，上海：上海书店，1999年。
[91] 李申:《中国儒教史》(上卷)，上海：上海人民出版社，1999年。
[92] 沈文倬:《宗周礼乐文明考论》，杭州：浙江大学出版社，1999年。
[93] 梁钊韬:《中国古代巫术：宗教的起源和发展》，广州：中山大学出版社，1999年。
[94] 吴小强:《秦简日书集释》，长沙：岳麓书社，2000年。
[95] 李零:《中国方术续考》，北京：东方出版社，2000年。
[96] 王晖:《商周文化比较研究》，北京：人民出版社，2000年。
[97] 邹昌林:《中国礼文化》，北京：社会科学文献出版社，2000年。
[98] 姚小鸥:《诗经三颂与先秦礼乐文化》，北京：北京广播学院出版社，2000年。
[99] 俞伟超:《中国画像石全集·山东画像石》，济南：山东美术出版社，2000年。
[100] 湖北省文物考古研究所、北京大学中文系编:《九店楚简》，北京：中华书局，2000年。
[101] 肖群忠:《孝与中国文化》，北京：人民出版社，2001年。
[102] 晁福林:《先秦民俗史》，上海：上海人民出版社，2001年。
[103] 李零:《中国方术考》(修订本)，北京：东方出版社，2001年。
[104] 朱和平:《中国服饰史稿》，郑州：中州古籍出版社，2001年。
[105] 蔡子谔:《中国服饰美学史》，石家庄：河北美术出版社，2001年。
[106] 杨志刚:《中国礼仪制度研究》，上海：华东师范大学出版社，2001年。
[107] 何兆武:《西方哲学思想》，北京：清华大学出版社，2002年。
[108] 张光直:《古代中国考古学》，沈阳：辽宁教育出版社，2002年。
[109] 陈戍国:《中国礼制史（先秦卷）》，长沙：湖南教育出版社，2002年。
[110] 姜亮夫:《姜亮夫全集（八）——楚辞学论文集》，昆明：云南人民出版社，2002年。
[111] 杨宽:《西周史》，上海：上海人民出版社，2003年。
[112] 杨宽:《战国史》，上海：上海人民出版社，2003年。
[113] 刘兆祐编著:《周礼著述考（一）》，台北："国立"编译馆，2003年。
[114] 林庆彰主编:《五十年来的经学研究》，台北：台湾学生书局，2003年。
[115] 林素英:《礼学思想与应用》，台北：万卷楼图书股份有限公司，2003年。
[116] 王子今:《睡虎地秦简〈日书〉甲种疏证》，武汉：湖北教育出版社，2003年。
[117] 河南省文物考古研究所编著:《新蔡葛陵楚墓》，郑州：大象出版社，2003年。
[118] 陈梦家:《西周铜器断代》，北京：中华书局，2004年。
[119] 刘源:《商周祭祖礼研究》，北京：商务印书馆，2004年。
[120] 常金仓:《周代礼俗研究》，哈尔滨：黑龙江人民出版社，2004年。
[121] 邹昌林:《中国古代国家宗教研究》，北京：学习出版社，2004年。
[122] 杨荫浏:《中国古代音乐史稿》，北京：人民音乐出版社，2004年。
[123] 葛志毅:《谭史斋论稿续编》，哈尔滨：黑龙江人民出版社，2004年。

[124] 朱凤瀚:《商周家族形态研究》(增订本), 天津: 天津古籍出版社, 2004年。
[125] 太原市文物考古研究所编, 李建生等摄影:《晋国赵卿墓》, 北京: 文物出版社, 2004年。
[126] 吴十洲:《两周礼器制度研究》, 台北: 五南图书出版公司、中华发展基金管理委员会, 2004年。
[127] 吕思勉:《先秦史》, 上海: 上海古籍出版社, 2005年。
[128] 姬秀珠:《仪礼饮食礼器研究》, 台北: 里仁书局, 2005年。
[129] 傅亚庶:《中国上古祭祀文化》, 北京: 高等教育出版社, 2005年。
[130]《文史知识》编辑部编:《经书浅谈》, 北京: 中华书局, 2005年。
[131] 周武彦:《中国古代音乐考释》, 长春: 吉林人民出版社, 2005年。
[132] 李纯一:《先秦音乐史》(修订版), 北京: 人民音乐出版社, 2005年。
[133] 葛志毅:《周代分封制度研究》, 哈尔滨: 黑龙江人民出版社, 2005年。
[134] 李学勤:《中国古代文明研究》, 上海: 华东师范大学出版社, 2005年。
[135] 常金仓:《二十世纪古史研究反思录》, 北京: 中国社会科学出版社, 2005年。
[136] 李安宅:《〈仪礼〉与〈礼记〉之社会学的研究》, 上海: 上海人民出版社, 2005年。
[137] 金景芳、吕绍纲著, 吕绍纲修订:《周易全解》(修订本), 上海: 上海古籍出版社, 2005年。
[138] 沈文倬:《菿闇文存》, 北京: 商务印书馆, 2006年。
[139] 葛志毅:《谭史斋论稿三编》, 哈尔滨: 黑龙江人民出版社, 2006年。
[140] 刘再生:《中国古代音乐史简述》(修订版), 北京: 人民音乐出版社, 2006年。
[141] 方建军:《商周乐器文化结构与社会功能研究》, 上海: 上海音乐学院出版社, 2006年。
[142] 杨天宇:《郑玄三礼注研究》, 天津: 天津人民出版社, 2007年。
[143] 常金仓:《周代社会生活述论》, 长春: 吉林人民出版社, 2007年。
[144] 金景芳:《金景芳先秦思想史讲义》, 天津: 天津古籍出版社, 2007年。
[145] 周宝宏:《西周青铜重器铭文集释》, 天津: 天津古籍出版社, 2007年。
[146] 湖南省文物考古研究所编著:《里耶发掘报告》, 长沙: 岳麓书社, 2007年。
[147] 中国社会科学院考古研究所编:《殷周金文集成》(修订增补本), 北京: 中华书局, 2007年。
[148] 高泽强、潘先锷:《祭祀与避邪——黎族民间信仰文化初探》, 昆明: 云南民族出版社, 2007年。
[149] 魏建震:《先秦社祀研究》, 北京: 人民出版社, 2008年。
[150] 容庚:《商周彝器通考》, 上海: 上海人民出版社, 2008年。
[151] 马承源:《中国古代青铜器》, 上海: 上海人民出版社, 2008年。
[152] 葛志毅:《谭史斋论稿四编》, 哈尔滨: 黑龙江人民出版社, 2008年。
[153] 丁进:《周礼考论——周礼与中国文学》, 上海: 上海人民出版社, 2008年。
[154] 王小健:《中国古代性别结构的文化学分析》, 北京:社会科学文献出版社, 2008年。
[155] 于省吾:《甲骨文字释林》, 北京: 中华书局, 2009年。
[156] 吕思勉:《中国制度史》, 上海: 上海三联书店, 2009年。

[157] 王宇信:《中国甲骨学》，上海：上海人民出版社，2009年。
[158] 钟敬文主编:《民俗学概论》，上海：上海文艺出版社，2009年。
[159] 苏秉琦:《中国文明起源新探》，沈阳：辽宁人民出版社，2009年。
[160] 李泽厚:《美的历程》，北京：生活·读书·新知三联书店，2009年。
[161] 冯友兰:《中国哲学简史》，北京：生活·读书·新知三联书店，2009年。
[162] 耿素丽、胡月平选编:《三礼研究》，北京：国家图书馆出版社，2009年。
[163] 阎步克:《服周之冕——〈周礼〉六冕礼制的兴衰变异》，北京：中华书局，2009年。
[164] 杨英:《祈望和谐——周秦两汉王朝祭礼的演进及其规律》，北京：商务印书馆，2009年。
[165] 陈来:《古代宗教与伦理：儒家思想的根源》，北京：生活·读书·新知三联书店，2009年。
[166] 彭林:《〈周礼〉主体思想与成书年代研究》（增订版），北京：中国人民大学出版社，2009年。
[167] 胡新生:《中国古代巫术》，北京：人民出版社，2010年。
[168] 曹建墩:《先秦礼制探赜》，天津：天津人民出版社，2010年。
[169] 王雪萍:《〈周礼〉饮食制度研究》，扬州：广陵书社，2010年。
[170] 许兆昌:《先秦乐文化考论》，哈尔滨：黑龙江人民出版社，2010年。
[171] 李宗侗:《中国古代社会新研：历史的剖面》，北京：中华书局，2010年。
[172] 晁天义:《先秦道德与道德环境》，北京：中国社会科学出版社，2010年。
[173] 谢世维:《天界之文——魏晋南北朝灵宝经典研究》，台北：台湾商务印书馆股份有限公司，2010年。
[174] 彭华:《阴阳五行研究》，长春：吉林人民出版社，2011年。
[175] 周聪俊:《三礼礼器论丛》，台北：文史哲出版社，2011年。
[176] 陈衍撰，潘琳校注:《周礼疑义辨证》，北京：华夏出版社，2011年。
[177] 丁山:《中国古代宗教与神话考》，上海：上海书店出版社，2011年。
[178] 吕凯:《郑玄之谶纬学》，台北：台湾商务印书馆股份有限公司，2011年。
[179] 王国维:《祼礼搉》，《清经解三编》，刘晓东、杜泽逊编，济南：齐鲁书社，2011年。
[180] 余欣:《中古异相——写本时代的学术、信仰与社会》，上海：上海古籍出版社，2011年。
[181] 杨华:《古礼新研》，北京：商务印书馆，2012年。
[182] 容庚、张维持:《殷周青铜器通论》，北京：中华书局，2012年。
[183] 裘锡圭:《裘锡圭学术文集》，上海：复旦大学出版社，2012年。
[184] 方建军:《音乐学论丛》，上海：上海音乐学院出版社，2012年。
[185] 周柱铨:《先秦文献音乐史料考》，哈尔滨：黑龙江人民出版社，2012年。
[186] 彭林:《中国古代礼仪文明》，北京：中华书局，2013年。
[187] 林惠祥:《文化人类学》，上海：上海古籍出版社，2013年。
[188] 刘明:《周秦时代生死观研究》，北京：人民出版社，2013年。
[189] 肖发荣:《先秦女性社会地位研究》，银川：宁夏人民出版社，2013年。
[190] 吴荣曾:《读史丛考》，北京：中华书局，2014年。

[191] 许倬云:《求古编》，北京：商务印书馆，2014年。

[192] 宋兆麟:《古代器物溯源》，北京：商务印书馆，2014年。

[193] 梁启超:《先秦政治思想史》，北京：商务印书馆，2014年。

[194] 常金仓:《穷变通久：文化史学的理论与实践》，北京：人民出版社，2014年。

[195] 战学成:《五礼制度与〈诗经〉时代社会生活》，北京：中国社会科学出版社，2014年。

[196] 胡新生:《周代的礼制》，北京：商务印书馆，2016年。

[197] 晁天义:《先秦历史与文化的多维度思考》，北京：中国社会科学出版社，2021年。

三、外文译著

[1] [苏] 柯斯文著，张锡彤译，张广达校:《原始文化史纲》，北京：人民出版社，1955年。

[2] [苏] 阿甫基耶夫著，王以铸译:《古代东方史》，北京：生活·读书·新知三联书店，1956年。

[3] [苏] 苏联科学院米克鲁霍-马克来民族学研究所著，史国纲译:《美洲印第安人》，北京：生活·读书·新知三联书店，1960年。

[4] [美] 路易斯·亨利·摩尔根著，杨东莼、马雍、马巨译:《古代社会》，北京：商务印书馆，1977年。

[5] [法] 列维-布留尔著，丁由译:《原始思维》，北京：商务印书馆，1981年。

[6] [美] 苏珊·朗格著，滕守尧、朱疆源译:《艺术问题》，北京：中国社会科学出版社，1983年。

[7] [苏] 谢·亚·托卡列夫著，魏庆征译:《世界各民族历史上的宗教》，北京：中国社会科学出版社，1985年。

[8] 蒋忠新译:《摩奴法论》，北京：中国社会科学出版社，1986年。

[9] [法] 列维-斯特劳斯，李幼蒸译:《野性的思维》，北京：商务印书馆，1987年。

[10] [英] 马林诺夫斯基著，李安宅译:《巫术科学宗教与神话》，上海：上海文艺出版社，1987年。

[11] [英] 伯特兰·罗素著，靳建国译:《权力论：一个新的社会分析》，北京：东方出版社，1988年。

[12] [英]A.R.拉德克利夫-布朗著，夏建中译:《社会人类学方法》，济南：山东人民出版社，1988年。

[13] [瑞] 卡尔·荣格等著，张举文、容文库译，陆梁校:《人类及其象征》，沈阳：辽宁教育出版社，1988年。

[14] [英] 爱德华·泰勒著，连树声译:《原始文化》，上海：上海文艺出版社，1992年。

[15] [英] 詹姆斯·乔治·弗雷泽著，徐育新、汪培基、张泽石译，汪培基校:《金枝》，北京：大众文艺出版社，1998年。

[16] [德] 恩格斯:《家庭、私有制和国家的起源》，北京：人民出版社，1999年。

[17] [英]A.R拉德克利夫-布朗著，潘蛟、王贤海、刘文远等译，潘蛟校:《原始社会的结构与功能》，北京：中央民族大学出版社，1999年。

[18] [法] 埃米尔·涂尔干著，渠东译:《社会分工论》，北京：生活·读书·新知三联书店，

2000年。
[19] [法] 列维-斯特劳斯著，王志明译：《忧郁的热带》，北京：生活·读书·新知三联书店，2000年。
[20] [古希腊] 希罗多德著，王以铸译：《历史》，北京：商务印书馆，2001年。
[21] [英]E.E.埃文斯-普理查德著，孙尚扬译：《原始宗教理论》，北京：商务印书馆，2001年。
[22] [罗] 伊利亚德著，杨素娥译：《圣与俗——宗教的本质》，台北：桂冠图书股份有限公司，2001年。
[23] [英] 马凌诺斯基著，梁永佳、李绍明译，高丙中校：《西太平洋的航海者》，北京：华夏出版社，2002年。
[24] [英] 埃文斯-普理查德著，褚建芳、阎书昌、赵旭东译：《努尔人：对尼罗河畔一个人群的生活方式和政治制度的描述》，北京：华夏出版社，2002年。
[25] [美] 乌格朋著，费孝通译：《社会变迁》，《费孝通译文集》，北京：群言出版社，2002年。
[26] [英] 马林诺斯基著，费孝通译：《文化论》，《费孝通译文集》，北京：群言出版社，2002年。
[27] [英] 塞利格曼著，费孝通译：《非洲的种族》，《费孝通译文集》，北京：群言出版社，2002年。
[28] [英] 雷蒙德·弗思著，费孝通译：《人文类型》，《费孝通译文集》，北京：群言出版社，2002年。
[29] [英] 拉德克利夫-布朗著，梁粤译，梁永佳校：《安达曼岛人》，桂林：广西师范大学出版社，2005年。
[30] [美] 基辛（R.Keesing）著，陈其南校订，张恭启、于嘉云合译：《人类学与当代世界》，台北：巨流图书有限公司，2005年。
[31] [法] 库朗热著，谭立铸等译：《古代城邦——古希腊罗马祭祀、权利和政制研究》，上海：华东师范大学出版社，2006年。
[32] [法] 马塞尔 · 莫斯、昂利 · 于贝尔著，杨渝东、梁永佳、赵丙祥译：《巫术的一般理论 献祭的性质与功能》，桂林：广西师范大学出版社，2007年。
[33] [法] 爱弥尔·涂尔干著，渠东、汲喆译：《宗教生活的基本形式》，北京：商务印书馆，2011年。
[34] [德] 费尔巴哈著，王太庆译：《宗教的本质》，北京：商务印书馆，2012年。
[35] [法] 葛兰言著，汪润译：《中国人的信仰》，哈尔滨：哈尔滨出版社，2012年。
[36] [法] 阿诺尔德 · 范热内普著，张举文译：《过渡礼仪》，北京：商务印书馆，2012年。
[37] [英] 汪涛著，郅晓娜译：《颜色与祭祀——中国古代文化中颜色涵义探幽》，上海：上海古籍出版社，2013年。

四、论文集文献

[1] 徐中舒：《古代狩猎图像考》，历史语言研究所研究员、外国通信员、助理员共撰：《庆祝蔡元培先生六十五岁论文集》，北京：中央研究院历史语言研究所，1933年，第569-617页。

[2] 方心芳:《曲蘖酿酒的起源与发展》，生物学史专辑编纂组编纂:《科技史文集：生物学史专辑》，上海：上海科学技术出版社，1980年，第140-149页。

[3] 苏秉琦:《考古学文化论集·编者的话》,《考古学文化论集（一）》，苏秉琦主编，北京：文物出版社，1987年，第1-4页。

[4] [法] 汪德迈:《礼治与法治——中国传统的仪礼制度与西方传统的JUS（法权）制度之比较研究》,《儒学国际学术讨论会论文集》（上册），中国孔子基金会、新加坡东亚哲学研究所编，济南：齐鲁书社，1989年，第207-224页。

[5] 高智群:《甲骨卜辞所见商代出师礼仪》,《文博研究论集》，吴浩坤、陈克伦主编，上海：上海古籍出版社，1992年，第14-30页。

[6] 张持平:《商周用爵制度的提出及初步研究》,《文博研究论集》，吴浩坤、陈克伦主编，上海：上海古籍出版社，1992年，第42-78页。

[7] 吴土法:《〈周礼〉大田官联考》,《学术集林》（第11卷），王元化主编，上海：上海远东出版社，1997年，第131-161页。

[8] 黄侃:《礼学略说》,《二十世纪中国礼学研究论集》，陈其泰、郭伟川、周少川编，北京：学苑出版社，1998年，第13-38页。

[9] 李学勤:《〈周礼〉玉器与先秦礼玉的源流——说裸玉》,《东亚玉器》（中册），邓聪主编，香港：香港中文大学中国考古艺术研究中心，1998年，第34-36页。

[10] 郭于华:《导论：仪式——社会生活及其变迁的文化人类学视角》,《仪式与社会变迁》，郭于华主编，北京：社会科学文献出版社，2000年，第1-10页。

[11] 许倬云:《神祇与祖灵》,《石璋如院士百岁祝寿论文集——考古 · 历史 · 文化》，宋文薰、李亦园、张光直主编，台北：南天书局，2002年，第383-391页。

[12] 陈昭容:《周代妇女在祭祀中的地位——青铜器铭文中的性别、身份与角色研究（之一）》,《妇女与社会》，李贞德、梁其姿主编，北京：中国大百科全书出版社，2005年，第1-45页。

[13] 陈筱芳:《周代卜筮礼制新探》,《礼学与中国传统文化——庆祝沈文倬先生九十华诞国际学术研讨会论文集》，浙江大学古籍研究所编，北京：中华书局，2006年，第56-65页。

[14] 江林:《〈小雅 · 楚茨〉与宗周岁时祭》,《礼学与中国传统文化——庆祝沈文倬先生九十华诞国际学术研讨会论文集》，浙江大学古籍研究所编，北京：中华书局，2006年，第66-75页。

[15] 秦佳慧:《春秋宗庙时祭考略》,《礼学与中国传统文化——庆祝沈文倬先生九十华诞国际学术研讨会论文集》，浙江大学古籍研究所编，北京：中华书局，2006年，第76-86页。

[16] 张卫中:《春秋时期礼的传播方式》,《礼学与中国传统文化——庆祝沈文倬先生九十华诞国际学术研讨会论文集》，浙江大学古籍研究所编，北京：中华书局，2006年，第87-93页。

[17] 葛志毅:《早期的神权与政权——上古史研究札记》,《中国古代社会与思想文化研究论集》（第2辑），葛志毅主编，哈尔滨：黑龙江人民出版社，2007年，第21-38页。

[18] 周粟:《论周代的主食烹饪》,《中国古代社会与思想文化研究论集》（第3辑），葛志毅主编，哈尔滨：黑龙江人民出版社，2008年，第148-155页。

[19] 谢乃和:《西周官制中王与后分治制度考论》,《中国古代社会与思想文化研究论集》（第3辑），葛志毅主编，哈尔滨：黑龙江人民出版社，2008年，第254-268页。

五、期刊、集刊文献

[1] 陈梦家:《古文字中之商周祭祀》,《燕京学报》(第19期), 1936年。
[2] 徐中舒:《说尊彝》,《国立中央研究院历史语言研究所集刊》1936第7本第1分。
[3] 蔡介民:《中国祭礼源流考》,《新东方杂志》1950年第5期。
[4] 陈梦家:《寿县蔡侯墓铜器》,《考古学报》1956年第2期。
[5] 杜廼松:《记洛阳西宫出土的几件铜器》,《文物》1965年第11期。
[6] 湖北省博物馆:《湖北京山发现曾国铜器》,《文物》1972年第2期。
[7] 马雍:《论长沙马王堆一号汉墓出土帛画的名称和作用》,《考古》1973年第2期。
[8] 杜廼松:《记九象尊与四蛇方甗》,《文物》1973年第12期。
[9] 河南省博物馆:《河南三门峡市上村岭出土的几件战国铜器》,《文物》1976年第3期。
[10] 北京市文物管理处:《北京地区的又一重要考古收获——昌平白浮西周木椁墓的新启示》,《考古》1976年第4期。
[11] 宝鸡茹家庄西周墓发掘队:《陕西省宝鸡市茹家庄西周墓发掘简报》,《文物》1976年第4期。
[12] 中国社会科学院考古研究所安阳工作队:《安阳殷墟五号墓的发掘》,《考古学报》1977年第2期。
[13] 金景芳:《关于长沙马王堆一号汉墓帛画的名称问题》,《社会科学战线》1978年第1期。
[14] 俞伟超、高明:《周代用鼎制度研究（上)》,《北京大学学报》(哲学社会科学版) 1978年第1期。
[15] 俞伟超、高明:《周代用鼎制度研究（中)》,《北京大学学报》(哲学社会科学版) 1978年第2期。
[16] 陕西周原考古队:《陕西扶风庄白一号西周青铜器窖藏发掘简报》,《文物》1978年第3期。
[17] 唐兰:《略论西周微史家族窖藏铜器群的重要意义——陕西扶风新出墙盘铭文解释》,《文物》1978年第3期。
[18] 陕西周原考古队:《陕西扶风县云塘、庄白二号西周铜器窖藏》,《文物》1978年第11期。
[19] 俞伟超、高明:《周代用鼎制度研究（下)》,《北京大学学报》(哲学社会科学版) 1979年第1期。
[20] 随县擂鼓墩一号墓考古发掘队:《湖北随县曾侯乙墓发掘简报》,《文物》1979年第7期。
[21] 黄翔鹏:《先秦音乐文化的光辉创造——曾侯乙墓的古乐器》,《文物》1979年第7期。
[22] 金景芳:《论中国奴隶社会的阶级和阶级斗争》,《中国社会科学》1980年第3期。
[23] 中国社会科学院考古研究所沣西发掘队:《1967年长安张家坡西周墓葬的发掘》,《考古学报》1980年第4期。
[24] 罗西章:《扶风出土的商周青铜器》,《考古与文物》1980年第4期。
[25] 张光直:《商周青铜器上的动物纹样》,《考古与文物》1981年第2期。
[26] 汪宁生:《释“武王伐纣前歌后舞”》,《历史研究》1981年第4期。

[27] 金景芳:《中国古代思想的渊源》,《社会科学战线》1981年第4期。
[28] 金景芳:《中国奴隶社会诞生和上升时期的思想——夏商和西周的思想》,《史学集刊》1982年第1期。
[29] 高明:《瀘、簠考辨》,《文物》1982年第6期。
[30] 陕西周原扶风文管所:《周原发现师同鼎》,《文物》1982年第12期。
[31] 夏鼐:《商代玉器的分类、定名和用途》,《考古》1983年第5期。
[32] 李学勤:《师同鼎试探》,《文物》1983年第6期。
[33] [英]A· 费德尔斯C· 萨尔瓦多利撰, 吕昭义译:《东非的狩猎采集民》,《民族译丛》1983年第6期。
[34] 王兰仲:《试论春秋时代宗法制与君主专制的关系》,《中国史研究》1984年第1期。
[35] 杨希枚:《论先秦所谓姓及其相关问题》,《中国史研究》1984年第3期。
[36] 山西省考古研究所:《山西长子县东周墓》,《考古学报》1984年第4期。
[37] 刘敦愿:《谈谈中国古代青铜器艺术中牛的纹样问题》,《考古与文物》1984年第4期。
[38] 史树青:《谈"饮食考古"》,《考古与文物》1984年第6期。
[39] 杜迺松:《夔纹簠》,《故宫博物院院刊》1985年第1期。
[40] 张桂光:《"祼用鸡彝鸟彝, 皆有舟"解》,《学术研究》1985年第2期。
[41] 谢维扬:《周代的世系问题及其在中国历史上的影响》,《吉林大学社会科学学报》1985年第4期。
[42] 黔容:《释〈司尊彝〉》,《学术研究》1985年第5期。
[43] [苏]B·И· 科奇涅夫撰, 王濂溪译:《维达人》,《民族译丛》1986年第1期。
[44] 杨英杰:《先秦旗帜考释》,《文物》1986年第2期。
[45] 郭守信:《周代祭祀初论》,《中国史研究》1986年第2期。
[46] 王慎行:《瓚之形制与称名考》,《考古与文物》1986年第3期。
[47] 宋兆麟:《漫谈图腾崇拜》,《文史知识》1986年第5期。
[48] 冯时:《曾侯乙编钟的所谓"变宫"问题》,《考古》1986年第7期。
[49] 叶万松、余扶危:《中原地区西周陶器的初步研究》,《考古》1986年第12期。
[50] 刘翔:《簠器略说》,《古文字研究》(第13辑), 1986年。
[51] 陈维礼:《评"武王革命"》,《史学集刊》1987年第1期。
[52] 万九河:《中国古代的宗教》,《东北师大学报》(哲学社会科学版)1987年第1期。
[53] 陈学凯:《论先秦两汉的天君同道观》,《中国史研究》1987年第2期。
[54] 刘怀君:《眉县出土一批西周窖藏青铜乐器》,《文博》1987年第2期。
[55] 张舫:《周人饮酒钩沉》,《史学集刊》1987年第4期。
[56] 李学勤:《小盂鼎与西周制度》,《历史研究》1987年第5期。
[57] 王桂枝:《宝鸡西周墓出土的几件玉器》,《文博》1987年第6期。
[58] 王震中:《东夷的史前史及其灿烂文化》,《中国史研究》1988年第1期。
[59] 何堂坤:《铜镜起源初探》,《考古》1988年第2期。
[60] 张德光:《试谈山西省博物馆拣选的几件珍贵铜器》,《考古》1988年第7期。
[61] 徐克明、李志军:《从〈论衡〉和〈谭子化书〉探讨我国古透镜自先秦至五代的进展》,

《自然科学史研究》1989年第1期。
[62] 刘雨：《西周金文中的祭祖礼》，《考古学报》1989年第4期。
[63] 李学勤：《论擂鼓墩尊盘的性质》，《江汉考古》1989年第4期。
[64] 山西省考古研究所、太原市文物管理委员会：《太原金胜村251号春秋大墓及车马坑发掘简报》，《文物》1989年第9期。
[65] 牟钟鉴：《中国宗法性传统宗教试探》，《世界宗教研究》1990年第1期。
[66] 林沄：《周代用鼎制度商榷》，《史学集刊》1990年第3期。
[67] 朱凤瀚：《殷墟卜辞所见商王室宗庙制度》，《历史研究》1990年第6期。
[68] 李向平：《周代的祖宗崇拜与王权的历史特征》，《社会科学战线》1991年第3期。
[69] 尚民杰：《冕服十二章溯源》，《文博》1991年第4期。
[70] 江西省文物考古研究所、江西省新干县博物馆：《江西新干大洋洲商墓发掘简报》，《文物》1991年第10期。
[71] 杜金鹏：《封顶盉研究》，《考古学报》1992年第1期。
[72] 李玉洁：《论周代的尸祭及其源流》，《河南大学学报》（社会科学版）1992年第1期。
[73] ［苏］A·A· 贝尔诺娃撰，赵俊智译：《印度尼西亚的门塔韦人》，《民族译丛》1992年第2期。
[74] 郭政凯：《中国古代宗族的伸缩性》，《史学集刊》1993年第3期。
[75] 常金仓：《周代献祭礼仪中蕴含的史前文化》，《晋阳学刊》1993年第4期。
[76] 张应斌：《周代祭礼哲学与复古情结》，《江汉论坛》1993年第5期。
[77] 杜金鹏：《商周铜爵研究》，《考古学报》1994年第3期。
[78] 杨志刚：《中国礼学史发凡》，《复旦学报》（社会科学版）1995年第6期。
[79] 杜迺松：《论青铜鸟兽尊》，《故宫博物院院刊》（建院七十周年特刊），1995年。
[80] 史党社、田静：《秦人祖先祭祀考述》，《陕西历史博物馆馆刊》（第2辑），1995年。
[81] 杜正胜：《从眉寿到长生——中国古代生命观念的转变》，《“中央研究院”历史语言研究所集刊》1995年第66本第2分。
[82] 许兆昌：《论先秦时期瞽矇的社会功能及历史地位》，《史学集刊》1996年第2期。
[83] 吴土法：《〈周礼〉宗祀乐事官联考》，《杭州大学学报》（哲学社会科学版）1997年第2期。
[84] 刘毅：《“二重证据法”新论》，《南方文物》1997年第3期。
[85] 许兆昌：《先秦社会的巫、巫术与祭祀》，《史学集刊》1997年第3期。
[86] 王晖：《周代大礼返本归朴说》，《齐鲁学刊》1997年第5期。
[87] 王震中：《东夷的史前史及其灿烂的文化》，《中国史研究》1998年第1期。
[88] 贾连敏：《古文字中的“祼”和“瓒”及相关问题》，《华夏考古》1998年第3期。
[89] 岳洪彬、苗霞：《良渚文化“玉琮王”雕纹新考》，《考古》1998年第8期。
[90] 张泽咸：《魏晋南北朝时期的蔬菜》，《文史》（第44辑），1998年。
[91] 姜亮夫：《孙诒让学术检论》，《浙江学刊》1999年第1期。
[92] 王小盾：《灌礼及其彝器的来源（一）》，《南昌大学学报》（人文社会科学版）1999年第1期。
[93] 王小盾：《灌礼及其彝器的来源（二）》，《南昌大学学报》（人文社会科学版）1999年

第2期。
[94] 常金仓:《古史研究中的泛图腾论》,《陕西师范大学学报》(哲学社会科学版)1999年第3期。
[95] 朱凤瀚:《论商周女性祭祀》,《中国社会历史评论》(第1卷),1999年。
[96] 李零:《读〈楚系简帛文字编〉》,《出土文献研究》(第5辑),1999年。
[97] 纪志昌:《"诚"与"斋戒"——从祭礼到哲学的转化》,《哲学与文化》2000年第11期。
[98] 李卫星:《汉画像石所见周礼遗俗》,《中原文物》2001年第1期。
[99] 梁彦民:《商人服象与商周青铜器中的象装饰》,《文博》2001年第4期。
[100] 周世荣:《马王堆汉墓"聂币"与江陵马山一号楚墓"帛币"考》,《古文字研究》(第21辑),2001年。
[101] 晁天义:《巫术研究的一个误区——弗雷泽"巫术时代论"与中国的巫术研究》,《山西大学学报》(哲学社会科学版)2002年第1期。
[102] 常金仓:《从周公摄政的争论说到历史考证》,《吉林大学社会科学学报》2002年第2期。
[103] 舒大刚:《〈周易〉、金文"孝享"释义》,《周易研究》2002年第4期。
[104] 余和祥:《论祖宗祭祀礼的伦理思想根源》,《中南民族大学学报》(人文社会科学版)2002年第5期。
[105] 聂甘霖:《浅析商周青铜器上的动物纹样——兼评张光直先生的"萨满通灵说"》,《考古与文物》2003年第2期。
[106] 李山:《周初〈大武〉乐章新考》,《中州学刊》2003年第5期。
[107] 晁福林:《上博简〈甘棠〉之论与召公奭史事探析——附论〈尚书·召诰〉的性质》,《南都学坛》2003年第5期。
[108] 孙庆伟:《周代祭祀及其用玉三题》,《古代文明》(第2辑),2003年。
[109] 梁锡锋:《〈昊天有成命〉属〈大武乐章〉考辨》,《四川师范大学学报》(社会科学版)2004年第1期。
[110] 丁进:《〈周礼〉与国家宗教》,《古籍研究》2004年第2期。
[111] 万红丽:《"瓒"的定名、形制及相关问题》,《东南文化》2004年第2期。
[112] 李景林:《儒家的丧祭理论与终极关怀》,《中国社会科学》2004年第2期。
[113] 吴土法:《先秦天子大祀牺牲考》,《浙江大学学报》(人文社会科学版)2004年第3期。
[114] 赵世超:《铸鼎象物说》,《社会科学战线》2004年第4期。
[115] 吴高歌:《〈周礼·大司乐〉三大祭中的五音无商说考》,《中国历史文物》2004年第6期。
[116] 孙庆伟:《周代金文所见用玉事例研究》,《古代文明》(第3辑),2004年。
[117] 孙庆伟:《周代祼礼的新证据——介绍震旦艺术博物馆新藏的两件战国玉瓒》,《中原文物》2005年第1期。
[118] 臧振:《玉瓒考辨》,《考古与文物》2005年第1期。
[119] 胡新生:《"周人尚赤"说的历史考察》,《文史哲》2005年第2期。
[120] 杨州:《金文"品"及"祼玉三品"梳析》,《山西师大学报》(社会科学版)2005年第3期。

[121] 王秀臣：《“三礼”雅乐的艺术构成》，《沈阳师范大学学报》（社会科学版）2005年第4期。
[122] 包铭新、贾玺增：《论冕冠衣以“绩麻三十升”之考辨》，《装饰》2005年第11期。
[123] 陈筱芳：《周代祖先崇拜的世俗化》，《西南民族大学学报》（人文社科版）2005年第12期。
[124] 许兆昌：《试论上古时期“乐”的政治表达功能》，《吉林大学社会科学学报》2006年第1期。
[125] 刘丰：《百年来〈周礼〉研究的回顾》，《湖南科技学院学报》2006年第2期。
[126] 孙汝洁：《周代冕服与周礼》，《管子研究》2006年4期。
[127] 刘宗迪：《图腾、族群和神话——涂尔干图腾理论述评》，《民族文学研究》2006年第4期。
[128] 周书灿：《20世纪以前的〈周礼〉学述论》，《河北师范大学学报》（哲学社会科学版）2006年第4期。
[129] 赵东玉：《从性角色的渲染到性别角色的出现——新石器时代的男女之别》，《中国历史文物》2006年第5期。
[130] 许兆昌：《“樂”字本义及早期樂与藥的关系》，《史学月刊》2006年第11期。
[131] 彭浩：《睡虎地秦简“王室祠”与〈赍律〉考辨》，《简帛》（第1辑），2006年。
[132] 孙庆伟：《出土资料所见的西周礼仪用玉》，《南方文物》2007年第1期。
[133] 方稚松：《释殷墟花园庄东地甲骨中的瓚、祼及相关诸字》，《中原文物》2007年第1期。
[134] 裘锡圭、曹峰：《“古史辨”派、“二重证据法”及其相关问题》，《文史哲》2007年第4期。
[135] 许兆昌：《虞舜乐文化零证》，《史学集刊》2007年第5期。
[136] 李学勤：《“二重证据法”与古史研究》，《清华大学学报》（哲学社会科学版）2007年第5期。
[137] 王先胜：《文化人类学用于史前研究存在的问题》，《社会科学评论》2008年第1期。
[138] ［日］田仲一成：《中国戏曲文学在祭祀仪式中产生的过程》，《戏曲研究》2008年第2期。
[139] 曹建墩：《周代祭祀用牲礼制考略》，《文博》2008年第3期。
[140] 曹建墩：《周代牲体礼考论》，《清华大学学报》（哲学社会科学版）2008年第3期。
[141] 许兆昌：《“九夏”考述》，《古代文明》2008年第4期。
[142] 叶舒宪：《食玉信仰与西部神话的建构》，《寻根》2008年第4期。
[143] 何飞燕：《从周代金文看祖先神崇拜的二重性特点》，《人文杂志》2008年第4期。
[144] 曹建墩：《周代祭品观念》，《天中学刊》2008年第6期。
[145] 林素娟：《饮食礼仪的身心过渡意涵及文化象征意义——以三〈礼〉斋戒、祭祖为核心进行探讨》，《中国文哲研究集刊》（第32期），2008年。
[146] 吴土法、秦佳慧：《〈周礼〉天子庙享卜日礼仪考》，《浙江大学学报》（人文社会科学版）2009年第1期。
[147] 郭旭东：《甲骨卜辞所见的商代献捷献俘礼》，《史学集刊》2009年第3期。
[148] 曹建墩：《从“以德事神”至“尽心成德”——两周祭祀观念之嬗变》，《孔子研究》

2009年第3期。
[149] 王秀臣:《祭祀礼仪的象征系统及其文学意义》,《北方论丛》2009年第4期。
[150] 史吉祥、于润义:《商代青铜器两件》,《社会科学战线》2009年第7期。
[151] 常金仓:《周秦文化中的名实律》,《社会科学战线》2009年第11期。
[152] 林素英:《〈周礼〉祭祀系统在思想史上的意义》,《齐鲁文化研究》(第8辑),2009年。
[153] 任慧峰:《先秦"扫祭"小考》,《理论月刊》2010年第1期。
[154] 杨隽:《论周代庙堂典乐》,《社会科学辑刊》2010年第1期。
[155] 刘玉梅:《舞意天道兼——论周代雅乐的象征性及其影响》,《文化与诗学》2010年第1期。
[156] 郭旭东:《殷墟甲骨文所见的商代军礼》,《中国史研究》2010年第2期。
[157] 晁福林:《试释战国竹简中的"薦"字并论周代的薦祭》,《中国史研究》2010年第2期。
[158] 彭文斌、郭建勋:《人类学仪式研究的理论学派述论》,《民族学刊》2010年第2期。
[159] 王政:《战捷献俘馘:〈诗经〉军旅祭典研究之一》,《社会科学论坛》2010年第4期。
[160] 马强:《商周象纹青铜器初探》,《中原文物》2010年第5期。
[161] 孙周勇:《周原遗址先周果蔬储藏坑的发现及相关问题》,《考古》2010年第10期。
[162] 江林昌:《论原始宗教对中国古代文明起源发展的影响——以"绝地天通""铸鼎象物"为例》,《东岳论丛》2010年第10期。
[163] 张闻捷:《略论东周用豆制度》,《考古与文物》2011年第1期。
[164] 杨隽:《"金奏"乐象与"祗庸"乐德——兼论〈周颂〉的礼学文化内涵》,《文艺评论》2011年第2期。
[165] 高二旺:《略论汉代砖石画像中的军礼》,《南阳师范学院学报》(社会科学版)2011年第4期。
[166] 于文哲:"《〈箫韶〉九成, 凤凰来仪":〈韶〉乐舞考论》,《广西大学学报》(哲学社会科学版)2011年第4期。
[167] 晁福林:《说新蔡楚简的薦字和薦祭》,《中国国家博物馆馆刊》2011年第6期。
[168] 谢乃和:《春秋时期晋国家臣制考述》,《史学月刊》2011年第10期。
[169] 林琳、傅亚庶:《周礼庙祭中的用酒与用牲》,《社会科学战线》2011年第11期。
[170] 张伟:《〈周礼〉中玉礼器考辨》,《西部考古》(第5辑),2011年。
[171] 林素娟:《仪式、象征、身体——探讨饮食礼仪的教化意涵》,《思想与文化》(第11辑),2011年。
[172] 林素英:《从祭祀立尸与燕尸之礼以观周代人文教化精神与意义——以〈丝衣〉、〈楚茨〉、〈既醉〉、〈凫鹥〉为讨论中心》,《诗经研究丛刊》(第19辑),2011年。
[173] 江曙:《论先秦文化中茅的作用及意义》,《船山学刊》2012年第1期。
[174] 叶舒宪:《珥蛇与珥玉:玉耳饰起源的神话背景——四重证据法的玉文化发生研究》,《百色学院学报》2012年第1期。
[175] 刘全志:《西周〈大武〉乐章新论》,《湖北大学学报》(哲学社会科学版)2012年第1期。
[176] 宋杰:《汉代死刑中的"显戮"》,《史学月刊》2012年第2期。
[177] 景红艳:《从青铜器铭文看周代的赐"膰"礼》,《考古与文物》2012年第2期。

[178] 王学军、贺威丽:《“国之大事，在祀与戎”的原始语境及其意义变迁》,《古代文明》2012年第2期。
[179] 色音:《祖先崇拜的宗教人类学探析》,《内蒙古师范大学学报》(哲学社会科学版)2012年第3期。
[180] 李锐:《“二重证据法”的界定及规则探析》,《历史研究》2012年第4期。
[181] 李发、喻遂生:《商代校阅礼初探》,《西南大学学报》(社会科学版)2012年第4期。
[182] 刘全志:《从舞容与颂诗的关系看〈大武〉在典礼中的运用》,《音乐探索》2012年第4期。
[183] 孙孝忠:《周代的祈寿风与祝嘏辞》,《厦门大学学报》(哲学社会科学版)2012年第6期。
[184] 丁鼎、马金亮:《新中国(大陆地区)三礼学研究综述》,《齐鲁文化研究》(第12辑),2012年。
[185] 耿超:《性别视角下的商周合祭》,《中国社会历史评论》(第3卷),2012年。
[186] 何景成:《试论裸礼的用玉制度》,《华夏考古》2013年第2期。
[187] 刘继刚:《论〈周礼〉中的“豕人”》,《农业考古》2013年第4期。
[188] 易善炳:《〈三礼图〉鸡彝图像考辩》,《南京艺术学院学报》(美术与设计版)2013年第4期。
[189] 孙定辉:《〈春官〉“六诗”之兴与〈诗经〉之“兴”诗》,《重庆师范大学学报》(哲学社会科学版)2013年第5期。
[190] 田天:《北大秦简〈祓除〉初识》,《简帛》(第8辑),2013年。
[191] 陈魏俊:《楚简“为位”新解》,《文献》2014年第1期。
[192] 任晓锋:《周代宗庙尸祭礼仪考论》,《科学·经济·社会》2014年第1期。
[193] 张世超:《裸礼及相关问题新探》,《中国文字研究》(第19辑),2014年。
[194] 刘新民:《〈尚书·益稷〉“华虫”新考》,《考古与文物》2014年第4期。
[195] 林琳:《浅谈〈周礼〉中的酒官制度》,《古籍整理研究学刊》2014年第4期。
[196] 沈薇、李修松:《裸礼与实物资料中的“瓒”——试以〈周礼〉资料分析》,《中原文物》2014年第5期。
[197] 林琳:《浅谈〈周礼〉中的玉器制度》,《兰台世界》2014年第33期。
[198] 刘坤、林琳:《〈周礼〉中的酒器考辨》,《古籍整理研究学刊》2015年第1期。
[199] 杜勇:《清华简与伊尹传说之谜》,《中原文化研究》2015年第2期。
[200] 王铭铭、刘琪:《人类学家的凝视与环顾——王铭铭教授访谈》,《学术月刊》2015年第3期。
[201] 张雁勇:《论“湔祓”仪式——前国家时代“尊贤”之风与“家国一体”的碰撞》,《历史教学》(下半月刊)2015年第2期。
[202] 王小健:《服制与礼俗——周代妇女“三从”的礼仪符号及制度展现》,《妇女研究论丛》2015年第5期。
[203] 朱红林:《〈周礼〉大宰九式研究》,《古代文明》2016年第2期。
[204] 张雁勇:《〈周礼〉“共其水稾”的文化人类学解读》,《原生态民族文化学刊》2018年第3期。
[205] 张法:《彝—斝—爵：夏商周酒器—礼器演进的多重变奏》,《中山大学学报》(社会

科学版）2020年第1期。
[206] 任家贤：《〈周礼〉鸟兽尊彝形制再议》，《学术研究》2021年第1期。
[207] 黄杰：《〈周礼〉著尊考——兼议“献尊”“象尊”及其他》，《东岳论丛》2021年第3期。

六、学位论文

[1] 罗保罗：《〈周礼〉官联研究》，硕士学位论文，台北：台湾师范大学国文研究所，1982年。
[2] 季旭升：《〈诗经〉吉礼研究》，硕士学位论文，台北：台湾师范大学国文研究所，1983年。
[3] 梁煌仪：《周代宗庙祭礼之研究》，博士学位论文，台北：台湾政治大学中文研究所，1986年。
[4] 蔡先金：《西周巫术演化形态研究》，博士学位论文，长春：吉林大学古籍研究所，2003年。
[5] 张国安：《先秦乐政与乐教研究》，博士学位论文，扬州：扬州大学中国文化研究所，2004年。
[6] 陈勤香：《〈周礼〉祭祀词语研究》，硕士学位论文，桂林：广西师范大学文学院，2006年。
[7] 王瑞杰：《西周礼治文化探论》，博士学位论文，台北：台湾师范大学历史学系，2006年。
[8] ［韩］崔圭顺：《中国历代帝王冕服研究》，博士学位论文，上海：东华大学服装学院，2006年。
[9] 曹建墩：《东周祭祀研究》，博士学位论文，北京：清华大学人文社会科学学院，2007年。
[10] 秦佳慧：《春秋丧葬庙享典礼考论——以〈春秋左传〉为中心》，博士学位论文，杭州：浙江大学人文学院，2007年。
[11] 栗建伟：《周代五礼乐仪考》，硕士学位论文，武汉：华中师范大学音乐学院，2008年。
[12] 陈晓明：《〈周礼〉祭祀用玉考》，硕士学位论文，成都：四川师范大学文学院，2009年。
[13] 赵中华：《“三礼”鬼神观研究》，硕士学位论文，济南：山东大学历史文化学院，2010年。
[14] 任慧峰：《先秦军礼研究》，博士学位论文，武汉：武汉大学历史学院，2010年。
[15] 李岩：《周代服饰制度研究》，博士学位论文，长春：吉林大学古籍研究所，2010年。
[16] 张明娜：《先秦斋戒礼研究》，博士学位论文，台北：台湾大学中国文学系，2010年。
[17] 余琳：《夏商周三代审美风尚与礼仪构建》，博士学位论文，北京：中国社会科学院研究生院文学系，2010年。
[18] 何飞燕：《出土文字资料所见先秦秦汉祖先神崇拜的演变》，博士学位论文，西安：陕西师范大学历史文化学院，2010年。
[19] 肖世孟：《先秦色彩研究》，博士学位论文，武汉：武汉大学文学院，2011年。
[20] 姚晓娟：《周代家臣制度研究》，博士学位论文，长春：吉林大学古籍研究所，

2011年。
[21] 阮明套:《周代的酒与饮酒礼》，博士学位论文，北京：北京师范大学历史学院，2012年。
[22] 栗建伟:《周代乐仪研究》，博士学位论文，武汉：华中师范大学历史文化学院，2014年。
[23] 刘涛:《〈周礼〉中所见天神祭祀考论》，博士学位论文，长春：吉林大学古籍研究所，2014年。
[24] 郭胜团:《先秦儒家礼治思想研究》，博士学位论文，长春：吉林大学古籍研究所，2015年。

后 记

2003年，也就是“非典”爆发那年，我高考后填报的第一志愿是历史学专业。其实当时并无太多考虑，只是觉得有舅舅在大学教历史，以后便于请教，印象中家人也并未反对。这次自主决定直接影响了我近20年的人生轨迹。如今呈现在读者面前的这本小书即是当初选择的逻辑结果，可以作为我研习历史的一个阶段性小结。回首过往，行程不易，感触良多，需要感谢的人也有很多。学贵得师，首先应该感谢常金仓先生和朱红林先生两位业师将我引进学术的殿堂。

常金仓师深得著名历史学家金景芳先生的神髓，是国内知名先秦史、文化史专家。他在周代礼俗、国家产生、古代神话，尤其是文化史学的理论和研究实践方面独具特色。2008年，我考入辽宁师范大学，拜入仰慕已久的常先生门下，此后度过极为美好的三年读书时光，奠定了学术基础。岁月流转，寒暑易节，恍然间常师离开我们已十年有余。2021年11月20日，因疫情影响，常门弟子相聚云端，举办了十周年纪念活动，从师兄弟姐妹的发言中，我真切地感受到了常师在大家心目中沉甸甸的分量。这本书的内容虽然不是在常师的直接指导下完成的，但在写作过程中，我时常回想起老师的教导，并且将其融入文中的字里行间之中。可以说，我之所以在先秦史、道教史、历史理论上可以进行一些探索，并偶有“心惊肉跳”之感（常师所言衡量是否适合从事学术研究的重要标准），源头皆在常师。常先生强烈的史学使命感，已经浸润到我的心底；他开辟的学术道路，我也定会继续深入探索下去。与此同时，还要感谢黄河川师母多年来对我的关心和鼓励，十几年间，不晓得吃过多少次师母做的饭菜，不知道听过多少次师母的殷切叮咛，温暖于心，亲如家人，实在言不为过。

攻读博士学位期间，吉林大学朱红林先生担任我的导师，时至今日，当年朱师耳提面命的情形在脑海里依然十分清晰。蒙师不弃，催人奋进，促我成长。2012年，我的第一本小书就是在朱师的关心下出版的，今天这本书也是在朱师指导的博士论文基础上形成的。书中之所以能够借鉴不少台湾学者的研究成果，也得益于老师当初支持我到台湾政治大学学习。如今我在指导学生时，既留其迹，又有其感，还显其效，着实受益匪浅。博士毕业之际，承蒙南开大学赵伯雄教授，武汉大学杨华教授，东北师范大学王彦辉教授、李德山教授，天津师范大学杜勇教授，吉林大学孙瑞教授、许兆昌教授、马卫东教授、孙赫男教授对论文提出许多宝贵意见，在修改中我已尽可能地吸收，在此一并致以诚挚的谢意。

求学的 20 多年时间里，我辗转于原平、太原、大连、长春、台北等城市，还受惠于很多老师。忻州师范学院王福应教授、陈恒玉研究员，太原师范学院陈亚平教授，辽宁师范大学赵洪刚教授、徐昭峰教授、刘懿研究员，大连大学葛志毅教授、何燕侠教授，吉林大学徐荣波老师等师长，对我的学业和工作多有关怀和鼓励，永远心存感激。《史学月刊》《历史教学》《古籍整理研究学刊》等期刊，在我屡次投稿不中并深陷困境之时，给予我继续学术之路的信心和力量。对于这些宝贵的支持，我永志于心。在外求学八年之后，2016 年 6 月我回到故乡，入职百年名校山西大学。这些年来，在山西大学副校长郝平教授、历史文化学院桑煦丽书记、院长向晋卫教授等领导的引导和支持下，我的各项工作进展顺利。教学和科研工作诚然辛苦，但并不寂寞，辽宁师范大学、吉林大学、陕西师范大学的师兄弟姐妹们常有往来，互相鼓励和帮助；山大历史文化学院古代史教研室氛围融洽，在繁忙的工作中，趣味不减；指导下的本科生和研究生亦有颇具潜能的可造之才。感谢每一次相遇，这大概也是在高校从事教学和科研工作独特的幸运之处吧。

在本书即将付梓之际，要特别感谢研究出版社副总编辑丁波先生和责任编辑安玉霞老师的细致工作，使我的一点儿思考能够有机会与读者诸君见面，进而接受各位师友的批评和指正。我始终坚信，反思和批判才是学术进步的不竭动力。

最后，感谢我亲爱的家人。他们全力支持我在学业和工作上的选择，令人深感快慰的还有女儿张千棂小朋友，她天真灵动，尤其喜欢阅读和写作，来日当可期可待。

凡是过往，皆为序章。虽已近不惑之年，但似乎我的学术和人生之“惑”有增无减。这自然有不成熟之嫌，不过也不可否认，其中还有向前探索的深层内驱力在起着强烈作用。如何才能不枉这有限的一生，使这一生得以充实地延展？我想还是取决于当下的选择和努力。当前“新冠”疫情依然严峻，生活和工作方式有别于过往。身处太原这座 2500 余年的历史文化名城里，思接千载、对接古今，秉持一份坚毅、潜修、审慎、创造的清欢之心以探研历史，相信未来仍然值得期待！

张雁勇

2022 年元月